Barbara Henneberger
Unternehmensführung und Arbeitnehmerinteressen
in Spanien und Deutschland

Schriften zum Europäischen
und Internationalen Privat-, Bank-
und Wirtschaftsrecht

EIW Band 26

Schriften zum Europäischen und
Internationalen Privat-, Bank-
und Wirtschaftsrecht

Herausgegeben von

Professor Dr. Horst Eidenmüller, LL.M. (Cambridge), München
Professor Dr. Dr. Stefan Grundmann, LL.M. (Berkeley), Berlin
Professor Dr. Susanne Kalss, LL.M. (Florenz), Wien
Professor Dr. Wolfgang Kerber, Marburg
Professor Dr. Karl Riesenhuber, M.C.J. (Austin/Texas), Bochum
Professor Dr. Heike Schweitzer, LL.M. (Yale), Florenz
Professor Dr. Hans-Peter Schwintowski, Berlin
Professor Dr. Reinhard Singer, Berlin
Professor Dr. Christine Windbichler, LL.M. (Berkeley), Berlin

EIW Band 26

De Gruyter Recht · Berlin

Barbara Henneberger

Unternehmensführung und Arbeitnehmerinteressen in Spanien und Deutschland

De Gruyter Recht · Berlin

Dr. iur. *Barbara Henneberger*, Berlin.

♾ Gedruckt auf säurefreiem Papier,
das die US-ANSI-Norm über Haltbarkeit erfüllt.

ISBN 978-3-89949-540-9

Bibliografische Information der Deutschen Nationalbibliothek

Die Deutsche Nationalbibliothek verzeichnet diese Publikation in der Deutschen Nationalbibliografie; detaillierte bibliografische Daten sind im Internet über http://dnb.d-nb.de abrufbar.

© Copyright 2008 by De Gruyter Rechtswissenschaften Verlags-GmbH, D-10785 Berlin

Dieses Werk einschließlich aller seiner Teile ist urheberrechtlich geschützt. Jede Verwertung außerhalb der engen Grenzen des Urheberrechtsgesetzes ist ohne Zustimmung des Verlages unzulässig und strafbar. Das gilt insbesondere für Vervielfältigungen, Übersetzungen, Mikroverfilmungen und die Einspeicherung und Verarbeitung in elektronischen Systemen.

Printed in Germany
Umschlaggestaltung: Christopher Schneider, Berlin
Datenkonvertierung/Satz: jürgen ullrich typosatz, Nördlingen
Druck und Bindung: Hubert & Co., Göttingen

Meinen Eltern

Vorwort

Die vorliegende Arbeit wurde im Sommersemester 2008 von der Juristischen Fakultät der Humboldt-Universität zu Berlin als Dissertation angenommen. Die Druckfassung ist aktualisiert und auf dem Stand von August 2008.

Herzlich danken möchte ich Frau Professor Dr. Christine Windbichler, die diese Arbeit stets unterstützt und auf vielfältige Weise gefördert hat. Auch durfte ich über die Dauer meiner Anstellung hinaus die Vorzüge einer engen Anbindung an ihren Lehrstuhl genießen. Dafür bedanke ich mich ganz besonders. Herrn Professor Dr. Dr. Stefan Grundmann danke ich für die zügige Erstellung des Zweitgutachtens.

Wichtig für den Erfolg des Dissertationsvorhabens waren die wertvollen Hinweise zahlreicher Interviewpartner während meines mehrmonatigen Forschungsaufenthaltes in Madrid. Ihnen allen und insbesondere Herrn Professor Dr. Gaudencio Esteban Velasco, Universidad Complutense de Madrid, möchte an dieser Stelle nochmals für die Aufgeschlossenheit danken.

Der Friedrich-Naumann-Stiftung für die Freiheit danke ich für die Förderung dieser Arbeit mit einem großzügigen Promotionsstipendium.

Mein Dank gilt ferner allen gegenwärtigen und ehemaligen Mitarbeitern des Lehrstuhls für Handels- und Wirtschaftsrecht, Arbeitsrecht und Rechtsvergleichung an der Humboldt-Universität zu Berlin für die schöne gemeinsame Zeit. Besonders hervorheben möchte ich Dr. Kaspar Krolop, dessen freundschaftlicher und fachlicher Rat stets eine große Hilfe ist.

Bedanken möchte ich mich auch bei meinem Freund Robert Geiger für die Nähe und den Freiraum zugleich.

Ich widme diese Arbeit meinen lieben Eltern Sabine und Fritz Henneberger, die immer für mich da sind und mir Halt geben.

Berlin, im September 2008 *Barbara Henneberger*

Inhaltsverzeichnis

Abkürzungsverzeichnis XIX
Literaturverzeichnis XXIII

§ 1 Einleitung 1
    I. Untersuchungsgegenstand 5
    II. Methode 7
    III. Gang der Darstellung 8

1. Kapitel. Unternehmensführung und Arbeitnehmerinteressen 11

§ 2 Unternehmensführung 11
    I. Leitungsbegriff 12
        1. Vertretung und Geschäftsführung der Aktiengesellschaft . . . 13
            a. Vertretung/*representación* 13
            b. Geschäftsführung/*administración – gestión* 14
            c. Zwischenergebnis 16
        2. Leitung der Aktiengesellschaft 16
            a. § 76 Abs. 1 AktG 17
            b. *Administración – dirección* 18
                Exkurs: *Código Unificado de Buen Gobierno* 20
            c. Zwischenergebnis 22
        3. Zusammenfassung 22
    II. Leitungsaufgaben und Leitungsziele 22
        1. Leitungsaufgaben 23
            a. Planung, Koordinierung, Kontrolle und Besetzung der oberen Führungspositionen 23
            b. Kompetenzen des Vorstandes und *Consejo de Administración* nach AktG bzw. LSA 24
            c. Zwischenergebnis 25
        2. Leitungsziele 25
            a. Gewinnerzielung und Ermessensspielraum/*margen de discreción* 26
            b. Maßgebliche Interessen 27
                aa. Unternehmensinteresse 28
                bb. *Interés social* 28
                cc. Zwischenergebnis 31
            c. Verantwortlichkeit 31
                aa. Sorgfaltspflicht 31

Inhaltsverzeichnis

	bb. *Deber de diligente administración*	33
	cc. Zwischenergebnis	34
	3. Zusammenfassung	34
	III. Ergebnis: Begriff der Unternehmensführung im Rahmen der Untersuchung	34
§ 3	Arbeitnehmerinteressen	35
	I. Begriff des Arbeitnehmers	35
	1. Arbeitnehmerbegriff im Individualarbeitsrecht	35
	2. Belegschaftsbegriff im Recht der Arbeitnehmerbeteiligung	36
	a. Betriebliche Mitbestimmung	36
	b. Unternehmensmitbestimmung	38
	c. Zwischenergebnis	39
	3. Arbeitnehmervertreter im Recht der Arbeitnehmerbeteiligung	39
	a. Betriebliche Mitbestimmung	40
	b. Unternehmensmitbestimmung	40
	c. Zwischenergebnis	40
	4. Zusammenfassung	41
	II. Interessen der Arbeitnehmer	41
	1. Individualistischer und kollektivistischer Ansatz	42
	2. Interessen	43
	3. Zusammenfassung	44
	III. Ergebnis: Begriff der Arbeitnehmerinteressen im Rahmen der Untersuchung	44
2.	Kapitel. Wechselspiel von Unternehmensführung und Arbeitnehmerinteressen	45
§ 4	Interessenkonstellationen	46
	I. Interessenkonflikt und Interessengleichlauf	46
	1. Interessenkonflikt	47
	2. Interessengleichlauf	47
	II. Überwachung und Kontrolle	48
	III. Ergebnis	48
§ 5	Einzubeziehende Regelungsinstrumente	48
	I. Gesetzliche Arbeitnehmerbeteiligung in und gegenüber der Gesellschaft	49
	II. Arbeitnehmerbeteiligung auf Unternehmens- und Betriebsebene	50
	1. Betrieb – Unternehmen/Unternehmensträger/(Aktien)-Gesellschaft	51
	2. Arbeitstechnisch-organisatorische und wirtschaftlich-unternehmensbezogene Entscheidungen	51
	III. Begrifflichkeiten	53

Inhaltsverzeichnis

	1. „Mitbestimmung"	53
	2. Beteiligungsrechte	55
	IV. Tarifautonomie und Arbeitskampf	56
	V. Ergebnis	58

3. Kapitel. Die Regelung des Wechselspiels von Unternehmensführung und Arbeitnehmerinteressen ... 59

§ 6 Innensteuerung: Unternehmensmitbestimmung ... 59
    I. Arbeitnehmervertretung im *Consejo de Administración* ... 60
        1. Unternehmensmitbestimmung heute ... 61
            a. Unternehmensmitbestimmung in öffentlichen Unternehmen ... 61
                aa. Acuerdo sobre participación en la empresa pública de 16 de enero de 1986 (Acuerdo 1986) ... 61
                    (1) Anwendungsbereich ... 62
                    (2) *Representantes Sindicales* bzw. *Comisión de Información y Seguimiento* ... 63
                    (3) Bestellung der *Representantes Sindicales* bzw. Einrichtung der *Comisión de Información y Seguimiento* ... 63
                    (4) Rechte und Pflichten ... 64
                bb. Acuerdo para las empresas de metal del Grupo INI/TENEO de 22 de junio de 1993 (Acuerdo 1993) ... 64
                    (1) Anwendungsbereich ... 65
                    (2) *Representantes Sindicales* und *Comisión de Seguimiento* ... 65
                    (3) Bestellung der *Representantes Sindicales* und Einrichtung der *Comisión de Seguimiento* ... 66
                    (4) Rechte und Pflichten ... 66
                cc. Anwendbarkeit des Acuerdo 1986 und Acuerdo 1993 ... 67
                dd. Auswirkung der Privatisierungen auf die Unternehmensmitbestimmung in öffentlichen Unternehmen ... 67
                ee. Bewertung des Acuerdo 1986 und Acuerdo 1993 ... 69
            b. *Cajas de Ahorro* ... 70
                aa. Rechtsnatur der *Cajas de Ahorro* ... 71
                bb. Regeln der Unternehmensmitbestimmung ... 71
                cc. Relevanz für die Untersuchung ... 72
            c. *Cooperativas* ... 72
                Exkurs: Sociedad Anónima Laboral ... 73
            d. Zwischenergebnis ... 74
        2. Unternehmensmitbestimmung unter Franco ... 74
            a. Vorläufer ... 74
            b. Anwendungsbereich ... 76
            c. Anzahl und Einfluss der Arbeitnehmervertreter ... 77
            d. Wahl der Arbeitnehmervertreter ... 78

Inhaltsverzeichnis

aa. Aktives und passives Wahlrecht	78
bb. Verfahren	79
cc. Beginn und Beendigung der Amtszeit	80
e. Rechte und Pflichten der Arbeitnehmervertreter	80
aa. Als Mitglied des *Consejo de Administración*	80
bb. Als Mitglied des *Jurado de Empresa*	80
f. Bedeutung der Syndikatsstruktur für die Unternehmensmitbestimmung	81
aa. Fuero del Trabajo	81
bb. Vertikale Syndikate	82
cc. Der Arbeitnehmervertreter als Verbindungsmann zwischen *Jurado de Empresa* und *Consejo de Administración*	83
g. Kritikpunkte der Lehre	84
h. Auswirkungen und Akzeptanz in der Praxis	85
i. Bewertung	86
3. Unternehmensmitbestimmung in der *Transición* und im Estatuto de los Trabajadores (ET)	87
a. *Transición*	87
b. Legalisierung der Gewerkschaften und die *política de concertación*	88
c. Arbeitnehmerbeteiligung in der Verfassung von 1978	90
d. Abschaffung der Unternehmensmitbestimmung mit Erlass des ET 1980	91
4. Unternehmensmitbestimmung seit 1980	93
a. Stellung der Gewerkschaften und Unternehmenskultur	94
b. Struktur und Situation der Wirtschaft	95
c. Wissenschaft und Praxis	96
5. Zusammenfassung	98
II. Arbeitnehmervertretung im Aufsichtsrat	98
1. Rechtslage	99
a. DrittelbG	99
b. MitbestG	101
c. MontanMitbestG	102
d. MitbestErgG	102
Exkurs: Arbeitsdirektor	103
2. Entstehungsgeschichte	104
3. Zielsetzung	107
Exkurs: „Sozialverband Unternehmen"	107
4. Verfassungsrechtliche Grundlagen	109
5. Neuere Entwicklungen	111
a. Auswirkungen der Unternehmensmitbestimmung	111
b. Änderung der Rahmenbedingungen	112
c. Lösungsansätze	114
6. Zusammenfassung	115

Inhaltsverzeichnis

III. Ergebnis: Ergänzung zum Begriff der Pfadabhängigkeit im Vergleich der deutschen und spanischen Unternehmensmitbestimmung	116
1. Rechtslage	116
2. Pfadabhängigkeit	118
Exkurs: Political Determinants of Corporate Law	118
3. Tendenzen	119

§ 7 Außensteuerung: Betriebliche Mitbestimmung 120
    I. Die Arbeitnehmervertretungen nach ET und LOSL 121
        1. Die Begriffe *Centro de Trabajo* und *Empresa* 121
        2. *Representación Unitaria: Delegados de Personal* und *Comité de Empresa* 122
            a. *Delegados de Personal* 122
            b. *Comité de Empresa* und *Comité de Empresa Conjunto* 123
            c. *Comité Intercentros* und *Comité de Grupo de Empresas* . . . 125
            Exkurs: Comité de Empresa Europeo 127
        3. *Representación Sindical: Secciones Sindicales* und *Delegados Sindicales* 129
            a. *Secciones Sindicales* 130
            b. *Delegados Sindicales* 131
        4. Weitere Einrichtungen: *Asamblea de Trabajadores* und *Comité de Seguridad y Salud* 132
            a. *Asamblea de Trabajadores* 132
            b. *Comité de Seguridad y Salud* 133
        5. Entstehungsgeschichte 134
        6. Zusammenfassung 138
    II. Die Arbeitnehmervertretung nach BetrVG 139
        1. Betriebs- und Unternehmensbegriff 139
        2. Einheitliche Arbeitnehmervertretung 140
            a. Betriebsrat 141
            b. Gesamtbetriebsrat 142
            c. Konzernbetriebsrat 143
        3. Stellung der Gewerkschaften 143
            a. Rechte der im Betrieb vertretenen Gewerkschaften nach BetrVG 144
            b. Durch das BetrVG nicht berührte Aufgaben der Gewerkschaften 145
                aa. Abschluss von Tarifverträgen 145
                bb. Arbeitskampf 146
                cc. Mitgliederwerbung und Mitgliederberatung 146
        4. Weitere Einrichtungen: Betriebsversammlung und Wirtschaftsausschuss 147
            a. Betriebsversammlung 147
            b. Wirtschaftsausschuss 148

Inhaltsverzeichnis

5. Entstehungsgeschichte	148
6. Zusammenfassung	152
III. Ergebnis: Betriebliche Mitbestimmung in Deutschland und Spanien als pfadabhängig bedingte Gegenpole	153
1. Rechtslage	153
2. Pfadabhängigkeit	154
3. Tendenzen	155

§ 8 Fazit: Regelung des Wechselspiels von Unternehmensführung und Arbeitnehmerinteressen 155

4. Kapitel. Funktion und Wirkung der Regelungen des Wechselspiels von Unternehmensführung und Arbeitnehmerinteressen 157

§ 9 Beteiligungsrechte der Innen- und Außensteuerung 157
    I. Informationsrechte 158
        1. Deutsche Unternehmensmitbestimmung 159
            a. Berichtspflichten nach § 90 AktG 159
            b. Vorlagepflichten nach §§ 170, 171, (314) AktG 160
            c. Einsichtsrechte nach § 111 Abs. 2 S. 1 AktG 161
        2. Betriebliche Mitbestimmung 161
            a. Die Arbeitnehmervertretungen nach ET und LOSL 161
                aa. Informationsrechte zur wirtschaftlichen Situation des Unternehmens 163
                bb. Informationsrechte zur Beschäftigung im Unternehmen 164
            b. Die Arbeitnehmervertretung nach BetrVG 165
                aa. Allgemeines Informationsrecht des Betriebsrates . . . 165
                bb. Besondere Informationsrechte des Betriebsrates . . . 166
                cc. Informationsrecht des Wirtschaftsausschusses 167
        3. Zusammenfassung 167
    II. Anhörungs- und Beratungsrechte 168
        1. Deutsche Unternehmensmitbestimmung 168
        2. Betriebliche Mitbestimmung 169
            a. Die Arbeitnehmervertretungen nach ET und LOSL 169
                aa. Anhörungs- und Beratungsrechte zur wirtschaftlichen Situation des Unternehmens 170
                bb. Anhörungs- und Beratungsrechte zur Beschäftigung im Unternehmen 170
            b. Die Arbeitnehmervertretung nach BetrVG 171
                aa. Anhörungs- und Beratungsrechte des Betriebsrates . . 172
                bb. Beratungsrechte des Wirtschaftsausschusses 172
        3. Zusammenfassung 173
    III. Kontroll- und Überwachungsrechte 173
        1. Deutsche Unternehmensmitbestimmung 173

	2. Betriebliche Mitbestimmung	175
	a. Die Arbeitnehmervertretungen nach ET und LOSL	175
	b. Die Arbeitnehmervertretung nach BetrVG	175
	3. Zusammenfassung	176
IV.	(Mit)Entscheidungsrechte	176
	1. Deutsche Unternehmensmitbestimmung	177
	Exkurs: Regelung der Willensbildung und Beschlussfassung im Aufsichtsrat	177
	a. Zustimmungsvorbehalte	179
	b. Personalentscheidungen	180
	c. Weitere Kompetenzen	182
	2. Betriebliche Mitbestimmung	183
	a. Die Arbeitnehmervertretungen nach ET und LOSL	183
	aa. Verhandlungsrechte	183
	(1) *Convenio Colectivo*	184
	(2) *Acuerdos Colectivos*	186
	bb. Konfliktmittel – *Huelga*	188
	cc. Konfliktlösung – *Procedimientos de Conflicto Colectivo*	189
	(1) *Procedimiento administrativo*	189
	(2) *Procedimiento judicial*	190
	(3) *Procedimiento extrajudicial*	191
	b. Die Arbeitnehmervertretung nach BetrVG	192
	aa. Widerspruchs- und Zustimmungsverweigerungsrechte	192
	bb. Positives Konsensprinzip	193
	cc. Verhandlungsrechte	194
	(1) Betriebsvereinbarung	194
	(2) Regelungsabsprache	195
	dd. Konfliktlösung – Einigungsstelle	196
	3. Zusammenfassung	197
V.	Ergebnis: Formal stärkere Beteiligungsrechte im Recht der deutschen Arbeitnehmerbeteiligung	197
§ 10	Funktions- und Wirkungsanalyse	198
I.	Rechtliche und rechtstatsächliche Ausbildung auch kooperativer Elemente im spanischen Recht der Arbeitnehmerbeteiligung	198
	1. Wirkung der Informations- sowie Anhörungs- und Beratungsrechte	200
	a. Bindung des Arbeitgebers und Rechtsfolgen der Nichtbeachtung	200
	b. Funktionszusammenhänge	201
	c. Zwischenergebnis	203
	2. Die Verhandlungskompetenzen als Instrument des Interessenausgleichs	203
	a. *Convenio Colectivo*	204
	aa. Verbreitung	205

Inhaltsverzeichnis

bb. Inhalte	206
cc. Verhandlungsführung	207
b. *Acuerdos Colectivos*	208
c. Zwischenergebnis	209
3. Der Streik als Instrument der Konfliktaustragung	210
a. Änderung der Streikkultur	210
b. Tendenz zur außergerichtlichen Konfliktlösung	212
c. Zwischenergebnis	212
4. Schnittstellen von Unternehmensführung und Arbeitnehmerinteressen	212
a. Mittelbarer Einfluss	213
b. Gewerkschaftsinteressen als weitere Dimension	214
c. Zwischenergebnis	214
5. Zusammenfassung	215
II. Die Beteiligungsrechte des Aufsichtsrats als Instrumente seiner Überwachungs- und Kontrollaufgabe	216
1. Funktion und Wirkung der Informationsrechte	216
a. Informationsbeschaffung	217
b. Informationsverarbeitung	218
c. Zwischenergebnis	220
2. Funktion und Wirkung der Beratungs- und (Mit)Entscheidungsrechte	220
a. Schnittstellen mit der Unternehmensführung	221
aa. Rechtliche Überschneidungen	221
bb. Rechtstatsächliche Zusammenarbeit	222
b. Szenarien des Interessenkonflikts und Interessengleichlaufs	223
c. Zwischenergebnis	224
3. Einfluss der Arbeitnehmerinteressen	224
a. Rolle der Arbeitnehmervertreter im Aufsichtsrat	225
b. Verhältnis zur betrieblichen Mitbestimmung und zu den Gewerkschaften	226
Exkurs: Arbeitsdirektor	228
c. Zwischenergebnis	228
4. Zusammenfassung	229
III. Das Gebot der Zusammenarbeit als Steuerungsinstrument des BetrVG	229
1. Ausübung und Sicherung der Beteiligungsrechte	229
a. Initiativrechte	230
b. Rechtsfolgen der Nichtbeachtung und Durchsetzung	230
c. Zwischenergebnis	231
2. Instrumente der Konfliktlösung und des Interessenausgleichs	232
a. Einigungsstellenverfahren und arbeitsrechtliches Beschlussverfahren	232

       b. Betriebsvereinbarungen und „betriebliche Bündnisse" . . . 233
       c. Zwischenergebnis 235
    3. Schnittstellen von Unternehmensführung und
       Arbeitnehmerinteressen 235
       a. Rechtlicher und rechtstatsächlicher Einfluss auf die
          Unternehmensführung 236
       b. Verschränkung mit Aufsichtsratsaufgaben 237
       c. Gewerkschaftsinteressen als weitere Dimension 238
       d. Zwischenergebnis 239
    4. Zusammenfassung 239
  IV. Ergebnis: Funktionale sowie rechtstatsächliche Divergenzen und
     Konvergenzen 240

§ 11 Fazit: Funktion und Wirkung der Regelungen des Wechselspiels von
     Unternehmensführung und Arbeitnehmerinteressen 241

§ 12 Schlussbetrachtung und Ausblick 243
   I. Einfluss der Arbeitnehmerinteressen auf die
     Unternehmensführung im Recht der deutschen und spanischen
     Aktiengesellschaft 243
  II. Herausforderungen und Lösungsansätze 245

Stichwortverzeichnis 253

Abkürzungsverzeichnis

ABI	Acuerdo Básico Interconfederal
Abl. EG	Amtsblatt der Europäischen Gemeinschaften
Abl. EU	Amtsblatt der Europäischen Union
Abs.	Absatz
AcP	Archiv für die civilistische Praxis
Acuerdo 1986	Acuerdo sobre participación en la empresa pública
Acuerdo 1993	Acuerdo para las empresas de metal del Grupo INI/TENEO
AEDIPE	Revista de la Asociación Española de Dirección de Personal
AG	Aktiengesellschaft/Die Aktiengesellschaft
AIE	Agencia Industrial del Estado
AktG	Aktiengesetz
ANC	Acuerdo Interconfederal para la Negociación Colectiva
AP	Alianza Popular
ArbGG	Arbeitsgerichtsgesetz
ArbR	Arbeitsrecht
ARHdb	Arbeitshandbuch für Aufsichtsratsmitglieder
Art.	Artikel
Artt.	Artikel (Plural)
ASEC	Acuerdo sobre Solución Extrajudicial de Conflictos Laborales
AT	Allgemeiner Teil
AuA	Arbeit und Arbeitsrecht
BAG	Bundesarbeitsgericht
BB	Betriebsberater
BDA	Bundesvereinigung der Deutschen Arbeitgeberverbände
BDI	Bundesverband der Deutschen Industrie
BetrVG	Betriebsverfassungsgesetz
BGB	Bürgerliches Gesetzbuch
BGBl.	Bundesgesetzblatt
BGHZ	Rechtsprechung des Bundesgerichtshofs in Zivilsachen
BOE	Boletín Official del Estado
BPersVG	Bundespersonalvertretungsgesetz
BR-Drucks.	Bundesratsdrucksache
BT-Drucks.	Bundestagsdrucksache
BVerfG	Bundesverfassungsgericht
BVerfGE	Rechtsprechung des Bundesverfassungsgerichts
bzw.	beziehungsweise
ca.	circa
CCom	Código de Comercio
CCOO	Confederación Sindical de Comisiones Obreras
CE	Constitución Española
CEOE	Confederación Española de Organizaciones Empresariales
CEPYME	Confederación Española de la Pequeña y Mediana Empresa
CNMV	Comisión Nacional de Mercado y Valores
CNT	Confederación Nacional de Trabajadores
COPYME	Confederación General de las Pequeñas y Medianas Empresas del Estado Español

Abkürzungsverzeichnis

DB	Der Betrieb
DCGK	Deutscher Corporate Governance Kodex
Decreto 1965	Ausführungsdekret zum Ley 1962
ders.	derselbe
DGB	Deutscher Gewerkschaftsbund
d.h.	das heisst
dies.	dieselbe(n)
Diss.	Dissertation
DrittelbG	Drittelbeteiligungsgesetz
EBOR	European Business Organization Law Review
Einl.	Einleitung
ET	Estatuto de los Trabajadores
EU	Europäische Union
EuGH	Europäischer Gerichtshof
f.	folgende Seite
FET/JONS	Falange Española Tradicionalista y de las Juventudes Obreras Nacional Sindicalistas
ff.	folgende Seiten
FGG	Gesetz über die Angelegenheiten der freiwilligen Gerichtsbarkeit
Fn.	Fußnote
FS	Festschrift
GesR	Gesellschaftsrecht
GG	Grundgesetz
GK	Gemeinschaftskommentar/Grundkurs
GmbH	Gesellschaft mit beschränkter Haftung
GroßKomm	Großkommentar
Habil.	Habilitation
HaKo	Handkommentar
Hdb	Handbuch
HGB	Handelsgesetzbuch
h.M.	herrschende Meinung
HS	Halbsatz
H/S/W/G/N	Hess/Schlochauer/Worzalla/Glock/Nicolai
IAGC	Informe Anual de Gobierno Corporativo
INH	Instituto Nacional de Hidrocarburos
INI	Instituto Nacional de Industria
i.V.m.	in Verbindung mit
JuS	Juristische Schulung
JZ	Juristenzeitung
KOM	Europäische Kommission
KölnKomm	Kölner Kommentar
KonTraG	Gesetz zur Kontrolle und Transparenz im Unternehmensbereich
LCEE	Ley sobre derechos de información y consulta de los trabajadores en las empresas y grupos de empresas de dimensión comunitaria
LCoop	Ley de cooperativas
Ley 1962	Ley sobre participación del personal en la administración de las empresas que sean sociedades
Ley de Transparencia	Ley de Transparencia de las sociedades cotizadas
LISOS	Ley sobre infracciones y sanciones en el orden social
LORAP	Ley de órganos de representación, determinación de las condiciones de trabajo y participación del personal al servicio de las administraciones públicas

Abkürzungsverzeichnis

LORCA	Ley de regulación de las normas basicas sobre órganos rectores de las cajas de ahorro
LOSL	Ley orgánica de libertad sindical
LPL	Ley de procedimiento laboral
LPRL	Ley de prevención de riesgos laborales
LSA	Ley de sociedades anónimas
MitbestErgG	sog. Mitbestimmungsergänzungsgesetz
MitbestG	Mitbestimmungsgesetz
MontanMitbestG	sog. Montan-Mitbestimmungsgesetz
MünchHdb	Münchener Handbuch
MünchKomm	Münchener Kommentar
n./Nr.	Nummer
NJW	Neue Juristische Wochenschrift
NZA	Neue Zeitschrift für Arbeitsrecht
NZG	Neue Zeitschrift für Gesellschaftsrecht
OSE	Organización Nacional-Sindicalista del Estado
PAD	Real-Decreto por el que se regula la relación laboral de carácter especial del personal de alta dirección
PCE	Partido Comunista de España
PersV	Die Personalvertretung
Pkt.	Punkt
PP	Partido Popular
PSOE	Partido Socialista Obrero Español
RdA	Recht der Arbeit
RDLRT	Decreto-Ley sobre relaciones de trabajo
RDM	Revista de Derecho Mercantil
RdS	Revista de derecho de sociedades
REB	Richtlinie über die Einsetzung eines Europäischen Betriebsrates oder die Schaffung eines Verfahrens zur Unterrichtung und Anhörung der Arbeitnehmer in gemeinschaftsweit operierenden Unternehmen und Unternehmensgruppen
RERT	Reglamento de elecciones a órganos de representación de los trabajadores en la empresa
RGBl.	Reichsgesetzblatt
RIW	Recht der Internationalen Wirtschaft
Rn.	Randnummer
RRM	Reglamento del Registro Mercantil
RSE	Responsabilidad Social de las Empresas
S.	Satz/Seite
SA	Sociedad Anónima
SAL	Sociedad Anónima Laboral
SE	Societas Europea
SEBG	Gesetz über die Beteiligung der Arbeitnehmer in einer Europäischen Gesellschaft
SEIT	Ley sobre implicación de los trabajadores en las sociedades anónimas y cooperativas europeas
SEPI	Sociedad Estatal de Participaciones Industriales
SEPPA	Sociedad Estatal de Participaciones Patrimoniales
SE-RL	Richtlinie zur Ergänzung des Statuts der Europäischen Gesellschaft hinsichtlich der Beteiligung der Arbeitnehmer
SIMA	Servicio Interconfederal de Mediación y Arbitraje
SL	Sociedad Laboral

XXI

Abkürzungsverzeichnis

sog.	so genannte(r)
SprAuG	sog. Sprecherausschussgesetz
SRL	Sociedad a Responsabilidad Limitada
STC	Sentencia del Tribunal Constitucional
TransPuG	Gesetz zur Kontrolle und Transparenz im Unternehmensbereich
TVG	Tarifvertragsgesetz
u. Ä.	und Ähnliche(s)
UCD	Unión de Centro Democrático
UGT	Unión General de Trabajadores
UMAG	Gesetz zur Unternehmensintegrität und Modernisierung des Anfechtungsrechts
UmwG	Umwandlungsgesetz
USO	Unión Sindical Obrera
usw.	und so weiter
v.	von
vgl.	vergleiche
Vol.	Volumen
W/P	Wlotzke/Preis
WpÜG	Wertpapiererwerbs- und Übernahmegesetz
WRV	Weimarer Reichsverfassung
z. B.	zum Beispiel
ZfA	Zeitschrift für Arbeitsrecht
ZGR	Zeitschrift für Unternehmens- und Gesellschaftsrecht
ZHR	Zeitschrift für das gesamte Handels- und Wirtschaftsrecht
ZIP	Zeitschrift für Wirtschaftsrecht
ZRP	Zeitschrift für Rechtspolitik
zugl.	zugleich

Literaturverzeichnis

Abad Conde y Sevilla, Gerardo D.: La cogestión o participación de los trabajadores en la administración de las empresas, La Coruña 1971

Abele, Roland: Tarifrecht in Spanien, Diss. Trier 1996

Abeltshauser, Thomas E.: Leitungshaftung im Kapitalgesellschaftsrecht, Zu den Sorgfalts- und Loyalitätspflichten von Unternehmensleitern im deutschen und im US-amerikanischen Kapitalgesellschaftsrecht, Köln/Berlin/Bonn/München 1994, zugl.: Habil. Gießen 1994

Albach, Horst: Führung durch Vorstand und Aufsichtsrat, in: Handbuch Corporate Governance, Leitung und Überwachung börsennotierter Unternehmen in der Rechts- und Wirtschaftspraxis, Herausgegeben von Peter Hommelhoff, Klaus J. Hopt und Axel v. Werder, Köln 2003, S. 361–375

Albiol Montesinos, Ignacio: Comités de Empresa y Delegados de Personal, Madrid 1992

Almansa Pastor, José Manuel: La participación del trabajador en la administración de la empresa, Madrid 1965

Alonso, Luis Enrique/Blanco, Juan: La transformación de las bases sociales del conflicto laboral, in: Las relaciones de empleo en España, Herausgegeben von Faustino Miguélez und Carlos Prieto, Madrid 1999, S. 347–370

Altmeyer, Werner: Basisdemokratie unter südlicher Sonne – Betriebliche Interessenvertretung in Spanien, Arbeitsrecht im Betrieb 2/2002, S. 100–105

– Interessenmanager vor neuen Herausforderungen, Eine empirische Studie über Belegschaftsvertretungen in Deutschland, Frankreich, Spanien und Großbritannien, Baden-Baden 2001, zugl.: Diss. Hamburg 1999

Amlang, Julia: Die unternehmerische Entscheidungsfreiheit bei „betriebsbedingten Kündigungen" im europäischen Rechtsvergleich: Kündigung aus wirtschaftlichen Gründen in Deutschland, Spanien, Großbritannien und Schweden, Frankfurt am Main 2005, zugl.: Diss. Berlin 2004/2005

Anderson, Arthur: La participación de los trabajadores en la empresa, Vitoria-Gasteiz 1998

Aragón Sánchez, Antonio: Gestión de la participación de los trabajadores en la empresa: situación y desafíos, in: La participación de los trabajadores en la empresa, Madrid 2003, S. 23–60

Arroyo, Ignacio: Reflexiones en torno al interés social, RDM 2001, n. 239, S. 421–440

Arroyo, Ignacio/Embid Irujo, José Miguel: Comentarios a la Ley de Sociedades Anónimas, Volumen II, Madrid 2001 (zitiert: *Bearbeiter*, Comentarios LSA, Vol. II)

Barrenechea Suso, Jon/Ferrer López, Miguel A.: El Estatuto de los Trabajadores, Comentada y concordada con legislación complementaria y jurisprudencia, 2. Auflage, Bilbao 1996

Barrios, Harald: Grundzüge des politischen Systems Spaniens, in: Spanien heute, Politik, Wirtschaft, Kultur, Herausgegeben von Walther L. Bernecker und Klaus Dirscherl, 4. Auflage, Frankfurt am Main 2004, S. 51–77

Baz Rodríguez, Jesús: Participación y negociación colectiva en los grupos de empresas españoles: análisis del "acuerdo-marco de grupo", como instrumento técnico de interacción operativa entre ambas funciones, in: Descentralización productiva y nuevas formas organizativas del trabajo, Madrid 2000, S. 727–759

Behrens, Peter: Die Bedeutung der ökonomischen Analyse des Rechts für das Arbeitsrecht, ZfA 1989, S. 209–238

Berliner Netzwerk Corporate Governance: 12 Thesen zur Modernisierung der Mitbestimmung, AG 2004, S. 200–201

Literaturverzeichnis

Bernecker, Walther L.: Gewerkschaftsbewegung und Staatssyndikalismus in Spanien, Quellen und Materialien zu den Arbeitsbeziehungen in Spanien 1936-1980, Frankfurt am Main/New York 1985

Bernhardt, Wolfgang/Witt, Peter: Die Beurteilung der Aufsichtsräte und ihrer Arbeit, in: Handbuch Corporate Governance, Leitung und Überwachung börsennotierter Unternehmen in der Rechts- und Wirtschaftspraxis, Herausgegeben von Peter Hommelhoff, Klaus J. Hopt und Axel v. Werder, Köln 2003, S. 323–334

Berrar, Carsten: Die zustimmungspflichtigen Geschäfte nach § 111 Abs. 4 AktG im Lichte der Corporate Governance Diskussion, DB 2001, S. 2181–2186

Bertelsmann Stiftung/Hans–Böckler-Stiftung: Mitbestimmung und neue Unternehmenskulturen – Bilanz und Perspektiven, Bericht der Kommission Mitbestimmung, Gütersloh 1998

Bierich, Marcus: Macht und Gerechtigkeit, in: Unternehmen und Unternehmensführung im Recht, Festschrift für Johannes Semler, Berlin/New York 1993, S. 1–15

Blair, Margaret M./Roe, Marc J: Employees and Corporate Governance – Introduction, Washington, D.C. 1999, S. 1–14

Blank, Michael: Mitbestimmung als Vertragsgegenstand, in: Arbeitnehmermitwirkung in einer sich globalisierenden Arbeitswelt, Employee Involvement in a Globalising World, Liber Amicorum Manfred Weiss, Berlin 2005, S. 295–307

Blanpain, Roger/Engels, Chris: Comparative Labour Law and Industrial Relations in Industrialized Market Economies, 6. Auflage, The Hague/London/Boston 1998

Bonin, Gregor v.: Die Leitung der Aktiengesellschaft zwischen Shareholder Value und Stakeholder-Interessen, Baden-Baden 2004, zugl.: Diss. Konstanz 2003

Boquera Matarredona, Josefine/Latorre Chiner, Nuria: Distribución y conflictos de competencias en la sociedad anónima no cotizada, in: Las Competencias de los órganos sociales en las sociedades de capital, Herausgegeben von José Miguel Embid Irujo, Valencia 2005, S. 29–99

Borges, Georg: Selbstregulierung im Gesellschaftsrecht – zur Bindung an Corporate Governance Kodizes, ZGR 2003, S. 508–540

Boujong, Karlheinz: Rechtliche Mindestanforderungen an eine ordnungsgemäße Vorstandskontrolle und -beratung, Konsequenzen aus den Entscheidungen des Bundesgerichtshofes BGHZ 114, 127 und BGHZ 124, 111, AG 1995, S. 203–207

Braun, Siegfried/Eberwein, Wilhelm/Tholen, Jochen: Belegschaften und Unternehmer: zur Geschichte und Soziologie der deutschen Betriebsverfassung und Belegschaftsmitbestimmung, Frankfurt am Main/New York 1992

Braun, Silvia: Die Sicherung der Unternehmensmitbestimmung im Lichte des europäischen Rechts, Baden-Baden 2005, zugl.: Diss. Freiburg 2005

Brox, Hans/Walker, Wolf-Dietrich: Allgemeiner Teil des BGB, 31. Auflage, Köln/Berlin/Bonn/München 2007

Buchner, Herbert: Gewerkschaftsvertreter im Aufsichtsrat – auch ein verfassungsrechtliches Problem, §§ 1 Abs. 1, 7 Abs. 1 Satz 1, Abs. 2 MitbestG auf dem Prüfstand, ZfA 2006, S. 597–630

– Kooperation als Leitmaxime des Betriebsverfassungsrechts, DB 1974, S. 530–535

Bundesvereinigung der Deutschen Arbeitgeberverbände/Bundesverband der Deutschen Industrie: Mitbestimmung modernisieren – Bericht der Kommission Mitbestimmung, abrufbar unter www.bda-online. de/www/bdaonline.nsf/id/958308CD8B487F37C1256F4D003E5994/$file/Bericht%20der%20% Kommission%20Mitbestimmung.pdf, letzter Abruf Mai 2007

Calle, Vicente: Arbeitsrecht in Spanien, in: Arbeitsrecht in Europa, Herausgegeben von Martin Henssler und Axel Braun, 2. Auflage, Köln 2007, S. 1391–1475

Calvo Gallego, Javier: Las fórmulas de participación de los trabajadores en las empresas de grupo: entre el silencio legal y el desarrollo convencional, in: Empresario, contrato de trabajo y cooperación entre empresas, Herausgeben von María Fernanda Fernández López, Madrid 2004, S. 181–209

Carazo, José Antonio: Outokumpu Copper Tubes, S.A.: Una revolución tranquila, Capital Humano 1999, n. 120, S. 8–12

Literaturverzeichnis

Carrascosa Bermejo, María Dolores: Acuerdo sobre información y consulta de ámbito europeo: la experiencia española, Temas laborales 2000, n. 53, S. 29–51

Casas Baamonde, Maria Emilia: Representación unitaria de los trabajadores en la empresa y derechos de comunicación (En torno al artículo 81 de la Ley del Estatuto de los Trabajadores), Torrejón de Ardoz (Madrid) 1984

Castro, Raul M.: La participación obrera en la empresa, in: La democratización del trabajo, Herausgegeben von José Felix Tezanos, Madrid 1992, S. 69–86

Cavas Martínez, Faustino: Las Comisiones Paritarias y la solución de los conflictos laborales derivados de la interpretación y aplicación del convenio colectivo, Revista del Ministerio de Trabajo y Asuntos Sociales 2007, nr. 68, S. 115–135

Cerdá Martínez-Pujalte, Carmen María/Rentsch, Klaus: Die Treuepflichten der Vorstände und Geschäftsführer im spanischen Kapitalgesellschaftsrecht, RIW 2008, S. 29–37

Charny, David: Workers and Corporate Governance: The Role of Political Culture, in: Employees and Corporate Governance, Herausgegeben von Margaret M. Blair und Marc J. Roe, Washington, D.C. 1999, S. 91–120

Cheffins, Brian R.: Company Law – Theory, Structure and Operation, Oxford 1997

Clemm, Hermann: Zur Verantwortung der Unternehmensleitung gegenüber Aktionären („shareholder value"), Arbeitnehmern und Gemeinwohl („soziale Verantwortung") – Anmerkungen vor dem Hintergrund der aktuellen wirtschaftlichen und sozialen (auch Beschäftigungs-)Lage in Deutschland, in: Festschrift für Wolfgang Ritter, Köln 1997, S. 675–692

Consejo Económico y Social: El Acuerdo Interconfederal para la Negociación Colectiva 2003, in: Observatorio de Relaciones Industriales, Boletín elaborado por el Àrea de Estudio y Análisis, Número 58, Febrero 2003, S. 1–2

- Avance de la Negociación Colectiva de 2005, in: Observatorio de Relaciones Industriales, Boletín elaborado por el Àrea de Estudio y Análisis, Número 88, Febrero 2006, S. 1–2
- Diez Años de la Directiva de Comités de Empresa Europeos: Avances y nuevos retos en 2004, in: Observatorio de Relaciones Industriales, Boletín elaborado por el Àrea de Estudio y Análisis, Número 67, Enero 2004, S. 1–2
- Empleo y Formación en el Programa Nacional de Reformas de España, 2005–2008, in: Observatorio de Relaciones Industriales, Boletín elaborado por el Àrea de Estudio y Análisis, Número 85, Noviembre 2005, S. 1–2
- Empleo y Relaciones Laborales en la Construcción, in: Observatorio de Relaciones Industriales, Boletín elaborado por el Àrea de Estudio y Análisis, Número 84, Octubre 2005, S. 1–2
- Panorama Económico, 2007: un balance, in: Cuadernos, Cauces 3/2008, S. 6–13
- Situación de los Comités de Empresa Europeos en España, in: Observatorio de Relaciones Industriales, Boletín elaborado por el Àrea de Estudio y Análisis, Número 17, Abril 1999, S. 2–3
- Sobre el anteproyecto de Ley sobre implicación de los trabajadores en las sociedades anónimas europeas, Dictámenes 2005, n. 3, S. 35–44
- La Solución Extrajudicial de Conflictos: Perspectiva Europea e Implantación en España, in: Observatorio de Relaciones Industriales, Boletín elaborado por el Àrea de Estudio y Análisis, Número 78, Febrero 2005, S. 1–2
- El Tiempo de Trabajo y el Salario en la Negociación Colectiva más reciente, in: Observatorio de Relaciones Industriales, Boletín elaborado por el Àrea de Estudio y Análisis, Número 71, Mayo 2004, S. 1–2
- El Trabajo en la Economía Social en España, in: Observatorio de Relaciones Industriales, Boletín elaborado por el Àrea de Estudio y Análisis, Número 89, Marzo 2006, S. 1–2

Continho de Abreu, Jorge M.: Interés social y deber de lealtad de los socios, RdS 2002, n. 19, S. 39–56

Cremades, Javier: Gesellschaftsrecht in Spanien – Eine Einführung mit vergleichenden Tabellen, 3. Auflage, Heidelberg/München/Berlin 2001

Creutz, Marcus: Deutsche Unternehmen knocken Mitbestimmung aus, Legale Vermeidungsstrategien haben Konjunktur – Konzerne wählen internationale Konstruktion, Handelsblatt vom 9. November 2005, Nr. 217, S. 37

Literaturverzeichnis

Cristóbal Roncero, Rosario: El Comité de Empresa Europeo en las empresas o grupos de empresas de dimensión comunitaria, Revista del Ministerio de Trabajo y Asuntos Sociales 2003, n. 43, S. 157–180

Cruz Villalón, Jesús: Estructura y concurrencia entre convenios colectivos, Revista del Ministerio de Trabajo y Asuntos Sociales 2007, n. 68, S. 77–100

– La representación de los trabajadores en la empresa y en el grupo, Madrid 1992

Cuevas López, Joaquín: Notas relativas al „Acuerdo sobre participación en la empresa pública", de 16 de enero de 1986, Relaciones Laborales I/1986, S. 1021–1026

Dalchow, Andreas: Zur Bedeutung des Shareholder Value bei der Konkretisierung von Organpflichten in börsennotierten Aktiengesellschaften: eine ökonomische und juristische Analyse, Frankfurt am Main/Berlin/Bern/Bruxelles/New York/Oxford/Wien 2005, zugl.: Diss. Berlin 2002

Dannemann, Gerhard: Comparative Law: Study of Similarities or Differences?, in: The Oxford Handbook of Comparative Law, Herausgegeben von Mathias Reimann und Reinhard Zimmermann, Oxford 2006, S. 383–419

Däubler, Wolfgang: Einleitung: Arbeitsbeziehungen in Spanien, Geschichte – Ideologien – Rechtsnormen, Köln 1982, S. 7–19

– Arbeitskampfrecht, 2. Auflage, Baden-Baden 1987

– Kommentar zum Tarifvertragsgesetz mit Kommentierung des Arbeitnehmer-Entsendegesetzes, 2. Auflage, Baden-Baden 2006

Desdentado Bonete, Aurelio/Puebla Pinilla, Ana de la: La intervención de los representantes de los trabajadores en el proceso concursal, Tribuna social 2004, n. 166, S. 9–17

Dieterich, Thomas: Die betriebliche Mitbestimmung im Zusammenspiel mit der Tarifautonomie, in: Bitburger Gespräche Jahrbuch 2006/I, Herausgegeben von der Stiftung Gesellschaft für Rechtspolitik, Trier, und dem Institut für Rechtspolitik an der Universität Trier, München 2006, S. 61–69

Diller, Martin: Gesellschafter und Gesellschaftsorgane als Arbeitnehmer, Köln 1994, zugl.: Diss. Mainz 1993/1994

Domínguez Rodríguez, Rafael: Der Tourismusboom und seine Folgen, in: Spanien heute, Politik, Wirtschaft, Kultur, Herausgegeben von Walther L. Bernecker und Klaus Dirscherl, 4. Auflage, Frankfurt am Main 2004, S. 577–603

Dreher, Meinrad: Das Ermessen des Aufsichtsrates, Der Aufsichtsrat in der Aktiengesellschaft zwischen Verbandsautonomie und Richterkontrolle, ZHR 158 (1994), S. 614–645

– Die Organisation des Aufsichtsrates, in: Corporate Governance – Optimierung der Unternehmensführung und der Unternehmenskontrolle im deutschen und amerikanischen Aktienrecht, Herausgegeben von Dieter Feddersen, Peter Hommelhoff, Uwe H. Schneider, Köln 1996, S. 33–60

Durán López, Frederico: La participación de los trabajadores, Revista del Ministerio de Trabajo y Asuntos Sociales 1998, n. 13, S. 77–94

Durán López, Frederico/Sáez Lara, Carmen: El papel de la participación en las nuevas relaciones laborales, Madrid 1997

Edenfeld, Stefan: Arbeitnehmerbeteiligung im Betriebsverfassungs- und Personalvertretungsrecht, Köln 2000, zugl.: Habil. Münster (Westfalen) 1999

– Recht der Arbeitnehmermitbestimmung: Betriebsverfassung, Personalvertretungsrecht, Unternehmensmitbestimmung, Heidelberg 2003

Elorriaga, Alberto: La communicación interna, AEDIPE 1998, n. 6, S. 56–64

Elorza Guerrero, Fernando: Los acuerdos de empresa en el Estatuto de los Trabajadores, Madrid 2000

Embid Irujo, José Miguel: El buen gobierno corporativo y los grupos de sociedades, RDM 2003, n. 249, S. 933–979

– Notas sobre la naturaleza jurídica de las Cajas de Ahorro, Documentación Laboral 1995, n. 46, S. 13–36

Literaturverzeichnis

Emparanza, Alberto: El Reglamento de la Junta de Accionistas tras la nueva Ley 26/2003, de 17 julio, de transparencia de las sociedades cotizadas, RdS 2003, n. 21, S. 149–163

Ensch, Jürgen: Institutionelle Mitbestimmung und Arbeitnehmereinfluss, Köln/Berlin/Bonn/München 1989, zugl.: Diss. Mainz 1986

Erbler, Hans: Spaniens nationalsyndikalistischer Verfassungs- und Sozialbau, El Fuero del Trabajo und das Programm der nationalsyndikalistischen Bewegung, Weimar 1939

Erdmann, Ernst-Gerhard: Die Bedeutung der Mitbestimmung des Betriebsrates für die unternehmerische Entscheidung: Der Weg zur Überparität, RdA 1976, S. 87–90

Esteban Velasco, Gaudencio: Administradores de S. A., in: Enciclopedía jurídica básica, Band I, Herausgegeben von Alfredo Montoya Melgar, Madrid 1995, S. 342–348
– Consejo de Administración, in: Enciclopedía jurídica básica, Band I, Herausgegeben von Alfredo Montoya Melgar, Madrid 1995, S. 1470–1475
– El gobierno de las sociedades cotizadas. La experiencia española, Cuardernos de Derecho y Comercio 2001, n. 35 (Separata), S. 11–97
– Interés social, buen gobierno y responsabilidad social corporativa (algunas consideraciones desde una perspectiva jurídico-societaria), in: Responsabilidad Social Corporativa, Aspectos jurídicos-económicos, Castello de la Plana 2005, S. 13–63
– Participación de los trabajadores en la empresa y la reforma de las sociedades anónimas, Servicio de Publicaciones Ministerio de Trabajo, Instituto de Estudios Sociales, Madrid 1980
– El poder de decisión en las sociedades anónimas: derecho europeo y reforma del derecho español, Madrid 1982
– Reorganización de la composición del Consejo: clases de consejeros, en particular los consejeros independientes (Recomendaciones 7 y 9 a 15), RdS 2006, n. 27, S. 85–114
– Sociedad Anónima, in: Enciclopedía jurídica básica, Band IV, Herausgegeben von Alfredo Montoya Melgar, Madrid 1995, S. 6270–6284

Estivill, Jordi/García-Nieto, Joan N./Homs, Oriol/Sánchez, J. Eugeni: La participación de los trabajadores en la gestión de la empresa, Barcelona 1971

Farrando, Ignacio: Evolution and Deregulation in the Spanish Corporate Law, Working Paper, Juni 2004, pdf-Dokument abrufbar unter www.estig.ipbeja.pt//ac_direito/farrando.pdf, letzter Abruf Juli 2008

Feddersen, Dieter: Nochmals – Die Pflichten des Vorstands zur Unternehmensplanung, ZGR 1993, S. 114–117

Federlin, Gerd: Die Zukunft der betrieblichen Bündnisse für Arbeit, in: 50 Jahre Bundesarbeitsgericht, München 2004, S. 645–656

Fernández del Pozo, Luís: Participación de trabajadores y directivos en el capital de las sociedades anónimas, Examen de la cuestión en derecho societario, RDM 1999, n. 234, S.1361–1468

Fernández Steinko, Armando: Democracía en la empresa, Madrid 2000
– Prospects for participation and co-determination under the European Company Statute, National Report: Spain, in: Workers' participation at board level in the EU – 15 countries, Hans Böckler Foundation/European Trade Union Institute, Brüssel 2004, S. 102–110, noch abrufbar unter www.seeurope-network.org/homepages/seeurope/countries/spain.html, letzter Abruf März 2008, neue Seite jetzt www.worker-participation.eu
– Trabajo, Sociedad e Individuos en la España de Fin de Siglo, in: Las relaciones de empleo en España, Herausgegeben von Faustino Miguélez und Carlos Prieto, Madrid 1999, S. 489–527

Fernandéz Toxo, Ignacio/Gómez, Andrés: Acuerdo empresas públicas del metal, in: Gaceta Sindical 1993, n. 118, S. 14–17

Finkin, Matthew W.: Comparative Labour Law, in: The Oxford Handbook of Comparative Law, Herausgegeben von Mathias Reimann und Reinhard Zimmermann, Oxford 2006, S. 1131–1160

Fitting, Karl/Engels, Gerd/Schmidt, Ingrid/Trebinger, Yvonne/Linsenmaier, Wolfgang: Betriebsverfassungsgesetz mit Wahlordnung, Handkommentar, 24. Auflage, München 2008 (zitiert: *Fitting,* BetrVG)

Literaturverzeichnis

Fleischer, Holger: Vorstandsverantwortlichkeit und Fehlverhalten von Unternehmensangehörigen – Von der Einzelüberwachung zur Errichtung einer Compliance-Organisation, AG 2003, S. 291–300
– Zur Leitungsaufgabe des Vorstands im Aktienrecht, ZIP 2003, S. 1–11
Flessner, Axel: Juristische Methode und europäisches Privatrecht, JZ 2002, S. 14–23
Franz, Wolfgang: Das deutsche Modell der unternehmerischen und betrieblichen Mitbestimmung: Eine Einschätzung aus ökonomischer Sicht, in: Bitburger Gespräche Jahrbuch 2006/I, Herausgegeben von der Stiftung Gesellschaft für Rechtspolitik, Trier, und dem Institut für Rechtspolitik an der Universität Trier, München 2006, S. 117–133
Fuchs, Maximilian/Marhold, Franz: Europäisches Arbeitsrecht, 2. Auflage, Wien/New York 2006
Führer-Ries, Ilse Marie: Vom Klassenkampf zu kooperativen Strategien, Frankfurt am Main/Bern/New York/Paris 1991, zugl.: Diss. Göttingen 1991

Galiana Morena, Jesús María: La negociación colectiva, Revista del Ministerio de Trabajo y Asuntos Sociales 2005, n. 58, S. 299–313
Galiana Morena, Jesús María/García Romero, Belén: La participación y representación de los trabajadores en la empresa en el modelo normativo español, Revista del Ministerio de Trabajo y Asuntos Sociales 2003, n. 43, S. 13–30
Gamillscheg, Franz: Kollektives Arbeitsrecht, Band I: Grundlagen/Koalitionsfreiheit/Tarifvertrag/Arbeitskampf und Schlichtung, München 1997
– Vom Wert der Rechtsvergleichung, RdA 1987, S. 29–32
Gámir Casares, Luis: Las privatizaciones en España, Madrid 1999
García Murcia, Joaquín: La participación sindical en la empresa pública: El acuerdo de 16 de enero de 1986, Claridad 1986, n. 13, S. 25–37
García Serrano, Carlos/Garrido, Luis/Tohara, Luis: Empleo y paro en España: algunas cuestiones candentes, in: Las relaciones de empleo en España, Herausgegeben von Faustino Miguélez und Carlos Prieto, Madrid 1999, S. 23–50
Garrido Pérez, Eva: La información en la empresa, Análisis jurídico de los poderes de información de los representantes de los trabajadores, Madrid 1995
– La participación de los trabajadores en materia de prevención de riesgos laborales en la Ley 31–1995, in: Relaciones Laborales II/1997, S. 397–427
– Los sistemas de representación y participación de los trabajadores en empresas de estructura compleja: La perspectiva comunitaria, in: Empresario, contrato de trabajo y cooperación entre empresas, Herausgegeben von María Fernanda Fernández López, Madrid 2004, S. 129–180
Gay, Sylvia: Conclusiones Grupo de Trabajo, in: La participación de los trabajadores en la empresa, Madrid 2003, S. 101–109
Gemeinschaftskommentar zum Betriebsverfassungsgesetz: Herausgegeben von Fritz Fabricius, Alfons Kraft, Christoph Wiese, Peter Kreutz, Hartmut Oetker, Thomas Raab und Christoph Weber, Band I, §§ 1–73 mit Wahlordnungen, 8. Auflage, Neuwied 2005 (zitiert: *Bearbeiter,* GK-BetrVG, Band I)
– Band II, §§ 74–132, 8. Auflage, Neuwied 2005 (zitiert: *Bearbeiter,* GK-BetrVG, Band II)
Gentz, Manfred: Werden die geltenden Tarifverträge der betrieblichen Praxis gerecht?, in: Tarifautonomie für ein neues Jahrhundert, Festschrift für Günter Schaub, München 1998, S. 205–217
– Unternehmensmitbestimmung auf der Unternehmens- und Betriebsebene – Verzahnung oder Kumulation?, in: Bitburger Gespräche Jahrbuch 2006/I, Herausgegeben von der Stiftung Gesellschaft für Rechtspolitik, Trier, und dem Institut für Rechtspolitik an der Universität Trier, München 2006, S. 33–39
Gete Castrillo, Pedro: La reforma del derecho de representación colectiva, in: La reforma laboral del mercado laboral, Herausgegeben von Fernando Valdés Dal-Ré, Valladolid 1994, S. 500–563
Girón Tena, José: Apuntes de derecho mercantil, Vol. 1, Sociedades Parte General, Madrid 1985–1986
Gómez Caballero, Pedro: La participación de los trabajadores y los funcionarios en la prevención de riesgos laborales, Sevilla 2003

Literaturverzeichnis

Goos, Wolfgang: Ansätze zur Mitbestimmung der Arbeitnehmer in der europäischen Rechtsetzung, in: 50 Jahre Bundesarbeitsgericht, München 2004, S. 1179–1195
Gourevitch, Peter A.: The Politics of Corporate Governance, Yale Law Journal 112 (2003), S. 1829–1880
Grechenig, Kristoffel: Spanisches Aktien- und GmbH-Recht, Das einstufige Verwaltungssystem in Beziehung zur Hauptversammlung und zu den Gesellschafterrechten, Wien 2005, zugl.: Diss. Wien 2005
Großfeld, Bernhard: Kernfragen der Rechtsvergleichung, Tübingen 1996
Großkommentar zum Aktiengesetz: Herausgegeben von Klaus J. Hopt und Herbert Wiedemann, §§ 76–83, 4. Auflage (19. Lieferung), Berlin/New York 2003 (zitiert: *Bearbeiter*, GroßKomm-AktG)
- §§ 95–117, 4. Auflage (24. Lieferung), Berlin/New York 2005
- Mitbestimmungsgesetz, 4. Auflage (12. Lieferung), Berlin/New York 2003

Großmann, Adolf: Unternehmensziele im Aktienrecht, Eine Untersuchung über Handlungsmaßstäbe für Vorstand und Aufsichtsrat, Köln/Berlin/Bonn/München 1980, zugl.: Diss. Bochum 1979
Grundmann, Stefan: Europäisches Gesellschaftsrecht: eine systematische Darstellung unter Einbeziehung des europäischen Kapitalmarktrechts, Heidelberg 2004
Guerra Martín, Guillermo: La aplicación analógica a las Cajas de Ahorro del Derecho de Sociedades Anónimas en relación al derecho de información de los consejeros, RdS 2005, n. 24, S. 277–292

Habersack, Mathias: Europäisches Gesellschaftsrecht, 3. Auflage, München 2006
- Europäisches Gesellschaftsrecht im Wandel, NZG 2004, S. 1–56

Hammacher, Peter: Aus der Praxis eines Arbeitsdirektors, RdA 1993, S. 163–169
Hanau, Peter: Sicherung unternehmerischer Mitbestimmung, insbesondere durch Vereinbarung, ZGR 2001, S. 75–109
Handkommentar zum Betriebsverfassungsgesetz: Herausgegeben von Franz Josef Düwel, 2. Auflage, Baden-Baden 2006 (zitiert: *Bearbeiter*, HaKo-BetrVG)
Harrer, Herbert: Mitarbeiterbeteiligungen und Stock-Option Pläne, 2. Auflage, München 2004
Hauschka, Christoph E.: Grundsätze pflichtgemäßer Unternehmensführung, Entwurf eines Gesetzes zur Unternehmensintegrität und Modernisierung des Anfechtungsrechts, ZRP 2004, S. 65–96
Heckscher, Charles C.: El nuevo sindicalismo. La participación del trabajador en la empresa en transformación, Madrid 1993
Heermann, Peter W.: Unternehmerisches Ermessen, Organhaftung und Beweislastverteilung, ZIP 1998, S. 761–769
Heise, Dietmar: Günstigkeitsprinzip und betriebliche Bündnisse für Arbeit, in: 50 Jahre Bundesarbeitsgericht, München 2004, S. 657–681
Henssler, Martin: Deutsche Mitbestimmung und Europäisches Gemeinschaftsrecht, in: Bitburger Gespräche Jahrbuch 2006/I, Herausgegeben von der Stiftung Gesellschaft für Rechtspolitik, Trier, und dem Institut für Rechtspolitik an der Universität Trier, München 2006, S. 83–97
- Freiwillige Vereinbarungen über die Unternehmensmitbestimmung, in: Festschrift für Harm Peter Westermann, Köln 2008, S. 1019–1038
- Mitbestimmungsrechtliche Konsequenzen einer Sitzverlegung innerhalb der Europäischen Union – Inspirationen durch Inspire Art, Gedächtnisschrift für Meinrad Heinze, München 2005, S. 333–355

Henze, Hartwig: Entscheidungen und Kompetenzen der Organe in der AG: Vorgaben der höchstrichterlichen Rechtsprechung, BB 2001, S. 53–61
- Leitungsverantwortung des Vorstandes – Überwachungspflicht des Aufsichtsrates, BB 2000, S. 209–216
- Prüfungs- und Kontrollaufgaben des Aufsichtsrates in der Aktiengesellschaft, NJW 1998, S. 3309–3312

Hess, Harald/Schlochauer, Ursula/Worzalla, Michael/Glock, Dirk/Nicolai, Andrea: Kommentar zum Betriebsverfassungsgesetz, 7. Auflage, Köln 2008 (zitiert: *Bearbeiter* in H/S/W/G/N, BetrVG)
Hommelhoff, Peter: Die OECD-Principles on Corporate Governance – ihre Chancen und Risiken aus dem Blickwinkel der deutschen corporate governance-Bewegung, ZGR 2001, S. 238–267

Literaturverzeichnis

- Das Unternehmensrecht vor den Herausforderungen der Globalisierung, in: Deutsches und europäisches Gesellschafts-, Konzern- und Kapitalmarktrecht, Festschrift für Marcus Lutter, Köln 2000, S. 95–106

Höpner, Martin: Unternehmensmitbestimmung unter Beschuss: Die Mitbestimmungsdebatte im Licht der sozialwissenschaftlichen Forschung, Max-Planck-Institut für Gesellschaftsforschung, Discussion Paper 2004/10, abrufbar unter www.mpifg.de/pu/dp03-05_de.html, letzter Abruf März 2007

Hopt, Klaus J.: Arbeitnehmervertretung im Aufsichtsrat – Auswirkungen der Mitbestimmung auf Corporate Governance und wirtschaftliche Integration in Europa, in: Festschrift für Ulrich Everling, Band 2 , Baden-Baden 1995, S. 475–492

- Europäisches Gesellschaftsrecht und deutsche Unternehmensverfassung – Aktionsplan und Interdependenzen, ZIP 2005, S. 461–474
- Gemeinsame Grundsätze der Corporate Governance in Europa? Überlegungen zum Einfluss der Wertpapiermärkte auf Unternehmen und ihre Regulierung und zum Zusammenwachsen von common law und civil law im Gesellschafts- und Kapitalmarktrecht, ZGR 2000, S. 779–818
- Gesellschaftsrecht im Wandel, in: Festschrift für Herbert Wiedemann, München 2002, S. 1013–1031
- Grundprobleme der Mitbestimmung in Europa – Eine rechtsvergleichende Bestandsaufnahme und Einschätzung der Vorschläge zur Rechtsangleichung der Arbeitnehmermitbestimmung in den Europäischen Gemeinschaften, ZfA 1982, S. 207–235
- Die Haftung von Vorstand und Aufsichtsrat – zugleich ein Beitrag zur corporate governance-Debatte, in: Festschrift für Ernst-Joachim Mestmäcker, Baden-Baden 1996, S. 909–931

Horn, Norbert: Die Haftung des Vorstandes der AG nach § 93 AktG und die Pflichten des Aufsichtsrates, ZIP 1997, S. 1129–1139

Hoyningen-Huene v., Gerrick: Betriebsverfassungsrecht, 6. Auflage, München 2007

Hromadka, Wolfgang/Maschmann, Frank: Arbeitsrecht Band 2, Kollektivarbeitsrecht + Arbeitsrechtsstreitigkeiten, 4. Auflage, Berlin/Heidelberg/New York 2007

Hueck, Alfred/Nipperdey, Hans Carl: Lehrbuch des Arbeitsrechts, Band 1, 7. Auflage, Berlin/Frankfurt am Main 1963

Hueck, Götz/Windbichler, Christine: Gesellschaftsrecht, 21. Auflage, München 2008

Hüffer, Uwe: Kurzkommentar zum Aktiengesetz, 8. Auflage, München 2008

Huke, Rainer/Prinz, Thomas: Das Drittelbeteiligungsgesetz löst das Betriebsverfassungsgesetz ab, BB 2004, S. 2633–2639

Hundt, Daniel: Mediation und Betriebsverfassung, Grundlagen, Akzeptanz und Verbreitung, Saarbrücken 2006

Iglesias Cabero, Manuel: Nuevas fórmulas de compensación del trabajo: referencia a las „stock options", Revista del Ministerio de Trabajo y Asuntos sociales 2002, n. 38, S. 123–141

Immenga, Ulrich: Zuständigkeiten des mitbestimmten Aufsichtsrates, ZGR 1977, S. 249–269

Instituto de Estudios Económicos: La participación de los trabajadores en la empresa, Madrid 1979

Iribar, Inazio: La participación de los trabajadores en la empresa. Experiencia de Arteche, in: La participación de los trabajadores en la empresa, Herausgegeben von Antonio Aragón Sánchez, Madrid 2003, S. 139–147

Janzen, Dietmar: Vorzeitige Beendigung von Vorstandsamt und -vertrag, NZG 2003, S. 468–475

Jiménez García, Juan: Los derechos de veto en la legislación laboral española, Las Palmas 1991

Junker, Abbo: Europäisches Arbeitsrecht 2002–2003, RIW 2003, S. 698–710

- Grundkurs Arbeitsrecht, 7. Auflage, München 2008
- Mitbestimmung im europäischen Vergleich, in: Bitburger Gespräche Jahrbuch 2006/I, Herausgegeben von der Stiftung Gesellschaft für Rechtspolitik, Trier, und dem Institut für Rechtspolitik an der Universität Trier, München 2006, S. 71–81

Literaturverzeichnis

- Der Standort der deutschen Betriebsverfassung in Europa, RIW 2002, S. 81–87
- Unternehmensmitbestimmung in Deutschland, ZfA 2005, S. 1–44

Jürgens, Ulrich/Lippert, Inge: Kommunikation und Wissen im Aufsichtsrat, Voraussetzungen und Kriterien guter Aufsichtsratsarbeit aus der Sicht leitender Angestellter, Studie in Kooperation mit dem Deutschen Führungskräfteverband (ULA), Berlin 2005

Juste Mencía, Javier/Igartua Arregui, Fernando: Deberes de los administradores (Reforma de la LSA por la Ley de Transparencia), RdS 2005, n. 24, S. 75–89

Kallmeyer, Harald: Pflichten des Vorstands der Aktiengesellschaft zur Unternehmensplanung, ZGR 1993, S. 104–113

Kamp, Marcus: Die unternehmerische Mitbestimmung nach „Überseering" und „Inspire Art", BB 2004, S. 1496–1500

Kasten, Christopher: Spanisches Arbeitsrecht im Umbruch – Von der Franco-Diktatur zur Demokratie, Baden-Baden 1999, zugl.: Diss. Halle 1997

Kessler, Manfred H.: Interessen- und Kompetenzkonflikte in einer Aktiengesellschaft aus juristischer und betriebswirtschaftlicher Sicht, AG 1993, S. 252–273
- Die Leitungsmacht des Vorstandes einer Aktiengesellschaft (I), AG 1995, S. 61–76

Kindler, Peter: Unternehmerisches Ermessen und Pflichtenbindung, Voraussetzungen und Geltendmachung der Vorstandshaftung in der Aktiengesellschaft, ZHR 162 (1998), S. 101–119

Kirchner, Christian: Grundstruktur eines neuen institutionellen Designs für die Arbeitnehmermitbestimmung auf der Unternehmensebene, AG 2004, S. 197–200

Klinkhammer, Heiner: Der Arbeitsdirektor des Montan-Mitbestimmungsgesetzes – Reflexionen eines Insiders, in: Arbeitsgesetzgebung und Arbeitsrechtsprechung, Festschrift für Eugen Stahlhacke, Neuwied 1995, S. 275–287
- Mitbestimmung in Deutschland und Europa: eine Einführung für Praktiker, Neuwied/Kriftel/Berlin 1995

Klosterkemper, Heinrich: Über die Mitbestimmung und die Über-Mitbestimmung, in: Arbeitsrecht im sozialen Dialog, Festschrift für Helmut Wissmann, München 2005, S. 456–473

Kluge, Norbert/Stollt, Michael: Übersicht: Unternehmensmitbestimmung in den 27 EU-Mitgliedstaaten, Europäisches Gewerkschaftsinstitut (ETUI-REHS), Januar 2007, abrufbar unter www.boeckler.de/cps/rde/xchg/SID-3D0AB75D-2988CB2B/hbs/hs.xsl/258_13932.html, letzter Abruf März 2007

Kocka, Jürgen: Der lange Weg der sanften Tour, Krupp war natürlich dagegen, aber Bebel auch: Die Mitbestimmung hatte es schwer in Deutschland, DIE ZEIT vom 7. September 2006, Nr. 37, S. 100 (Zeitläufe)

Köhler, Holm-Detlev: Arbeitsmarkt und Arbeitsbeziehungen in Spanien zu Beginn des 21. Jahrhunderts, in: Spanien heute, Politik, Wirtschaft, Kultur, Herausgegeben von Walther L. Bernecker und Klaus Dirscherl, 4. Auflage, Frankfurt am Main 2004, S. 397–414
- Las relaciones laborales en España en el marco europeo, in: Las relaciones de empleo en España, Herausgegeben von Faustino Miguélez und Carlos Prieto, Madrid 1999, S. 399–432

Köhler, Holm-Detlev/González Begega, Sergio: Las relaciones laborales en España, in: Regímenes de regulación laboral en la globalización, Herausgegeben von Pries Ludger und Manfred Wannöffel, Bochum 2002, S. 109–136

Kohte, Wolfgang: Auf dem Weg zur betrieblichen Informationsverfassung, in: 50 Jahre Bundesarbeitsgericht, München 2004, S. 1219–1252

Kölner Kommentar zum Aktiengesetz: Herausgegeben von Wolfgang Zöllner, Band 2, §§ 76–117 AktG und Mitbestimmung im Aufsichtsrat, Köln/Berlin/Bonn/München 1988 (zitiert: *Bearbeiter*, KölnKomm-AktG)

Körner, Marita: Formen der Arbeitnehmermitwirkung: Das französische Comité d'entreprise; eine Länderstudie, Baden-Baden 1999, zugl.: Habil. Frankfurt am Main 1998

Kort, Michael: Kündigungserschwerungen gegen Lohnverzicht in „Bündnissen für Arbeit" – Vergleich von Äpfeln und Birnen?, in: 50 Jahre Bundesarbeitsgericht, München 2004, S. 753–778

Literaturverzeichnis

Köstler, Roland: Arbeitnehmerbeteiligung auf Ebene der Unternehmensorgane – Überblick über die Länder der 15 alten EU-Mitgliedstaaten, deutsche Redaktion und Aktualisierung im Januar 2005 von: The European Company – Prospects for Board Level Representation, Herausgegeben von der Hans-Böckler-Stiftung und dem Europäischen Gewerkschaftsinstitut, Brüssel/Düsseldorf 2004
– Deutsche Mitbestimmung und Europäisches Gemeinschaftsrecht, in: Bitburger Gespräche Jahrbuch 2006/I, Herausgegeben von der Stiftung Gesellschaft für Rechtspolitik, Trier, und dem Institut für Rechtspolitik an der Universität Trier, München 2006, S. 99–116

Köstler, Roland/Zachert, Ulrich/Müller, Matthias: Aufsichtsratspraxis, Handbuch für die Arbeitnehmervertreter im Aufsichtsrat, 8. Auflage, Frankfurt am Main 2006

Kraakman, Reinier/Davies, Paul/Hansmann, Henry/Hertig, Gérard/Hopt, Klaus J./Kanda, Hideki/Rock, Edward B.: The Anatomy of Corporate Law, Oxford 2004

Krebs, Karsten: Interessenkonflikte bei Aufsichtsratsmandaten in der Aktiengesellschaft, Köln/Berlin/Bonn/München 2002, zugl.: Diss. Würzburg 2001

Krimphove, Dieter: Europäisches Arbeitsrecht, München 1996

Kübler, Friedrich: Aufsichtsratsmitbestimmung im Gegenwind der Globalisierung, in: The International Lawyer, Freundesgabe für Wulf H. Döser, Baden-Baden 1999, S. 237–254
– The Long Goodbye, Überlegungen zur Zukunft der Mitbestimmung der Arbeitnehmer im europäisierten Gesellschaftsrecht, in: Arbeitnehmermitwirkung in einer sich globalisierenden Arbeitswelt, Employee Involvement in a Globalising World, Liber Amicorum Manfred Weiss, Berlin 2005, S. 235–246
– Shareholder Value: Eine Herausforderung für das Deutsche Recht?, in: Festschrift für Wolfgang Zöllner, Band I, Köln 1998, S. 321–335
– Die Transformation des Europäischen Gesellschaftsrechts, in: Europa und seine Verfassung, Festschrift für Manfred Zuleeg, Baden-Baden 2005, S. 559–573

Kuhner, Christoph: Unternehmensinteresse vs. Shareholder Value als Leitmaxime kapitalmarktorientierter Aktiengesellschaften, ZGR 2004, S. 245–279

Lambsdorff, Otto Graf: Die Überwachungstätigkeit des Aufsichtsrats, Verbesserungsmöglichkeiten de lege lata und de lege ferenda, in: Corporate Governance – Optimierung der Unternehmensführung und der Unternehmenskontrolle im deutschen und amerikanischen Aktienrecht, Herausgegeben von Dieter Feddersen, Peter Hommelhoff und Uwe H. Schneider, Köln 1996, S. 217–233

Lara González, Rafael: La organización administrativa de las sociedades laborales y el derecho de representación proporcional, RDM 1998, n. 228, S. 679–694

Larramendi, Alvaro: Die Europäische Aktiengesellschaft und das spanische System der Arbeitnehmervertretungen, BB-Special 1/2005, S. 22–24

Laske, Stephan: Unternehmensinteresse und Mitbestimmung, ZGR 1979, S. 173–200

Lenze, Stephanie: Folgen von Unternehmens- und Konzernveränderungen für die Arbeitnehmerbank im Aufsichtsrat, Mitbestimmungsänderung in Kapitalgesellschaften nach MitbestG und DrittelbG, Baden-Baden 2005, zugl.: Diss. Mannheim 2004

Lerche, Christoph-Nikolaus: Der Europäische Betriebsrat und der Wirtschaftsausschuss: eine vergleichende Analyse der betrieblichen Mitwirkung der Arbeitnehmer vor dem Hintergrund der Globalisierung der Märkte, Frankfurt am Main/Berlin/Bern/New York/Paris/Wien 1997, zugl.: Diss. Göttingen 1997

Löbbe, Marc: Unternehmenskontrolle im Konzern – Die Kontrollaufgaben von Vorstand, Geschäftsführer und Aufsichtsrat, Heidelberg 2003, zugl.: Diss. Heidelberg 2002

Loock, Jann Dirk: Zur Verantwortlichkeit des Vorstands der Aktiengesellschaft nach § 76 Abs. 1 AktG 1965 – Bindung an das Gemeinwohl und die Arbeitnehmerinteressen, Diss. Hamburg 1977

Loos, Roland: Gewerkschaftsorganisation und Gewerkschaftspolitik in Spanien in den Jahren 1975–94, Eine organisationssoziologische Untersuchung, Frankfurt am Main/Berlin/Bern/New York/Paris/Wien 1995

Literaturverzeichnis

Lope Peña, Andreu/Alós Moner, Ramón: La acción sindical en la empresa. Entre el desconcierto y la reacción, in: Las relaciones de empleo en España, Herausgegeben von Faustino Miguélez und Carlos Prieto, Madrid 1999, S. 213–235

Lopez, Martí: Current trend towards company level bargaining, Barcelona 2007, Dokument abrufbar unter www.eurofound.europa.eu/eiro/2007/02/articles/es_0702019i.html, letzter Abruf Juni 2008

López-Casero, Francisco: Gesellschaftliche Dimensionen der spanischen Wirtschaft, in: Spanien heute, Politik, Wirtschaft, Kultur, Herausgegeben von Walther L. Bernecker und Klaus Dirscherl, 4. Auflage, Frankfurt am Main 2004, S. 315–353

Loritz, Karl-Georg: Das überkommene Arbeitskampfrecht und die aktuellen Entwicklungen des Wirtschaftslebens, in: 50 Jahre Bundesarbeitsgericht, München 2004, S. 557–576

Lösler, Thomas: Compliance im Wertpapierdienstleistungskonzern, Berlin 2003, zugl.: Diss. Würzburg 2002

Löwisch, Manfred: Mitbestimmung auf Unternehmens- und Betriebsebene. Koordination oder Kumulation?, in: Bitburger Gespräche Jahrbuch 2006/I, Herausgegeben von der Stiftung Gesellschaft für Rechtspolitik, Trier, und dem Institut für Rechtspolitik an der Universität Trier, München 2006, S. 19–31

Lubitz, Robert: Sicherung und Modernisierung der Unternehmensmitbestimmung, München 2005, zugl.: Diss. München 2005

Lucas Marín, Antonio: Motivación y satisfacción en el trabajo, in: La construcción de las organizaciones: La cultura de la empresa, Herausgegeben von Violante Martínez Quintana und Antonio Lucas Marín, Madrid 2001, S. 201–223

– La participación en las organizaciones, in: La construcción de las organizaciones: La cultura de la empresa, Herausgegeben von Violante Martínez Quintana und Antonio Lucas Marín, Madrid 2001, S. 363–387

Lutter, Marcus: Der Aufsichtsrat: Konstruktionsfehler, Inkompetenz seiner Mitglieder oder normales Risiko?, AG 1994, S. 176–177

– Defizite für eine effiziente Aufsichtsratstätigkeit und gesetzliche Möglichkeiten der Verbesserung, ZHR 159 (1995), S. 287–309

– Information und Vertrauen im Aufsichtsrat, 3. Auflage, Köln/Berlin/München 2006

– Unternehmensplanung und Aufsichtsrat, AG 1991, S. 249–255

Lutter, Marcus/Kremer, Thomas: Die Beratung der Gesellschaft durch Aufsichtsratsmitglieder – Bemerkungen zur Entscheidung BGHZ 114, S. 127ff., ZGR 1992, S. 87–108

Lutter, Marcus/Krieger, Gerd: Rechte und Pflichten des Aufsichtsrates, 4. Auflage, Köln 2002

Martens, Klaus-Peter: Das Recht der unternehmerischen Mitbestimmung, JuS 1983, S. 329–339

– Unternehmerische Mitbestimmung mit den Mitteln des Betriebsverfassungsrechts?, RdA 1989, S. 164–172

Martí Lacalle, Roció: El ejercicio de las competencias de los órganos sociales en las sociedades anónimas cotizadas, in: Las Competencias de los órganos sociales en las sociedades de capital, Herausgegeben von José Miguel Embid Irujo, Valencia 2005, S. 101–167

Martín Artiles, Antonio: Increase in collective bargaining during 2005, Barcelona 2006, Dokument abrufbar unter www.eurofound.europa.eu/eiro/2007/02/articles/es_0702019i.html, letzter Abruf Mai 2007

Martinell Gifre, Emma: Die spanische Sprache und die Sprachen Spaniens, in: Spanien heute, Politik, Wirtschaft, Kultur, Herausgegeben von Walther L. Bernecker und Klaus Dirscherl, 4. Auflage, Frankfurt am Main 2004, S. 533–558

Martínez Girón, Jesús: La negociación colectiva „extraestatutaria", Revista del Ministerio de Trabajo y Asuntos Sociales 2007, n. 68, S. 181–196

Martínez Girón, Jesús/Arufe Varela, Alberto/Carril Váquez, Xosé Manuel: Derecho del Trabajo, Coruña 2004

Mendoza Navas, Natividad: Los derechos de cogestión en el ordenamiento alemán, Cuenca 2002

Literaturverzeichnis

- Los derechos de cogestión: un análisis comparado de los ordenamientos alemán y español, Diss. Albacete 1998

Mertens, Hans-Joachim: Der Vorstand darf zahlen – Zur Beteiligung von Aktiengesellschaften an der Stiftungsinitiative der Deutschen Wirtschaft: „Erinnerung, Verantwortung und Zukunft", AG 2000, S. 157–163

- Zuständigkeiten des mitbestimmten Aufsichtsrates – Koreferat, ZGR 1977, S. 270–289

Michaels, Ralf: The functional method of comparative law, in: The Oxford Handbook of Comparative Law, Herausgegeben von Mathias Reimann und Reinhard Zimmermann, Oxford 2006, S. 339–382

Miguélez, Faustino: Presente y futuro del sindicalismo en España, in: Las relaciones de empleo en España, Herausgegeben von Faustino Miguélez und Carlos Prieto, Madrid 1999, S. 191–212

Miguélez, Faustino/Rebollo, Òscar: Negociación colectiva en los noventa, in: Las relaciones de empleo en España, Herausgegeben von Faustino Miguélez und Carlos Prieto, Madrid 1999, S. 325–346

Miguélez Lopez, Faustino: Die Modernisierung der Gewerkschaften in Spanien, in: Zwischen Kontinuität und Modernisierung: gewerkschaftliche Herausforderungen in Europa, Herausgegeben von Reiner Hoffmann und Jeremy Waddington, 2. Auflage, Münster 2002, S. 348–369

Millentrup, Jochen: Aktionärsgruppen und Entscheidungsmacht in der spanischen Aktiengesellschaft. Eine Untersuchung der spanischen Rechtslage mit rechtsvergleichenden Bezügen zum deutschen Aktiengesetz, Münster 1996, zugl.: Diss. Münster 1995

Miñambres Puig, César: Das Beteiligungsrecht der Arbeitnehmer im Betrieb. Eine Studie über das spanische Arbeitsrecht, Diss. Göttingen 1980

Möhring, Justin: Die Durchsetzbarkeit von Arbeitnehmerinteressen im Rahmen der Mitbestimmung auf Unternehmensebene, Münster 1980, zugl.: Diss. Münster 1980

Moll, Wilhelm: Arbeitsrechtsvergleichung, RdA 1984, S. 223–236

Monereo Pérez, José Luis: Los derechos de información de los representantes de los trabajadores, Madrid 1992

Montoya Melgar, Alfredo: Derecho del Trabajo, 26. Auflage, Madrid 2005

- Editorial, Revista del Ministerio del Trabajo y Asuntos Sociales 2003, n. 43, S. 7–10

Mülbert, Peter O.: Sharheholder Value aus rechtlicher Sicht, ZGR 1997, S. 129–172

Müller, Jan-Freek: Die Rechtsstellung der leitenden Angestellten im spanischen Arbeitsrecht, Regensburg 2000, zugl.: Diss. Trier 1999/2000

Münchener Handbuch zum Arbeitsrecht: Herausgegeben von Reinhard Richardi und Otfried Wlotzke, Band 1, Individualarbeitsrecht I, 2. Auflage, München 2000 (zitiert: *Bearbeiter*, MünchHdb-ArbR, Band)

- Band 3, Kollektives Arbeitsrecht, 2. Auflage, München 2000

Münchener Handbuch des Gesellschaftsrechts: Herausgegeben von Michael Hoffmann-Becking, Band 4, Aktiengesellschaft, 3. Auflage, München 2007 (zitiert: *Bearbeiter*, MünchHdb-GesR, Band 4)

Münchener Kommentar zum Aktiengesetz, Herausgegeben von Bruno Kropff und Johannes Semler, Band 2, §§ 53a–75, 2. Auflage, München 2003 (zitiert: *Bearbeiter*, MünchKomm-AktG)

- Band 2, §§ 76–117, MitbestG, DrittelbG, 3. Auflage, München 2008
- Band 3, §§ 76–117, MitbestG, § 76 BetrVG, 2. Auflage, München 2004
- Band 5/1, §§ 148–151, 161–178, §§ 238–264c, 342, 342a HGB, 2. Auflage, München 2003

Mutter, Stefan: Unternehmerische Entscheidungen und Haftung des Aufsichtsrates der Aktiengesellschaft, Köln 1994, zugl.: Diss. Tübingen 1994

Nagel, Bernhard/Freis, Gerhild/Kleinsorge, Georg: Die Beteiligung der Arbeitnehmer in der Europäischen Gesellschaft – SE, Einführung zum SE-Ausführungsgesetz – SEAG, Kommentar zum SE-Beteiligungsgesetz – SEBG, München 2005

Neubürger, Heinz-Joachim: Die deutsche Mitbestimmung aus Sicht eines international operierenden Unternehmens, Reformbedarf unter Corporate Governance Gesichtspunkten?, in: Handbuch Corporate Governance, Leitung und Überwachung börsennotierter Unternehmen in der Rechts-

und Wirtschaftspraxis, Herausgegeben von Peter Hommelhoff, Klaus J. Hopt und Axel v. Werder, Köln 2003, S. 177–197
- Modernisierungsbedarf der Mitbestimmung – Beitrag zur Verbesserung der Rahmenbedingungen des Standorts Deutschland, in: Zukunft der Unternehmensmitbestimmung, Herausgegeben von Volker Rieble, München 2004, S. 123–133

Nicolaysen, Isaschar: Leitungsermessen und Shareholder Value-Konzept: eine Untersuchung zur aktienrechtlichen Kompatibilität des Shareholder Value – Konzeptes, Frankfurt am Main/Berlin/Bern/Bruxelles/New York/Oxford/Wien 2002, zugl.: Diss. Berlin 2001

Niedenhoff, Horst-Udo: Mitbestimmung in der Bundesrepublik Deutschland, 12. Auflage, Köln 2000

Nienhüser, Werner/Hoßfeld, Heiko: 60 Prozent für den Flächentarif, Magazin Mitbestimmung 07/2004, (Ergebnisse einer empirischen Studie), abrufbar unter www.boeckler.de/cps/rde/xchg/SID-3D0AB75D-49E63F3A/hbs/hs.xsl/107_30728.html, letzter Abruf Juli 2008

Nuria Fernández Pérez, José Luis de: El significado de la Ley de Transparencia en la modernización del derecho societario español, RdS 2004, n. 22, S. 87–114

Oetker, Hartmut: Aufsichtsrat/Board: Aufgaben, Besetzung, Organisation, Entscheidungsfindung und Willensbildung – Rechtlicher Rahmen, in: Handbuch Corporate Governance, Leitung und Überwachung börsennotierter Unternehmen in der Rechts- und Wirtschaftspraxis, Herausgegeben von Peter Hommelhoff, Klaus J. Hopt und Axel v. Werder, Köln 2003, S. 261–284
- Unternehmensmitbestimmung in der rechtspolitischen Diskussion, Ein Zwischenbericht, RdA 2005, S. 337–345

Ojeda Avilés, Antonio: Derecho sindical, 8. Auflage, Madrid 2003
- La representación unitaria: el „faux ami", Revista del Ministerio de Trabajo y Asuntos Sociales 2005, n. 58, S. 343–364

Oltmanns, Martin: Geschäftsleiterhaftung und unternehmerisches Ermessen – Die Business Judgment Rule im deutschen und amerikanischen Recht, Frankfurt am Main/Berlin/Bern/Bruxelles/New York/Oxford/Wien 2001, zugl.: Diss. Bonn 2000

Ortega Diego, Jaime: Participación de los trabajadores en la empresa, Ventajas y claves de éxito, Sociedad cooperativa 2004, n. 9, S. 28–32

Paefgen, Walter: Dogmatische Grundlagen, Anwendungsbereich und Formulierung einer Business Judgement Rule im künftigen UMAG, AG 2004, S. 245–261
- Unternehmerische Entscheidungen und Rechtsbindung der Organe der AG, Köln 2002, zugl.: Habil. Tübingen 2001/2002

Pagador López, Javier: La sociedad cooperativa. Las sociedades mutuas y las entidades mutuales. Las sociedades laborales. La sociedad de garantía recíproca, Volumen 2 (Las sociedades laborales. La sociedad de garantía recíproca), Madrid 2005

Palomeque López, Manuel-Carlos: Derecho Sindical Español, 5. Auflage, Madrid 1994

Paniagua Zurera, Manuel: La sociedad cooperativa. Las sociedades mutuas y las entidades mutuales. Las sociedades laborales. La sociedad de garantía recíproca, Volumen 1 (Las sociedades cooperativas. Las sociedades mutuas de seguros y las mutualidades de previsión social), Madrid 2005

Paz-Ares Rodríguez, José Cándido: La responsabilidad de los administradores como instrumento de gobierno corporativo, RdS 2003, n. 20, S. 67–109

Peltzer, Martin: Beratungsverträge der Gesellschaft mit Aufsichtsratsmitgliedern: Ist das gute Corporate Governance?, Zugleich Besprechung BGH v. 20. 11. 2006 – II ZR 279/05, ZIP 2007, S. 305–309

Pérez Alcalá, Gabriel M.: Die spanische Wirtschaft in der Ära Aznars (1996-2004), in: Spanien heute, Politik, Wirtschaft, Kultur, Herausgegeben von Walther L. Bernecker und Klaus Dirscherl, 4. Auflage, Frankfurt am Main 2004, S. 355–395

Pérez Carrillo, Elena F.: El deber de diligencia de los administradores de sociedades, RdS 2000, n. 14, S. 275–323

Literaturverzeichnis

Philipp, Wolfgang: Darf der Vorstand zahlen? – Die Zwangsarbeiter und das Aktienrecht, AG 2000, S. 62–69

Pichot, Evelyne: Arbeitnehmervertreter in Europa und ihre Befugnisse im Unternehmen, Studie im Auftrag der Europäischen Kommission, Luxemburg 2001

Pistor, Katharina: Corporate Governance durch Mitbestimmung und Arbeitsmärkte, in: Handbuch Corporate Governance, Leitung und Überwachung börsennotierter Unternehmen in der Rechts- und Wirtschaftspraxis, Herausgegeben von Peter Hommelhoff, Klaus J. Hopt und Axel v. Werder, Köln 2003, S. 157–175

Plänkers, Gudrun: Das System der institutionalisierten Konfliktregelung in den industriellen Arbeitsbeziehungen in der Bundesrepublik Deutschland, Pfaffenweiler 1990, zugl.: Diss.

Polo, Eduardo: Los administradores y el consejo de administración de la sociedad anónima. Articulos 123 a 143 de la Ley de Sociedades Anónimas, in: Comentario al régimen legal des las sociedades mercantiles, Band VI, Herausgegeben von Rodrigo Uría, Aurelio Menéndez und Manuel Olivencia, Madrid 1992

Poutsma, Erik/Hendrickx, John/Huijgen, Fred: Employee Participation in Europe: In Search of the Participative Workplace, Economic and Industrial Democracy, Vol. 24 n. 1 (2003), S. 45–76

Prieto Juárez, José Antonio: Nuevas formas de participación de los trabajadores en las empresas desde la perspectiva española, in: Nuevas formas de participación de los trabajadores y gobierno de las empresas, Herausgegeben von Juan Pablo Landa Zapiran, Albacete 2004, S. 151–170

Raiser, Thomas: Bewährung des Mitbestimmungsgesetzes nach zwanzig Jahren?, in: Wirtschafts- und Medienrecht in der offenen Demokratie, Freundesgabe für Friedrich Kübler, Heidelberg 1997, S. 477–492
- Gestaltungsfreiheit im Mitbestimmungsrecht, in: Festschrift für Harm Peter Westermann, Köln 2008, S. 1295–1313
- Mitbestimmungsgesetz, Kommentar mit Textausgabe der Wahlordnungen, 4. Auflage, Berlin 2002
- Das Unternehmen als Organisation: Kritik und Erneuerung der juristischen Unternehmenslehre, Berlin 1969, zugl.: Habil Hamburg 1969
- Unternehmensmitbestimmung vor dem Hintergrund europarechtlicher Entwicklungen, Gutachten B für den 66. Deutschen Juristentag, München 2006

Raiser, Thomas/Veil, Rüdiger: Recht der Kapitalgesellschaften, 4. Auflage, München 2006

Ramm, Thilo: Die Arbeitsverfassung der Weimarer Republik, in: In memoriam Sir Otto Kahn-Freund, München 1980, S. 225–246
- Die Arbeitsverfassung im Kaiserreich, in: Festschrift für Walter Mallmann, Baden-Baden 1978, S. 191–211

Rancke, Friedbert: Betriebsverfassung und Unternehmenswirklichkeit, Eine Analyse von Organisation und Formen der betrieblichen Arbeitnehmermitbestimmung in der Praxis von Großunternehmen und Konzernen, Opladen 1982

Rangil, Carmen: Propuestas de UGT Catalunya sobre la participación de los trabajadores en la empresa, in: La participación de los trabajadores en la empresa, Herausgegeben von Antonio Aragón Sánchez, Madrid 2003, S. 127–137

Rappaport, Alfred: Shareholder value: Wertsteigerung als Maßstab für die Unternehmensführung, Stuttgart 1995 (dt. Fassung)

Rebhahn, Robert: Das Kollektive Arbeitsrecht im Rechtsvergleich, NZA 2001, S. 763–774
- Unternehmensmitbestimmung in Deutschland – ein Sonderweg im Rechtsvergleich, in: Zukunft der Unternehmensmitbestimmung, Herausgegeben von Volker Rieble, München 2004, S. 41–85
- Unternehmensmitbestimmung vor dem Hintergrund europarechtlicher Entwicklungen – Unternehmensmitbestimmung aus europäischer Sicht, in: Verhandlungen des 66. Deutschen Juristentages, Band II/1: Sitzungsberichte – Referate und Beschlüsse, München 2006, M9–M34

Literaturverzeichnis

Reckhorn-Hengemühle, Monika: Die spanische Aktiengesellschaft nach der Reform des Aktiengesetzes von 1989, Einführung in das Recht der spanischen Aktiengesellschaft, München 1992
Rehder, Britta: Betriebliche Bündnisse für Arbeit in Deutschland, Mitbestimmung und Flächentarifvertrag im Wandel, Frankfurt/New York 2003, zugl.: Diss. Köln 2001
Reichold, Hermann: Betriebsverfassung als Sozialprivatrecht: historisch dogmatische Grundlagen von 1848 bis zur Gegenwart, München 1995, zugl.: Habil. Erlangen-Nürnberg 1992
Rentsch, Klaus: Spanisches Konzern- und Übernahmerecht, München 2003, zugl.: Diss. Göttingen 2002
Reuer, Manfred/Klemann, Stephan/Schoch, Manfred: Vertrauensvolle Zusammenarbeit nur ein Schlagwort?, AuA 1998, S. 41–44
Reuter, Dieter: Der Einfluss der Mitbestimmung auf das Gesellschafts- und Arbeitsrecht, AcP 179 (1979), S. 509–566
– Möglichkeiten und Grenzen einer Auflockerung des Tarifkartells, ZfA 1995, S. 1–94
Richardi, Reinhard: Betriebsverfassung und Privatautonomie, Berlin/New York 1973
– Betriebsverfassungsgesetz mit Wahlordnung, 11. Auflage, München 2008 (zitiert: Richardi/Bearbeiter, BetrVG)
– Die neue Betriebsverfassung, Ein Grundriss, 2. Auflage, München 2002
Rieble, Volker: Tarifautonomie und Unternehmensmitbestimmung, in: Bitburger Gespräche Jahrbuch 2006/I, Herausgegeben von der Stiftung Gesellschaft für Rechtspolitik, Trier, und dem Institut für Rechtspolitik an der Universität Trier, München 2006, S. 41–59
Rodríguez Piñero, Miguel: Ein demokratisches Modell der Arbeitsbeziehungen, in: Arbeitsbeziehungen in Spanien, Geschichte – Ideologien – Rechtsnormen, Herausgegeben von Wolfgang Däubler, Köln 1982, S. 21–44
– Diálogo social, participación y negociación representativa, Relaciones Laborales I/1995, S. 93–101
– La representación de los trabajadores a nivel de empresa, in: Relaciones Laborales I/1993, S. 12–18
Rodríguez-Sañudo Gutiérrez, Fermín: Negociación colectiva sobre representación de los trabajadores en la empresa, Revista del Ministerio de Trabajo y Asuntos Sociales 2007, n. 68, S. 137–170
– Sistema español de cogestión – aspectos funcionales, Lección 11, in: Diecisiete lecciones sobre participación de los trabajadores en la empresa, Herausgegeben von Gaspar Bayón Chacón, Madrid 1967, S. 193–204
Roe, Mark J.: Political Determinants of Corporate Governance: Political Context, Corporate Impact, Oxford 2003
– Political Determinants of Corporate Governance: Political Context, Corporate Impact, 1–25, 27–37, 199–206, references, in: Corporate Governance: Political and Legal Perspectives, Herausgegeben von Marc J. Roe, Cheltenham/Northampton 2005
Roth, Günther H./Wörle, Ulrike: Die Unabhängigkeit des Aufsichtsrates – Recht und Wirklichkeit, ZGR 2004, S. 565–630
Roth, Wulf-Henning: Unternehmensmitbestimmung und internationales Gesellschaftsrecht, in: Gedächtnisschrift für Meinrad Heinze, München 2005, S. 709–729
Rumpff, Klaus: Zur Verantwortlichkeit des Vorstandes bei Verletzung der am Unternehmensleben beteiligten Interessen (Belegschaft und Öffentlichkeit), DB 1971, S. 1400–1406
Ruppert, Ernst: „Am Anfang steht Vertrauen ..." – Der Grundsatz vertrauensvoller Zusammenarbeit als juristisches Problem und menschliche Herausforderung, PersV 1998, S. 89–100
Rüthers, Bernd: Einführung zur Tagung „Mitbestimmung", in: Bitburger Gespräche Jahrbuch 2006/I, Herausgegeben von der Stiftung Gesellschaft für Rechtspolitik, Trier, und dem Institut für Rechtspolitik an der Universität Trier, München 2006, S. 1–7
– Rechtsprobleme des Zeitlohnes an taktgebundenen Produktionsanlagen, ZfA 1973, S. 399–423

Saavedra, Irene: Motivación y comunicación en las relaciones laborales, Madrid 1998
Säcker, Franz Jürgen: Corporate Governance und Europäisches Gesellschaftsrecht – Neue Wege in die Mitbestimmung, BB 2004, S. 1462–1464
– Die Unternehmensmitbestimmung – eine Chance zur Verbesserung der Corporate Governance?, in: Festschrift für Reinhard Richardi, München 2007, S. 711–733

Literaturverzeichnis

- Die Zukunft der Unternehmensmitbestimmung in Deutschland, Disharmonien im Zusammenspiel der verschiedenen Mitbestimmungsebenen, AG 2008, S. 17–25
Sadowski, Dieter/Junkes, Joachim/Lindenthal, Sabine: Gesetzliche Mitbestimmung in Deutschland: Ideen, Erfahrungen und Perspektiven aus ökonomischer Sicht, ZGR 2001, S. 110–145
Sáez Lara, Carmen: La representación colectiva de los trabajadores en la empresa, Revista del Ministerio de Trabajo y Asuntos Sociales 2005, n. 58, S. 315–342
- La representación y acción sindical en la empresa, Madrid 1992
Sánchez Calero, Fernando: Los administradores en las sociedades de capital, Navarra 2005
- Observaciones preliminares al proyecto de ley de modificación del régimen de las sociedades cotizadas y de las anónimas en general, tras el informe Aldama, RdS 2003, n. 20, S. 27–50
Sánchez-Calero Guilarte, Juan: El interés social y los varios intereses presentes en la sociedad anónima cotizada, RDM 2002, n. 246, S. 1653–1275
Sánchez-Urán Azaña, Yolanda/Aguilera Izquierdo, Raquel/Gutierrez-Solar Calvo, Beatriz/ Nieves Nieto, Nuria de: Los sujetos colectivos en las empresa: un estudio jurisprudencial, Revista del Ministerio de Trabajo y Asuntos Sociales 2003, n. 43, S. 31–64
Schaub, Günter: Arbeitsrechts-Handbuch, Systematische Darstellung und Nachschlagewerk für die Praxis, 11. Auflage, München 2005 (zitiert: Schaub/*Bearbeiter*, ArbR-Hdb)
Schiessl, Maximilian: Leitungs- und Kontrollstrukturen im internationalen Wettbewerb – Dualistisches System und Mitbestimmung auf dem Prüfstand, ZHR 167 (2003), S. 235–256
Schmidt, Karsten: Gesellschaftsrecht, 4. Auflage, Köln/Berlin/Bonn/München 2002
Schmidt, Karsten/Lutter, Marcus: Aktiengesetz, Kommentar, I. Band, §§ 1–149, Köln 2008 (zitiert: *Bearbeiter* in Schmidt/Lutter, AktG)
Schmitz, Ronaldo H.: Praktische Ausgestaltung der Überwachungstätigkeit des Aufsichtsrats in Deutschland, in: Corporate Governance – Optimierung der Unternehmensführung und der Unternehmenskontrolle im deutschen und amerikanischen Aktienrecht, Herausgegeben von Dieter Feddersen, Peter Hommelhoff und Uwe H. Schneider, Köln 1996, S. 234–242
Schneider, Folke: Die spanische Betriebsverfassung, Eine Darstellung in rechtsvergleichender Hinsicht, Diss. Göttingen 1997
Schneider, Uwe H.: Compliance als Aufgabe der Unternehmensleitung, ZIP 2003, S. 645–650
Schnelle, Sylvia: Der Europäische Betriebsrat in Spanien: zugleich eine Einführung in das spanische Recht der Arbeitnehmervertretung, Frankfurt am Main/Berlin/Bern/Bruxelles/New York/Wien 1999, zugl.: Diss. Göttingen 1998
Schütz, Roland/Konle-Seidl, Regina: Arbeitsbeziehungen und Interessenrepräsentation in Spanien: vom alten zum neuen Kooperatismus?, Baden-Baden 1990
Schwark, Eberhard: Globalisierung, Europarecht und Unternehmensmitbestimmung im Konflikt, AG 2004, S. 173–180
Schwarz, Günter Christian: Europäisches Gesellschaftsrecht, Ein Handbuch für Wissenschaft und Praxis, Baden-Baden 2000
Schwerdtfeger, Gunther, Unternehmerische Mitbestimmung der Arbeitnehmer und Grundgesetz, Frankfurt am Main 1972, zugl.: Habil. Hamburg 1971
Schwimbersky, Sandra/Kelemen, Melinda: Established, planned and liquidated SEs, SEEurope – Worker participation at board level in the European Company (SE), European Trade Union Institute (ETUI-REHS)/Hans-Böckler-Stiftung, Januar 2008, abrufbar unter www.worker-participation.eu/european_company/se_companies/se_fact_sheets__1 (SE Overview), letzter Abruf Juni 2008
- SEs in Europe – Established, in preparation, announced interest, sold shelfs, transformed, liquidated and failed, European Trade Union Institute (ETUI-REHS)/Hans-Böckler-Stiftung, Januar 2008, abrufbar abrufbar unter www.worker-participation.eu/european_company/se_companies/se_fact_sheets__1 (SE Factsheet Compilation), letzter Abruf Juni 2008
Seibt, Christoph H.: Drittelbeteiligungsgesetz und Fortsetzung der Reform des Unternehmensmitbestimmungsrechts – Analyse des Zweiten Gesetzes zur Vereinfachung der Wahl der Arbeitnehmervertreter in den Aufsichtsrat, NZA 2004, S. 767–775

Literaturverzeichnis

- Privatautonome Mitbestimmungsvereinbarungen: Rechtliche Grundlagen und Praxishinweise, AG 2005, S. 413–429

Seibt, Christoph H./Wilde, Christian: Informationsfluss zwischen Vorstand und Aufsichtsrat bzw. innerhalb des Boards, in: Handbuch Corporate Governance, Leitung und Überwachung börsennotierter Unternehmen in der Rechts- und Wirtschaftspraxis, Herausgegeben von Peter Hommelhoff, Klaus J. Hopt und Axel v. Werder, Köln 2003, S. 377–403

Selenkewitsch, Ilja I.: Spanisches Tarifrecht, Mit spezieller Betrachtung der arbeitszeitrechtlichen Regelung, Frankfurt am Main/Berlin/Bern/Bruxelles/New York/Oxford/Wien 2005, zugl.: Diss. Trier 2004

Semler, Johannes: Grundsätze ordnungsgemäßer Überwachung?, in: Festschrift für Martin Peltzer, Köln 2001, S. 489–517

- Leitung und Überwachung der Aktiengesellschaft, 2. Auflage, Köln/Berlin/Bonn/München 1996
- Rechtsvorgabe und Realität der Organzusammenarbeit in der Aktiengesellschaft, in: Deutsches und Europäisches Gesellschafts-, Konzern- und Kapitalmarktrecht, Festschrift für Marcus Lutter, Köln 2000, S. 721–734
- Die Unternehmensplanung in der Aktiengesellschaft – eine Betrachtung unter rechtlichen Aspekten, ZGR 1983, S. 1–33

Semler, Johannes/v. Schenck, Kersten: Arbeitshandbuch für Aufsichtsratsmitglieder, 2. Auflage, München 2004 (zitiert: *Bearbeiter* in Semler/v.Schenck, ARHdb)

Sempere Navarro, Antonio Vicente/Luján Alcaraz, José: Representatividad negociadora y ámbito de los convenios colectivos, Revista del Ministerio de Trabajo y Asuntos Sociales 2007, n. 68, S. 51–76

Senent Vidal, José: El concepto de interés social en la cooperativa, RDM 2002, n. 244, S. 705–722

Sieg, Rainer: Interne Schlichtung zur Vermeidung von Arbeitsgericht und Einigungsstelle, in: 50 Jahre Bundesarbeitsgericht, München 2004, S. 1329–1363

Starck, Martin: Leistungspflichten und betriebliche Mitbestimmung, Berlin 1983, zugl.: Diss. Mannheim 1982

Stege, Dieter/Weinspach F.K./Schiefer, Bernd: Betriebsverfassungsgesetz, Handkommentar für die betriebliche Praxis, 9. Auflage, Köln 2002

Streeck, Wolfgang/Rehder, Britta: Der Flächentarifvertrag: Krise, Stabilität und Wandel, Max-Planck-Institut für Gesellschaftsforschung, Working Paper 03/6, Juli 2003, abrufbar unter www.mpi-fg-koeln.mpg.de/pu/workpap/wp03-6/wp03-6.html, letzter Abruf Juli 2008

Sundt, Otto: Die Rolle der spanischen Gewerkschaften im Modernisierungsprozess – Politische und normative Rahmenbedingungen gewerkschaftlichen Handelns im Anpassungsprozess an die EG, Braunschweig 1993, zugl.: Diss. Braunschweig 1993

Teichmann, Christoph: Corporate Governance in Europa, ZGR 2001, S. 645–679

Teuteberg, Hans-Jürgen: Geschichte der industriellen Mitbestimmung in Deutschland: Ursprung und Entwicklung ihrer Vorläufer im Denken und in der Wirklichkeit des 19. Jahrhunderts, Tübingen 1961

Thüsing, Gregor: Deutsche Unternehmensmitbestimmung und europäische Niederlassungsfreiheit, Eine Skizze nach Centros, Überseering und Inspire Art, ZIP 2004, S. 381–388

- Europäische Perspektiven der deutschen Unternehmensmitbestimmung, in: Zukunft der Unternehmensmitbestimmung, Herausgegeben von Volker Rieble, München 2004, S. 95–113

Titus Martínez, Manuel/Piñar Santos, Javier: Ahorro popular e inversión privilegiada: las Cajas de Ahorros en España 1939–1975, Madrid 1993

Trías Sagnier, Miguel: El Consejo de Administración como órgano garante del buen gobierno en la sociedad cotizada, RdS 2003, n. 21, S. 165–185

Trittel, Andreas: Belegschaftsaktiengesellschaften und Sociedades Anónimas Laborales, Entwicklung und Rechtslage der Mitarbeiterbeteiligung in Deutschland und Spanien, insbesondere an Aktiengesellschaften, Baden-Baden 1995, zugl.: Diss. Berlin 1995

Literaturverzeichnis

Ulmer, Peter: Paritätische Arbeitnehmermitbestimmung im Aufsichtsrat von Großunternehmen – noch zeitgemäß?, ZHR 166 (2002), S. 271–277

Ulmer, Peter/Habersack, Mathias/Henssler, Martin: Mitbestimmungsrecht, Kommentierung des MitbestG, des DrittelbG und der §§ 34 bis 38 SEBG, 2. Auflage, München 2006 (zitiert: *Bearbeiter,* Mitbestimmungsrecht)

Ulrich, Alexander: Das Arbeitnehmerstatut in Spanien, Vorbild für ein Arbeitsvertragsgesetz in Deutschland?, Heidelberg 1998, zugl.: Diss. Köln 1997

Uría, Rodrígo/Menéndez, Aurelio/García e Enterría, Javier: La Sociedad Anónima: Òrganos sociales. Administradores, in: Curso de Derecho mercantil, Herausgegeben von Rodrígo Uría und Aurelio Menéndez, Band 1, 2. Auflage, Madrid 2006, S. 957–995

Uriarte Torrealday, Roberto: El artículo 129.2 de la Constitución, La participación de los trabajadores en la gestión de la empresa, Granada 2005

Uriquijo y de la Puente, José Luís de/Crespo de la Mata, Antonio: El consejo de administración, Conducta, funciones y responsabilidad financiera de los consejeros, Barcelona 2004

Valdés Dal-Ré, Fernando: Los derechos de participación en la Ley de Prevención de Riesgos Laborales, in: Seguridad y Salud en el Trabajo, El nuevo derecho de prevención de riesgos profesionales, Herausgegeben von Emilia Casas Baamonde, Manuel-Carlos Palomeque López und Fernando Valdés Dal-Ré, Madrid 1997, S. 67–125

Valverde, Antonio Martín/Rodríguez-Sañudo Gutiérrez, Fermín/García Murcia, Joaquín: Derecho del trabajo, Madrid 1991

Veil, Rüdiger: Weitergabe von Informationen durch den Aufsichtsrat an Aktionäre und Dritte – ein Lehrstück zum Verhältnis zwischen Gesellschafts- und Kapitalmarktrecht, ZHR 172 (2008), S. 239–273

Vida Soria, José: El sistema español de participación de los trabajadores en la administración de las empresas (aspectos orgánicos), Lección 10, in: Diecisiete lecciones sobre participación de los trabajadores en la empresa, Herausgegeben von Gaspar Bayón Chacón, Madrid 1967, S. 179–191

Vida Soria, José/Monereo Pérez, José Luís/Molina Navarrete, Cristóbal/Moreno Vida, María Nieves: Manual de Derecho Sindical, Albolote (Granada) 2004

Villa Gil, Luis Enrique de la: La participación de los trabajadores en la empresa, Madrid 1980

Waddington, Jeremy/Hoffmann, Reiner: Gewerkschaften in Europa: Reformen, Organisation und Umstrukturierung, in: Zwischen Kontinuität und Modernisierung: gewerkschaftliche Herausforderungen in Europa, Herausgegeben von Reiner Hoffmann und Jeremy Waddington, 2. Auflage, Münster 2002, S. 15–56

Wagner, Jens: Corporate Governance in Spanien: Das Gesetz zur Transparenz börsennotierter Aktiengesellschaften, RIW 2004, S. 258–264

Wassermann, Wolfram/Rudolph, Wolfgang: Gestärkte Betriebsräte, Magazin Mitbestimmung 12/2006 (Analyse der Betriebsratswahlen 2006), abrufbar unter www.boeckler.de/cps/rde/xchg/SID-3D0AB75D-F3BCF98A/hbs/hs.xsl/163_84600.html, letzter Abruf Juli 2008

Weber, Albrecht: Die Europäische Grundrechtscharta – auf dem Weg zu einer europäischen Verfassung, NJW 2000, S. 537–544

Weber, Ralph Lothar: Die vertrauensvolle Zusammenarbeit zwischen Arbeitgeber und Betriebsrat gemäß § 2 Abs. 1 BetrVG, Heidelberg 1989, zugl.: Diss. Heidelberg 1988

– Vom Klassenkampf zur Partnerschaft – Die Entwicklung des Verhältnisses zwischen Arbeitgeber und betrieblicher Arbeitnehmervertretung, ZfA 1993, S. 517–554

Weingart, Hans-Joachim: Betriebliche Mitbestimmung und unternehmerische Entscheidungsfreiheit: eine Untersuchung zu der Interessenkollision zwischen Unternehmer-Leitungsinteressen und den Mitbestimmungsrechten des Betriebsrates, Frankfurt am Main/Berlin/Bern/New York/Paris/Wien 1992, zugl.: Diss. Frankfurt am Main 1990

Weiss, Manfred: Arbeitnehmermitwirkung in Europa, NZA 2003, S. 177–184

– Mitbestimmung auf Unternehmens- und Betriebsebene. Verzahnung oder Kumulation?, in: Bitburger Gespräche Jahrbuch 2006/I, Herausgegeben von der Stiftung Gesellschaft für

Literaturverzeichnis

Rechtspolitik, Trier, und dem Institut für Rechtspolitik an der Universität Trier, München 2006, S. 9–18

Wendeling-Schröder, Ulrike: Divisionalisierung, Mitbestimmung und Tarifvertrag: Zur Möglichkeit der Mitbestimmungssicherung in divisionalisierten Unternehmen und Konzernen, Köln/Berlin/Bonn/München 1984, zugl.: Diss. Bremen 1984

- Unternehmensverfassung und Gesellschaftsrecht im Europäischen Binnenmarkt, in: Unternehmensverfassung und Mitbestimmung in Europa, Herausgegeben von Heinz Gester, Norbert Koubek und Gerd R. Wiedemeyer, Wiesbaden 1991, S. 107–125

Werder, Axel v.: Shareholder Value-Ansatz als (einzige) Richtschnur des Vorstandshandelns?, ZGR 1998, S. 69–91

Wiedemann, Herbert: Gesellschaftsrecht – Ein Lehrbuch des Unternehmens- und Verbandsrechts, Band I – Grundlagen, 1. Auflage, München 1980

Windbichler, Christine: Arbeitnehmerinteressen im Unternehmen und gegenüber dem Unternehmen – eine Zwischenbilanz, AG 2004, S. 190–196

- Arbeitsrecht im Konzern, München 1989, zugl.: Habil. München 1987/1988
- Cheers and Boos for Employee Involvement: Co-Determination as Corporate Governance Conundrum, 6 EBOR (2005), S. 507–537
- Der Gemeinsinn der juristischen Person – Großunternehmen zwischen Shareholder Value, Mitbestimmung und Gemeinwohl, in: Gemeinwohl und Gemeinsinn im Recht, Band III, Herausgegeben von Herfried Münkler und Karsten Fischer, Berlin 2002, S. 165–178
- Der gordische Mitbestimmungsknoten und das Vereinbarungsschwert – Regulierung durch Hilfe zur Selbstregulierung?, in: Perspektiven der Corporate Governance, Bestimmungsfaktoren unternehmerischer Entscheidungsprozesse und Mitwirkung der Arbeitnehmer, Herausgegeben von Ulrich Jürgens, Dieter Sadowski, Gunnar Folke Schuppert und Manfred Weiss, Baden-Baden 2007, S. 282–304
- Grenzen der Mitbestimmung in einer marktwirtschaftlichen Ordnung, ZfA 1991, S. 35–52
- The Public Spirit of the Corporation, 2 EBOR (2001), S. 795–815

Windbichler, Christine/Bachmann, Gregor: Corporate Governance und Mitbestimmung als „wirtschaftlicher ordre public", in: Festschrift für Gerold Bezzenberger, Rechtsanwalt und Notar im Wirtschaftsleben, Berlin/New York 2000, S. 797–805

Wlotzke, Otfried/Preis, Ulrich: Betriebsverfassungsgesetz Kommentar, 3. Auflage, München 2006 (zitiert: WP/*Bearbeiter*, BetrVG)

Wollburg, Ralph: Unternehmensinteresse bei Vergütungsentscheidungen, Oder: Verstieß die Zahlung der Mannesmann-Prämien gegen das Unternehmensinteresse der Mannesmann-AG?, ZIP 2004, S. 646–658

Wunsch-Semmler, Bettina: Entwicklungslinien einer europäischen Arbeitnehmermitwirkung, Eine Untersuchung vor dem Hintergrund rechtlicher und politischer Machbarkeit und Notwendigkeit, Baden-Baden 1995, zugl.: Diss. Frankfurt am Main 1995

Zachert, Ulrich: Richterliche Regulierung und Ausgleich der Interessen beim Arbeitskampf – Bilanz und Perspektiven, in: 50 Jahre Bundesarbeitsgericht, München 2004, S. 577–593

- Die Wirkung des Tarifvertrages in der Krise: das Beispiel Spanien, in: Die Wirkung des Tarifvertrages in der Krise, Ein Vergleich des Verhältnisses von autonomem Tarifrecht mit staatlichem Recht und den anderen arbeitsrechtlichen Schutzebenen in verschiedenen europäischen Ländern, 1. Auflage, Herausgegeben von Ulrich Zachert, Baden-Baden 1991, S. 51–97

Zöllner, Wolfgang/Loritz, Karl-Georg/Hergenröder, Curt Wolfgang: Arbeitsrecht, 6. Auflage, München 2008

Zweigert, Konrad/Kötz, Hein: Einführung in die Rechtsvergleichung – auf dem Gebiete des Privatrechts, 3. Auflage, Tübingen 1996

Zwick, Thomas: Employee Participation and productivity, Labour Economics 11 (2004), S. 715–740

§ 1 Einleitung

Der Leitung einer Aktiengesellschaft durch ihre Verwaltung ist die Notwendigkeit inhärent, auf nachhaltigen Ertrag und Bestand hin zu wirtschaften. Um dies zu erreichen, wird die Gesellschaft Arbeitnehmer beschäftigen, deren Interessen sich lebensnah vor allem auf den Bezug eines Gehalts und die Sicherung des Arbeitsplatzes richten. Unternehmensführung und Arbeitnehmerinteressen stehen damit in einem Wechselspiel, bei dem vor allem die Frage einer Arbeitnehmerberücksichtigung im Wege der Beteiligung ihrer Vertreter an Entscheidungen der Unternehmensführung disziplinübergreifend Forschungs- und Diskussionsgegentand ist: Die Untersuchungen erstrecken sich von betriebswirtschaftlichen Analysen zur Auswirkung der Arbeitnehmerbeteiligung auf die Produktivität[1] über psychologisch-soziologische Erörterungen zum Einfluss auf die Arbeitsmotivation[2] bis hin zu den philosophischen Fragen von Macht und Gerechtigkeit[3]. Entsprechend unterschiedlich sind auch die Begründungsansätze für eine Beteiligung von Arbeitnehmern[4].

In Bezug auf die rechtlichen Lösungsstrategien fällt bei einem Blick auf die Regelungen und Gepflogenheiten der europäischen Mitgliedstaaten ebenfalls die Vielfalt auf[5]. Angesichts des europäischen Integrationsprozesses und der daraus folgenden zunehmend grenzüberschreitenden Tätigkeit von Unternehmen erwächst aber zum einen ein Bedürfnis nach Koordinierung der mitgliedstaatlichen Beteiligungssysteme. Zum anderen ist in einem auch sozialen Zielen verpflichteten Europa, den Arbeitnehmern jedenfalls ein einheitliches Mindestmaß an Beteiligungsrechten in den Mitgliedstaaten zu sichern[6]. Die Änderung des Verständnisses einer Verwirklichung des europäischen Binnenmarktes in ausschließlich ökonomischer Hinsicht und die Idee einer Sozialunion wurden vor allem mit der Gemeinschaftscharta der Sozialen Grundrechte der Arbeitnehmer vom 9. Dezember 1989[7], dem Abkommen zwischen den Mitgliedstaaten der Europäischen Ge-

---

1 Exemplarisch *Zwick*, Labour Economics 11 (2004), S. 715 ff.
2 Vgl. *Aragón Sánchez*, Gestión de la participación de los trabajadores en la empresa: situación y desafíos, S. 25.
3 *Bierich*, Macht und Gerechtigkeit, S. 10.
4 Vgl. z. B. *Behrens*, ZfA 1989, S. 230: „Vermeidung der Verschwendung von Ressourcen ... Verwirklichung einer effizienten Allokation"; *Wiedemann*, GesR, Band I, § 11 I 1, S. 584/585: „Gerechte Ordnung der Unternehmungen"; für weitere Erklärungsansätze siehe unten § 6 II 3.
5 So Erwägungsgrund (5) der Richtlinie 2001/86/EG vom 8. Oktober 2001 (Abl. EG L 294/22); für einen Überblick über die Regelungen in den europäischen Mitgliedstaaten siehe die Hinweise unten § 6 I.
6 *Fuchs/Marhold*, Europäisches Arbeitsrecht, S. 211/212.
7 KOM (89) 284 endgültig, siehe vor allem die Ziffern 17 und 18/Unterrichtung, Anhörung und Mitwirkung der Arbeitnehmer. Die Gemeinschaftscharta der Sozialen Grundrechte hatte zwar

§ 1 Einleitung

meinschaft mit Ausnahme des Vereinigten Königreichs Großbritannien und Nordirland im Protokoll über die Sozialpolitik zum Vertrag über die Europäische Union vom 7. Februar 1992[8] und den Arbeitnehmergrundrechten der Charta der Grundrechte der Europäischen Union vom 8. Dezember 2000[9] sichtbar[10].

In diesem Sinne sind bisher auf europäischer Ebene zum einen[11] Anhörungs- und Beratungsrechte der Arbeitnehmervertreter bei konkreten Entscheidungen wie Massenentlassungen[12], Betriebs- und Unternehmensübertragungen[13] sowie der Organisation des Arbeitsschutzes[14] geregelt worden. Unabhängig von diesen speziellen Situationen wurde dann ein allgemeiner Rahmen mit Mindestvorschriften für die Unterrichtung und Anhörung der Arbeitnehmer von in der Gemeinschaft ansässigen Unternehmen und Betrieben bestimmt[15]. Spezielle Informationsrechte der Arbeitnehmervertreter gelten darüber hinaus bei Übernahmeangeboten[16].

Zum anderen hat der europäische Gesetzgeber institutionelle Vorkehrungen der Information und Konsultation in europaweit tätigen Unternehmen getroffen[17] und schließlich konnte auf europäischer Ebene ein Kompromiss über die Frage ei-

---

keine Rechtsverbindlichkeit, entfaltete jedoch politische Programmatik, *Goos*, 50 Jahre BAG, S. 1184.
8 Abl. EG C 191/90 (Protokoll), siehe vor allem Art. 2 Abs. 3 Pkt. 3 Abkommen, Das Abkommen wurde 1997 im Vertrag von Amsterdam in Art. 137 EGV integriert.
9 Abl. EG C 364/6, siehe vor allem Art. 27/Recht auf Unterrichtung und Anhörung der Arbeitnehmerinnen und Arbeitnehmer im Unternehmen.
10 Vgl. *Fuchs/Marhold*, Europäisches Arbeitsrecht, S. 15; zur Gemeinschaftscharta der Sozialen Grundrechte und zum Abkommen über die Sozialpolitik siehe ausführlich *Krimphove*, Europäisches Arbeitsrecht, S. 17–29; *Lerche*, Der Europäische Betriebsrat und der deutsche Wirtschaftsausschuss, S. 104–139; *Wunsch-Semmler*, Entwicklungslinien einer europäischen Arbeitnehmermitwirkung, S. 26–49; zur Europäischen Grundrechtscharta siehe *Weber*, NJW 2000, S. 537 ff.
11 Folgende Unterscheidungen nach *Fuchs/Marhold*, Europäisches Arbeitsrecht, S. 15–17.
12 Richtlinie 75/129/EWG zur Angleichung der Rechtsvorschriften der Mitgliedstaaten über Massenentlassungen vom 17. Februar 1975 (Abl. EG L 48/29), Novellierung 1992 durch die Richtlinie 92/56/EG (Abl. EG L 245/3), Konsolidierte Fassung von 1998 in Richtlinie 98/59/EG (Abl. EG L 225/16).
13 Richtlinie 77/187/EWG zur Angleichung der Rechtsvorschriften der Mitgliedstaaten über die Wahrung von Ansprüchen der Arbeitnehmer beim Übergang von Unternehmen, Betrieben oder Betriebsteilen vom 14. Februar 1977 (Abl. EG L 61/26), teilweise Novellierung 1998 durch die Richtlinie 98/50/EG (Abl. EG L 201/88), Konsolidierte Fassung von 2001 in Richtlinie 2001/23/EG (Abl. EG L 82/16).
14 Richtlinie 89/391/EWG über die Durchführung von Maßnahmen zur Verbesserung der Sicherheit und des Gesundheitsschutzes der Arbeitnehmer bei der Arbeit vom 12. Juni 1989 (Abl. EG L 183/1); weitere hier nicht genannte Richtlinien behandeln, wenn auch zurückhaltend, Beteiligungsrechte bei Aspekten der Arbeitszeitgestaltung sowie in Bezug auf Teilzeitarbeit und befristete Arbeitsverhältnisse.
15 Richtlinie 2002/14/EG zur Festlegung eines allgemeinen Rahmens für die Unterrichtung und Anhörung der Arbeitnehmer in der Europäischen Gemeinschaft vom 11. März 2002 (Abl. EG L 80/29).
16 Vgl. Art. 6 der Richtlinie 2004/25/EG betreffend Übernahmeangebote vom 21. April 2004 (Abl. EG L 142/12).
17 Richtlinie 94/45/EG über die Einsetzung eines Europäischen Betriebsrates oder die Schaffung eines Verfahrens zur Unterrichtung und Anhörung der Arbeitnehmer in gemeinschaftsweit operierenden Unternehmen und Unternehmensgruppen vom 22. September 1994 (Abl. EG L 254/64); siehe auch unten § 7 I 2 c *Exkurs*.

ner Beteiligung der Arbeitnehmer in den Unternehmensorganen der Europäischen Aktiengesellschaft gefunden werden[18], der auch als Ansatz für eine Regelung der Beteiligungsrechte der Arbeitnehmer in der Europäischen Genossenschaft[19] und bei der Verschmelzung von Kapitalgesellschaften aus verschiedenen Mitgliedstaaten diente[20]. Das Vorhaben einer 14. gesellschaftsrechtlichen Richtlinie über die grenzüberschreitende Verlegung des Satzungssitzes von Kapitalgesellschaften wurde aber aufgegeben[21].

Nicht erfolgreich sind hingegen Versuche geblieben, im Zuge einer strukturellen Angleichung der Aktiengesellschaften in den Mitgliedstaaten gemeinschaftsweite Beteiligungsrechte der Arbeitnehmer in den Organen nationaler Gesellschaftsformen zu verankern[22]. Der dritte geänderte Vorschlag einer 5. gesellschaftsrechtlichen Richtlinie über die Angleichung der Vorschriften über die Verfassung der Aktiengesellschaft und die Mitbestimmung der Arbeitnehmer vom 20. November 1991[23] wurde 2001 von der Kommission mit der Begründung zurückgezogen, dass ein neuer Vorschlag in Vorbereitung sei[24]. In der von der Kommission vorgelegten Mitteilung „Modernisierung des Gesellschaftsrechts und Verbesserung der Corporate Governance in der Europäischen Union – Aktionsplan" vom 21. Mai 2003[25] und dem ihr zugrunde liegenden „Bericht der Hochrangigen Gruppe von Experten auf dem Gebiet des Gesellschaftsrechts über moderne gesellschaftsrechtliche Rahmenbedingungen in Europa" vom 4. November 2002[26] wird aber eine endgültige Aufgabe des Vorhabens einer Strukturrichtlinie gesehen[27] bzw. werden die weiteren Aussichten auf eine Mindestangleichung als sehr gering eingestuft[28].

---

18 Richtlinie 2001/86/EG zur Ergänzung des Statuts der Europäischen Gesellschaft hinsichtlich der Beteiligung der Arbeitnehmer vom 8. Oktober 2001 (Abl. EG L 294/22); hierzu und zu den Umsetzungsgesetzen siehe § 5 III und teilweise § 12 II.
19 Richtlinie 2003/72/EG zur Ergänzung des Statuts der Europäischen Genossenschaft hinsichtlich der Beteiligung der Arbeitnehmer vom 22. Juli 2003 (Abl. EG L 207/25).
20 Richtlinie 2005/56/EG über die Verschmelzung von Kapitalgesellschaften aus verschiedenen Mitgliedstaaten vom 26. Oktober 2005 (Abl. EG L 310/1).
21 Folgenabschätzung der Europäischen Kommission von Dezember 2007 abrufbar unter www.ec.europa.eu/internal_market/company/seat-transfer/index_de.htm, letzter Abruf Februar 2008; für die EuGH-Rechtsprechung zur grenzüberschreitenden Verlegung des Verwaltungssitzes und die Diskussion um die Auswirkungen auf die Unternehmensmitbestimmung siehe unten § 6 II 5.
22 *Fuchs/Marhold,* Europäisches Arbeitsrecht, S. 213.
23 Annahme geänderter Vorschlag KOM (1991) 372, erster Entwurf KOM (1972) 887.
24 Mitteilung der Kommission vom 11. Dezember 2001, KOM (2001) 763 endgültig/2, S. 22, abrufbar unter www.eur-lex.europa.eu/LexUriServ/site/de/com/2001/com2001_0763de02.pdf, letzter Abruf Juli 2008.
25 KOM (2003) 284 endgültig, abrufbar unter www.europa.eu.int/eur-lex/de/com/cnc/2003_0284de01.pdf, letzter Abruf Mai 2007.
26 Abrufbar unter www.ec.europa.eu/internal_market/company/docs/modern/report_de.pdf, letzter Abruf Juli 2008.
27 *Habersack,* NZG 2004, S. 2; *ders.,* Europäisches GesR, § 4, Rn. 11 ff.; ferner *Kübler,* Liber Amicorum Weiss, S. 237; *ders.,* FS Zuleeg, S. 563.
28 *Junker,* Mitbestimmung im europäischen Vergleich, S. 80/81; zu den mit dem Vorschlag einer fünften gesellschaftsrechtlichen Richtlinie verbundenen Fragen nach einer Harmonisierung der Verwaltungs- und Vermögensrechte der Gesellschafter siehe *Grundmann,* Europäisches Gesellschaftsrecht, § 12.

§ 1 Einleitung

Die Durchdringung des Rechts der Arbeitnehmerbeteiligung in den Rechtsordnungen der europäischen Mitgliedstaaten und der Vergleich mit den eigenen Regelungen bleibt damit und erst recht von ungemindert großer Bedeutung[29]. Das gilt auch für die betriebliche Mitbestimmung, denn eine „Kommunikationsschiene zwischen betrieblich-nationaler und zentral-internationaler Ebene muss erst noch gefunden werden"[30].

Die Anzahl deutscher Publikationen zum spanischen Recht der Arbeitnehmerbeteiligung ist jedoch bisher verschwindend gering[31]. Im Bereich der Unternehmensmitbestimmung sind sie im Prinzip nicht existent[32], wobei das spanische Schrifttum gegenüber dem deutschen in dieser Hinsicht keinen wesentlichen Vorsprung hat. Auf der Suche nach Erklärungen für dieses mangelnde Interesse wird unter anderem vermutet, dass man sich von Spanien als verspäteter Industrienation weniger Innovationen verspricht[33]. Die spanische Wirtschaft wächst jedoch seit Jahren stets über dem EU-Durchschnitt und erreichte 2007 eine Wachstumsrate von 3,8 Prozent[34]. Allein unter diesem Aspekt wäre es damit verfehlt, die spanische Rechtsordnung zu vernachlässigen. Vergegenwärtigt man sich ferner, dass von Spanien die Verhandlungen über das Statut der Europäischen Aktiengesellschaft wegen der als zu weitgehend empfundenen Regelungen der Arbeitnehmerbeteiligung lange Zeit blockiert wurden[35] und eine endgültige Einigung erst durch die Zusage einer Ausschlussoption der Auffangregelung für eine Verschmelzungskonstellation als Zugeständnis an Spanien möglich wurde[36], kann ein Blick auf das spanische Recht der Arbeitnehmerbeteiligung im Sinne des europäischen Integrationsprozesses wichtigen Erkenntnisgewinn bringen. Nachholbedarf scheint dabei nicht zuletzt in Bezug auf das Vorverständnis mancher zu bestehen, die die spanischen Arbeitsbeziehungen nach wie vor mit heftigen Klassenkämpfen und revolutionären Streikbewegungen in Verbindung bringen, obwohl dies heute längst Geschichte ist[37].

---

29 Allgemein zum Nutzen der Rechtsvergleichung siehe *Dannemann,* Comparative Law, S. 401–405.
30 *Körner,* Formen der Arbeitnehmermitwirkung, S. 18.
31 Für die betriebliche Mitbestimmung ist vor allem *Schnelle,* Der Europäische Betriebsrat in Spanien, 1999, zu nennen; für das Tarifvertragsrecht sehr umfassend *Selenkewitsch,* Spanisches Tarifvertragsrecht, 2006; ein sehr guter Überblick über das spanische Individual- und Kollektivarbeitsrecht findet sich bei *Calle,* Arbeitsrecht in Spanien, S. 1399 ff.
32 Einzige deutschsprachige Quelle, die über eine bloße Erwähnung dieser Form der Arbeitnehmerbeteiligung hinausgeht, scheint *Miñambres Puig,* Das Beteiligungsrecht der Arbeitnehmer im Betrieb, S. 144–166, zu sein. Die Untersuchung ist jedoch von 1980 und damit – wie zu zeigen sein wird – rechtshistorisch.
33 So *Kasten,* Spanisches Recht im Umbruch, S. 24, der im Übrigen die Spärlichkeit deutschsprachiger Informationen für das gesamte spanische Arbeitsrecht konstatiert.
34 *Consejo Económico y Social,* Panorama Económico, 2007: un balance, S. 13 mit Vergleichszahlen für die EU. Die Wachstumsprognose für 2008 liegt bei 3,3%.
35 Vgl. *Hopt,* ZGR 2000, S. 802; *Rangil,* Propuestas de UGT Catalunya sobre la participación de los trabajadores en la empresa, S. 132.
36 Art. 7 Abs. 3 RL 2001/86/EG, sog. „Spanische Klausel", vgl. *Fuchs/Marhold,* Europäisches Arbeitsrecht, S. 247.
37 *Köhler,* Arbeitsmarkt und Arbeitsbeziehungen in Spanien zu Beginn des 21. Jahrhunderts, S. 397.

§ 1 Einleitung

I. Untersuchungsgegenstand

Gegenstand dieser Arbeit sind daher die vergleichende Analyse des Wechselspiels von Unternehmensführung und Arbeitnehmerinteressen in der deutschen und spanischen Aktiengesellschaft sowie das Recht der Arbeitnehmerbeteiligung beider Rechtsordnungen als eines der Regelungsinstrumente seiner Bewältigung.

Dabei geht die Untersuchung von dem Leitbild einer Aktiengesellschaft als Großunternehmen aus, was allein schon im Hinblick auf die für die Anwendung einiger Regelungen der Arbeitnehmerbeteiligung erforderliche Beschäftigtenzahl Voraussetzung ist. Die für die Aufbringung eines großen Gesellschaftskapitals günstigen Bedingungen haben in Deutschland in der Tat dazu geführt, dass die Aktiengesellschaft seit langem die bevorzugte Gesellschaftsform für Großunternehmen ist[38]. Auch nach den Gesetzesmotiven des spanischen Aktiengesetzes von 1951 sollte die Aktiengesellschaft in erster Linie als Rechtsform für Großunternehmen dienen. Der Gesetzgeber konzipierte die Gesellschaft jedoch derart, dass sie sich auch für mittlere und kleinere Unternehmen eignete, so dass in der Praxis nicht nur die meisten Großunternehmen, sondern auch fast alle kleineren und mittleren Unternehmen als Aktiengesellschaften gegründet wurden[39]. Mit der Anpassung an europarechtliche Vorgaben durch das Aktiengesetz von 1989 und der Einführung eines Mindestkapitals fiel dann aber die kleinste Form der Aktiengesellschaft weg, um in Form einer Gesellschaft mit beschränkter Haftung organisiert zu werden[40].

Das spanische Aktienrecht unterscheidet ferner wie das deutsche Recht grundsätzlich nicht zwischen börsennotierten und nicht börsennotierten Gesellschaften[41] und sowohl in Deutschland als auch in Spanien sind zumindest reine Publikumsgesellschaften, wo der Aktienbesitz weit gestreut ist, seltener[42]. Im Allgemeinen

---

38 *Hueck/Windbichler*, GesR, § 25, Rn. 15. Nach dem XVI. Hauptgutachten der Monopolkommission 2004/2005 „Mehr Wettbewerb im Dienstleistungssektor! (2006)" waren 2004 unter den 100 größten Unternehmen 75 AG, BT-Drucks. 16/2460, S. 190, Rn. 311 und Tabelle III.7, abrufbar unter www.monopolkommission.de/haupt/html, letzter Abruf Mai 2007. Die AG war auch der Umsatzsteuerstatistik nach Rechtsformen und Größenklassen zufolge 2005 wieder die umsatzstärkste Gesellschaftsform. Die Statistik erfasst alle Unternehmen ab einem Jahresumsatz von über 17500 Euro und die Zahlen zur AG schließen die KGaA und die bergrechtlichen Gewerkschaften ein, abrufbar unter www.destatis.de/themen/d/thm_finanzen4.php, letzter Abruf Mai 2007.
39 *Esteban Velasco*, Sociedad Anónima, S. 6273.
40 *Grechenig*, Spanisches Aktien- und GmbH-Recht, S. 9, für die Entwicklung der spanischen Aktiengesellschaft insgesamt siehe S. 11 f.; zur Reform von 1989 *Reckhorn-Hengemühle*, Die spanische Aktiengesellschaft nach der Reform des Aktiengesetzes von 1989, 1992. Seit der Reform hat sich das Verhältnis der Verbreitung beider Gesellschaftsformen nachhaltig umgekehrt, vgl. *Farrando*, Evolution and Deregulation in the Spanish Corporate Law, S. 2 f. mit Trendkurven und *Grechenig*, Spanisches Aktien- und GmbH-Recht, S. 17. Der Aktiengesellschaft kommt unter den Handelsgesellschaften angesichts ihrer Verbreitung und der Größe der Unternehmen in dieser Rechtsform dennoch die größte Bedeutung zu, *Cremades*, Gesellschaftsrecht in Spanien, S. 34/35.
41 Siehe *Grechenig*, Spanisches Aktien- und GmbH-Recht, S. 9 sowie unten § 2 I 2 b. Nach einer Börsennotierung der Aktiengesellschaft wird daher in der gesamten Arbeit insofern nicht unterschieden, als die für die Untersuchung interessanten Regelungen hiervon unabhängig sind.
42 Für Deutschland *Hueck/Windbichler*, GesR, § 27, Rn. 1; für Spanien vgl. unten § 6 III 2 *Exkurs*.

§ 1 Einleitung

und für die Zwecke dieser Untersuchung gibt es daher mit der spanischen Aktiengesellschaft eine der deutschen AG rechtlich und praktisch vergleichbare Gesellschaftsform, der ferner ein Wechselspiel von Unternehmensführung und Arbeitnehmerinteressen gleichermaßen immanent ist.

Nach Untersuchung der Interessenkonstellationen im Einzelnen steht zunächst die rechtliche Ausgestaltung der Arbeitnehmerbeteiligung in Deutschland und Spanien im Mittelpunkt. Beide Rechtsordnungen sind in dieser Hinsicht diametral entgegengesetzt, was vor allem durch die Darstellung der entstehungsgeschichtlichen Zusammenhänge, in die politische, wirtschaftliche, gesellschaftliche und auch kulturelle Gegebenheiten hinein spielen[43], erklärt werden soll. Es handelt sich somit nicht um eine Untersuchung der Gesamtheit der Arbeitsbeziehungen *(industrial relations),* bei der alle Gestaltungsfaktoren und alle Ebenen des Arbeitslebens vom Staat über den Arbeitsmarkt und die öffentliche Meinung bis hin zu allen Regelungen sowohl des Individual- als auch des Kollektivarbeitsrechts einzubeziehen sind[44]. Die vergleichende Betrachtung der Bausteine des Systems – wie beispielsweise das Recht der Arbeitnehmerbeteiligung – dient daher als Voraussetzung für das Verständnis der Arbeitsbeziehungen insgesamt[45].

Die Untersuchung soll sich aber nicht in einer Darstellung der Rechtslage sowie ihrer Genese und Rahmenbedingungen erschöpfen, sondern über die bloße Erfassung des Materials hinausgehen. Grund hierfür ist, dass die ausschließliche Konzentration auf die formalrechtliche Situation zu einer Verkennung der tatsächlichen Sachlage führen kann. Es ist daher der Frage nachzugehen, ob das ausgewählte Regelungsinstrument sein Normziel erreicht oder rechtstatsächlich anders wirkt. Weiteres Kernstück der Untersuchung muss somit eine Funktions- und Wirkungsanalyse der Regelungen der Arbeitnehmerbeteiligung sein, was im Übrigen aufgrund der scharfen formalen Gegensätzlichkeit beider Rechtsordnungen besonders reizvoll ist[46].

---

43 Für Spanien stellt sich das Problem, dass es für die Franco-Zeit kaum wissenschaftliche Literatur gibt. Historiker, Soziologen und Juristen haben seitdem versucht, die spanischen Arbeitsbeziehungen des letzten Jahrhunderts nachzuvollziehen, vgl. umfassend *Bernecker,* Gewerkschaftsbewegung und Staatssyndikalismus in Spanien, 1985; *Führer-Ries,* Gewerkschaften in Spanien, 1991; *Kasten,* Spanisches Arbeitsrecht im Umbruch, 1999. Allerdings ergibt sich auch für Deutschland teilweise, wenn auch nicht in dem Maße, die methodische Schwierigkeit, dass „sich weite Strecken dieser sozialgeschichtlichen Entwicklung als wissenschaftliche terra incognita erwiesen, während es umgekehrt für manche Teilgebiete eine solche Fülle von Literatur gab, dass eine sorgfältig prüfende Auswahl Platz greifen musste", *Teuteberg,* Geschichte der industriellen Mitbestimmung in Deutschland, S. XVI.
44 Vgl. beispielsweise die historischen Darstellungen von *Ramm,* Die Arbeitsverfassung des Kaiserreichs, S. 195; *ders.,* Die Arbeitsverfassung der Weimarer Republik, S. 226.
45 *Rebhahn,* NZA 2001, S. 764.
46 Auch in diesem Zusammenhang ist auf die schwierige Quellenlage hinzuweisen, denn vor allem für das spanische Recht sind empirische Untersuchungen bisher kaum durchgeführt worden. Eine wichtige Ausnahme ist die Untersuchung von *Altmeyer,* Interessenmanager vor neuen Herausforderungen, Eine empirische Studie über Belegschaftsvertretungen in Deutschland, Frankreich, Spanien und Großbritannien, 2001.

II. Methode

Der gewählte vergleichende Ansatz dieser Arbeit macht deutlich, dass ihr Ziel nicht nur die Analyse des spanischen Rechts der Arbeitnehmerbeteiligung ist, sondern auch dazu dienen soll, das eigene Recht vor dem Hintergrund abweichender Regelungen und Lösungsmechanismen klarer zu erkennen und einzuschätzen[47]. Diese Chance besteht gerade in dem hier gewählten Vergleich, da die politische und soziale Entwicklung Deutschlands und Spaniens jahrzehntelang sehr unterschiedlich verlaufen ist[48].

Wenig weiterführend wäre in diesem Sinne, die Untersuchung an der äußeren Ähnlichkeit von Rechtsinstituten anzuknüpfen, denn ausländisches Recht kann nicht mit den Systembegriffen der eigenen Rechtsordnung erfasst werden[49]. Der Ausgangspunkt einer rechtsvergleichenden Arbeit wird daher in der Annahme gesehen, dass trotz unterschiedlicher Regelungen, Geschichte und Kulturen der Länder die konkreten Sachprobleme in der Regel gleichartig sind[50]. Die Fragestellung ist somit weiter und funktionaler darauf zu richten, wie Arbeitnehmer an bestimmten Entscheidungen des Arbeitgebers teilhaben[51]. Dementsprechend ist die jeweilige Rechtsmaterie nicht nur darzustellen, sondern vor allem auf ihre Funktion und Aufgabe hin zu durchleuchten[52]. Gerade in der Arbeitsrechtsvergleichung, die im Übrigen als „*infant in the legal acadamy*" bezeichnet wird[53], ist neben der Norm zudem alles einzubeziehen, was an sozialer Umwelt und an tatsächlich gehandhabten Regelungsmechanismen existiert[54].

Stellt man fest, dass das Sachproblem in den für den Vergleich herangezogenen Rechtsordnungen unterschiedlich gelöst wird, muss man fragen, welche Gründe sich dafür finden lassen[55]. Zur Erfassung des eigenen wie des fremden Rechts gehören daher auch die entstehungsgeschichtlichen Zusammenhänge ihrer Struktur und Funktion. Hierbei können sog. Pfadabhängigkeiten aufgedeckt werden, d.h. Entscheidungen, die institutionell verankert wurden, wirken fort, obwohl der ursprüngliche Grund für die Entscheidung zwischenzeitlich entfallen ist[56]. Regeln, die in einer Rechtsordnung zu einem bestimmten Zeitpunkt anzutreffen sind, können damit zum Teil ein Unfall der Geschichte sein, aber auch die optimale Lösung zu einem Problem der Gegenwart[57].

---

47 *Moll*, RdA 1984, S. 232.
48 *Däubler*, Einleitung: Arbeitsbeziehungen in Spanien, S. 11.
49 *Junker*, Mitbestimmung im europäischen Vergleich, S. 71.
50 Vgl. *Gamillscheg*, RdA 1987, S. 31; *Junker*, RIW 2002, S. 81; *Zweigert/Kötz*, Rechtsvergleichung, S. 33.
51 *Moll*, RdA 1984, S. 234.
52 Vgl. *Junker*, Mitbestimmung im europäischen Vergleich, S. 71.
53 *Finkin*, Comparative Labour Law, S. 1132.
54 *Moll*, RdA 1984, S. 235.
55 *Zweigert/Kötz*, Rechtsvergleichung, S. 43.
56 Vgl. *Gourevitch*, Yale Law Journal 112 (2003), S. 1857.
57 *Blair/Roe*, Employees and Corporate Governance – Introduction, S. 13.

§ 1 Einleitung

III. Gang der Darstellung

Die sich in diesem Sinne als funktionaler Rechtsvergleich verstehende Darstellung[58] beginnt daher mit der Herausarbeitung des konkreten Sachproblems. Zu diesem Zweck sind in einem 1. Kapitel die Begriffe des Arbeitstitels – Unternehmensführung und Arbeitnehmerinteressen – für das spanische und deutsche Recht gleichermaßen zu beschreiben. Daran anknüpfend können das Wechselspiel beider Interessenträger im Unternehmen formuliert und die in die Arbeit einbezogenen Instrumente zur rechtlichen Kanalisierung einer Berücksichtigung von Arbeitnehmerinteressen bei Entscheidungen der Unternehmensführung – die betriebliche und Unternehmensmitbestimmung – rechtstechnisch umrissen werden (2. Kapitel). Unterschiedliche Begrifflichkeiten und Sprachgebräuche in den Ländern werden dabei, wie in der gesamten Arbeit, bei Bedarf erläutert.

Im deutschen wie im spanischen Recht lassen sich die rechtsdogmatischen Strukturen der Arbeitnehmerbeteiligung in eine Steuerung innerhalb der Gesellschaft (Unternehmensmitbestimmung) und gegenüber der Gesellschaft (betriebliche Mitbestimmung) differenzieren. Innerhalb dieser Oberbegriffe werden die für den Rechtsvergleich entscheidenden Besonderheiten der jeweiligen nationalen Regelung mit der nötigen Abstraktion und Kürze herausgestellt und entstehungsgeschichtlich erklärt, wobei politische und wirtschaftliche Rahmenbedingungen in die Darstellung einfließen (3. Kapitel). Dass sich der Vergleich mitgliedstaatlicher Beteiligungskonzepte nur im Rahmen einer Gesamtbetrachtung aller ineinander greifender Elemente der jeweiligen Arbeitsrechtsordnung, insbesondere auch der den Gewerkschaften zugedachten Rolle, erschließt[59], gilt für das spanische Recht ganz besonders und wird berücksichtigt. So weit damit die Darstellung teilweise ausgreifen muss, so ausdrücklich ist darauf hinzuweisen, dass keine Einzelfragen und strittige Detail- und Folgeprobleme in die Untersuchung mit aufgenommen werden.

Aussagekräftig in Bezug auf die jeweilige Lösung des Sachproblems kann aber letztlich nur die sich im 4. Kapitel anschließende Funktions- und Wirkungsanalyse der Regelungen im Einzelnen sein, da hiermit der Frage des tatsächlichen Einflusses der Arbeitnehmervertreter auf die Entscheidungen der Unternehmensführung nachgegangen wird. Untersucht wird zunächst die Funktion bzw. der Zweck oder die Aufgabe der Regelung. Schwierigkeiten können sich in diesem Zusammenhang insofern ergeben, als einer Norm möglicherweise nicht nur eine oder aber auch gar keine Funktion zukommt. Wesentlich entscheidender ist aber, dass die Funktion rechtstatsächlich unterschiedlich intensiv ausgefüllt wird und sogar eine vollkommen andere Wirkung haben kann. Berücksichtigt man zudem, dass

---

58 Denn es gibt „*not one (‚the') functional method, but many*", *Michaels*, The functional method of comparative law, S. 342; für einen disziplinübergreifenden Überblick über die verschiedenen Konzepte des funktionalen Rechtsvergleichs S. 343–363.
59 *Fuchs/Marhold*, Europäisches Arbeitsrecht, S. 211 bzw. *Weiss*, NZA 2003, S. 177.

die Regelungen untereinander in einer komplexen Wechselwirkung stehen, bei der zahlreiche äußere und nicht messbare Faktoren eine Rolle spielen, wird deutlich, dass hier nur mit Annäherungen gearbeitet werden kann[60].

Beendet wird die Arbeit mit einer Schlussbetrachtung und einem Ausblick.

---

[60] So auch *Körner*, Formen der Arbeitnehmermitwirkung, S. 24.

1. Kapitel
Unternehmensführung und Arbeitnehmerinteressen

In einem Unternehmen in der Rechtsform einer Aktiengesellschaft[61] treffen die Interessen verschiedener Beteiligter zusammen. Die Beteiligten können in Interessenträger im Unternehmen und am Unternehmen unterschieden werden. Zu den Interessenträgern, die innerhalb des Unternehmens angesiedelt sind, zählen die Aktionäre, Mitarbeiter und abstrakt die organisierte Führungskraft, die diese Interessenträger und damit das Unternehmen steuert. Interessenträger am Unternehmen sind die Kunden, Lieferanten, Kreditinstitute, eine Vielzahl von öffentlichen Institutionen wie Gemeinden, andere Gebietskörperschaften, der Fiskus und die Gläubiger[62].

Die Untersuchung bezieht sich auf Interessenträger innerhalb des Unternehmens: die Unternehmensführung als abstrakt organisierte Geschäftsführungskraft (§ 2 Unternehmensführung) und die Arbeitnehmer (§ 3 Arbeitnehmerinteressen). Beide Begriffe sollen nachfolgend für das deutsche und spanische Recht gleichermaßen umschrieben werden.

§ 2 Unternehmensführung

Der Begriff der Unternehmensführung wird nach geltendem Recht bestimmt, so dass Ausgangspunkt der Untersuchung § 76 Abs. 1 AktG und Artt. 128, 129 des Ley de las sociedades anónimas (LSA)[63] sind. Ein überpositiv „richtiger" oder erstrebenswerter Maßstab für die Leitung der Aktiengesellschaft soll nicht ermittelt werden. Rechtsethische Handlungsmaxime im Gesellschaftsrecht werden daher insofern aus der Darstellung ausgeklammert, als die Definition der Unternehmensführung hier primär weniger der Ableitung materieller Vorgaben, sondern als Instrument für die Systematisierung des Wechselspiels mit den Arbeitnehmerinteressen dient. In diesem Sinne wird Unternehmensführung im Folgenden als Leitung der Gesellschaft (I. Leitungsbegriff) und Handeln entsprechend den hiermit verbundenen Aufgaben und Zielen (II. Leitungsaufgaben und Leitungsziele) umschrieben. Letztere werden zwar von natürlichen Personen verfolgt, hier soll

---

[61] Der Begriff der Aktiengesellschaft wird in Bezug auf beide Rechtsordnungen verwendet. Bezieht sich die Darstellung ausschließlich auf das deutsche bzw. spanische Recht werden die Abkürzungen AG bzw. *SA (Sociedad Anónima)* gebraucht.
[62] *Semler/Spindler*, MünchKomm-AktG, Vor § 76, Rn. 86 und 87 (2. Auflage).
[63] Real Decreto Legislativo 1564/1989, de 22 de diciembre (BOE de 27 de diciembre).

1. Kapitel. Unternehmensführung und Arbeitnehmerinteressen

aber ausschließlich die Verwaltung als Organ betrachtet werden[64]. Individualziele des Managements sind damit unbeachtlich.

I. Leitungsbegriff

Die Aktiengesellschaft ist Körperschaft und juristische Person. Um als solche handeln zu können, bedarf sie eines Organs, dem die interne Willensbildung und deren Verwirklichung nach außen obliegen.

Bei der AG ist dieses Organ der Vorstand. Er wird vom Aufsichtsrat bestellt (§ 84 Abs. 1 S. 1 AktG) und kann aus einer oder mehreren Personen bestehen. Bei Gesellschaften mit einem Grundkapital von mehr als 3 Millionen Euro sieht das Gesetz grundsätzlich ein Kollegialorgan vor, lässt jedoch Ausnahmen zu (§ 76 Abs. 2 AktG). Einen mindestens zweiköpfigen Vorstand müssen ferner alle Unternehmen haben, in denen nach § 13 MontanMitbestG oder § 33 MitbestG ein Arbeitsdirektor zu bestellen ist[65]. Der Begriff Vorstand wird sowohl für eine Einzelbesetzung als auch im Fall mehrerer Vorstandsmitglieder verwendet. In der *SA* bestellt gemäß Art. 123 LSA die Hauptversammlung die Verwalter (*Administradores*) und bestimmt ihre Anzahl, solange in der Satzung nur eine Mindest- oder Höchstzahl festgelegt ist. Wird die Verwaltung der Gesellschaft mehr als zwei Personen gemeinsam anvertraut, so bilden diese gemäß Art. 136 LSA den Verwaltungsrat (*Consejo de Administración*). In Art. 124 Abs. 1 und 2 Reglamento del Registro Mercantil (RRM) – Real Decreto 1784/1996, de 19 de julio[66] – sind die daneben in der Satzung regelbaren Verwaltungsstrukturen abschließend genannt: ein Verwalter, dem sämtliche Geschäftsführungs- und Vertretungsbefugnisse zukommen oder mehrere Verwalter, die Einzelgeschäftsführungs- und Einzelvertretungsvertretungsbefugnis haben oder zwei Verwalter, die Gesamtgeschäftsführungs- und Gesamtvertretungsbefugnis haben[67]. Die Mehrzahl der spanischen Aktiengesellschaften verfügt über einen Verwaltungsrat[68]. In bestimmten *SA* (z.B. Kreditinstitute, börsennotierte Gesellschaften) ist die Einrichtung eines *Consejo de Administración* zudem zwingend vorgeschrieben[69]. Im Interesse der Vergleichbarkeit und Praktikabilität wird daher hinsichtlich der Größe des Leitungsorgans im Folgenden von einem Kolle-

---

[64] Auch das spanische Recht differenziert zwischen dem *administrador* als Organ der Gesellschaft und als natürliche Person, die in einem Anstellungsverhältnis mit der Gesellschaft steht, *Polo*, Comentario al régimen legal de las sociedades mercantiles, Band VI, Art. 123, S. 52.
[65] *Raiser/Veil*, Recht der Kapitalgesellschaften, § 14, Rn. 15; zum Arbeitsdirektor siehe unten § 6 II 1.
[66] BOE de 31 de julio.
[67] Vgl. auch *Sánchez Calero*, Los administradores en las sociedades de capital, S. 468.
[68] Bis 1989 verfügten ungefähr 50% der *SA* über einen *Consejo de Administración*. Die Anzahl der Einzelverwalter sank dann weiter im Zuge der Umwandlung von in Familienbesitz befindlichen *SA* in GmbH. In börsennotierten Gesellschaften ist seit 2002 der Verwaltungsrat zwingend, vgl. *Grechenig*, Spanisches Aktien- und GmbH-Recht, S. 23 f.
[69] Siehe *Sánchez Calero*, Los administradores en las sociedades de capital, S. 462; *Uría/Menéndez/García e Enterría*, La Sociedad Anónima: Òrganos sociales. Administradores, S. 959.

gialorgan, d.h. von einem Vorstand mit mehr als zwei Vorstandsmitgliedern[70] bzw. dem *Consejo de Administración* ausgegangen.

Der Vorstand leitet gemäß § 76 Abs. 1 AktG die Gesellschaft[71] unter eigener Verantwortung. Der Deutsche Corporate Governance Kodex (DCGK) wiederholt dies in seiner Präambel[72]. Umschrieben wird aber nicht, welcher Inhalt mit dem Begriff der Leitung verbunden ist. Nach §§ 77, 78 AktG ist der Vorstand ferner vertretungs- und geschäftsführungsbefugt.

Einzige ausdrücklich geregelte Kompetenz des *Consejo de Administración* ist hingegen seine Vertretungsbefugnis (*representación*, Artt. 128, 129 LSA). Daneben spricht das spanische Gesetz an verschiedenen Stellen – unter anderem in Artt. 9h), 136 LSA – von der *administración* (Verwaltung) der Gesellschaft durch ihre Verwalter, ohne diese Aufgabe aber näher zu bestimmen. Der Begriff der Leitung (*dirección*) wird im LSA nicht verwendet.

Trotz dieser unterschiedlichen gesetzgeberischen Vorgaben hat die nachfolgende Darstellung zum Ziel für beide Rechtsordnungen gleichermaßen einen Leitungsbegriff herauszuarbeiten.

1. Vertretung und Geschäftsführung der Aktiengesellschaft

Zu diesem Zweck werden zunächst die Vertretungs- und Geschäftsführungsbefugnisse des Vorstandes bzw. des *Consejo de Administración* dargestellt, die in beiden Rechtsordnungen scharf voneinander zu unterscheiden sind. Bereits hier sei ausdrücklich darauf hingewiesen, dass eine Abgrenzung der Zuständigkeiten von Vorstand und *Consejo de Administración* im Verhältnis zu denen anderer Gesellschaftsorgane nicht intendiert ist. Vor allem orientiert sich die Darstellung nicht an dem allgemeinen deutschen Verständnis, dass zur Geschäftsführung alle Kompetenzen des Vorstandes in Abgrenzung zur Hauptversammlung zählen.

a. Vertretung/*representación*

§ 78 Abs. 1 AktG weist dem Vorstand gemeinschaftlich die gerichtliche und außergerichtliche Vertretung der AG zu. Die Satzung oder mit ihrer Ermächtigung der Aufsichtsrat kann aber eine von der Gesamtvertretungsbefugnis abweichende Regelung treffen (§ 78 Abs. 3 AktG). Zur Vertretung der AG zählt die Vornahme von Prozesshandlungen für die Gesellschaft sowie jedes nach außen gerichtete

---

[70] So auch die „Soll"-Empfehlung nach Pkt. 4.2.1 S. 1 des Deutschen Corporate Governance Kodexes (DCGK).
[71] „Diese Aussage des Gesetzes bedarf in einem Punkt sogleich der Berichtigung: Geleitet wird nicht die Gesellschaft als ein Verband zusammengeschlossener Gesellschafter; das ist schon mit Rücksicht auf die Gesellschaftsverfassung nicht möglich. Geleitet wird vielmehr das Unternehmen", *Henze*, BB 2000, S. 209.
[72] Fassung vom 6. Juni 2008 abrufbar unter www.corporate-governance-code.de/ger/kodex/index.html.

1. Kapitel. Unternehmensführung und Arbeitnehmerinteressen

rechtsgeschäftliche und rechtsgeschäftsähnliche Handeln in ihrem Namen[73]. Die Vertretungsmacht des Vorstandes ist grundsätzlich unbeschränkt und unbeschränkbar (§ 82 Abs. 1 AktG). Beschränkungen lassen sich insbesondere weder aus dem Gesellschaftszweck noch aus dem Unternehmensgegenstand und auch nicht aus einer enger gefassten Geschäftsführungsbefugnis herleiten[74]. Von der objektiven Begrenzung der Vertretungsmacht ist die subjektive Begrenzung zu unterscheiden. Davon lässt sich sprechen, wenn der Vorstand die AG ausnahmsweise nicht oder jedenfalls nicht allein vertreten kann[75].

Gemäß Artt. 128, 9h) LSA wird die *SA* ausschließlich durch ihre Verwalter den Satzungsbestimmungen entsprechend vertreten. Im Fall eines *Consejo de Administración* wird die Vertretungsmacht von allen seinen Mitgliedern gemeinsam ausgeübt. Die Satzung kann darüber hinaus einem oder mehreren Mitgliedern besondere einzelne oder gemeinsame Vertretungskompetenzen einräumen[76]. Die Vertretungsbefugnis des *Consejo de Administración* erfasst alle Gegebenheiten, in denen für die Gesellschaft eine bindende Erklärung im Rechtsverkehr mit Dritten abgegeben wird[77]. Gemäß Art. 129 Abs. 1 LSA erstreckt sie sich auf alle im Gesellschaftszweck *(objeto social)* enthaltenen Maßnahmen. Entsprechend Art. 9 Abs. 2 der 2. gesellschaftsrechtlichen Richtlinie[78] ist jede Beschränkung dieser Vertretungsbefugnis Dritten gegenüber unwirksam[79].

b. Geschäftsführung/*administración – gestión*

Während die Vertretung des Vorstandes Betätigung für die Gesellschaft vom Außenverhältnis her gesehen ist, ist seine Geschäftsführung nach § 77 Abs. 1 AktG Betätigung für die Gesellschaft vom Innenverhältnis gesehen[80]. Der Grundsatz der Gesamtgeschäftsführungsbefugnis ist dispositives Recht und nur in kleineren Ge-

---

73 *Wiesner,* MünchHdb-GesR, Band 4, § 23, Rn. 1 und 4.
74 D. h. Pflichtverstöße der Vorstandsmitglieder gegen § 82 Abs. 2 AktG schlagen grundsätzlich nicht in das Außenverhältnis durch, es sei denn es greifen die Grundsätze über den Missbrauch der Vertretungsmacht, *Hüffer,* AktG, § 82, Rn. 8.
75 *Hüffer,* AktG, § 78, Rn. 8: „Hauptfälle der ersten Art sind die des § 112 AktG und die Bestellung besonderer Vertreter nach § 147 Abs. 3 AktG. Fälle der zweiten Art liegen vor bei Doppelvertretung durch Vorstand und Aufsichtsrat (§§ 246 Abs. 2 S. 2, 249 Abs. 1 S. 1, 250 Abs. 3, 251 Abs. 3, 253 Abs. 2, 254 Abs. 1 S. 1, 255 Abs. 3, 256 Abs. 7, 257 Abs. 2 S. 1 AktG) und bei Bindung des Vorstandshandelns an die Zustimmung der Hauptversammlung in dem Sinne, dass die AG ohne solche Zustimmung nicht wirksam vertreten werden kann (§§ 50 S. 1, 52 Abs. 1, 53 S. 1, 93 Abs. 4 S. 3, 116, 117 Abs. 4, 179a Abs. 1, 293 Abs.1, 295, 309 Abs. 3 S. 1, 310 Abs. 4, 317 Abs. 4, 318 Abs. 4)".
76 Vgl. Art. 124 Abs. 2 RRM; *Uría/Menéndez/García e Enterría,* La Sociedad Anónima: Òrganos sociales. Administradores, S. 968.
77 *Boquera Matarredona/Latorre Chiner,* Distribución y conflictos de competencias en la sociedad anónima no cotizada, S. 55 f.
78 Richtlinie 68/151/EWG zur Koordinierung der Schutzbestimmungen, die in den Mitgliedstaaten den Gesellschaften im Sinne des Artikels 58 Absatz 2 des Vertrages im Interesse der Gesellschafter sowie Dritter vorgeschrieben sind, um diese Bestimmungen gleichwertig zu gestalten, vom 9. März 1968 (Abl. EG L 65/8).
79 *Uría/Menéndez/García e Enterría,* La Sociedad Anónima: Òrganos sociales. Administradores, S. 968.
80 *Hueck/Windbichler,* GesR, § 8, Rn. 2.

sellschaften praktikabel. Die Satzung oder Geschäftsordnung des Vorstands können damit Abweichendes bestimmen[81]. Der Geschäftsführungsbegriff findet im AktG keine Definition. In der Literatur wird sie als jede vom Vorstand für die Gesellschaft wahrgenommene Tätigkeit verstanden, wobei es nicht darauf ankommt, ob es sich um Handlungen tatsächlicher oder rechtsgeschäftlicher Art handelt und die Tätigkeit sich nur auf die internen Verhältnisse der Gesellschaft beschränkt oder ob sie – wie die Vertretung – Außenwirkungen hat[82]. Eine begriffliche Abgrenzung der Geschäftsführung des Vorstandes von Grundlagengeschäften ist entbehrlich, weil Sinn solcher Abgrenzung – Bestimmung der Maßnahmen, die den Gesellschaftern vorbehalten bleiben – anders, nämlich durch Auslegung und Anwendung des § 119 AktG, verwirklicht wird[83].

Auch für die spanische Lehre ist die Vertretungsbefugnis des *Consejo de Administración* Betätigung für die Gesellschaft vom Außenverhältnis her gesehen und seine Geschäftsführung *(gestión)* Betätigung für die Gesellschaft vom Innenverhältnis her gesehen[84]. Letztere ist im LSA aber nicht geregelt bzw. beschränkt sich das Gesetz auf den Hinweis, dass dem *Consejo de Administración* die Verwaltung *(administración)* der SA obliegt (siehe z.B. Artt. 9h), 136 LSA). Die Lehre hat daher den Begriff der *administración* mit der Geschäftsführungskompetenz des deutschen Vorstands vergleichbar bestimmt, was mit der Ergänzung *administración – gestión* im Folgenden verdeutlicht werden soll: Sie erfasst grundsätzlich jede rechtsgeschäftliche und tatsächliche Tätigkeit für die Gesellschaft, die zur Verfolgung des Gesellschaftszwecks erforderlich ist[85].

Da das LSA weiterhin offen gelassen hat, ob die Verwaltung der Gesellschaft ausschließlich dem *Consejo de Administración* obliegt, wird in der spanischen Lehre die Abgrenzung der Kompetenzen von *Consejo de Administración* und Hauptversammlung *(Junta General de Accionistas)* sehr rege diskutiert und das Gesetz als schwer interpretierbar bezeichnet[86]. Klarheit besteht insofern, als die Führung der ordentlichen, alltäglichen Geschäfte *(gestión ordinaria)* dem *Consejo de Administración* verbleiben muss, der sie aber seinerseits delegieren kann (siehe unten 2.)[87]. Fraglich ist aber, inwieweit außerordentliche Geschäfte, d.h. solche, die aufgrund ihrer Tragweite, Zielsetzung oder Einzigartigkeit nicht zum normalen Geschäftsablauf zu zählen sind *(gestión extraordinaria)*, in die Kompetenz der Hauptversammlung fal-

---

81 *Raiser/Veil*, Recht der Kapitalgesellschaften, § 14, Rn. 22.
82 *Wiesner*, MünchHbd-GesR, Band 4, § 22, Rn. 1.
83 Die Frage nach ungeschriebenen Hauptversammlungskompetenzen ist nach dem Regelungskonzept des geltenden Rechts auf der Basis des § 119, nicht durch begriffliche Eingrenzung der Geschäftsführung, zu entscheiden, *Hüffer*, AktG, § 77, Rn. 4 und § 119, Rn. 16 ff.
84 *Boquera Matarredona/Latorre Chiner*, Distribución y conflictos de competencias en la sociedad anónima no cotizada, S. 47/48; *Girón Tena*, Apuntes de derecho mercantil, Vol. 1, S. 135.
85 *Girón Tena*, Apuntes de derecho mercantil, Vol. 1, S. 134.
86 *Esteban Velasco*, El poder de decisión en las sociedades anónimas, S. 495 f.; *Martínez Sanz*, Comentarios LSA, Vol. II, Art. 123 LSA, S. 1285.
87 *Martínez Sanz*, Comentarios LSA, Vol. II, Art. 123 LSA, S. 1286.

1. Kapitel. Unternehmensführung und Arbeitnehmerinteressen

len[88]. Unproblematisch ist die Abgrenzung der Kompetenzen von Verwaltungsrat und Hauptversammlung hingegen im Fall gesetzlicher oder satzungsmäßiger Bestimmungen[89].

c. Zwischenergebnis

Im deutschen wie im spanischen Aktienrecht geht es bei der Abgrenzung von Geschäftsführung bzw. *administración – gestión* und Vertretung bzw. *representación* im Wesentlichen um die rechtliche Perspektive: Ob eine Handlung von der Verwaltung vorgenommen werden kann, ohne dass sie ihre Pflichten gegenüber den Gesellschaftern verletzt, ist eine Frage der Geschäftsführung, geht es hingegen um ihre Wirksamkeit nach außen, d.h. ob die Handlung der Verwaltung im Verhältnis zu Dritten rechtsgültig wird, ist die Vertretungsbefugnis betroffen[90]. Die Unterscheidung von Geschäftsführung (Innenverhältnis) und Vertretung (Außenverhältnis) bewirkt aber keine unterschiedliche Zuordnung der jeweiligen Maßnahme[91]. Geschäftsführungsbefugnis und Vertretungsmacht können sich daher decken, müssen es aber nicht. Jedenfalls gibt es keine Maßnahmen der Vertretung, die nicht zugleich Akte der Geschäftsführung wären, aber nicht umgekehrt[92]. Für die Untersuchung folgt hieraus, dass die Schwierigkeit der Umschreibung des Leitungsbegriffs in seinem Verhältnis zur Geschäftsführungsbefugnis liegt.

2. Leitung der Aktiengesellschaft

Der Begriff der eigenverantwortlichen Leitung ist erstmals durch § 70 AktG 1937 in das deutsche Aktienrecht eingeführt worden, ohne eine Inhaltsbestimmung vorzunehmen. Das AktG von 1965 hat den solchermaßen vorgefundenen Leitungsbegriffs übernommen, ohne zu ihm selbst Stellung zu beziehen[93]. Die Frage, wie die zur Leitung der AG gehörenden Entscheidungen im Einzelnen einzugrenzen sind, ist weniger im Verhältnis der Organe zueinander von Bedeutung, als für die Frage, wieweit sich die Gesellschaft vertraglich Entscheidungen Dritter unterwerfen darf[94]. Ferner erlangt die Umschreibung des Leitungsbegriffs Bedeutung, wenn es um die Delegation von Geschäftführungsaufgaben geht: Im deutschen Recht obliegen Leitungsentscheidungen nach § 76 Abs. 1 AktG dem Vorstand als Gremium, so dass sie anders als (sonstige) Geschäftsführungsaufgaben nicht auf einzelne Verwaltungsmitglieder, nachgeordnete Führungsebenen oder Dritte de-

---

[88] Eine Kompetenz der Verwaltung auch für außerordentliche Geschäfte befürwortend *Esteban Velasco*, Administradores de S.A., S. 344; *Martínez Sanz*, Comentarios LSA, Vol. II, Art. 123 LSA, S. 1287.
[89] *Esteban Velasco*, Administradores de S.A., S. 344; zur Satzungsfreiheit *Boquera Matarredona/ Latorre Chiner*, Distribución y conflictos de competencias en la sociedad anónima no cotizada, S. 62 ff.
[90] *Girón Tena*, Apuntes de derecho mercantil, Vol.1, S. 135; *Hueck/Windbichler*, GesR, § 8, Rn. 2.
[91] *Hüffer*, AktG, § 77, Rn. 3.
[92] *Hueck/Windbichler*, GesR, § 8, Rn. 2.
[93] *Henze*, BB 2000, S. 3; zu § 70 AktG 1937 siehe auch unten II 2 c.
[94] *Mertens*, KölnKomm-AktG, § 76, Rn. 4.

§ 2 Unternehmensführung

legiert werden können[95]. Die eigenverantwortliche Leitung ist somit nicht nur Recht, sondern auch Pflicht des Vorstands.

Das LSA kennt den Begriff der Leitung (*dirección*) nicht. Art. 141 LSA legt aber fest, in welchen Grenzen der *Consejo de Administración* Aufgaben delegieren kann. In der Praxis konnte sich daher eine Aufgabenverteilung zwischen *Consejo de Administración* und Verwaltungsdelegierten entwickeln, die der deutschen Unterscheidung zwischen Leitung und Geschäftsführung im Ergebnis vergleichbar ist.

a. § 76 Abs. 1 AktG

Dass der Leitungsbegriff von der Geschäftsführung unterschieden werden muss, ist herrschende Schrifttumsauffassung[96]. Es wechseln lediglich die Formulierungen[97]. Subsumtionsfähige Kriterien für eine Abgrenzung sind aber nicht vorhanden[98].

Zur Leitung zählen zunächst allgemein alle Entscheidungen des Vorstandes von einigem Gewicht[99] bzw. Maßnahmen und Geschäfte, die für die Gesellschaft von außergewöhnlicher Bedeutung sind oder mit denen ein außergewöhnliches Risiko verbunden ist[100]. Bedeutung hat wiederum, was erheblich für die mittel- oder langfristige Entwicklung eines Unternehmens sowie für die Finanz-, Ertrags- und Beschäftigungslage ist, wobei Größe und Art des Unternehmens sowie die Umstände der Entscheidungssituation zu berücksichtigen sind[101]. Das Tagesgeschäft ist hingegen nicht mehr Leitung. Unter Tagesgeschäft des Vorstandes wird die Verwaltung des Produktions-, Vertriebs- und Finanzierungsprozesses sowie alle sonstigen routinemäßigen Abläufe, die zur Umsetzung der von ihm definierten Unternehmenspolitik notwendig sind, verstanden[102]. Vorbehaltlich einer außergewöhnlichen Größenordnung oder Tragweite gehören damit Ablauf bestimmende Entscheidungen[103] sowie Vorbereitungs- und Ausführungsmaßnahmen nicht zur Leitungsverantwortung[104].

---

[95] *Fleischer*, ZIP 2003, S. 2 mit Wunsch nach Ausarbeitung einer aktienrechtlichen „Kernbereichslehre"; *Hüffer*, AktG § 76, Rn. 7; *Spindler*, MünchKomm-AktG, § 76, Rn.19; zu den Pflichten des Vorstandes bei Aufgabenübertragung an nachgeordnete Mitarbeiter *Fleischer*, AG 2003, S. 292 f.
[96] Nach anderer Ansicht ist der Begriff der Leitung im Sinne des § 76 Abs. 1 AktG mit dem Geschäftsführungsbegriff weitgehend identisch, *Semler*, Leitung und Überwachung der Aktiengesellschaft, Rn. 3 ff.; *ders.*, ZGR 1983, S. 12.
[97] Die Leitung ist Teilausschnitt der weiter ausfächernden Geschäftsführungsaufgaben: *Kort*, GroßKomm-AktG, § 76, Rn. 28. Die Leitung ist ein herausgehobener Bereich der Geschäftsführung: *Spindler*, MünchKomm-AktG, § 76, Rn. 18; *Henze*, BB 2000, S. 209; *Hüffer*, AktG, § 76, Rn. 7; *Wiesner*, MünchHdb-GesR, Band 4, § 19, Rn. 13.
[98] *Henze*, BB 2000, S. 210; *Hüffer*, AktG, § 76, Rn. 8.
[99] *Kort*, GroßKomm-AktG, § 76, Rn. 36.
[100] *Mutter*, Unternehmerische Entscheidungen und Haftung des Aufsichtsrates der Aktiengesellschaft, S. 23.
[101] *Mertens*, KölnKomm-AktG, § 76, Rn. 5.
[102] *Kort*, GroßKomm-AktG, § 76, Rn. 36 (Sind die Verwaltungsaufgaben im Produktions-, Vertriebs- und Finanzierungsprozess aber von besonderer Bedeutung zählen sie zur Leitung); anders *Wiesner*, MünchHbd-GesR, Band 4, § 19, Rn. 13.
[103] *Mertens*, KölnKomm-AktG, § 76, Rn. 5.
[104] *Fleischer*, ZIP 2003, S. 5 ff.

1. Kapitel. Unternehmensführung und Arbeitnehmerinteressen

Typologisch können die zur Leitung zählenden Entscheidungen[105] unter Heranziehung betriebswirtschaftlicher Erkenntnisse konkretisiert werden: Leitung ist Unternehmensplanung, Unternehmenskoordinierung, Unternehmenskontrolle und Besetzung von Führungspositionen im Unternehmen[106]. Untermauert wird dieses Ergebnis durch den DCGK[107].

Zu beachten ist schließlich, dass die Verwendung des Begriffs der Geschäftsführung im AktG in einigen Fällen die Leitungsmacht erfasst. Die Vorschrift des § 111 Abs. 1 AktG über die Pflicht des Aufsichtsrates zur Überwachung der Geschäftsführung des Vorstandes würde beispielsweise ihren Zweck verfehlen, wenn sie interne oder Dritten gegenüber vollzogene Einzelmaßnahmen, nicht aber der Leitung zuzurechnende oder ihr kraft Gesetz gleichgestellte Maßnahmen umfassen würde[108].

b. *Administración – dirección*

Das LSA verwendet den Begriff der *administración* undifferenziert, d.h. es wird nicht zwischen Leitung *(dirección)* und Geschäftsführung *(gestión)* unterschieden. Historischer Grund hierfür ist das ursprüngliche Auftreten kleinerer Gesellschaften, welches das Nichtaufspalten der beiden Funktionen nahe legte[109]. Heute haben die Aktiengesellschaften in Spanien eine Größe erreicht, die es zum einen erforderlich macht, die Fülle der Angelegenheiten durch ein Kollegialorgan zu verwalten. Vor allem in den „offenen Gesellschaften" *(sociedades abiertas),* deren Anteile im Gegensatz zu denen „geschlossener Gesellschaften" *(sociedades cerradas)* frei übertragbar und breiter gestreut sind, sowie den börsennotierten Gesellschaften *(sociedades cotizadas)*[110] ist die Errichtung eines *Consejo de Administración* die einzige logische und durchführbare Form der Verwaltung[111]. Da er als Plenum aber oftmals nicht beweglich genug ist, alle mit dem Alltagsgeschäft verbundenen Entscheidungen rechtzeitig zu treffen, kommt der Delegation von Verwaltungsaufgaben eine sehr

---

[105] Zum hier vermiedenen Begriff der „Führungsentscheidung" siehe *Semler,* Leitung und Überwachung der Aktiengesellschaft, Rn. 11 ff.; *Abeltshauser,* Leitungshaftung im Kapitalgesellschaftsrecht, S. 29 f.
[106] *Spindler,* MünchKomm-AktG, § 76, Rn. 17; *Henze,* BB 2000, S. 210; *Hüffer,* AktG, § 76, Rn. 8; *Kort,* GroßKomm-AktG, § 76, Rn. 36; *Mertens,* KölnKomm-AktG, § 76, Rn. 4 und 5; *Raiser/Veil,* Recht der Kapitalgesellschaften, § 14, Rn. 1.
[107] Pkt. 4.1.2 DCGK: „Der Vorstand entwickelt die strategische Ausrichtung des Unternehmens, stimmt sie mit dem Aufsichtsrat ab und sorgt für ihre Umsetzung"; Pkt. 4.1.4 DCGK: „Der Vorstand sorgt für ein angemessenes Risikomanagement und Risikocontrolling im Unternehmen".
[108] *Henze,* BB 2000, S. 209; zur Überwachungsaufgabe des Aufsichtsrates siehe ausführlich unten § 10 III 1.
[109] *Polo,* Comentario al régimen legal de las sociedades mercantiles, Band VI, Art. 123, S. 44 ff.
[110] Die Börsennotierung berührt im spanischen Aktienrecht grundsätzlich nicht die Kompetenzen der Gesellschaftsorgane, *Martí Lacalle,* El ejercicio de las competencias de los órganos sociales en las sociedades anónimas cotizadas, S. 115; *Uría/Menéndez/García e Enterría,* La Sociedad Anónima: Òrganos sociales, S. 976.
[111] *Martínez Sanz,* Comentarios LSA, Vol. II, Art. 136, S. 1147; *Sánchez Calero,* Los administradores en las sociedades de capital, S. 712.

große Bedeutung im spanischen Aktienrecht zu[112]. Hierbei lässt Art. 141 Abs. 1 S. 2 LSA viel Spielraum: Aufgaben können durch in das Handelsregister gemäß Art. 149 RRM einzutragenden Beschluss des *Consejo de Administración* mit Zweidrittelmehrheit (Art. 141 Abs. 2 LSA) z.B. an einen oder mehrere Verwaltungsdelegierte *(Consejero Delegado)* einzeln oder gemeinsam übertragen werden. Möglich ist aber auch, dass ein aus mehreren Mitgliedern bestehendes Kollegialorgan als Geschäftsführender Ausschuss *(Comisión Ejecutiva)* delegierte Funktionen wahrnimmt. Seine Arbeitsweise und Zusammensetzung ist vom Gesetzgeber nicht vorgegeben, so dass entweder die Satzung oder der *Consejo de Administración* entsprechende Bestimmungen treffen können. Schließlich kann auch kumulativ an *Consejero Delegado* bzw. *Consejeros Delegados* und *Comisión Ejecutiva* delegiert werden[113]. Zu beachten ist, dass Verwaltungsdelegierte und Mitglieder des Geschäftsführenden Ausschusses nur Mitglieder des *Consejo de Administración* sein können[114].

Gegenstand der Delegation können sowohl Geschäftsführungs- als auch Vertretungsaufgaben sein[115], wobei unerheblich ist, ob es sich um originäre Kompetenzen des Verwaltungsrates oder solche, die ihm von der Satzung oder durch Hauptversammlungsbeschluss übertragen wurden, handelt[116]. Nicht übertragen werden können die in Art. 141 Abs. 1 LSA genannten Kompetenzen des *Consejo de Administración*: die Aufstellung des Jahresabschlusses und die Vorlage der Bilanz an die Hauptversammlung. Zu den zwingenden Kompetenzen zählt auch die Nachbesetzung eines Verwalters durch Kooptation sowie die Bestellung und Abberufung der Ausschussmitglieder und Delegierten[117]. Ferner kann die Satzung die Einrichtung von Ausschüssen für unzulässig erklären und auch die Übertragung einzelner Kompetenzen verbieten. In der Praxis werden in der Regel die ständige Führung der Alltagsgeschäfte und eine entsprechende Vertretungsbefugnis vom *Consejo de Administración* übertragen. Wichtig ist hierbei, dass der *Consejo de Administración* die delegierten Kompetenzen nicht verliert, sondern diese weiterhin parallel ausüben kann[118] und gegenüber den Geschäftsführenden weisungs- und interventionsbefugt ist[119].

---

112 *Martínez Sanz*, Comentarios LSA, Vol. II, Art. 141, S. 1497; *Uría/Menéndez/García e Enterría*, La Sociedad Anónima: Òrganos sociales, S. 793.
113 *Martínez Sanz*, Comentarios LSA, Vol. II, Art. 141, S. 1499; *Uría/Menéndez/García e Enterría*, La Sociedad Anónima: Òrganos sociales, S. 974.
114 *Grechenig*, Spanisches Aktien- und GmbH-Recht, S. 37.
115 *Martínez Sanz*, Comentarios LSA, Vol. II, Art. 141, S. 1505.
116 Bei von der Hauptversammlung übertragenen Kompetenzen muss diese einer Delegation durch den Verwaltungsrat zustimmen, Art. 141 Abs. 1 S. 1 LSA. Fraglich ist allerdings, welche Kompetenzen die Hauptversammlung an den *Consejo de Administración* übertragen kann, siehe hierzu *Boquera Mataredona/Latorre Chiner*, Distribución y conflictos de competencias en la sociedad anónima no cotizada, S. 90 (Nur wenn von Gesetzes wegen möglich: Artt. 153 Abs. 1 a), 153 Abs. 1 b) LSA und Art. 319 RRM); zu den der spanischen Hauptversammlung durch Gesetz zugewiesenen Kompetenzen siehe *Grechenig*, Spanisches Aktien- und GmbH-Recht, S. 46 f.
117 *Grechenig*, Spanisches Aktien- und GmbH-Recht, S. 36.
118 *Martínez Sanz*, Comentarios LSA, Vol. II, Art. 141, S. 1499.
119 *Uriquijo y de la Puente/Crespo de la Mata*, El consejo de administración, S. 80/81.

1. Kapitel. Unternehmensführung und Arbeitnehmerinteressen

Die Übertragung der alltäglichen Geschäftsführung hat in der Praxis dazu geführt, dass der *Consejo de Administración* seine Verwaltung auf die Leitung der Gesellschaft konzentriert, was bereits oben mit der Ergänzung *administración – dirección* verdeutlicht wurde. Er übernimmt die Planung und Koordinierung des Unternehmens, kontrolliert die geschäftsführenden Verwalter und besetzt die ihm nachgeordneten oberen Führungspositionen[120]. Diese in Spanien von der Praxis in größeren (börsennotierten) Gesellschaften entwickelte Aufgabenaufteilung als faktische Kompetenzabgrenzung scheint einen entsprechenden Trend in weiteren Rechtsordnungen mit monistischer Verwaltungsstruktur zu bestätigen[121]. Gelegentlich ist in Satzungen auch bestimmt, dass sich der *Consejo de Administración* die Leitung mit einem Generalbevollmächtigten (*Director-gerente* oder *Director General*) teilt[122]. Mit dem LSA ist der Rückzug des Verwaltungsrates auf die Leitung konform. Das eigentliche Problem besteht in der vom Gesetz offen gelassenen Frage, ob der *Consejo de Administración* nicht nur die Führung der Geschäfte, sondern auch die Leitung der Gesellschaft delegieren kann[123].

Exkurs: Código Unificado de Buen Gobierno

Empfohlen wird die praktizierte Aufgabenverteilung im Verwaltungsrat auch von den spanischen *Corporate Governance*-Empfehlungen[124]: In Spanien setzte 1997 die Regierung auf Anregung der Staatlichen Wertpapierkommission (*Comisión Nacional de Mercado y Valores – CNMV*) eine Expertenkommission zum Entwurf eines Verhaltenskodexes der *Corporate Governance*, d.h. einer erfolgreichen Leitung der Unternehmen und einer wirkungsvollen Überwachung der Geschäftsführung, ein (*Comisión Olivencia*). Die Kommission legte ihren Bericht, den *Informe Olivencia*, am 26. Februar 1998 mit 23 Empfehlungen in Form des *Código Olivencia*[125] vor. Die Empfehlungen sind freiwillig und flexibel in der Anwendung und betreffen im Schwerpunkt die Arbeit des *Consejo de Administración*. Ebenso wie der DCGK stellen der *Informe Olivencia* und *Código Olivencia* ihre Verhaltensregeln in erster Linie für börsennotierte (Aktien)Gesellschaften auf, ihre Beachtung wird aber auch den nicht an der Börse notierten (Aktien)Gesellschaften empfohlen. Im Unterschied

---

120 *Grechenig*, Spanisches Aktien- und GmbH-Recht, S. 32; *Uría/Menéndez/García e Entería*, La Sociedad Anónima: Òrganos sociales, S. 974; *Sánchez Calero*, Los administradores en las sociedades de capital, S. 482; *Uriquijo y de la Puente/Crespo de la Mata*, El consejo de administración, S. 69 ff.
121 Für Formen der Arbeitsteilung in Geschäftsführung und Kontrolle in Frankreich, Belgien und den Niederlanden siehe *Teichmann*, ZGR 2001, S. 647 und S. 663 ff.; zu beachten ist aber für Spanien, dass sich der *Consejo de Administración* nicht auf die Kontrollaufgabe beschränkt, sondern weitere Leitungsaufgaben wahrnimmt.
122 *Uría/Menéndez/García e Entería*, La Sociedad Anónima: Òrganos sociales, S. 987.
123 *Uriquijo y de la Puente/Crespo de la Mata*, El consejo de administración, S. 77: Leitungsaufgaben unterscheiden sich von Geschäftsführungsaufgaben gerade dadurch, dass sie nicht delegierbar sind.
124 Vgl. *Informe Olivencia*, Pkt II.1.1; *Código Olivencia*, Empfehlung Nr. 1; *Código Unificado de Buen Gobierno*, S. 28 des Berichts; zu den Empfehlungen betreffend externe bzw. unabhängige Verwalter siehe 5. Kapitel.
125 *Informe Olivencia* und *Código Olivencia* abrufbar unter www.cnmv.es/index.htm, letzter Abruf Juli 2008.

zum DCGK war hier eine Erklärung über die eventuelle Nichtannahme der Empfehlungen unverbindlich. Die *CNMV* verlangte allerdings von den börsennotierten Gesellschaften eine Erklärung darüber, ob sie sich über die Annahme der einzelnen Punkte erklären werden oder nicht. Diese Aufforderung wurde mitunter als „Zwangseinladung" empfunden[126].

Da der zunächst enthusiastischen Aufnahme der Empfehlungen durch die Unternehmen bald eine zunehmende Nichtbeachtung folgte[127], setzte die spanische Regierung im Juli 2002 eine weitere Kommission von Experten *(Comisión Aldama)* mit dem Auftrag ein, Instrumente zur Förderung von Transparenz und Sicherheit des Finanzmarktes zu suchen. Das Ergebnis der Kommissionsarbeit wurde am 8. Januar 2003 im *Informe Aldama*[128] veröffentlicht und kurz darauf teilweise vom Gesetzgeber im Ley de Transparencia de las sociedades cotizadas (Ley de Transparencia)[129] aufgenommen[130]. Mit dem Ley de Transparencia wurde ein eigenes Kapitel für börsennotierte Gesellschaften im spanischen Aktiengesetz geschaffen (Titel X bzw. Artt. 111–117 LSA). Die inhaltliche Ausgestaltung umfasst jetzt zum einen und im Unterschied zum DCGK[131] den sog. *comply or explain*-Mechanismus *(cumplir o explicar)*, d.h. der *Consejo de Administración* muss begründen, wenn er von den Empfehlungen abweicht[132]. Zum anderen ist die Erstellung eines jährlichen *Corporate Governance*-Berichts *(Informe Anual de Gobierno Corporativo – IAGC)* durch die börsennotierten Gesellschaften zur Übermittlung an die *CNMV* Pflicht. Weitere Änderungen des LSA durch das Ley de Transparencia betreffen insbesondere die Pflichten der Mitglieder des Verwaltungsorgans, die Informationsrechte der Aktionäre und eine Vereinfachung der Ausübung ihrer Stimmrechte in der Hauptversammlung sowie die innere Ordnung der Hauptversammlung[133].

Die Existenz von zwei verschiedenen Verhaltenskodizes *(Informe Olivencia* bzw. *Código Olivencia* und *Informe Aldama)* als Grundlage der jährlichen Veröffentlichung des *IAGC* entsprach jedoch nicht der Praxis der Nachbarländer, einen einzigen Verhaltenskodex aufzustellen. Durch Ministerialverordnung vom 26. Dezember 2003 wurde daher der *CNMV* aufgegeben, ein einheitliches Dokument zu erarbeiten. Zu diesem Zweck wurde im Juli 2005 eine Expertengruppe eingesetzt, die im September 2005 ihre Arbeit begann und das Ergebnis im Mai 2006 in einem 252 Sei-

---

126 *Grechenig,* Spanisches Aktien- und GmbH-Recht, S. 58.
127 *Farrando,* Evolution and Deregulation in the Spanish Corporate Law, S. 23.
128 *Informe Aldama* abrufbar unter www.cnmv.es/index.htm, letzter Abruf Juli 2008.
129 Ley 26/2003, de 17 de julio, por la que se modifica la Ley 24/1988, de 28 de julio, del Mercado de Valores y el texto refundido de la Ley de Sociedades Anónimas, aprobado por el Real Decreto Legislativo 1564/1989, de 22 de diciembre, con el fin de reforzar la transparencia de las sociedades anónimas cotizadas (BOE de 18 de julio).
130 Vgl. im Vorfeld *Sánchez Calero,* RdS 2003, n. 20, S. 27 ff.
131 Zur Entsprechenserklärung von Vorstand und Aufsichtsrat gemäß § 161 AktG siehe *Borges,* ZGR 2003, S. 524 f.
132 *Grechenig,* Spanisches Aktien- und GmbH-Recht, S. 76; *Juste Mencia/Igartua Arregui,* RdS 2005, n. 24, S. 86.
133 Vgl. hierzu *Emparanza,* RdS 2003, n. 21, S. 149 ff.

1. Kapitel. Unternehmensführung und Arbeitnehmerinteressen

ten starken Bericht veröffentlichte[134]. Dieser enthält neben einem vereinheitlichten Verhaltenskodex (*Código Unificado de Buen Gobierno*) aus 58 Empfehlungen[135] eine Aufbereitung der wesentlichen internationalen Fortschritte auf dem Gebiet der *Corporate Governance* und ist seit seiner Genehmigung durch die *CNMV* Referenz der Jahresberichte ab 2008, d.h. bereits für das Geschäftsjahr 2007. Die Empfehlungen betreffen die Satzungsgestaltung, die Hauptversammlung und die Zusammensetzung, das Funktionieren sowie die Vergütung der Mitglieder des *Consejo de Administración* und der zur Geschäftsführung eingesetzten Gremien. Hinsichtlich der Befolgung der Empfehlungen verbleibt es beim Grundsatz des *cumplir o explicar*.

c. Zwischenergebnis

Während der vom AktG in § 76 Abs. 1 verwendete Begriff der Leitung vom Schrifttum mittels einer typologischen Bestimmung von der Geschäftsführung abgegrenzt wird, hat sich in Spanien eine Aufgabenverteilung zwischen *Consejo de Administración* und Verwaltungsdelegierten entwickelt, die der deutschen Unterscheidung zwischen Leitung und Geschäftsführung im Ergebnis vergleichbar ist.

3. Zusammenfassung

Ungeachtet der ungleichen Ansatzpunkte im spanischen und deutschen Aktienrecht lässt sich für beide Rechtsordnungen folgender Leitungsbegriff formulieren: Leitung ist in Abgrenzung zur Geschäftsführung die Planung, Koordinierung und Kontrolle des Unternehmens sowie die Besetzung der oberen Führungspositionen. Zu beachten ist, dass diese Konkretisierung der dem Leitungsbereich zu unterstellenden Aufgaben grundsätzlich normativ orientiert sein muss, d.h. zum unverzichtbaren Kern der Leitung und nicht zur Geschäftsführung gehören auch die kraft ausdrücklicher gesetzlicher Regelung zugewiesenen Aufgaben[136] (siehe unten II 1b). Außerdem bleiben dem Vorstand und *Consejo de Administración* solche Maßnahmen vorbehalten, die für die Gesellschaft von außergewöhnlicher Bedeutung und Tragweite sind.

II. Leitungsaufgaben und Leitungsziele

Der Feststellung, dass Vorstand und *Consejo de Administración* von der Geschäftsführung abzugrenzende Leitungsaufgaben wahrnehmen, schließt sich zum einen die Frage an, wie diese im Weiteren für die Untersuchung inhaltlich zu beschreiben

---

134 Sog. *Informe de Gobierno Corporativo de las Entidades Emisoras de Valores Admitidos a Negociación en Mercados Secundarios Oficiales del Ejercicio 2005,* abrufbar unter www.cnmv.es/publicaciones/IAGC 2005.pdf, letzter Abruf Februar 2008.
135 Konsolidierte Version der Empfehlungen ohne Bericht z.B. abrufbar unter www.croem. es/Web/CroemWebAmbiente.nsf/ca9fbec891192b50c1256bd7004f727c/baac267e9be3b7ddc12571 7e00544277/$FILE/CUDefinitivo.pdf, letzter Abruf Juli 2008.
136 Für den Vorstand: *Henze,* BB 2000, S. 210; *Hüffer,* AktG, § 76, Rn. 8.

sind. Zum anderen ist angesichts des Konzeptes der Arbeit, das Wechselspiel der Unternehmensführung mit den Arbeitnehmerinteressen untersuchen zu wollen, die Bestimmung der Leitungsziele bzw. einer Richtschnur für das Handeln von Vorstand und *Consejo de Administración* erforderlich. Zu beiden Punkten schweigen aber wiederum sowohl das deutsche als auch das spanische Aktienrecht weitestgehend. Dementsprechend komplex ist die rechtswissenschaftliche und auch betriebswirtschaftliche Diskussion. Diese hier umfassend darzustellen, würde nicht nur den Rahmen der Arbeit sprengen, sondern auch ihre Zielsetzung verfehlen. Um zu einem praktikablen Ergebnis zu kommen, sollen vielmehr diejenigen Grundsätze herausgearbeitet werden, bezüglich derer in beiden Rechtsordnungen Einigkeit besteht.

1. Leitungsaufgaben

Nach der an betriebswirtschaftlichen Kriterien orientierten typologischen Konkretisierung sind gleichwertige[137] Leitungsaufgaben die Planung, Koordinierung und Kontrolle des Unternehmens sowie die Besetzung der oberen Führungspositionen. Zur Leitung zählen aber auch die dem Vorstand und *Consejo de Administración* gesetzlich zugewiesenen Aufgaben und solche Maßnahmen, die für die Gesellschaft von außergewöhnlicher Bedeutung und Tragweite sind. Welchen Inhalts diese Leitungsaufgaben sind und inwieweit sie für die Untersuchung nutzbar gemacht werden können, klärt der folgende Abschnitt.

a. Planung, Koordinierung, Kontrolle und Besetzung der oberen Führungspositionen

Mit der Planung des Unternehmens legen der *Consejo de Administración* bzw. der Vorstand ihre Strategien fest[138]. Ausgehend von der Lage des Unternehmens im Planungszeitraum, werden die Entscheidungen dargestellt, die notwendig sind, um das Unternehmen während und am Ende des Planungszeitraums in die gewünschten Zustände zu versetzen[139]. Das beinhaltet, die eigene Produkt-, Absatz-, Finanz-, Liquiditäts-, Investitions- sowie Ertragsplanung rational und nachvollziehbar darzutun[140]. Unterschiedlich bewertet wird der zeitliche Rahmen und die Detailliertheit der Angaben zur Zielsetzung und zur Festlegung der Strategie[141].

Der Vorstand und *Consejo de Administración* haben ferner die Aufgabe, das Unternehmen auszurichten[142]. Das bedeutet, die möglicherweise verschiedenen Ziele der Geschäftsführungsbereiche einem gemeinsamen Unternehmensziel unterzu-

---

[137] *Semler*, ZGR 1983, S. 12.
[138] *Uriquijo y de la Puente/Crespo de la Mata*, El consejo de administración, S. 79/80.
[139] *Semler*, Leitung und Überwachung der Aktiengesellschaft, Rn. 16.
[140] *Lutter*, AG 1991, S. 251.
[141] Für einen Schwerpunkt auf der Mittel- und Langfristplanung und irgendeine Form der Dokumentation *Kallmeyer* ZGR 1993, S. 108 und 109; dagegen eine zahlenmäßig belegte Kurz- und Mittelfristplanung befürwortend *Feddersen*, ZGR 1993, S. 115 und 116; *Lutter*, AG 1991, S. 251.
[142] *Uriquijo y de la Puente/Crespo de la Mata*, El consejo de administración, S. 76.

1. Kapitel. Unternehmensführung und Arbeitnehmerinteressen

ordnen und auf dieses Ziel hin zu koordinieren. Jeder führende Mitarbeiter muss wissen, was die Unternehmensleitung will. Dieser Informationsprozess ist unerlässlich, wenn das Koordinierungsziel erreicht werden soll[143].

Die Kontrolle des Unternehmens wird als diejenige Leitungsaufgabe bezeichnet, die sich am deutlichsten von der Geschäftsführung abgrenzt[144]. Kontrolle beinhaltet, ständig den Fortschritt in der Erfüllung der Pläne und bei der Durchführung aller geplanten Maßnahmen zu verfolgen, den Stand des Erreichten zu erfassen, Abweichungen zu analysieren, sich anbahnende neue Trends zu erkennen und unverzüglich auf Abweichungen und Änderungen zu reagieren[145]. Schließlich besetzen Vorstand und *Consejo de Administración* die oberen, nachgeordneten Führungspositionen[146].

Für das spanische Aktienrecht ist hinzuzufügen, dass die Satzung nach herrschender Meinung ein Weisungsrecht der Hauptversammlung gegenüber dem Verwaltungsrat in Geschäftsführungsangelegenheiten vorsehen kann[147]. Dies ist insbesondere vor dem Hintergrund der Doppelfunktion der *SA* als geschlossene und offene Gesellschaft verständlich[148]. In kleineren Gesellschaften gestaltet daher die Hauptversammlung das „Gesellschaftsleben"[149]. Jedoch ist die Zulässigkeit eines satzungsmäßigen Weisungsrechts zum einen kein zentrales Thema des spanischen Gesellschaftsrechts bzw. wird der Kompetenz der Hauptversammlung, die Verwaltung abberufen zu können, größere Bedeutung hinsichtlich der hierdurch eröffneten Einflussmöglichkeiten auf die Verwaltung beigemessen. Zum anderen konzentriert sich die Untersuchung auf große Unternehmen bzw. *sociedades abiertas*, in denen der Verwaltungsrat „höchste Autorität" ist[150].

b. Kompetenzen des Vorstandes und *Consejo de Administración* nach AktG bzw. LSA

Zur Leitung sollen auch alle Aufgaben des Vorstandes und *Consejo de Administración* zählen, die ihnen nach AktG bzw. LSA zugewiesen sind.

Besonders vom AktG hervorgehobene Kompetenzen des Vorstandes betreffen die Vorbereitung und Ausführung von Hauptversammlungsbeschlüssen (§ 83), Berichte an den Aufsichtsrat (§ 90), Organisation und Buchführung (§ 91), die Einrichtung eines Frühwarnsystems (§ 91 Abs. 2), Pflichten bei Verlust, Überschul-

---

143 *Semler*, Leitung und Überwachung der Aktiengesellschaft, Rn. 17; *ders.*, ZGR 1983, S. 15.
144 *Uriquijo y de la Puente/Crespo de la Mata*, El consejo de administración, S. 76.
145 *Semler*, Leitung und Überwachung der Aktiengesellschaft, Rn. 18; *ders.*, ZGR 1983, S. 14.
146 *Henze*, BB 2000, S. 210 (Beinhaltet auch laufende und nachträgliche Kontrolle von Durchführung und Erfolg der delegierten Geschäftsführungsaufgaben).
147 Vgl. *Grechenig*, Spanisches Aktien- und GmbH-Recht, S. 34; im deutschen Recht ist der Vorstand von Weisungen der anderen Organe unabhängig (horizontale und nicht hierarchische Struktur des deutschen Aktienrechts), *Lutter*, AG 1991, S. 250; *Raiser/Veil*, Recht der Kapitalgesellschaften, § 14, Rn. 1.
148 *Grechenig*, Spanisches Aktien- und GmbH-Recht, S. 34.
149 *Sánchez Calero*, Los administradores en las sociedades de capital, S. 462.
150 *Uriquijo y de la Puente/Crespo de la Mata*, El consejo de administración, S. 80/81.

§ 2 Unternehmensführung

dung oder Zahlungsunfähigkeit (§ 92), die Einberufung des Aufsichtsrates (§ 110 Abs. 1), die Teilnahme an der Hauptversammlung (§ 118 Abs. 2 S. 1), die Vorlage von Geschäftsführungsfragen an die Hauptversammlung (§ 119 Abs. 2), Einberufung der Hauptversammlung (§ 121 Abs. 2), Vorschläge zur Bekanntmachung der Tagesordnung (§ 124 Abs. 3 S. 1), Aufstellung des Jahresabschlusses und des Lageberichts und Vorlage beim Aufsichtsrat (§ 170 Abs. 1), Vorschlag zur Verwendung des Bilanzgewinns (§ 170 Abs. 2) sowie die Anfechtungsbefugnis (§ 245 Nr. 4).

Die im LSA ausdrücklich geregelten Kompetenzen des *Consejo de Administración* betreffen vor allem die Finanzverfassung der *SA*, Publizitäts- und Informationspflichten sowie das Verhältnis zur Hauptversammlung und gegebenenfalls zum Rechnungsprüfer oder anderen unabhängigen Experten. Angesichts der Fülle der Normen[151], sollen hier nur einige exemplarisch Erwähnung finden: Der *Consejo de Administración* ist unter anderem zuständig für die Aufstellung des Jahresabschlusses (Art. 171 LSA), der im Handelsregister zu hinterlegen ist (Artt. 218 und 221 LSA), und die Einberufung der Hauptversammlung (Art. 94 LSA). Er kann Änderungen der Satzung unterbreiten (Art. 144 LSA), Vorschläge zur Verwendung des Gewinns machen (Art. 171 LSA), das Kapital herabsetzen (Artt. 160–162 RRM), die Ausgabe von Schuldverschreibungen bekannt geben (Art. 286 LSA) und die Bestellung und Abberufung des Rechnungsprüfers (Artt. 205 Abs. 1, 206 LSA) sowie unabhängiger Experten beantragen (Artt. 236 Abs. 1 und 2, 256 Abs. 2 LSA).

c. Zwischenergebnis

Die ausschnittartige Auflistung der dem Vorstand und *Consejo de Administración* durch Gesetz zugewiesenen Kompetenzen hat gezeigt, dass zum einen ihre Vielfalt für die Untersuchung des Wechselspiels mit den Arbeitnehmerinteressen nicht tauglich ist[152]. Zum anderen sind die Kompetenzen in beiden Rechtsordnungen unterschiedlich geregelt, was hinsichtlich des Ziels einer Beschreibung von Leitungsaufgaben für beide Rechtsordnungen gleichermaßen problematisch würde. Aus diesen Gründen ist auch die Bestimmung von Leitungsaufgaben als Maßnahmen mit außergewöhnlicher Bedeutung für die Aktiengesellschaft weder zweckmäßig noch abschließend möglich. Als Zwischenergebnis ist daher hier festzuhalten, dass für die Untersuchung die typologische Beschreibung der Leitungsaufgaben entscheidend sein soll.

2. Leitungsziele

Nach Klarstellung der für die Untersuchung maßgeblichen Leitungsaufgaben, wird die Frage nach einer im Rahmen dieser Arbeit gültigen Richtschnur für das Handeln von Vorstand und *Consejo de Administración* aufgeworfen.

---

151 Für eine abschließende Auflistung (66 Normen) siehe *Boquera Matarredona/Latorre Chiner*, Distribución y conflictos de competencias en la sociedad anónima no cotizada, S. 48–53.
152 Eine Aufgliederung nach Einzelmaßnahmen wird nur gegebenenfalls für die Untersuchung im 4. Kapitel erforderlich sein.

1. Kapitel. Unternehmensführung und Arbeitnehmerinteressen

a. Gewinnerzielung und Ermessensspielraum/*margen de discreción*

Sowohl im deutschen als auch im spanischen Aktienrecht muss die Satzung den Unternehmensgegenstand *(objeto social)* angeben, § 23 Abs. 3 Nr. 2 AktG und Art. 9 b) LSA. Ansatzpunkt für eine Begriffsbestimmung ist sein Verhältnis zum Gesellschaftszweck: Während der Gesellschaftszweck, der in der Betriebswirtschaftslehre als „Formalziel" bezeichnet wird, den finalen Sinn des Zusammenschlusses bezeichnet, gibt der Unternehmensgegenstand das eingesetzte Mittel an[153]. Der Gesellschaftszweck wird normalerweise nicht in der Satzung bestimmt[154]. In der Regel ist er auf die Gewinnerzielung gerichtet[155]. Diese erwerbswirtschaftliche Zielsetzung der Aktiengesellschaft ist Ausgangspunkt des verbandsrechtlichen Ansatzes zur Zweckbindung der Gesellschaftsorgane[156].

Wie der Vorstand dieses Ziel verfolgt, liegt aufgrund der Eigenverantwortlichkeit der Leitung nach § 76 Abs. 1 AktG in seinem Ermessen. Aus der Berichtspflicht des Vorstandes über die Rentabilität der Gesellschaft (§ 90 Abs. 1 S. 1 Nr. 3 AktG) ergibt sich nur die Ermessensschranke, für den Bestand des Unternehmens und damit für seine dauerhafte Rentabilität zu sorgen[157]. Auch der DCGK (Pkt. 4.1.1) betont die Nachhaltigkeit der Steigerung des Unternehmenswertes durch den Vorstand. Der *Consejo de Administración* trifft ebenfalls Ermessensentscheidungen[158]. Nach den spanischen *Corporate Governance*-Empfehlungen soll er hierbei grundsätzlich im Interesse einer Steigerung des Unternehmenswertes handeln[159]. Gleichzeitig muss er aber für den Bestand des Unternehmens Sorge tragen[160].

Trotz vieler offener und umstrittener Detailfragen[161] besteht damit insofern Einigkeit, als Vorstand und *Consejo de Administración* auf dem satzungsmäßig festge-

---

[153] Nach h.M. stehen im deutschen Aktienrecht Unternehmensgegenstand und Gesellschaftszweck in einer Mittel-Zweck-Relation, *Hüffer*, AktG, § 23, Rn. 22; *Wiesner*, MünchHdb-GesR, Band 4, § 9, Rn. 11; vgl. auch *Großmann*, Unternehmensziele im Aktienrecht, S. 12 ff.
[154] Für Deutschland: *Großmann*, Unternehmensziele im Aktienrecht, S. 32; *Semler*, Leitung und Überwachung der Aktiengesellschaft, Rn. 32.
[155] *Wiesner*, MünchHdb-GesR, Band 4, § 9, Rn. 10; zur weiteren aktienrechtlichen Ableitung des Gewinnzieles vgl. *Dalchow*, Zur Bedeutung des Shareholder Value bei der Konkretisierung von Organpflichten in börsennotierten Aktiengesellschaften, S. 171 ff.; *Großmann*, Unternehmensziele im Aktienrecht, S. 62 ff.
[156] *Paefgen*, Unternehmerische Entscheidungen und Rechtsbindungen der Organe der AG, S. 39; zu den Begriffen „Verbandszweck" bzw. „Gesellschaftsinteresse" siehe auch *Kuhner*, ZGR 2004, S. 246 f.; *Mülbert*, ZGR 1997, S. 141.
[157] *Hüffer*, AktG, § 76, Rn. 13; vgl. auch *Kessler*, AG 1993, S. 261; *ders.*, AG 1995, S. 64; *Wiedemann*, GesR, Band I, § 6 III 1, S. 324; zu den Elementen der Rentabilität siehe *Clemm*, FS Ritter, S. 685 f.
[158] *Grechenig*, Das spanische Aktien- und GmbH-Recht, S. 34. Aus dem spanischen Schrifttum kann man dies teilweise allerdings nur aus der Feststellung folgern, dass die abschließende und exakte Bestimmung aller Aufgaben des *Consejo de Administración* sowie die Art und Weise ihrer Durchführung unmöglich sei, vgl. *Pérez Carillo*, RdS 2000, n. 14, S. 278.
[159] *Informe Aldama*, Pkt. III.2.1; *Código Olivencia*, Disposiciones generales 4; *Informe Olivencia*, Pkt. II.1.3; *Código Unificado de Buen Gobierno*, S. 38.
[160] *Uriquijo y de la Puente/Crespo de la Mata*, El consejo de administración, S. 69 f.
[161] Unter anderem zu der Frage, ob eine Gewinnmaximierung erforderlich ist; dagegen *Mertens*, KölnKomm-AktG, § 76, Rn. 11; *Raiser/Veil*, Recht der Kapitalgesellschaften, § 6, Rn. 14; dafür *Mülbert*, ZGR 1997, S. 141.

§ 2 Unternehmensführung

legten Arbeitsgebiet der Gesellschaft Gewinn erzielen sollen, ohne hierbei ihren Bestand zu gefährden. Bei der Ausübung ihres Ermessens sind beide Organe ferner an die aktienrechtlichen Gebote und Verbote, an die Satzung und die formalen Sorgfaltspflichten gebunden (siehe unten c)[162].

b. Maßgebliche Interessen

Der Ermessensspielraum von Vorstand und *Consejo de Administración* wirft die Frage auf, welche in der Aktiengesellschaft und ihrem Unternehmen zusammentreffenden Interessen sie bei der Wahrnehmung von Leitungsaufgaben zu berücksichtigen haben. (Zu den verschiedenen Interessenträger im und am Unternehmen siehe bereits oben Einleitung 1. Kapitel). In Deutschland erscheint diese Frage in Folge der intensiv geführten Mitbestimmungsdiskussion einschließlich des historischen Vorlaufs sowie der Auseinandersetzung über das Unternehmensinteresse im Sinne eines interessenpluralistischen Ansatzes erledigt[163]. Das spanische Recht verfolgt hingegen – mit Einschränkungen, die unten ausgeführt werden – eine sog. *Shareholder-Value* Maxime. Hervorgegangen ist dieser Ansatz aus dem Basiswerk von *Rappaport*[164], der als einer der geistigen Väter des modernen *Shareholder-Value* Ansatzes gilt. Der Begriff wird mit sehr unterschiedlichen Bedeutungen und Konnotationen verwendet[165]. Hier soll er wertfrei und verallgemeinert so verstanden werden, dass ein Handeln in diesem Sinne alle Aspekte einer Unternehmensführung beinhaltet, die sich an der Wertsteigerung für den Aktionär als oberste Zielgröße richtet[166]. Die Berücksichtigung der übrigen Interessengruppen *(stakeholder)* tritt dahinter grundsätzlich zurück.

Die Interessenpluralität im Aktienunternehmen war und ist Gegenstand einer „beängstigenden"[167] Menge dogmatischer und anderer Untersuchungen. In der Geschichte des deutschen Aktienrechts wird der Widerstreit zwischen den Interessen der Aktionäre, der Kapitalanleger und denen der Arbeitnehmer, angereichert um die Frage nach möglichen Eigeninteressen der Aktiengesellschaft und ihres Unternehmens, sogar als „fundamentales Jahrhundertproblem"[168] bezeichnet.

---

[162] Für das deutsche Aktienrecht vgl. *Heermann*, ZIP 1998, S. 762 f.; für das spanische Aktienrecht vgl. Art. 133 Abs. 1 LSA.
[163] *Windbichler/Bachmann*, FS Bezzenberger, S. 797/798; zu Entstehung und Diskussion der Unternehmensmitbestimmung siehe unten § 6 II 2–5.
[164] Deutsche Fassung: *Rappaport*, Shareholder value: Wertsteigerung als Maßstab für die Unternehmensführung, 1995.
[165] *Windbichler*, Der Gemeinsinn der juristischen Person, S. 168.
[166] Weiteres zu Diskussion und Konkretisierung des *Shareholder-Value* Ansatzes aus dem deutschsprachigen rechtswissenschaftlichen und betriebswissenschaftlichen Schrifttum: *v. Bonin*, Die Leitung der Aktiengesellschaft zwischen Shareholder Value und Stakeholder-Interessen, 2003; *Dalchow*, Zur Bedeutung des Shareholder Value bei der Konkretisierung von Organpflichten in börsennotierten Aktiengesellschaften, 2002; *Kübler*, FS Zöllner, S. 321 ff.; *Kuhner*, ZGR 2004, S. 245 ff.; *Mülbert*, ZGR 1997, S. 129 ff.; *Nicolaysen*, Leitungsermessen und Shareholder Value-Konzept: eine Untersuchung zur aktienrechtlichen Kompatibilität des Shareholder Value-Konzeptes, 2001; *v. Werder*, ZGR 1998, S. 69 ff.
[167] *Hopt*, FS Wiedemann, S. 1019.
[168] *Hommelhoff*, FS Lutter, S. 103.

1. Kapitel. Unternehmensführung und Arbeitnehmerinteressen

Dieses zu lösen bzw. Vor- und Nachteile einer breiten oder engen Interessendefinition zu erörtern, soll keineswegs Gegenstand der nachfolgenden Darstellung sein. Ziel ist wieder vielmehr, eine Zusammenfassung derjenigen Punkte der Diskussion zu geben, über die in der jeweiligen Rechtsordnung weitgehend Konsens besteht.

aa. Unternehmensinteresse

Im Rahmen des § 76 Abs. 1 AktG wird von einem sog. interessenpluralistischen Ansatz bzw. vom Unternehmensinteresse gesprochen: Der Vorstand ist nicht dazu verpflichtet, ausschließlich die Gewinnmaximierung im Interesse der Aktionäre zu betreiben, sondern darf sich auch an den Interessen der Arbeitnehmer, Gläubiger und Öffentlichkeit orientieren[169]. Eine bestimmte Rangfolge der maßgeblichen Interessen gibt es nicht. Vom Unternehmensinteresse im rechtstechnischen Sinne zu unterscheiden ist der unspezifische Leitgedanke des Unternehmenswohls, dem Vorstandsmitglieder zu folgen haben, ohne dass sich allein daraus konkrete Anforderungen ableiten lassen[170]. Die Bindung an das Unternehmensinteresse ergibt sich zudem aus der Rechtsprechung des BVerfG und des BGH[171] und auch der DCGK betont die Bindung des Vorstandes an das Unternehmensinteresse (Pkt. 4.1.1 S. 2). Ein strenger *Shareholder–Value* Gedanke konnte sich damit im deutschen Aktienrecht nicht durchsetzen. Wohl aber muss der Vorstand stets das langfristige Unternehmensinteresse im Auge behalten[172] und der DCGK fügt der Verpflichtung auf das Unternehmensinteresse die Pflicht zur Steigerung des nachhaltigen Unternehmenswertes hinzu (Pkt. 4.1.1 S. 2).

bb. *Interés social*

Im spanischen Schrifttum herrscht hingegen die Auffassung vor, dass der *Consejo de Administración* einer monistischen Interessenwahrnehmung verpflichtet ist: Der Wertsteigerung für den Aktionär *(creación de valor para el accionista)*[173]. Die Berück-

---

169 *Hüffer*, AktG, § 76, Rn. 12; *Kort*, GroßKomm-AktG, § 76, Rn. 52 ff.; *Spindler*, MünchKomm-AktG, Vor § 76, Rn. 47 und § 76, Rn. 69 f.; *Wiesner*, MünchHdb-GesR, Band 4, § 19, Rn. 20; zur Bedeutung des „Unternehmensinteresses" im Rahmen weiterer Vorschriften des AktG siehe *Laske*, ZGR 1979, S. 177 f.
170 *Hüffer*, AktG, § 76, Rn. 15.
171 BVerfGE 50, S. 290, S. 343 („Mitbestimmungsurteil"); BGHZ 64, S. 325, S. 329 (gesetzliches Verschwiegenheitsgebot der Aufsichtsratsmitglieder ist „im Interesse des Unternehmens"); Kritik an der fehlenden inhaltlichen Bestimmung des Unternehmensinteresses durch die Gerichte bei *Großmann*, Unternehmensziele im Aktienrecht, S. 103 f.
172 Siehe beispielhaft die Zulässigkeit finanzieller Zuwendungen von Aktiengesellschaften an die Stiftungsinitiative der Deutschen Wirtschaft „Erinnerung, Verantwortung und Zukunft" zur Gewährung von Leistungen an ehemalige Zwangsarbeiter, *Mertens*, AG 2000, S. 157 ff.; vgl. auch *Windbichler*, Der Gemeinsinn der juristischen Person, S. 176; *dies.*, 2 EBOR (2001), S. 812; gegen die Zulässigkeit *Philipp*, AG 2000, S. 62 f.; ferner zum Unternehmensinteresse bei Vergütungsentscheidungen *Wollburg*, ZIP 2004, S. 646 ff.
173 *Paz-Ares Rodríguez*, RdS 2003, n. 20, S. 103 f.; *Sánchez-Calero Guilarte*, RDM 2002, n. 246, S. 1663 ff.; *Senent Vidal*, RDM 2002, n. 244, S. 708 f. mit weiteren Nachweisen zu den unterschiedlichen Positionen, wie der „Aktionär" zu bestimmen sei.

§ 2 Unternehmensführung

sichtigung anderer Interessen kommt nur dann in Betracht, wenn sie mit dem Aktionärsinteresse kompatibel sind. Nur eine Mindermeinung ist der Ansicht, dass der *Consejo de Administración* im Rahmen seines Ermessens langfristig durchaus weitere Interessengruppen berücksichtigen kann, da dies für den Erhalt der Gesellschaft erforderlich sein kann und damit auch im Interesse der Aktionäre ist[174].

Die herrschende Auffassung in der spanischen Lehre scheint in Folge des Ley de Transparencia von 2003 auch in das spanische Aktienrecht ausdrücklich Eingang gefunden zu haben, denn nach neu eingeführtem Art. 127bis LSA muss die Verwaltung ihre Pflichten in Übereinstimmung mit Gesetz und Satzung sowie dem Gesellschaftsinteresse *(interés social)*, das als Interesse der Gesellschaft *(interés de la sociedad)* verstanden werden muss, erfüllen. Diese Formulierung des *interés social* wird jedoch sehr scharf von der Lehre kritisiert. Die gesetzgeberische Definition sei rätselhaft und vollkommen überflüssig[175]. Zum einen wäre es besser gewesen, wenn der Gesetzgeber eine Nachricht aussendet, die der hinter der Norm stehenden Philosophie entspricht; die der sog. Vertragstheorie *(visión contractual)* des *interés social*, wonach das gemeinsame Interesse aller Aktionäre *(interés común de los accionistas)*, dem man mit einer Gewinnmaximierung gerecht werde, maßgeblicher Orientierungspunkt für das Verwaltungshandeln ist. Die Interessen der Gläubiger, Arbeitnehmer und Öffentlichkeit finden hingegen ausschließlich durch die Beachtung der entsprechenden gesetzlichen und vertraglichen Verpflichtungen die erforderliche Berücksichtigung. Gleichzeitig hätte der Gesetzgeber zum anderen die sog. Institutionentheorie *(visión institucional)* ablehnen müssen, wonach der *interés social* mit einem eigenständigen Interesse des Unternehmens, in dem sich die verschiedenen und nicht übereinstimmenden Interessen der Aktionäre, Arbeitnehmer, Kunden und Öffentlichkeit versöhnen, identisch ist[176]. Schon vor Einführung des Art. 127bis LSA wurde angemerkt, dass der *interés social* nicht imperativ im Wege einer Norm definiert werden könne, da die hiermit verbundenen Interessen zu heterogen sind[177]. Der *interés social* sei ein autonomes Konzept, das vom Richter in Abhängigkeit vom Einzelfall konkretisiert wird[178].

Empfohlen wird die Ausrichtung des *Consejo de Administración* auf die Wertsteigerung für den Aktionär auch im *Informe Olivencia* (Pkt. II.1.3) und *Código Olivencia*

---

174 Siehe nur *Esteban Velasco*, Cuadernos de Derecho y Comercio 2001, n. 35 (Separata), S. 48 f.; ders. Interés social, buen gobierno y responsabilidad social corporativa, S. 47 ff. *(interpretación amplia pluralista)*.
175 *Juste Mencía/Igartua Arregui*, RdS 2005, n. 24, S. 78; *Paz-Ares Rodríguez*, RdS 2003, n. 20, S. 103/104.
176 *Paz-Ares Rodríguez*, RdS 2003, n. 20, S. 103; siehe auch *Coutinho de Abreu*, RdS 2002, n. 19, S. 39 f.; die *visión institucional* scheint damit nicht mit dem in Deutschland herrschenden Verständnis vom Unternehmensinteresse vergleichbar, sondern mit den in der Minderheit gebliebenen Deutungen des deutschen Schrifttums, die das Unternehmen selbst zum Interessenträger machen und damit gegenüber der Gesellschaft mehr oder minder verselbstständigen, vgl. *Paefgen*, Unternehmerische Entscheidungen und Rechtsbindung der Organe der AG, S. 55 f. mit Nachweisen; siehe auch unten und § 6 II 3 *Exkurs*.
177 *Sánchez-Calero Guilarte*, RDM 2002, n. 246, S. 1687.
178 *Arroyo*, RDM 2001, n. 239, S. 440; *Wagner*, RIW 2004, S. 262.

1. Kapitel. Unternehmensführung und Arbeitnehmerinteressen

(Disposiciones generales 4). Der *Informe Aldama* (Pkt. III.2.1), der Ausgangspunkt für die Neuregelung des Art. 127bis LSA war, spricht sogar von einer Gewinnmaximierung. Allerdings erwähnt kurz darauf selbiger Bericht (Pkt. III.1) das Erfordernis ethischen Handelns der Verwaltung, welches das langfristige Wohl des Unternehmens *(bien de la empresa)* verfolgen müsse. Diese Formulierung erinnert in Spanien an § 70 Abs. 1 AktG 1937, wonach der Vorstand die Gesellschaft unter eigener Verantwortung so zu leiten hatte, wie das Wohl des Betriebs und seiner Gefolgschaft und der gemeine Nutzen von Volk und Reich es erfordern[179]. Auch wenn sich § 70 AktG 1937 nicht in erster Linie aus ideologischen Vorstellungen des Dritten Reiches (sog. „Führerprinzip") erklärt[180], wird es in Spanien als Produkt des Nationalsozialismus verstanden, woher nicht zuletzt die Skepsis in Spanien an einer pluralistischen Interessenwahrnehmung der Unternehmensleitung herrühren mag[181]. Die Passage des *Informe Aldama* wird daher auch als Annäherung an die *visión institucional* betrachtet[182]. In dieser Linie befindet sich auch der *Código Unificado de Buen Gobierno* (S. 27 und 38 des Berichts), wenn er einerseits empfiehlt, dass der Verwaltungsrat den *interés social* als allen Aktionären gemeinsames Interesse zu verteidigen hat, andererseits aber auf eine nachträgliche Wertsteigerung drängt, die die anderen im Unternehmen involvierten Interessen und die Öffentlichkeit respektiert[183].

Fest steht daher, dass die Wertsteigerung für den Aktionär ihre Grenze in dem Wohl des Unternehmens haben soll. Dies entspricht auch der herrschenden Meinung im spanischen Schrifttum, wenn sie voraussetzt, dass die Wertsteigerung für den Aktionär mit dem Bestand des Unternehmens auf lange Sicht kompatibel sein muss[184]. Spanien kann damit als beispielhaft für den sog. „aufgeklärten" *(enlightened)* Shareholder-Value Gedanken[185] genannt werden.

---

179 *Embid Irujo*, RDM 2003, n. 249, S. 950.
180 *Großmann*, Unternehmensziele im Aktienrecht, S. 148f.; *Raiser/Veil*, Recht der Kapitalgesellschaften, § 2, Rn. 5; zum Missverständnis der Stärkung des Vorstandes im Sinne einer Umsetzung des „Führerprinzips" siehe *Windbichler*, Der Gemeinsinn der juristischen Person, S. 174f.; *dies.*, 2 EBOR (2001), S. 808f.
181 Die spanische Lehre bringt § 70 AktG 1937 mit der sog. Lehre *Walter Rathenaus* vom „Unternehmen an sich" aus der Zeit der Weimarer Republik (siehe hierzu *Großmann*, Unternehmensziele im Aktienrecht, S. 141) in Verbindung, *Embid Irujo*, RDM 2003, n. 249, S. 950; *Senent Vidal*, RDM 2002, n. 244, S. 709: „Die Theorie vom „Unternehmen an sich", war sehr in Verruf geraten, da sie von den Nationalsozialisten als Argument genutzt wurde, um das „Führerprinzip" zu etablieren und den Verwaltern nahezu Allmacht einzuräumen". Die wohl überwiegende Meinung im deutschen Schrifttum entnimmt hingegen § 70 AktG 1937, dass die interessenpluralistische Ausrichtung der Leitungspflicht der Verwaltungsorgane auch unter dem AktG 1965 bzw. § 76 AktG weiter gilt, siehe hierzu *Paefgen*, Unternehmerische Entscheidungen und Rechtsbindungen der Organe in der AG, S. 46; zur Fortgeltung von § 70 AktG 1937 siehe auch *Rumpff*, DB 1971, S. 1400ff.; ferner *Loock*, Zur Verantwortlichkeit des Vorstands der Aktiengesellschaft nach § 76 Abs. 1 AktG 1965.
182 *Paz-Ares Rodríguez*, RdS 2003, n. 20, S. 103, Fn. 115.
183 Siehe auch die am 22. Dezember 2007 von den Sozialpartnern geschlossene Vereinbarung zur *Responsabilidad Social de las Empresas* (RSE), pdf-Dokument abrufbar unter www.mtin.es/empleo/economia-soc/cuerpo.htm, letzter Abruf Juli 2008.
184 *Sánchez-Calero Guilarte*, RDM 2002, n. 246, S. 1725.
185 Hierzu *Mülbert*, ZGR 1997, S. 129ff.; vgl. auch OECD-Principles of Corporate Governance, 2004, www.oecd.org/dataoecd/32/18/31557724.pdf, letzter Abruf Juli 2008, Abschnitt IV, The Role

§ 2 Unternehmensführung

cc. Zwischenergebnis

Während in Deutschland der Vorstand die Möglichkeit hat, divergierende Interessen gegeneinander abzuwägen und danach zu einer Entscheidung zu gelangen[186], herrscht in Spanien die Auffassung vor, dass die Wertsteigerung für den Aktionär oberste Priorität genießen muss. Trotz dieser gegensätzlichen Standpunkte ist beiden Rechtsordnungen gemeinsam, dass die Grenze der jeweiligen Interessenwahrnehmung in der nachhaltigen Ertrags- und Bestandsfähigkeit des Unternehmens liegen muss. Die ausschließliche und absolute Pflicht der Unternehmensleitung, den Wertzuwachs für die Aktionäre zu maximieren, wird eigentlich nur von denjenigen formuliert, die dagegen ankämpfen wollen[187].

c. Verantwortlichkeit

Dem Ermessensspielraum des Vorstands und des *Consejo de Administración* wird auch insofern eine Schranke gezogen, als sie bestimmten Sorgfaltsanforderungen gerecht werden müssen, wenn sie nicht für ihr Handeln haftbar gemacht werden wollen. Für die Vorstandmitglieder ergeben sich Sorgfaltspflicht und Verantwortlichkeit aus § 93 AktG. Das spanische Aktienrecht regelt Haftung und Sorgfaltspflichten des *Consejo de Administración* bzw. seiner Mitglieder in Art. 133 LSA i.V.m. Art. 127 LSA. Da die nachfolgende Beschreibung wiederum dem Ziel einer für die Untersuchung insgesamt tauglichen Zusammenfassung der Leitungsziele der Aktiengesellschaft dienen soll, werden Treue- und Verschwiegenheitspflichten, deren Nichtbeachtung ebenfalls eine Verantwortlichkeit auslösen kann – vgl. § 93 Abs. 1 S. 3 AktG, Artt. 127ter, 127[quáter] LSA *(deber de lealtad, deber de secreto)* – von der Darstellung ausgeschlossen[188].

aa. Sorgfaltspflicht

Gemäß § 93 Abs. 1 S. 1 AktG haben die Vorstandsmitglieder bei der Geschäftsführung, die Sorgfalt eines ordentlichen und gewissenhaften Geschäftsleiters anzuwenden[189]. Die Regelung erfasst Einzel- und Leitungsmaßnahmen[190]. Mit der jüngsten Änderung durch Art. 1 Nr. 1a) des Gesetzes zur Unternehmensintegrität und Modernisierung des Anfechtungsrechts (UMAG) vom 22. September 2005[191]

---

of Stakeholders in Corporate Governance: „The corporate governance framework should recognise the rights of stakeholders established by law or through mutual agreements and encourage active co-operation between corporations and stakeholders in creating wealth, jobs, and the sustainability of financially sound enterprises"; zu den OECD-Principles siehe *Hommelhoff*, ZGR 2001, S. 238 ff.
186 *Hüffer*, AktG, § 76, Rn. 12 b.
187 *Windbichler*, Der Gemeinsinn der juristischen Person, S. 176; *dies.*, 2 EBOR (2001), S. 812.
188 Zu den Verschwiegenheitspflichten der Aufsichtsratsmitglieder und des Betriebsrates siehe unten § 10 II 1 b; zu den Treuepflichten des *Consejo de Administración* siehe *Cerdá Martínez-Pujalte/Rentsch*, RIW 2008, S. 29 ff.
189 Nach ganz herrschender Meinung hat § 93 Abs. 1 S. 1 AktG eine Doppelfunktion in dem Sinne, dass einerseits der Verschuldensmaßstab umschrieben wird, andererseits objektive Verhaltenspflichten in Form einer Generalklausel bezeichnet werden, vgl. *Hüffer*, AktG, § 93, Rn. 3 a.
190 *Henze*, BB 2000, S. 209.
191 BGBl. I, S. 2802.

1. Kapitel. Unternehmensführung und Arbeitnehmerinteressen

liegt gemäß § 93 Abs. 1 S. 2 AktG eine Pflichtverletzung nicht vor, wenn das Vorstandsmitglied bei einer unternehmerischen Entscheidung vernünftigerweise annehmen durfte, auf der Grundlage angemessener Information zum Wohle der Gesellschaft zu handeln[192]. Hierdurch wurde die im US-amerikanischen Gesellschaftsrecht entwickelte sog. *Business Judgement Rule* kodifiziert[193], wonach die auf einer fundierten Grundlage getroffene Entscheidung keine Pflichtverletzung ist, selbst wenn sie sich als nachteilig herausstellt[194]. Die Vorschrift enthält damit eine unwiderlegbare Vermutung objektiv pflichtkonformen Verhaltens, so dass ein Gegenbeweis wegen der Sicherheit, die Vorstandsmitglieder haben sollen (*„safe harbour"*), nicht zugelassen ist[195].

Voraussetzung für das Eingreifen von § 93 Abs. 1 S. 2 AktG ist, dass eine unternehmerische Entscheidung vorliegt, das Handeln des Vorstandmitglieds frei von Sonderinteressen und sachfremden Einflüssen gewesen ist, dem Wohl der Gesellschaft gedient hat sowie auf angemessener Information basierte[196]. Fehlgeschlagene unternehmerische Entscheidungen sind zum einen von der Verletzung sonstiger Pflichten (Treuepflichten, Informationspflichten, gemeine Gesetzes- und Satzungsverstöße) abzugrenzen[197]. Soweit der Vorstand ferner im Bereich seiner Pflichtaufgaben tätig ist (siehe oben 1 b), liegt mangels Ermessensspielraum ebenfalls keine unternehmerische Entscheidung vor[198]. Ein Handeln zum Wohl der Gesellschaft ist gegeben, wenn es der langfristigen Ertragsstärkung und Wettbewerbsfähigkeit des Unternehmens und seiner Produkte und Dienstleistungen dient[199]. Dies entspricht dem Unternehmensinteresse im Sinne einer Verpflichtung auf Bestand und dauerhafte Rentabilität des Unternehmens[200].

---

192 Auch hinzugefügt in Pkt. 3.8 S. 2 DCGK.
193 *Hüffer*, AktG, § 93, Rn. 1; so auch ausdrücklich Begründung Regierungsentwurf Art. 1 Abs. 1 UMAG, ZIP 2004, S. 2455, einschließlich Angaben von Parallelen zur Entscheidung „*ARAG/Garmenbeck*" des BGH vom 21. April 1997, BGHZ 135, S. 244 ff.; zu dieser Entscheidung vgl. *Kindler*, ZHR 162 (1998), S. 103 ff.
194 Deutschsprachige Quellen zur *Business Judgement Rule*: *Abeltshauser*, Leitungshaftung im Kapitalgesellschaftsrecht, S. 130 ff.; *Hopt*, FS Mestmäcker, S. 920; *Horn*, ZIP 1998, S. 1134; *Mutter*, Unternehmerische Entscheidungen und Haftung des Aufsichtsrates der Aktiengesellschaft, S. 207 f.; *Oltmanns*, Geschäftsleiterhaftung und unternehmerisches Ermessen – die Business Judgement Rule im deutschen und amerikanischen Recht, 230 ff.; *Paefgen*, Unternehmerische Entscheidungen und Rechtsbindung der Organe in der AG, S. 171 ff.
195 *Hüffer*, AktG, § 93, Rn. 4d.
196 Vgl. Begründung Regierungsentwurf Art. 1 Abs. 1 UMAG, ZIP 2004, S. 2455/2455; bis auf das Merkmal des Vorliegens einer unternehmerischen Entscheidung ist jeweils Gutgläubigkeit erforderlich, *Hüffer*, AktG, § 93, Rn. 4e.
197 Begründung Regierungsentwurf Art. 1 Abs. 1 UMAG, ZIP 2004, S. 2455; kritisch *Hauschka*, ZRP 2004, S. 66 (Abgrenzung sei unklar und auch unnötig, da derartiger Verstoß schon Handeln im Wohl der Gesellschaft ausschließe).
198 *Hauschka*, ZRP 2004, S. 66; *Paefgen*, AG 2004, S. 251 mit Kritik am Fehlen einer entsprechenden Klarstellung im Regierungsentwurf zum UMAG. Dies bestätigt nicht zuletzt, die Pflichtaufgaben von Vorstand und *Consejo de Administración* nach AktG bzw. LSA aus der Beschreibung der Leitungsaufgaben auszuklammern, siehe oben 1 b.
199 Begründung Regierungsentwurf Art. 1 Abs. 1 UMAG, ZIP 2004, S. 2455 (Beurteilung *ex-ante* aus Sicht des Vorstandes).
200 *Hüffer*, AktG, § 93, Rn. 4g.

§ 2 Unternehmensführung

bb. *Deber de diligente administración*

Im spanischen Aktienrecht haftet der *Consejo de Administración* gemäß Art. 133 Abs. 1 LSA der Gesellschaft, den Aktionären und den Gläubigern unter anderem für den Schaden, der durch Nichterfüllung seiner Pflichten entstanden ist. Der Pflichtenkatalog des *Consejo de Administración* wurde 2003 mit dem Ley de Transparencia reformiert und vor allem hinsichtlich seiner Treue- und Verschwiegenheitspflichten bedeutend erweitert (Artt. 127^{tercer}, 127^{quáter} LSA). Unverändert blieb hingegen Art. 127 Abs. 1 LSA, der den *Consejo de Administración* zur Ausübung seines Amtes mit der Sorgfalt eines ordentlichen Geschäftsmannes und treuen Vertreters verpflichtet. Der Standard des ordentlichen Geschäftsmannes (*ordenario empresario*) bringt zum Ausdruck, dass der Verwaltungsrat sein Amt mit einer Sorgfalt und Professionalität auszuüben hat, die die Gesellschaft zum wirtschaftlichen Erfolg führt[201]. Seit dem Ley de Transparencia muss sich zudem jedes einzelne Mitglied des *Consejo de Administración* sorgfältig über den Gang der Gesellschaft erkundigen, Art. 127 Abs. 2 LSA. Während das LSA von 1951 die Haftung bei Sorgfaltspflichtverstößen noch auf grobe Fahrlässigkeit beschränkt hatte, löst heute jede vorsätzliche und fahrlässige Missachtung der Sorgfaltspflichten die Verantwortlichkeit nach Art. 133 Abs. 1 LSA aus[202]. Weiter konkretisiert werden die Sorgfaltspflichten im LSA nicht. Der *Código Olivencia* und *Informe Aldama* hatten ursprünglich empfohlen, die Sorgfalts- und Treuepflichten der Mitglieder des *Consejo de Administración* im Allgemeinen und die Situationen möglicher Interessenkonflikte im Besonderen intern detailliert zu regeln, der *Código Unificado de Buen Gobierno* enthält jetzt nur noch Empfehlungen zur Handhabung von Interessenkonflikten (vgl. S. 68 und S. 67 für die ursprünglichen Empfehlungen).

Die fehlende Weiterentwicklung der Sorgfaltspflichten in Art. 127 LSA im Zuge der Reform von 2003 wird in der Lehre kritisiert: Hierdurch bleibe weiterhin die Gefahr bestehen, dass der Unternehmensleitung, von der erwartet wird, dass sie auch risikoreiche Entscheidungen trifft, nicht der erforderliche unternehmerische Ermessensspielraum von den Gerichten eingeräumt wird[203]. Weitergehend wird daher die Kodifizierung der *Business Judgement Rule* auch im spanischen Aktienrecht gefordert[204]. Das Argument gegen diesen „sicheren Hafen" für unternehmerisches Handeln, nämlich dass ein US-amerikanisches Modell nicht mit der spanischen Kultur und Tradition vereinbar ist, sei aus drei Gründen vollkommen haltlos: Zum einen seien die spanischen Gerichte weniger vertraut mit den Zusammenhängen kaufmännischer und finanzieller Operationen und hätten zudem eine Tendenz zu formalistischem und bürokratischem Denken. Zum Zweiten stünden die Verwalter bereits unter dem wachsamen Augen der Großaktionäre, die kennzeichnend

---

[201] *Uría/Menéndez/García e Enterría*, La Sociedad Anónima: Òrganos sociales, S. 979. In dem Begriff des treuen Vertreters (*representante leal*) findet die Verpflichtung der Mitglieder des Verwaltungsrates, die Interessen der Aktionäre vor die eigenen zu stellen, ihren Niederschlag.
[202] *Uría/Menéndez/García e Enterría*, La Sociedad Anónima: Òrganos sociales, S. 983.
[203] *Juste Mencia/Igartua Arregui*, RdS 2005, n. 24, S. 84 f.
[204] Siehe den entsprechenden Reformvorschlag von *Paz-Ares Rodríguez*, RdS 2003, n. 20, S. 105, der sich im Gesetzgebungsverfahren des Ley de Transparencia aber nicht durchsetzen konnte.

1. Kapitel. Unternehmensführung und Arbeitnehmerinteressen

für den spanischen Kapitalmarkt sind (siehe hierzu unten § 6 III 2 *Exkurs*). Schließlich sei ein Verharren in Strukturen das Letzte was die spanischen Traditionen brauchen[205].

cc. Zwischenergebnis

Trotz Kodifizierung der *Business Judgement Rule* in § 93 Abs. 1 S. 2 AktG findet der Ermessensspielraum des Vorstands seine Grenze im Wohl der Gesellschaft, der eine Verpflichtung auf den Bestand und die dauerhafte Rentabilität des Unternehmens bedeutet. Eine vergleichbare Regelung fehlt im spanischen Aktienrecht. Damit handelt der Verwaltungsrat „erst recht" entgegen seinen Sorgfaltspflichten, wenn er dauerhaft Bestand und Ertrag der Gesellschaft gefährdet. Diese Grenze kann dem Ermessen der beiden Organe damit gleichermaßen gezogen werden.

3. Zusammenfassung

Die Komplexität der angeschnittenen Probleme zur Bestimmung von Leitungszielen hat gezeigt, dass eindimensionale Zielsetzungen für ein Großunternehmen und sein Führungspersonal zunächst schlichtweg illusorisch sind[206]. Deutlich geworden ist aber zum einen, dass Vorstand und *Consejo de Administración* grundsätzlich Gewinn auf dem satzungsmäßig festgelegten Arbeitsgebiet der Gesellschaft erzielen müssen. Das ihnen in dieser Hinsicht eingeräumte Ermessen findet seine Grenzen in der dauerhaften Bestands- und Ertragsfähigkeit der Gesellschaft. Diese beiden Eckpunkte stellen zum anderen die verbindende Klammer zwischen dem deutschen und spanischen Aktienrecht dar.

III. Ergebnis: Begriff der Unternehmensführung im Rahmen der Untersuchung

Als Instrument für die Systematisierung des Wechselspiels mit den Arbeitnehmerinteressen ist der Begriff der Unternehmensführung als Leitung der Gesellschaft durch Vorstand und *Consejo de Administración* zu verstehen: Zu den Leitungsaufgaben zählen die Planung, Koordinierung und Kontrolle des Unternehmens sowie die Besetzung seiner oberen Führungspositionen. Richtschnur bei der Wahrnehmung dieser Aufgaben ist das Erzielen von Gewinn und die Sicherung der dauerhaften Bestands- und Ertragsfähigkeit des Unternehmens.

---

[205] *Paz-Ares Rodríguez*, RdS 2003, n. 20, S. 88.
[206] So *Mertens*, KölnKomm-AktG, § 76, Rn. 11.

§ 3 Arbeitnehmerinteressen

Die Beschreibung der Arbeitnehmerinteressen erfordert zunächst die Klarstellung, von welchem Arbeitnehmerbild die Bearbeitung ausgeht (I. Begriff des Arbeitnehmers). Hieran anknüpfend können im Anschluss die Interessen der Arbeitnehmer untersucht werden (II. Interessen der Arbeitnehmer).

I. Begriff des Arbeitnehmers

Für die Bestimmung des Arbeitnehmerbegriffs sind vor allem die Anforderungen des Individualarbeitsrechts entscheidend. Daneben könnte Leitfaden einer Eingrenzung sein, wie die Belegschaft und ihre Vertreter im Recht der Arbeitnehmerbeteiligung beschrieben sind.

1. Arbeitnehmerbegriff im Individualarbeitsrecht

Im deutschen Individualarbeitsrecht fehlt es an einer Definition des Arbeitnehmers. Entwickelt wurde der Begriff daher von Rechtsprechung und Literatur. Dessen Vorbild ist die Definition von *Alfred Hueck:* „Arbeitnehmer sind die aufgrund privatrechtlichen Vertrages oder eines ihm gleich gestellten Rechtsverhältnisses im Dienst eines anderen zur Arbeit verpflichteten Personen"[207]. Wesentlich für die Begriffsbestimmung ist vor allem, dass die Arbeit im Dienste eines anderen geleistet werden muss, denn hierdurch wird der Arbeitsvertrag vom freien Dienstvertrag unterschieden. Herkömmlich beschreibt man diesen Unterschied durch das Merkmal der persönlichen Abhängigkeit, dessen Bestimmung im Einzelnen aber Schwierigkeiten bereiten kann[208]. Das spanische Recht wendet für die Definition des Arbeitnehmers vergleichbare Kriterien an. Nach Art. 1 Abs. 1 Estatuto de los Trabajadores (ET)[209] ist Arbeitnehmer *(trabajador asalariado)*, wer freiwillig seine Dienste gegen Entgelt innerhalb eines Organisationsbereichs und unter Leitung einer anderen Person zur Verfügung stellt[210]. Die Arbeit des *trabajador asalariado* zeichnet sich damit durch Freiwilligkeit, Fremdnützigkeit, Abhängigkeit und Entlohnung aus[211].

---

[207] *Hueck/Nipperdey,* Lehrbuch des Arbeitsrechts, Band 1, S. 34/35.
[208] *Richardi,* MünchHdb-ArbR, Band 1, § 24, Rn. 1 ff. mit weiteren Nachweisen.
[209] Das spanische Arbeitnehmerstatut wurde 1980 erlassen. Nimmt die Arbeit auf diese ursprüngliche Version Bezug – was vor allem für die entstehungsgeschichtlichen Zusammenhänge Relevanz hat – wird dies durch den Zusatz „1980" verdeutlicht, vgl. § 6 I 3. Maßgeblich ist in der Arbeit jedoch die Fassung nach der Reform durch das Real Decreto Legislativo 1/1995, de 24 de marzo, por el que se aprueba el texto refundido de la ley del estatuto de los trabajadores (BOE de 29 de marzo), zuletzt geändert durch das Ley 38/2007, de 16 de noviembre (BOE de 17 de noviembre).
[210] Vgl. auch *Cremades,* Arbeitsrecht in Spanien, S. 29; *Valverde/Rodríguez-Sañudo Gutiérrez/García Murcia,* Derecho del trabajo S. 156.
[211] Ausführlich zu diesen Kriterien, deren Interpretation und Anwendung ebenfalls in den Einzelheiten schwierig ist, siehe *Montoya Melgar,* Derecho del trabajo, S. 168 ff.

1. Kapitel. Unternehmensführung und Arbeitnehmerinteressen

Eine besondere Gruppe innerhalb der Arbeitnehmer bilden die leitenden Angestellten. Die leitenden Angestellten sind rechtlich Arbeitnehmer, üben jedoch teilweise Arbeitgeberfunktionen aus. Für den Begriff des leitenden Angestellten gibt es ebenfalls keine allgemeingültige Legaldefinition im deutschen Recht[212]. Im spanischen Recht gilt hingegen für die leitenden Angestellten (*personal de alta dirección*) ein eigenständiges Normenwerk. Das Real-Decreto 1382/1985, por el que se regula la relación laboral de carácter especial del personal de alta dirección, vom 1. August 1985 (PAD)[213] regelt einen in sich nahezu abgeschlossenen Sonderstatus für diese Arbeitsverhältnisse. Die Begriffsbestimmung des *personal de alta dirección* ist in Art. 1 Abs. 2 PAD geregelt. Hiernach handelt es sich bei leitenden Angestellten um Arbeitnehmer, die mit der Rechtsnatur des Unternehmens verbundene Kompetenzen wahrnehmen und deren Arbeit sich durch den Bezug zu den wesentlichen Zielen des Unternehmens auszeichnet. Sie arbeiten autonom und voll verantwortlich, es sei denn sie wurden von der Verwaltung des Unternehmens angewiesen. Damit üben leitende Angestellte dem deutschen Recht vergleichbar arbeitgeberähnliche Funktionen aus.

Für Organe einer juristischen Person lehnt die ganz herrschende Meinung in Deutschland eine Arbeitnehmer-Eigenschaft grundsätzlich ab[214]. Im spanischen Recht sind Organmitglieder sogar gesetzlich vom Anwendungsbereich des Arbeitnehmerstatuts ausgenommen, Art. 1 Abs. 3 c) ET.

2. Belegschaftsbegriff im Recht der Arbeitnehmerbeteiligung

Für die Bestimmung des Arbeitnehmerbegriffs könnte des Weiteren seine Bedeutung im Recht der Arbeitnehmerbeteiligung relevant sein. In Übereinstimmung mit der thematischen Eingrenzung der Arbeit werden daher zunächst der Belegschaftsbegriff und die Regelung der aktiven Wahlberechtigung in der betrieblichen und Unternehmensmitbestimmung dargestellt. (Hinsichtlich Begriff und Anwendbarkeit dieser beiden Regelungsinstrumente zur Berücksichtigung von Arbeitnehmerinteressen sei auf die Darstellung in § 5 verwiesen, ausführlich zur Regelung insgesamt siehe unten 3. Kapitel).

a. Betriebliche Mitbestimmung

Der Personenkreis, auf den das Betriebsverfassungsgesetz (BetrVG) in seinem ganzen Umfang anwendbar ist, wird durch § 5 BetrVG festgelegt. § 5 BetrVG enthält keine eigene Definition des Arbeitnehmerbegriffs. Der Arbeitnehmer im Sinne des BetrVG ist daher zunächst – vorbehaltlich der Abweichungen in den Absätzen 2 bis 4 – vom allgemeinen arbeitsrechtlichen Arbeitnehmerbegriff aus zu bestim-

---

[212] *Junker,* GK Arbeitsrecht, § 2, Rn. 112.
[213] BOE de 12 de agosto.
[214] *Junker,* GK Arbeitsrecht, § 2, Rn. 122 sowie § 10, Rn. 667; vgl. auch *Diller,* Gesellschafter und Gesellschaftsorgane als Arbeitnehmer, S. 61.

men (siehe oben 1)[215]. Die Unterscheidung nach Arbeitern und Angestellten wurde mit dem Gesetz zur Reform des Betriebsverfassungsgesetzes vom 23. Juli 2001[216] durch den Wegfall des § 6 BetrVG aufgegeben. Eine Betriebszugehörigkeit ist nicht ausdrücklich in § 5 BetrVG genannt, die betriebliche Interessenvertretung der Belegschaft kann aber gemäß § 7 S. 1 BetrVG nur wählen, wer Arbeitnehmer nach § 5 BetrVG und dem Betrieb zugehörig ist[217]. Mangels Betriebszugehörigkeit haben daher sog. Fremdfirmenarbeitnehmer bzw. Unternehmensarbeiter, die im Rahmen von Werk- oder Dienstverträgen als Erfüllungsgehilfen ihres Arbeitgebers nach dessen Weisung in einem fremden Betrieb tätig werden, kein Wahlrecht[218]. Werden aber Arbeitnehmer eines anderen Arbeitgebers zur Arbeitsleistung überlassen (sog. Leiharbeitnehmer), so sind diese wahlberechtigt, wenn sie länger als drei Monate im Betrieb eingesetzt werden, § 7 S. 2 BetrVG.

Im spanischen Recht sind gemäß Art. 69 Abs. 2 S. 1 HS 1 ET alle Arbeitnehmer des Unternehmens (*empresa*) oder des Betriebs (*centro de trabajo*) (zu diesen Begriffen siehe unten § 7 I 1) zur Wahl der Arbeitnehmervertretung berechtigt, wenn sie älter als 16 Jahre und seit mindestens einem Monat im Unternehmen beschäftigt sind. Der Arbeitnehmerbegriff ist in Art. 69 ET nicht näher umschrieben, so dass auf die Definition in Art. 1 Abs. 1 ET zurückzugreifen ist. Arbeiter und Angestellte wählen ihre Vertretung ab einer Belegschaftsgröße von über 50 Arbeitnehmern getrennt, Art. 71 Abs. 1 S. 1 ET.

Da die leitenden Angestellten in der sozialen Realität eine Gruppe darstellen, die sich von den sonstigen Arbeitnehmern abhebt und vor allem in Großunternehmen weitgehend der Arbeitgeberseite zuzuordnen ist[219], fallen sie im deutschen Recht gemäß § 5 Abs. 3 S. 1 BetrVG nicht in den Anwendungsbereich der betrieblichen Mitbestimmung, soweit nicht ausdrücklich etwas anderes bestimmt ist (beispielsweise in § 105 BetrVG). Ihre Interessenvertretung ist daher außerhalb des BetrVG im Gesetz über Sprecherausschüsse der leitenden Angestellten (Sprecherausschussgesetz/SprAuG[220]) geregelt. Die Zuordnung eines Arbeitnehmers zum Kreis der leitenden Angestellten erfolgt anhand der in § 5 Abs. 3 S. 2, Abs. 4 BetrVG genannten Kriterien. Auch in Spanien werden leitende Angestellte im Sinne von Art. 1 Abs. 2 PAD von den Arbeitnehmervertretungen im Betrieb ausgenommen, Art. 2 Abs. 1a) ET, Art. 16 PAD. Die Möglichkeit der Bildung einer dem Sprecherausschuss vergleichbaren Institution zur Wahrnehmung ihrer Interessen ist ihnen aber nicht eröffnet[221].

---

215 WP/*Preis*, BetrVG, § 5, Rn. 4.
216 BGBl. I, S. 1852.
217 Zu den in der Literatur umstrittenen Voraussetzungen vgl. WP/*Preis*, BetrVG, § 5, Rn. 27 und § 7, Rn. 21 ff.
218 *Zöllner/Loritz/Hergenröder*, Arbeitsrecht, § 47 III 4.
219 *Richardi*, MünchHdb-ArbR, Band 1, § 26, Rn. 5 ff.
220 Vom 20. Dezember 1988, BGBl. I, S. 2312, zuletzt geändert durch die Neunte Zuständigkeitsanpassungsverordnung vom 31. Oktober 2006, BGBl. I, S. 2407.
221 *Müller*, Die Rechtsstellung der leitenden Angestellten im spanischen Arbeitsrecht, S. 5 und 6.

1. Kapitel. Unternehmensführung und Arbeitnehmerinteressen

b. Unternehmensmitbestimmung

Während das spanische Recht heute keine Unternehmensmitbestimmung in privaten Unternehmen kennt, sind in Deutschland vier verschiedene Modelle gesetzlich geregelt (ausführlich zu beiden Feststellungen unten § 6 I und II).

Für den Begriff des Arbeitnehmers verweist § 3 Abs. 1 Drittelbeteiligungsgesetz (DrittelbG) auf § 5 Abs. 1 BetrVG. Da § 5 Abs. 1 BetrVG den allgemeinen Arbeitnehmerbegriff adaptiert hat, gilt dieser somit auch im Rahmen des DrittelbG. Leitende Angestellte sind gemäß § 3 Abs. 1 DrittelbG i.V.m. § 5 Abs. 3 BetrVG ausdrücklich keine Arbeitnehmer nach DrittelbG[222]. Ebenso wenig sind es Gesellschaftsfunktionen ausübende Personen. Die Berechtigung zur Wahl der Arbeitnehmervertreter in den Aufsichtsrat richtet sich nach § 5 Abs. 2 DrittelbG. Zusätzlich zur Arbeitnehmereigenschaft sind hiernach die Vollendung des 18. Lebensjahres und die Zugehörigkeit zum Unternehmen, d.h. zu einem inländischen Betrieb des Unternehmens oder des Verbundes, erforderlich.

Eine eigenständige Auslegung des Arbeitnehmerbegriffs ist auch im Bereich des Mitbestimmungsgesetzes (MitbestG) nicht vom Gesetzgeber gewollt[223]. § 3 Abs. 1 S. 1 Nr. 1 MitbestG verweist daher auf § 5 Abs. 1 BetrVG, so dass auch hier der allgemeine Arbeitnehmerbegriff zur Anwendung kommt. Im Unterschied zum BetrVG und DrittelbG zählen leitende Angestellte im MitbestG zu den Arbeitnehmern, § 3 Abs. 1 S. 1 Nr. 2 MitbestG i.V.m. § 5 Abs. 3 BetrVG. Die Regelung fußt auf der Überlegung, dass durch die Beteiligung dieses Personenkreises im Aufsichtsrat sowohl gesellschafts- als auch mitbestimmungsrechtliche Gesichtspunkte in angemessener Weise bei der Aufsichtsratsarbeit berücksichtigt werden sollen. Die besonderen Kenntnisse und Fähigkeiten leitender Angestellter hinsichtlich organisatorischer und wirtschaftlicher Zusammenhänge der Aufsichtsratsarbeit sollen diese bereichern[224]. Ihre Einbeziehung dient damit nicht primär der Repräsentation der persönlichen Anliegen der leitenden Angestellten als Arbeitnehmer. Keine Arbeitnehmer sind aber wieder Gesellschaftsorgane, § 3 Abs. 1 S. 2 MitbestG i.V.m. § 5 Abs. 2 BetrVG. Gewählt werden die Arbeitnehmervertreter in Unternehmen mit in der Regel mehr als 8000 Arbeitnehmern durch Delegierte, sofern nicht die wahlberechtigten Arbeitnehmer die unmittelbare Wahl beschließen, § 9 Abs. 1 MitbestG. Wahlberechtigt sind die volljährigen Arbeitnehmer des Unternehmens sowohl für die Wahl der Delegierten (§ 10 Abs. 2 S. 1 MitbestG) als auch für die unmittelbare Wahl (§ 18 S. 1 MitbestG).

Das Montanmitbestimmungsgesetz (MontanMitbestG) enthält weder eine eigene begriffliche Festlegung des Arbeitnehmers im Anwendungsbereich noch entsprechende Verweisungen. Im Unterschied zum MitbestG und DrittelbG wird die Ar-

---

[222] *Huke/Prinz*, BB 2004, S. 2635: „Dies mag zum Teil als unbefriedigend empfunden werden, wird aber der besonderen Situation in Unternehmen mit über 500 bis 2000 Beschäftigten gerecht, da sich so beispielsweise das komplizierte besondere Wahlverfahren für leitende Angestellte, wie es in Unternehmen mit mehr als 2000 Beschäftigten im MitbestG vorgesehen ist, erübrigt."
[223] Vgl. *Gach*, MünchKomm-AktG, § 3 MitbestG, Rn. 4.
[224] *Gach*, MünchKomm-AktG, § 3 MitbestG, Rn. 2 mit weiteren Nachweisen.

beitnehmervertretung nach MontanMitbestG zudem nicht von den Arbeitnehmern, sondern von der Hauptversammlung gewählt. Das Mitbestimmungsergänzungsgesetz (MitbestErgG) enthält hingegen in § 5 Abs. 4 S. 1 MitbestErgG wieder den Verweis auf § 5 Abs. 1 BetrVG hinsichtlich der Bestimmung des Arbeitnehmers im Rahmen des Gesetzes. Ob auch die leitenden Angestellten zu den Arbeitnehmern zählen, wird nicht geregelt. Lediglich die in § 5 Abs. 2 BetrVG genannten Personen und damit unter anderem Mitglieder des Organs, das zur gesetzlichen Vertretung der juristischen Person berufen ist, werden ausdrücklich vom Anwendungsbereich ausgenommen, § 5 Abs. 5 S. 2 MitbestErgG i. V. m. § 5 Abs. 2 BetrVG. In Abhängigkeit von der Gesamtarbeitnehmerzahl werden die Arbeitnehmervertreter entweder durch Delegierte der Arbeitnehmer des Konzerns (§ 8 Abs. 1 MitbestErgG) oder unmittelbar durch die Arbeitnehmer des Konzerns gewählt (§ 10g MitbestErgG). Die Arbeitnehmer können jedoch das jeweils andere Verfahren beschließen, § 7 Abs. 3 MitbestErgG.

c. Zwischenergebnis

Sowohl in Deutschland als auch in Spanien wird im Rahmen der betrieblichen und gegebenenfalls Unternehmensmitbestimmung zunächst vom Arbeitnehmerbegriff des Individualarbeitsrechts ausgegangen. Das aktive Wahlrecht setzt zusätzlich voraus, dass es sich um einen Angehörigen der Belegschaft des Betriebes, Unternehmens oder Konzerns handelt (zu diesen Begriffen siehe unten § 7 II 1 und 2c). Die Wahlberechtigung von Leiharbeitnehmern richtet sich nach § 7 S. 2 BetrVG.

Unterschiedlich und teilweise gar nicht ist hingegen die Frage geregelt, ob die leitenden Angestellten zur Belegschaft im Recht der Arbeitnehmerbeteiligung zählen. BetrVG und ET finden bei leitenden Angestellten grundsätzlich keine Anwendung. Gleiches gilt für das DrittelbG. Das MitbestG zählt die leitenden Angestellten hingegen zu den Arbeitnehmern im Bereich des Gesetzes. MontanMitbestG und MitbestErgG enthalten keine Aussagen diesbezüglich. Einigkeit besteht aber zumindest insofern, als leitende Angestellte gegenüber den übrigen Arbeitnehmern eine besondere Position einnehmen, da sie arbeitgeberähnliche Funktionen ausüben. Nicht zuletzt auch im Hinblick auf die Ausgrenzung der leitenden Angestellten aus dem spanischen Arbeitnehmerstatut sollen sie damit hier nicht zur Belegschaft im engeren Sinn zählen. Arbeitnehmer im Recht der Arbeitnehmerbeteiligung sind damit Angehörige der Belegschaft mit Ausnahme der leitenden Angestellten.

3. Arbeitnehmervertreter im Recht der Arbeitnehmerbeteiligung

Während der Arbeitnehmerbegriff im engeren Sinne nur Belegschaftsangehörige (bzw. die wahlberechtigten Leiharbeitnehmer) erfasst, ist er in Bezug auf ihre Vertreter weiter definiert, denn teilweise können auch externe Arbeitnehmer und Gewerkschaftsvertreter passives Wahlrecht genießen. Aus diesem Grund müssen

1. Kapitel. Unternehmensführung und Arbeitnehmerinteressen

auch die Voraussetzungen an die Wählbarkeit im Rahmen der betrieblichen und Unternehmensmitbestimmung Erwähnung finden.

a. Betriebliche Mitbestimmung

Für die betriebliche Mitbestimmung findet sich der Arbeitnehmerbegriff im engeren Sinn auch in den Voraussetzungen der Wählbarkeit. Das passive Wahlrecht zur betrieblichen Interessenvertretung gemäß § 8 BetrVG setzt neben der Arbeitnehmereigenschaft nach § 5 BetrVG die mindestens sechsmonatige Zugehörigkeit zum Betrieb, Unternehmen oder Konzern voraus. Um in Spanien als Interessenvertreter gewählt zu werden, ist nach Art. 69 Abs. 2 S. 1 HS 2 ET die Vollendung des 18. Lebensjahres und eine sechsmonatige Zugehörigkeit zum Unternehmen erforderlich, es sei denn es wurde aus Gründen der Arbeitsflexibilität tarifvertraglich ein kürzerer Zeitraum vereinbart, der aber nicht drei Monate unterschreiten darf. Für die betriebliche Mitbestimmung in Deutschland und Spanien bleibt es daher beim Arbeitnehmerbegriff im engen Sinne.

b. Unternehmensmitbestimmung

Gleiches gilt jedoch nicht für die Unternehmensmitbestimmung. Während nach DrittelbG externe Arbeitnehmer und leitende Angestellte nur unter den in § 4 Abs. 2 S. 2 genannten Voraussetzungen zusätzlich zu Belegschaftsvertretern in den Aufsichtsrat bestellt werden können, muss sich die Arbeitnehmervertretung im Aufsichtsrat nach § 7 Abs. 2 MitbestG aus Vertretern der Gewerkschaften und der unternehmensangehörigen Belegschaft zusammensetzen. Unter den Vertretern der unternehmensangehörigen Belegschaft muss sich ferner gemäß § 15 Abs. 1 S. 2 MitbestG ein leitender Angestellter befinden. Auch gemäß § 6 Abs. 1 S. 1 Montan-MitbestG und § 6 Abs. 1 S. 1, Abs. 2 MitbestErgG braucht nur ein Teil der zu wählenden Arbeitnehmervertreter Angehöriger der Belegschaft zu sein. Ergänzend ist für das spanische Recht anzumerken, dass die seit 1980 abgeschaffte gesetzliche Unternehmensmitbestimmung für das passive Wahlrecht geregelt hatte, dass die Arbeitnehmervertreter sowohl der Belegschaft als auch der Gewerkschaft angehören müssen. Aktuelle Abkommen über eine Unternehmensmitbestimmung in öffentlichen Unternehmen sehen nur noch vor, dass die Arbeitnehmervertreter Gewerkschaftsdelegierte sind, ohne dass es sich um Angehörige der Belegschaft handeln muss.

c. Zwischenergebnis

Nur im Rahmen der betrieblichen Mitbestimmung kann der Begriff des Arbeitnehmervertreters mit dem des Belegschaftsvertreters gleichgesetzt werden. Dem Recht der Unternehmensmitbestimmung liegt hingegen eine weite Definition zugrunde, denn Arbeitnehmervertreter sind neben dem Belegschaftsangehörigen auch externe Arbeitnehmer und Gewerkschafter.

4. Zusammenfassung

Aus den teilweise verschiedenen Vorgaben des Individualarbeitsrechts sowie der betrieblichen und Unternehmensmitbestimmung ist eine für die Untersuchung taugliche Festlegung des Arbeitnehmerbegriffs zu treffen. Während die leitenden Angestellten aufgrund ihrer herausgehobenen Stellung im Rahmen dieser Arbeit von vornherein ausgegrenzt werden können, bereitet vor allem die vom Belegschaftsbegriff abweichende weitere Definition des Arbeitnehmervertreters Schwierigkeiten. Entscheidend ist aber, dass nach dem Ansatz dieser Arbeit die im Anschluss zu untersuchenden Interessen der Arbeitnehmer mit der Unternehmensführung in Berührung kommen müssen. Erfüllt ist diese Voraussetzung jedenfalls dann, wenn die Aktiengesellschaft Arbeitgeber ist – was sowohl im deutschen als auch im spanischen Recht zulässig ist[225] – und ihr Leitungsorgan als Vertreter der Gesellschaft diese Funktion wahrnimmt[226]. Grundsätzlich geht die Untersuchung daher vom Arbeitnehmer als Angehörigen der Belegschaft aus. Die teilweise weitere Bestimmung der Arbeitnehmervertretung soll in die Untersuchung dennoch insoweit einbezogen werden, als sie vor allem für die Funktionsanalyse der Regelungen des Wechselspiels von Unternehmensführung und Arbeitnehmerinteressen relevant werden kann.

Schließlich ist an dieser Stelle bereits ein wichtiges Merkmal der betrieblichen Mitbestimmung in Spanien vorwegzunehmen: Neben der bereits erläuterten Arbeitnehmervertretung der Gesamtheit der Belegschaft kann zusätzlich eine Vertretung ausschließlich derjenigen Belegschaftsangehörigen errichtet werden, die Gewerkschaftsmitglieder sind. Die Vertreter werden von ihnen und aus ihrer Mitte gewählt. Sowohl in Bezug auf den Belegschaftsbegriff als auch auf den des Arbeitnehmervertreters wird somit der Arbeitnehmerbegriff um das Kriterium der Gewerkschaftszugehörigkeit ergänzt. Diese Besonderheit gilt es ebenfalls im Weiteren zu berücksichtigen.

II. Interessen der Arbeitnehmer

Arbeitnehmer sind grundsätzlich eine heterogene Interessengruppe. Für eine praktikable Untersuchung ist daher ein typisiertes Interesse – nicht anhand einer konkreten Norm, sondern allgemein – zu ermitteln. Dies bedeutet, dass zunächst zwischen Individualinteressen und Kollektivinteressen der Arbeitnehmer im en-

---

[225] *Richardi,* MünchHbd-ArbeitsR, Band 1, § 30 Rn. 4; für das spanische Recht siehe Art. 1 Abs. 2 ET; zu der hier nicht behandelten Frage des Konzerns als Vertragspartner und damit Arbeitgeber des Arbeitnehmers siehe *Windbichler,* Arbeitsrecht im Konzern, S. 68 ff.; *dies.,* AG 2004, S. 192: „Es gibt keinen Konzernarbeitgeber"; zu Spanien, wo zumindest im Arbeitsrecht die Unternehmensgruppe praktisch ignoriert wird (siehe auch unten § 7 I 2 c), vgl. *Martínez Girón/Arufe Valera/Carril Váquez,* Derecho del Trabajo, S. 127 f.
[226] Diesen Zusammenhang gilt es in der gesamten Arbeit zu berücksichtigen, wenn vom Arbeitgeber gesprochen wird: Gemeint ist die Aktiengesellschaft, vertreten durch Vorstand bzw. *Consejo de Administración.*

1. Kapitel. Unternehmensführung und Arbeitnehmerinteressen

gen Sinne, d.h. der Belegschaft, unterschieden werden muss, da diese nicht zwingend deckungsgleich sind bzw. es zu Zielkonflikten zwischen kollektiver und individueller Selbstbestimmung kommen kann[227]. Mit welchem Ansatz für die Untersuchung zweckmäßigerweise gearbeitet wird, ist daher in einem ersten Schritt zu klären.

1. Individualistischer und kollektivistischer Ansatz

Der Begriff des Interesses beschreibt zunächst einen individualpsychologischen Sachverhalt: die positive Bezogenheit eines Subjekts auf einen Gegenstand, auf einen anderen Menschen, auf eine Sache oder ein Verhältnis[228]. Ferner ist der Nutzen, den die Menschen zu maximieren suchen, in erster Linie stets ihr eigener individueller Nutzen (sog. methodologischer Individualismus), so dass es keine kollektiven Werte gibt, die nicht auf die individuellen Wertvorstellungen zurückgeführt werden können[229].

Individualinteressen der Arbeitnehmer können sich voneinander unterscheiden[230] und in Konflikt zueinander treten[231]. Arbeitnehmer, die z.B. das Interesse an einer guten Bezahlung höher gewichten als das einer optimalen Gestaltung, können in Konflikt mit denjenigen Arbeitnehmern treten, die die umgekehrte Position vertreten, wenn ein neues Verfahren einerseits geringere Kosten und damit verbunden ein höheres Arbeitnehmereinkommen, aber andererseits eine Entwertung der Arbeit oder eine Arbeit unter ungünstigeren Bedingungen mit sich bringt[232]. Auch der Stellenwert eines Interesses kann sich ändern, denn hängt von der Höhe der Entlohnung der Arbeitsplatz des Arbeitnehmers ab, so wird er eventuell um des Erhalts seiner Stelle willen bereit sein, Abschläge hinzunehmen. Grund für diese Heterogenität der Interessen kann unter anderem sein, dass die betreffenden Arbeitnehmer unterschiedlich verdienen oder zu verschiedenen Zeitpunkten in den Ruhestand treten[233]. Ein kollektivistischer Ansatz hingegen stellt nicht auf das Individualinteresse der Arbeitnehmer oder die Summe dieser Interessen ab. Das „kollektive" Interesse ist ein hiervon verschiedenes und autonomes Konzept, das aufgrund seiner Vereinfachung und Abstraktion geeignet ist, sich auf die Gesamtheit der Arbeitnehmer zu erstrecken[234].

---

[227] *Edenfeld*, Recht der Arbeitnehmermitbestimmung, S. 8.
[228] *Großmann*, Unternehmensziele im Aktienrecht, S. 89.
[229] *Behrens*, ZfA 1989, S. 213.
[230] In einer Repräsentativ-Befragung von 2422 Personen im Februar 2001 antworteten auf die Frage, welche Aspekte des Arbeitslebens ihnen besonders wichtig erscheinen, 93% der Befragten „Gutes Arbeitsklima", 91% „Sicheres Beschäftigungsverhältnis", 87% „Identifikation mit der Arbeit", 85% „Vereinbarkeit von Beruf und Familie", 84% „Eigenverantwortliche, selbst bestimmte Arbeit" und (nur) 79% „Hohes Einkommen", wiedergegeben bei *Junker*, GK Arbeitsrecht, § 1, Rn. 8 (6. Auflage).
[231] *Almansa Pastor*, La participación del trabajador en la administración de la empresa, S. 68 und 69.
[232] *Möhring*, Die Durchsetzbarkeit von Arbeitnehmerinteressen im Rahmen der Mitbestimmung auf Unternehmensebene, S. 30.
[233] *Kraakman/Davies/Hansmann/Hertig/Hopt/Kanda/Rock*, The Anatomy of Corporate Law, S. 64.
[234] *Montoya Melgar*, Derecho del trabajo, S. 697.

§ 3 Arbeitnehmerinteressen

Für letzteren Ansatz spricht hier zum einen, dass Träger der deutschen betrieblichen Mitbestimmung und der Unternehmensmitbestimmung, die als Regelungsinstrumente zur Berücksichtigung von Arbeitnehmerinteressen im Mittelpunkt der Untersuchung stehen, die Arbeitnehmer in ihrer Gesamtheit sind[235]. Gleiches gilt für die betriebliche Mitbestimmung in Spanien nach ET[236]. Zum anderen wird auf diesem Weg eine für die Darstellung tauglichere Arbeitsdefinition ermöglicht.

2. Interessen

Für Spanien und Deutschland kann somit gleichermaßen[237] festgestellt werden, dass die Arbeitnehmer finanzielle Interessen verfolgen sowie an Stabilität und Qualität ihres Arbeitsplatzes interessiert sind[238]. Das finanzielle Interesse der Arbeitnehmer hat den Wunsch nach Gehalt und Gewinn zum Inhalt[239]. Das Anliegen stabiler Verhältnisse ist auf die Sicherheit der Beschäftigung und damit auf die Verhinderung von Fehlentscheidungen gerichtet, die den Arbeitsplatz der Arbeitnehmer und ihre Lohnansprüche gefährden[240]. Die Qualität der Arbeit bedeutet für die Arbeitnehmer, dass sie Chancen auf berufliche und persönliche Entwicklungs- und Aufstiegsmöglichkeiten sowie Arbeitsbedingungen (Gestaltung der Arbeit, Art der Tätigkeit, Verhältnis zu den Kollegen sowie Vorgesetzten) haben, die menschlichen Bedürfnissen und persönlicher Würde gerecht werden. Dies bedeutet auch, dass die Arbeitnehmer ein Interesse daran haben, sich am Unternehmen zu beteiligen und Informationen über es zu erhalten (siehe hierzu aber ausführlich unten 4. Kapitel)[241].

Zu beachten ist zum einen, dass die Gewichtung dieser Interessen je nach Branche oder wirtschaftlicher Situation des Unternehmens verschieden ausfallen kann. Zum anderen sind die genannten Arbeitnehmerinteressen genau genommen und der Bestimmung des Arbeitnehmerbegriffs entsprechend Interessen der Belegschaft. Eine zusätzliche Dimension kommt daher hinzu, wenn man die weite De-

---

[235] WP/*Preis*, BetrVG, § 1 Rn. 1; *Ulmer*, MitbestG, § 1 Rn. 2. Die in §§ 81–84 BetrVG geregelten Mitwirkungs- und Beschwerderechte des Arbeitnehmers gegenüber dem Arbeitgeber gehören zwar formell, nicht aber materiell zum Betriebsverfassungsrecht. Rechtssystematisch sind sie dem Individualarbeitsrecht zuzuordnen, *Junker*, GK Arbeitsrecht, § 10, Rn. 698.
[236] Siehe Wortlaut von Titel II ET und Art. 61 ET. Die erste und letzte gesetzliche Regelung einer Unternehmensmitbestimmung in privaten Unternehmen in Spanien aus dem Jahr 1962 (siehe ausführlich unten § 6 I 1) ging auch von einer Vertretung der Gesamtheit der Belegschaft und einem kollektivistischen Ansatz aus, siehe *Almansa Pastor*, La participación del trabajador en la administración de la empresa, S. 44; vgl. auch *Montoya Melgar*, Derecho del Trabajo, S. 698.
[237] Es können aber auch Unterschiede zwischen Ländern bestehen, was die Prioritäten ihrer Arbeitnehmer betrifft, siehe *Windbichler*, 6 EBOR (2005), S. 516.
[238] *Windbichler*, 6 EBOR (2005), S. 516; dies., AG 2004, S. 191; so im Ergebnis auch bei *Kessler*, AG 1993, S. 260; für Spanien vgl. *Lucas Marín*, Motivación y satisfacción en el trabajo, S. 202 ff. (aus soziologischer Sicht); *Montoya Melgar*, Derecho del Trabajo, S. 613 ff.
[239] *Hefermehl/Semler*, MünchKomm-AktG, Vor § 76, Rn. 45 (2. Auflage): „gerechte Lohnpolitik".
[240] *Hefermehl/Semler*, MünchKomm-AktG, Vor § 76, Rn. 45 (2. Auflage).
[241] Vgl. *Garrido Pérez*, La información en la empresa, S. 190; *Möhring*, Die Durchsetzbarkeit von Arbeitnehmerinteressen im Rahmen der Mitbestimmung auf Unternehmensebene, S. 20.

1. Kapitel. Unternehmensführung und Arbeitnehmerinteressen

finition der Arbeitnehmervertreter betrachtet: So verfolgen externe Arbeitnehmervertreter mehr übergreifende gesamtwirtschaftliche bzw. branchenbezogene Ziele[242]. Gleiches kann für Gewerkschaftsvertreter gelten. In die Untersuchung fließt dieser Aspekt wiederum nur insofern ein, als er für die Funktionsfähigkeit der Bewältigung des Wechselspiels von Unternehmensführung und Arbeitnehmerinteressen relevant wird.

3. Zusammenfassung

Für die Untersuchung wird von einem kollektivistischen Ansatz zur Ermittlung des Arbeitnehmerinteresses ausgegangen, welches sich aus finanziellen Interessen und dem Interesse an Stabilität und Qualität des Arbeitsplatzes zusammensetzt[243].

III. Ergebnis: Begriff der Arbeitnehmerinteressen im Rahmen der Untersuchung

Arbeitnehmer im Sinne der Untersuchung ist der Arbeitnehmer nach den Kriterien des Individualarbeitsrechts, die leitenden Angestellten ausgenommen. Er ist zudem grundsätzlich Angehöriger der Belegschaft. Neben finanziellen Interessen, ist er an der Stabilität und Qualität seines Arbeitsplatzes interessiert. Im folgenden Kapitel kann damit die Frage gestellt werden, in welchem Verhältnis diese Interessen zu den Leitungsaufgaben und Leitungszielen der Unternehmensführung stehen sowie welche rechtliche Kanalisierung ihrer Berücksichtigung im Rahmen dieser Arbeit vertieft werden soll.

---

[242] *Möhring*, Die Durchsetzbarkeit von Arbeitnehmerinteressen im Rahmen der Mitbestimmung auf Unternehmensebene S. 21.
[243] Ausführlich zur hier nicht behandelten Interessenlage des Arbeitnehmers im Konzern, *Windbichler*, Arbeitsrecht im Konzern, S. 27 ff.

2. Kapitel
Wechselspiel von Unternehmensführung und Arbeitnehmerinteressen

Für die Beschreibung von Interessenlagen lassen sich zunächst nach allgemeinen zivilrechtlichen Prinzipien zwei Grundtypen unterscheiden: In einem schuldrechtlichen Austauschverhältnis sind die Interessen der Vertragsparteien entgegengesetzt, denn jede Partei will für wenig eigene Leistung viel fremde Leistung erzielen[244]. Durch das Aushandeln, die wechselseitige Beeinflussung und die abschließende Einigung im Vertrag wird versucht, einen Interessenausgleich herzustellen. Erreicht wird dies aber nur, wenn sich die Vertragsschließenden als gleichberechtigte Partner gegenüberstehen. Da dies unter anderem beim Arbeitsvertrag typischerweise nicht der Fall ist[245], gibt es eine Reihe von Schutzbestimmungen zugunsten des Arbeitnehmers. Die Eigenart des Gesellschaftsrechts gegenüber dem sonstigen Privatrecht ist hingegen dadurch bedingt, dass es nicht in erster Linie den Schutz und die Befriedigung selbstständiger Interessen von Einzelpersonen bezweckt, sondern sich mit den Interessen, die mehreren Personen gemeinsam sind, befasst[246]. Im Unterschied zum schuldrechtlichen Austauschverhältnis fußt es damit nicht auf dem Gegensatz von Interessen, sondern auf einer korporatistischen Idee.

Ausgangspunkt der folgenden Darstellung ist, dass sich das Verhältnis von Unternehmensführung und Arbeitnehmerinteressen keinem dieser beiden Modelle ausschließlich zuordnen lässt. Auch sind weitere bzw. eine weitere Interessenkonstellation möglich. Diese werden als Arbeitshypothesen und ohne Konkretisierung auf bestimmte Einzelmaßnahmen oder Einzelsituationen beschrieben (§ 4). Grund für Letzteres ist einerseits die Vermeidung einer unausgewogenen Darstellung in Kapitel 4, da die Regelungen der Arbeitnehmerbeteiligung in Spanien und Deutschland in bestimmter Hinsicht diametral entgegengesetzt sind. Andererseits gewährleistet eine allgemeine, mehr leitlinienartige Beschreibung des Verhältnisses die Darstellung der besonderen Charakteristika des spanischen Rechts der Arbeitnehmerbeteiligung. Im Anschluss gilt es die für die Untersuchung maßgeblichen Regelungsinstrumente zu bestimmen (§ 5).

---

244 *Brox/Walker*, BGB AT, § 4, Rn. 71.
245 Zum Arbeitgeber als typischerweise Stärkeren siehe *Junker*, GK Arbeitsrecht, § 1, Rn. 9f.
246 *Hueck/Windbichler*, GesR, § 1, Rn. 1.

2. Kapitel. Wechselspiel

§ 4 Interessenkonstellationen

Es ist oft betont worden, dass beim Zusammentreffen unterschiedlicher Interessen und gleichzeitiger hierarchischer Strukturierung wie im Fall der Weisungsrechte und Folgepflichten im Verhältnis von Arbeitgeber und Arbeitnehmer unweigerlich Konflikte entstehen. Wer diesen Konflikten die Anerkennung versage und Interessenidentität unterstelle, verweigere der wechselseitigen Abhängigkeit aller Beteiligten und deren Rechten die Anerkennung[247]. Auch traditionell geht man von einem Interessengegensatz zwischen den Unternehmen und seinen Arbeitnehmern aus[248]. Diesem historischen und hierarchischen Gegensatz wird noch ein materieller hinzufügt, der sich zwangsläufig daraus ergebe, dass der von den Arbeitnehmern erstrebte und deren Lebensgrundlage bildende Lohn für den Arbeitgeber den Charakter von laufenden Produktionskosten hat[249].

Dass Entscheidungen der Unternehmensführung mit den Arbeitnehmerinteressen in Konflikt treten, kann zwar als eine Arbeitshypothese zur Beschreibung des Wechselspiels dienen. Das Wechselspiel auf diesen Gegensatz zwischen Kapital und Arbeit zu reduzieren ist aber weder gewollt noch zutreffend[250]. Daher wird als weitere Ordnungsebene nachfolgender Untersuchung neben der Situation des Interessenkonfliktes die des Interessengleichlaufs gewählt (I). Hierbei ist das Zeitfenster der Untersuchung von Bedeutung. Denkbar sind kurzfristig erforderliche Entscheidungen der Unternehmensleitung zur Steigerung der Gewinne, die den Interessen der Belegschaft zuwiderlaufen. Langfristig kann die gleiche Entscheidung aber den Bestand des Unternehmens sichern, was auch im Interesse der Arbeitnehmer ist.

Auf der anderen Seite könnte das Wechselspiel der Unternehmensleitung mit den Arbeitnehmerinteressen in einer gegenseitigen Kontrolle und Überwachung bestehen (II).

I. Interessenkonflikt und Interessengleichlauf

Ein Interessenkonflikt liegt grundsätzlich dann vor, wenn die Realisierung des einen Ziels in vollem Umfang die Preisgabe eines anderen bedeutet (Widersprüchlichkeit) oder die Realisierung des einen Ziels die Beeinträchtigung des anderen bedeutet (Antinomie). Von einem Interessengleichlauf kann hingegen gesprochen

---

[247] *Laske,* ZGR 1979, S. 198.
[248] *Reuter,* AcP 179 (1979), S. 513/514.
[249] *Weber,* Die vertrauensvolle Zusammenarbeit zwischen Arbeitgeber und Betriebsrat gemäß § 2 Abs. 1 BetrVG, S. 30 f.
[250] *Windbichler,* AG 2004, S. 191: „unzeitgemäße Stilisierung"; *dies,* 6 EBOR (2005), S. 515. Nicht diskutiert werden soll hier die Frage, inwieweit der Konflikt als soziologische Notwendigkeit zu bewerten ist, vgl. hierzu z. B. *Plänkers,* Institutionalisierte Konfliktregelung in den industriellen Arbeitsbeziehungen in der BRD, S. 17.

§ 4 Interessenkonstellationen

werden, wenn sich Ziele decken oder die Realisierung des einen Ziels das andere begünstigt (Harmonie)[251].

1. Interessenkonflikt

Interessenkonflikte sind somit zu erwarten, wenn die Interessen der Unternehmensführung und die der Arbeitnehmer total oder partiell im Konflikt stehen. Für wie bedeutsam man Interessenkonflikte hält, ist vor allem eine Frage des zeitlichen Bezugrahmens. So kann die auf eine kurzfristige Wertsteigerung gerichtete Entscheidung der Unternehmensleitung in Widerspruch zu auf die Stabilität des Arbeitsplatzes und die Existenzsicherung gerichteten Arbeitnehmerinteressen stehen. Interessengegensätze können sich z.B. bei der Frage ergeben, welcher Anteil vom Gewinn den Kapitaleignern und den Arbeitnehmern zufließen soll und in welchem Umfang der den Kapitaleignern zufließende Betrag ausgeschüttet oder einbehalten wird. So haben die Arbeitnehmer ein größeres Interesse an einer Überschussverwendung in Form von einbehaltenen Gewinnen als an einer Ausschüttung des Gewinns. Richtschnur bei der Wahrnehmung der Leitungsaufgaben ist aber nicht nur das Erzielen von Gewinn, sondern auch die Sicherung der dauerhaften Bestands- und Ertragsfähigkeit des Unternehmens. Ein Interessenkonflikt liegt daher auch dann vor, wenn eine dauerhafte Rentabilität oder der Bestand des Unternehmens nur durch Kündigungen, Kurzarbeit oder Lohnzurückhaltung verwirklicht werden können[252]. Auffällig ist aber, dass das in Deutschland bei jeder wirtschaftlichen Debatte vorherrschende Thema der Kostensenkung durch Personalabbau und Lohnverzicht, gekoppelt mit der Androhung von Verlagerungen von Betriebsteilen ins kostengünstigere Ausland, bei den großen spanischen Firmen kaum eine Rolle zu spielen scheint[253].

2. Interessengleichlauf

Aus dem Erfordernis der Erwirtschaftung eines Produktionserfolges und dauerhafter Rentabilität ergibt sich gleichzeitig ein weiter Bereich des Interessengleichklangs zwischen Unternehmensführung und Arbeitnehmerinteressen. Nur ein erfolgreiches und dauerhaft profitables Unternehmen bietet sichere Arbeitsplätze und ermöglicht die Einstellung weiterer Arbeitnehmer[254]. Die wichtigsten Arbeitnehmerziele der Einkommenssicherung und der Erhaltung der Arbeitsplätze sind nur dann gewährleistet, wenn die Liquidität des Unternehmens gesichert ist und gleichzeitig vermieden wird, dass sich die Anzahl der Arbeitsplätze durch Stillle-

---

[251] *Großmann*, Unternehmensziele im Aktienrecht, S. 53.
[252] *Kort*, GroßKomm-AktG, § 76, Rn. 58.
[253] Bericht der Botschaft Madrid vom 29. Juli 2005 zur Wirtschaftslage in Spanien, zwischenzeitlich nicht mehr abrufbar unter www.auswaertiges-amt.de/diplo/de/Laenderinformationen/Spanien/Wirtschaft.html bzw. wohl nur noch auf Anfrage bei www.madrid.diplo.de.
[254] *Cheffins*, Company Law, S. 93; vgl. auch *Windbichler*, 6 EBOR (2005), S. 515.

gung oder Verkleinerung vermindert[255]. Umgekehrt kann die dauerhafte Rentabilität oder der Bestand des Unternehmens gerade durch die Pflege eines Stamms qualifizierter und erfahrener sowie entsprechend gut entlohnter Arbeitnehmer erhalten werden[256]. Humankapital ist für manche Unternehmen die wertvollste Anlage[257].

II. Überwachung und Kontrolle

Neben der Möglichkeit eines Gleichlaufs und Konflikts von Unternehmensführung und Arbeitnehmerinteressen, kann sich ihr Verhältnis auch neutral gestalten. Die Realisierung des einen Ziels bleibt ohne Einfluss auf die Realisierung des anderen[258]. Entsprechend einem Interesse „von außen" bzw. einem öffentlichen Interesse kann ihr Verhältnis daher auch als System gegenseitiger Kontrolle und Überwachung zur Gewährleistung des rechtmäßigen Verhaltens der Organmitglieder und der Mitarbeiter im Hinblick auf alle gesetzlichen Gebote und Verbote – sog. *Compliance* im weitesten Sinne[259] – begriffen werden.

III. Ergebnis

Dieser Untersuchung liegen folgende drei Arbeitshypothesen zugrunde: Das Verhältnis von Unternehmensführung und Arbeitnehmerinteressen kann sich als System gegenseitiger Kontrolle und Überwachung gestalten. Gegebenenfalls gleichzeitig sind Konstellationen des Interessengleichlaufs und Interessenkonflikts denkbar. Diese Vielgestaltigkeit wird nicht nur durch den Begriff des Wechselspiels zum Ausdruck gebracht, sie rechtfertigt auch seine Verwendung.

§ 5 Einzubeziehende Regelungsinstrumente

Die Faktoren, die auf das Wechselspiel zwischen Unternehmensführung und Arbeitnehmerinteressen in der Aktiengesellschaft einwirken können, sind zahlreich. Vor allem gibt es Mechanismen, die sich jenseits von gesetzlichen Regelungen bewegen wie bestimmte Gepflogenheiten, informelle Absprachen und Praktiken. In diesem Zusammenhang können auch – wenn man von der gesetzlichen Pflicht ei-

---

255 *Möhring*, Die Durchsetzbarkeit von Arbeitnehmerinteressen im Rahmen der Mitbestimmung auf Unternehmensebene, S. 28.
256 *Kort*, GroßKomm-AktG, § 76, Rn. 58.
257 *Blair/Roe*, Employees and Corporate Governance – Introduction, S. 1; *Windbichler*, 6 EBOR (2005), S. 515.
258 *Großmann*, Unternehmensziele im Aktienrecht, S. 53.
259 *Schneider*, ZIP 2003, S. 646. Der Begriff der *Compliance* ist vor allem als Bestandteil des Kapitalmarktrechts bekannt. Er entstammt dem englischen Bankrecht, leitet sich von *to comply with* (einhalten) ab und bedeutet ein Verhalten in Übereinstimmung mit dem geltenden Recht, *Lösler*, Compliance im Wertpapierdienstleistungskonzern, S. 3 ff.

§ 5 Einzubeziehende Regelungsinstrumente

ner jährlichen Entsprechenserklärung absieht – die bereits erwähnten *Corporate Governance*-Empfehlungen als sog. *soft law* genannt werden. Ebenso vielseitig sind die grundsätzlich denkbaren rechtlichen Lösungs- und Bewältigungsstrategien. Arbeitnehmerinteressen können beispielsweise durch individualarbeitsrechtliche Schutzbestimmungen einschließlich prozessualer Durchsetzungsmöglichkeiten Berücksichtigung finden. Arbeitnehmer können als Aktionäre an der Gesellschaft beteiligt sein oder auch „nur" an ihren Gewinnen[260]. Sie können aber auch über Vertreter Einfluss auf die in der Gesellschaft getroffenen Entscheidungen haben und damit die Berücksichtigung ihrer Interessen bewirken. Letzteres Instrument, dessen Unterscheidung in betriebliche und Unternehmensmitbestimmung vor allem im deutschen Recht gebräuchlich ist, soll Gegenstand der Untersuchung sein. Zu diesem Zweck ist zum einen die Regelungstechnik dieser beiden Formen der Arbeitnehmerbeteiligung zu klären (I). Zum anderen ist es erforderlich, hiermit möglicherweise zusammenhängende inhaltliche Unterscheidungen aufzuzeigen (II) und Begrifflichkeiten im Einzelnen festzulegen (III). Schließlich sind einige Anmerkungen zur Ausgrenzung des Tarifvertrags-, Streik- und Arbeitskampfrechtes nötig (IV).

I. Gesetzliche Arbeitnehmerbeteiligung in und gegenüber der Gesellschaft

Die Beteiligung der Arbeitnehmer über eine Interessenvertretung an Entscheidungen der Unternehmensleitung kann auf verschiedenen Wegen verwirklicht werden. Entsprechende Modelle können beispielsweise auf dem Gedanken freiwilliger Vereinbarungen oder auf gesetzlich verankerten Bestimmungen beruhen[261]. Diese Unterscheidung wird vor allem im Vergleich der Arbeitnehmerbeteiligung in den europäischen Mitgliedstaaten als wichtig und richtig betrachtet[262]. Vorstellbar sind aber auch vergleichbare Praktiken und Traditionen[263]. Für diese Untersuchung soll grundsätzlich die durch Gesetz geregelte Teilhabe der Arbeitnehmer bzw. ihrer Vertreter an Entscheidungen relevant sein. Zu bedenken ist aber, dass gesetzliche Regelungen und Praktiken aufeinander einwirken. Sie komplimentieren und unterstützen sich gegenseitig, so dass sie grundsätzlich nicht isoliert voneinander untersucht werden können[264]. Für eine Analyse der Funktion und Wirkung dieser Regelungen werden damit auch Gepflogenheiten, die in die-

---

[260] Zu den Gestaltungsmöglichkeiten und Rahmenbedingungen von Mitarbeiterbeteiligungsprogrammen in Deutschland vgl. *Harrer,* Mitarbeiterbeteiligungen und Stock-Option Pläne. Für das spanische Recht siehe *Trittel,* Belegschaftsaktiengesellschaften und Sociedades Anónimas; *Fernández del Pozo,* RDM 1999, n. 234, S. 1361 ff.; *Iglesias Cabero,* Nuevas fórmulas de compensación del trabajo, S. 123 ff. sowie den *Exkurs* unten § 6 II.
[261] *Hopt,* ZfA 1982, S. 212.
[262] *Goos,* 50 Jahre BAG, S. 1181.
[263] *Charny,* Workers and Corporate Governance, S. 91/92: Sog. *soft regimes* im Unterschied zu *hard regimes* und *no participation regimes.*
[264] *Blair/Roe,* Employees and Corporate Governance – Introduction, S. 13.

2. Kapitel. Wechselspiel

sem Zusammenhang von Bedeutung sind, zu berücksichtigen sein (siehe hierzu ausführlicher unten § 10).

Auch die rechtstechnische Ansiedlung der Arbeitnehmerbeteiligung ist für die Eingrenzung des Untersuchungsgegenstandes von Bedeutung. Ein allen Rechtsordnungen gemeinsamer Aspekt ist die Unterscheidung zwischen Innen- und Außensteuerung der juristischen Person: Außensteuerung ist alles, was die juristische Person als solche in ihren Rechtsgeschäften und ihrem sonstigen Verhalten gegenüber Dritten steuert. Zur Binnenstruktur hingegen gehören die Entscheidungsprozesse innerhalb der juristischen Person, Kompetenzverteilung und inhaltliche Bindungen[265]. Hinsichtlich der Möglichkeit der Arbeitnehmer über ihre Vertreter Einfluss auf Entscheidungen zu nehmen, bedeutet diese Unterscheidung für die deutsche und auch spanische[266] Rechtsordnung, dass sie sich sowohl innerhalb der Gesellschaft, in einem ihrer Organe, als auch gegenüber der Gesellschaft realisieren lässt. In die erste Kategorie ist die Unternehmensmitbestimmung einzuordnen, da sie die Entsendung von Arbeitnehmervertretern in ein Aufsichts- oder Verwaltungsorgan der Gesellschaft vorsieht (Innensteuerung). Die betriebliche Mitbestimmung findet hingegen gegenüber der Gesellschaft statt (Außensteuerung).

II. Arbeitnehmerbeteiligung auf Unternehmens- und Betriebsebene

Im deutschen Sprachgebrauch ist für die Bezeichnung der betrieblichen und Unternehmensmitbestimmung auch die Formulierung der „Mitbestimmung auf Unternehmens- und Betriebsebene"[267] oder „betriebliche und unternehmerische Mitbestimmung"[268] geläufig. Hiermit kann, muss aber nicht ausschließlich eine Differenzierung in Bezug auf die jeweilige rechtstechnische Ansiedlung gemeint sein. Diese Formulierung dient möglicherweise auch der Umschreibung inhaltlicher Unterschiede. Ob und wie inhaltliche Kriterien für eine gegenseitige Abgrenzung beider Formen der Arbeitnehmerbeteiligung einerseits und Eingrenzung des Untersuchungsgegenstandes andererseits in Betracht kommen, wird der folgende Abschnitt klären.

---

[265] Siehe nur *Windbichler*, AG 2004, S. 192; *dies.*, 6 EBOR (2005), S. 526f.; *dies.*, Der Gemeinsinn der juristischen Person, S. 171 f.
[266] Vgl. *Galiana Moreno/García Romero*, Revista del Ministerio de Trabajo y Asuntos Sociales 2003, n. 43, S. S. 16 (*participación interna* und *participación externa*); ähnlich auch *Jiménez García*, Los derechos de veto en la legislación laboral española, S. 97 (*participación institucional* und *participación conflictual*).
[267] Z.B. *Gentz*, Mitbestimmung auf der Unternehmens- und Betriebsebene, S. 33 ff.; *Löwisch*, Mitbestimmung auf der Unternehmens- und Betriebsebene, S. 19 ff.; *Weiss*, Mitbestimmung auf der Unternehmens- und Betriebsebene, S. 9 ff.
[268] Z.B. *Franz*, Das deutsche Modell der unternehmerischen und betrieblichen Mitbestimmung, S. 117 ff.

§ 5 Einzubeziehende Regelungsinstrumente

1. Betrieb – Unternehmen/Unternehmensträger/(Aktien)Gesellschaft

Im deutschen wie im spanischen Recht ist Dreh- und Angelpunkt für die Einrichtung einer betrieblichen Interessenvertretung grundsätzlich der Betrieb (§ 1 Abs. 1 BetrVG und Art. 63 Abs. 1 ET). Keine Rolle spielt dabei, ob Rechtsträger der Arbeitsorganisation eine natürliche Organisation, eine Gesamthand oder eine juristische Person des Privatrechts wie hier die Aktiengesellschaft ist. Im deutschen Betriebsverfassungsrecht ist aber auch das Unternehmen Anknüpfungspunkt für Beteiligungsrechte der Arbeitnehmervertretung. Insofern kann betriebliche Mitbestimmung auch „im Unternehmen" erfolgen, ohne dass hiermit die Unternehmensmitbestimmung gemeint ist.

In der Unternehmensmitbestimmung, sofern diese gesetzlich geregelt ist, wird der Unternehmensbegriff stellvertretend für den jeweiligen Unternehmensträger – wieder die Aktiengesellschaft – verwendet[269]. Diese rechtstechnische Vereinfachung macht sich die weitere Untersuchung insofern nicht zu Eigen, als zwar ausdrücklich aus darstellerischen Gründen bei Verwendung des Begriffs Unternehmen von der Bezugnahme auf den Unternehmensträger in Form der Aktiengesellschaft ausgegangen wird[270], hiermit aber nicht die rechtstechnische Ansiedlung der Arbeitnehmerbeteiligung in der Gesellschaft zum Ausdruck gebracht wird. Um Missverständnissen vorzubeugen, wird damit eine inhaltliche Differenzierung der Arbeitnehmerbeteiligung in Bezug auf die Ebene, auf der sie realisiert wird, vermieden[271].

2. Arbeitstechnisch-organisatorische und wirtschaftlich-unternehmensbezogene Entscheidungen

Ein inhaltliches Kriterium einer Abgrenzung wird auch in der Unterscheidung der durch die Arbeitnehmervertreter beeinflussbaren Entscheidungen, je nachdem ob sie arbeitstechnisch-organisatorische oder wirtschaftlich-unternehmensbezogene Bereiche betreffen, gesehen. So wird im deutschen Schrifttum vertreten, dass die Arbeitnehmerbeteiligung in einem Gesellschaftsorgan eine solche bei der Planungs-, Leitungs- und Kontrollkompetenz sei und die betriebliche Mitbestimmung dagegen eine Mitwirkung bei der Vollzugsordnung, die sich allein auf die Arbeitsbedingungen beziehe, bedeute[272]. Die betriebsverfassungsrechtlichen Beteiligungsrechte dürften nicht in den unternehmerischen Bereich hinein gestreckt

---

269 Siehe für das MitbestG und DrittelbG *Ulmer/Habersack*, Mitbestimmungsrecht, § 1 MitbestG, Rn. 35 und § 1 DrittelbG, Rn. 4 sowie § 1 Abs. 1 S. 1 MontanMitbestG, § 1 MitbestErgG.
270 D.h. auch, dass hier nicht der Theorie vom „Sozialverband Unternehmen" (siehe unten § 6 II 3) gefolgt wird.
271 In diesem Zusammenhang soll (nochmals) darauf hingewiesen werden, dass die Begriffe „Arbeitgeber" und „Unternehmer", die vor allem im Rahmen der betrieblichen Mitbestimmung verstärkt Verwendung finden, auf die Aktiengesellschaft als juristische Person Bezug nehmen, siehe auch teilweise schon oben § 3 I 4.
272 *Hopt*, ZGR 2000, S. 801; *Starck*, Leistungspflichten und betriebliche Mitbestimmung, S. 165.

2. Kapitel. Wechselspiel

werden[273]. Zwar führen die Regeln über die betriebliche Beteiligung in sozialen, personellen und wirtschaftlichen Angelegenheiten rechtlich und faktisch zu einer Schmälerung des Aktionsradius der Unternehmensleitung, die betriebliche Interessenvertretung der Arbeitnehmer dürfe aber nicht zu einer Art zweiten Geschäftsführungsorgan im Sinne eines „Co-Management" werden[274]. Auch in der amtlichen Begründung zum Regierungsentwurf des BetrVG 1972 wurde ausdrücklich betont, dass der Entwurf im kollektiven Bereich die Beteiligungsrechte des Betriebsrats auf wichtigen Gebieten erweitere, ohne in die eigentlichen unternehmerischen Entscheidungen, insbesondere auf wirtschaftlichem Gebiet, einzugreifen[275].

Entgegen der erklärten Absicht der Gesetzgebung gewährt das BetrVG aber nach anderer Ansicht im Bereich der erzwingbaren (paritätischen) Beteiligungsrechte des Betriebsrates diesem Einfluss auf rein wirtschaftliche, unternehmenspolitische Fragen[276]. Eine Unterscheidung zwischen der betrieblichen und Unternehmensmitbestimmung in der Weise, dass die Betriebsverfassung ausschließlich auf den arbeitstechnisch-organisatorischen Bereich beschränkt ist und die Unternehmensmitbestimmung dagegen auf die wirtschaftlich-unternehmensbezogenen Entscheidungen bezogen wird, sei damit nicht (mehr) möglich[277]. Die betriebsverfassungsrechtlichen Anforderungen engen den unternehmerischen Entscheidungsspielraum vielmehr ein, so dass die Unternehmensleitung neben den „Marktdaten" auch die „Sozialdaten" einzuplanen habe[278]. Für den Inhalt und Umfang der Beteiligung sei allein die im Wege der Auslegung zu ermittelnde Reichweite der Tatbestände des BetrVG einerseits und die Zuständigkeit des Unternehmensorgans, in denen Arbeitnehmervertreter mitwirken, andererseits maßgeblich[279].

Der Inhalt und Umfang der Regelungen der betrieblichen und Unternehmensmitbestimmung ist Gegenstand der Darstellung im 4. Kapitel, so dass hier die Frage einer thematischen Abgrenzung oder Überschneidung beider Formen der Arbeitnehmerbeteiligung noch nicht beantwortet werden kann. Vor allem aber würde eine starre thematische Unterscheidung nach den von Arbeitnehmervertretern beeinflussbaren Entscheidungen den Blick für die funktionalen Unterschiede im Recht der deutschen und spanischen Arbeitnehmerbeteiligung verstellen. Eine inhaltliche Unterscheidung in „betriebliche und unternehmerische Mitbestimmung" soll daher ebenfalls vermieden werden.

---

[273] *Zöllner/Loritz/Hergenröder*, Arbeitsrecht, § 46 II 4.
[274] *Kort*, GroßKomm-AktG, Vor § 76, Rn. 29; *Starck*, Leistungspflichten und betriebliche Mitbestimmung, S. 161.
[275] BT-Drucks VI/1786, S. 31.
[276] *Löwisch*, Mitbestimmung auf Unternehmens- und Betriebsebene, S. 30 (Übergreifen der betrieblichen Mitbestimmung in unternehmerische Fragen); *Rüthers*, Einführung zur Tagung „Mitbestimmung", S. 6; *Weiss*, Mitbestimmung auf Unternehmens- und Betriebsebene, S. 10 (Betriebsratstätigkeit bezieht sich auf Unternehmenspolitik).
[277] *Wiese*, GK-BetrVG, Band I, Einl., Rn. 40.
[278] *Wiedemann*, GesR, Band I, § 6 II 1, S. 313 f.
[279] WP/*Preis*, BetrVG, § 1, Rn. 7; *Wiese*, GK-BetrVG, Band I, Einl., Rn. 42.

§ 5 Einzubeziehende Regelungsinstrumente

III. Begrifflichkeiten

Im Zusammenhang mit der Beteiligung der Arbeitnehmer an Entscheidungsprozessen der Gesellschaft ist ferner die Verwendung von Begrifflichkeiten geläufig, welche zum einen im deutschen und spanischen Rechts- und Sprachgebrauch verschieden sind und zum anderen teilweise auf die rechtstechnische Ansiedlung der Arbeitnehmerbeteiligung, teilweise auf einen bestimmten Grad der Einflussmöglichkeit hinweisen[280]. Diese Unterschiede sollen nachfolgend kurz zusammengetragen werden, um eine für die Untersuchung einheitliche Terminologie festzulegen.

1. „Mitbestimmung"

Im deutschen Sprachgebrauch wird die Beteiligung der Arbeitnehmer an Entscheidungen im breitesten Sinne oft mit dem allgemeinen Oberbegriff der Mitbestimmung, der verschiedene Formen der Mitwirkung umfasst, bezeichnet[281]. Mitunter spricht man auch von Mitwirkung und betrachtet die Mitbestimmung dann als Unterfall[282]. In einem engeren Sinn versteht man Mitbestimmung aber den deutschen Mitbestimmungsgesetzen entsprechend und nimmt damit Bezug auf die Ansiedlung der Beteiligung in einem Organ der Gesellschaft[283].

In Spanien, vor allem im Arbeitsrecht[284], wird herkömmlich die Gesamtheit der Regeln, die den Arbeitnehmern die Möglichkeit geben, die Entscheidungsprozesse im Betrieb und Unternehmen zu beeinflussen, als Teilnahme bzw. Beteiligung (*participación*) bezeichnet[285]. Teilweise wird allerdings betont, dass der Begriff der Teilhabe den Umstand übergehe, dass die Arbeitnehmervertreter nicht selbst beteiligt werden, sondern über eine Vertretung[286].

Der Begriff der Mitbestimmung wird zum einen teilweise vom deutschen Sprachgebrauch verschieden verwendet und weist zum anderen in der Übersetzung gele-

---

[280] Zur Rolle der Sprache in der Rechtsvergleichung *Großfeld*, Kernfragen der Rechtsvergleichung, S. 106–125; allgemein zur spanischen Sprache *Martinell Gifre*, Die spanische Sprache und die Sprachen Spaniens, S. 533 ff.
[281] *Goos*, 50 Jahre BAG, S. 1181; siehe auch *Hopt*, ZfA 1982, S. 211; *Wiedemann*, GesR, Band I, § 11 I 1, S. 585: Mitbestimmung bedeutet sehr allgemein, dass Personen gehört werden müssen oder mitwirken dürfen bei Maßnahmen, von denen sie mittelbar oder unmittelbar betroffen sind.
[282] *Hromadka/Maschmann*, Arbeitsrecht Band 2, § 16, Rn. 345.
[283] So ausdrücklich *Hopt*, ZfA 1982, S. 212.
[284] Das gesellschaftsrechtliche Schrifttum in Spanien setzt sich mit diesen Fragen kaum auseinander, siehe ausführlich unten § 6 I 4 c.
[285] *Galiana Moreno/García Romero*, Revista del Ministerio de Trabajo y Asuntos Sociales 2003, n. 43, S. 14; vgl. ferner Artt. 4 Abs. 1 g), 61 ET; für den nicht-juristischen Sprachgebrauch siehe *Aragón Sánchez*, Gestión de la participación de los trabajadores en la empresa: situación y desafíos, S. 24; *Fernández Steinko*, Democracía en la empresa, S. 58 ff.
[286] Am Beispiel von Informationsrechten siehe *Garrido Pérez*, La información en la empresa, S. 67; zur Unterscheidung zwischen *participación* und *representación* vgl. ferner *Martín Valverde/Rodríguez-Sañudo Gutiérrez/Garcá Murcia*, Derecho del trabajo, S. 251 f.; *Prieto Juárez*, Nuevas formas de participación de los trabajadores en las empresas desde la perspectiva española, S. 166 f.

2. Kapitel. Wechselspiel

gentlich verschiedene Nuancen auf. Zwar wird die Entsendung von Arbeitnehmervertretern in das Organ einer Gesellschaft und deren so bewerkstelligte Beteiligung an den Leitungsaufgaben dem engeren Verständnis im deutschen Recht vergleichbar als Mitbestimmung *(cogestión)* bezeichnet[287], so dass die Verwendung des Begriffs der Mitbestimmung auf die rechtstechnische Ansiedlung der Arbeitnehmerbeteiligung Bezug nehmen kann. Unabhängig hiervon steht der Mitbestimmungsbegriff jedoch gleichzeitig auch für das Recht der Arbeitnehmervertreter, gleichberechtigt mit zu entscheiden *(codecisión)*[288]. Mitbestimmung wird damit teilweise im Wortsinne so verstanden, dass keine Seite imstande ist, eine von ihr gewünschte Entscheidung ohne die Zustimmung der anderen Seite zu erzwingen und somit auch jede Seite die andere hindern kann, ihre Ziele (allein) durchzusetzen. Für die innerhalb der Gesellschaft angesiedelte Arbeitnehmerbeteiligung wird daher wiederum oft nur eine paritätische Besetzung mit Arbeitnehmervertretern als Mitbestimmung bezeichnet.

Der Sprachgebrauch in Spanien und Deutschland befindet sich damit nur teilweise auf der Linie der in der Richtlinie 2001/86/EG zur Ergänzung des Statuts der Europäischen Gesellschaft hinsichtlich der Beteiligung der Arbeitnehmer vom 8. Oktober 2001 (SE-RL)[289] geregelten Begriffsbestimmungen. Für die Zwecke der Richtlinie bezeichnet gemäß Art. 2 h) SE-RL Beteiligung der Arbeitnehmer jedes Verfahren – einschließlich der Unterrichtung, der Anhörung und der Mitbestimmung –, durch das die Vertreter der Arbeitnehmer auf die Beschlussfassung innerhalb der Gesellschaft Einfluss nehmen können. Das deutsche Gesetz über die Beteiligung der Arbeitnehmer in einer Europäischen Gesellschaft (SE-Beteiligungsgesetz – SEBG) vom 22. Dezember 2004[290] hat diesen Oberbegriff in § 2 Abs. 9 SEBG übernommen. Auch im spanischen Umsetzungsgesetz wurde vom nationalen Sprachgebrauch abgewichen. Gemäß Art. 2 Abs. 1 i) des Ley 31/2006, de 19 de octubre, sobre implicación de los trabajadores en las sociedades anónimas y cooperativas europeas (SEIT) wird jede Beteiligung der Arbeitnehmer mit dem Begriff der Einbeziehung *(implicación)* zusammengefasst.

Art. 2 j) SE-RL bestimmt ferner, dass unter „Mitbestimmung" die Einflussnahme des Organs zur Vertretung der Arbeitnehmer und/oder der Arbeitnehmervertreter auf die Angelegenheiten einer Gesellschaft durch – die Wahrnehmung des Rechts, einen Teil der Mitglieder des Aufsichts- oder des Verwaltungsorgans der Gesellschaft zu wählen oder zu bestellen, oder – die Wahrnehmung des Rechts, die Bestellung eines Teils der oder aller Mitglieder des Aufsichts- oder des Verwaltungs-

---

287 *Galiana Moreno/García Romero,* Revista del Ministerio de Trabajo y Asuntos Sociales 2003, n. 43, S. 16; *Jiménez García,* Los derechos de veto en la legislación laboral española, S. 118; oft hört man in Spanien auch die Bezeichnung „deutsche Mitbestimmung" *(cogestión alemana).*
288 Vgl. *Galiana Moreno/García Romero,* Revista del Ministerio de Trabajo y Asuntos Sociales 2003, n. 43, S. 19; *Prieto Juárez,* Nuevas formas de participación de los trabajadores en las empresas desde la perspectiva española, S. 163.
289 Abl. EG L 294/22; zur Umsetzung der Richtlinie ins deutsche und spanische Recht unten § 12 II.
290 BGBl. I, S. 3686.

organs zu empfehlen und/oder abzulehnen. Der Begriff findet sich in § 2 Abs. 10 SEBG wieder. Nach Art. 2 Abs. 1l) SEIT wurde er – wieder in Abweichung vom spanischen Sprachgebrauch – mit *participación* übersetzt.

Für die Untersuchung sollen folgende Begriffe, teilweise gleichsam als Schnittmenge, festgelegt werden: Als Oberbegriff für die Möglichkeit der Arbeitnehmer auf Entscheidungen Einfluss zu nehmen wird – bewusst untechnisch – der Begriff der Arbeitnehmerbeteiligung verwendet. Um die unterschiedliche rechtstechnische Ansiedlung zu verdeutlichen wird zwischen betrieblicher und Unternehmensmitbestimmung bzw. Arbeitnehmerbeteiligung in und gegenüber der Gesellschaft differenziert.

2. Beteiligungsrechte

Unabhängig von der jeweiligen rechtstechnischen Ansiedlung kann die Möglichkeit der Arbeitnehmer auf Entscheidungen in der Gesellschaft Einfluss zu nehmen hinsichtlich ihrer Intensität abgestuft werden[291]. Auf eine Differenzierung anhand der Themen, auf die die Beteiligungsrechte Bezug nehmen können wird aus den bereits dargelegten Gründen (vorerst) verzichtet. Unbeachtlich soll auch eine Unterscheidung nach den einzelnen Phasen von Entscheidungsprozessen sein[292].

Als erste Stufe einer Beteiligung der Arbeitnehmer bzw. ihrer Vertreter soll hier das Recht auf Information genannt werden, dem die Pflicht des Arbeitgebers auf Unterrichtung gegenübersteht[293]. Gemäß Art. 2 i) SE-RL bezeichnet Unterrichtung die Unterrichtung des Organs zur Vertretung der Arbeitnehmer und/oder der Arbeitnehmervertreter durch das zuständige Organ der *Societas Europea (SE)* über Angelegenheiten, die die SE selbst oder eine ihrer Tochtergesellschaften oder einen ihrer Betriebe in einem anderen Mitgliedstaat betreffen oder die über die Befugnisse der Entscheidungsorgane auf der Ebene des einzelnen Mitgliedstaates hinausgehen, wobei Zeitpunkt, Form und Inhalt der Unterrichtung den Arbeitnehmervertretern eine eingehende Prüfung der möglichen Auswirkungen und gegebenenfalls die Vorbereitung von Anhörungen mit dem zuständigen Organ der SE ermöglichen müssen[294]. Mit identischem Wortlaut wurde diese Bestimmung ins deutsche und spanische Recht umgesetzt, § 2 Abs. 10 SEBG und Art. 2j) SEIT.

Der nächste Grad einer Beteiligung liegt in der Möglichkeit der Arbeitnehmer bzw. ihrer Vertreter, sich in Bezug auf die in der Gesellschaft zu treffenden Ent-

---

[291] Es werden im Folgenden die grundlegenden Kategorien festgelegt, für nähere Beschreibungen und weitere Differenzierungen siehe dann unten § 9.
[292] Vgl. hierfür *Möhring*, Die Durchsetzbarkeit von Arbeitnehmerinteressen im Rahmen der Mitbestimmung auf Unternehmensebene, S. 45: Problemstellungs-, Such-, Beurteilungs-, Entscheidungs-, Realisation- und Kontrollphase.
[293] *Galiana Moreno/García Romero*, Revista del Ministerio de Trabajo y Asuntos Sociales 2003, n. 43, S. 19.
[294] Zu den systematischen Konsequenzen des europäischen Rechts für eine betriebliche Informationsverfassung siehe *Kohte*, 50 Jahre BAG, S. 1239ff.

2. Kapitel. Wechselspiel

scheidungen zu äußern. Zum Recht sich zu äußern, zählen Anhörungs- und Beratungsrechte. Eine europarechtliche Definition für das Recht, angehört zu werden, bietet wieder Art. 2j) SE-RL, wonach Anhörung die Einrichtung eines Dialogs und eines Meinungsaustausches zwischen dem Organ zur Vertretung der Arbeitnehmer und/oder den Arbeitnehmervertretern und dem zuständigen Organ der SE ist, wobei Zeitpunkt, Form und Inhalt der Anhörung den Arbeitnehmervertretern auf der Grundlage der erfolgten Unterrichtung eine Stellungnahme zu den geplanten Maßnahmen des zuständigen Organs ermöglichen müssen, die im Rahmen des Entscheidungsprozesses innerhalb der SE berücksichtigt werden kann. Diese Begriffsfestlegung wurde ebenfalls in § 2 Abs. 10 SEBG und Art. 2k) SEIT übernommen.

Denkbar sind ferner Kontroll- und Überwachungsrechte[295], die zusammen mit den vorhergehenden Informations-, Anhörungs- und Beratungsrechten oftmals als Mitwirkungsrechte bezeichnet und so vom Mitbestimmungsrecht im engeren Sinne unterschieden werden[296]. Wegen des teilweise unterschiedlichen Sprachgebrauchs in Deutschland und Spanien soll der Begriff des Mitbestimmungsrechts wie bereits erläutert vermieden werden. Zur Bezeichnung des Rechts der Arbeitnehmer bzw. ihrer Vertreter, gleichberechtigt auf eine in der Gesellschaft zu treffende Entscheidung Einfluss zu nehmen, soll daher der Begriff des (Mit)Entscheidungsrechts Verwendung finden. Das (Mit)Entscheidungsrecht ist dadurch gekennzeichnet, dass eine Maßnahme des Arbeitgebers nicht ohne Zustimmung der Arbeitnehmer bzw. der Arbeitnehmervertreter getroffen werden kann[297].

IV. Tarifautonomie und Arbeitskampf

Neben der betrieblichen und Unternehmensmitbestimmung wird ferner die Tarifautonomie zum System der Arbeitnehmerbeteiligung hinzugezählt, da sie das zentrale Instrument zur paritätischen Preisbildung am Arbeitsmarkt sei: Gewerkschaften und Arbeitgeberverbände sollen nach dem Grundsatz der Verhandlungs- und Kampfparität gleichberechtigt und gleichgewichtig an dieser Preisbildung mitwirken[298]. Da die Tarifautonomie ihre Aufgabe nur erfüllen kann, wenn jede Partei die Möglichkeit hat, auf die Gegenseite Druck auszuüben, einen Tarifvertrag abzuschließen[299], müsste auch auf das Arbeitskampfrecht als herkömmliches Mittel der Druckausübung eingegangen werden.

---

[295] Die Begriffe „Überwachung" und „Kontrolle" haben den gleichen Bedeutungsgehalt, *Roth/Wörle*, ZGR 2004, S. 567; da sich der deutsche und spanische Gesetzgeber aber teilweise für unterschiedlichen Terminologien entschieden haben, werden beide Begriffe verwendet.
[296] Dies gilt in erster Linie für das deutsche Betriebsverfassungsrecht, vgl. *v. Hoyningen-Huene*, BetriebsverfassungsR, § 10, Rn. 1; *Richardi*, Die neue Betriebsverfassung, § 14, Rn. 15.
[297] *Martín Valverde/Rodríguez-Sañudo Gutiérrez/Garcá Murcia*, Derecho del trabajo, S. 252.
[298] *Rüthers*, Einführung zur Tagung „Mitbestimmung", S. 2.
[299] *Junker*, GK Arbeitsrecht, § 9, Rn. 590.

§ 5 Einzubeziehende Regelungsinstrumente

Für die spanische Rechtsordnung wird das Tarifvertrags- und Arbeitskampfrecht insofern zwingend zu berücksichtigen sein, als es Bestandteil der betrieblichen Mitbestimmung ist. Ganz im Gegensatz hierzu steht das deutsche Recht, das die gewerkschaftliche Interessenvertretung streng von der betrieblichen Mitbestimmung trennt. Auch wenn vertreten wird, dass sich die Trennung dieser beiden kollektiven Regelungssysteme in der Praxis nicht durchhalten lasse bzw. ein wachsendes Bedürfnis bestehe, ihre jeweiligen Stärken zu kombinieren und dadurch ihre Schwächen zu kompensieren[300], wird an ihr grundsätzlich für die Untersuchung im Interesse eines angemessen eingegrenzten Untersuchungsgegenstandes festgehalten. Wesentliche Grundzüge und rechtstatsächliche Entwicklungen des deutschen Tarifvertrags- und Arbeitskampfrechtes werden aber kursorisch für eine Gegenüberstellung mit dem spanischen Recht dargestellt.

Hinsichtlich des Verhältnisses der deutschen Unternehmensmitbestimmung zu Tarifvertragssystem und Koalitionsfreiheit ist unter dem Gesichtspunkt des Art. 9 Abs. 3 GG vor allem die Frage erörtert worden, ob durch die Besetzung des Aufsichtsrates mit Arbeitnehmervertretern und deren Ausstrahlung auf die Bestellung und Zusammensetzung des Vorstands sowie mittelbar auf die Gremien der Arbeitgebervereinigungen nicht der für die Koalitionsfreiheit unverzichtbare Grundsatz der Gegnerunabhängigkeit in seinem Kern getroffen sei[301]. Das BVerfG hat diese Frage für das MitbestG 1976 verneint[302]. Unterschiedliche Standpunkte werden jedoch weiterhin unter anderem in der Frage vertreten, ob ein Mitspracherecht der (gewerkschaftszugehörigen) Arbeitnehmervertreter zu tarifvertrags- und arbeitskampfrechtlichen Themen grundsätzlich ausgeschlossen werden müsse und während eines Arbeitskampfes die Mitgliedschaft der Arbeitnehmervertreter zu suspendieren sei oder zu ruhen habe. Vergleichbare Probleme dürften auch im Fall von Regelungen der Unternehmensmitbestimmung in Spanien auftauchen.

Selbstverständlich kann ein vollständigeres Bild gewonnen werden, wenn alle Bereiche des kollektiven Arbeitsrechts gleichermaßen betrachtet werden[303]. Einen bezeichnenden Einblick in die funktionalen Unterschiede des deutschen und spanischen Rechts der Arbeitnehmerbeteiligung gewährt aber vor allem die Gegenüberstellung der betrieblichen und Unternehmensmitbestimmung. Dies bedeutet, dass nur aus dem funktionalen Blickwinkel der Rechtsvergleichung auf z.B. mit der Bestellung von Gewerkschaftsvertretern in den Aufsichtsrat oder mit der starken „Vergewerkschaftung" der betrieblichen Interessenvertretungen zusammenhängende Problempunkte und Verknüpfungen eingegangen werden kann.

---

300 *Dieterich*, Die betriebliche Mitbestimmung im Zusammenspiel mit der Tarifautonomie, S. 63.
301 Vgl. *Ulmer*, Mitbestimmungsrecht, Einl. MitbestG, Rn. 53.
302 BVerfGE 50, S. 290, S. 369ff. bzw. S. 374ff.
303 *Weiss*, NZA 2003, S. 177; *ders.*, Mitbestimmung auf Unternehmens- und Betriebsebene. Verzahnung oder Kumulation?, S. 14.

2. Kapitel. Wechselspiel

V. Ergebnis

Regelungsinstrumente zur Untersuchung des Wechselspiels von Arbeitnehmerinteressen und Unternehmensführung sind im Rahmen dieser Arbeit die betriebliche und Unternehmensmitbestimmung im Recht der deutschen und spanischen Aktiengesellschaft. Innerhalb beider Formen der Arbeitnehmerbeteiligung und für beide Rechtsordnungen gleichermaßen werden die einzelnen Beteiligungsrechte nach Informations-, Anhörungs- und Beratungsrechten, Kontroll- und Überwachungsrechten sowie (Mit)Entscheidungsrechten kategorisiert.

3. Kapitel
Die Regelung des Wechselspiels von Unternehmensführung und Arbeitnehmerinteressen

Im 3. Kapitel wird die Frage der Vergleichbarkeit der Institutionen der Arbeitnehmerbeteiligung im Recht der deutschen und spanischen Aktiengesellschaft gestellt. Das bedeutet zum einen eine Analyse der grundlegenden rechtsdogmatischen Strukturen der Unternehmensmitbestimmung als Steuerung innerhalb der Gesellschaft (§ 6 Innensteuerung: Unternehmensmitbestimmung) und der betrieblichen Mitbestimmung als Steuerung, die außerhalb der Gesellschaft angesiedelt ist (§ 7 Außensteuerung: Betriebliche Mitbestimmung). Trotz grundsätzlicher Ausgrenzung der Besonderheiten in der Unternehmensgruppe und länderübergreifender Sachverhalte werden diese insofern berücksichtigt, als sie vor allem im Hinblick auf das spanische Recht bestimmte Tendenzen im Recht der Arbeitnehmerbeteiligung verdeutlichen können.

Um Pfadabhängigkeiten aufzudecken, werden die betriebliche und Unternehmensmitbestimmung zum anderen in den Kontext ihrer Entstehungsgeschichte gestellt, wobei politische und wirtschaftliche Rahmenbedingungen – soweit erforderlich – in die Darstellung einfließen. Ausdrücklich handelt es sich hierbei nicht um eine Detailstudie[304], sondern um die Untersuchung der maßgeblichen historischen Eckpunkte der Arbeitnehmerbeteiligung[305] in und gegenüber der Aktiengesellschaft in Deutschland und Spanien.

§ 6 Innensteuerung: Unternehmensmitbestimmung

Während das spanische Aktienrecht eine monistische Unternehmensleitung kennt (*Consejo de Administración*[306]), ist im Recht der deutschen Aktiengesellschaft eine dualistische Struktur vorgesehen (Vorstand und Aufsichtsrat). Eine Arbeitnehmervertretung auf der Leitungsebene und innerhalb des Unternehmens ist somit in Spa-

---

304 Zur Schwierigkeit eines „konturlosen Sammelsuriums" bei Detailstudien *Braun/Eberwein/Tholen*, Belegschaften und Unternehmer, S. 18 f.
305 Ausschließlich zu diesem Zweck müssen mitunter die oben im 2. Kapitel festgehaltenen Begrifflichkeiten insofern weiter gefasst werden, als all diejenigen Rechte, die „dem Arbeitnehmer die Möglichkeit gaben, auf den dynamischen Ablauf des Wirtschaftsgeschehens sowohl auf innerbetrieblicher als auch auf überbetrieblicher Basis einzuwirken" berücksichtigt werden, vgl. *Teuteberg*, Geschichte der industriellen Mitbestimmung in Deutschland, S. XVII.
306 Die Einführung des Aufsichtsratssystems wurde in Spanien zwar immer wieder diskutiert, zu einer Umsetzung – vor allem eines entsprechenden Aktienrechtsentwurfs von 1979 – ist es jedoch nie gekommen, *Grechenig*, Spanisches Aktien- und GmbH-Recht, S. 12.

3. Kapitel. Regelung des Wechselspiels

nien im Unterschied zur deutschen Beteiligung im Aufsichtsrat im *Consejo de Administración* zu suchen.

Um die weiteren Gegensätze des Befundes zur Unternehmensmitbestimmung in Deutschland und Spanien stärker herausstellen zu können, beginnt die Darstellung mit der Untersuchung des spanischen Rechts (I. Arbeitnehmervertretung im *Consejo de Administración*). Im anschließenden deutschen Teil werden vergleichend hierzu die Unterschiede herausgearbeitet (II. Arbeitnehmervertretung im Aufsichtsrat).

I. Arbeitnehmervertretung im *Consejo de Administración*

In Spanien sind heute kaum Arbeitnehmervertretungen im Verwaltungsrat großer Unternehmen zu finden. Die wissenschaftliche und politische Diskussion diesbezüglich ist ausgesprochen spärlich. In der aktuellen gesellschaftsrechtlichen Literatur bleibt das Thema sogar unerwähnt.

Dass das Land damit in den Kreis der südeuropäischen Länder eingeordnet wird, in denen Unternehmensbestimmung häufig nicht nur von Arbeitgebern und Kapitalvertretern abgelehnt wird, sondern auch dem Selbstverständnis der Gewerkschaften widerspricht, die eine auf Konsens aufbauende Identifikation der Arbeitnehmer mit dem Unternehmen als Beeinträchtigung ihrer Verhandlungsposition in Kollektivstreitigkeiten ansehen[307], muss jedoch erstaunen: Keinesfalls ist der spanischen Rechtsordnung Unternehmensmitbestimmung seit jeher unbekannt. In den 60er Jahren wurde die Besetzung von Verwaltungsorganen mit Arbeitnehmervertretern vielmehr gesetzlich eingeführt. Wenn Unternehmensmitbestimmung grundsätzlich als ein typisches Beispiel pfadabhängiger Entwicklung bezeichnet wird[308], scheint sich Spanien von seiner Pfadabhängigkeit „abgewendet" zu haben.

Die nachfolgende Darstellung hat daher neben einem Überblick über die rudimentäre Regelung der spanischen Unternehmensmitbestimmung heute vor allem zum Gegenstand, die Gründe für ihre atypische Entwicklung anhand der drei entschei-

---

307 *Raiser*, Unternehmensmitbestimmung vor dem Hintergrund europarechtlicher Entwicklungen, B 48; für einen Überblick über die Arbeitnehmerbeteiligung in Unternehmensorganen in Europa siehe *Klinkhammer*, Mitbestimmung in Deutschland und Europa, 1995; *Köstler*, Arbeitnehmerbeteiligung auf Ebene der Unternehmensorgane, 2005; *Pichot*, Arbeitnehmervertreter in Europa und ihre Befugnisse in Unternehmen, 2001; *Poutsma/Hendrickx/Huijgen*, Employee Participation in Europe, S. 45 ff.; *Rebhahn*, NZA 2001, S. 771 f.; *ders.*, Unternehmensmitbestimmung in Deutschland – ein Sonderweg im Rechtsvergleich, S. 44 ff. und S. 85; *ders.*, Unternehmensmitbestimmung vor dem Hintergrund europarechtlicher Entwicklungen, M 18/19; *Schwarz*, Europäisches Gesellschaftsrecht, S. 348 ff.; *Wendeling-Schröder*, Unternehmensverfassung und Gesellschaftsrecht im Europäischen Binnenmarkt, S. 113–116; sowohl für den europäischen aber auch internationalen Vergleich vor allem *Blanpain/Engels*, Comparative Labour Law and Industrial Relations in Industrialized Market Economies, 1998.
308 *Raiser*, Unternehmensmitbestimmung vor dem Hintergrund europarechtlicher Entwicklungen, B 33, Fn. 46.

§ 6 Innensteuerung: Unternehmensmitbestimmung

denden Etappen der jüngeren spanischen Geschichte – die Diktatur Francos, der Übergang Spaniens zur Demokratie mit seinem Tod (sog. *Transición*) und das demokratische Spanien seit 1980 – zu verdeutlichen. Bereits an dieser Stelle soll vorweggenommen werden, dass die sehr komplexen historischen Zusammenhänge der spanischen Arbeitnehmerbeteiligung erneut im Rahmen der betrieblichen Mitbestimmung von Relevanz sind (siehe unten § 7 I 5). Die anschließende Untersuchung setzt sich daher zum Ziel, die für die Chronik der Unternehmensmitbestimmung entscheidenden Umstände herauszukristallisieren.

1. Unternehmensmitbestimmung heute

Eine Besetzung des *Consejo de Administración* von Aktiengesellschaften mit Arbeitnehmervertretern ist in Spanien nur vereinzelt in öffentlichen Unternehmen und daneben in Sparkassen *(Cajas de Ahorro)* sowie in Genossenschaften *(Cooperativas)* anzutreffen. Obwohl es gemäß Art. 123 Abs. 2 LSA und bei Fehlen einer entgegenstehenden Satzungsbestimmung zulässig wäre, den Verwaltungsrat mit Arbeitnehmern zu besetzen[309], wird hiervon kein Gebrauch gemacht. Das Recht der Arbeitnehmerbeteiligung wird in Spanien als Minimum beachtet, aber auch nicht mehr.

a. Unternehmensmitbestimmung in öffentlichen Unternehmen

Unter der sozialistischen Regierung von *Felipe González* kam es 1986 und 1993 in Spanien zu Vereinbarungen *(Acuerdos)*[310] zwischen im Staatsbesitz befindlichen Unternehmen und den repräsentativsten Gewerkschaften[311]. Diese sehen eine Beteiligung von direkt gewählten Gewerkschaftsvertretern *(Representantes Sindicales)*[312] im Verwaltungsrat vor. Der Inhalt dieser Vereinbarungen und ihre Anwendbarkeit heute sind Gegenstand der folgenden Darstellung.

aa. Acuerdo sobre participación en la empresa pública de 16 de enero de 1986 (Acuerdo 1986)[313]

Der Acuerdo 1986 wurde von öffentlichen Unternehmen und der Gewerkschaft *Unión General de Trabajadores (UGT)* unterzeichnet. Zu ersteren zählten das *Instituto*

---

309 *Garrido Pérez*, Los sistemas de representación y participación de los trabajadores en empresas de estructura compleja, S. 170.
310 Es handelt sich um die beteiligten Parteien, nicht aber Dritte bindende Vereinbarungen. Zur Anwendbarkeit in den Unternehmen siehe ausführlich unten cc.
311 Die Arbeit ist zum einen grundsätzlich auf Aktiengesellschaften des privaten Sektors zugeschnitten. Zum anderen steht die durch Gesetz vermittelte Arbeitnehmerbeteiligung im Mittelpunkt (siehe § 5 I). Um die Unternehmensmitbestimmung in Spanien jedoch umfassend darstellen und erklären zu können, sind hier auch öffentliche Unternehmen und freiwillige Vereinbarungen einzubeziehen.
312 Hierin liegt bereits der hervorstechende Unterschied zur Unternehmensmitbestimmung unter Franco (siehe ausführlich unten 2), *Cruz Villalón*, La representación de los trabajadores en la empresa y en el grupo, S. 64.
313 Wiedergegeben z. B. bei *Cuevas López*, Relaciones Laborales I/1986, S. 1024–1026.

3. Kapitel. Regelung des Wechselspiels

Nacional de Industria und *Instituto Nacional de Hidrocarburos*. Weiterhin beteiligten sich das *Ministerio de Economía y Hacienda, Ministerio de Obras Públicas y Urbanismo, Minsterio de Agricultura, Pesca y Alimentación* sowie das *Ministerio de Transportes, Turismo y Comunicaciones* an der Vereinbarung.

Als Vorläufer des Acuerdos 1986 ist zum einen der *Acuerdo Económico y Social* von 1984 zu werten, der von der Regierung, der Arbeitgeberorganisation *Confederación Española de Organizaciones Empresariales* (CEOE) und der UGT mit dem Inhalt vereinbart wurde, mehr Beteiligungsrechte der Gewerkschaften in öffentlichen Unternehmen auszuhandeln[314] (siehe auch Einleitung und Art. 1 Acuerdo 1986). Zum anderen wurde die spanische Initiative von einer vorhergehenden italienischen von 1984 beeinflusst, nach der paritätische Konsultationsgremien in öffentlichen Unternehmen errichtet werden sollten, die Arbeitnehmer und Unternehmensleitung integrieren[315].

(1) Anwendungsbereich

Gemäß Art. 2 Abs. 1 Acuerdo 1986 sind vom Anwendungsbereich nur öffentliche Unternehmen erfasst. Dies sind zum einen Industrie-, Finanz, Landwirtschafts- und Dienstleistungsunternehmen, an denen direkt oder indirekt die Staatsverwaltung oder ihre autonomen Körperschaften mehrheitlich beteiligt sind. Zum anderen zählen zu staatlichen Unternehmen auch die juristischen Personen des öffentlichen Rechts, deren Ordnung durch Gesetz dem Privatrecht zugewiesen ist, Art. 2 Abs. 2 Acuerdo 1986.

Weiter definiert wird der Begriff des öffentlichen Unternehmens (*empresa pública*) vom Acuerdo 1986 nicht bzw. greift er vollständig auf die in der Lehre sehr kontrovers diskutierte Formulierung von Art. 6 Abs. 1b) des Ley 53/1984, de 26 de diciembre, sobre incompatibilidades del personal al servicio de las administraciones públicas[316], zurück. Eine Auseinandersetzung ist diesbezüglich jedoch auch nicht erforderlich, da der Anwendungsbereich in jedem Fall durch die unterzeichnenden Institute und Organismen ausreichend festgelegt ist[317].

Ausdrücklich nicht erfasst sind mit der Formulierung des Art. 2 Abs. 2 Acuerdo 1986 diejenigen öffentlichen Unternehmen, die vollständig oder mehrheitlich von den Autonomen Regionen (*Comunidades Autónomas*) oder lokalen Körperschaften gehalten werden. Dieser Ausschluss, der sich bereits aus dem Umstand ergibt, dass nur Vertreter der Regierung den Acuerdo 1986 unterzeichnet haben, ist in seiner Bedeutung nicht zu vernachlässigen. So werden mittlerweile viele staatliche Aufgaben zunehmend von den *Comunidades Autónomas* und ihren Körperschaften wahrgenommen[318].

---

314 *García Murcia*, Claridad 1986, n. 13, S. 25.
315 *Baz Rodríguez*, Participación y negociación colectiva en los grupos de empresas españoles: análisis del „acuerdo-marco de grupo", S. 734/735.
316 BOE de 4 de enero de 1985.
317 *Cuevas López*, Relaciones Laborales I/1986, S. 1022.
318 *García Murcia*, Claridad 1986, n. 13, S. 31/32.

§ 6 Innensteuerung: Unternehmensmitbestimmung

Neben der Voraussetzung, dass es sich um ein öffentliches Unternehmen handeln muss, verlangt Art. 4 Acuerdo 1986, dass es 1000 oder mehr Arbeitnehmer beschäftigt. Diese müssen wiederum zum Zeitpunkt des Abschlusses des den Acuerdo 1986 im jeweiligen Unternehmen umsetzenden Tarifvertrages (siehe unten cc Anwendbarkeit) mindestens ein Jahr dem Unternehmen als Festangestellte angehören, Art. 5 Nr. 1 und Nr. 2 Acuerdo 1986. Im Fall befristeter Arbeitsverträge werden diese den unbefristeten gleichgestellt, wenn ihre Laufzeit ein Jahr übersteigt, Art. 5 Nr. 2 Acuerdo 1986. Unterschreiten sie eine einjährige Dauer, werden die Arbeitstage derart berücksichtigt, dass pro 200 gearbeitete Tage ein weiterer Beschäftigter hinzugezählt wird, Art. 5 Nr. 3 Acuerdo 1986.

Zeitlich findet der Acuerdo 1986 ab dem Unterzeichnungsdatum und bis zum 31. Dezember 1987 Anwendung. Falls zu letzterem Zeitpunkt keine der Parteien von der Vereinbarung Abstand nimmt, verlängert sich diese jeweils automatisch für die gleiche Dauer und so weiter.

(2) *Representantes Sindicales* bzw. *Comisión de Información y Seguimiento*

Gemäß Art. 5 Acuerdo 1986 verwirklicht sich die Beteiligung der *Representantes Sindicales* durch ihre Integration in die Verwaltung derjenigen Unternehmen, die als Gesellschaften von *Consejos de Administración* oder vergleichbaren Organen geleitet werden. Alternativ besteht die Möglichkeit, eine Informations- und Kontrollkommission (*Comisión de Información y Seguimiento*) als weiteres Organ neben Verwaltungsrat und Hauptversammlung zu errichten und in dieses paritätisch Gewerkschaftsvertreter und Vertreter der Verwaltung zu entsenden.

Letztere Option ist im Fall von Unternehmensgruppen, die mehrheitlich in Staatsbesitz sind, ausschließlich vorgesehen, Art. 11 Acuerdo 1986. Zu diesen Unternehmensgruppen zählen gemäß Art. 11 Nr. 2 Acuerdo 1986 die *Grupo Instituto Nacional de Industria, Grupo Instituto Nacional de Hidrocarburos, Grupo Dirección General del Patrimonio del Estado* und die übrigen öffentlichen Unternehmensgruppen, die nicht ausdrücklich Erwähnung gefunden haben.

(3) Bestellung der *Representantes Sindicales* bzw. Einrichtung der *Comisión de Información y Seguimiento*

Nach Art. 6 Acuerdo 1986 sind diejenigen Gewerkschaften zur Wahl der *Representantes Sindicales* berechtigt, die bei den Betriebsratswahlen über 25% der betrieblichen Arbeitnehmervertreter stellen. Für jede wahlberechtigte Gewerkschaft kann ein Vertreter in den *Consejo de Administración* entsandt werden, Art. 8 Nr. 1 S. 1 Acuerdo 1986. Falls nur eine Gewerkschaft mehr als 25% der Stimmen bei den Betriebsratswahlen erzielen konnte, kann diese zwei Arbeitnehmervertreter benennen, Art. 8 Nr. 1 S. 2 Acuerdo 1986. Nach Vorschlag der Arbeitnehmervertreter durch die Gewerkschaften bzw. Gewerkschaft werden diese gemäß den jeweiligen gesellschaftsrechtlichen Bestimmungen als Verwaltungsratsmitglied bestellt, Art. 8 Nr. 2 Acuerdo 1986.

3. Kapitel. Regelung des Wechselspiels

Bei der Errichtung von *Comisiones de Información y Seguimiento* ist für die Wahlberechtigung erforderlich, dass die Gewerkschaften 10% der betrieblichen Arbeitnehmervertreter der gesamten Gruppe stellen, Art. 11 Nr. 1 Acuerdo 1986. Bei von den Gewerkschaften gewählten Personen kann es sich auch um solche handeln, die nicht der Belegschaft angehören[319]. Die Kommission ist paritätisch mit stimmberechtigten Gewerkschaftsvertretern und Mitgliedern des Verwaltungsrates zu besetzen (Art. 9 Abs. 1 Acuerdo 1986) und kommt ein Mal alle drei Monate oder wenn beantragt zusammen (Art. 9 Abs. 2 S. 1 Acuerdo 1986).

(4) Rechte und Pflichten

Die *Representantes Sindicales* haben gemäß Art. 8 Abs. 3 Acuerdo 1986 die gleichen Rechte und Pflichten wie die übrigen Verwaltungsratsmitglieder. Hieraus wird gefolgert, dass für den Fall, dass Aufgaben des *Consejo de Administración* an Ausschüsse oder Gremien delegiert werden, die Arbeitnehmervertreter aufgrund ihrer rechtlichen Gleichstellung mit den Verwaltungsratsmitglieder auch in diese integriert werden müssen[320]. Weitere Aussagen über den rechtlichen Status oder die Funktionen der Gewerkschaftsvertreter im Verwaltungsrat trifft der Acuerdo 1986 nicht. Lediglich von der Lehre wird angemerkt, dass die Gewerkschaftsvertreter nicht nur der Gewerkschaft gegenüber zur Rechenschaft verpflichtet sind, sondern eigentliche Adressaten ihrer Beteiligung im *Consejo de Administración* die Arbeitnehmer des Unternehmens sind, da deren Interessen von den Gewerkschaften vertreten werden[321].

Die Aufgaben der *Comisión de Información y Seguimiento* bestehen gemäß Art. 10 Acuerdo 1986 darin, die Pläne industriellen oder wirtschaftlichen Charakters mit Bezug zur Arbeitspolitik, zu den industriellen Beziehungen oder zur Belegschaftsstärke zu studieren (Nr. 1). Über die Durchführung dieser Pläne müssen sie zum einen informiert werden, zum anderen geben sie Vorschläge ab (Nr. 2). Das Vorschlagsrecht erstreckt sich auch auf Strategien der Arbeitsorganisation, die Arbeitsbeziehungen, Beschäftigung, Gesundheit und Hygiene sowie die Weiterbildung (Nr. 3). Weitergehende Zuständigkeiten der Kommission können tarifvertraglich vereinbart werden (Nr. 4).

bb. Acuerdo para las empresas de metal del Grupo INI/TENEO de 22 de junio de 1993 (Acuerdo 1993)[322]

Der Acuerdo 1993 wurde vom *Instituto Nacional de Industria y TENEO (INI/TENEO)* sowie der *Federación Siderometalúrigica* der UGT und *Federación del Metal* der *Confederación Sindical de Comisiones Obreras* (CCOO) unterzeichnet. Im Unterschied zum Acuerdo 1986 beteiligten sich zum einem die beiden repräsentativsten Gewerkschaften Spaniens an dem Abkommen. Zum anderen werden in dem Acuerdo 1993

---

[319] *Altmeyer*, Interessenmanager vor neuen Herausforderungen, S. 214.
[320] *García Murcia*, Claridad 1986, n. 13, S. 33.
[321] *García Murcia*, Claridad 1986, n. 13, S. 36.
[322] Wiedergegeben in Relaciones Laborales II/1993, S. 1438–1451.

§ 6 Innensteuerung: Unternehmensmitbestimmung

neben der hier interessierenden Frage der Arbeitnehmerbeteiligung weitere Vereinbarungen zu arbeitsrechtlichen Themen getroffen. Erstere sollen nachfolgend ausführlicher dargestellt werden.

(1) Anwendungsbereich

Vom Anwendungsbereich des Acuerdo 1993 sind grundsätzlich nach Pkt. 2 alle Arbeitnehmer derjenigen Unternehmen erfasst, die dem Metallsektor der *INI/TENEO* angehören oder im Annex genannt werden. Für eine Beteiligung von Gewerkschaftsvertretern im verwaltenden Organ dieser Unternehmen wird zusätzlich gemäß Pkt. 10.1.1 Acuerdo 1993 vorausgesetzt, dass es sich um Gesellschaften handelt, die durch *Consejos de Administración* geleitet werden und mindestens 500 Arbeitnehmer beschäftigen.

Nach Pkt. 2a Abs. 1 und 2 Disposiciones Adicionales Acuerdo 1993 erstrecken sich die Beteiligungsrechte der Gewerkschaften weiterhin auf die Unternehmen *Astander SA, Barreras SA, Imenosa y Ensa* sowie die zum Metallsektor zählenden Unternehmen der Gruppe *Indra Sistema SA*[323] und alle weiteren, die entsprechendes vereinbaren.

Der zeitliche Anwendungsbereich des Acuerdo 1993 beträgt drei Jahre, d.h. vom 1. Januar 1993 bis zum 31. Dezember 1995, Pkt. 1 Acuerdo 1993.

(2) *Representantes Sindicales* und *Comisión de Seguimiento*

Der Acuerdo 1993 geht in der Regelung einer Gewerkschaftsbeteiligung weiter als der Acuerdo 1986. Während letzterer die Entsendung von Gewerkschaftsvertretern in den Verwaltungsrat und die Einrichtung einer *Comisión de Información y Seguimiento* alternativ vorsah, sind im Acuerdo 1993 beide Beteiligungsformen vereinbart. Neben der Entsendung von Gewerkschaftsvertretern in den *Consejo de Administración* ist damit eine Kontrollkommission *(Comisión de Seguimiento)* mit Gewerkschaftsbeteiligung nach Pkt. 10.1.4 Acuerdo 1993 erforderlich.

Gemäß Pkt. 11 Abs. 1 Acuerdo 1993 einigen sich die unterzeichnenden Parteien ferner bezüglich der Errichtung einer *Comisión de Información y Seguimiento,* die für die Auslegung der Vereinbarung und der Kontrolle seiner Einhaltung zuständig ist[324]. Weitere Kompetenzen dieses Gremiums in Bezug auf die Analyse von Entwicklung und Problemen des Industriesektors können jederzeit vereinbart werden, Pkt. 11 Abs. 2 Acuerdo 1993. Die *Comisión de Información y Seguimiento* setzt sich paritätisch aus Vertretern des Unternehmens und der Gewerkschaften zusammen[325].

---

323 *Ceselsa, Enosa, Aisa, Gyconsa, Elt SA* und *Saes SA*.
324 Der Acuerdo 1993 weicht von der Formulierung her insofern vom Acuerdo 1986 ab, als die Bezeichnung *Comisión de Información y Seguimiento* streng genommen für das Gremium nach Pkt. 10.1.4 Acuerdo 1993 hätte verwendet werden müssen.
325 Art. 11 Abs. 3 Acuerdo 1993: Auf Seiten der Unternehmen der Präsident und Vizepräsident von INI/TENEO sowie der Generaldirektor der *Industrias de Equipamiento de TENEO*, der Generaldirek-

3. Kapitel. Regelung des Wechselspiels

Darüber hinaus werden im Auerdo 1993 Regelungen über die Errichtung von Gremien zur Lösung von Arbeitskonflikten vereinbart. Nach Pkt. 12.1.3 Acuerdo 1993 werden eine Paritätische Tarifvertragskommission *(Comisión Paritaria de los Convenios Colectivos)*, eine Konfliktlösungskommission *(Comisión de Resolución de Conflictos)* und ein Schiedsverfahren *(Arbitro)* vorgesehen.

(3) Bestellung der *Representantes Sindicales* und Einrichtung der *Comisión de Seguimiento*

An der Bestellung der *Representantes Sindicales* können sich die Gewerkschaften beteiligen, die bei den Betriebsratswahlen 25% der Stimmen erzielt haben, Pkt. 10.1.2 Acuerdo 1993. Jede dieser Gewerkschaften kann einen Vertreter benennen. Falls nur eine Gewerkschaft die erforderliche Stärke auf betrieblicher Ebene aufweist, hat sie Anspruch auf die Entsendung von zwei Vertretern in den *Consejo de Administración* (Pkt. 10.1.3.1 Acuerdo 1993). Auf Vorschlag der Gewerkschaften werden die *Representantes Sindicales* dann entsprechend den gesellschaftsrechtlichen Bestimmungen zum Verwaltungsratsmitglied bestellt bzw. abberufen, Pkt. 10.1.3.2 Acuerdo 1993.

Die *Comisión de Seguimiento* setzt sich gemäß Pkt. 10.1.4. Abs. 1 Acuerdo 1993 aus Mitgliedern der Verwaltung und dem Vertreter jeder Gewerkschaft, die das Abkommen unterzeichnet hat und Arbeitnehmervertreter im Unternehmen stellt, zusammen. Zugleich kann jede Gewerkschaft, die mindestens 10% der Mandate der *Delegados de Personal* oder des *Comité de Empresa* besetzt, einen Vertreter entsenden, Pkt. 10.1.4. Abs. 2 Acuerdo 1993. Ebenso kann jede Gewerkschaft, die auf Ebene einer *Comunidad Autónoma* am repräsentativsten ist und gleichzeitig betriebliche Arbeitnehmervertreter stellt, ihren Vertreter in die *Comisión de Seguimiento* entsenden, Pkt. 10.1.4. Abs. 2 Acuerdo 1993.

(4) Rechte und Pflichten

Gemäß Pkt. 10.1.3.3 Acuerdo 1993 haben die Gewerkschaftsvertreter im *Consejo de Administración* die gleichen Rechte und Pflichten wie die übrigen Mitglieder. Sie haben ferner zu allen Dokumenten der strategischen Pläne des Unternehmens sowie seiner Rechnungslegung Zugang und sind diesbezüglich zur erforderlichen Geheimhaltung verpflichtet, Pkt. 10.1.1 Abs. 2 Acuerdo 1993. Ergänzend tritt die *Comisión de Seguimiento* zweimonatlich zusammen und beschäftigt sich mit Fragen zur Einführung neuer Technologien und Methoden der Arbeitsorganisation sowie mit Strategieplänen und Rechnungsprüfung, Pkt. 10.1.4 Abs. 4 Acuerdo 1993.

---

tor der *Industrias de Proceso de TENEO*, der Sekretär des Verwaltungsrates von *TENEO*, der Direktor der *Relaciones Laborales de TENEO* und der Unterdirektor der *Relaciones Laborales de TENEO*. Auf Seiten der Gewerkschaften der Generalsekretär der *Federación Siderometalúrgica de UGT*, der Sekretär der *Acción Sindical de la Federación Siderometalúrgica de UGT*, der Sekretär der *Documentación y Estudios de la Federación Siderometalúrgica de UGT*, der Generalsekretär der *Federación del Metal de CCOO*, der Sekretär der *Política Industrial del Federación del Metal de CCOO*, der Verantwortliche für die öffentlichen Unternehmen der *Federación del Metal de CCOO* und der Generalsekretär der *Metal de CIG*.

§ 6 Innensteuerung: Unternehmensmitbestimmung

Sowohl die *Representantes Sindicales* als auch die *Comisión de Seguimiento* sind gemäß Pkt. 10.2.3 Acuerdo 1993 über jede strukturelle Veränderung (Fusion, Verkauf usw.) des Unternehmens zu informieren und vorher anzuhören.

cc. Anwendbarkeit des Acuerdo 1986 und Acuerdo 1993

Nachdem der Inhalt der Acuerdos von 1986 und 1993 dargestellt wurde, stellt sich die Frage, inwieweit sie in den erfassten öffentlichen Unternehmen direkt anwendbar sind.

Nach Art. 1 Abs. 1 S. 2 Acuerdo 1986 sind die unterzeichnenden Parteien verpflichtet, den Inhalt des Acuerdo 1986 durch Tarifvertrag in den Unternehmen umzusetzen. Falls in einem der Unternehmen keine Einigung über die Umsetzung der Gewerkschaftsbeteiligung zustande kommt, legen die Vertragsparteien diese fest, Art. 7 S. 2 Acuerdo 1986. Die im Acuerdo 1986 vorgesehenen Institutionen und Rechte können damit nicht direkt eingefordert werden, sie müssen zuvor in den Tarifverträgen des öffentlichen Sektors geregelt werden[326]. Dabei sollen zugleich einzelne Punkte des Acuerdo 1986 konkretisiert und in der Vereinbarung unzureichend geregelte Fragen vervollständigt werden. Der Acuerdo 1986 hat somit mehr die Ordnung der seinen Inhalt umsetzenden Tarifverhandlungen in den Unternehmen zum Ziel und wird daher auch als „Rahmenvereinbarung" (*Acuerdo Marco*) bezeichnet[327].

Die Regelungen des Acuerdo 1993 sind ebenso wenig direkt anwendbar. Gemäß Art. 13 Abs. 1 Acuerdo 1993 sind die Vertragsparteien dazu verpflichtet, den Inhalt des Acuerdo 1993 tarifvertraglich umzusetzen. Hierbei ist der Regelungsgehalt des Acuerdo 1993 geschlossen zu übernehmen, Art. 13 Abs. 2 Acuerdo 1993.

dd. Auswirkung der Privatisierungen auf die Unternehmensmitbestimmung in öffentlichen Unternehmen

Vor allem ab Mitte der 90er Jahre wurden die öffentlichen Unternehmen in Spanien jedoch zunehmend privatisiert, was sich stark auf die Unternehmensmitbestimmung auswirkte. Im Hinblick auf die von den Acuerdo 1986 und 1993 erfassten Unternehmen soll dieser Privatisierungsprozess daher grob skizziert werden.

1981 wurde das *Instituto Nacional de Hidrocarburos (INH)* gegründet, getrennt von dem *Instituto Nacional de Industria (INI)*. Das *INH* und *INI* sind Vertragspartner des Acuerdo 1986 (siehe oben aa (1)).

---

[326] *Cruz Villalón,* La representación de los trabajadores en la empresa y en el grupo, S. 246.
[327] *García Murcia,* Claridad 1986, n. 13, S. 29/30. Die Terminologie ist allerdings unscharf. Hier wird der Begriff für Vereinbarungen verwandt, an denen der Staat beteiligt ist. Unter *Acuerdos Marcos* werden aber auch Rahmentarifverträge verstanden, mit denen auf nationaler oder auf der Ebene Autonomer Regionen die repräsentativen Gewerkschaften und Arbeitgeberverbände die Struktur der Kollektivverhandlungen sowie Regeln für Konflikte zwischen Kollektivverträgen mit unterschiedlichem Geltungsbereich festlegen, vgl. *Zachert,* Die Wirkung des Tarifvertrages in der Krise: das Beispiel Spanien, S. 64 f.; siehe auch unten § 9 IV 2 a aa (1).

3. Kapitel. Regelung des Wechselspiels

1989 wurde *INI* in eine staatliche Gesellschaft ungewandelt und 1992 die *TENEO SA* zur Abwicklung ihrer Geschäfte gegründet. *INI/TENEO* ist Vertragspartner des Acuerdo 1993 (siehe oben bb (1)).

Mit In-Kraft-Treten des Decreto-Ley 5/1995, de 16 de junio, de creación de determinadas entidades de derecho público[328], wurden das *INH* und *INI* abgeschafft und zwei neue öffentliche Unternehmen errichtet: Die *Agencia Industrial del Estado (AIE)* und die *Sociedad Estatal de Participaciones Industriales (SEPI)*, als Inhaberin der Aktien von *TENEO* und *INH*.

1996 wurde von der neu gewählten konservativen Regierung *José María Aznars*[329] ein Privatisierungsprogramm *(Programa de Privatizaciones)* beschlossen. In der Folge war der Privatisierungsprozess nicht mehr wie zuvor die Summe vereinzelter Maßnahmen, sondern die Umsetzung eines konkreten politischen Programms, das sich durch eine weite Liberalisierung der Wirtschaft auszeichnete[330]. *TENEO* wurde im Zuge dessen aufgelöst und die Aktiva auf *SEPI* übertragen. Gleichzeitig wurde die *Sociedad Estatal de Participaciones Patrimoniales (SEPPA)* gegründet. Durch das Decreto-Ley 15/1997, de 5 de septiembre, por el que se aprueba la Ley 5/1996, de 10 de enero, de creación de determinadas entidades de derecho público[331], wurde weiter die *AIE* aufgelöst und auch ihre Aktiva auf *SEPI* übertragen. Hierdurch wurde die Situation von 1981 einer einzigen Holding wiederhergestellt, allerdings mit dem Unterschied, dass die Bildung des *INI* damals seine Autarkie zum Ziel hatte, während Hauptfunktion der *SEPI* die Privatisierung war.

Die *SEPI* erfasst somit die Aktiva von *TENEO, INH* und *AIE* (zu der die öffentlichen Unternehmen der *INI* nach der Gründung von *TENEO* gehörten). Daneben existiert die *SEPPA*, zu der bekannte Monopole wie *Telefónica* oder *Tabacalera* gehörten[332].

Alle in diesen Holdings erfassten öffentlichen Unternehmen sind in der Folgezeit signifikant privatisiert worden[333]. Die Tarifvertragsbestimmungen zur Gewerkschaftsbeteiligung wurden anschließend in den privaten Aktiengesellschaften abgeschafft bzw. liefen sie aus. Mit dem Ende des Privatisierungsprozesses endete damit auch die Unternehmensmitbestimmung[334]. Zwar variieren die aktuellen Erhebungen: Nach den einen gibt es heute in Spanien weder staatliche noch privatisierte Unternehmen mit Unternehmensmitbestimmung[335], andere Tabellen bezif-

---

328 BOE de 20 de junio.
329 Mit den Wahlen vom 3. März 1996 endete die Regierungszeit des Ministerpräsidenten *Felipe González* und seiner Partei *Partido Socialista Obrero Español (PSOE)*, die am 28. Oktober 1982 begonnen hatte. Neuer Ministerpräsident wurde der Kandidat der *Partido Popular (PP) José María Aznar*, der das Amt nach einer Wiederwahl im Jahr 2000 bis 2004 ausübte.
330 *Gámir Casares,* Las privatizaciones en España, S. 93.
331 BOE de 6 de septiembre.
332 *Durán López/Sáez Lara,* El papel de la participación en las nuevas relaciones laborales, S. 137/139, Fn. 174.
333 Ausführlich *Gámir Casares,* Las privatizaciones en España, S. 94 ff.
334 *Larramendi*, BB-Special 1/2005, S. 22.
335 *Höpner,* Unternehmensmitbestimmung unter Beschuss, Anhang A (Die Erhebung beruft sich auf zahlreiche weitere Quellen).

§ 6 Innensteuerung: Unternehmensmitbestimmung

fern die Anzahl der staatlichen Unternehmen mit Unternehmensmitbestimmung hingegen mit 26[336]. Die Tatsache aber, dass Arbeiten zur Unternehmensmitbestimmung im öffentlichen Sektor mangels Gewicht unveröffentlicht bleiben[337], ist aussagekräftig über die kaum spürbare Verbreitung dieser Form der Arbeitnehmerbeteiligung in Spanien. Sie wird von vielen Wissenschaftlern auch als nicht mehr existent bezeichnet.

ee. Bewertung des Acuerdo 1986 und Acuerdo 1993

Während im Acuerdo 1986 nichts zu den Motiven der Vereinbarung ausgeführt wurde, ging der Acuerdo 1993 umso ausführlicher auf diese ein und betonte die wirtschaftliche Krise, in der sich die betroffenen öffentlichen Unternehmen befinden. Angesichts der internationalen Konkurrenz und des Exports vor allem östlicher Länder, sei ein Rückgang im Wachstum der spanischen Wirtschaft zu verzeichnen, der sich besonders stark auf die Schwerindustrie auswirke. Hiergegen wolle man geschlossen vorgehen und die Wettbewerbsfähigkeit der betroffenen Unternehmen sowie ihre Arbeitsbeziehungen verbessern[338]. Gerade öffentliche Unternehmen seien zudem als Vorreiter und Beispiel für mehr Demokratisierung des Wirtschaftslebens im Allgemeinen und der Unternehmen im Besonderen prädestiniert[339].

Allerdings wurde der Beteiligung von Gewerkschaftsvertretern im *Consejo de Administración* keine wesentliche Bedeutung bei der Verfolgung dieser Ziele beigemessen. Die Gewerkschaften bemerkten vielmehr, dass die Entsendung ihrer Vertreter in den Verwaltungsrat weder eine Unternehmensmitbestimmung noch eine Co-Unternehmensleitung bewirke[340]. Dies lag vor allem daran, dass die öffentlichen Unternehmen je nach Satzung ihre Verwaltungsräte oft mit 18 bis 20 Mitgliedern errichteten[341]. Die zwei Gewerkschaftsvertreter waren damit in einer deutlichen

---

[336] *Kluge/Stollt*, Übersicht: Unternehmensmitbestimmung in den 27 EU-Mitgliedstaaten, S. 3. Als prominentes Beispiel ist hier die spanische Bahn RENFE zu nennen. Hervozuheben ist auch die öffentlich-rechtliche Rundfunkanstalt RTVE, denn hier wird zwei der zwölf Mitglieder des *Consejo de Administración* werden von den zwei repräsentativsten Gewerkschaften gewählt. Hierbei handelt es sich sogar um eine (die einzige) gesetzliche Regelung – vgl. Art. 11 Abs. 2 Ley 17/2006, de 5 de junio, de la radio y la televisión de titularidad estatal (BOE de 6 de junio) – aber eben nur für ein öffentliches Unternehmen.
[337] *Mendoza Navas*, Los derechos de cogestión: un análisis comparado de los ordenamientos alemán y español, 1998. Diese Arbeit hat für den spanischen Teil die tarifvertragliche Umsetzung der Acuerdo in den einzelnen Unternehmen zum Gegenstand. Veröffentlicht ist nur der deutsche Teil: *dies.,* Los derechos de cogestión en el ordenamiento alemán, 2002.
[338] Einleitung Acuerdo 1993.
[339] Wenn der Inhaber des Unternehmens keine Privatperson ist, die von ihren Interessen geleitet ist, sondern der Staat, ist es folgerichtig, dass die Gewerkschaften innerhalb des Unternehmens als Anwalt des öffentlichen Vermögens eintreten und so die Arbeitnehmer, deren Interessen aufs Engste mit dieser öffentlichen Institution verbunden sind, am Unternehmen beteiligen, *Castro,* La participación obrera en la empresa, S. 83/84.
[340] *Fernández Toxo/Gómez,* Gaceta Sindical 1993, n. 118, S. 17 (CCOO zu Acuerdo 1993).
[341] Vgl. *Mendoza Navas,* Los derechos de cogestión: un análisis comparado de los ordenamientos alemán y español, 1998.

3. Kapitel. Regelung des Wechselspiels

Minderheit und ohne entsprechende Einflussmöglichkeit auf die Entscheidungsfindung im *Consejo de Administración*.

Die herausragende Erfahrung der Acuerdo 1986 und 1993 wird vielmehr in anderen Regelungsbereichen gesehen. Angesichts der Tatsache, dass das spanische Recht keine betriebliche Mitbestimmung in Unternehmensgruppen kennt (siehe unten § 7 I 2c), bestand die wichtigste Errungenschaft des Acuerdo 1986 in der Errichtung von *Comisiones de Información y Seguimiento*, denen umfängliche Informationsrechte die Gruppe betreffend eingeräumt wurden (siehe oben aa (4))[342]. Daneben regelte der Acuerdo 1993 als Pilotprojekt Instrumente zur Lösung von vor allem individualarbeitsrechtlichen Konflikten[343] (Veränderung der Arbeitsbedingungen, Kündigung u. Ä.): *Procedimientos de solución de conflictos de trabajo*, Pkt. 12 Acuerdo 1993 (siehe oben bb (2)).

Bezüglich einer Arbeitnehmerbeteiligung in Unternehmensorganen waren die Acuerdo 1986 und Acuerdo 1993 somit nicht wie von der Lehre teilweise gehofft wegweisend. Vielmehr wird bezweifelt, dass sich diese durch Tarifverhandlungen einführen lasse[344]. In der Tat wurden auch nicht in allen Unternehmen die Bestimmungen der Acuerdo 1986 und 1993 wie vereinbart umgesetzt: Je mehr sich die Beziehungen zwischen den Gewerkschaften und der Regierung verschlechterten bzw. wieder mehr auf Konfrontation gingen, desto schneller gerieten die Vereinbarungen und ihre Umsetzung in Vergessenheit[345].

Hieran wird sehr deutlich, wie stark Arbeitnehmerbeteiligung auch von politischen Faktoren beeinflusst ist. Während die Acuerdo 1986 und Acuerdo 1993 im Wesentlichen in der sozialistischen Regierung von *Felipe González*, entsprechend starken Gewerkschaften und dem Erfolg des großen Generalstreiks von 1988[346] begründet sind, führte der konservative Regierungswechsel nahezu zum Verschwinden der tarifvertraglichen Regelungen über eine Beteiligung der Arbeitnehmer in Unternehmensorganen des öffentlichen Sektors[347].

b.   *Cajas de Ahorro*

Für Unternehmen des Privatsektors ist in Spanien zunächst nur in den *Cajas de Ahorro* (Sparkassen) eine Unternehmensmitbestimmung geregelt. Welche Charakteristika die *Cajas de Ahorro* aufweisen und inwieweit ihre Regelungen für die Untersuchung relevant sind, soll vor allem die Darstellung ihrer Rechtsnatur klären.

---

342   Durán López/Sáez Lara, El papel de la participación en las nuevas relaciones laborales, S. 156.
343   Durán López/Sáez Lara, El papel de la participación en las nuevas relaciones laborales, S. 160.
344   Cruz Villalón, La representación de los trabajadores en la empresa y en el grupo, S. 65.
345   Cruz Villalón, La representación de los trabajadores en la empresa y en el grupo, S. 245.
346   Hierzu Loos, Gewerkschaftsorganisation und Gewerkschaftspolitik in Spanien in den Jahren 1975–94, S. 81–84.
347   In die Regierungszeit Aznars fällt aber gleichzeitig der Beginn des Wachstums der spanischen Wirtschaft nach den schweren Krisen in den 80er Jahren, vgl. hierzu Pérez Alcalá, Die spanische Wirtschaft in der Ära Aznars (1996–2004), S. 355 ff. sowie unten 3 d, 4 b.

§ 6 Innensteuerung: Unternehmensmitbestimmung

aa. Rechtsnatur der *Cajas de Ahorro*

Die *Cajas de Ahorro* sind zum einen private Kreditinstitute. Zum anderen verfolgen sie neben den Zielen der Rentabilität und des Wachstums den Dienst an der Gemeinschaft[348], d.h. sie handeln ohne eigene Gewinnabsicht bzw. werden alle Gewinne zugunsten sozialer Zwecke eingesetzt[349]. Aufgrund dieser Doppelfunktion oder auch Zwitterstellung wird die Rechtsnatur der *Cajas de Ahorro* diskutiert. In der Lehre herrscht die Ansicht vor, dass es sich um ein Stiftungsunternehmen *(fundación-empresa)* handelt[350]. Sie sei sowohl privatrechtlichen als auch öffentlich-rechtlichen Charakters: Der öffentlich-rechtliche Charakter liegt in ihren Aktivitäten, die den öffentlichen Interessen dienen, begründet, der privatrechtliche in ihrer normativen Ausgestaltung und Rechtsnatur[351].

Auf die *Cajas de Ahorro* ist als *lex specialis* das Ley 31/1985 de regulación de las normas básicas sobre órganos rectores de las cajas de ahorro (LORCA)[352] anwendbar, wobei weiterführende Regelungen in die Gesetzgebungskompetenz der *Comunidades Autónomas* fallen. Subsidiär kann danach als allgemeine Regelung das Ley 30/1994, de 24 de noviembre, de fundaciones y de incentivos fiscales a la participación privada en actividades de interés general[353], unter der Voraussetzung zur Anwendung kommen, dass die Bestimmungen des Stiftungsrechts im Hinblick auf die Besonderheiten der *Cajas de Ahorro* interpretiert werden[354].

bb. Regeln der Unternehmensmitbestimmung

Gemäß Art. 21 LORCA wird im Unterschied zur grundsätzlich monistischen Verwaltungsstruktur des spanischen Kapitalgesellschaftsrechts in *Cajas de Ahorro* neben dem *Consejo de Administración* (und der Hauptversammlung *(Asamblea General)* als höchstes Organ[355]) eine Kontrollkommission *(Comisión de Control)* eingerichtet. Die *Comisión de Control* dient der Überwachung des *Consejo de Administración* dahingehend, dass letzterer seine Leitungsaufgabe mit größtmöglicher Effizienz sowie den gesetzlichen Bestimmungen und Richtlinien der *Asamblea General* gemäß erfüllt. Zu diesem Zweck analysiert die Kontrollkommission gemäß Art. 24 Abs. 1 LORCA die wirtschaftliche sowie finanzielle Verwaltung des Unternehmens und berichtet hiervon halbjährlich der jeweiligen *Comunidad Autónoma*, der *Banco de España* und der Hauptversammlung.

---

348 *Titus Martínez/Santos Piñar*, Ahorro Popular e inversión privilegiada, S. 262.
349 *Confederación Española de Cajas de Ahorro*, www.ceca.es/CECA-CORPORATIVO/es/caja_a.html, letzter Abruf Juli 2008.
350 Vgl. *Embid Irujo*, Documentación Laboral 1995, n. 46, S. 26; aber auch die analoge Anwendung von Vorschriften des Aktienrechts auf die *Cajas de Ahorro* wird diskutiert, siehe beispielhaft zur analogen Anwendung der aktienrechtlichen Informationsrechte der Verwalter *Guerra Martín*, RdS 2005, n. 24, S. 277 ff.; jedenfalls emittieren die *Cajas de Ahorro* Wertpapiere wie Aktiengesellschaften, *Fernández Pérez*, RdS 2004, n. 22, S. 107.
351 *Embid Irujo*, Documentación Laboral 1995, n. 46, S. 30.
352 BOE de 25 de abril.
353 BOE de 25 de noviembre.
354 *Embid Irujo*, Documentación Laboral 1995, n. 46, S. 32.
355 *Jiménez García*, Los derechos de veto en la legislación laboral española, S. 318.

3. Kapitel. Regelung des Wechselspiels

Die Besetzung der *Comisión de Control* muss die Mitglieder der *Asamblea General* proportional repräsentieren, Art. 22 Abs. 1 LORCA. In die *Asamblea General* werden gemäß Art. 2 Abs. 1 b) LORCA Vertreter der Belegschaft entsandt. Im Unterschied zu den Acuerdo 1986 und Acuerdo 1993 werden in den *Cajas de Ahorro* die Arbeitnehmervertreter von den gesetzlichen Vertretern der Belegschaft (*Representantes Legales de los Empleados*) gewählt, Art. 6 LORCA. Hiermit sind die betrieblichen Arbeitnehmervertretungen der Arbeitnehmer bzw. das Betriebskomitee (*Comité de Empresa*) und die Personaldelegierten (*Delegados de Personal*) gemeint[356].

cc. Relevanz für die Untersuchung

Bedeutung haben die *Cajas de Ahorro* vor allem als Alternative zu den Banken, denn die Hälfte aller Geldeinlagen wird ihnen anvertraut[357]. Bei einer Erhebung aus dem Jahr 2007 wurden 46 *Cajas de Ahorro* gezählt[358]. Aus der Darstellung der Rechtsnatur der *Cajas de Ahorro* ist jedoch deutlich geworden, dass sie aufgrund ihrer sozialen Zielsetzung als sog. Tendenzunternehmen einzustufen sind. Hierbei handelt es sich zwar um eine aus dem deutschen Recht stammende Terminologie[359], Gegenstand der Arbeit soll aber die Berücksichtigung der Arbeitnehmerinteressen in der Aktiengesellschaft mit Gewinnerzielungsabsicht bzw. in Unternehmen, die nach LSA errichtet sind, sein. Diese Voraussetzung erfüllen die *Cajas de Ahorro* nicht, so dass ihre Regelungen der Unternehmensmitbestimmung aus der weitergehenden Untersuchung ausgeschlossen werden müssen.

c. *Cooperativas*

Gleiches gilt ferner für die Regelung der Unternehmensmitbestimmung in Genossenschaften (*Cooperativas*), auf die dennoch der Vollständigkeit halber hingewiesen sei: So ist nach Art. 33 Abs. 3 Ley 27/1999, de 16 de julio[360], de cooperativas (LCoop) in jeder *Cooperativa* mit mehr als 50 unbefristet angestellten Arbeitnehmern, ein Mitglied der betrieblichen Interessenvertretung (*Comité de Empresa*) als stimmberechtigtes Mitglied in das Leitungsgremium (*Consejo Rector*) der Gesellschaft zu entsenden. Gewählt und abberufen wird dieses Mitglied vom *Comité de Empresa*. Seine Rechtsstellung entspricht dem der übrigen Verwaltungsmitglieder, es muss aber nicht Gesellschafter der *Cooperativa* sein[361]. Im Jahr 2005 wurden in Spanien 26 146 Genossenschaften gezählt, die insgesamt 313 972 Arbeitnehmer beschäftig-

---

356 *Cruz Villalón*, La representación de los trabajadores en la empresa y en el grupo, S. 66.
357 *Nuria Fernández Pérez*, RdS 2004, n. 22, S. 106; für den historischen Vergleich unter Franco vgl. *Titus Martínez/Piñar Santos,* Ahorro popular e inversión privilegiada: las Cajas de Ahorros en España 1939–1975.
358 *Kluge/Stollt,* Übersicht: Unternehmensmitbestimmung in den 27 EU-Mitgliedstaaten, S. 3.
359 Siehe beispielhaft § 1 Abs. 4 S. 1 Nr. 2 Alt. 4 MitbestG, wonach Unternehmen, die unmittelbar und überwiegend karitativen Zwecken dienen, vom Anwendungsbereich des MitbestG ausgeschlossen sind.
360 BOE de 17 de julio.
361 Vgl. ausführlich *Paniagua Zurera,* Las sociedades cooperativas. Las sociedades mutuas de seguros y las mutualidades de previsión social, S. 217 ff.

ten³⁶². Eine der weltweit bekanntesten und auch erfolgreichsten ist *Mondragón Corporación Cooperativa*³⁶³.

Exkurs: Sociedad Anónima Laboral

Die einzige gesetzlich vorgesehene Möglichkeit einer Innensteuerung durch die Arbeitnehmer in der privaten Aktiengesellschaft bietet damit die Gründung einer sog. Arbeitnehmergesellschaft. Um die Teilhabe der Arbeitnehmer am Unternehmen zu fördern und neue Methoden der Beschäftigung zu schaffen, erließ der spanische Gesetzgeber mit dem Ley 15/1986, de 25 de abril, de Sociedades Anónimas Laborales (LSAL)³⁶⁴, die Rahmenbedingungen für die Gründung sog. Arbeitnehmeraktiengesellschaften *(Sociedades Anónimas Laborales – SAL)*. Ihren Ursprung hat diese Gesellschaftsform im Jahr 1963, als sich Arbeitnehmer der Stadt Valencia zusammenschlossen und die *Sociedad Anónima Laboral de los Transportes Urbanos de Valencia (SALTUV)* gründeten³⁶⁵. Vor Inkrafttreten des LSAL wurde durch Ministerialverordnungen geregelt, welche Voraussetzungen die Arbeitnehmergesellschaften erfüllen müssen, um in den Genuss finanzieller Vorteile und Subventionen zu kommen³⁶⁶.

Die Aktienrechtsreform von 1989 und die Änderungen im spanischen GmbH-Recht aus dem Jahr 1995 machten dann eine Neuregelung erforderlich. Mit dem Ley 4/1997, de 24 de marzo, de Sociedades Laborales (LSL)³⁶⁷, kann nun eine Belegschaftsgesellschaft nicht nur in Form einer *SA*, sondern auch einer GmbH *(Sociedad a Responsabilidad Limitada – SRL)* gegründet werden. Gemäß Art. 1 Abs. 1 LSL ist in beiden Fällen zum einen erforderlich, dass die Mehrheit des Gesellschaftskapitals von Arbeitnehmern gehalten wird, die auf unbestimmte Zeit von der Gesellschaft angestellt sind. Die Anteile der *Sociedades Laborales (SL)* spalten sich daher in solche für Arbeitnehmer *(clase laboral)* und diejenigen für die „Allgemeinheit" *(clase general)* auf, Art. 6 Abs. 1 LSL. Zum anderen setzt Art. 1 Abs. 2 S. 1 LSL voraus, dass die Anzahl der Jahresarbeitsstunden der unbefristet angestellten Arbeitnehmer ohne Anteilsbesitz an der Gesellschaft 15% der Arbeitsstunden insgesamt nicht übersteigen darf. Die *Sociedades Laborales* formten sich im Anschluss zu einem Großteil aus *SA*, die in eine wirtschaftliche Krise geraten waren. Um das Unternehmen zu sanieren und ihre Arbeitsplätze zu behalten, kauften die Arbeitnehmer die Anteile der Gesellschaft³⁶⁸. Im Jahr 2005 wurden insgesamt 20 279 *SL* gezählt, die zusammen 125 646 Arbeitnehmer beschäftigten³⁶⁹. Trotz der praktischen Relevanz

---

362 *Consejo Económico y Social*, El Trabajo en la Economía Social en España, S. 2.
363 *Anderson*, La participación de los trabajadores en la empresa, S. 121; vgl. auch *Teichmann*, ZGR 2001, S. 669.
364 BOE de 30 de abril (disposición derogada).
365 *Pagador López*, Las sociedades laborales. La sociedad de garantía recíproca, S. 19.
366 *Lara González*, RDM 1998, n. 228, S. 679.
367 BOE de 25 de marzo.
368 *Grechenig*, Spanisches Aktien- und GmbH-Recht, S. 216.
369 *Consejo Económico y Social*, El Trabajo en la Economía Social en España, S. 2.

3. Kapitel. Regelung des Wechselspiels

zählen aber derartige Formen der Teilhabe der Arbeitnehmer nicht zu den in dieser Arbeit einzubeziehenden Regelungsinstrumenten (siehe oben § 5 I).

d. Zwischenergebnis

Die Unternehmensmitbestimmung als Institut zur Berücksichtigung von Arbeitnehmerinteressen in der Aktiengesellschaft ist in Spanien im privaten Sektor damit nicht existent und aus dem öffentlichen nahezu verschwunden. Angesichts dieser auffälligen Ablehnung einer Beteiligung von Arbeitnehmern in Organen von Gesellschaften bzw. Aktiengesellschaften stellt sich die Frage nach den Gründen hierfür. Diese sind anhand der drei entscheidenden historischen Etappen des vorigen Jahrhunderts nachzuvollziehen.

2. Unternehmensmitbestimmung unter Franco

Mit dem Ley 41/62, de 21 de julio de 1962, sobre participación del personal en la administración de las empresas que sean sociedades (Ley 1962)[370] und dem Ausführungsdekret von 1965 (Decreto 1965)[371] wurde unter der Diktatur Francos eine Beteiligung der Arbeitnehmer im Verwaltungsrat von Kapitalgesellschaften verwirklicht. Angesichts der Tatsache, dass das Ley 1962 mit dem ET 1980 außer Kraft getreten ist (siehe unten 3), wird es für die Darstellung der Regelungen der Arbeitnehmerbeteiligung der Gegenwart im Weiteren nicht relevant. Für deren Verständnis ist es jedoch von besonderer Bedeutung, so dass nachfolgend ausführlicher auf das Ley 1962 eingegangen wird.

a. Vorläufer

Das Ley 1962 ist die erste und gleichzeitig letzte gesetzliche Regelung einer Entsendung von Arbeitnehmervertretern in ein Gesellschaftsorgan privater Unternehmen. Die Entstehung des Gesetzes ist im Wesentlichen den politischen Umständen seiner Zeit geschuldet. Diese sollen kurz skizziert werden, um einerseits später den Kontrast zur Entwicklung der deutschen Unternehmensmitbestimmung schärfer herausarbeiten zu können. Andererseits wird die geschichtliche Einbettung des Ley 1962 bei der Untersuchung seines Regelungsgehaltes und der anschließenden Bewertung erneut relevant (siehe unten f und i).

---

[370] *Boletín Oficial del Ministerio de Trabajo*, Participación del personal en la administración de las empresas, Madrid 1965, S. 9–12; auch wiedergegeben in *Instituto de Estudios Económicos,* La participación de los trabajadores en la empresa, Madrid 1979.

[371] Decreto 2241/1965, de 15 de julio, por el que se aprueba el Reglamento desarrollando la Ley 41/62, de 21 de julio, por la que se establece la participación del personal en la administración de las empresas que adopten la forma jurídica de sociedades, *Boletín Oficial del Ministerio de Trabajo*, Participación del personal en la administración de las empresas, Madrid 1965, S. 15–21; auch wiedergegeben in *Instituto de Estudios Económicos,* La participación de los trabajadores en la empresa, Madrid 1979.

§ 6 Innensteuerung: Unternehmensmitbestimmung

Der erste Versuch einer Regelung der Arbeitnehmerbeteiligung wurde am Ende der monarchistischen Restauration in Spanien (1874–1923) mit dem Anteproyecto de Ley de contrato de trabajo de 1922 in Angriff genommen, das vom Institut für soziale Reformen ausgearbeitet worden war. Kapitel X schrieb die Errichtung von Räten für industrielle Zusammenarbeit *(Consejos de Cooperación Industrial)* vor, die paritätisch mit Vertretern der Belegschaft und des Kapitals besetzt werden sollten. Ihre Aufgabe sollte darin bestehen, den Arbeitsfrieden zu fördern, um für das Unternehmen maximalen Gewinn zu erwirtschaften. Der Entwurf scheiterte aufgrund der massiven Gegnerschaft der Unternehmer[372].

Kurz vor Verkündung der Verfassung der Zweiten Republik[373] wurde am 20. Oktober 1931 das Proyecto de ley de intervención obrera en la gestión de las industriales vorgelegt. Hiernach sollten aus Gewerkschaften und Arbeitnehmern zusammengesetzte Kommissionen in Betrieben mit einer Belegschaftsgröße von über 50 Beschäftigten errichtet werden *(Comisiones Interventoras)*. Diese sollten nach den Vorstellungen des Projektes unter anderem beratungs-, aber nicht stimmberechtigte Mitglieder in den Verwaltungsräten und Hauptversammlungen benennen können. Der Entwurf scheiterte jedoch wieder zum einen aufgrund der starken Opposition konservativer Kräfte, die sich gegen jegliche Form der Arbeitnehmerbeteiligung in Unternehmen wehrten[374]. Zum anderen befürchtete man starke Auseinandersetzungen zwischen den Gewerkschaften, da sich nach ihrer Anzahl die der einzurichtenden Kommissionen richten sollte[375]. In die Lücke des gescheiterten Projekts trat am 27. November 1931 indirekt das Ley de Jurados Mixtos[376].

Mit dem Beginn der Diktatur Francos und der Beendigung des spanischen Bürgerkrieges (1936 bis 1939) wurde mit dem spanischen Grundgesetz der Arbeit – Fuero del Trabajo – von 1938 mehr soziale Gerechtigkeit proklamiert (siehe ausführlicher unten f). Die Unternehmen wurden verpflichtet, die Belegschaft über die Produktionsplanung zu informieren (Erklärung III nr. 7 Fuero del Trabajo) und ihre Gewinne unter anderem zur Verbesserung der Arbeits- und Lebensbedingungen der Arbeiter zu verwenden (Erklärung VIII nr. 4 Fuero del Trabajo). Regelungen der Arbeitnehmerbeteiligung sind aber nicht ausdrücklich im Fuero del Trabajo getroffen worden.

Zunächst wurden obige Erklärungen nicht Wirklichkeit. Die ersten Ansätze einer Umsetzung erschienen dann 1944 mit der Gründung von Räten für Gesundheit und Hygiene bei der Arbeit *(Comités de Seguridad e Higiene en el Trabajo)*. Zwei Jahre später, durch den Orden de 29 de marzo de 1946, wurden Familienräte eingeführt

---

372 *Miñambres Puig,* Das Beteiligungsrecht der Arbeitnehmer im Betrieb, S. 8.
373 Die Diktatur Primo de Riveras (1923–1930) endete mit seinem Rücktritt im Januar 1930.
374 *Abad Conde y Sevilla,* La cogestión o participación de los trabajadores en la administración de las empresas, S. 19.
375 *Ojeda Avilés,* Derecho Sindical, S. 310.
376 Hiernach sollten paritätische Ausschüsse als „Institutionen des öffentlichen Rechts zur Regelung des Berufslebens und zur Wahrnehmung schlichtender und schiedsrichterlicher Aufgaben" errichtet werden, vgl. *Miñambres Puig,* Das Beteiligungsrecht der Arbeitnehmer im Betrieb, S. 11.

3. Kapitel. Regelung des Wechselspiels

(*Comisiones del Plus Familiar*). 1947 fanden schließlich die Gewerkschaftlichen Verbindungsmänner (*Enlaces Sindicales*) eine erste ausdrückliche Erwähnung und durch Decreto de 18 de agosto de 1947 die Betriebsräte (*Jurados de Empresa*). Die *Enlaces Sindicales* hatten die Aufgabe, eine Verbindung zwischen den Arbeitnehmern des Betriebes, dem Arbeitgeber und der Gewerkschaft, dem Syndikat, herzustellen. Der *Jurado de Empresa* wurde im Hinblick auf die Unterstützung des Unternehmens durch die Belegschaft und in der Absicht, Interessengegensätze zwischen Kapital und Arbeit auf der Ebene des Betriebes zu überwinden, geschaffen[377]. Die Regelungen des *Jurado de Empresa* von 1947, welche durch Reglamento de 11 de septiembre de 1953 und Reglamento de 23 de diciembre de 1957 ausgebaut wurden[378], stellten damit die direktesten Vorläufer des Ley 1962 dar[379].

b. Anwendungsbereich

Nach Art. 1 Abs. 1 S. 1 Ley 1962 wurden vom Anwendungsbereich alle Unternehmen erfasst, die die Rechtsform einer Gesellschaft mit Verwaltungsräten oder vergleichbaren Organen aufweisen und verpflichtet sind, *Jurados de Empresa* einzurichten.

Das Ley de las sociedades anónimas von 1951 (LSA 1951) sah für die Aktiengesellschaft zwei Hauptorgane vor: Die Hauptversammlung der Aktionäre und den Verwaltungsrat, der als ausführendes Organ mit der laufenden Geschäftsführung betraut war und die Gesellschaft nach außen gegenüber Dritten vertrat. Neben den SA wurden die SRL und *Cooperativas* von einem Verwaltungsrat geleitet[380]. Die *Jurados de Empresa* waren zur Zeit des In-Kraft-Tretens des Ley 1962 ab einer Belegschaftsgröße von 100 Arbeitnehmern zu errichten[381].

Die Verwaltungsorgane mussten gemäß Art. 1 Abs. 1 S. 2 Ley 1962 ferner vollständig oder teilweise mit Vertretern des Kapitals besetzt sein und aus mindestens drei Mitgliedern bestehen. Daneben war nach Art. 1 Abs. 5 Dekret 1965 eine Belegschaftsgröße von 500 Arbeitnehmern erforderlich und seit der Gründung des Unternehmens mussten drei Jahre vergangen sein, Art. 1 Abs. 6 Dekret 1965[382].

Gesellschaften, deren Geschäfte hauptsächlich im Ausland abgewickelt wurden, waren vom Anwendungsbereich des Ley 1962 ausgeschlossen. Die Haupttätigkeit der Gesellschaft lag dann im Ausland, wenn mehr als 75% der Belegschaft dauerhaft außerhalb von Spanien tätig waren[383].

---

377   *Miñambres Puig*, Das Beteiligungsrecht der Arbeitnehmer im Betrieb, S. 87.
378   Vgl. *Jurados de Empresa*, Decreto de 18 de agosto de 1947, Reglamento de 11 de septiembre de 1953, Madrid 1967.
379   *Almansa Pastor*, La participación del trabajador en la administración de la empresa, S. 234.
380   *Almansa Pastor*, La participación del trabajador en la administración de la empresa, S. 274.
381   Orden 12 de diciembre 1960; *Abad Conde y Sevilla*, La cogestión o participación de los trabajadores en la administración de las empresas, S. 20.
382   Zum Verhältnis dieser Frist zur Frist, einen *Jurados de Empresa* einzurichten siehe *Almansa Pastor*, La participación del trabajador en la administración de la empresa, S. 276/277.
383   *Rodríguez-Sañudo Gutierrez*, Sistema español de cogestión – aspectos funcionales, S. 194.

§ 6 Innensteuerung: Unternehmensmitbestimmung

Die Entsendung von Arbeitnehmervertretern in das Verwaltungsorgan war für alle Gesellschaften mit obigen Voraussetzungen zwingend[384]. Im Übrigen blieben freiwillige Vereinbarungen von Unternehmensmitbestimmung zulässig, Art. 14 Decreto 1965.

c. Anzahl und Einfluss der Arbeitnehmervertreter

Gemäß Art. 1 Abs. 1 S. 1 HS 1 Ley 1962 war in den *Consejo de Administración* ein Arbeitnehmervertreter auf sechs Kapitalvertreter zu entsenden[385].

Da die Gesellschaften nach dem LSA 1951 in der Ausgestaltung ihrer Satzung frei waren, konnten durch Entscheidung des Verwaltungsrates weitere Führungsorgane eingerichtet werden. Der heutigen Situation vergleichbar (siehe oben § 2 I) wurde der *Consejo de Administración* allmählich zu einem Überprüfungs- und Kontrollorgan, während die von ihm eingesetzten ausführenden Personen nach und nach die Geschäftsführung der Gesellschaft übernahmen[386]. Diese ausführenden Kommissionen waren gemäß Art. 1 Abs. 1 S. 2 Ley 1962 mit mindestens einem Arbeitnehmervertreter zu besetzen, wenn sie dauerhaft eingesetzt wurden und sich mit Angelegenheiten beschäftigten, die nicht nur Alltagsgeschäfte waren und direkt die Interessen der Belegschaft betrafen. Das Decreto 1965 listete in Art. 4 Abs. 1 bis 9 Sachverhalte auf, die auf jeden Fall Arbeitnehmerbelange berührten: die Arbeitsbedingungen im Unternehmen, Durchführung von Studien oder Anwendung von Systemen zur Messung der Produktivität des Unternehmens, Anreizsysteme zur Steigerung der Produktion, berufliche Weiterbildung, Sicherheit und Hygiene, zusätzliche soziale Einrichtungen wie Wohnungen und Speisesaal, Organisation und Rationalisierung im Unternehmen, Verteilung der der Belegschaft gewidmeten Sozialfonds sowie die Vergrößerung, Verkleinerung, Übertragung und Fusion des Unternehmens. Alle Änderungen oder näheren Bestimmungen dieser Angelegenheiten galten ebenfalls als von Interesse für die Belegschaft, Art. 4 Abs. 10 Decreto 1965. Da das Ley 1962 keine weiteren Angaben zur Besetzung der Kommissionen enthielt, bestand im Weiteren hinsichtlich der Grenzen der Besetzung mit Arbeitnehmervertretern und ihrem Verhältnis zur Vertretung des Kapitals Satzungsfreiheit[387].

Für eine Beschlussfähigkeit des *Consejo de Administración* war die Anwesenheit der Hälfte der Mitglieder und einem weiteren erforderlich. Im Fall von beispielsweise vier Kapitalvertretern und einem zusätzlichen Vertreter der Belegschaft konnten

---

[384] *Almansa Pastor,* La participación del trabajador en la administración de la empresa, S. 264.
[385] Die Besetzung des *Consejo de Administración* gestaltete sich mit steigender Mitgliederzahl wie folgt: Kein Arbeitnehmervertreter bei ein bis drei Kapitalvertretern, ein Arbeitnehmervertreter bei vier bis neun Kapitalvertretern, zwei Arbeitnehmervertreter bei zehn bis fünfzehn Kapitalvertretern usw., *Almansa Pastor,* La participación del trabajador en la administración de la empresa, S. 279/280.
[386] *Miñambres Puig,* Das Beteiligungsrecht der Arbeitnehmer im Betrieb, S. 152.
[387] *Almansa Pastor,* La participación del trabajador en la administración de la empresa, S. 281.

3. Kapitel. Regelung des Wechselspiels

daher ohne den Arbeitnehmervertreter wirksam Beschlüsse gefasst werden bzw. konnte letzterer überstimmt werden[388] (einfache Stimmenmehrheit).

Die Möglichkeit, Einfluss auf die Entscheidungsfindung zu nehmen, konnte den Arbeitnehmervertretern zudem gänzlich durch eine Umformung des Verwaltungsrates in ein aus einer Person bestehendes Organ und Verringerung der Zahl der Kapitalvertreter auf drei oder weniger genommen werden[389]. Der Hauptversammlung der Aktionäre war es auch möglich, von den Verwaltungsratsmitgliedern hohe Summen als Garantie zu fordern (Art. 71 LSA 1951). Zwar wurde dies in der Praxis kaum praktiziert, gesetzlich war eine Verhinderung oder zumindest Erschwerung der Tätigkeit der entsandten Arbeitnehmervertreter auf diesem Weg zumindest möglich[390].

Einer wirklichen Einflussnahme der Arbeitnehmervertreter auf unternehmerische Entscheidungen standen damit bereits ihre Minderheitsposition im Verwaltungsrat und die Gestaltungsmöglichkeiten der Hauptversammlung entgegen.

d. Wahl der Arbeitnehmervertreter

Für die Bewertung (siehe unten i) der Unternehmensmitbestimmung nach dem Ley 1962 kommt den Modalitäten der Wahl der Arbeitnehmervertreter eine herausragende Bedeutung zu, denn diese mussten zum einen zwingend Gewerkschaftsmitglied sein und wurden zum anderen auch von Gewerkschaftsangehörigen gewählt.

aa. Aktives und passives Wahlrecht

Die Kandidaten für den Posten des Arbeitnehmervertreters im *Consejo de Administración* wurden von den stimmberechtigten Mitgliedern des *Jurado de Empresa* gewählt, Art. 2 Abs. 2 Ley 1962. War in dem betreffenden Unternehmen mehr als ein *Jurado* eingerichtet, beteiligten sich an der Wahl die Mitglieder aller *Jurados de Empresa*, Art. 2 Abs. 1 S. 2 Ley 1962. In diesem Fall war gemäß Art. 10 Decreto 1965 ein Sprecher aus der Mitte der Mitglieder des jeweiligen *Jurado* zu bestimmen, der gemeinsam mit den weiteren Sprechern die Kandidaten wählte.

Passives Wahlrecht hatte gemäß Art. 2 Abs. 1 S. 1 Ley 1962, wer die Voraussetzungen erfüllte, die das Gesetz an die *Jurados de Empresa* stellte. Das Decreto 1965 verwies daher in Art. 6 auf das Decreto de 6 de octubre de 1960 sobre jurados de empresa. Dieses regelte in Art. 1 den Inhalt von Art. 20 des Reglamento de jurados de empresa, aprobado por Decreto de 11 de septiembre de 1953, folgendermaßen: Der gewählte Arbeitnehmervertreter musste Spanier, 25 Jahre und voll geschäftsfähig sein. Des Weiteren wurde vorausgesetzt, dass er des Schreibens und Lesens

---

388 *Almansa Pastor,* La participación del trabajador en la administración de la empresa, S. 280/281.
389 Art. 75 LSA 1951: „Die Hauptversammlung der Aktionäre kann jederzeit die Absetzung der Verwaltungsratsmitglieder beschließen." Besondere Gründe waren hierzu nicht erforderlich. Satzungen, die die Angaben von Gründen vorschrieben, waren nichtig.
390 *Miñambres Puig,* Das Beteiligungsrecht der Arbeitnehmer im Betrieb, S. 166.

§ 6 Innensteuerung: Unternehmensmitbestimmung

mächtig war, bereits einen Zeitraum von fünf Jahren in einer oder verschiedenen Berufsgruppen tätig war und seit einem Jahr in dem Betrieb arbeitete. War letzter neu errichtet, so war eine Anstellungsdauer von 18 Monaten ausreichend. Ferner durfte der Kandidat keine schweren Arbeitsfehler verschuldet haben und musste den Vorschlag der Kandidatur schriftlich akzeptieren. Da das Wahlverfahren nach Art. 9 Decreto 1965 von den Syndikaten konkretisiert werden konnte, war Voraussetzung für die Kandidatur auch, dass der zu wählende Arbeitnehmervertreter Gewerkschaftsmitglied war[391].

Ferner setzte Art. 2 Abs. 3 Ley 1962 voraus, dass die Arbeitnehmervertreter verschiedenen Berufsgruppen angehörten, es sei denn die Anzahl der zu wählenden Arbeitnehmervertreter war höher als vier. Art. 8 Abs. 2 Decreto 1965 konkretisierte diesbezüglich, dass wenn die Anzahl der zu bestellenden Arbeitnehmervertreter höher war als die der vorhandenen Berufgruppen bzw. jede Berufsgruppe bereits einmal durch einen Arbeitnehmer vertreten wurde, die übrigen Posten entsprechend der Repräsentativität in dem Unternehmen zu vergeben waren. Handelte es sich zudem bereits um den zweiten Wahlgang (siehe sogleich bb), konnten nur Arbeitnehmervertreter gewählt werden, die zuvor nicht vom *Consejo de Administración* abgelehnt worden waren, Art. 3 Ley 1962.

bb. Verfahren

Die Wahl verlief in mehreren Phasen. Zunächst wurde in einer außerordentlichen Sitzung des *Jurado de Empresa* die Anzahl der zu wählenden Arbeitnehmervertreter ermittelt und ein Datum für die Wahl von drei Kandidaten pro zu besetzenden Posten – *terna* – bestimmt. An der persönlichen und geheimen Wahl in dieser anschließenden zweiten Sitzung mussten sich gemäß Art. 2 Abs. 2 S. 1 Ley 1962 mindestens Dreiviertel der Wahlberechtigen beteiligen. Als Kandidat pro *terna* war gewählt, wer die Mehrheit der Stimmen und gleichzeitig mindestens die Hälfte der abgegebenen Stimmen plus eins erhielt. Falls erforderlich, wiederholte sich die Wahl solange, bis die notwendigen Mehrheiten vorlagen, Art. 2 Abs. 2 S. 2 Ley 1962. Das Wahlpräsidium, welches sich aus dem Vorsitzenden, Sekretär und ältestem Mitglied des *Jurado de Empresa* zusammensetzte, hatte die Befugnis, Beschwerden gegen das Wahlverfahren stattzugeben oder diese abzulehnen. Gegen die Entscheidung konnten Rechtsmittel eingelegt werden[392].

Im Anschluss wurde das Ergebnis der Wahl unter Nennung der aufgestellten Kandidaten vom Sekretär des Wahlpräsidiums gegengezeichnet und innerhalb von 24 Stunden an den Vorsitzenden des Verwaltungsrates der Gesellschaft weitergeleitet. Der *Consejo de Administración* konnte nun aus den vorgeschlagenen Kandidaten den oder die Arbeitnehmervertreter benennen oder alle geschlossen ableh-

---

391 *Rodríguez-Sañudo Gutierrez,* Sistema español de cogestión – aspectos funcionales, S. 196.
392 *Rodríguez-Sañudo Gutierrez,* Sistema español de cogestión – aspectos funcionales, S. 197.

3. Kapitel. Regelung des Wechselspiels

nen, Art. 3 Ley 1962[393]. Im ersten Fall war die Mehrheit der Stimmen erforderlich. Im zweiten Fall, der ebenfalls Stimmenmehrheit voraussetzte (Art. 5 Abs. 2 Decreto 1965), musste sich der *Jurado de Empresa* erneut zusammensetzen. Die nun aufgestellten Kandidaten durften mit den ursprünglichen nicht identisch sein, im Übrigen blieb das Verfahren gleich. Der Verwaltungsrat musste anschließend innerhalb von sieben Tagen die Arbeitnehmervertreter wählen und hierüber den oder die *Jurados de Empresa* in Kenntnis setzen.

cc.   Beginn und Beendigung der Amtszeit

Die Amtszeit der Arbeitnehmervertreter endete zunächst gemäß Art. 4 Abs. 1 Ley 1962 automatisch mit der Erneuerung des *Jurado de Empresa,* der sie gewählt hatte. Zum anderen galten für sie die gleichen Beendigungsgründe wie für alle übrigen Mitglieder des *Consejo de Administración*, Art. 5 Ley 1962. Zudem stellte ein Verstoß der Arbeitnehmervertreter gegen die ihnen nach Art. 6 Ley 1962 obliegenden Geheimhaltungspflichten einen Abberufungsgrund dar. Hierbei war das Verfahren nach Art. 21 Decreto 1965 zu beachten. In der ersten Sitzung des *Consejo de Administración* nach der Benennung der Arbeitnehmervertreter nahmen diese ihre Posten ein. Hierüber war in der nächsten auf den Bestellungsakt folgenden Hauptversammlung zu berichten, Art. 12 Decreto 1965.

e.   Rechte und Pflichten der Arbeitnehmervertreter

Die Rechte und Pflichten der Arbeitnehmervertreter waren nach ihrer Stellung als Mitglied des *Consejo de Administración* und des *Jurado de Empresa* zu differenzieren.

aa.   Als Mitglied des *Consejo de Administración*

Gemäß Art. 1 Abs. 3 Ley 1962 hatten die Arbeitnehmervertreter die gleichen Rechte und Pflichten wie die Kapitalvertreter. Sie hatten damit das Recht, an der Erfüllung aller dem Verwaltungsorgan gestellten Aufgaben mitzuwirken, sich zu äußern und mit abzustimmen. Ohne die Bestellung der Arbeitnehmervertreter war der *Consejo de Administración* nicht wirksam errichtet (Art. 13 Abs. 1 Decreto 1965) und beschlussunfähig (Art. 13 Abs. 2 Decreto 1965).

bb.   Als Mitglied des *Jurado de Empresa*

Da jeder Arbeitnehmervertreter zugleich auch Mitglied des *Jurado de Empresa* wurde (siehe ausführlich unten f), trafen ihn als solches weitere Rechte und Pflichten. So mussten sie den *Jurados de Empresa* Rechenschaft über ihre Tätigkeit arbeitsrechtliche Themen betreffend ablegen, Art. 6 Abs. 1 S. 1 Ley 1962. In den übrigen Angelegenheiten, die in den Kompetenzbereich der Arbeitnehmervertreter fielen, gab es Rechenschafts- und Informationspflichten, wenn so vom *Consejo de Administración*

---

[393] Die Kandidaten galten auch als abgelehnt, wenn die erforderlichen Mehrheiten nicht zustande kamen, *Almansa Pastor,* La participación del trabajador en la administración de la empresa, S. 285.

§ 6 Innensteuerung: Unternehmensmitbestimmung

unter voriger Abstimmung mit dem *Jurado de Empresa* angezeigt, Art. 6 Abs. 1 S. 2 Ley 1962. In den Rechenschaftsbericht durften ohne die Einwilligung von zwei Drittel des Verwaltungsrates keine Informationen zu den Geschäften des Unternehmens einfließen, unabhängig davon, ob sie wirtschaftlicher oder technischer Natur waren (Art. 6 Abs. 2 S. 1 Ley 1962). Falls ein Arbeitnehmervertreter hiergegen verstieß, konnte der Verwaltungsrat bei der zuständigen Arbeitsbehörde seine Absetzung beantragen, wenn er der Ansicht war, dass die Missachtung des Geheimhaltungsverbotes den Interessen der Gesellschaft schweren Schaden zugefügt hatte (Art. 6 Abs. 2 S. 2 Ley 1962)[394].

Daneben konnte der Arbeitnehmervertreter nach Art. 6 Abs. 3 Ley 1962, unter den gleichen Voraussetzungen und Grenzen, auf eigene Initiative, Beschluss des *Consejo de Administración* oder Vorschlag des *Jurado de Empresa* jederzeit über wichtige Umstände das Unternehmen betreffend letzteren informieren.

Die Arbeitnehmervertreter berichteten aber nicht nur dem *Jurado de Empresa*. Auch umgekehrt fungierten sie als Verbindungsglied, denn gemäß Art. 7 Ley 1962 informierten sie den *Consejo de Administración* vor allem über Vorschläge und Entscheidungen des *Jurado de Empresa*. In allen Fällen war der Arbeitnehmervertreter jedenfalls verpflichtet, sich „von den Interessen des Unternehmens, der Solidarität mit den Arbeitnehmern, die er repräsentiert, sowie dem Frieden und der Harmonie mit allen Produktionsfaktoren" leiten zu lassen, Art. 6 Abs. 4 Ley 1962.

f. Bedeutung der Syndikatsstruktur für die Unternehmensmitbestimmung

Vor allem die Anforderungen an die Gewerkschaftszugehörigkeit der Arbeitnehmervertreter und ihre Verknüpfung mit den ebenfalls der Gewerkschaft verbundenen *Jurados de Empresa* wirft die Frage auf, welche Rolle den sog. vertikalen Syndikaten im Ley 1962 zukam. Für eine Antwort sind die Syndikatsstruktur und die entscheidenden Merkmale der Arbeitsbeziehungen unter Franco zu beschreiben.

aa. Fuero del Trabajo

Unter der Führung Francos putschte die Armee 1936 gegen die gewählte Linksregierung, was einen dreijährigen Bürgerkrieg auslöste. Nach der Niederschlagung der Republik vereinigten sich in Francos Person mit Gesetz vom 30. Januar 1938 und 8. August 1939 die höchsten Ämter. Die politischen Kräfte waren zuvor mit dem sog. Vereinheitlichungsdekret vom 19. April 1937 zu einer einzigen politischen Einheit unter der Bezeichnung *Falange*[395] zusammengefasst worden. Die *Falange* stritt für eine sozial-ökonomische Revolution national-syndikalistischen Zuschnitts, nach der selbstständige Werte und Privatinteressen sich insgesamt der

---

[394] Gemäß Art. 6 Abs. 5 Ley 1962 war dies der Fall, wenn die Konkurrenzfähigkeit und das Ansehen des Unternehmens litt, das Vertrauen der Öffentlichkeit in die Solidität und Effizienz des Unternehmens und seiner Produkte erschüttert wurde oder allgemein ein Verstoß gegen Geheimhaltungspflichten des Handels- und Standesrechts vorlag.
[395] Bzw. Falange Española Tradicionalista y de las Juventudes Obreras Nacional Sindicalistas (FET/JONS).

3. Kapitel. Regelung des Wechselspiels

Schicksalsgemeinschaft unterzuordnen hatten[396]. Diese Vorstellung der *Falange* floss in den am 9. März 1938 verkündeten sog. Fuero del Trabajo[397] ein, das als das Gesetz zur Ordnung der Arbeit in seinen 16 Erklärungen die Volksgemeinschaft als wichtigsten Gestaltungsfaktor für die wirtschaftliche und soziale Struktur des Staates betonte. Das Gesetz blieb 20 Jahre unveränderte Grundlage aller arbeitsrechtlichen Bestimmungen; es wurde erst durch das Ley orgánica del estado de 10 de enero de 1967 (Fuero del Trabajo 1967)[398] den inzwischen wesentlich veränderten Verhältnissen des Wirtschafts- und Sozialbereichs angepasst[399].

bb.   Vertikale Syndikate

Diese Idee der Volks- bzw. Schicksalsgemeinschaft kam nicht zuletzt in dem Zwangszusammenschluss aller Arbeitnehmer und Arbeitgeber in einer gewerkschaftlichen Organisation zum Ausdruck.

Bereits am 13. September 1936 hatte der „Nationale Verteidigungsrat" das Verbot der Volksfrontparteien sowie aller Organisationen, die der „Nationalen Bewegung" Widerstand leisten, verfügt und ihre Güter beschlagnahmt[400]. Die neu gegründete *Organización Nacional-Sindicalista del Estado (OSE)* zeichnete sich durch die Prinzipien der Totalität, Einheit und Hierarchie aus, Erklärung XIII nr. 1 Fuero del Trabajo.

Der Grundsatz der Totalität beinhaltete, dass alle Produktions- und Wirtschaftszweige als Mitglieder in sog. vertikalen Syndikaten organisiert sein mussten (Zwangsmitgliedschaft), Erklärung XIII nr. 2 Fuero del Trabajo. Die Syndikate fassten hierbei alle Produktionsfaktoren, d.h. Arbeitgeber und Arbeitnehmer, gleichermaßen zusammen, Prinzip der Einheit nach Erklärung XIII nr. 3 Fuero del Trabajo. Die Syndikate waren ferner Körperschaften des öffentlichen Rechts, die hierarchisch unter der Leitung des Staates standen und damit Aktivisten der *Falange* bzw. *FET/JONS* untergeordnet waren, Prinzip der Hierarchie nach Erklärung XIII nr. 3 und nr. 4 Fuero del Trabajo. Darüber hinaus wurden die Führungsposten des Syndikats ausschließlich von aktiven Mitgliedern der *FET/JONS* besetzt (Erklärung XIII nr. 4 Fuero del Trabajo).

Die vertikalen Syndikate, insgesamt sind es 28 *Centros Nacional-Sindicalistas*, die in der *OSE* zusammengefasst waren[401], wurden ausdrücklich als Instrument des Staa-

---

396 *Miñambres Puig,* Das Beteiligungsrecht der Arbeitnehmer im Betrieb, S. 27/28.
397 Deutsche Übersetzung bei *Erbler,* Spaniens nationalsyndikalistischer Verfassungs- und Sozialbau, S. 24.
398 Fuero de Trabajo de 9 de marzo de 1938, modificado por la ley orgánica del estado de 10 de enero de 1967, Ministerio de Trabajo, Madrid 1973. Deutsche Übersetzung bei *Bernecker,* Gewerkschaftsbewegung und Staatssyndikalismus in Spanien, S. 38–46.
399 *Bernecker,* Gewerkschaftsbewegung und Staatssyndikalismus in Spanien, S. 30; zur Lockerung des staatlichen Dirigismus noch unter Franco siehe unten 3 b.
400 *Bernecker,* Gewerkschaftsbewegung und Staatssyndikalismus in Spanien, S. 29; zur besonders harten Unterdrückung der Arbeiterschaft in den ersten 20 Jahren des Franco Regimes siehe auch unten § 7 I 5.
401 *Kasten,* Spanisches Arbeitsrecht im Umbruch, S. 59.

§ 6 Innensteuerung: Unternehmensmitbestimmung

tes zur Durchsetzung seiner Wirtschaftspolitik bezeichnet (Erklärung XIII nr. 5 S. 1 Fuero del Trabajo). Ihre Statuten und Aufgaben waren daher nicht autonom beschlossen, sondern konnten vom Staat durch Gesetz vorgegeben werden (Erklärung XIII nr. 9 Fuero del Trabajo). Die Einzelinteressen wurden dem Gemeinschaftsinteresse untergeordnet.

cc. Der Arbeitnehmervertreter als Verbindungsmann zwischen *Jurado de Empresa* und *Consejo de Administración*

In diese Syndikatsstruktur waren auch die Arbeitnehmervertreter im *Consejo de Adminstración* im Wege der persönlichen Verknüpfung mit den *Jurados de Empresa* eingefügt worden.

Dass die Arbeitnehmervertreter als Verbindungsglied zwischen den *Jurados de Empresa* und dem *Consejo de Administración* dienten, wurde zunächst daran deutlich, dass sie gemäß Art. 2 Abs. 4 Ley 1962 mit ihrem Posten im Verwaltungsrat automatisch stimmberechtigtes Mitglied im *Jurado de Empresa* wurden, wenn sie es nicht bereits waren. Im letzteren Fall bestand die Mitgliedschaft fort, Art. 7 Abs. 2 Decreto 1965. Ihre Wahl wurde dem *Jurado de Empresa* sofort mitgeteilt[402]. Die Arbeitnehmervertreter waren auch verpflichtet an den Sitzungen des *Jurado de Empresa* teilzunehmen, Art. 18 Abs. 2 Decreto 1965, denn die gesamte Kommunikation zwischen dem *Jurado* und Verwaltungsrat sollte über sie laufen (Art. 22 Decreto 1965).

Der *Jurado de Empresa* war seinerseits gemäß Art. 8 des Decreto de 18 de agosto de 1947 (Decreto 1947 Jurados) ein Syndikatsorgan. Das Reglamento de 11 de septiembre de 1953 (Reglamento 1953 Jurados) widmete daher seinen Abschnitt V der Einbettung der *Jurados* in die Struktur der Syndikate. Gemäß Art. 79 Reglamento 1953 Jurados waren sie Hauptelemente der Gewerkschaftsorganisation. Sie gehörten zum lokalen Syndikat, dem das Unternehmen angehörte und waren hierarchisch den höheren Syndikaten untergeordnet. In der Wahrnehmung ihrer Aufgaben[403] mussten sich die *Jurados* nach den Anweisungen des Syndikats richten, Art. 80 Abs. 2 Reglamento 1953 Jurados. Zudem waren sie der Aufsicht und Kontrolle des Syndikats unterstellt, Art. 83 Reglamento 1953 Jurados. Diese konnten sich jederzeit über die Führung der Mitglieder des *Jurado de Empresa*, ihr Verhältnis zu den Arbeitnehmern und dem Unternehmen, die Effizienz ihrer Arbeit sowie über die gegen sie gerichteten Beschwerden informieren, Art. 84 Reglamento 1953.

Die Arbeitnehmervertreter im *Consejo de Administración* wurden damit durch ihre Mitgliedschaft im *Jurado de Empresa* von den Syndikaten kontrollierbar. Diese Möglichkeit Einfluss zu nehmen, war im Grunde der Bestellung zum Arbeitnehmer-

---

[402] *Rodríguez-Sañudo Gutierrez*, Sistema español de cogestión – aspectos funcionales, S. 198.
[403] Gemäß Art. 81 Reglamento 1953 Jurado waren die *Jurados de Empresa* zuständig für die *acción sindical* im Betrieb und die Herstellung eines harmonisches Verhältnisses zwischen dem Arbeitgeber und seiner Belegschaft. Zu diesem Zweck arbeitete der *Jurado* mit den *Enlaces Sindicales* (siehe oben a) zusammen.

3. Kapitel. Regelung des Wechselspiels

vertreter schon dadurch vorgeschaltet, dass das aktive und passive Wahlrecht die Mitgliedschaft im *Jurado de Empresa* voraussetzte. Auch war ohnehin jeder Arbeitnehmer zwangsweise Syndikatsmitglied.

g. Kritikpunkte der Lehre

Gegen die Stellung der Arbeitnehmervertreter als Mitglieder im *Jurado de Empresa* und die damit verbundene Kontrolle durch die Syndikate wurden jedoch keine Stimmen im damaligen (rechtswissenschaftlichen) Schrifttum laut[404]. In der Lehre wurde lediglich unkommentiert erwähnt, dass der Kandidat Gewerkschaftsvertreter oder stimmberechtigtes Mitglied im *Jurado de Empresa* sein muss[405] bzw. angemerkt, dass das Ley 1962 eine Verbindung zwischen den Gewerkschaften und der Beteiligung der Arbeitnehmervertreter im Verwaltungsrat herstelle, die zu berücksichtigen sei[406]. Kritik an der Syndikatsorganisation wurde ebenfalls nicht oder allenfalls nuanciert systemkonform vorgetragen und diente vor allem der Unterstreichung der positiven Aspekte[407].

Zentraler Diskussionspunkt für die Lehre zum Zeitpunkt des In-Kraft-Tretens des Ley 1962 war vielmehr die Frage, inwieweit Arbeitnehmerbeteiligung in einem Organ des Unternehmens mit dem bisherigen Verständnis vereinbar war, dass dem Kapital die ausschließliche Entscheidungsmacht über sein Eigentum zusteht[408] und auf welcher Grundlage und woran die Arbeitnehmer beteiligt werden[409]. Ausdrückliche Kritik bezog sich daher auf Punkte wie die fehlende spezielle Ausbildung der Arbeitnehmervertreter[410] und die Unausgewogenheit der gesetzgeberischen Lösung. Die Arbeitnehmer hätten hierdurch nicht nennenswert an Einfluss gewonnen[411] und die Arbeitgeber seien in ihrer unternehmerischen Freiheit beeinträchtigt[412]. Möglicherweise reagierte aber die Praxis mit Ablehnung bezüglich der durch das Ley 1962 ermöglichten politischen Einflussnahme auf die Belegschaft.

---

[404] Siehe beispielhaft *Almansa Pastor,* La participación del trabajador en la administración de la empresa, 1965.
[405] *Rodríguez-Sañudo Gutierrez,* Sistema español de cogestión-aspectos funcionales, S. 196.
[406] *Vida Soria,* El sistema español de participación de los trabajadores en la administración de las empresas (aspectos orgánicos), S. 191.
[407] Vgl. *Bernecker,* Gewerkschaftsbewegung und Staatssyndikalismus in Spanien, S. 21 (Historiker): „Selten entsprach die herrschende Geschichtsschreibung so deutlich der Sicht der Herrschenden wie im Fall der spanischen Historiographie zur Syndikatsorganisation".
[408] *Estivill,* La participación de los trabajadores en la gestión de la empresa, S. 95.
[409] *Vida Soria,* El sistema español de participación de los trabajadores en la administración de las empresas (aspectos orgánicos), S. 187.
[410] *Estivill,* La participación de los trabajadores en la gestión de la empresa, S. 96/97, wobei allerdings anerkannt wurde, dass in anderen Ländern deshalb keine negativen Erfahrungen gemacht wurden.
[411] Das System hätte auch zu einer Zurückhaltung von Information geführt, *Grechenig,* Spanisches Aktien- und GmbH-Recht, S. 29 f.
[412] *Estivill,* La participación de los trabajadores en la gestión de la empresa, S. 99; *Vida Soria,* El sistema español de participación de los trabajadores en la administración de las empresas (aspectos orgánicos), S. 188/189.

§ 6 Innensteuerung: Unternehmensmitbestimmung

h. Auswirkungen und Akzeptanz in der Praxis

Die praktische Tragweite der Unternehmensmitbestimmung von 1962 war sehr begrenzt[413]. Dies lag zum einen daran, dass nur 0,1% der spanischen Unternehmen vom Anwendungsbereich erfasst waren[414] und die Mehrheit dieser wiederum von ausländischem Kapital kontrolliert wurden[415]. Zum anderen wurde das Ley 1962, obwohl gesetzlich vorgeschrieben, ab den 70er Jahren zunehmend nicht mehr eingehalten[416].

Zudem wurde die Unternehmensmitbestimmung von 1962 von Anfang an mit Argwohn betrachtet. Das zeigt eine Ende 1968 durchgeführte Studie, in der von den 330 dem Anwendungsbereich des Ley 1962 unterfallenden Unternehmen in 97 die Kapitalvertreter im Verwaltungsrat[417] und die Arbeitnehmer per Zusendung eines Fragebogens oder im Rahmen eines direkten Gesprächs nach ihrer Meinung zur Unternehmensmitbestimmung gefragt wurden. Eine deutliche Mehrheit der Arbeitnehmer antwortete, dass sich durch die Unternehmensmitbestimmung in keiner Weise die Machtstruktur im Unternehmen geändert habe. Die Mehrheit der Kapitalvertreter im Verwaltungsrat erwiderte, dass die Unternehmensmitbestimmung nicht in der Lage sei, ein einziges Problem des Unternehmens zu lösen. Zudem seien die Belegschaftsvertreter zu schlecht auf ihre Arbeit vorbereitet, wobei dies allerdings bisher keinen negativen Einfluss auf die Verwaltung des Unternehmens gehabt hätte. Die Frage, ob sich die Arbeitnehmerbeteiligung auch auf die Ausführung unternehmerischer Entscheidungen erstrecken solle, beantwortete die Mehrheit der Arbeitnehmer allerdings positiv, während die Mehrheit der Kapitalvertreter im Verwaltungsrat sich dagegen aussprach[418]. Zumindest seitens der Arbeitnehmer bestand damit zwar ein Interesse an mehr Beteiligung im Unternehmen, die im Ley 1962 geregelte Unternehmensmitbestimmung wurde jedoch als unzureichend abgelehnt.

---

413 So auch Hinweis bei *Montoya Melgar*, Revista del Ministerio de Trabajo y Asuntos Sociales 2003, n. 43, S. 8.
414 Zahlen für 1977 (369 Unternehmen und 651 Belegschaftsvertreter gezählt) bei *Villa*, La participación de los trabajadores en la empresa, S. 261; Zahlen bei In-Kraft-Treten des Ley 1962 (300 vom Anwendungsbereich erfasste Unternehmen) und Zahlen bei In-Kraft-Treten des Decreto 1965 (327 vom Anwendungsbereich erfasste Unternehmen) bei *Estivill*, La participación de los trabajadores en la gestión de la empresa, S. 95.
415 *Abad Conde y Sevilla*, La cogestión o participación de los trabajadores en la administración de las empresas, S. 23.
416 *Villa*, La participación de los trabajadores en la empresa, S. 259; dies dürfte nicht zuletzt im Zusammenhang mit Francos Abwendung von seiner protektionistischen Wirtschaftspolitik in den 60er Jahren stehen.
417 In der Studie wird der Begriff des *empresario* verwendet, der sich sowohl mit „Arbeitgeber" als auch mit „Unternehmer" übersetzen lässt. Die Gesellschaft als Arbeitgeber kann nicht gemeint sein, denn es geht um die Beantwortung der Fragen durch natürliche Personen. Eindeutig ist die Erhebung aber insofern, als sie auf die Unterscheidung von Arbeitnehmern und „Nicht-Arbeitnehmern" Wert legt. Es ist daher davon auszugehen, dass mit *empresarios* die Kapitalvertreter im Verwaltungsrat bezeichnet werden sollen.
418 Alle Zahlen bei *Estivill*, La participación de los trabajadores en la gestión de la empresa, S. 123–127.

3. Kapitel. Regelung des Wechselspiels

Zwar wurde damit der politische Charakterzug dieses Gesetzes nicht offen von der Praxis kritisiert. Indirekt kam jedoch das Misstrauen gegenüber den am Ley 1962 deutlich werdenden Umständen der Zeit zum Tragen[419].

i. Bewertung

Zum einen ist die Unternehmensmitbestimmung von 1962 hinsichtlich der im Gesetz angelegten Beteiligungsrechte der Arbeitnehmervertreter zu bewerten.

Aufgrund des kleinen Anwendungsbereichs des Gesetzes, der spärlichen Besetzung des Verwaltungsrates mit Arbeitnehmervertretern, ihrer Geheimhaltungspflicht und der Verringerung der Kompetenzen des *Consejo de Administración* bzw. der Verlagerung von Zuständigkeiten auf permanent eingerichtete Kommissionen, in denen die Arbeitnehmervertreter in geringerer Zahl und unter veränderten Voraussetzungen zu entsenden waren, blieben die Möglichkeiten der Arbeitnehmervertreter auf die Entscheidungen des Organs Einfluss zu nehmen sehr begrenzt[420]. Zudem hatten die Arbeitnehmervertreter entgegen der gesetzlichen Konzeption in der Praxis häufig kein Stimmrecht im Verwaltungsrat[421], so dass die Erfahrung des Ley 1962 oft nicht über Informations- und Anhörungsrechte hinausging[422]. Durch die Mitgliedschaft der Arbeitnehmervertreter im *Jurado de Empresa* wurde ferner den Kapitalvertretern die Zusammenarbeit mit der betrieblichen Arbeitnehmervertretung ermöglicht, so dass dort die Interessen des Kapitals sogar verstärkt wurden[423].

Allerdings räumten die Gesetzesmotive des Ley 1962 ausdrücklich ein, dass ein Mitentscheidungsrecht der Arbeitnehmer mit dem Gesetz nicht intendiert war. Um den Arbeitnehmerinteressen im Ergebnis nicht zu schaden, sei eine über das Ley 1962 hinausgehende Beteiligung der Belegschaft an unternehmerischen Entscheidungen nur in Ländern möglich, deren Wirtschaft weiter entwickelt ist als die spanische. Man wollte daher vielmehr die Zusammenarbeit und Verknüpfung aller Produktionsfaktoren des Unternehmens fördern und so die Produktivität und das Wohl der Allgemeinheit erhöhen[424].

Insgesamt traf die Einführung einer Unternehmensmitbestimmung damit nicht auf wirkliche Opposition, sondern auf eine gewisse Gleichgültigkeit, d.h. sie führ-

---

419 *Esteban Velasco,* Participación de los trabajadores en la empresa y la reforma de las sociedades anónimas, S. 88.
420 *Jiménez García,* Los derechos de veto en la legislación laboral española, S. 273.
421 *Grechenig,* Spanisches Aktien- und GmbH-Recht, S. 29 f.
422 *Jiménez García,* Los derechos de veto en la legislación laboral española, S. 273.
423 „In der Literatur des Arbeitsrechts wurde dieses Modell als System der *manifestación integrante* bezeichnet. Die Aufnahme von Vertretern gegenläufiger Interessen in dem einen wie in dem anderen Organ sollte bedeuten, dass ein System der *manifestación dualista* abgelehnt wird, in dem die Beteiligung bei wirtschaftlichen Fragen über ein drittes Kollegialorgan geschieht, das mit Vertretern beider Seiten paritätisch und proportional besetzt wird", *Miñambres Puig,* Das Beteiligungsrecht der Arbeitnehmer im Betrieb, S. 162.
424 Motive Ley 1962; *Boletín Oficial del Ministerio de Trabajo,* Participación del Personal en la Administración de las Empresas, Madrid 1965, S. 9.

§ 6 Innensteuerung: Unternehmensmitbestimmung

te nicht zu gravierenden Problemen in den Unternehmen und änderte auch nicht das herkömmliche Verständnis des Unternehmens und die traditionelle Trennung des Gesellschaftsrechts vom Arbeitsrecht[425].

Viel bedeutsamer als der Umstand des gering bleibenden Einflusses der Arbeitnehmervertreter ist für die Bewertung des Ley 1962 aber zum anderen die Tatsache, dass die Arbeitnehmer durch die Einbettung ihrer Vertreter in die Syndikatsorganisation staatlich beeinflusst und kontrolliert werden sollten. Die Beteiligungsrechte wurden daher durch das Fehlen von politischen Rechten und Gewerkschaftsfreiheit nicht nur relativiert[426], sondern instrumentalisiert. Die hierdurch bedingte negative Haltung gegenüber der Unternehmensmitbestimmung trat am deutlichsten mit dem Ende der francistischen Diktatur und in den gesetzgeberischen Entscheidungen der anschließenden demokratischen Konsolidierung zu Tage.

3. Unternehmensmitbestimmung in der *Transición* und im Estatuto de los Trabajadores (ET)

Mit dem Tod Francos begann nicht nur ein neuer Abschnitt der spanischen Geschichte allgemein, sondern auch der Arbeiterbewegung und des Arbeitsrechts[427].

a. *Transición*

Der Übergang Spaniens zur Demokratie trägt die Bezeichnung *Transición*[428]. Hiermit wird umschrieben, dass sich die Veränderungen der staatlichen Strukturen mit dem Ableben Francos im November 1975 unter Einhaltung des geltenden Verfassungsrechts in einem stufenweisen Demokratisierungsprozess entwickelten. Die Veränderungen fanden damit nicht auf revolutionäre, gewaltsame Art statt, vielmehr konnte man sich auf die Verfassung selbst berufen. Nach ihren Nachfolgeregeln wurde die Monarchie als neue Staatsform verkündet, die von Anfang an einen Bruch mit dem früheren, personalistisch-diktatorischen Regime darstellte; es begann eine umfassende Änderung der politischen und institutionellen Strukturen des Staates[429].

---

425 *Esteban Velasco*, Participación de los trabajadores en la empresa y la reforma de las sociedades anónimas, S. 88.
426 *Jiménez García*, Los derechos de veto en la legislación laboral española, S. 278.
427 *Bernecker*, Gewerkschaftsbewegung und Staatssyndikalismus in Spanien, S. 411.
428 Die Eckdaten der *Transición* werden unterschiedlich festgelegt. Der Ausgangspunkt der *Transición* wird weitestgehend, trotz bereits vorhergehender Auflösungserscheinungen, im Tod Francos gesehen. Als Schlusspunkt wird zumeist auf die Verabschiedung der Verfassung im Dezember 1978 verwiesen, bisweilen aber auch auf den gescheiterten Putschversuch (1981) oder den ersten Regierungswechsel (1982), *Kasten*, Spanisches Arbeitsrecht im Umbruch, S. 89; da vorliegend die Untersuchung der Arbeitsbeziehungen Schwerpunkt ist, soll hier die Darstellung bis zum Erlass des ET im Jahr 1980 reichen.
429 So ausführlich *Kasten*, Spanisches Arbeitsrecht im Umbruch, S. 89 ff.; für Grundlegendes zum politischen System heute siehe *Barrios*, Grundzüge des politischen Systems Spaniens, S. 51 ff.

3. Kapitel. Regelung des Wechselspiels

Die ersten freien Wahlen seit 1936 fanden dann am 15. Juni 1977 statt. Die Verfassung (Constitución Española – CE) wurde am 31. Oktober 1978 verabschiedet, am 6. Dezember 1978 einem Volksentscheid unterworfen und am 29. Dezember 1978 veröffentlicht.

Auf dem arbeitsrechtlichen Gebiet lässt sich die nach dem Tod Francos einsetzende Reform in zwei Phasen einteilen. Die erste reichte von November 1975 bis Juni 1977 und umfasste vor allem die Einführung der Gewerkschaftsfreiheit bei gleichzeitiger Abschaffung des vertikalen Syndikalismus, die zweite ging bis März 1980 und endete mit dem Erlass des ET 1980, das die Arbeitsgesetzgebung Francos endgültig überwand[430]. An diesen beiden Etappen orientiert sich auch grob die nachfolgende Entwicklung der Arbeitsbeziehungen im Allgemeinen und der Unternehmensmitbestimmung im Besonderen.

b. Legalisierung der Gewerkschaften und die *política de concertación*

Noch unter Franco „lockerte" sich seit den 50er Jahren der autoritäre Dirigismus[431]. Sein Tod 1975 wird daher im Unterschied zum Ende des Bürgerkrieges[432] nicht als „Stunde Null" (*Hora Cero*) verstanden[433]. Die Arbeitsbeziehungen betreffend wird eine erste Flexibilisierung und Öffnung in der rechtlichen Anerkennung von Tarifverträgen mit dem Ley de convenios colectivos sindicales de 24 de abril 1958[434] gesehen[435], die aber gleichzeitig vor dem Hintergrund der weiterhin gültigen Syndikatskonzeption des Fuero del Trabajo widersprüchlich war[436]. Das Gesetz verdankte seine Entstehung auch weniger den Kämpfen der damals noch sehr schwachen Arbeiterbewegung als vielmehr der Einsicht von Regierung und Unternehmern, dass die starre staatliche Lohnfestsetzung zu einem Hindernis für die Produktivitätsentwicklung geworden war[437]. 1967 wurden dann erstmals voneinander getrennte Vereinigungen der Unternehmer, Techniker und Arbeiter geschaffen, Art. XIII Abs. 3 S. 2 Fuero del Trabajo 1967[438]. Die zwischen ihnen bestehenden Interessengegensätze wurden somit, wenn auch in indirekter Form, anerkannt[439]. Der hierdurch eingeleitete Prozess der Syndikatsreform endete mit der Verkündung des Ley Sindical von 1971[440], dessen Umstrukturierungen die be-

---

430 *Bernecker*, Gewerkschaftsbewegung und Staatsyndikalismus in Spanien, S. 411.
431 Nach den Jahren der Autarkie (1939–1950) wird von einer Periode der Öffnung (1950–1959) und des spanischen Wirtschaftswunders (1960–1975) gesprochen, *Miñambres Puig*, Das Beteiligungsrecht der Arbeitnehmer, S. 33 ff.; siehe auch unten § 7 I 5.
432 *Fernández Steinko*, Trabajo, Sociedad e Individuos en la España de Fin de Siglo, S. 490.
433 *Däubler*, Einleitung: Arbeitsbeziehungen in Spanien, S. 7.
434 BOE de 25 de abril.
435 *Jiménez García*, Los derechos de veto en la legislación laboral española, S. 278.
436 *Miguélez Lopez*, Die Modernisierung der Gewerkschaften in Spanien, S. 349.
437 *Däubler*, Einleitung: Arbeitsbeziehungen in Spanien, S. 12.
438 Zum Fuero del Trabajo 1967 siehe auch schon oben 2 f aa.
439 *Miñambres Puig*, Das Beteiligungsrecht der Arbeitnehmer im Betrieb, S. 65; weiteres zu ihrer Geschichte und Struktur siehe unten § 7 I 4.
440 *Ley Sindical,* Texto apropado por las cortes españolas en su sesión plenaria del día 16 de febrero de 1971 y sancionado por el jefe del estado el 17 de febrero de igual año (BOE de 19 de febrero).

§ 6 Innensteuerung: Unternehmensmitbestimmung

trieblichen Beteiligungsrechte jedoch nicht in nennenswerter Weise vergrößerten[441]. An Gewerkschaftsfreiheit[442] war nach wie vor nicht zu denken.

Dies änderte sich aber schlagartig mit den provisorischen Übergangsregeln der *Transición*. Mit dem Decreto-Ley 71/1977, de 4 de marzo de relaciones laborales[443], wurden Arbeitskampf und Tarifvertrag, als hauptsächliches Instrument für die Bestimmung der Arbeitsbedingungen zwischen Arbeitgeber und Arbeitnehmer, anerkannt. Das Ley 19/1977, de 1 de abril, sobre regulación del derecho de ascociación sindical[444] regelte die Vereinigungsfreiheit für Arbeitgeber und Arbeitnehmer. Als wichtigste, nun legale Gewerkschaften sind die *CCOO, UGT, Unión Sindical Obrera (USO)* und *Confederación Nacional de Trabajadores (CNT)* zu nennen, die sich als „Transmissionriemen" der jeweiligen parteipolitischen Ideologie verstanden[445]. Für die Arbeitgebervereinigungen sind vor allem die *CEOE*, die *Confederación Española de la Pequeña y Mediana Empresa (CEPYME)* und die *Confederación General de las Pequeñas y Medianas Empresas del Estado Español (COPYME)* zu nennen.

Nach dieser Legalisierung konnte sich ganz im Gegensatz zu der von den spanischen Gewerkschaften bis dahin gekannten Militanz und Konfrontation[446] auf dem Gebiet der Regelung der Arbeitsbeziehungen bald eine Form von neokorporatistischen[447] Globalvereinbarungen durch Rahmenabkommen zwischen Gewerkschaften, Arbeitgeberverbänden und Regierung etablieren. Vor allem die beiden wichtigsten gewerkschaftlichen Kräfte *CCOO* und *UGT* trafen die klare Entscheidung, sich aktiv am Demokratisierungsprozess des Landes zu beteiligen[448].

Diese Form der Absprachen trägt im spanischen Sprachgebrauch die Bezeichnung *política de concertación* oder *concertación social* (Politik der Konzertation, soziale Konzertation) und war im Interesse aller Beteiligten: Der Gewerkschaften, weil sie unter den Bedingungen der Illegalität (alle), Abwesenheit (*UGT*) und der Konzeption als soziopolitische Basisbewegung (*CCOO*) über keine Tradition als Apparat verfügten und die schwierige Phase der organisatorischen Konsolidierung durchlaufen

---

441 *Miñambres Puig*, Das Beteiligungsrecht der Arbeitnehmer im Betrieb, S. 174.
442 Der Begriff der Koalitionsfreiheit *(libertad de coalición)* ist in der spanischen Rechtsordnung zum einen nicht gebräuchlich. Es herrscht vielmehr die Verwendung des Begriffs der Gewerkschaftsfreiheit *(libertad sindical)* vor, so dass dieser im Rahmen der Darstellung des spanischen Rechts genutzt wird. Zum anderen ist der Begriff der Koalition *(coalición)* in Spanien inhaltlich anders besetzt, denn hiermit werden spontane Arbeitnehmergruppierungen von dauerhaften Arbeitnehmervereinigungen – den Gewerkschaften – abgegrenzt, siehe *Ojeda Avilés*, Derecho Sindical, S. 127.
443 BOE de 9 de marzo.
444 BOE de 4 de abril.
445 *Miñambres Puig*, Das Beteiligungsrecht der Arbeitnehmer im Betrieb, S. 183.
446 *Kasten*, Spanisches Arbeitsrecht im Umbruch, S. 127 und 253 sowie unten § 7 I 5.
447 *Schütz/Konle-Seidl*, Arbeitsbeziehungen und Interessenrepräsentation in Spanien: vom alten zum neuen Kooperatismus?, S. 14: „Gegenstand der sog. Neokorporatismus-Forschung, einem Grenzgebiet zwischen Soziologie, Ökonomie, Politik- und Geschichtswissenschaft, ist das Zusammenwirken der Verbände von Kapital und Arbeit mit der staatlichen Administration, die gemeinsame Einbindung in das politische Institutionensystem, die mehr oder weniger kontinuierliche und institutionalisierte Zusammenarbeit sowie das Zustandekommen gegenseitig verpflichtender Sozialpakte".
448 *Führer-Ries*, Gewerkschaften in Spanien, S. 2.

3. Kapitel. Regelung des Wechselspiels

mussten[449]. Die Regierung benötigte zur Durchsetzung ihrer wirtschaftspolitischen Ziele feste Organisationen samt Apparat, Infrastruktur und Führern, die in der Lage waren, die Einhaltung der getroffenen Vereinbarungen zu gewährleisten und auch die Unternehmerverbände konnten ihre Interessen nur durch gesamtwirtschaftlich verantwortungsvolle und gesamtwirtschaftlich organisierte Gewerkschaften realisieren[450].

Die repräsentativen Gewerkschaften konnten sich somit in der Phase der demokratischen Konsolidierung zwar etablieren. Allerdings blieb ihre Stellung im Gesamtsystem der Arbeitsbeziehungen aufgrund ihrer internen Kontroversen und des geringen Organisationsgrads dennoch schwach[451]. Hinzu kommt, dass die harte Konkurrenz zwischen den Gewerkschaftsbünden die Gewerkschaftsbewegung insgesamt schwächte[452]. Die politische Instabilität und wirtschaftliche Krise bürdeten ihnen zudem eine harte Disziplin in ihren Forderungen auf, die für viele demobilisierend und enttäuschend war[453].

Auch das Verhältnis von Regierung und Gewerkschaften verschlechterte sich wieder. Das Klima des Konsens überdauerte noch die Ausarbeitung der demokratischen Verfassung, fand mit deren Verabschiedung aber auch seinen Abschluss[454]. Was diese Entwicklungen für die Arbeitnehmerbeteiligung und vor allem für die Regelung der Unternehmensmitbestimmung von 1962 bedeuteten, muss anhand der relevanten Bestimmungen der zweiten entscheidenden Etappe, der Verfassung von 1978 und dem ET 1980 untersucht werden.

c. Arbeitnehmerbeteiligung in der Verfassung von 1978

Mit der spanischen Verfassung von 1978 wurden zunächst das Eigentumsrecht (Art. 33 Abs. 1 CE) und die unternehmerische Freiheit (Art. 38 CE) anerkannt. Art. 35 Abs. 1 CE spricht von der Pflicht aller Spanier, zu arbeiten und enthält gleichzeitig das Recht auf Arbeit und freie Berufswahl sowie auf persönliche Förderung der Arbeit und angemessene Bezahlung. Gemäß Art. 9 Abs. 2 CE soll die Teilnahme aller Bürger am Wirtschaftsleben gefördert werden.

---

449 *Schütz/Konle-Seidl*, Arbeitsbeziehungen und Interessenrepräsentation in Spanien: vom alten zum neuen Korporatismus?, S. 236; zu Entstehung und Entwicklung der Gewerkschaftsbewegung bis zur Zweiten Republik und während der Diktatur Francos siehe ausführlicher unten § 7 I 5.
450 *Schütz/Konle-Seidl*, Arbeitsbeziehungen und Interessenrepräsentation in Spanien: vom alten zum neuen Korporatismus?, S. 236.
451 *Kasten*, Spanisches Arbeitsrecht im Umbruch, S. 241; vgl. ferner *Köhler/Gónzalez Begega*, Las relaciones laborales en España, S. 118/119.
452 Siehe nur die Kontroversen im Vorfeld des ET zum Kräfteverhältnis von Betriebskomitees und Gewerkschaftssektionen unten § 7 I 4; zur Konkurrenz der beiden großen Gewerkschaften *UGT* und *CCOO* sowie zur Verschlechterung des Verhältnisses der ab 1982 regierenden *PSOE* zur ihr verbundenen Gewerkschaft *UGT* siehe *Zachert*, Die Wirkung des Tarifvertrages in der Krise: das Beispiel Spanien, S. 51 f.; zur „offiziellen Trennung der *UGT* von der *PSOE*" ferner *Loos*, Gewerkschaftsorganisation und Gewerkschaftspolitik in Spanien in den Jahren 1975–94, S. 85 f.
453 *Köhler*, Arbeitsmarkt und Arbeitsbeziehungen in Spanien zu Beginn des 21. Jahrhunderts, S. 402.
454 Siehe *Altmeyer*, Arbeitsrecht im Betrieb 2/2002, S. 101 („historischer Bruch") und auch *Zachert*, Die Wirkung des Tarifvertrages in der Krise: das Beispiel Spanien, S. 51 f.

§ 6 Innensteuerung: Unternehmensmitbestimmung

Daneben enthält die Verfassung zahlreiche Grundaussagen zum kollektiven Arbeitsrecht. So räumt Art. 28 CE den Spaniern das Recht auf freie gewerkschaftliche Betätigung und das Recht auf Streik als verfassungsrechtlich besonders geschützte Materien, die dem Vorbehalt des Organgesetzes unterliegen, ein. Auf einer geringeren Stufe angesiedelt ist hingegen das Recht auf Tarifverhandlungen und auf Arbeitskampfmaßnahmen in Art. 37 CE[455]. Nach Art. 7 CE tragen die Gewerkschaften der Arbeitnehmer und die Verbände der Arbeitgeber zur Verteidigung sowie Förderung der ihnen eigenen wirtschaftlichen und sozialen Interessen bei.

Art. 129 Abs. 2 CE beauftragt den Gesetzgeber, die unterschiedlichen Formen der Beteiligung der Arbeitnehmer effektiv zu fördern. Fraglich ist aufgrund dieser weiten Formulierung unter anderem, ob sich auf Art. 129 Abs. 2 CE eine Beteiligung der Arbeitnehmer in Form der Unternehmensmitbestimmung stützen lässt (siehe hierzu vor allem 4). Art. 35 Abs. 2 CE stellt in diesem Zusammenhang lediglich fest, dass der Gesetzgeber ein Statut der Arbeitnehmer erlassen wird.

Beide Vorschriften geben Anlass zu erheblichen Kontroversen, denn nur die Grenzen einer Regelung – das Eigentumsrecht (Art. 33 Abs. 1 CE) und die unternehmerische Freiheit (Art. 38 CE) – sind festgelegt[456]. Für den Gesetzgeber des ET stand zumindest fest, dass sich das arbeitsrechtliche Modell der Verfassung aus den Säulen des Gegensatzes der Interessen in der Arbeitswelt, der Autonomie der Sozialpartner und der Zuweisung der Gesetzgebungshoheit an den Staat zusammensetzt[457]. Auch in der Lehre werden die Verfassungsbestimmungen dahingehend interpretiert, dass sie trotz der vorhergehenden *política de concertación* ein konfliktorientiertes Verständnis der Arbeitsbeziehungen verankern[458].

d.   Abschaffung der Unternehmensmitbestimmung mit Erlass des ET 1980

Der verfassungsrechtliche Auftrag an den Gesetzgeber in Art. 35 Abs. 2 CE wurde mit dem Ley 8/1980, de 10 de marzo, del estatuto de los trabajadores[459] (ET 1980) umgesetzt. Nach Art. 61 ET 1980 haben die Arbeitnehmer das Recht, sich an dem Unternehmen mittels der Arbeitnehmervertretungen, wie sie im Titel II geregelt sind, zu beteiligen. Die Regelungen der Unternehmensmitbestimmung von 1962 und 1965 wurden ausdrücklich gemäß Art. 3a Disposiciones Adicionales ET 1980 und laut Gesetzesmotiven[460] gestrichen, ohne dass vergleichbare Alternativen der

---

[455] Eingriffe in die *derechos y libertades* der Artikel 14 bis 38 CE unterliegen einem einfachen Gesetzesvorbehalt *(ley ordinaria)*, während die Beschränkung von *derechos fundamentales y libertades públicas* als weiterer Unterabschnitt (Artikel 15 bis 29 CE) einen qualifizierten Gesetzesvorbehalt mit absoluter parlamentarischer Mehrheit erfordern *(ley orgánica)*.
[456] *Galiana Moreno/García Romero*, Revista del Ministerio de Trabajo y Asuntos Sociales 2003, n. 43, S. 16.
[457] Exposición de motivos de la Ley 8/1980, de 10 de marzo, del estatuto de los trabajadores, Estatuto de los Trabajadores, Madrid 2005, S. 25.
[458] Vgl. *Jiménez García*, Los derechos de veto en la legislación laboral española, S. 336.
[459] BOE de 14 de marzo.
[460] *Exposición de motivos de la Ley 8/1980, de 10 de marzo, del estatuto de los trabajadores*, Estatuto de los Trabajadores, Madrid 2005, S. 30/31.

3. Kapitel. Regelung des Wechselspiels

Unternehmensmitbestimmung gesucht wurden[461]. Zwar kann gemäß Art. 61 ET 1980 die Mitbestimmung freiwillig beibehalten oder tarifvertraglich vereinbart werden, jedoch wird von dieser Möglichkeit kein Gebrauch gemacht[462].

Die Gründe für die Abschaffung der Unternehmensmitbestimmung des Ley 1962 und Decreto 1965 sind ein Zusammenspiel verschiedener Faktoren. Als einer der entscheidenden Umstände ist allen voran das große Misstrauen gegen die francistische Gesetzgebung im Allgemeinen und die Regelung der Arbeitsbeziehungen im Besonderen zu nennen[463]. Dass unter Franco die Entsendung von Arbeitnehmervertretern in die Verwaltungsräte der Gesellschaften nur benutzt wurde, um über die Zwangssyndikate Kontrolle und Einfluss auszuüben, haftete der Unternehmensmitbestimmung als unüberwindbarer Makel an. Hiermit wollte man vollkommen brechen.

Ein weiterer wichtiger Faktor war das Ziel der Gewerkschaften, sich als autonome Kraft zu etablieren, um so die unter Franco herrschende „Schicksalsgemeinschaft" von Kapital und Arbeit aufzubrechen. Die Demokratisierung der spanischen Arbeitsbeziehungen bedeutete ihnen vor allem die Anerkennung des Konflikts zwischen beiden[464]. Der Begriff der *participación* war stigmatisiert[465].

Die Integration von Arbeitnehmervertretern in ein Organ der Gesellschaft und die Beteiligung dieser an unternehmerisch-wirtschaftlichen Entscheidungen wurde zudem als Machtverlust verstanden[466]. Man war der Ansicht, dass so den Gewerkschaften die Möglichkeit genommen wird, mit Hilfe des Streikrechts und als Partei in den Tarifverhandlungen Druck auf die Unternehmer auszuüben[467]. Die Macht der Unternehmer werde vielmehr zu geringsten Kosten vergrößert. Da sich die Gewerkschaften somit nicht mit einer Minderheitenposition, wenn überhaupt, im Verwaltungsrat begnügen mochten und die Unternehmer zu einer paritätischen Besetzung nicht bereit waren, kam es zu keiner Einigung[468].

Hinzukommt als dritte Ursache, dass die Unternehmensmitbestimmung keine Priorität auf der Agenda der Gewerkschaften hatte. Als Hauptziele verfolgten sie vielmehr zunächst die Auflösung der vertikalen Syndikate und anschließend die Anerkennung von Gewerkschaftsfreiheit, Tarifautonomie und Streikrecht sowie

---

461 *Jímenez García,* Los derechos de veto en la legislación laboral española, S. 341.
462 Eine einzige Ausnahme ist im Tarifvertrag des Unternehmens *Aviación y Comercio SA* von 1979 zu finden, nach dessen Art. 3, Titel 1, Annex V sich die Arbeitnehmerbeteiligung im *Consejo de Administración* nach dem Ley 1962 und Decreto 1965 richtet, *Esteban Velasco,* Participación de los trabajadores en la empresa y la reforma de las sociedades anónimas, S. 92.
463 *Fernández Steinko,* Prospects for participation and co-determination under the European Company Statute, National Report: Spain, S. 108.
464 *Fernández Steinko,* Prospects for participation and co-determination under the European Company Statute, National Report: Spain, S. 108.
465 *Rodríguez-Piñero,* Relaciones Laborales I/1995, S. 1.
466 *Durán López/Sáez Lara,* El papel de la participación en las nuevas relaciones laborales, S. 15.
467 *Esteban Velasco,* Participación de los trabajadores en la empresa y la reforma de las sociedades anónimas, S. 89.
468 *Klinkhammer,* Mitbestimmung in Deutschland und Europa: eine Einführung für Praktiker, S. 253.

§ 6 Innensteuerung: Unternehmensmitbestimmung

eine Neuregelung des Individualarbeitsrechts und der betrieblichen Mitbestimmung[469].

Schließlich kommt auch dem Umstand, dass der Übergang Spaniens zu demokratischen Arbeitsbeziehungen mit der bislang schwersten Wirtschaftskrise der Nachkriegszeit zusammenfiel[470], eine wichtige Rolle zu. Die unter der Diktatur angewachsenen Strukturprobleme der spanischen Wirtschaft trafen auf eine schwache internationale Konjunktur, was zu einem Absinken der wirtschaftlichen Wachstumsraten auf Null, dramatischen Inflationsraten von über 20%, einem stetigen Anstieg der Arbeitslosigkeit und schweren Strukturkrisen von Industriesektoren wie Kohle, Stahl und Schiffbau führte[471]. Hierdurch hatte vor allem für die Unternehmer die Etablierung eines ausgewogenen Rahmens der Arbeitsbeziehungen, in dem man mit zuverlässigen Partnern den Dialog pflegt und verhandelt, aber nicht die Unternehmensmitbestimmung Vorrang[472]. Der schwierigen wirtschaftlichen Situation Spaniens kommt auch in der Entwicklung der Unternehmensmitbestimmung seit 1980 teilweise Bedeutung zu.

4. Unternehmensmitbestimmung seit 1980

Die Überzeugung von der notwendigen Konfrontation zwischen Arbeitnehmerschaft und Unternehmern weicht im demokratischen Spanien zunehmend der Ansicht, dass die Arbeitsbeziehungen mehr von Zusammenarbeit geprägt sein müssen und der Konflikt nicht alleiniges Instrument zur Durchsetzung von Arbeitnehmerinteressen sein darf[473]. Die Notwendigkeit dieses Umdenkens wird zum einen mit technologischen und organisatorischen Veränderungen in den Unternehmen begründet[474], die mehr Flexibilität der Instrumente zur Arbeitnehmerbeteiligung erfordern[475]. Zum anderen wird mit dem Machtverlust der Gewerkschaften[476] und den veränderten Beschäftigungsstrukturen argumentiert[477]. Zudem verliere ohnehin die starre Trennung des Konflikts- vom Kooperationsmodell an Bedeutung, da jede Form der Beteiligung zu einem gewissen Grad Kompo-

---

469 *Bernecker,* Gewerkschaftsbewegung und Staatssyndikalismus in Spanien, S. 411.
470 Vgl. *Galiana Moreno,* Revista del Ministerio de Trabajo y Asuntos Sociales 2005, n. 58, S. 300; *Schütz/Konle-Seidl,* Arbeitsbeziehungen und Interessenrepräsentation in Spanien: vom alten zum neuen Kooperatismus?, S. 236.
471 *Köhler,* Arbeitsmarkt und Arbeitsbeziehungen in Spanien zu Beginn des 21. Jahrhunderts, S. 398. Unter anderem wegen der ökonomischen Probleme gestalteten sich auch die Verhandlungen über den Antrag Spaniens nach seinen ersten freien Wahlen 1977 auf Aufnahme in die EG als sehr schwierig. Sie wurden erst nach dem Wahlsieg der Sozialisten im Oktober 1982 intensiviert. Das erste Begehren nach Anschluss an die EWG stammte im Übrigen aus dem Jahr 1962 (siehe unten § 7 I 5 zur Periode der Öffnung), es wurde jedoch wegen des diktatorischen Charakters der Regierung Francos abgelehnt.
472 *Esteban Velasco,* Participación de los trabajadores en la empresa y la reforma de las sociedades anónimas, S. 89.
473 *Durán López/Sáez Lara,* El papel de la participación en las nuevas relaciones laborales, S. 16.
474 *Sáez Lara,* La Representación y Acción Sindical en la Empresa, S. 52–70.
475 *Heckscher,* El nuevo sindicalismo, S. 219.
476 *Rodríguez Piñero,* Relaciones Laborales, I/1993, S. 12/13.
477 *Cruz Villalón,* La representación de los trabajadores en la empresa y en el grupo, S. 18–19.

3. Kapitel. Regelung des Wechselspiels

nenten beider Entwürfe enthält[478]. Eine Entwicklung zu mehr Arbeitnehmerbeteiligung in Form der Unternehmensmitbestimmung ist trotz dieses Wandels bisher nicht zu verzeichnen.

a. Stellung der Gewerkschaften und Unternehmenskultur

Die kategorische Ablehnung der Unternehmensmitbestimmung durch die Gewerkschaften während der *Transición* änderte sich Ende der 80er und zu Beginn der 90er Jahre insofern, als man zu der Überzeugung kam, auf die Politik der Unternehmen auch von innen heraus Einfluss nehmen zu müssen. Dies geht zumindest aus einem 1989 veröffentlichten Dokument der beiden wichtigsten Gewerkschaften Spaniens (*UGT* und *CCOO*) hervor, in dem eine Reform des Gesellschaftsrechts dahingehend gefordert wurde, zu einem dualistischen Verwaltungssystem überzugehen und in das Überwachungs- und Kontrollorgan Arbeitnehmervertreter zu entsenden[479]. Aktuell versucht noch die *UGT*, zumindest der Unternehmensmitbestimmung vergleichbare gesetzliche Formen der Arbeitnehmerbeteiligung ins Gespräch zu bringen[480].

Dieser Wandel stößt aber bis heute auf den vehementen Widerstand der Unternehmer. Ihre Ablehnung setzt sich einerseits aufgrund des wachsenden Einflusses der Arbeitgeberorganisation *CEOE*, die einen Hauptteil der großen Unternehmen vertritt, durch[481], denn der Stärke der *CEOE* steht der Machtverlust der beiden wichtigsten Gewerkschaften *CCOO* und *UGT* gegenüber (siehe bereits oben 3 b). Der Organisationsgrad der spanischen Gewerkschaften ist mit knapp 9% im europäischen Vergleich (20%) niedrig[482] und in der aktuellen Vereinbarung zwischen *CEOE* und *CEPYME* einerseits sowie *CCOO* und *UGT* andererseits über die Durchführung von Tarifverhandlungen gehen die Erklärungen in Bezug auf die Arbeitnehmerbeteiligung nicht über die Förderung der Informations- sowie Anhörungs- und Beratungsrechte der betrieblichen Arbeitnehmervertreter hinaus[483].

Auf der anderen Seite hatte die Einführung der Demokratie in Spanien offenbar keinen großen Einfluss auf die autoritären Praktiken und paternalistische Unter-

---

[478] *Galiana Moreno/García Romero*, Revista del Ministerio de Trabajo y Asuntos Sociales 2003, n. 43, S. 17.
[479] *Jiménez García*, Los derechos de veto en la legislación laboral española, S. 295.
[480] *Rangil*, Propuestas de UGT Catalunya sobre la participación de los trabajadores en la empresa, S. 128 und 136/137; *Fernández Steinko*, Prospects for participation and co-determination under the European Company Statute, National Report: Spain, S. 110.
[481] Der bisherige Schwachpunkt der *CEOE* stark von der Regierung abzuhängen, erübrigte sich mit den umfänglichen Privatisierungen der großen staatlichen Unternehmen, *Ojeda Avilés*, Derecho Sindical, S. 66.
[482] www.madrid.diplo.de/Vertretung/madrid/de/04/Leben__und__Arbeiten/Leben__und__Arbeiten.html, letzter Abruf Juli 2008; allerdings ist die Mobilisierungsfähigkeit viel größer als es die Mitgliedszahlen ausdrücken, *Altmeyer*, Arbeitsrecht im Betrieb 2/2002, S. 100; *Köhler*, Arbeitsmarkt und Arbeitsbeziehungen in Spanien zu Beginn des 21. Jahrhunderts, S. 403; in Deutschland bestand im Jahr 2002 ein Nettoorganisationsgrad von 20%, wobei die Mitgliederstruktur durch starke Überalterung belastet ist, *Rieble*, Tarifautonomie und Unternehmensmitbestimmung, S. 44.
[483] Acuerdo Interconfederal para la Negociación Colectiva 2007 vom 6. Februar 2007 (BOE de 24 de febrero), Pkt. V 4, Ausführlicher zu dieser Vereinbarung unten § 10 I 2 a bb.

§ 6 Innensteuerung: Unternehmensmitbestimmung

nehmenskultur des Landes, die aus dem Regime Francos herrühren und scheinbar zu einer Rückkehr der Gewerkschaften auf eine passive Haltung zu Fragen der Arbeitnehmerbeteiligung führen[484]. So machen die Arbeitgeber oftmals kraftvoll Eindruck, um ihre Legitimität zu erhalten und das Unternehmen wird in erster Linie als eine Versammlung von Menschen verstanden, die geführt werden müssen[485]. Nur eine niedrige Machtdistanz erleichtere aber auch der Arbeitgeberseite, umfassende Beteiligungsrechte der Arbeitnehmer zu akzeptieren[486]. Jedenfalls ließ sich eine Beteiligung von Gewerkschaftsvertretern nur in den Verwaltungsräten öffentlicher Unternehmen seit Spaniens Übergang zur Demokratie durchsetzen.

b. Struktur und Situation der Wirtschaft

Ein weiterer wichtiger Umstand für das Ausbleiben einer Entwicklung zu mehr Arbeitnehmerbeteiligung in Form der Unternehmensmitbestimmung konnte bis weit in die 90er Jahre in der Struktur der spanischen Wirtschaft gesehen werden. Diese war bisher, vor allem aufgrund des Tourismus[487], vom Bausektor[488] sowie von Landwirtschaft und Fischerei geprägt[489]. Zudem sind die Mehrzahl der Unternehmen kleine und mittelständische Betriebe[490], die oft in Familienbesitz sind[491]. Länderübergreifend soll sich gezeigt haben, dass sich derartige Unternehmen nicht durch eine Kultur der Arbeitnehmerbeteiligung auszeichnen[492].

Entscheidend war zudem, dass sich die wirtschaftlichen Probleme der *Transición* im demokratischen Spanien zunächst fortsetzten. Trotz weitgehend akzeptabler Wirtschaftswachstumsraten nahm Spanien im EU-Vergleich noch bis weit in die 90er Jahre einen Spitzenplatz bei der Arbeitslosigkeit ein[493]. Diese hohe Arbeitslo-

---

484 *Fernández Steinko*, Prospects for participation and co-determination under the European Company Statute, National Report: Spain, S. 108/109; zur Entwicklung der spanischen Unternehmenskultur im vorigen Jahrhundert vgl. ausführlicher *Rodríguez Piñero*, Ein demokratisches Modell der Arbeitsbeziehungen, S. 21 ff.
485 *Altmeyer*, Interessenmanager vor neuen Herausforderungen, S. 44 und 48.
486 *Altmeyer*, Interessenmanager vor neuen Herausforderungen, S. 333.
487 Hierzu mit aktuellen Zahlen *Domínguez Rodríguez*, Der Tourismusboom und seine Folgen, S. 577 ff.
488 Zur jüngsten Immobilien-Krise auch in Spanien siehe z. B. www.zeit.de/2008/06/ Immobilien-Krise, letzter Abruf Juli 2008.
489 Vgl. *Fernández Steinko*, Prospects for participation and co-determination under the European Company Statute, National Report: Spain, S. 108/109.
490 *Lope Peña/Alós Moner*, La acción sindical en la empresa S. 221: 30% der Arbeitnehmer arbeiten in Betrieben mit weniger als 10 Arbeitnehmern und nur ein Drittel der spanischen Bevölkerung arbeitet in Betrieben, die mehr als 50 Arbeitnehmer beschäftigen; siehe auch *Consejo Económico y Social*, Empleo y Relaciones Laborales en la Construcción, S. 1–2.
491 *Schnelle*, Der Europäische Betriebsrat in Spanien, S. 31.
492 Vgl. *Fernández Steinko*, Prospects for participation and co-determination under the European Company Statute, National Report: Spain, S. 108.
493 Ausführlich für die 80er und 90er Jahre *García Serrano/Garrido/Toharia*, Empleo y paro en España, S. 23 ff.; selbst Zahlen von 2005 zeigen aber noch eine hohe Arbeitslosigkeit im europäischen Vergleich, siehe *Consejo Económico y Social*, Empleo y Formación en el Programa Nacional de Reformas de España, 2005–2008, S. 1; im Übrigen war das hohe Beschäftigungsniveau während des Franco-Regime nicht zwingend auf Bestandsschutz gegründet, sondern ist vielmehr auf die niedrigen

3. Kapitel. Regelung des Wechselspiels

sigkeit wurde auf den Verlust zahlreicher Arbeitsplätze im primären bzw. produzierenden Sektor zwischen 1978 und 1985 sowie auf die Unfähigkeit, neue Arbeitsplätze im Dienstleistungssektor zu schaffen, zurückgeführt[494].

Heute entspricht die Aufteilung der spanischen Wirtschaft nach Sektoren in etwa der anderer Industrienationen: 66,6% Dienstleistungen, 29,8% Industrie, 3,5% Landwirtschaft[495]. Auch der Arbeitsmarkt hat sich zuletzt sehr positiv entwickelt, denn die Arbeitslosenquote lag 2007 bei 8,2%[496]. Allerdings verharrte der Anteil der in den 80er Jahren explosionsartig[497] angestiegenen befristeten Beschäftigungsverhältnisse seit Jahren trotz aller Reformversuche bei rund 34% und über 90% der neu abgeschlossenen Arbeitsverträge waren befristet[498].

In Zeiten dennoch vorhandener Arbeitslosigkeit und starker Verbreitung befristeter Arbeitsverträge scheint sich Arbeitnehmerbeteiligung angesichts mangelnder Gesetze als sehr verletzlich zu erweisen[499]. Jedenfalls wird in Spanien der Konsolidierung des Arbeitsmarktes Priorität eingeräumt[500] und ein Lösungsansatz für dieses Vorhaben wird jedenfalls nicht in einer Institution wie die Unternehmensmitbestimmung gesehen.

c. Wissenschaft und Praxis

In der spanischen Wissenschaft werden disziplinübergreifend verschiedene Regelungsmodelle der Arbeitnehmerbeteiligung sowie ihre Vor- und Nachteile dis-

---

Löhne und auf die von der Diktatur geförderte Arbeitnehmeremigration zurückzuführen, *Kasten*, Spanisches Arbeitsrecht im Umbruch, S. 234.
494 *Miguélez Lopez*, Die Modernisierung der Gewerkschaften in Spanien, S. 356; z.B. ging die Anzahl der in der Landwirtschaft Beschäftigten von 29,4% im Jahr 1967 auf 8,6% im Jahr 1996 zurück, vgl. *Waddington/Hoffmann*, Gewerkschaften in Europa, S. 20; zu den Ursachen der Arbeitslosigkeit auch *López-Casero*, Gesellschaftliche Dimensionen der spanischen Wirtschaft, S. 338 ff.
495 www.cia.gov/library/publications/the-world-factbook/geos/sp.html Econ, Stand 2007, letzter Abruf Juli 2008 (ungewöhnliche Quelle, bietet aber guten Überblick); für die Vertiefung siehe www.mityc.es/NR/rdonlyres/0FA96479–6DD9–483A-AEF7–60F5A108FF0A/0/997_Informe2006.pdf, letzter Abruf Juli 2008.
496 www.auswaertiges-amt.de/diplo/de/Laenderinformationen/Spanien/Wirtschaft.html, Stand Mai 2008, letzter Abruf Juli 2008; Vergleichszahlen für Deutschland 2007/2008 bei www.boeckler.de/pdf/pub_datenkarte_brd_gesamt_2007.pdf, letzter Abruf Juli 2008.
497 Von 15,5% im Jahr 1983 auf 33,7% im Jahr 1994. Die Vergleichszahlen für Deutschland betragen 9,7% und 10,3%, vgl. *Waddington/Hoffmann*, Gewerkschaften in Europa, S. 25.
498 So die Zahlen von 2006; hierzu und zu den Erfolgen der jüngsten Arbeitsmarktreform von 2006 siehe www.mtas.es/empleo/coyuntura/numeros/85/1–Evolucion.pdf, S. 3 und www.mtas.es/destacados/es/resultadosreformalaboralmarzo2007.pdf, S. 5 und 6, Stand März 2007 bzw. Mai 2008, letzter Abruf Juli 2008.
499 *Fernández Steinko*, Prospects for participation and co-determination under the European Company Statute, National Report: Spain, S. 109; die hohe Arbeitslosigkeit hat auch zur schwachen Position der Gewerkschaften geführt, *Altmeyer*, Arbeitsrecht im Betrieb 2/2002, S. 105.
500 Siehe den am 9. Mai 2006 von der spanischen Regierung, *CEOE, CEPYME, CCOO* und *UGT* unterzeichneten Acuerdo para la mejora del crecimiento y del empleo (2006), der sich vor allem die Reduzierung der Arbeitslosigkeit, der befristeten Arbeitsverhältnisse sowie der nach wie vor im europäischen Vergleich hohen Unfallquote am Arbeitsplatz zum Ziel setzt, Vereinbarung abrufbar unter www.mtas.es/sec_trabajo/reforma2006.htm, letzter Abruf Juli 2008, hierzu auch noch unten § 12 II.

§ 6 Innensteuerung: Unternehmensmitbestimmung

kutiert[501]. Auch die Praxis sieht heute mehr Nutzen in der Berücksichtigung und Beteiligung von Arbeitnehmern[502].

Jedoch sind Stimmen, die sich ausdrücklich für eine gesetzliche Regelung der Unternehmensmitbestimmung in Spanien aussprechen weder in der Lehre noch in der Praxis zu finden. Vereinzelt wird lediglich vermerkt, dass die Debatten über die Unternehmensmitbestimmung längst aufgegeben sind[503].

Aktuelle Arbeiten zu diesem Thema sind daher nur sehr spärlich vorhanden bzw. bleiben sie mangels Interesse sogar unveröffentlicht[504]. Die Experten in Spanien zur Unternehmensmitbestimmung, von denen es sehr wenige gibt, sind überwiegend Arbeitsrechtler. Im Gesellschaftsrecht besitzt das Thema keine Relevanz[505]. Verschwindend gering sind daher die Forderungen nach einer Reform des Aktienrechts dahingehend, Mechanismen der Arbeitnehmerbeteiligung in den Unternehmen zu etablieren[506]. Argumentiert wird, dass in Ländern mit einer gesetzlich geregelten Unternehmensmitbestimmung die Funktionsfähigkeit der Unternehmen in keiner Weise gelitten hätte, sondern im Gegenteil die in ihnen involvierten sozialen Interessen zu einem besseren Ausgleich geführt werden. Dogmatisch untermauert wird dies mit dem Auftrag der spanischen Verfassung an den Gesetzgeber in Art. 129 Abs. 2 S. 1 HS 1 CE die Beteiligung der Arbeitnehmer im Unternehmen effektiv zu fördern. Der Wortlaut von Art. 129 Abs. 2 S. 1 HS 1 CE ist zwar alles andere als eindeutig, jedoch ergebe sich diese Interpretation im Wege der systematischen Auslegung: Da Gewerkschaftsfreiheit, Streikrecht und Tarifautonomie der Arbeitnehmer als Rechte gegenüber dem Unternehmen ausdrücklich in der Verfassung geregelt sind (Artt. 28 und 37 CE), beziehe sich Art. 129 Abs. 2 S. 1 HS 1 CE auf Formen der Arbeitnehmerbeteiligung, die innerhalb des Unternehmens anzusiedeln sind[507]. Diese Interpretation werde einerseits bestätigt durch Art. 129 Abs. 2 S. 1 HS 2 und S. 2 CE, wonach der Gesetzgeber den Zugang der Arbeitnehmer zum Eigentum an Produktionsmitteln erleichtern soll. Zum anderen

---

501 Siehe unter anderen *Aragón Sánchez*, Gestión de la participación de los trabajadores en la empresa: situación y desafíos, S. 23 ff.; *Gay*, Conclusiones Grupo de Trabajo, S. 101 ff.; *Ortega Diego*, Sociedad cooperativa 2004, n. 9, S. 28 ff.; *Saavedra*, Motivación y comunicación en las relaciones laborales, 1998.
502 Siehe z. B. *Carazo*, Capital Humano 1999, n. 120, S. 8 ff. (*Outokumpu Copper Tubes SA*); *Elorriaga*, AEDIPE 1998, n. 6, S. 56 ff. (*BBV*); *Iribar*, La participación de los trabajadores en la empresa. Experiencia de Arteche, S. 139 ff.
503 *Jiménez García*, Los derechos de veto en la legislación laboral española, S. 142.
504 *Mendoza Navas*, Los derechos de cogestión: un análisis comparado de los ordenamientos alemán y español, Diss. Albacete 1998 (Die Arbeit untersucht die tarifvertragliche Umsetzung der Acuerdo 1986 und 1993 in den Unternehmen).
505 Mit Ausnahme der Fragen zur Arbeitnehmerbeteiligung in der SE, vgl. unten 5. Kapitel.
506 Siehe nur *Uriarte Torrealday*, El artículo 129.2 de la Constitución, La participación de los trabajadores en la gestión de la empresa, S. 195; ferner verhalten *Cuevas López*, Relaciones Laborales I/1986, S. 1023.
507 *Uriarte Torrealday*, El artículo 129.2 de la Constitución, La participación de los trabajadores en la gestión de la empresa, S. 113.

3. Kapitel. Regelung des Wechselspiels

entspreche dies dem Auftrag der Verfassung in Art. 9 Abs. 2 CE, die Arbeitnehmer am Wirtschaftsleben zu beteiligen[508].

Für die überwiegende Lehre lässt die offene Formulierung des Art. 129 Abs. 2 CE dem Gesetzgeber hingegen Spielraum für jede denkbare Form der Arbeitnehmerbeteiligung, solange das Eigentumsrecht und die unternehmerische Freiheit respektiert wird. Art. 129 Abs. 2 CE wird daher als *norma en blanco* bezeichnet, ohne dass eine Konkretisierung ihres Inhaltes auf die Regelung einer Unternehmensmitbestimmung hin gefordert wird[509].

5. Zusammenfassung

Dass Unternehmensmitbestimmung heute in Spanien im Prinzip nicht existiert, ist das Ergebnis eines Zusammenspiels verschiedener Faktoren, die in der jüngeren spanischen Geschichte zu finden sind. Bemerkenswert ist vor allem, dass nicht zuletzt das Vorhandensein einer Arbeitnehmerbeteiligung in Unternehmensorganen unter Franco zu dieser Entwicklung geführt hat, denn in der Phase des Übergangs Spaniens zur Demokratie haftete der Unternehmensmitbestimmung der Makel francistischer Gesetzgebung an. Dieser Makel dürfte zwischenzeitlich verblasst sein und die Vorzüge von mehr Arbeitnehmerbeteiligung werden heute gesehen. Reformvorhaben des Gesetzgebers in Richtung einer gesetzlichen Arbeitnehmervertretung im *Consejo de Administración* sind aber trotz überdurchschnittlichen Wachstums der spanischen Wirtschaft im EU-Vergleich (3,8% im Jahr 2007)[510] und Rückgang der Arbeitslosigkeit nicht zu verzeichnen. Zu diesem Befund stehen die Regelung und Entwicklung der Unternehmensmitbestimmung in Deutschland im auffälligen Gegensatz.

II. Arbeitnehmervertretung im Aufsichtsrat

Die Publikationen zur deutschen Unternehmensmitbestimmung waren und sind sowohl zahlreich als auch umfassend[511]. Nachfolgend werden daher die gesetzliche Regelung und ihre wesentlichen Grundlagen in angemessener Kürze erläutert. Die Schwerpunktsetzung und Tiefe der Darstellung orientiert sich ausdrücklich an dem Ziel, im Anschluss vergleichend die Unterschiede zum spanischen Recht herausarbeiten zu können.

---

508 *Uriarte Torrealday,* El artículo 129.2 de la Constitución, La participación de los trabajadores en la gestión de la empresa, S. 114, ergänzend allerdings, dass dies von der Rechtsprechung des *Tribunal Constitucional* insofern abweicht, als das Gericht das Recht der Arbeitnehmer an Gewerkschaftswahlen teilzunehmen als Beteiligungsform im Unternehmen nach Art. 129 Abs. 2 CE bezeichnet.
509 *García Murcia,* Claridad 1986, n. 13, S. 26; *Jiménez García,* Los derechos de veto en la legislación laboral española, S. 293/294.
510 *Consejo Económico y Social,* Panorama Económico, 2007: un balance, S. 13 mit Vergleichszahlen für die EU. Die Wachstumsprognose für 2008 liegt bei 3,3%.
511 Siehe nur das umfangreiche Schrifttum bei *Oetker,* Großkomm-AktG, MitbestG, Vorbem.

§ 6 Innensteuerung: Unternehmensmitbestimmung

1. Rechtslage

Im Unterschied zum Recht der spanischen Aktiengesellschaft kennt das deutsche Aktienrecht traditionell eine Aufgliederung der Unternehmensleitung auf die drei Organe Anteilseignerversammlung, Vorstand und Aufsichtsrat. Diese hatte sich seit etwa der Mitte des 19. Jahrhunderts zunächst als freiwillige Organisationsalternative bewährt[512], wurde 1870 für Aktiengesellschaften gesetzlich vorgeschrieben und 1897 in das Handelsgesetzbuch übernommen. Die Funktion des Aufsichtsrates bestand zunächst ausschließlich in der Kontrolle der Geschäftsführung des Vorstandes[513]. Mit dem Betriebsrätegesetz vom 4. Februar 1920[514] und der Ergänzung des Betriebsrätegesetzes vom 15. Februar 1922[515] wurde erstmals die Entsendung von ein oder zwei Betriebsratsmitgliedern in den Aufsichtsrat vorgeschrieben. Die Gemeinschaftsideologie des Nationalsozialismus führte 1934 jedoch zur Abschaffung des Betriebsrätegesetzes[516]. Mit dem Aktiengesetz von 1937 wurde dem Aufsichtsrat zwingend die Personalkompetenz im Hinblick auf die Zusammensetzung des Vorstands eingeräumt[517]. Diese neue Aufgabenzuweisung wurde ins Aktiengesetz von 1965 übernommen. Nach dem Gesetz sind dem Aufsichtsrat heute verbindlich und nicht veränderbar hauptsächlich folgende Aufgaben zugewiesen: Die Bestellung und Abberufung der Mitglieder des Vorstandes, die Überwachung und Beratung des Vorstandes sowie die Mitwirkung an einzelnen Entscheidungen des Vorstandes.

Das geltende Recht kennt für die Beteiligung von Arbeitnehmervertretern an diesen Aufgaben durch ihre Entsendung in den Aufsichtsrat vier verschiedene Modelle: das DrittelbG, MitbestG, MontanMitbestG und MitbestErgG.

a. DrittelbG

Das BetrVG 1952 umfasste ursprünglich sowohl die betriebliche Mitbestimmung als auch Unternehmensmitbestimmung. Der die Betriebsverfassung enthaltende Teil wurde dann durch das BetrVG 1972 abgelöst, wonach die Regelungen zur Unternehmensmitbestimmung der §§ 76ff. BetrVG 1952 weiter gelten sollten. Die Anwendung des die Unternehmensmitbestimmung betreffenden Regelungsrests zeichnete sich jedoch durch fehlende Systematik und Lückenhaftigkeit aus. Darüber hinaus waren die verbleibenden Vorschriften des BetrVG 1952 sowie der Wahlordnung 1952 aufgrund mehrerer gesetzlicher Änderungen (zuletzt: Gesetz zur Reform des Betriebsverfassungsgesetzes vom 23. Juli 2001[518], Gesetz zur Ver-

---

512 Unter der Geltung des ADHGB (1861) gab es nur in der KGaA einen obligatorischen Aufsichtsrat, *Kort*, Großkomm-AktG, Vor § 76, Rn. 5.
513 *Raiser*, Unternehmensmitbestimmung vor dem Hintergrund europarechtlicher Entwicklungen, B12.
514 RGBl. S. 147.
515 RGBl. S. 209.
516 Hierzu und zum Betriebsrätegesetz siehe auch unten 2 und § 7 II 5.
517 *Kort*, GroßKomm-AktG, Vor § 76, Rn. 6.
518 BGBl. I, S. 1852.

3. Kapitel. Regelung des Wechselspiels

einfachung der Wahl der Arbeitnehmervertreter in den Aufsichtsrat vom 23. März 2002[519]) nicht mehr aktuell[520]. Durch das Zweite Gesetz zur Vereinfachung der Wahl der Arbeitnehmervertreter in den Aufsichtsrat vom 18. Mai 2004 wurde das BetrVG daher zum 1. Juli 2004 vom DrittelbG abgelöst[521], das im Wesentlichen eine redaktionelle Neufassung des im BetrVG 1952 verbliebenen „Regelungsrests" über die Unternehmensmitbestimmung beinhaltet[522].

Nach § 4 DrittelbG ist weiterhin ein Aufsichtsrat mit Drittelbeteiligung der Arbeitnehmer in AG, die in der Regel mehr als 500 und bis zu 2000 Arbeitnehmer beschäftigen, einzurichten. Mitbestimmungsfrei sind Aktiengesellschaften mit bis zu 500 Arbeitnehmern aber auch dann nicht, wenn sie vor dem 10. August 1994 gegründet wurden und keine Familienbetriebe sind, § 1 Abs. 1 Nr. 1 DrittelbG. Vom Anwendungsbereich des DrittelbG werden die meisten Gesellschaften – insgesamt (ca. 2300) und 1302 Aktiengesellschaften – erfasst[523].

Auch bei der Zusammensetzung des nach dem DrittelbG zu bildenden Aufsichtsrates ergeben sich gegenüber dem Rechtszustand nach dem BetrVG 1952 keine wesentlichen Änderungen[524]. Der Aufsichtsrat muss zu einem Drittel aus Arbeitnehmervertretern bestehen, § 4 Abs. 1 DrittelbG. Sind ein oder zwei Aufsichtsratsmitglieder der Arbeitnehmer zu wählen, so müssen diese als Arbeitnehmer im Unternehmen beschäftigt sein, § 4 Abs. 2 S. 2 DrittelbG. Sind mehr als zwei Arbeitnehmervertreter in den Aufsichtsrat zu wählen, kann auch ein nicht im Unternehmen beschäftigter Arbeitnehmer oder ein leitender Angestellter gewählt werden, vgl. § 4 Abs. 2 S. 2 DrittelbG.

Die Wahl der Arbeitnehmervertreter in den Aufsichtsrat, dessen Größe sich nach § 95 AktG richtet und weitestgehend der Satzungsfreiheit unterliegt[525], erfolgt auf Grund von Wahlvorschlägen der Betriebsräte[526] oder der Arbeitnehmer (bei Unterzeichnung durch ein Zehntel der Wahlberechtigten oder 100 Wahlberechtigten), § 6 Abs. 1 DrittelbG. Kein Wahlvorschlagsrecht haben weiterhin die Gesellschafter

---

519 BGBl. I, S. 1130.
520 *Huke/Prinz*, BB 2004, S. 2633.
521 BGBl. I, S. 974, zuletzt geändert durch Artikel 19 des Gesetzes vom 14. August 2006, BGBl. I, S. 1911. Mit dem DrittelbG wurde auch die gesetzliche Grundlage für eine Änderung des Wahlverfahrens im Bereich der Drittelbeteiligung geschaffen. Aufgrund von § 13 DrittelbG wurde die Verordnung zum Zweiten Gesetz zur Vereinfachung der Wahl der Arbeitnehmervertreter in den Aufsichtsrat vom 23. Juni 2004, BGBl. I, S. 1393, erlassen.
522 *Lenze*, Folgen von Unternehmens- und Konzernveränderungen für die Arbeitnehmerbank im Aufsichtsrat, S. 26.
523 *Raiser*, Unternehmensmitbestimmung vor dem Hintergrund europarechtlicher Entwicklungen, B18 (Zahlen für 2002).
524 *Seibt*, NZA 2004, S. 771.
525 § 95 Abs. 1 S. 1 AktG bestimmt eine Mindestzahl von drei Aufsichtsratsmitgliedern. § 95 Abs. 1 S. 4 AktG legt die Höchstzahl der Aufsichtsratsmitglieder mit 21 und nach dem Grundkapital abgestuft fest.
526 Ob auch dem Gesamtbetriebsrat bzw. Konzernbetriebsrat, wenn ein solcher besteht, ein Recht zur Einreichung eines Wahlvorschlags neben dem Betriebsrat zukommt, war bereits unter der Geltung des BetrVG 1952 umstritten. Abhängig ist dies von der Auslegung des Begriffs der „Betriebsräte". Der Gesetzgeber hat dies nicht im DrittelbG geklärt, *Huke/Prinz*, BB 2004, S. 2635.

und die Gewerkschaften[527]. Auch dann nicht, wenn die Möglichkeit besteht, externe Arbeitnehmervertreter zu bestellen[528].

b. MitbestG

Der Aufsichtsrat von AG mit mehr als 2000 Beschäftigten ist nach dem MitbestG, das am 4. Mai 1976 verabschiedet wurde[529] und zum 1. Juli 1976 in Kraft trat, zahlenmäßig paritätisch aus Anteilseigner- und Arbeitnehmervertretern zusammenzusetzen (§ 1 Abs. 1 Nr. 2 MitbestG), wobei im Unterschied zum DrittelbG die Anzahl der Aufsichtsratsmitglieder nach § 7 I MitbestG (§ 96 Abs. 1 AktG) vorgeschrieben ist[530].

Gemäß § 7 Abs. 2 MitbestG müssen sich unter den Arbeitnehmervertretern im gesetzlich festgelegten Zahlenverhältnis Arbeitnehmer des Unternehmens oder Konzerns und Vertreter der im Unternehmen oder Konzern vertretenen Gewerkschaften befinden. Ein Sitz im Aufsichtsrat ist einem Vertreter der leitenden Angestellten vorbehalten. Gewählt werden die Arbeitnehmervertreter eines Unternehmens mit in der Regel mehr als 8000 Arbeitnehmern durch Delegierte, sofern nicht die wahlberechtigten Arbeitnehmer die unmittelbare Wahl beschließen, § 9 Abs. 1 MitbestG. Den Organisationen der leitenden Angestellten und den im Unternehmen vertretenen Gewerkschaften wird ein bindendes Vorschlagsrecht bei der Wahl ihrer Vertreter eingeräumt. Die Wahl des Aufsichtsratsvorsitzenden und seines Stellvertreters erfolgt aus der Mitte des Aufsichtsrates. Kommt kein Ergebnis im ersten Wahlgang zustande, dann wählen die Anteilseignervertreter im zweiten Wahlgang den Vorsitzenden, die Arbeitnehmervertreter den Stellvertreter (§ 27 Abs. 2 S. 2 MitbestG). Der Aufsichtsratsvorsitzende hat eine zweite ausschlaggebende Stimme, wenn es im Fall von Stimmengleichheit bei der Beschlussfassung im Aufsichtsrat zu einer zweiten Abstimmung kommt (§ 29 Abs. 2 S. 1 MitbestG), was zu einem leichten Übergewicht des Einflusses der Anteilseigner führt (sog. „Quasiparität").

Das MitbestG war in den Jahren 1990 bis 2005 Gegenstand von insgesamt sechs Änderungsmaßnahmen, die aber die Substanz der zuvor dargestellten Regelungen nicht berühren[531]. 729 Unternehmen waren 2005 vom Anwendungsbereich des MitbestG erfasst[532], davon 339 AG, 127 hiervon börsennotiert[533].

---

527 *Seibt*, NZA 2004, S. 773.
528 *Huke/Prinz*, BB 2004, S. 2635.
529 BGBl. I, S. 1153, zuletzt geändert durch Artikel 18 des Gesetzes vom 14. August 2006, BGBl. I, S. 1911.
530 Zu den Konsequenzen von Umstrukturierungen im Unternehmen für die Arbeitnehmerbank nach MitbestG und DrittelbG siehe *Lenze*, Folgen von Unternehmens- und Konzernveränderungen für die Arbeitnehmerbank im Aufsichtsrat, 2005.
531 Derzeit gelten drei Wahlordnungen zur Wahl der Arbeitnehmervertreter in den Aufsichtsrat nach MitbestG, zuletzt geändert durch die Verordnung zur Änderung der Ersten, Zweiten und Dritten Wahlordnung zum MitbestG und zur Neufassung des MitbestErgG vom 10. Oktober 2005, BGBl. I, S. 2927; vgl. hierzu *Henssler*, Mitbestimmungsrecht, Vor § 9, Rn. 1 ff.
532 www.boeckler.de/pdf/pub_datenkarte_brd_gesamt_2006.pdf, S. 3, letzter Abruf Juli 2008.
533 DGB-Bundesvorstand, Mitbestimmung und Unternehmenspolitik, Fakten zur Mitbestimmung, 04/2007, abrufbar unter www.dgb.de/themen/themen_a_z/abiszdb/abisz_search?kwd=Mitbestimmung&showsingle=1, letzter Abruf Juli 2008.

3. Kapitel. Regelung des Wechselspiels

c. MontanMitbestG

Das MontanMitbestG von 1951[534] gilt nach § 1 MontanMitbestG für Aktiengesellschaften, die in der Regel mehr als 1000 Arbeitnehmer beschäftigen und Bergbau betreiben oder Eisen oder Stahl erzeugen.

Von den normalerweise elf Aufsichtsratsmitgliedern – bei einem Nennkapital von mehr als 25 Millionen Euro kann die Satzung bestimmen, dass stattdessen 15 Mitglieder zu bestellen sind, bei einem Nennkapital von mehr als 25 Millionen Euro 21 Mitglieder – entfallen je vier Sitze auf die Anteilseigner und auf die Arbeitnehmer, zu denen auf jeder Seite ein weiteres Mitglied hinzukommt. Das elfte Mitglied soll unparteiisch und vom Konsens beider Parteien getragen sein (§ 8 MontanMitbestG).

Unter den normalerweise fünf Arbeitnehmervertretern[535] müssen zwei in einem Betriebe des Unternehmens Beschäftigte sein, § 6 Abs. 1 S. 1 MontanMitbestG. Diese Vertreter werden durch die Betriebsräte gewählt und der Hauptversammlung – dem Wahlorgan in der AG (§ 101 Abs. 1 S. 1 AktG) – nach Beratung mit den in den Betrieben des Unternehmens vertretenen Gewerkschaften und deren Spitzenorganisationen vorgeschlagen. Die Hauptversammlung ist an die Vorschläge gebunden. Die drei weiteren Arbeitnehmervertreter, zwei Arbeitnehmervertreter plus das weitere Mitglied der Arbeitnehmerseite, müssen von den Spitzenorganisationen nach vorheriger Beratung mit den im Betriebe vertretenen Gewerkschaften den Betriebsräten vorgeschlagen werden (§ 6 Abs. 3 und 4 MontanMitbestG), die auf dieser Grundlage wählen und ihre Wahl wiederum der Hauptversammlung bindend zur Wahl vorschlagen (§ 6 Abs. 5 S. 1 MontanMitbestG). Die Wahl des elften Mitgliedes erfolgt durch den Aufsichtsrat auf Vorschlag der übrigen Mitglieder, § 8 MontanMitbestG. Nur noch ca. 30 Unternehmen unterlagen Anfang 2007 dem MontanMitbestG[536].

d. MitbestErgG

Nach dem MitbestErgG von 1956[537], das auf Konzernobergesellschaften[538], die ein Unternehmen der Montanindustrie beherrschen, Anwendung findet (§ 3 Abs. 1

---

[534] BGBl. I, S. 347, gültig in der Fassung des Zweiten Gesetzes zur Vereinfachung der Wahl der Arbeitnehmervertreter in den Aufsichtsrat vom 27. Mai 2004, BGBl. I, S. 974, zuletzt geändert durch Artikel 220 der Verordnung vom 31. Oktober 2006, BGBl. I, S. 2407.
[535] Zur Zusammensetzung der Aufsichtsräte mit 15 oder 21 Mitgliedern siehe § 9 MontanMitbestG.
[536] DGB-Bundesvorstand, Mitbestimmung und Unternehmenspolitik, Fakten zur Mitbestimmung, 04/2007, abrufbar unter www.dgb.de/themen/themen_a_z/abiszdb/abisz_search?kwd= Arbeitgeber&showsingle=1, letzter Abruf Juli 2008; zu *Mannesmann* als Beispiel für die Entwicklung der Montanmitbestimmung siehe *Blank*, Liber Amicorum Weiss, S. 299–306.
[537] BGBl. I, S. 707, gültig in der Fassung des Zweiten Gesetzes zur Vereinfachung der Wahl der Arbeitnehmervertreter in den Aufsichtsrat vom 27. Mai 2004, BGBl. I, S. 974, und der Wahlordnung zum Mitbestimmungsergänzungsgesetz vom 10. Oktober 2005, BGBl. I, S. 2927, S. 2932, zuletzt geändert durch Artikel 194 des Gesetzes vom 19. April 2006, BGBl. I, S. 866.
[538] Konzernsachverhalte sind grundsätzlich aus dem Untersuchungsgegenstand ausgegrenzt, hier finden sie der Vollständigkeit halber nur Erwähnung, vgl. auch oben § 1 und unten § 7.

S. 1 MitbestErgG), setzt sich der in der Regel fünfzehnköpfige Aufsichtsrat aus sieben Vertretern der Anteilseigner, sieben Vertretern der Arbeitnehmer und einem weiteren Mitglied zusammen, § 5 Abs. 1 MitbestErgG. Das MitbestErgG war das erste Sicherungsgesetz[539], mit dem die Vermeidung der Montanmitbestimmung durch die Schaffung „montanfreier" Holding-Gesellschaften verhindert werden sollte[540].

Unter den sieben Arbeitnehmervertretern müssen sich fünf Arbeitnehmer von Konzernunternehmen und zwei Vertreter von Gewerkschaften befinden, § 6 Abs. 1 S.1 MitbestErgG[541]. In Abhängigkeit von der Gesamtarbeitnehmerzahl werden die Arbeitnehmervertreter entweder durch Delegierte der Arbeitnehmer des Konzerns (§ 8 Abs. 1 MitbestErgG) oder unmittelbar durch die Arbeitnehmer des Konzerns gewählt (§ 10g MitbestErgG). Die Arbeitnehmer können jedoch das jeweils andere Verfahren beschließen, § 7 Abs. 3 MitbestErgG. Die Wahl erfolgt für die konzernangehörigen Arbeitnehmervertreter auf Vorschlag der Arbeitnehmer, für die Gewerkschaftsvertreter auf Vorschlag der im Konzern vertretenen Gewerkschaften, §§ 10c, 10d MitbestErgG. Das unparteiische 15. Mitglied wird von der Mehrheit der Aufsichtsratsmitglieder vorgeschlagen und von der Hauptversammlung gewählt, § 5 Abs. 3 S. 2 MitbestErgG i.V.m. § 8 Abs. 1 S. 1 MontanMitbestG.

In der Praxis unterliegen kaum noch Unternehmen dem Anwendungsbereich des MitbestErgG[542]. Es ist zwar denkbar, aber wenig wahrscheinlich, dass künftig wieder ein Konzern seine Tatbestandsvoraussetzungen erfüllen wird[543].

Exkurs: Arbeitsdirektor

In AG, die dem MitbestG, MitbestErgG oder MontanMitbestG unterfallen, ist ein Arbeitsdirektor als normales Vorstandsmitglied zu bestellen, § 33 Abs. 1 S. 1 MitbestG, § 13 Abs. 1 S. 1 MontanMitbestG, § 13 S. 1 MitbestErgG. Eine ausdrückliche Aufgabenzuweisung durch den Gesetzgeber ist nicht erfolgt. Nach Auffassung des Bundesverfassungsgerichts lassen sich die Aufgaben und Funktionen des Arbeitsdirektors aber mit der verfassungsrechtlich zu fordernden Klarheit dem Gesetzeswortlaut und der Entstehungsgeschichte entnehmen[544]. Ihm ist hiernach zwingend der Bereich „Arbeit und Soziales" zugewiesen[545], so dass er für den Kernbereich der Aufgaben in allen Personal- und Sozialangelegenheiten zuständig

---

[539] Weitere Sicherungsgesetze siehe *Wißmann*, MünchHdb-ArbeitsR, Band 3, § 375, Rn. 5.
[540] *Seibt*, NZA 2004 S. 773.
[541] Bei einem Aufsichtsrat mit 21 Mitgliedern, der bei mehr als 25 Millionen Euro Gesellschaftskapital erforderlich ist, müssen sich die Arbeitnehmervertreter aus sieben Arbeitnehmern von Konzernunternehmen und drei Vertretern der Gewerkschaften zusammensetzen, § 6 Abs. 1 S. 2 MitbestErgG.
[542] *Semler*, MünchKomm-AktG, § 96, Rn. 21 (2. Auflage).
[543] *Raiser*, Unternehmensmitbestimmung vor dem Hintergrund europarechtlicher Entwicklungen, B23.
[544] BVerfGE 50, S. 290, S. 378.
[545] *Kort*, GroßKomm-AktG, Vor § 76 Rn. 28.

3. Kapitel. Regelung des Wechselspiels

ist[546] und als Vermittler zwischen dem Vorstand und der Belegschaft fungiert[547]. Der Umfang der Aufgaben ist allerdings streitig. Sicher wird das Arbeitsrecht, das Tarifwesen, die Personalplanung und -verwaltung und der soziale Bereich einschließlich Ergonomie, Gesundheitsschutz und Arbeitssicherheit dazu gezählt[548]. Zulässig und sinnvoll kann es aber auch sein, dass der Arbeitsdirektor die Gesellschaft in Arbeitgeberverbänden, Wirtschaftsverbänden und Organen von Sozialversicherungsträgern vertritt[549]. Da Personalangelegenheiten in aller Regel Ressorts der übrigen Geschäftsbereiche berühren, ist in jedem Fall darauf zu achten, dass dem Arbeitsdirektor ein selbstständiges Entscheidungsrecht verbleibt.

Angesichts der Vermittlerfunktion des Arbeitsdirektors wird erwartet, dass er vom Vertrauen der Arbeitnehmervertreter getragen wird. Rechtlich abgesichert ist dies aber in § 33 MitbestG und § 13 MitbestErgG[550] nicht, denn er ist auch gegen den Willen der Arbeitnehmervertreter bestellbar. Nach § 13 Abs. 1 S. 2 MontanMitbestG hingegen kann der Arbeitsdirektor nicht gegen die Mehrheit der Repräsentanten der Arbeitnehmer berufen werden[551]. Der Aufsichtsrat ist aber hinsichtlich der Person, die er zum Arbeitsdirektor bestellen will, frei. Vorschlagsrechte der Arbeitnehmer oder Gewerkschaften bestehen nicht, Wünsche können aber geäußert werden. Wenn diese mit dem Unternehmensinteresse im Einklang stehen, führt die Berücksichtigung der von dritter Seite genannten Person nicht zu einer unzulässigen Wahlbeeinflussung des Aufsichtsrates[552].

Durch die Zugehörigkeit zum Vorstand erlangt der Arbeitsdirektor die gleichen Rechte und Pflichten wie die anderen Vorstandsmitglieder. Er vertritt nicht etwa gesellschaftsfremde Interessen, sondern ist den Interessen der Gesellschaft verpflichtet[553] und hat daher keine interessengebundene Sonderstellung im Vorstand[554]. Trotz der Vermittlerfunktion und des Aufgabenbereichs des Arbeitsdirektors hat seine Bestellung keine den Arbeitnehmervertretern im Aufsichtsrat vergleichbare Rückbindung an den Arbeitnehmerwillen, so dass er für diese Untersuchung im Weiteren unberücksichtigt bleiben wird.

2. Entstehungsgeschichte

Diese Entsendung von Repräsentanten der Arbeitnehmer in die Organe großer Wirtschaftsunternehmen wie die Aktiengesellschaft ist ein Produkt Deutschlands

---

546 *Wendeling-Schröder*, Divisionalisierung, Mitbestimmung und Tarifvertrag, S. 33; systematische Auflistung der Zuständigkeiten des Arbeitsdirektors bei *Hammacher*, RdA 1993, S. 164.
547 *Gach*, MünchKomm-AktG, § 33 MitbestG, Rn. 29.
548 *Klinkhammer*, FS Stahlhacke, S. 286.
549 *Spindler*, MünchKomm-AktG, § 76, Rn. 102.
550 § 13 MitbestErgG erklärt nicht § 13 Abs. 1 S. 2 MontanMitbestG für anwendbar.
551 Gleiches gilt – im Unterschied zum MitbestErgG und MitbestG – auch für die Abberufung, vgl. *Wiesner*, MünchHdb-GesR, Band 4, § 24, Rn. 10.
552 *Gach*, MünchKomm-AktG, § 33 MitbestG, Rn. 10.
553 *Spindler*, MünchKomm-AktG, § 76, Rn. 101.
554 *Immenga*, ZGR 1977, S. 258.

§ 6 Innensteuerung: Unternehmensmitbestimmung

und seiner Geschichte im zwanzigsten Jahrhundert[555]. Politische und Ideengeschichte der Arbeitnehmerbeteiligung reichen zwar zurück bis in die Mitte des 19. Jahrhunderts, in die Zeit der Revolution von 1848[556], die rechtspolitischen Forderungen zielten aber zunächst auf die Einführung einer betrieblichen Mitbestimmung[557] (siehe ausführlich unten § 7 II 5). Die ersten Anfänge einer Unternehmensmitbestimmung datieren damit auf den Beginn des vorigen Jahrhunderts.

Der 1. Weltkrieg hatte die Kriegswirtschaft vor neue Herausforderungen gestellt und die Arbeiter wurden immer wichtiger. Um sie zu mobilisieren und zu organisieren, aber auch, um sie politisch ruhig zu stellen, wurde am 5. Dezember 1916 das Gesetz über den vaterländischen Hilfsdienst[558] erlassen, das die Gewerkschaften erstmals als Sprecher der Arbeiter anerkannte und die Einrichtung von Arbeitnehmer- und Angestelltenausschüssen im Bereich der gesamten Wirtschaft vorsah[559]. Die Beteiligung der Arbeitnehmer in Angelegenheiten des Unternehmens wurde dann in der Weimarer Reichsverfassung (WRV) vom 11. August 1919 in Art. 165 verfassungsrechtlich garantiert[560] und mit der Ergänzung des Betriebsrätegesetzes[561] vom 15. Februar 1922[562] mit der Entsendung von ein oder zwei Betriebsratsmitgliedern in den Aufsichtsrat umgesetzt (§ 70). Die Regelung diente auch der Abwehr radikaler Forderungen nach Sozialisierung und der Eindämmung der sog. Rätebewegung[563].

Einen Bruch erfuhr die Entwicklung der Unternehmensmitbestimmung mit dem Beginn des Nationalsozialismus, in dem das Betriebsrätegesetz abgeschafft[564] und das kollektive Arbeitsrecht vom „Führerprinzip" demontiert wurde, um mit dem Ende des 2. Weltkrieges einen neuen Anfang zu erleben.

Angesichts der alliierten Entflechtungsmaßnahmen und Reparationen suchten die überwiegend kompromittierten deutschen Unternehmer die Zusammenarbeit mit

---

[555] *Raiser,* Unternehmensmitbestimmung vor dem Hintergrund europarechtlicher Entwicklungen, B11.
[556] Zu den drei Gedankenkreisen der Ideengeschichte der Mitbestimmung (sozialistisches Gedankengut, sozialethische Lehren vor allem der katholischen Kirche und deutscher Liberalismus) siehe *Raiser,* MitbestG, Einl., Rn. 8 ff.
[557] *Ulmer,* Mitbestimmungsrecht, Einl. MitbestG, Rn. 15.
[558] RGBl. S. 1333.
[559] *Köstler/Zachert/Müller,* Aufsichtsratspraxis, Rn. 17.
[560] Art. 165 Abs. 1 WRV (RGBl. S. 1383): „Die Arbeiter und Angestellten sind dazu berufen, gleichberechtigt in Gemeinschaft mit den Unternehmen an der Regelung der Lohn- und Arbeitsbedingungen sowie an der gesamten wirtschaftlichen Entwicklung der produktiven Kräfte mitzuwirken. Die beiderseitigen Organisationen werden anerkannt."
[561] Betriebsrätegesetz vom 4. Februar 1920, RGBl. S. 147, siehe auch unten § 7 II 5.
[562] RGBl. S. 209.
[563] Hiermit werden die in der Weimarer Republik spontan gebildeten Räte bezeichnet, die 1918/1919 zur wichtigsten Plattform für die Forderung nach Demokratie, Enteignung und Demokratie wurden, *Kocka,* DIE ZEIT vom 7. September 2006, S. 100.
[564] § 65 des Gesetzes zur Ordnung der nationalen Arbeit vom 20. Januar 1934, RGBl. S. 45.

3. Kapitel. Regelung des Wechselspiels

den Gewerkschaften zur Rettung der Unternehmen[565]. Diesen war aus der Unterdrückung und Verfolgung im Nationalsozialismus ein starkes gewerkschaftliches Selbstbewusstsein erwachsen[566] und sie verlangten im Gegenzug in den Vorständen und Aufsichtsräten der Unternehmen paritätisch beteiligt zu werden[567]. Seit 1947 kam es daher vor allem in der Montanindustrie zu Vereinbarungen zwischen Industrieführern und Gewerkschaften, nach denen in die Aufsichtsräte gleichberechtigt Vertreter der Anteilseigner und der Arbeitnehmer zu entsenden waren[568]. Eine gesetzliche Regelung folgte 1951 im MontanMitbestG nach langem Kampf und Streikdrohung der Gewerkschaften gegen den Widerstand der Unternehmer, der angesichts des Rückzugs der Alliierten aus der Industriepolitik und der Stabilisierung der Wirtschaft zwischenzeitlich wieder erstarkt war[569]. Der Rückschlag, den die Gewerkschaften im darauf folgenden Jahr beim Versuch, die paritätische Unternehmensmitbestimmung im BetrVG von 1952 durchzusetzen, erlebten, führte dazu, dass diese erst Mitte der 60er Jahren wieder Gegenstand der politischen und wissenschaftlichen Diskussion wurde. Die Debatte mündete in den Bericht der „Sachverständigenkommission zur Auswertung der bisherigen Erfahrungen bei der Mitbestimmung" von 1970 (sog. Biedenkopf-Kommission)[570], die von der Bundesregierung einberufen worden war. Die Kommission setzte sich aus neun Professoren der Rechts- und Wirtschaftswissenschaften zusammen und ihre trotz etlicher Dissense abgegebene Empfehlung, die Arbeitnehmerbeteiligung im Aufsichtsrat bis knapp unter die Grenze der Parität zu erweitern, wurde bald zur maßgeblichen Grundlage für alle weiteren öffentlichen und politischen Äußerungen[571]. Zum 1. Juli 1976 trat dann schließlich das MitbestG nach erheblichen parlamentarischen Debatten und der erzielten Kompromisslösung in §§ 27 bis 31 MitbestG, wonach unter anderem die Stimme des regelmäßig von der Anteilseignerseite bestellten Aufsichtsratsvorsitzenden in Pattsituationen den Ausschlag gibt, mit großer Mehrheit in Kraft.

Ebenso wie sich die Geschichte der deutschen Unternehmensmitbestimmung damit von der Entwicklung in Spanien unterscheidet, stehen die in Deutschland mit dieser Form der Arbeitnehmerbeteiligung verfolgten Ziele in scharfem Gegensatz zu den Motiven der francistischen Gesetzgebung. Da der Kontrast zwischen den beiden Ansätzen im Hinblick auf die Pfadabhängigkeit beider Rechtsordnungen

---

565 *Raiser*, Unternehmensmitbestimmung vor dem Hintergrund europarechtlicher Entwicklungen, B13.
566 *Kocka*, DIE ZEIT vom 7. September 2006, S. 100.
567 *Köstler/Zachert/Müller*, Aufsichtsratspraxis, Rn. 34.
568 *Martens*, JuS 1983, S. 331.
569 *Raiser*, MitbestG, Einl., Rn. 4.
570 Bericht Biedenkopf-Kommission, BT-Drucks. VI/334.
571 Die Überzeugung der Kommission ging im Kern dahin, die Entscheidungsfähigkeit des Aufsichtsrates durch ein leichtes Übergewicht einer Seite zu garantieren: „Es muss sichergestellt sein, dass der Aufsichtsrat den ihm vom Gesetz zugewiesenen Aufgaben in einer Weise genügen kann, die den Ablauf des Entscheidungsprozesses nicht mehr als unumgänglich hemmt. Es muss ferner gewährleistet sein, dass nicht eine der beiden Gruppen ständig majorisiert werden kann und dass andererseits keine Entscheidungsunfähigkeit durch einen Patt eintritt", Bericht Biedenkopf-Kommission, BT-Drucks. VI/334, S. 102.

aussagekräftig ist (hierzu unten III 3), wird auch die Zielsetzung der deutschen Unternehmensmitbestimmung im Folgenden kurz zusammengefasst.

3. Zielsetzung

In der Diskussion um die Ziele der deutschen Unternehmensmitbestimmung können einerseits sozialethische und andererseits sozial- und gesellschaftspolitische unterschieden werden[572]. Der Stellenwert dieser Ziele ist umstritten[573], es lassen sich aber trotz der Fülle des dazu aufzubereitenden Materials Argumentationstopoi gleichsam als „Grundwerte" herausstellen[574].

Ein grundlegendes sozialethisches Argument für die Unternehmensmitbestimmung wird in der Notwendigkeit gesehen, das demokratische Prinzip auch im wirtschaftlichen Bereich zu verwirklichen[575]. Das moderne Großunternehmen stelle ein soziales Gebilde dar; hier die Geltung freiheitlicher Grundnormen leugnen heiße die Freiheitlichkeit der Gesamtordnung in Frage stellen. Die Anwendung des demokratischen Prinzips auf die Unternehmen gebiete die Legitimation der Unternehmensleitung, d.h. ihrer Bestellung, Abberufung und Kontrolle durch die von der Unternehmenspolitik berührten Gruppen und damit auch der Arbeitnehmer[576]. Hiergegen wird eingewendet, dass zumindest der Zusammenhang zwischen Demokratie im staatsrechtlichen Sinn und Unternehmensmitbestimmung brüchig sei. Es könne nur der Gedanke der Demokratie, nicht ihr Gestaltungsprinzip und schon gar nicht ihre konkrete Organisationsform übertragen werden, da die vom Unternehmen betroffenen Gruppen nach ständischem und nicht nach Mehrheitsprinzipien an der Unternehmensleitung beteiligt werden sollen[577]. Vor allem werde verkannt, dass das im Privatrecht vorhandene Instrumentarium vielfach einen weit größeren Entscheidungsspielraum einräumt[578].

Exkurs: „Sozialverband Unternehmen"

Im Gesellschaftsrecht leitet sich die Herrschaftslegitimation grundsätzlich aus der Verbandsmitgliedschaft ab und Verbandsmitglied ist nach positivem Gesellschaftsrecht, wer den Verband mitbegründet hat oder wer durch Eintritt oder durch Rechtsnachfolge die Mitgliedschaft erworben hat, d.h. der zugrunde liegende Verbandsbegriff ist durch gesellschaftsrechtliche Vertragstatbestände definiert, nicht durch das bloße Vorhandensein einer sozialen Wirkungseinheit[579]. Diesem gesell-

---

572 So unterschieden im Bericht der Biedenkopf-Kommission, BT-Drucks. VI/334, S. 18; *Raiser*, MitbestG, Einl. Rn. 25; *Ulmer*, Mitbestimmungsrecht, Einl. MitbestG, Rn. 2.
573 Vgl. *Schmidt*, GesR, § 16 IV, S. 479; *Wiedemann*, GesR, Band I, § 11 I 2, S. 592.
574 *Martens*, JuS 1983, S. 229.
575 Ausführlich zum Begriff der „Wirtschaftsdemokratie" *Schwerdtfeger*, Unternehmerische Mitbestimmung der Arbeitnehmer und Grundgesetz, S. 69 ff.
576 Zusammenfassend Bericht Biedenkopf-Kommission, BT-Drucks. VI/334, S. 19–20.
577 *Wiedemann*, GesR, Band I, § 11 I 2, S. 593/594.
578 *Martens*, JuS 1983, S. 330.
579 *Schmidt*, GesR, § 16 IV, S. 476/477.

3. Kapitel. Regelung des Wechselspiels

schaftsrechtlichen Modell wird im rechtspolitischen Diskurs ein unternehmensrechtlicher Ansatz gegenübergestellt. Ausgangspunkt ist der „Sozialverband Unternehmen", in dem Kapital und Arbeit zu einem wirtschaftenden Zweckverband vereinigt sind[580]. Bei dieser Betrachtung wird ein Legitimationsdefizit aufgezeigt, wenn die Herrschaftsmacht im Unternehmen rein gesellschaftsrechtlich und nicht – unter Einschluss des Faktors Arbeit – unternehmensrechtlich legitimiert wird[581].

Als zweites Ziel der Unternehmensmitbestimmung wird die Gleichberechtigung und Gleichgewichtung von Kapital und Arbeit genannt[582], da die Nutzung des Anteilseigentums immer der Beteiligung der Arbeitnehmer bedarf und die Ausübung der Verfügungsbefugnis durch den Eigentümer sich zugleich auf deren Daseinsgrundlage auswirken kann[583]. Kritisiert wird hieran, dass dieser Funktionszusammenhang keine legitimationsrechtlichen Maßstäbe zu begründen vermöge[584] bzw. sich aus der Gleichberechtigungsthese nur ableiten lasse, dass die Produktionsfaktoren ihrem Beitrag entsprechend am Gewinn zu beteiligen sind und die Unternehmensführung möglichst fähigen Personen anzuvertrauen ist[585].

Zu den sozialethischen Argumenten der Arbeitnehmerbeteiligung zählt ferner der Schutz der Würde der Person und das Bestreben, den Arbeitnehmern trotz ihrer Unterordnung unter die Direktions- und Organisationsgewalt der Unternehmensleitung ein gewisses Maß an Selbstbestimmung einzuräumen. Die Verbindlichkeit dieses Wertes wird sowohl aus der christlichen Lehre heraus als auch mit dem Hinweis auf Art. 1 GG begründet[586]. Methodisch wird diesbezüglich als Einwand genannt, dass aus derart allgemeinen Rechtsgedanken nur für diejenigen zwingende Rechtssätze zu begründen seien, die von ihrer Richtigkeit überzeugt sind[587]. Zudem wird darauf hingewiesen, dass die mit dem Selbstbestimmungsrecht der Arbeitnehmer kollidierende Abhängigkeit innerhalb des Unternehmens vor allem

---

[580] Ausführlich *Raiser*, Das Unternehmen als Organisation, mit dem Ergebnis, dass „vom Standpunkt der Rechtstheorie und Rechtsdogmatik aller Grund besteht, die Personifikation des Unternehmens anzuerkennen", S. 171.
[581] Kritisiert wird am Gedanken vom „Sozialverband Unternehmen", dass er in seiner Allgemeinheit nur rechtspolitisch tragfähig und als vorgebliche Rechtsmaxime fragwürdig sei. In das geltende Recht könne er nur über Unternehmensziele und Organpflichten Eingang finden, *Schmidt*, GesR, § 16 IV, S. 478; zudem verbleibe dem Vorstand als Leitungsorgan ein Letztentscheidungsrecht, so dass die Unternehmensmitbestimmung nicht zum Wechsel des Unternehmensträgers führe, *Ulmer/Habersack*, Mitbestimmungsrecht, § 25 MitbestG, Rn. 47.
[582] Siehe unter anderem die Begründung des Regierungsentwurfes zum MitbestG vom 22. Februar 1974, nach dem das Gesetz „eine gleichberechtigte und gleichgewichtige Teilnahme von Anteilseignern und Arbeitnehmern an den Entscheidungsprozessen im Unternehmen" einführen sollte, BR-Drucks. 200/74, S. 16.
[583] BVerfGE 50, S. 290, S. 349.
[584] *Martens*, JuS 1983, S. 330. Der Grundsatz der Gleichberechtigung von Kapital und Arbeit gebiete nicht das eigene Entsendungsrecht der Spitzenorganisationen der Gewerkschaften, sondern nur die paritätische Unternehmensmitbestimmung der Belegschaft, *Schwerdtfeger*, Unternehmerische Mitbestimmung der Arbeitnehmer und Grundgesetz, S. 87.
[585] *Wiedemann*, GesR, Band I, § 11 I 2, S. 593/594.
[586] Bericht Biedenkopf-Kommission, BT-Drucks. VI/334, S. 18.
[587] *Wiedemann*, GesR, Band I, § 11 I 2 S. 594/595.

§ 6 Innensteuerung: Unternehmensmitbestimmung

in den organisatorischen, durch die verzweigte Arbeitsteilung und die technologischen Strukturen bedingten Zwänge des Arbeitsplatzes begründet sei und kaum durch das Bewusstsein mitbestimmungsrechtlicher Repräsentanz im Aufsichtsrat gemildert werden könne[588].

Zu den sozial- und gesellschaftspolitischen Forderungen gehört eine Machtkontrolle oder bessere Machtverteilung in Großunternehmen, d.h. die dort vorhandene wirtschaftliche, gesellschaftliche und politische Macht soll auf mehrere gesellschaftliche Kräfte verteilt werden. Unternehmensmitbestimmung könne eine übermäßige Machtkonzentration verhindern und biete eine Gewähr gegen den Missbrauch wirtschaftlicher Macht[589]. Kritisiert wird dieser Machtbegriff als zu pauschal[590].

Argumentiert wird schließlich, dass Unternehmensmitbestimmung auch deshalb politisch erwünscht sei, weil sie das Engagement der Arbeitnehmerschaft fördere, ihre Arbeitsmoral günstig beeinflusse sowie die noch immer herrschende Klassenkampfmentalität zugunsten des gegenseitigen Verstehens, der Kooperationsbereitschaft und der einvernehmlichen Klärung von Interessenkonflikten breche[591]. Eingewandt wird jedoch, dass dies eine politische Begründung sei, deren Schlüssigkeit bisher nicht nachgewiesen sei[592].

Von den genannten sozialethischen sowie sozial- und gesellschaftspolitischen Zielsetzungen der Mitbestimmung sind ihre verfassungsrechtlichen Grundlagen zu unterscheiden.

4. Verfassungsrechtliche Grundlagen

Eine Stellungnahme zur Unternehmensmitbestimmung enthält das Grundgesetz nicht. Im Unterschied zur spanischen Verfassung enthält es auch keinen Auftrag an den Gesetzgeber, die Beteiligung der Arbeitnehmer effektiv zu fördern[593]. Zugunsten der (paritätischen) Unternehmensmitbestimmung werden aber der Schutz der Menschenwürde (Art. 1 Abs. 1 GG), das Grundrecht der Handlungsfreiheit (Art. 2 Abs. 1 GG) sowie das Sozialstaatsstaatgebot (Artt. 20 Abs. 1, 28 Abs. 1 GG) angeführt[594]. Zudem gewährleistet die in Art. 9 Abs. 3 S. 1 GG garantierte Koalitionsfreiheit das Tarifvertragssystem nicht als ausschließliche Form der Förderung

---

588 *Martens*, JuS 1983, S. 331.
589 Bericht Biedenkopf-Kommission, BT-Drucks. VI/334, S. 20.
590 *Martens*, JuS 1983, S. 331.
591 *Raiser*, MitbestG, Einl., Rn. 25.
592 *Wiedemann*, GesR, Band I, § 11 I 2, S. 597.
593 BVerfGE 50, S. 290, S. 349: „Die Grundrechte der Arbeitnehmer vermögen nicht unmittelbar kraft Verfassungsrechts das Grundrecht der Anteilseigner aus Art. 14 GG zu begrenzen, weil sie – wie auch Art. 74 Nr. 12 GG – keinen verbindlichen Verfassungsauftrag zur Einführung einer Unternehmensmitbestimmung wie derjenigen des Mitbestimmungsgesetzes enthalten".
594 *Raiser*, MitbestG, Einl., Rn. 4; Kritik siehe bereits oben *Wiedemann*, GesR, Band I, § 11 I 2, S. 594/595.

3. Kapitel. Regelung des Wechselspiels

der Arbeits- und Wirtschaftsbedingungen, da eine derartige Interpretation ihrem Grundgedanken und geschichtlichen Entwicklung widerspräche[595].

Das Bundesverfassungsgericht stellte in seinem Urteil zum MitbestG vom 1. März 1979 zunächst klar, dass das Grundgesetz keine bestimmte Wirtschaftsordnung garantiert, sondern dem Gesetzgeber deren Ausgestaltung innerhalb der im durch die Grundrechte gezogenen Grenzen überlässt[596]. Es prüfte anschließend die von Unternehmen und Arbeitgeberverbänden gerügte Verletzung der Grundrechte aus Art. 14 GG (Eigentumsfreiheit)[597], Art. 9 Abs. 3 GG (Koalitionsfreiheit)[598] sowie Art. 12 GG (Berufsfreiheit)[599] und Art. 2 Abs. 1 GG (Allgemeine Handlungsfreiheit)[600]. Weitere Rügen bezogen sich auf Art. 9 Abs. 1 GG (Vereinigungsfreiheit)[601] und Art. 3 I GG (Gleichheitssatz)[602].

Das Gericht führte hierbei aus, dass der Gesetzgeber sich jedenfalls dann innerhalb der Grenzen zulässiger Inhalts- und Schrankenbestimmung hält, wenn die Unternehmensmitbestimmung der Arbeitnehmer nicht dazu führt, dass über das im Unternehmen investierte Kapital gegen den Willen aller Anteilseigner entschieden werden kann, wenn diese nicht aufgrund der Unternehmensmitbestimmung die Kontrolle über die Führungsauswahl im Unternehmen verlieren und wenn ihnen das Letztentscheidungsrecht belassen wird[603]. Da das MitbestG aufgrund des Zweitstimmrechts des von der Anteilseignerseite gestellten Aufsichtsratsvorsitzenden den Anteilseignern trotz paritätischer Besetzung des Aufsichtsrates ein leichtes Übergewicht einräumt, kam das Bundesverfassungsgericht zu dem Ergebnis, dass angesichts der Sozialbindung der Grundrechte weder das Eigentum noch die Berufs- und Vereinigungsfreiheit der Anteilseigner und Gesellschaften verletzt wird. Die Prognose des Gesetzgebers einer positiven Wirkung der Unternehmensmitbestimmung wird zudem nach Ansicht des Gerichts den von Verfassungs wegen an ihre Plausibilität zu stellenden Anforderungen gerecht[604]. Allerdings forderte es den Gesetzgeber ausdrücklich auf, dort korrigierend einzugreifen, wo die mit dem MitbestG verbundenen Hoffnungen enttäuscht werden bzw. sich negative Wirkungen der Unternehmensmitbestimmung herausstellen[605].

---

595 *Richardi*, MünchHdb-ArbR, Band 1, § 6, Rn. 28.
596 BVerfGE 50, S. 290, S. 337.
597 BVerfGE 50, S. 290, S. 339 ff.
598 BVerfGE 50, S. 290, S. 366 ff.
599 BVerfGE 50, S. 290, S. 361 ff.
600 BVerfGE 50, S. 290, S. 360.
601 BVerfGE 50, S. 290, S. 353 ff.
602 BVerfGE 50, S. 290, S. 380 f.
603 BVerfGE 50, S. 290, S. 350 (Prüfung eines Verstoßes gegen Art. 14 GG).
604 BVerfGE 50, S. 290, S. 332 ff.
605 BVerfGE 50, S. 290, S. 335/336.

§ 6 Innensteuerung: Unternehmensmitbestimmung

5. Neuere Entwicklungen

Während in Spanien dem Thema der Unternehmensmitbestimmung nach wie vor grundsätzlich keine Beachtung zuteil wird, ist Ausmaß, Inhalt und Ausgestaltung der deutschen Regelung Gegenstand einer sehr aktuellen Debatte mit „unerhört" großer Breiten- und Tiefenwirkung[606]. Im Folgenden können und sollen nur die wesentlichen Aspekte der Diskussion aufgezeigt und umrissen werden.

a. Auswirkungen der Unternehmensmitbestimmung

Zum einen wird die Frage nach den Auswirkungen der Unternehmensmitbestimmung gestellt. Hierbei interessiert beispielsweise in welchem Maß sie den Arbeitnehmern tatsächlich bei der Verfolgung ihrer Interessen zugute kommt, ob sie sich auf die Effizienz von Unternehmen und Bruttosozialprodukt des Landes positiv oder negativ auswirkt und wie weit sich beweisen lässt, dass ausländische Investoren von ihr abgeschreckt werden. Allgemein erschwert werden die Analysen unter anderem dadurch, dass bei einer ursächlichen Zuweisung von Effekten der Unternehmensmitbestimmung das gleichzeitige Vorhandensein einer betrieblichen Mitbestimmung zu berücksichtigen ist[607], sie teilweise auf den subjektiven Einschätzungen der Beteiligten aufbauen müssen und dass sich in der Regel nicht mit Sicherheit sagen lässt, welchen Weg das Unternehmen unter anderen Bedingungen als denjenigen des tatsächlich angewandten Modells gegangen wäre[608].

Die 1995 ins Leben gerufene und breit angelegte Untersuchung der „Kommission Mitbestimmung" kam zwar in ihrem Bericht von 1998 beispielsweise zu dem Ergebnis, dass sich die Unternehmensmitbestimmung als wirkungsvolles Mittel zu sozialer Integration erwiesen habe und innerhalb der Unternehmen helfe, Hierarchien zu überbrücken bzw. den sozialen Abstand zwischen „unten" und „oben" zu verringern[609]. Dem können jedoch z.B. die erhöhten Kosten der Unternehmensmitbestimmung durch die Arbeitnehmerwahlen sowie die bürokratisierten Entscheidungsprozesse im Aufsichtsrat als Nachteil entgegengehalten werden[610]. Zudem hat das System seinen Bewährungstest im Wettbewerb mit anderen Ländern, die weniger oder keine Unternehmensmitbestimmung kennen, noch nicht bestanden[611] und das Festhalten hierzulande sagt nichts über den Erfolg und Misserfolg eines pfadabhängiges Systems wie die Unternehmensmitbestimmung aus[612]. Ein abschließendes Urteil ist angesichts der Vielzahl der zu berücksichtigenden Faktoren und methodischen Ansätze im Ergebnis jedenfalls (bisher) nicht mög-

---

[606] *Klosterkemper,* FS Wissmann, S. 456.
[607] *Sadowski/Junkes/Lindenthal,* ZGR 2001, S. 127.
[608] *Wißmann,* MünchHdb-ArbeitsR, Band 3, § 375, Rn. 25.
[609] *Bertelsmann Stiftung/Hans-Böckler-Stiftung,* Mitbestimmung und neue Unternehmenskulturen – Bilanz und Perspektiven, S. 33–34.
[610] *Hopt,* FS Everling, S. 484 und 491; *Kübler,* Freundesgabe Döser, S. 241.
[611] *Raiser,* Freundesgabe Kübler, S. 491; vgl. auch *Hopt,* ZIP 2005, S. 473: „kein Exportartikel"; *Rebhahn,* Unternehmensmitbestimmung vor dem Hintergrund europarechtlicher Entwicklungen, M 17: „Der deutsche Weg ist ein Sonderpfad".
[612] *Pistor,* Corporate Governance durch Mitbestimmung und Arbeitsmärkte, S. 174.

3. Kapitel. Regelung des Wechselspiels

lich[613]. Die wissenschaftlichen Mitglieder der „Kommission zur Modernisierung der deutschen Unternehmensmitbestimmung" (sog. Zweite Biedenkopf-Kommission) sahen aber in ihrem Bericht von Dezember 2006[614] trotz der Unmöglichkeit einer eindeutigen Zurechnung von Folgen keinen Anlass, die positive Prognose des Gesetzgebers von 1976 in Frage zu stellen (S. 12).

b. Änderung der Rahmenbedingungen

Fest steht aber, dass sich die Rahmenbedingungen der Unternehmensmitbestimmung geändert haben und sie zunehmend unter Anpassungsdruck gerät.

Laut Bericht der „Kommission Mitbestimmung" von 1998 korrespondierte die Unternehmensmitbestimmung bisher mit Besonderheiten in der Wirtschaftsweise deutscher Unternehmen, vor allem ihrer Produktstrategie und Organisationsstruktur. Denn im internationalen Vergleich zeichnen sich deutsche Unternehmen seit Beginn der Industrialisierung durch breite Nutzung hoher berufsfachlicher Qualifikationen, flache Hierarchien, ausgeprägte Integration dispositiver und ausführender Tätigkeiten sowie Dezentralisierung von Verantwortung und Entscheidungen auf technisch-fachlicher Grundlage aus[615]. Dem entspreche die Tendenz zu einer strategischen Positionierung in Märkten mit hohen Anforderungen an Produktdifferenzierung und Produktqualität. Unternehmen, die in Märkten dieser Art erfolgreich sein wollen, müssten über Strukturen und Fähigkeiten verfügen, deren Aufbau unter anderem eine lange Beschäftigungsdauer sowie langfristig investiertes Kapital verlangt, das es ihnen ermöglicht, anspruchsvolle Investitionsprogramme auch in Zeiten vorübergehender Ertragsschwäche durchzuhalten[616]. Einem erhöhten Entscheidungsdruck und verkürzten Entscheidungszeiten für im Weltmarkt operierende Unternehmen, steigendem Kostendruck auch in Qualitätsmärkten und der wachsenden Bedeutung von Kapitalmärkten sei die Unternehmensmitbestimmung damit weniger gut gewachsen[617].

---

[613] „Mögliche Auswirkungen der Arbeitnehmermitbestimmung auf die unternehmerischen Entscheidungen sind empirisch kaum belegbar. Auch die Auswirkungen auf das Funktionieren des Aufsichtsrates und auf die Corporate Governance sind nicht zuverlässig zu beurteilen", *Hopt*, FS Everling, S. 480/481; „Für ein Urteil fehlt es an verlässlichen empirischen Daten", *Pistor*, Corporate Governance durch Mitbestimmung und Arbeitsmärkte, S. 174; „Ein abschließendes Urteil über das MitbestG ist nach alledem noch nicht möglich", *Raiser*, Freundesgabe Kübler, S. 491; *ders.*, Unternehmensmitbestimmung vor dem Hintergrund europarechtlicher Entwicklungen, B49, mit zahlreichen Quellen zu überwiegend wirtschaftswissenschaftlichen Untersuchungen; „Die Mitbestimmungsgesetze können weder theoretisch noch empirisch mikroökonomisch abschließend beurteilt werden", *Sadowski/Junkes/Lindenthal*, ZGR 2001, S. 142.
[614] Abrufbar unter www.bundesregierung.de/nn_1506/Content/DE/Artikel/2001__2006/2006/12/2006-12-20-betriebliche-mitbestimmung-modernisieren.html, letzter Abruf Februar 2008; weiteres zum Bericht der Kommission unten c und § 12 II.
[615] *Bertelsmann Stiftung/Hans-Böckler-Stiftung*, Mitbestimmung und neue Unternehmenskulturen – Bilanz und Perspektiven, S. 29–30.
[616] *Bertelsmann Stiftung/Hans-Böckler-Stiftung*, Mitbestimmung und neue Unternehmenskulturen – Bilanz und Perspektiven, S. 30; allgemein zur Bedeutung der Globalisierung für das Unternehmensrecht *Hommelhoff*, FS Lutter, S. 95 ff.
[617] *Bertelsmann Stiftung/Hans-Böckler-Stiftung*, Mitbestimmung und neue Unternehmenskulturen – Bilanz und Perspektiven, S. 11 und 66; zum Übergang zur wissensbasierten Produktion nach dem

§ 6 Innensteuerung: Unternehmensmitbestimmung

Andere sehen in der nationalen Unternehmensmitbestimmung sogar einen Fremdkörper in einer globalisierten Wirtschaft, da die Auslandsinvestitionen großer Unternehmen ständig steigen und ihre inländischen Arbeitsplätze zunehmend ins Ausland verlagert würden[618]. Die Konzeption der Unternehmensmitbestimmung ist aber auf Unternehmen zugeschnitten, deren Betätigungsfeld ausschließlich oder weit überwiegend in Deutschland liegt und die Arbeitnehmer ausschließlich oder weit überwiegend mit Wohnsitz im Inland beschäftigen[619]. Die deutsche Unternehmensmitbestimmung finde daher in einer Welt zunehmend multinational organisierter Konzerne nur begrenzt Anwendung und erlaube zudem Ausweichstrategien[620]. Zwar verhindere sie andererseits internationale Zusammenschlüsse nicht, für die soziale Integration ausländischer Unternehmensteile erweise sie sich aber als eine das Zusammenwachsen über die Grenze tendenziell erschwerende Hypothek[621].

Vor allem aber der durch die EuGH-Rechtsprechung ausgelöste Wettbewerb des in den Mitgliedstaaten geltenden Gesellschaftsrechts erhöht den Reformdruck auf die deutsche Unternehmensmitbestimmung[622], denn in den Entscheidungen *Centros*[623], *Überseering*[624] und *Inspire Art*[625] hat der EuGH geurteilt, dass landesspezifische Beschränkungen von Unternehmen innerhalb der Europäischen Union, die nicht durch zwingende Gründe des Gemeinwohls gerechtfertigt sind, einen Verstoß gegen die Niederlassungsfreiheit (vgl. Artt. 43 und 48 EGV) darstellen[626]. Auch wenn die Konsequenzen dieser Entscheidungen für die deutsche Unterneh-

---

Bericht der „Kommission zur Modernisierung der deutschen Unternehmensmitbestimmung" von 2006 noch unten § 12 II.
618 Vgl. *Ulmer*, Mitbestimmungsrecht, Einl. MitbestG, Rn. 72; *Neubürger*, Die deutsche Mitbestimmung aus Sicht eines international operierenden Unternehmens, S. 181: Am Beispiel von Siemens werde dies sehr deutlich, denn während das Unternehmen seinen Umsatz 1976 ungefähr zu gleichen Teilen im In- und Ausland erwirtschaftete, wurden im Jahr 2000/2001 bereits 80% des Umsatzes mit Kunden im Ausland erzielt. Auch die Kapitalstruktur hat sich deutlich verändert. Im Unterschied zu 28% des Grundkapitals der Gesellschaft, die 1976 von ausländischen Aktionären gehalten wurden, sind es heute mehr als 50%; gegen diese Tendenz mit Zahlen aber wiederum *Köstler*, Deutsche Mitbestimmung und europäisches Gemeinschaftsrecht, S. 101 f.
619 *Neubürger*, Die deutsche Mitbestimmung aus Sicht eines international operierenden Unternehmens, S. 182; zu den Merkwürdigkeiten einer national begrenzten Unternehmensmitbestimmung in internationalen Unternehmensgruppen siehe mit Beispielen *Windbichler*, 6 EBOR (2005), S. 521 ff.
620 *Schwark*, AG 2004, S. 180; für Beispiele zu legalen Vermeidungsstrategien siehe *Creutz*, Handelsblatt vom 9. November 2005, S. 37; *Henssler*, Deutsche Mitbestimmung und europäisches Gemeinschaftsrecht, S. 84 f.; *Lubitz*, Sicherung und Modernisierung der Unternehmensmitbestimmung, S. 47 ff.; dagegen *Köstler*, Deutsche Mitbestimmung und europäisches Gemeinschaftsrecht, S.101 f.
621 *Ulmer*, ZHR 166 (2002), S. 274.
622 *Raiser*, Unternehmensmitbestimmung vor dem Hintergrund europarechtlicher Entwicklungen, B41.
623 C 212/97 vom 9. März 1999, NJW 1999, S. 2027.
624 C 208/00 vom 5. November 2002, NJW 2002, S. 3614.
625 C 167/01 vom 30. September 2003, NJW 2003, S. 3331.
626 Siehe in diesem Zusammenhang auch die weiteren EuGH-Urteile zur Reichweite der Niederlassungsfreiheit C 411/03 vom 13. Dezember 2005, NJW 2006, S. 425 („*Sevic Systems AG*"), C 196/04 vom 12. September 2006, NZG 2006, S. 835 („*Cadbury Schweppes*").

3. Kapitel. Regelung des Wechselspiels

mensmitbestimmung im Einzelnen noch unklar sind[627], wird ihre Wettbewerbsfähigkeit im europäischen Vergleich ernsthaft bezweifelt[628].

Kritik gibt es schließlich an der Ausklammerung der Unternehmensmitbestimmung aus der *Corporate Governance*-Diskussion[629] und an der eingeschränkten Kontrollfunktion des Aufsichtsrates[630].

c. Lösungsansätze

Die Diskussion um die Unternehmensmitbestimmung war in Wissenschaft und Praxis seit den Debatten um die Verfassungsmäßigkeit des MitbestG weitestgehend verstummt[631], ja sogar offenbar aufgrund von Befürchtungen unabsehbarer rechtspolitischer Auseinandersetzungen tabuisiert[632]. Diese Phase relativer Ruhe gehört mittlerweile der Vergangenheit an; die Unternehmensmitbestimmung steht erneut auf der Agenda der Rechtspolitik, und zwar nicht nur in einzelnen Details, sondern vielmehr hinsichtlich ihres grundsätzlichen „Designs"[633]. Zu nennen sind in diesem Zusammenhang vor allem einerseits der Vorschlag des „Berliner Netzwerk Corporate Governance" von 2003, statt einer Beteiligung von Arbeitnehmervertretern im Aufsichtsrat einen Konsultationsrat als außerhalb der Gesellschaftsorgane angesiedeltes Gremium zu installieren[634]. Vereinbarungslösungen gewähren ferner die notwendige Flexibilität für die Einbindung von Arbeitnehmerinteressen bei unternehmerischen Entscheidungen, die der Unternehmensgruppe als Normalfall Rechnung tragen[635]. Zum anderen empfiehlt der

---

627 Zur Frage der Anwendung der deutschen Unternehmensmitbestimmung auf im EU-Ausland gegründete Firmen mit Hauptverwaltungssitz in Deutschland (Zuzugkonstellation) *Henssler*, Gedächtnisschrift Heinze, S. 342 ff.; *Kamp*, BB 2004, S. 1497 ff.; *Thüsing*, ZIP 2004, S. 382 ff.; *ders.*, Europäische Perspektiven der deutschen Unternehmensmitbestimmung, S. 97 ff.; zur Anwendbarkeit der Unternehmensmitbestimmung bei Verlegung des Verwaltungssitzes sowie des Verwaltungs- und Satzungssitzes in das EU-Ausland (Wegzugkonstellation) *Roth*, Gedächtnisschrift Heinze, S. 712–717; allgemein zur Vereinbarkeit von Wegzugsbeschränkungen mit der Niederlassungsfreiheit vgl. EuGH 81/87 vom 27. September 1989, NJW 1989, S. 2186 („*Daily Mail*") und EuGH C 9/02 vom 11. März 2004, NJW 2004, S. 2439 („*Lasteyrie de Saillant*").
628 Vgl. *Neubürger*, Die deutsche Mitbestimmung aus Sicht eines international operierenden Unternehmens, S. 195; *Säcker*, BB 2004, S. 1462/1463.
629 *Klosterkemper*, FS Wissmann, S. 458; *Windbichler*, 6 EBOR (2005), S. 511.
630 Hervorgerufen unter anderem durch die Größe des Aufsichtsrates, fehlende Fachkompetenz seiner Mitglieder, Interessenpluralität und Interessenkollisionen, „Bänkesystem", Entleerung des Katalogs zustimmungspflichtiger Geschäfte, „Tischvorlagen", vgl. *Säcker*, AG 2008, S. 21 f.; *ders.*, FS Richardi, S. 723 ff.; *Schiessl*, ZHR 167 (2003), S. 240 ff.; *Ulmer*, ZHR 166 (2002), S. 275; siehe auch unten § 10 II 3.
631 *Hopt*, FS Everling, S. 478.
632 *Ulmer*, Mitbestimmungsrecht, Einl. MitbestG, Rn. 69 mit Hinweis auf die Ausklammerung von Reformvorschlägen im Bericht der Biedenkopf Kommission von 1998; *Oekter*, RdA 2005, S. 339 mit Hinweis auf die Ausklammerung des Themas Unternehmensmitbestimmung aus der Arbeit der im Jahr 2000 eingesetzten „Regierungskommission Corporate Governance": „Auch in der Diskussion zur Corporate Governance blieb die Unternehmensmitbestimmung zunächst ein Tabu-Thema".
633 *Oekter*, RdA 2005, S. 338.
634 AG 2004, S. 200 (These 2) bzw. *Kirchner*, AG 2004, S. 197 ff.
635 AG 2004, S. 200 (These 10) bzw. *Windbichler*, AG 2004, S. 190 ff.; siehe auch *dies.*, 6 EBOR (2005), S. 533 ff.; zu Mitbestimmungsvereinbarungen vgl. ferner *Hanau*, ZGR 2001, S. 75 ff.; *Henss-*

§ 6 Innensteuerung: Unternehmensmitbestimmung

Bericht der von den Präsidien des *BDA* und *BDI* eingesetzten „Kommission Mitbestimmung" von November 2004 die Ablösung des bisherigen Modells durch ein Optionsmodell mit gesetzlicher Auffangregelung[636]. Zunehmend ist auch die sog. „Externen-Regelung", d.h. die vom Willen der Belegschaft unabhängige Entsendung von Gewerkschaftsvertretern in den Aufsichtsrat (siehe oben 1b), in letzter Zeit in Kritik geraten[637].

Eine konsensfähige Lösung zu finden, gestaltet sich aber als kein leichtes Unterfangen. Dies zeigt nicht zuletzt das Zerwürfnis der neunköpfigen „Kommission zur Modernisierung der deutschen Unternehmensmitbestimmung" (sog. Zweite Biedenkopf-Kommission), die 2005 mit dem Auftrag eingesetzt worden war, die „Stärken und Schwächen der deutschen Unternehmensmitbestimmung, insbesondere vor dem Hintergrund europäischer und globaler Entwicklungen" zu bewerten (S. 5). In den Kommissionsberatungen erwiesen sich die unterschiedlichen Positionen der drei Vertreter der Unternehmer und der drei Vertreter der Arbeitnehmer als „unüberwindlich" (S. 7). Während die Vertreter der Unternehmen beispielsweise[638] für die Einführung von Vereinbarungslösungen plädieren (S. 60), stimmen die Arbeitnehmervertreter den drei wissenschaftlichen Mitgliedern insofern zu, als Verhandlungsoptionen eine sinnvolle Flexibilisierungsmöglichkeit für konzernabhängige Unternehmen darstellen (vgl. S. 20), ein vollständiger Verzicht auf Aufsichtsratsgremien durch Vereinbarung müsse jedoch ausgeschlossen werden (S. 70).

Eine „Polarität der Auffassungen" führte schließlich ebenfalls 2006 dazu, dass in der Abteilung Arbeitsrecht („Unternehmensmitbestimmung vor dem Hintergrund europarechtlicher Entwicklungen") des 66. Deutschen Juristentages[639] auf eine Beschlussfassung verzichtet wurde (S. 6).

6. Zusammenfassung

Die Entstehungsgeschichte der deutschen Unternehmensmitbestimmung hat gezeigt, dass die entscheidenden Schübe ihrer Durchsetzung mit Kriegen und Nie-

---

ler, FS Westermann, S. 1021 ff.; *Raiser,* FS Westermann, S. 1303 ff.; *Seibt,* AG 2005, S. 413 ff.; *Windbichler,* Der gordische Mitbestimmungsknoten und das Vereinbarungsschwert – Regulierung durch Hilfe zur Selbstregulierung?, S. 291 ff.

636 Als Orientierung für die Verhandlungspartner empfiehlt die Kommission Regelbeispiele vorzugeben, an die sich die Vereinbarung ganz oder teilweise halten kann, aber nicht muss. Regelbeispiel für die Mitbestimmung im Aufsichtsrat soll eine Besetzung nach MitbestG oder DrittelbG sein. Als drittes Regelbeispiel schlägt die Kommission die Auslagerung in einen „Konsultationsrat" vor. Für den Fall, dass eine Vereinbarung nicht zustande kommt, muss der Gesetzgeber eine bindende Regelung vorsehen, bei der aber nur das DrittelbG oder der Konsultationsrat Maßstab sein können, *BDA/BDI,* Mitbestimmung modernisieren – Bericht der Kommission Mitbestimmung, S. III.

637 Hierzu ausführlich *Buchner,* ZfA 2006, S. 599 ff.

638 Für weitere Einzelheiten der Reformvorschläge siehe unten § 12 II.

639 Beschlüsse abrufbar unter www.djt.de/files/djt/66/66_DJT_Beschluesse.pdf, letzter Abruf März 2007.

3. Kapitel. Regelung des Wechselspiels

derlagen zusammenhingen: mit dem Ersten und Zweiten Weltkrieg sowie den beiden Nachkriegszeiten, wobei die historische Ironie beachtenswert ist, dass dieses Instrument zur Zeit des Ersten Weltkrieges eingeführt wurde, um die Belegschaften zu kriegswirtschaftlich wichtigen Höchstleistungen zu motivieren, und dann nach dem Zweiten Weltkrieg als Demokratisierungselement zur Sicherung der friedlichen Nutzung der auch für Rüstungsgüter geeigneten Schwerindustrie dienen sollte[640]. In einer Ära besonders erfolgreichen Wachstums Deutschlands und Europas konnte sich die Unternehmensmitbestimmung dann in ihrer Hochzeit von 1946 bis 1976 etablieren[641] und ist mit einem Beteiligungsverhältnis der Arbeitnehmer im Aufsichtsrat bis zur zahlenmäßigen Parität nach wie vor einzigartig.

Während die Verfassungsmäßigkeit der Unternehmensmitbestimmung seit dem Urteil des Bundesverfassungsgerichts im Jahr 1979 nicht mehr ernsthaft bezweifelt worden ist und ihre Auswirkungen bisher weder positiv noch negativ bewertet werden konnten, steht ihre Regelung jedoch angesichts der Globalisierung der Wirtschaft bzw. Öffnung der nationalen Kapital- und Arbeitsmärkte einerseits sowie aufgrund der europäischen Integration andererseits unter Anpassungsdruck. Die Zielsetzung einer Beteiligung der Arbeitnehmer wird weiterhin nicht in Frage gestellt, Kritik findet aber die Ausgestaltung der Unternehmensmitbestimmung im Einzelnen.

III. Ergebnis: Ergänzung zum Begriff der Pfadabhängigkeit im Vergleich der deutschen und spanischen Unternehmensmitbestimmung

Vergleicht man die Rechtslage der Unternehmensmitbestimmung in Deutschland und Spanien heute, so kann man sie durchaus als diametral entgegengesetzt bezeichnen. Die Gründe hierfür sind in der deutschen bzw. spanischen Geschichte zu finden. Dennoch hat sich die Unternehmensmitbestimmung beider Rechtsordnungen nicht gleichermaßen pfadabhängig entwickelt. Diese Ergebnisse werden nachfolgend zusammengefasst.

1. Rechtslage

Während in Spanien eine Unternehmensmitbestimmung in der privaten Aktiengesellschaft nicht existiert und aus dem öffentlichen Bereich nahezu verschwunden ist, kennt das deutsche Recht vier verschiedene Modelle einer Arbeitnehmerbeteiligung im Aufsichtsrat der Aktiengesellschaft.

Dieser Gegensatz zwischen beiden Rechtsordnungen verstärkt sich, vergleicht man die Acuerdo 1986 und 1993 als einzige Vereinbarungen einer Unternehmens-

---

640 *Windbichler*, Der Gemeinsinn der juristischen Person, S. 175; *dies.*, EBOR 2 (2001), S. 810/811.
641 *Kocka*, DIE ZEIT vom 7. September 2006, S. 100.

§ 6 Innensteuerung: Unternehmensmitbestimmung

mitbestimmung im demokratischen Spanien[642] mit dem deutschen System der Unternehmensmitbestimmung. Denn im Unterschied zu den zwingenden gesetzlichen Bestimmungen in Deutschland, handelte es sich bei den Acuerdo 1986 und 1993 um Vereinbarungen, die nicht direkt anwendbar waren, sondern nur zu einer gesonderten tarifvertraglichen Umsetzung in dem jeweiligen Unternehmen verpflichtete. Angesichts vorrangiger arbeitsrechtlicher Themen (Arbeits- und Ferienzeiten, Gehälter) bei den Tarifverhandlungen geriet die Umsetzung aber oft in Vergessenheit. Des Weiteren bestimmten die Vereinbarungen von 1986 und 1993 nur die Entsendung von Gewerkschaftsvertretern in den *Consejo de Administración*, während das deutsche Recht die Beteiligung nach unternehmenszugehörigen Arbeitnehmern, leitenden Angestellten, neutralen Mitgliedern usw. auffächert.

Dem Einwand, dass die Gewerkschafter dafür direkt im *Consejo de Administración* beteiligt werden und somit mehr Einfluss auf unternehmerische Entscheidungen ausüben könnten als die Arbeitnehmervertreter im deutschen Aufsichtsrat, ist entgegenzuhalten, dass im Unterschied zur teilweise („quasi") paritätischen Mitbestimmung in Deutschland die beiden spanischen Gewerkschaftsvertreter einer Mehrheit von in der Regel 16 bis 18 Verwaltungsratsmitgliedern gegenüber standen.

Bemerkenswert ist, dass den Acuerdo 1986 und 1993 nicht hinsichtlich der Bestimmung über die Entsendung von Arbeitnehmervertretern in das Verwaltungsorgan große Bedeutung beigemessen wurde, sondern das Hauptaugenmerk auf dem Versuch einer Einführung paritätisch besetzter und gesellschaftsexterner Informations- und Kontrollkommissionen lag. Auch wenn sich letztere aufgrund mangelnder Umsetzung der Vereinbarungen von 1986 und 1993 bzw. fehlender freiwilliger Errichtung durch die Unternehmen nicht durchsetzen konnten[643], bleibt dieses Modell einer Arbeitnehmerbeteiligung zumindest hinsichtlich der Reformvorschläge im Rahmen der deutschen Unternehmensmitbestimmung interessant. (Siehe oben II 5 c zum Vorschlag des „Berliner Netzwerk Corporate Governance", einen Konsultationsrat als außerhalb der Gesellschaftsorgane angesiedeltes Gremium zu installieren.)

---

642 Wie schon oben in § 6 I add ist im Interesse der Vollständigkeit nochmals darauf hinzuweisen, dass in der öffentlich-rechtlichen Rundfunkanstalt *RTVE* nach Art. 11 Abs. 2 Ley 17/2006, de 5 de junio, de la radio y la televisión de titularidad estatal (BOE de 6 de junio) zwei der zwölf Mitglieder des *Consejo de Administración* von den zwei repräsentativsten Gewerkschaften gewählt werden. Diese Regelung betrifft ausschließlich die *RTVE* und ist auf keinen Fall zu verallgemeinern, so dass es bei obiger Feststellung – mit dieser Einschränkung – bleiben muss.
643 Zur hiervon unabhängigen Schaffung von Kommissionen zur Förderung des Dialogs und paritätisch aus Gewerkschaftern und Unternehmern zusammengesetzten Gremien in Unternehmensgruppen siehe unten § 7 I 2 c.

3. Kapitel. Regelung des Wechselspiels

2. Pfadabhängigkeit

Die deutsche Unternehmensmitbestimmung ist ein sehr gutes Beispiel für pfadabhängige Entwicklung. Nach dem Ersten Weltkrieg wurde sie eingeführt und nach dem Zweiten Weltkrieg ausgebaut, beides Situationen in denen es wichtig war, dass Arbeitgeber und Arbeitnehmer zusammenarbeiten[644].

Ganz anders ist die Entwicklung in Spanien verlaufen. Eine Unternehmensmitbestimmung wurde erst- und letztmalig 1962 für private Unternehmen gesetzlich eingeführt und im Unterschied zu Deutschland nicht unter einem demokratischen System, sondern während der Diktatur Francos. Verfolgtes Ziel der Unternehmensmitbestimmung im francistischen Spanien war die staatliche Kontrolle der Arbeitnehmer, nicht Integration und Interessenpluralismus wie in Deutschland. Erst gegen Ende der Hochzeit der Unternehmensmitbestimmung in Deutschland wurde Spanien durch das Ableben Francos der Weg zur Demokratie geebnet. Die aufkommenden wirtschaftlichen Probleme in eben genau dieser Zeit, vorrangige Regelungsprojekte des kollektiven Arbeitsrechts und vor allem das Misstrauen gegenüber dem Ley 1962 führten dazu, dass 1980 eine Beibehaltung der Unternehmensmitbestimmung von keiner Seite in Betracht gezogen wurde.

Spanien scheint daher im Unterschied zu Deutschland ein Beispiel für die „Abkehr vom Pfad" der Unternehmensmitbestimmung zu sein bzw. wird deutlich, dass eine Kategorisierung nach Rechtsordnungen, die schon immer Unternehmensmitbestimmung hatten und daher immer noch haben und solchen, die eine Regelung nie einführten und damit auch heute keine kennen, nicht möglich ist. Eine Ergänzung des Begriffes der Pfadabhängigkeit ist hier damit insofern angebracht, als auch die Motive für die Einführung der Unternehmensmitbestimmung zu berücksichtigen sind, denn unter Franco wurde der Gedanke der Unternehmensmitbestimmung zum Zweck einer Überwachung der Arbeitnehmer missbraucht. Dieser Makel haftete der Unternehmensmitbestimmung 1980 unüberwindbar an. Nur aus diesem Blickwinkel heraus, kann die Entwicklung als pfadabhängig bezeichnet werden.

Exkurs: Political Determinants of Corporate Law

Das Fehlen einer Unternehmensmitbestimmung in Spanien birgt auch für andere Forschungsbereiche Korrekturbedarf.

In der Diskussion um die Erklärung der unterschiedlichen *Corporate Governance* Strukturen weltweit, bezeichnet *Roe* die Politik des jeweiligen Landes als entscheidenden Gestaltungsfaktor[645]. Wo sozialdemokratische Politik stark ist, seien An-

---

644 Vgl. *Hopt,* ZGR 2000, S. 802; so auch aus spanischer Sicht *Lucas Marín,* La participación en las organizaciones, S. 378 (Unternehmensmitbestimmung als historisch bedingt typisch deutsche Erfahrung).
645 Zur Kritik an dieser Methode als verkürzend siehe *Gourevitch,* Yale Law Journal 112 (2003), S. 1835/1836.

§ 6 Innensteuerung: Unternehmensmitbestimmung

teilseignerrechte schwach und Streubesitz gering[646]. Als Beispiel hierfür wird unter anderem die deutsche Unternehmensmitbestimmung als Ausdruck linksdominierter Politik genannt, die nach *Roe* die Erklärung für die Beständigkeit konzentrierten Anteilsbesitzes bzw. des geringen Streubesitzes in Deutschland sein könnte. Die Einführung der Unternehmensmitbestimmung führte zwar zu sozialem Frieden, die Unternehmensleitung reagierte aber mit der Beschränkung der Befugnisse des Aufsichtsrates, um sich Handlungsspielraum zu sichern. Die Anteilseigner suchten ihrerseits nach einer Möglichkeit weiterhin die Unternehmensleitung zu kontrollieren, was ihnen durch konzentrierten Anteilseignerbesitz möglich wurde[647]. In der Folge müssten daher fehlende Unternehmensmitbestimmung und Streubesitz miteinander korrespondieren.

Probleme bereitet diese These am Beispiel Spanien, da die Anteilseignerstruktur spanischer Unternehmen derjenigen süd- und zentraleuropäischer Ländern – die *Roe* als beispielhaft für das Vorhandensein von Großaktionären nennt[648] – sehr nah bzw. von nordamerikanischen und britischen Ländern verschieden ist[649]. In der Tat wird der Großteil der (börsennotierten) spanischen Aktiengesellschaften von einem Mehrheitsaktionär oder wenigen Aktionären, die gemeinsam die Mehrheit besitzen, beherrscht[650]. Eine Minderheit der Gesellschaften hat einen Streubesitz von über 75%[651]. Nach den Daten der *CNMV* von Ende 2005 waren von den 176 insgesamt in Spanien börsennotierten Gesellschaften 57 in der Hand eines einzigen Mehrheitsaktionärs, der die Kontrolle ausübt oder ausüben kann. In weiteren 66 Gesellschaften wurden über 50% des Kapitals von Großaktionären gehalten[652]. Zumindest in Spanien scheinen damit das Fehlen einer Unternehmensmitbestimmung und Streubesitz einander nicht zu bedingen.

3. Tendenzen

Vor den Herausforderungen der Globalisierung einerseits und der Integration des europäischen Binnenmarktes andererseits stehen Deutschland und Spanien gleichermaßen.

---

646 *Roe*, Political Determinants of Corporate Governance, Intro; *ders.*, Political and Legal Perspectives, S. 1–5.
647 *Roe*, Political Determinants of Corporate Governance, S. 22; *ders.*, Political and Legal Perspectives, S. 22. Allerdings prägte konzentrierter Anteilsbesitz bereits zu Beginn des 20. Jahrhunderts die private Wirtschaft in Deutschland. Die später eingeführte Unternehmensmitbestimmung war nach *Roe* zunächst die soziale und politische Reaktion auf diese Struktur gewesen. Seither bedingen sie sich gegenseitig, *Roe*, Political Determinants of Corporate Governance, S. 78.
648 *Roe*, Political Determinants of Corporate Governance, S. 16/17; *ders.*, Corporate Governance: Political and Legal Perspectives, S. 16/17.
649 *Fernández Steinko*, Prospects for participation and co-determination under the European Company Statute, National Report: Spain, S. 111.
650 *Informe Olivencia*, Pkt.I.3, abrufbar www.cnmv.es/index.htm, letzter Abruf Juli 2008.
651 *Grechenig*, Spanisches Aktien- und GmbH-Recht S. 19.
652 www.cnmv.es/publicaciones/IAGC2005.pdf, S. 20; Vergleichszahlen zu den nicht börsennotierten sog. *sociedades abiertas* (hierzu oben § 1 I 2 b) bei *Trías Sagnier*, RdS 2003, n. 21, S. 166.

3. Kapitel. Regelung des Wechselspiels

Konstatiert wird in Spanien „nur", dass Formen der Zusammenarbeit zwischen Arbeitnehmer und Unternehmer unabdingbar seien, damit die Wettbewerbsfähigkeit nationaler Unternehmen im Prozess der Globalisierung gewährleistet bleibt[653]. Als Ansatz hierfür und damit einhergehend für die notwendige Konsolidierung des nationalen Arbeitsmarktes steht ein kooperatives Modell wie die Unternehmensmitbestimmung trotz des verblassten Makels der francistischen Gesetzgebung aber nicht zur Diskussion[654]. In Deutschland werden ebenfalls weiterhin die Vorzüge einer Integration der Arbeitnehmer im Unternehmen gesehen, ihre konkrete Ausgestaltung wird aber als Reaktion auf die Öffnung der nationalen Kapital- und Arbeitsmärkte wieder heftig debattiert.

§ 7 Außensteuerung: Betriebliche Mitbestimmung

Mit der Feststellung der stark gegensätzlichen Regelung der Arbeitnehmerbeteiligung im *Consejo de Administración* und im Aufsichtsrat, folgt nun die Frage nach der rechtlichen Gestaltung der betrieblichen Mitbestimmung in Deutschland und Spanien.

In Spanien sieht das Gesetz die Installation von zwei Interessenvertretungen im Betrieb vor; eine der Gesamtheit der Belegschaft und eine der gewerkschaftszugehörigen Arbeitnehmer (I. Arbeitnehmervertretungen nach ET und LOSL). Dieses System wird in der spanischen Lehre sehr häufig als dual bezeichnet[655]. Für die deutsche Lehre ist dieser Begriff teilweise anders besetzt. Zum einen wird in dem dualistischen bzw. dualisierten Model der betrieblichen Mitbestimmung das Gegenstück zum Einheits- oder Integrationsmodell der Unternehmensmitbestimmung gesehen. Während bei der Unternehmensmitbestimmung die Arbeitnehmer in die Aufsichtsorgane der Unternehmen einbezogen sind, wird die Beteiligung der Arbeitnehmer im Betrieb durch die von ihnen gewählte Interessenvertretung gegenüber dem Arbeitgeber verwirklicht[656]. Unter Dualismus kann in Deutschland aber auch die Doppelstruktur der betrieblichen Interessenvertretung verstanden werden, die die Vertretung der gesamten Belegschaft durch ein eigens gewähltes Organ von der Vertretung der gewerkschaftszugehörigen Arbeitnehmer durch die Gewerkschaft trennt[657]. Letztere ist aber, im Gegensatz zu Spanien, nicht gleichermaßen gesetzlich im Betrieb verankert (daher II. Arbeitnehmervertretung nach BetrVG). Wieder andere bezeichnen die deutsche Betriebsverfassung wegen des Betriebsrats, der grundsätzlich mit allen gesetzlichen Rechten nach dem BetrVG ausgestattet ist, als ganzheitliches Konzept im Unterschied zu Rechtsord-

---

653 *Alonso/Blanco*, La transformación de las bases sociales del conflicto laboral, S. 370.
654 Für einen Ausblick auf die spanischen Lösungs- und Bewältigungsstrategien angesichts der neuen Herausforderungen siehe § 12 II.
655 *Ojeda Avilés*, Derecho Sindical, S. 419 (*régimen dual*); *Fernández Steinko*, Prospects for participation and co-determination under the European Company Statute, National Report: Spain, S. 109.
656 *Fitting*, BetrVG, § 1, Rn. 3; *Richardi/Richardi*, BetrVG, Einl, Rn. 4; *Wiese*, GK-BetrVG, Band 1, Einl., Rn. 43.
657 *Düwell*, HaKo-BetrVG, Einl., Rn. 88.

nungen dualistischer Struktur, wo die betriebliche Interessenvertretung der Arbeitnehmer auf Delegierte und Komitees/Ausschüsse aufgeteilt ist[658].

Aufgrund dieser unterschiedlichen Blinkwinkel auf die Begriffe dualistisch bzw. monistisch im Bereich der Arbeitnehmerbeteiligung soll auf sie im Weiteren, soweit möglich, verzichtet werden.

I. Die Arbeitnehmervertretungen nach ET[659] und LOSL

Im spanischen Recht kann die betriebliche Vertretung von Arbeitnehmern rechtsformunabhängig auf zwei getrennten Wegen verwirklicht werden: Zum einen durch die im Titel II des ET geregelte sog. einheitliche Vertretung *(Representación Unitaria)* mit Personaldelegierten *(Delegados de Personal)* und Betriebskomitees *(Comités de Empresa)*[660], zum anderen mittels der in den Artikeln 8 bis 11 des ley orgánica 11/1985, de 2 de agosto de libertad sindical (LOSL)[661] geregelten sog. gewerkschaftlichen Vertretung *(Representación Sindical)* mit Gewerkschaftssektionen *(Secciones Sindicales)* und Gewerkschaftsdelegierten *(Delegados Sindicales)*[662]. Nachfolgend soll ein Überblick über die Regelung beider Formen betrieblicher Interessenvertretung gegeben werden, wobei auf ihre Aufgaben, die im Detail Gegenstand von Kapitel 4 sind, nur gegebenenfalls eingegangen wird. Ein Schwerpunkt der Darstellung wird sein, die Besonderheiten der betrieblichen Mitbestimmung in Spanien – die Einrichtung der Gewerkschaften im Betrieb und die Tarif- und Streikfähigkeit der Belegschaftsvertretung – anhand ihrer Entstehungsgeschichte nachzuvollziehen.

1. Die Begriffe *Centro de Trabajo* und *Empresa*

Gemäß Art. 61 ET haben die Arbeitnehmer das Recht, sich am Unternehmen *(Empresa)* im Wege der im Titel II desselben Gesetzes geregelten Vertretungsorgane, d.h. der einheitlichen Vertretung, zu beteiligen. Art. 63 Abs. 1 ET bezeichnet die einzurichtenden Belegschaftsvertretungen alternativ als Vertretung aller Arbeitnehmer des Unternehmens oder Betriebes *(Centro de Trabajo)*. Das ET unterscheidet somit grundsätzlich den Begriff des Betriebes von dem des Unternehmens.

---

658 *Junker*, RIW 2002, S. 83 (am Beispiel von Frankreich, wo allerdings den *Delegués du personnel* und dem *Comité d'entreprise* auch unterschiedliche Aufgaben zugewiesen sind).
659 Im Unterschied zur Darstellung in § 6 I 3 ist hier die reformierte Version maßgeblich: Real Decreto Legislativo 1/1995, de 24 de marzo, por el que se aprueba el texto refundido de la ley del estatuto de los trabajadores (ET) (BOE de 29 de marzo), siehe bereits oben § 3.
660 Streng genommen ist das *Comité de Empresa* mit „Unternehmenskomitee" zu übersetzen. Da diese Übersetzung aber angesichts des betriebsbezogenen Konzeptes des ET (siehe unmittelbar folgend 1) inhaltlich nicht zutreffend ist, wird sie vermieden.
661 BOE de 8 de agosto.
662 Für die öffentliche Verwaltung regelt das Ley 9/1987, de 12 de junio, de órganos de representación, determinación de las condiciones de trabajo y participación del personal al servicio de las administraciones públicas (LORAP), (BOE de 1 de julio), die Einrichtung von Personalvertretungen: *Delegados de Funcionarios* (Art. 5 LORAP) und *Juntas de Personal* (Artt. 6 und 8 LORAP).

3. Kapitel. Regelung des Wechselspiels

Als Standort für die Errichtung der Belegschaftsvertretung hat sich der Gesetzgeber jedoch in Art. 63 Abs. 1 ET ausdrücklich für den Betrieb entschieden. Eine Konkretisierung des Betriebsbegriffs enthält das ET in Art. 1 Abs. 5, wonach der Betrieb aus einer produktiven Einheit mit besonderer Organisation besteht, welche bei der Arbeitsbehörde anzumelden ist. Die Legaldefinition wurde unter anderem dahingehend ergänzt, dass sich ein Betrieb vor allem durch die Autonomie seiner Organisation und Entscheidungsprozesse individualisieren lasse[663].

Der Unternehmensbegriff ist im ET hingegen nicht bestimmt worden. In der Literatur wenden viele ein quantitatives Differenzierungskriterium an und prüfen, ob eine größere Einheit vorliegt, die aus mehreren Betrieben besteht. Während damit im Betrieb nur ein Teil der gesamten Unternehmenstätigkeit ablaufe, stelle das Unternehmen eine die gesamte Organisation erfassende wirtschaftliche Einheit dar[664]. Für Verwirrung sorgt aber, dass das Unternehmen im Gesetz sehr oft im gleichen Atemzug mit dem Betrieb genannt wird, ohne dass gleichzeitig die denkbaren inhaltlichen Unterschiede zum Tragen kommen[665].

2. *Representación Unitaria: Delegados de Personal* und *Comité de Empresa*

Gemäß Art. 63 Abs. 1 ET ist die einheitliche Vertretung (*Representación Unitaria*) eine Vertretung der Gesamtheit der Belegschaft. Ihre Differenzierung nach *Delegados de Empresa* und *Comité de Empresa* ist weniger inhaltlicher, sondern mehr terminologischer Natur, da sich beide Organe lediglich hinsichtlich der zur ihrer Errichtung erforderlichen Belegschaftsgröße unterscheiden.

a. *Delegados de Personal*

Gemäß Art. 62 Abs. 1 S. 1 ET sind in Unternehmen oder Betrieben mit weniger als 50 und mehr als zehn Arbeitnehmern *Delegados de Personal* als Arbeitnehmervertretung zu benennen (zum Arbeitnehmerbegriff des ET siehe oben § 3 I). In Unternehmen oder Betrieben, die nur zwischen sechs und zehn Arbeitnehmer zählen, kann dann ein *Delegado de Personal* bestellt werden, wenn dies von der Mehrheit der Belegschaft entschieden wurde, Art. 62 Abs. 1 S. 2 ET[666].

Die *Delegados de Personal* werden von allen Arbeitnehmern im Wege freier, persönlicher, geheimer und direkter Wahl für vier Jahre (Art. 67 Abs. 3 S. 1 ET) gewählt,

---

[663] Siehe hierzu ausführlich *Abiol Montesinos*, Comités de Empresa y Delegados de Personal, S. 19 f.
[664] *Barrenechea Suso/Ferrer López*, El Estatuto de los Trabajadores, S. 26; vgl. auch *Martínez Girón/Arufe Varela/Carril Vásquez*, Derecho del Trabajo, S. 122.
[665] In der gesamten Darstellung wird dennoch die vom spanischen Gesetzgeber gewählte Formulierung verwendet.
[666] Dies bedeutet angesichts der spanischen Unternehmensstruktur und einer Tendenz zur Dezentralisierung der Produktion, dass in vielen Betrieben überhaupt keine Arbeitnehmervertretung existiert, *Kasten*, Spanisches Arbeitsrecht im Umbruch, S. 188; *Sáez Lara*, Revista del Ministerio de Trabajo y Asuntos Sociales 2005, n. 58, S. 340 mit der Forderung nach einer gesetzlichen Regelung auch für Kleinstunternehmen.

§ 7 Außensteuerung: Betriebliche Mitbestimmung

wobei bei einer Belegschaftsgröße von bis zu 30 Arbeitnehmern ein *Delegado de Personal* und bei 31 bis 49 Arbeitnehmern drei *Delegados de Personal* zu bestellen sind, Art. 62 Abs. 1 S. 3 ET. Jeder Betrieb kann seinen eigenen Wahltermin festlegen. Falls mit Ablauf der vier Jahre keine neuen Wahlen initiiert wurden, verlängert sich das Mandat automatisch, um ein Vakuum zu vermeiden[667]. Abberufen werden können die Vertreter während ihrer Amtszeit durch Mehrheitsentscheidung der Belegschaftsversammlung, wenn mindestens ein Drittel der Belegschaft anwesend ist, Art. 67 Abs. 3 S. 2 ET.

Die Wahlen der *Delegados de Personal* können durch die repräsentativsten Gewerkschaften[668], Gewerkschaften mit einer Vertretung im Betrieb oder Unternehmen in Höhe von mindestens 10% der Belegschaft sowie durch Mehrheitsentscheidung der Belegschaft selbst initiiert werden, Art. 67 Abs. 1 S. 1 ET.

Kandidatenvorschläge können unabhängig von ihrer Repräsentativität von jeder Gewerkschaft eingereicht werden, Art. 69 Abs. 3 S. 1 ET, Art. 2 Nr. 2d) LOSL. Es muss sich bei den Kandidaten nicht um Gewerkschaftszugehörige handeln[669]. Vorschläge können ferner auch aus der Belegschaft kommen, wenn die Kandidatur mit dreimal so vielen Unterschriften wie zu vergebene Posten unterstützt wird, Art. 69 Abs. 3 S. 2 ET. Die in Artt. 69 bis 76 ET geregelten Vorschriften zur Durchführung der Belegschaftswahlen wie z.B. die Einrichtung eines Wahlvorstands *(mesa electoral)* werden durch das Real Decreto 1844/1994, de 9 de septiembre, por el que se aprueba el Reglamento de elecciones a órganos de representación de los trabajadores en la empresa (RERT)[670] weiter konkretisiert. Die Kompetenzen, Vorrechte und Garantien der *Delegados de Personal* entsprechen der der *Comités de Empresa* (Art. 62 Abs. 2, Artt. 68 und 81, Artt. 50 Abs. und 68 ET).

b. *Comité de Empresa* und *Comité de Empresa Conjunto*

Ab einer Belegschaftsgröße von 50 Beschäftigten vertritt nach Art. 63 Abs. 1 ET das *Comité de Empresa* als kollegiales Vertretungsgremium die Interessen aller Arbeitnehmer im Unternehmen und Betrieb. Gemäß Art. 65 Abs. 1 ET kann das *Comité de Empresa* zwar im Zusammenhang mit seinen Kompetenzen Verwaltungs- oder Gerichtsverfahren anstrengen, es besitzt aber keine generelle „repräsentative" Befugnis und ist auch nur in Bezug auf die ausdrücklich durch Gesetz zugewiesenen Kompetenzen (teil)rechtsfähig[671].

---

667 Sentencia del Tribunal Constitucional (STC) 57/1989, Pkt. II 2 a).
668 Zu Begriff und Abstufung der Repräsentativität *(Representatividad)* siehe ausführlich unten 3 a.
669 *Albiol Montesinos,* Comités de Empresa y Delegados de Personal, S. 66; dennoch hat sich die Bezeichnung Gewerkschaftswahlen *(elecciones sindicales)* eingebürgert, *Altmeyer,* Arbeitsrecht im Betrieb 2/2002, S. 102.
670 BOE de 13 de septiembre.
671 *Desdentado Bonete/Puebla Pinilla,* Tribuna social 2004, n. 166, S. 1; *Ojeda Avilés,* Derecho Sindical, S. 382–385 mit Nachweisen für die Gegenansicht einer umfassenden Rechtsfähigkeit (S. 385).

3. Kapitel. Regelung des Wechselspiels

Die Anzahl seiner Mitglieder beträgt nach Art. 66 Abs. 1 ET je nach Belegschaftsgröße mindestens fünf und maximal 75[672]. Aus seiner Mitte wählt das Betriebskomitee einen Präsidenten und Sekretär und gibt sich selbst eine Geschäftsordnung, Art. 66 Abs. 2 ET. In Unternehmen mit Betrieben in derselben Provinz oder angrenzenden Gemeinden, die zusammen, aber nicht jeweils einzeln, eine Belegschaftsgröße von 50 Arbeitnehmern erreichen, wird ein Gemeinsames Betriebskomitee *(Comité de Empresa Conjunto)* eingerichtet, Art. 63 Abs. 2 S. 1 ET. Für den Fall, dass ein Betrieb des Unternehmens 50 Arbeitnehmer beschäftigt, die weiteren Betriebe in derselben Provinz aber weniger, wird in ersterem ein eigenes *Comité de Empresa* eingerichtet und für die anderen zusammen ein weiteres, Art. 63 Abs. 2 S. 1 ET[673]. Die Bestellung, Abberufung und Wahl der Mitglieder des *Comité de Empresa* ist wie bei den *Delegados de Personal* (siehe oben) geregelt.

Zentrale Norm für die Kompetenzen der *Comités de Empresa* (und der *Delegados de Personal*) im Betrieb oder Unternehmen ist Art. 64 ET, der im Wesentlichen Informations-, Beratungs- und Kontrollrechte einräumt. Ein besonderes Merkmal des spanischen Rechts ist, dass die betriebliche Arbeitnehmervertretung zum einen tariffähig[674] ist, Art. 87 Abs. 1 ET, und zum anderen einen Streik ausrufen kann, Art. 3 Abs. 2a) S. 1 des Decreto-Ley 17/1977, de 4 de marzo, sobre relaciones de trabajo (RDLRT)[675]. Alternativ zum Streik (Art. 17 Abs. 2 RDLRT) kann die einheitliche Vertretung den Kollektivkonflikt *(Conflicto Colectivo*[676]*)* auf der Ebene des Betriebes und Unternehmens einleiten, Art. 18 Abs. 1a) RDLRT und Art. 152c) des Real Decreto Legislativo 2/1995, de 7 de abril, por el que se aprueba el texto refundido de la ley de procedimiento laboral (LPL)[677].

Zu den Vorrechten, die das Gesetz den Mitgliedern der *Comités de Empresa* einräumt, zählen Arbeitsfreistellungen (Art. 68 S. 1e) ET), kollektive Meinungsfreiheit (Art. 68 S. 1 d) ET) und der Anspruch auf Bereitstellung einer Räumlichkeit sowie einer oder mehrerer Schwarzer Bretter für die Betriebskomiteearbeit (Art. 81 ET). Schließlich genießen sie einen besonderen Kündigungs-, Sanktions- und Diskriminierungsschutz (Artt. 40 Abs. 5, 55 Abs. 1 S. 2 und 68 S. 1 a), b) und c) ET).

---

[672] Art. 66 Abs. 1a) 50 bis 100 Arbeitnehmer 5 Mitglieder b) 101 bis 250 Arbeitnehmer 9 Mitglieder c) 251 bis 500 Arbeitnehmer 13 Mitglieder d) 501 bis 750 Arbeitnehmer 17 Mitglieder e) 751 bis 1000 Arbeitnehmer 21 Mitglieder f) über 1000 Arbeitnehmer 2 Mitglieder pro 1000 Arbeitnehmer und bis zu 75 Mitglieder maximal.

[673] Vertreten wird, dass die Regelung des Art. 63 Abs. 2 S. 1 ET auch für die Bestellung von *Delegados de Personal* anwendbar sei, wenn mehrere Betriebe nur in der Summe die erforderliche Beschäftigtenzahl aufweisen, *Albiol Montesinos*, Comités de Empresa y Delegados de Personal, S. 21.

[674] Zu den Begrifflichkeiten im spanischen Tarifrecht siehe unten § 9 IV 2a aa (1).

[675] BOE de 9 de marzo.

[676] Zum historisch bedingten Verständnis des *Conflicto Colectivo* sowohl als Maßnahme des Arbeitskampfes als auch als behördliches und freiwilliges Schlichtungsverfahren, *Kasten*, Spanisches Arbeitsrecht im Umbruch, S. 26 und im Einzelnen unten § 9 IV 2 bb (2).

[677] BOE de 11 de abril.

§ 7 Außensteuerung: Betriebliche Mitbestimmung

c. *Comité Intercentros* und *Comité de Grupo de Empresas*

Als einzige über den Betrieb hinausgehende Interessenvertretung kennt das Gesetz in Art. 63 ET das Zwischenbetriebliche Komitee (*Comité Intercentros*). Art. 63 ET stellt zwar nicht ausdrücklich klar, dass das *Comité Intercentros* auf der Ebene des Unternehmens einzurichten ist, es gibt aber Anzeichen eines dahingehenden gesetzgeberischen Willens[678]. Die Einzelheiten der Errichtung sind nicht gesetzlich geregelt, sondern im Wege eines entsprechenden Tarifvertrags zu bestimmen, Art. 63 Abs. 3 S. 1 ET. In der Zusammensetzung der maximal 13 Mitglieder, die durch die Betriebskomitees entsandt werden, muss sich der Wahlerfolg der Gewerkschaften proportional widerspiegeln, Art. 63 Abs. 3 S. 2 ET[679]. Die Aufgaben des *Comité Intercentros* müssen ausdrücklich im Tarifvertrag geregelt sein (Art. 63 Abs. 3 S. 3 ET), wobei keine Kompetenzen der einzelnen *Comités de Empresa* übertragen werden dürfen[680]. Dem deutschen Gesamtbetriebsrat vergleichbar (siehe unten II 2b) erstreckt sich seine Zuständigkeit damit auf Angelegenheiten, die das gesamte Unternehmen oder mehrere Betriebe betreffen. In der Praxis dient das *Comité Intercentros* dazu, mit der Unternehmensleitung in den Dialog zu treten, Belegschaftsabbau und andere Angelegenheiten die Beschäftigung betreffend zu diskutieren und den Tarifvertrag des Unternehmens zu verhandeln, was sich bereits aus dem Umstand ergibt, dass die erfolgreichsten Gewerkschaften an der Verhandlung des Tarifvertrages zur Errichtung des *Comité Intercentros* beteiligt werden[681].

Die Unternehmensgruppe findet im ET kaum Erwähnung[682] und zur Errichtung von Belegschaftsvertretungen auf dieser nächsten, höheren Ebene (*Comité de Grupo de Empresas*), äußert sich das Gesetz überhaupt nicht. In Art. 63 Abs. 3 ET die Möglichkeit der Vereinbarung eines *Comité de Grupo de Empresas* im Hinblick auf seinen ungenauen Wortlaut insofern hineinzulesen, als das *Comité Intercentros* auch auf der Ebene der Gruppe eingesetzt werden kann, würde dem systematischen Kontext der Norm widersprechen[683]. Führt man sich aber andererseits vor Augen, dass der Gesetzgeber in Art. 61 ET weitere nicht im ET geregelte Formen der Arbeitneh-

---

[678] *Cruz Villalón*, La representación de los trabajadores en la empresa y en el grupo, S. 233.
[679] Zur vom Gesetzgeber offen gelassenen Frage, ob auch nicht Gewerkschaftszugehörige in die *Comités Intercentros* entsandt werden können siehe *Schnelle*, Der Europäische Betriebsrat in Spanien, S. 91 ff.
[680] *Schneider*, Die spanische Betriebsverfassung, S. 74; hieran hält sich auch die Praxis, *Albiol Montesinos*, Comités de Empresa y Delegados de Personal, S. 24.
[681] *Ojeda Avilés*, Derecho Sindical, S. 339.
[682] Vgl. nur Artt. 44 Abs. 10, 51 Abs. 14 ET. Auch über die Arbeitsrechtsordnung hinaus enthält das spanische Recht weder ein eigenes Konzerngesetz noch ein sonstiges Regelwerk mit konzernrechtlichen Bestimmungen, *Grechenig*, Spanisches Aktien- und GmbH-Recht, S. 160. Zentrale Norm des Rechts der *Grupo de Empresa* ist daher Art. 42 Código de Comercio (CCom). Unter anderen ist hier die in der Praxis häufigste Alternative geregelt, dass eine Gesellschaft die Mehrheit der Stimmrechte an einer anderen Gesellschaft besitzt (Art. 42a) CCom). Hierzu und zu den im Kapital- und Aktienrecht zu findenden Begriffen der einheitlichen Leitung (*unidad de dirección*) und des beherrschenden Einflusses (*influencia dominante*) siehe ausführlich *Rentsch*, Spanisches Konzern- und Übernahmerecht, S. 46 ff.
[683] *Cruz Villalón*, La representación de los trabajadores en la empresa y en el grupo, S. 233.

3. Kapitel. Regelung des Wechselspiels

merbeteiligung ausdrücklich zulässt, ist sein Schweigen zu Belegschaftsvertretungen in der Unternehmensgruppe nicht als Verbot zu verstehen.

Während die Zulässigkeit der Einrichtung eines *Comité de Grupo de Empresa* damit unbestritten ist, wird die Regelungstechnik entsprechender Vereinbarungen diskutiert. Zum einen wird die Möglichkeit einer tarifvertraglichen Einigung mit dem Argument der Nähe des *Comité de Grupo de Empresas* zum *Comité Intercentros* und mit Verweis auf Art. 61 und Art. 85 ET befürwortet[684]. Zu berücksichtigen ist aber, dass das Gesetz Tarifverträge auf Ebene der Unternehmensgruppe (*Convenio Colectivo de Grupo*) ebenfalls nicht regelt. Diese sind zwar zulässig, es stellen sich aber zahlreiche weitere rechtliche Schwierigkeiten[685]. Zum anderen wird betont, dass diese Nähe nicht juristischer Natur, sondern lediglich Orientierungshilfe sei. Die Errichtung könne daher auch mittels anderer Regelungsinstrumente, z.B. im Wege einer Betriebsvereinbarung (*Acuerdo de Empresa*)[686], verwirklicht werden[687].

Durch Vereinbarungslösungen[688] sind auch vereinzelt sowohl Kommissionen zur Förderung des Dialogs als auch paritätisch aus Gewerkschaftern und Unternehmern zusammengesetzte Organe mit teilweise wichtigen Verhandlungskompetenzen in Unternehmensgruppen geschaffen worden[689]. Die fehlende gesetzliche Regelung zur Bildung von Zwischenbetrieblichen Komitees und über die Einrichtung von Belegschaftsvertretungen in der Unternehmensgruppe werden aber weiterhin als erheblicher Mangel der spanischen Arbeitsbeziehungen empfunden[690]. Kritisiert wird vor allem, dass ein gesetzliches Modell, das auf der fast vollkommenen Gleichstellung des Unternehmens mit dem Betrieb basiert, kaum geeignet scheine, die neuen unternehmerischen Realitäten, die in der Dezentralisierung

---

[684] *Cruz Villalón*, La representación de los trabajadores en la empresa y en el grupo, S. 236 mit dem weiteren Argument, dass Art. 85 Abs. 1 ET bestimmt, welche Inhalte Gegenstand tarifvertraglicher Einigung sein können und unter anderem die Beziehungen der Arbeitnehmer bzw. ihrer Vertreter mit dem Unternehmer dazu zählen.
[685] Siehe hierzu den kurzen Überblick bei *Ojeda Avilés,* Derecho Sindical, S. 745 ff.; *Sempere Navarro/Luján Alcaraz*, Revista del Ministerio de Trabajo y Asuntos Sociales 2007, n. 68, S. 72 f.; ausführlicher zu den formellen und materiellen Voraussetzungen einschließlich der schwierigen Bestimmung der Verhandlungsparteien *Schnelle*, Der Europäische Betriebsrat in Spanien, S. 108 ff.; vgl. auch *Selenkewitsch*, Spanisches Tarifrecht, S. 243 ff.
[686] Zu den *Acuerdos de Empresa* vgl. *Elorza Guerrero,* Los acuerdos de empresa en el Estatuto de los Trabajadores; ausführlich zu Kollektivvereinbarungen ferner unten § 9 IV 2 a aa (2).
[687] *Ojeda Avilés*, Derecho Sindical, S. 340.
[688] Sog. Rahmenvereinbarungen der Gruppe (*Acuerdos Marco de Grupo*) der „Zweiten Generation". Die „Erste Generation" seien die Acuerdo 1986 und 1993, *Baz Rodríguez*, Participación y negociación colectiva en los grupos de empresas españoles, S. 733, ausführlich zur schwierigen Bestimmung ihrer Rechtsnatur S. 751 ff.
[689] *Calvo Gallego*, Las fórmulas de participación de los trabajadores en las empresas de grupo, S. 207; siehe als Beispiel *Grupo Unión Fenosa*, Art. 71, „mesa única para el diálogo social y la negociación colectiva", Annexo I y II (BOE de 13 de junio de 2002); *Unión Española de Explosivos y otras empresas de su grupo*, Art. 10, „comisión de empleo y de contratación"; *III Acuerdo Marco del Grupo Repsol-YPF*, Art. 32, „comisión de seguimiento" (BOE de 7 de mayo de 2003); *Primer Acuerdo Sindical del Grupo Ercros SA de adhesión y adaptación al XIII Convenio General de la Industria Química*, Artt. 16 Abs. 3, 18 Abs. 3 (BOE de 9 de julio de 2002), *Convenio Marco del Grupo Viesgo*, Art. 10 (BOE de 14 de diciembre de 2001) und *CC de Ediciones de Primera Planta y otros*, Art. 56 (BOE de 12 de abril de 2003).
[690] *Durán López/Sáez Lara*, El papel de la participación en las nuevas relaciones laborales, S. 135.

§ 7 Außensteuerung: Betriebliche Mitbestimmung

von Entscheidungsprozessen einerseits und Unternehmenskonzentration andererseits liegen, konfrontieren zu können[691]. Für die Arbeitnehmer würde die fehlende Übereinstimmung der formal juristischen Belegschaftsvertretungen mit den wirklichen Entscheidungszentren ein erhebliches Hindernis in der Artikulation ihrer Interessen darstellen[692]. Im Übrigen erteilt Art. 129 Abs. 2 CE dem Gesetzgeber den Auftrag, die Beteiligung der Arbeitnehmer am Unternehmen zu fördern, nicht im Betrieb.

Dieses Defizit des ET ist seit der Einführung Europäischer Betriebsräte noch spürbarer geworden.

Exkurs: Comité de Empresa Europeo

Die Richtlinie 94/45/EG über die Einsetzung eines Europäischen Betriebsrates oder die Schaffung eines Verfahrens zur Unterrichtung und Anhörung der Arbeitnehmer in gemeinschaftsweit operierenden Unternehmen und Unternehmensgruppen vom 22. September 1994 (REB)[693] wurde in Spanien mit dem Ley 10/1997, de 24 de abril, sobre derechos de información y consulta de los trabajadores en las empresas y grupos de empresas de dimensión comunitaria (LCEE)[694], umgesetzt. Art. 1 Abs. 1 S. 1 LCEE bestimmt daher, dass in jedem Unternehmen und jeder Unternehmensgruppe europäischer Dimension ein Europäischer Betriebsrat (*Comité de Empresa Europeo*) oder ein vergleichbares Verfahren zur Unterrichtung und Anhörung der Arbeitnehmer einzurichten ist[695].

Die Zahl der in den Anwendungsbereich des LCEE fallenden Unternehmen und Unternehmensgruppen spanischer Nationalität[696] ist im europaweiten Vergleich nach wie vor niedrig. Zum Zeitpunkt der Verabschiedung der Richtlinie im Jahr 1994 konnten 21 von ihrem Anwendungsbereich erfasste spanische Unternehmen und Unternehmensgruppen ermittelt werden[697]. Im Jahr 2000 unterlagen weiter-

---

[691] *Galiana Morena/García Romero,* Revista del Ministerio de Trabajo y Asuntos Sociales 2003, n. 43, S. 25.
[692] *Galiana Morena/García Romero,* Revista del Ministerio de Trabajo y Asuntos Sociales 2003, n. 43, S. 27.
[693] Abl. EG L 254/64.
[694] BOE de 25 de abril; umfassend zum LCEE *Cristóbal Roncero,* Revista del Ministerio de Trabajo y Asuntos Sociales 2003, n. 43, S. 159 ff.
[695] Gemäß Art. 3 Abs. 1 Nr. 2 LCEE ist ein Unternehmen von europäischer Dimension, wenn es in allen Mitgliedstaaten insgesamt mehr als 1000 Arbeitnehmer beschäftigt und hiervon 150 oder mehr in jeweils mindestens zwei anderen Mitgliedstaaten angestellt sind. Eine Unternehmensgruppe – bestehend aus einem herrschenden und den beherrschten Unternehmen (Art. 3 Abs. 1 Nr. 3 LCEE) – ist nach Art. 3 Abs. 1 Nr. 4 LCEE von europäischer Dimension, wenn sie in allen Mitgliedstaaten insgesamt mehr als 1000 Arbeitnehmer beschäftigt, mindestens zwei Unternehmen unterschiedlicher Mitgliedstaaten enthält und diese beiden Unternehmen wiederum mindestens 150 Arbeitnehmer beschäftigen.
[696] Entscheidend ist, dass die zentrale Leitung (*dirección central*) des Unternehmens bzw. der Unternehmensgruppe in Spanien liegt. Zur Definition der *dirección general* siehe Art. 3 Abs. 1 Nr. 6 LCEE.
[697] *Schnelle,* Der Europäische Betriebsrat in Spanien, S. 31 f. mit der zutreffenden Begründung, dass die spanische Unternehmenskultur traditionell durch Familienbetriebe sowie kleine und mittlere Betriebe gekennzeichnet ist; siehe auch oben § 6 I 4 b).

3. Kapitel. Regelung des Wechselspiels

hin von insgesamt 1205 in Europa existierenden Unternehmen und Unternehmensgruppen mit europäischer Dimension nur 21 spanischer Leitung[698]. Neuere Daten von 2004 zeigen einen Anstieg auf 37[699], der sich auf den „Boom der Fusionen" in Spanien und dem zunehmenden Kapitalzufluss aus dem Ausland[700] zurückführen lassen könnte[701]. Relativiert wird dieser Zuwachs jedoch mit der dürftigen Umsetzung der Bestimmungen des LCEE in den spanischen Unternehmen und Unternehmensgruppen europäischer Dimension.

Bereits vor Umsetzung der Richtlinie über den Europäischen Betriebsrat in nationales Recht, wurde in Spanien im Unterschied zu europaweit insgesamt 430 Unternehmen und Unternehmensgruppen nicht von der Möglichkeit Gebrauch gemacht, die Einführung eines *Comité de Empresa Europeo* oder vergleichbaren Verfahrens freiwillig zu antizipieren[702], Disposición Adicional 1a LCEE bzw. Art. 13 REB. Dieses Desinteresse hat sich fortgesetzt, denn von den 37 im Jahr 2004 die Voraussetzungen des LCEE erfüllenden spanischen Unternehmen und Unternehmensgruppen hatten gerade mal fünf bzw. 13,5% die Bestimmungen umgesetzt[703]. Europaweit liegt der Schnitt bei ungefähr 40%[704]. Das Interesse in Spanien am Europäischen Betriebsrat bleibt somit auffallend gering[705].

Ferner hat entgegen der Erwartungen, die die spanische Lehre an das LCEE stellte, das nationale Arbeitnehmervertretungsmodell keine grundlegende Reform erfahren, denn es enthält nach wie vor keine gesetzliche Regelung einer Belegschaftsvertretung auf der Ebene des Unternehmens und der Unternehmensgruppe. Die Umsetzung der Richtlinie in das Recht der spanischen Arbeitnehmervertretungen hat vielmehr zu dem paradoxen Ergebnis geführt, dass sich die einzigen Kontakte zwischen spanischen Belegschaftsvertretern und der spanischen Leitung des Unternehmens oder der Unternehmensgruppe während der Sitzungen des Europäi-

---

698 *Carrascosa Bermejo,* Temas laborales 2000, n. 53, S. 30 ff.
699 *Consejo Económico y Social,* Diez Años de la Directiva de Comités de Empresa Europeos, S. 2.
700 Die Internationalisierungsbestrebungen der spanischen Unternehmen gehen viel stärker nach Lateinamerika, wo die großen Banken, Fluggesellschaften, Telekommunikations- und Energieunternehmen wichtige Beteiligung und Filialen unterhalten, als nach Europa. Spanien ist dagegen umgekehrt Investitionsziel vieler europäischer und nordamerikanischer Konzerne, *Köhler,* Arbeitsmarkt und Arbeitsbeziehungen in Spanien zu Beginn des 21. Jahrhunderts, S. 414.
701 Zahlen und Prognose bei *Schnelle,* Der Europäische Betriebsrat in Spanien, S. 31 f.
702 *Carrascosa Bermejo,* Temas laborales 2000, n. 53, S. 30 ff.
703 Dies sind *Grupo Repsol YPF* (BOE de 29 de noviembre de 2001), *Cia. Roca Radiator, SA* (BOE de 19 de diciembre de 2000), *Cia. Grupo Praxair* (BOE de 21 de junio de 2000), *GE Power Controls Ibérica* (BOE de 21 de diciembre de 1999) und *Altadis SA* (BOE de 10 de enero de 2003), *Consejo Económico y Social,* Diez Años de la Directiva de Comités de Empresa Europeos, S. 2.
704 Consejo Económico y Social, Diez Años de la Directiva de Comités de Empresa Europeos, S. 1; zur Stärkung der Europäischen Betriebsräte und zur Verbesserung ihrer Funktionsweise hat die Europäische Kommission am 20. Februar 2008 die europäischen Sozialpartner ersucht, einen Beitrag zu leisten, Konsultationspapier abrufbar unter http://ec.europa.eu/employment_social/consultation_de.html, letzter Abruf Juli 2008.
705 Der Grund hierfür wird in der fehlenden Verhandlungsstärke der Interessenvertreter der Arbeitnehmer gesehen, denn diese seien grundsätzlich an der Einräumung von mehr Rechten interessiert, *Carrascosa Bermejo,* Temas laborales 2000, n. 53, S. 30 ff.

§ 7 Außensteuerung: Betriebliche Mitbestimmung

schen Betriebsrates ergeben können[706]. In Unternehmen kann es des Weiteren zu einer Konkurrenz bzw. zu einer Benachteiligung der nationalen Arbeitnehmervertreter kommen, denn während die Errichtung eines *Comité Intercentros* erst mit dem Arbeitgeber tarifvertraglich vereinbart werden muss, kann ein *Comité de Empresa Europeo* direkt errichtet werden. Unter Umständen führt dies zu einer Bevorzugung des europäischen Gremiums[707]. Im Ergebnis werden damit in Spanien Arbeitnehmer nationaler Unternehmen und Unternehmensgruppen gegenüber Arbeitnehmern von Unternehmen und Unternehmensgruppen europäischer Dimension hinsichtlich der Möglichkeit ihre Interessen zu artikulieren benachteiligt. Die Forderung nach Anpassung der Regelungen der Arbeitnehmervertretung an die neuen unternehmerischen Realitäten der Konzentration und Verbindung von Unternehmen bleibt somit aktuell[708].

3. *Representación Sindical: Secciones Sindicales* und *Delegados Sindicales*

Zusätzlich zur einheitlichen Vertretung der Gesamtheit der Arbeitnehmer im Wege der *Comités de Empresa* und *Delegados de Personal* gemäß ET existiert in Spanien eine Vertretung der Interessen gewerkschaftszugehöriger Arbeitnehmer[709] nach dem LOSL: Die *Secciones Sindicales* und *Delegados Sindicales*[710].

Art. 2 Abs. 2 d) LOSL spricht zunächst allgemein jeder Gewerkschaft[711] das Recht zu, Tarifverhandlungen zu führen, Streik-, Individual- und Kollektivkonflikte auszurufen sowie Kandidaten für die Wahl der *Comités de Empresa* und *Delegados de Personal* vorzuschlagen. Art. 9 LOSL zählt weitere Rechte auf, wie z. B. den Zugang zum Betrieb (Abs. 1 c)), die Unternehmer den Führern bestimmter Gewerkschaften gewähren müssen.

Zur *Representación Sindical* im Betrieb und Unternehmen sind damit grundsätzlich neben den *Secciones Sindicales* und *Delegados Sindicales* auch die Gewerkschaft an sich und der gewerkschaftszugehörige Arbeitnehmer als solcher zu zählen[712]. Da aber

---

706 *Altmeyer*, Interessenmanager vor neuen Herausforderungen, S. 355.
707 *Schnelle*, Der Europäische Betriebsrat in Spanien, S. 258.
708 *Ojeda Avilés*, Revista del Ministerio de Trabajo y Asuntos Sociales 2005, n. 58, S. 362; *Sáez Lara*, Revista del Ministerio de Trabajo y Asuntos Sociales 2005, n. 58, S. 340 mit dem Vorschlag, die Maßgaben für eine tarifvertragliche Einigung zur Errichtung sowohl der *Comites Intercentros* als auch der *Comités de Grupo de Empresa* – europäischer und nationaler Dimension – einheitlich festzulegen und eine subsidiäre gesetzliche Regelung im Falle des Fehlens eines Tarifvertrages zu finden.
709 Die Interessenvertretung nach LOSL trägt in der gesamten Untersuchung auch die Bezeichnung „Arbeitnehmervertretung", die Gewerkschaftszugehörigkeit wird aber als weitere Dimension der repräsentierten Interessen stets berücksichtigt, vgl. schon oben § 3 I 4.
710 In dem doppelten Kanal der Interessenvertretung wird teilweise mehr ein theoretisches Modell als eine reale Organisationsstruktur insofern gesehen, als auf lange Sicht immer einer der beiden Vertretungskanäle überwiegt, auch wenn das Endergebnis nicht für alle Bereiche der Arbeitsbeziehungen uniform ist, *Cruz Villalón*, La representación de los trabajadores en la empresa y en el grupo, S. 58.
711 Die spanische Gewerkschaft (*Sindicato*) ist eine dauerhafte, freiwillige und vom Staat unabhängige Arbeitnehmervereinigung, *Ojeda Avilés*, Derecho Sindical, S. 127/128.
712 Siehe die Darstellung bei *Ojeda Avilés*, Derecho Sindical, S. 419 ff.

3. Kapitel. Regelung des Wechselspiels

zum einen nur den *Delegados Sindicales* direkte betriebliche Rechtspositionen zugewiesen werden und das Gesetz zum anderen den *Secciones Sindicales* als im Betrieb organisierte Vertretung unter bestimmten Voraussetzungen weitergehende Rechte einräumt, beschränkt sich die Darstellung hierauf. Die Einrichtung und Handlungsspielräume der *Secciones Sindicales* und *Delegados Sindicales* sind im Einzelnen vom Erfolg der Gewerkschaften sowie der Belegschaftsgröße abhängig. Im Unterschied zum ET steht es den gewerkschaftszugehörigen Arbeitnehmern aber frei, ob sie eine Vertretung errichten[713]. Ferner schweigt das LOSL zu der Frage, auf welcher Ebene – Betrieb, Unternehmen, Unternehmensgruppe – die gewerkschaftliche Vertretung aktiv werden kann. Die jüngste Rechtsprechung hat diesbezüglich klargestellt, dass die Kriterien parallel zur Errichtung der *Representación Unitaria* verlaufen[714]. Es bleibt damit grundsätzlich auch für die *Representación Sindical* bei der betriebsbezogenen Konzeption des ET[715], was wiederum bei der Übersetzung der nicht entsprechend sauber differenzierenden Normen des LOSL zu berücksichtigen ist.

a. *Secciones Sindicales*

Die Arbeitnehmer jeder Gewerkschaft sind im Unternehmen oder Betrieb gemäß Art. 8 Abs. 1 LOSL berechtigt, nach vorheriger Mitteilung an den Unternehmer Versammlungen abzuhalten, Gewerkschaftsbeiträge einzusammeln, gewerkschaftliche Informationen auszugeben (b) und zu empfangen (c) sowie in Übereinstimmung mit der jeweiligen Satzung der Gewerkschaft *Secciones Sindicales* zu gründen (a). Für die Rechtsprechung sind die *Secciones Sindicales* einerseits interne organisatorische Einheiten der Gewerkschaft und andererseits externe Vertretungen, denen vom Gesetz bestimmte Vorteile eingeräumt werden[716]. Sie besitzen aber keine Rechtsfähigkeit[717].

Anders als das ET stellt das LOSL an die Errichtung der *Secciones Sindicales* keine weiteren Voraussetzungen, so dass auch eine Belegschaftsgröße von zwei Arbeitnehmern grundsätzlich ausreichend sein kann. Die Satzungen der Gewerkschaften sehen jedoch in der Regel die Gründung einer *Sección Sindical* in Betrieben und Unternehmen vor[718]. Über Art. 152c) LPL, Art. 18 Abs. 1a) RDLRT ist der *Representación Sindical* das Recht eingeräumt, den Kollektivkonflikt zu führen. Gemäß Art. 2 Nr. 2d) LOSL können auch Minderheitsgewerkschaften und ihre Sektionen den Streik ausrufen. Geschützt ist ihre Tätigkeit unter anderem gegen Diskriminierung nach Titel 5 des LOSL (Artt. 12 bis 15).

---

[713] *Vida Soria/Monereo Pérez/Molina Navarrete/Moreno Vida*, Manual de Derecho Sindical, S.108.
[714] Umfassende Nachweise bei *Sánchez-Urán Azaña/Aguiler Izquierdo/Gutierrez-Solar Calvo y Nuria de Nieves Nieto*, Revista del Ministerio de Trabajo y Asuntos Sociales 2003, n. 43, S. 47; anders noch *Schnelle*, Der Europäische Betriebsrat in Spanien, S. 119 mit Nachweisen.
[715] Durch die *Representación Sindical* kann damit auch nicht die defizitäre Regelung der *Representación Unitaria* auf der Ebene des Unternehmens und der Unternehmensgruppe aufgefangen werden, *Sáez Lara*, Revista del Ministerio de Trabajo 2005, n. 58, S. 323.
[716] STC 61/1989, Pkt. II 3.
[717] Vgl. *Schnelle*, Der Europäische Betriebsrat in Spanien, S. 118.
[718] *Ojeda Avilés*, Derecho Sindical, S. 425.

Weitergehende Kompetenzen werden gemäß Art. 8 Abs. 2 LOSL den *Secciones Sindicales* der repräsentativsten Gewerkschaften *(Sindicatos Más Representativos)* und der Gewerkschaften, die „nur" in den *Comités de Empresa* repräsentiert sind oder *Delegados de Personal* stellen *(Sindicatos Representativos)*, eingeräumt. Am repräsentativsten ist eine Gewerkschaft zum einen gemäß Art. 6 Abs. 2a) LOSL, wenn sie in ganz Spanien mindestens 10% der Mitglieder der einheitlichen Belegschaftsvertretungen stellt oder zum anderen gemäß Art. 7 Abs. 1 LOSL, wenn sie in den *Comunidades Autónomas* einen Wahlerfolg von 15% der Sitze der Belegschaftsvertretungen erzielen konnte. Diese Kriterien erfüllen auf gesamtspanischer Ebene nur *CCOO* und *UGT*[719]. „Nur" repräsentativ sind gemäß Art. 7 Abs. 2 LOSL diejenigen Gewerkschaften, die in einem bestimmten funktionalen und territorialen Bereich 10% der Mitglieder des *Comité de Empresa* oder der *Delegados de Personal* stellen.

Diese Gewerkschaftssektionen werden im Unterschied zu den übrigen „einfachen" Sektionen nach Art. 8 Abs. 2 LOSL hinsichtlich der ihnen eingeräumten Rechte privilegiert. Neben der Ausstattung mit eigenem Aushang und – ab einer Belegschaftsgröße von mehr als 250 Arbeitnehmern – eigenem Büro (Art. 8 Abs. 2a) und c) LOSL), können sie Tarifverhandlungen mit allgemeinverbindlicher Wirkung führen (Art. 8 Abs. 2 c) ET i.V.m. 87 Abs. 1 ET mit weiteren Voraussetzungen).

b. *Delegados Sindicales*

Gemäß Art. 10 Abs. 1 LOSL werden in Unternehmen und Betrieben mit mehr als 250 Arbeitnehmern[720] die *Secciones Sindicales* von *Delegados Sindicales* vertreten. Diese werden von und aus den Reihen der entsprechenden Gewerkschaftssektion im Betrieb oder im Unternehmen ernannt[721]. Die Anzahl der *Delegados Sindicales* jeder Gewerkschaft bzw. *Sección Sindical,* die bei den Wahlen zum *Comité de Empresa* 10% der Stimmen erhalten hat, beträgt grundsätzlich – eine abweichende Vereinbarung ist zulässig – bei einer Belegschaftsgröße von 250 bis 750 Arbeitnehmern ein *Delegado*, zwischen 751 und 2000 Arbeitnehmer zwei, zwischen 2001 und 5000 Arbeitnehmern drei und bei über 5001 Arbeitnehmern vier (Art. 10 Abs. 2 S. 1 und 2 LOSL). Die *Secciones Sindicales* derjenigen Gewerkschaften, die nicht 10% bei den Belegschaftswahlen erzielt haben, können unabhängig von der Belegschaftsgröße nur einen *Delegado de Personal* bestellen (Art. 10 Abs. 2 S. 3 LOSL). Für diesen Vertreter der „einfachen" Gewerkschaftssektionen gelten die den *Delegados Sindicales* nach dem LOSL eingeräumten Rechte nicht[722].

Unter der Voraussetzung, dass die *Delegados Sindicales* nicht bereits Mitglieder des *Comité de Empresa* sind, genießen sie gemäß Art. 10 Abs. 3 LOSL die gleichen Garan-

---

[719] Altmeyer, Arbeitsrecht im Betrieb 2/2002, S. 104.
[720] Angesichts der Tatsache, dass in Spanien hauptsächlich mittlere und kleinere Unternehmen verbreitet sind (siehe bereits oben § 6 I 4b) kommt die Bestellung von *Delegados Sindicales* damit nur in einer Minderheit der spanischen Unternehmen in Betracht.
[721] Vida Soria/Monereo Pérez/Molina Navarrete/Moreno Vida, Manual de Derecho Sindical, S. 112.
[722] Palomeque López, Derecho Sindical Español, S. 238/239.

3. Kapitel. Regelung des Wechselspiels

tien und den gleichen Schutz wie die Mitglieder der *Comités de Empresa* sowie vorbehaltlich einer tariflichen Regelung folgende Rechte: Zugang zu denselben Informationen und Dokumenten, die das Unternehmen den *Comités de Empresa* zur Verfügung stellt (Nr. 1), Teilnahme an den Sitzungen der *Comités de Empresa* und des Sicherheits- und Gesundheitskomitees (siehe unten 5 b) mit beratender Stimme, aber ohne Stimmrecht (Nr. 2) und Anhörung vor Entscheidungen, die die Arbeitnehmer im Allgemeinen und die Gewerkschaftszugehörigen im Besonderen betreffen, vor allem im Fall von Kündigungen und Sanktionen gegenüber Letzteren (Nr. 3).

4. **Weitere Einrichtungen:** *Asamblea de Trabajadores* **und** *Comité de Seguridad y Salud*

Als weitere Einrichtungen zur Berücksichtigung der Arbeitnehmerinteressen im Betrieb sollen kurz die Belegschaftsversammlung (*Asamblea de Trabajadores*) und das Sicherheits- und Gesundheitskomitee (*Comité de Seguridad y Salud*) Erwähnung finden. Da sich die Befugnisse des Gesundheitskomitees ausschließlich auf Fragen der Sicherheit und Gesundheit im Betrieb beziehen, werden sie im 4. Kapitel nicht mehr in die Untersuchung einbezogen. Dies gilt im Interesse eines überschaubaren Untersuchungsgegenstandes auch für die Befugnisse der Belegschaftsversammlung.

a. *Asamblea de Trabajadores*

Gemäß Art. 77 Abs. 1 S. 1 ET i.V.m. Art. 4 Abs. 1 f) ET haben die Arbeitnehmer desselben Unternehmens oder Betriebes das Recht, sich zu versammeln. Die Belegschaftsversammlung kann von den *Delegados de Personal,* dem *Comité de Empresa* oder mindestens einem Drittel der Belegschaft einberufen werden, Art. 77 Abs. 1 S. 2 ET. Sie kann jederzeit stattfinden, wenn dies zwei Tage vorher dem Arbeitgeber mitgeteilt wird, Art. 79 ET. In der Regel findet sie auf dem Betriebsgelände, aber außerhalb der Arbeitszeit statt. Während der Arbeitszeit kann sie nur durchgeführt werden, wenn der Arbeitgeber zustimmt[723].

Trotz der besonderen historischen Bedeutung der Arbeiterkommissionen[724], hat der Gesetzgeber des ET der *Asamblea de Trabajadores* im Verhältnis zu den übrigen Belegschaftsorganen kein großes Interesse entgegengebracht; die Reichweite ihrer Kompetenzen als Organ kollektiver Meinungsäußerung ist gering und ihre Nichtbeachtung überwiegend folgenlos[725]. Ausnahme hierzu ist lediglich die bindende

---

[723] *Sundt,* Die Rolle der Gewerkschaften im Modernisierungsprozess, S. 53.
[724] Trotz des staatlichen Anspruchs im Francismus alleiniger Interessenvertreter der Arbeitnehmer zu sein, formierte sich parallel zu den Gewerkschaftsstrukturen seit Ende der 50er Jahre eine authentische Arbeitnehmervertretung anfänglich in Form von *ad hoc* zusammentretenden Arbeiterkommissionen, *Kasten,* Spanisches Arbeitsrecht im Umbruch, S. 84 f.; siehe auch unten 5 zu den *Comisiones Obreras.*
[725] *Ojeda Avilés,* Derecho Sindical, S. 328 f.; nach der Rechtsprechung sind z.B. Vertragsabschlüsse der *Asamblea de Trabajadores* mit Dritten nicht bindend, *Sundt,* Die Rolle der Gewerkschaften im

§ 7 Außensteuerung: Betriebliche Mitbestimmung

mehrheitliche Entscheidung der *Asamblea* die Wahl der *Delegados de Personal* und Mitglieder der *Comités de Empresa* zu initiieren (Art. 67 Abs. 1 ET), diese vor Ablauf ihrer Amtszeit wieder abzuberufen (Art. 67 Abs. 3 S. 2 ET) und mit einfacher Mehrheit den Streik auszurufen (Art. 3 Abs. 2 b) RDLRT).

b. *Comité de Seguridad y Salud*

Mit dem Ley 31/1995, de 8 de noviembre, de prevención de riesgos laborales (LPRL)[726] wurden die Rechte der Arbeitnehmer und ihrer Repräsentanten im Betrieb oder Unternehmen[727] in Bezug auf Angelegenheiten der Sicherheit und Gesundheit am Arbeitsplatz wesentlich gegenüber dem ET[728] erweitert.

Zum einen sind gemäß Art. 35 Abs. 1 LPRL sog. Präventionsdelegierte (*Delegados de Prevención*) zur Vertretung der Belegschaft in Fragen der Gefahrenvorsorge am Arbeitsplatz durch und aus der Mitte der *Representantes del Personal*[729] zu wählen, Art. 35 Abs. 2 LPRL[730]. Den Delegierten werden zur Wahrnehmung ihrer Aufgabe Unterrichtungs-, Anhörungs-, Vorschlags- und Kontrollrechte gegenüber dem Unternehmer eingeräumt, Art. 36 LPRL.

Daneben muss nach Art. 38 LPRL in jedem Betrieb oder Unternehmen mit 50 oder mehr Arbeitnehmern ein paritätisch aus Beauftragten des Unternehmens und *Delegados de Prevención* zusammengesetztes *Comité de Seguridad y Salud* gebildet werden. Hier sollen vor allem gemeinsam Programme zur Gefahrprävention am Arbeitsplatz entwickelt werden, Art. 39 Abs. 1 a) LPRL[731].

Modernisierungsprozess, S. 53; ausführlicher zum Streit *Schneider,* Die spanische Betriebsverfassung, S. 95 f.
726 BOE de 10 de noviembre.
727 Es gilt wieder eine betriebsbezogene Konzeption, *Gómez Caballero,* La participación de los trabajadores y los funcionarios en la prevención de riesgos laborales, S. 122.
728 Z.B. Art. 19 ET (Recht des einzelnen Arbeitnehmers auf Sicherheit und Hygiene am Arbeitsplatz) oder Art. 64 Abs. 1 Nr. 9 a) ET (Recht der *Representación Unitaria,* die Einhaltung der Arbeitsschutznormen zu überwachen); eine anschauliche Übersicht über alle Kompetenzen im Bereich der Arbeitssicherheit findet sich bei *Garrido Peréz,* La participación de los trabajadores en materia de prevención de riesgos laborales en la Ley 31–1995, S. 415 f.
729 Zu dieser ungenauen Formulierung *Valdés Dal-Ré,* Los derechos de participación en la ley de prevención de riesgos laborales, S. 87 ff.
730 Art. 35 Abs. 2 S. 1 LPRL: Bei 50 bis 100 Arbeitnehmern sind zwei, bei 101 bis 500 Arbeitnehmern drei, bei 501 bis 1000 Arbeitnehmern vier, bei 1001 bis 2000 Arbeitnehmern fünf, bei 2001 bis 3000 Arbeitnehmern sechs, bei 3001 bis 4000 Arbeitnehmern sieben und ab 4002 Arbeitnehmern acht *Delegados de Prevención* zu bestellen. Bei einer Belegschaftsgröße von bis zu 30 Arbeitnehmern ist der *Delegado de Personal* gleichzeitig der *Delegado de Prevención;* bei 31 bis 49 Arbeitnehmern wird einer von den *Delegados de Personal* in das Amt gewählt, Art. 35 Abs. 2 S. 2 LPRL.
731 Allerdings wird in der Praxis nur in einem Viertel aller Betriebe, die die gesetzlichen Voraussetzungen erfüllen, ein *Comité de Seguridad y Salud* gebildet, *Altmeyer,* Arbeitsrecht im Betrieb 2/2002, S. 101.

3. Kapitel. Regelung des Wechselspiels

5. Entstehungsgeschichte

Die Installation der Gewerkschaften im Betrieb weist im Zusammenspiel mit dem Recht der Belegschaftsvertretung, Tarifverhandlungen zu führen und den Streik auszurufen, auf ein Verständnis der spanischen Arbeitsbeziehungen hin, das auf dem Konflikt zwischen Arbeitgeber und Arbeitnehmern[732] nicht nur aufbaut, sondern das Verhältnis beider Seiten durch die Austragung des Konflikts gesteuert sieht.

In der Tat wurden die Arbeitnehmervertretungen bisher von ihrer normativen Konzeption her als Instrumente der Verteidigung und Gegenwehr bezeichnet[733], der Streik trotz seines jahrzehntelangen Verbots unter Franco als „Leitelement des gesamten Systems der Arbeitsbeziehungen" verstanden und dem Tarifvertrag nicht als Friedensvertrag sondern lediglich als Waffenstillstand Bedeutung beigemessen[734]. Spanien gehöre daher zu den südeuropäischen Rechtsordnungen, in denen das kollektive Arbeitsrecht nicht bloß als Mittel zur Regelung von Lohn- und Arbeitsbedingungen, sondern weit darüber hinaus als Instrument der Gegenwehr der Arbeitnehmer gegen eine ihren Interessen widersprechende Gesellschafts- und Wirtschaftsordnung begriffen wird[735]. Ein Blick auf die Geschichte der spanischen Arbeitnehmerbeteiligung, die wiederum der deutschen sehr entgegengesetzt ist, soll die vom Konflikt geprägte formale Konzeption der betrieblichen Mitbestimmung erklären.

Die seit Mitte des 19. Jahrhunderts in Spanien entstehende Industriearbeiterschaft war bis zur Zweiten Republik (1931–1936) nicht in das politische und gesellschaftliche System integriert. Die Vertreter von Kapital und Arbeit waren ideologisch verhärtet. Die soziale Unzufriedenheit entlud sich in spontanen Einzelaktionen.

Die eigentliche Bildung einer Arbeiterbewegung mit proletarischem Bewusstsein erfolgte erst im Zuge der Industrialisierung im letzten Drittel des 19. Jahrhunderts[736]. Die Bewegung war bis zum Bürgerkrieg (1936–1939) eher von den Gewerkschaften als den Parteien geprägt: Die spanischen Anarchisten waren seit 1910 in der revolutionär-syndikalistischen CNT organisiert, deren Anfänge aber

---

[732] Dass das Wechselspiel zwischen Unternehmensführung und Arbeitnehmerinteressen nicht auf diesen Konflikt reduziert werden kann, hat das 2. Kapitel gezeigt. Als Ansatz einer Darstellung der Entstehungsgeschichte betrieblicher Mitbestimmung in Spanien soll hier dennoch aus Gründen der Handhabbarkeit von dieser Vereinfachung ausgegangen werden.
[733] *Palomeque López*, Derecho Sindical Español, S. 186: Das Gegenmodell wird in der *participación institucional* bzw. der Arbeitnehmerbeteiligung in der Gesellschaft gesehen, so dass eine Arbeitnehmerbeteiligung gegenüber der Gesellschaft nach diesem Verständnis *per se* nicht auf dem Gedanken der Zusammenarbeit beruhen kann; anders *Plänkers*, Das System der institutionalisierten Konfliktregelung in den industriellen Arbeitsbeziehungen in der Bundesrepublik Deutschland, S. 95: Betriebliche Arbeitnehmervertretung als vermittelnde Zwischeninstanz, die den Konflikt zwischen Arbeitnehmern und Arbeitgebern auf einer übergeordneten Ebene institutionalisiert.
[734] *Kasten*, Spanisches Arbeitsrecht im Umbruch, S. 139.
[735] *Reuter*, ZfA 1995, S. 6.
[736] *Bernecker*, Gewerkschaftsbewegung und Staatssyndikalismus in Spanien, S. 9.

§ 7 Außensteuerung: Betriebliche Mitbestimmung

auf 1868 zurückreichen. Dieser Anarchosyndikalismus[737] entwickelte sich in steter Rivalität zum „autoritären" Flügel der Arbeiterbewegung, denn die 1888 gegründete sozialistische Gewerkschaft UGT war ursprünglich reformistisch ausgerichtet und erstrebte den Aufstieg der Arbeiterklasse durch friedliche Mittel. Von der UGT spaltete sich nach dem ersten Weltkrieg ein kommunistischer Flügel ab, der die *Partido Comunista de España (PCE)* gründete. Die Einführung von Räten der industriellen Zusammenarbeit mit Vertretern der Arbeiterschaft und des Kapitals scheiterte 1922 an der massiven Gegnerschaft der Unternehmer (siehe schon oben § 6 I 2a).

Unter der Diktatur Primo de Riveras (1923–1930) wurde in Spanien dann erstmals ein den Interessengegensatz zwischen Kapital und Arbeit negierendes oder zumindest verschleierndes System der Arbeitsbeziehungen geschaffen, in dem sich der Staat die maßgeblichen Kompetenzen vorbehielt[738]. Der Diktatur Primo de Riveras folgte die Zweite Republik (1931–1936) und mit ihr 1931 die Einführung der *Jurados Mixtos* als betriebliche Interessenvertretung der Gesamtheit der Arbeitnehmer und unabhängig von einer Gewerkschaftszugehörigkeit. In der Zweiten Republik herrschte damit erstmals keine tiefe Kluft zwischen Staat und Arbeiterschaft, zu offener Gegnerschaft weitete sich das Verhältnis jedoch während des Francismus aus[739].

Die ersten 20 Jahre des Franco-Regimes wurde die Arbeiterschaft besonders hart unterdrückt. Jede oppositionelle Regung wurde mit Gefängnisstrafen oder dem Tod bestraft[740]. Die Gewerkschaften wurden zum großen Teil zerschlagen oder waren im Untergrund oder im Exil, wo sie an Bedeutung verloren[741]. Die Arbeitnehmervertretungen wurden 1947 zu einem Organ der vertikalen Syndikate im Betrieb *(Jurados de Empresa)* umgebaut (siehe schon oben § 6 I 2). Einen Aufschwung erfuhr die Arbeiterbewegung jedoch mit dem wirtschaftlichen Wandel des Landes.

Bis in die 30er Jahre des vorigen Jahrhunderts hatten in Spanien Strukturen eines fast noch in mittelalterlichen Traditionen verhafteten halbfeudalen Agrarlandes vorgeherrscht. Der späte Übergang vom Agrar- zum Industriestaat machte sich erst Mitte der 50er Jahre bemerkbar. Zu diesen Verschiebungen in den Berufssektoren kam die Abwanderung der Bevölkerung vom Land in die Städte[742]. Mit der

---

[737] In anarchistischen Kreisen herrschte z.B. damals die Meinung vor, dass reformistische Gesetzgebung letztlich nur dazu diene, die gesellschaftlichen Machtverhältnisse zu bewahren und jede konkrete Verbesserung die endgültige Beseitigung der herrschenden Produktionsverhältnisse nur aufhalte, *Kasten,* Spanisches Arbeitsrecht im Umbruch, S. 33/34.
[738] *Kasten,* Spanisches Arbeitsrecht im Umbruch, S. 38.
[739] *Bernecker,* Gewerkschaftsbewegung und Staatssyndikalismus in Spanien, S. 8; aber im Verhältnis zur *política de concertación* zwischen Gewerkschaften, Regierung und Unternehmern in der *Transición* kann die Zweite Republik wiederum als eine Zeit der „extremen Polarisierung von Kapital und Arbeit" bezeichnet werden, vgl. *Schütz/Konle-Seidl,* Arbeitsbeziehungen und Interessenrepräsentation in Spanien: vom alten zum neuen Korporatismus?, S. 14.
[740] *Bernecker,* Gewerkschaftsbewegung und Staatssyndikalismus in Spanien, S. 21; *Miguélez Lopez,* Die Modernisierung der Gewerkschaften in Spanien, S. 348.
[741] *Führer-Ries,* Gewerkschaften in Spanien, S. 1.
[742] So *Bernecker,* Gewerkschaftsbewegung und Staatssyndikalismus in Spanien, S. 11f.

3. Kapitel. Regelung des Wechselspiels

Abwendung Francos von seiner autarkistischen Wirtschaftspolitik (Periode der Öffnung von 1950–1959) folgte das „spanische Wirtschaftswunder" der 60er Jahre. Gleichzeitig kam es trotz des Streikverbotes immer wieder zu Arbeitskämpfen aus denen seit Ende der 50er Jahre die Arbeiterkommissionen *CCOO* als eine neue, die Arbeiter sämtlicher ideologischer Richtungen vereinigende Form der Interessenvertretung hervorgingen[743]. „Da im politischen System Francos eine gewerkschaftliche Partizipation aber nicht vorgesehen war, verbanden die Gewerkschaften den täglichen Kampf um die Verbesserung der Arbeitsbeziehungen mit der Überwindung des politischen und ökonomischen Systems in einer Situation der Konfrontation und ständigen Klassenauseinandersetzung"[744].

Zählten die Gewerkschaften Spaniens daher bis in die 70er Jahre zu den radikalsten innerhalb Westeuropas, verließen sie ihren Konfrontationskurs gegen Kapital und Staat aber in dem Moment, in dem sich das autoritäre Regime abschaffte[745]. (Zur sog. *política de concertación* siehe bereits oben § 6 I 3 b.) Nach dem Übergang Spaniens in die Demokratie mit dem Tod Francos 1975 konsolidierten sich anschließend an der Spitze der spanischen Gewerkschaftsbewegung die wieder erstarkte *UGT* und die *CCOO*, während andere Gewerkschaftsorganisationen kaum bzw. nur auf regionaler Ebene an Bedeutung gewinnen konnten[746]. Abgesehen von der Sondersituation im Baskenland konkurrieren auch heute im Wesentlichen nur diese beiden weitestgehend gleichstarken Gewerkschaftsbünde um Mitglieder und Wählerstimmen[747].

In der Diskussion um die Ausgestaltung des Arbeitnehmerstatuts von 1980 waren *UGT* und *CCOO* unterschiedlicher Ansicht, was die künftige Rolle der Betriebskomitees und Gewerkschaftssektionen im Betrieb und Unternehmen betraf. Der Wortlaut der Verfassung ließ hinsichtlich der Ausgestaltung der betrieblichen Mitbestimmung einen weiten Spielraum (siehe oben § 6 I 3 c). An einer demokratischen betrieblichen Tradition fehlte es nach 40 Jahren des Francismus[748].

Die beiden großen Oppositionsparteien der Zeit – *PSOE* und *PCE*[749] – hatten bereits 1977 verschiedene Gesetzesvorschläge zur Verteilung der Befugnisse von Belegschaftsvertretung und Gewerkschaften im Betrieb und Unternehmen eingebracht.

---

743 *Bernecker,* Gewerkschaftsbewegung und Staatssyndikalismus in Spanien, S. 13.
744 *Führer-Ries,* Gewerkschaften in Spanien, S. 2.
745 *Führer-Ries,* Gewerkschaften in Spanien, S. 325; insofern nicht differenzierend *Schneider,* Die spanische Betriebsverfassung, S. 158, der allgemein bemerkt, dass „sich die Gewerkschaften UGT und CCOO in den 70er und 80er Jahren klassenbewusst und daher ohne Interesse an der Integration in die Marktwirtschaft präsentierten". Zutreffend ist allerdings, dass sich das Verhältnis zwischen Regierung und Gewerkschaften sowie der Gewerkschaften untereinander mit der demokratischen Konsolidierung wieder verschlechterte, *ders.,* Die spanische Betriebsverfassung, S. 159; siehe auch oben § 6 I 3 b.
746 *Führer-Ries,* Gewerkschaften in Spanien, S. 1.
747 *Altmeyer,* Interessenmanager vor neuen Herausforderungen, S. 199.
748 Allgemein *Köhler/González Begega,* Las relaciones laborales en España, S. 110.
749 Am 15. Juni 1977 hatten in Spanien die ersten freien Wahlen seit 1936 stattgefunden. Es gewann die *Unión de Centro Democrático* (UCD) um Adolfo Suárez, gefolgt von der *PSOE, PCE* und *Alianza Popular* (AP).

§ 7 Außensteuerung: Betriebliche Mitbestimmung

Nach dem Gesetzesvorschlag der kommunistischen *PCE* und den Ansichten der ihr nahe stehenden Gewerkschaft *CCOO*[750] sollten die Gewerkschaftssektionen zwar in den Betrieben eingerichtet werden, das entscheidende Recht auf Tarifverhandlungen (auf Ebene des Betriebes und Unternehmens) sollte ihnen aber vorenthalten bleiben. Sie begründeten ihre Position mit dem Argument, dass die Betriebskomitees die Gesamtheit der Arbeitnehmer repräsentieren und dass die Gewerkschaften, die in ihnen die Mehrheit haben, im Namen der Gesamtheit der Arbeitnehmer verhandeln, was aus einer Perspektive des Klassensyndikalismus einen großen Wert hätte.

Der von der *PSOE* eingebrachte und von der Gewerkschaft *UGT* unterstützte Gesetzesvorschlag schrieb dagegen die Tariffähigkeit für betriebliche und unternehmensbezogene Tarifverträge nicht nur der Belegschaftsvertretung, sondern auch den Gewerkschaftssektionen zu. Sie vertraten den Standpunkt, dass die Betriebskomitees keine auf der Ebene des gesamten Staates strukturierte Organisation haben und so alle über sie kanalisierten Forderungen der Manipulation der Unternehmer verfallen könnten, weil sie die Forderungen allein im Kontext des Unternehmens betrachten, ohne den Kontext der Arbeiterklasse auf der Ebene des ganzen Staates zu berücksichtigen[751].

Bemerkenswert ist, dass sich Gewerkschaften bzw. Parteien damit darin einig waren, dass die Betriebskomitees in jedem Fall tariffähig sein sollen. Eine Besonderheit des spanischen Rechts, die ihren Ursprung in der Franco Zeit haben dürfte[752]: Während Tarifverträge bereits mit dem Ley de convenios colectivos sindicales von 1958 rechtlich anerkannt wurden, waren freie Gewerkschaften während der gesamten francistischen Diktatur nicht zugelassen. Zudem fehlte es an historischen Vorbildern[753]. Die unterschiedlichen Positionen hinsichtlich der Tariffähigkeit und Funktion der Gewerkschaften im Betrieb rührten hingegen daher, dass die Gewerkschaften während des Francismus unterschiedliche Strategien verfolgt hatten. Während die *UGT* aufgrund ihres Exils kaum in den Betrieben präsent gewesen war[754], hatte die *CCOO* unter Franco versucht, die staatlichen Gewerkschaften zu infiltrieren und sich in den Betrieben direkt zu beteiligen[755]. Daher hätte die *CCOO* im Unterschied zur *UGT* ihren Einfluss auch ohne eine starke Position der

---

750 Die Gewerkschaften verstanden sich als „Transmissionsriemen" der jeweiligen parteipolitischen Ideologie, *Miñambres Puig*, Das Beteiligungsrecht der Arbeitnehmer im Betrieb, S. 183 (siehe bereits oben § 6 I 3 b). Ihre Positionen sind daher im Zusammenhang mit den hinter ihnen stehenden Parteien zu sehen.
751 Vgl. ausführlich zu den Gesetzesvorschlägen nur *Kasten*, Spanisches Arbeitsrecht, S. 152–196.
752 So auch *Altmeyer*, Interessenmanager vor neuen Herausforderungen, S. 39.
753 *Ojeda Avilés*, Revista del Ministerio de Trabajo y Asuntos Sociales 2005, n. 58, S. 343–347.
754 *Altmeyer*, Arbeitsrecht im Betrieb 2/2002, S. 100.
755 *Fernández Steinko*, Prospects for participation and co-determination under the European Company Statute, National Report: Spain, S. 109. Diese „Unterwanderungsstrategie" hatte die *UGT* abgelehnt, da sie der Ansicht war, dass dadurch die Arbeit der regimetreuen Gewerkschaft fortgeführt würde, vgl. *Miguélez Lopez*, Die Modernisierung der Gewerkschaften in Spanien, S. 349; zu den unterschiedlichen Konzepten auch *Selenkewitsch*, Spanisches Tarifrecht, S. 79–86.

3. Kapitel. Regelung des Wechselspiels

Gewerkschaften im Betrieb über ihre Repräsentanz in den Betriebskomitees sichern können.

Der Regierungsentwurf der *UCD* sah zunächst eine Kräfteverschiebung zugunsten der Betriebskomitees vor, indem er ihnen allein – entsprechend dem Vorschlag der *PCE* bzw. *CCOO* – Tariffähigkeit auf Betriebs- und Unternehmensebene einräumte. Später wurde er jedoch im Sinne der Position von *PSOE* und *UGT* dahingehend geändert, dass auch die Gewerkschaftssektionen neben den Betriebskomitees tariffähig sein sollten. Grundlage dieser Änderung war ein Grundsatzabkommen (Acuerdo Básico Interconfederal – ABI) zwischen der Arbeitgeberorganisation *CEOE* und der *UGT* vom 10. Juli 1979[756]. Hierdurch wollte man nicht zuletzt den Versuch der *CCOO* unterbinden, ihren politischen Einfluss über die Betriebskomitees zu sichern[757]. Die von Regierung und *PSOE* bzw. *UGT* vertretene Position wurde mit der rechtlichen Absicherung der Betriebskomitees bzw. Personaldelegierten im Betrieb und der Anerkennung der Gewerkschaften bzw. der Mehrheitsgewerkschaften als firmentariffähiges Subjekt im ET 1980 Gesetz. Ferner wurde den Gewerkschaften auch das Recht eingeräumt, Belegschaftswahlen zu initiieren und Kandidatenvorschläge einzubringen. Da dies in der Praxis überwiegend so gehandhabt wird[758], sind die Belegschaftswahlen ein Gradmesser für den betrieblichen Einfluss der Gewerkschaften[759].

Die Gleichstellung von Belegschaftsvertretung und Gewerkschaftsdelegierten mit dem LOSL von 1985 stellte dann den direkten betrieblichen Einfluss auch der Gewerkschaften sicher.

6. Zusammenfassung

Nach Legalisierung der Gewerkschaften mit Spaniens Übergang zur Demokratie in den 70er Jahren konnte sich im gemeinsamen Interesse der demokratischen Konsolidierung eine Form von Verbundsystem zwischen Regierung, Unternehmen und Gewerkschaften etablieren. Insofern nahmen die Gewerkschaften Abstand von ihren bis dahin sehr radikalen Positionen. Das Klima des Konsens währte jedoch nicht lange. Für das Verhältnis der Gewerkschaften untereinander zeigt sich

---

[756] „UGT und CEOE anerkennen ausdrücklich die soziale Realität der Betriebskomitees, dabei werden sie stets das angemessene Gleichgewicht zwischen den Funktionen derart wichtiger Organe und den in den Gewerkschaftsverbänden organisierten Arbeitern in den Betrieben anstreben", wiedergegeben in *Bernecker*, Gewerkschaftsbewegung und Staatssyndikalismus in Spanien, S. 457. Die *CCOO* hatte die Teilnahme an den Verhandlungen abgelehnt. Die Gründe hierfür werden in der Weigerung der *UGT*, Protestaktionen der *CCOO* gegen das geplante ET zu unterstützen und in dem Versuch, die hinter der *CCOO* stehende *PCE* aus ihrer parteipolitischen Isolation zu lösen, gesehen, *Kasten*, Spanisches Arbeitsrecht im Umbruch, S. 171 ff.

[757] Vgl. *Kasten*, Spanisches Arbeitsrecht, S. 152–196; *Selenkewitsch*, Spanisches Tarifrecht, S. 99 f.

[758] *Klinkhammer*, Mitbestimmung in Deutschland und Europa: eine Einführung für Praktiker, S. 250.

[759] *Zachert*, Die Wirkung des Tarifvertrages in der Krise, S. 54; siehe auch schon oben 2 a zur Bezeichnung der Wahlen zur einheitlichen Arbeitnehmervertretung als *elecciones sindicales*; mehr zur personellen Verschränkung unten § 10 I 2 a bb.

§ 7 Außensteuerung: Betriebliche Mitbestimmung

dies nicht zuletzt an dem Zerwürfnis zwischen *UGT* und *CCOO* hinsichtlich der Ausgestaltung der betrieblichen Mitbestimmung. Konstatiert wird daher nur wenige Jahre nach der *Transición*, dass die spanischen Traditionen einer über hundertjährigen Geschichte wieder aufgegriffen worden seien: Die Mittel der politischen Richtungsgewerkschaften zur Vertretung der Arbeitnehmerinteressen sind die Tarifauseinandersetzung, der Arbeitskampf und die verschiedenen Möglichkeiten der Druckausübung gegenüber den Unternehmen und der staatlichen Politik[760]. In diese Tradition fügt sich die formale Konzeption der betrieblichen Mitbestimmung in Spanien ein.

II. Die Arbeitnehmervertretung nach BetrVG

Das BetrVG[761] geht davon aus, dass Gewerkschaften und Belegschaftsvertretung unterschiedliche Aufgaben und Funktionen haben. Die Mitsprache der Belegschaft in Betrieben der privaten Wirtschaft[762] wird daher durch ein gewerkschaftsunabhängiges betriebliches Vertretungsorgan, dem Betriebsrat, verwirklicht. Eine Gewerkschaftsvertretung ist im scharfen Gegensatz zum spanischen Recht nicht gleichermaßen im Betrieb eingerichtet.

Ein zweiter wesentlicher Unterschied der betrieblichen Mitbestimmung in Deutschland und Spanien besteht ferner darin, dass die deutsche Belegschaftsvertretung im Unterschied zu den Gewerkschaften nicht befugt ist, Arbeitskampfmaßnahmen[763] zu ergreifen und Tarifverhandlungen zu führen. Um diese Gegensätze erklären zu können, wird auch hier ein Schwerpunkt der Darstellung die Geschichte der betrieblichen Mitbestimmung in Deutschland sein. Im Übrigen sollen wie im Rahmen der Unternehmensmitbestimmung nur diejenigen Eckpunkte der aktuellen Regelung Erwähnung finden, die für einen Vergleich mit dem spanischen Recht erforderlich und aufschlussreich sind.

1. Betriebs- und Unternehmensbegriff

Ebenso wie im spanischen Recht ist Anknüpfungspunkt für die Einrichtung einer Belegschaftsvertretung der Betrieb, § 1 Abs. 1 BetrVG. Mangels Legaldefinition des Betriebsbegriffes ist er durch Literatur und Rechtsprechung entwickelt worden: Ein Betrieb ist die organisatorische Einheit, innerhalb derer ein Arbeitgeber allein

---

[760] *Bernecker*, Gewerkschaftsbewegung und Staatssyndikalismus in Spanien, S. 7.
[761] In der Fassung vom 25. September 2001, BGBl. I, S. 2518, zuletzt geändert durch Artikel 4 des Gesetzes vom 12. August 2008, BGBl. I, S. 1666.
[762] Betriebe eines Trägers des öffentlichen Rechts unterstehen nach § 130 BetrVG nicht dem Betriebsverfassungsrecht, sondern dem Personalvertretungsrecht, siehe Bundespersonalvertretungsgesetz (BPersVG) vom 15. März 1974 (BGBl. I, S. 693) bzw. Personalvertretungsgesetze der Bundesländer.
[763] Während das spanische Recht ausschließlich den Begriff des Streiks (*Huelga*) verwendet, existiert in der deutschen Rechtsordnung der Oberbegriff des Arbeitskampfes. Greifen die Arbeitnehmer zu Arbeitskampfmaßnahmen werden diese als Streik bezeichnet, siehe unten 3 b bb.

3. Kapitel. Regelung des Wechselspiels

oder mit seinen Arbeitnehmern mit Hilfe von sächlichen und immateriellen Mitteln bestimmte arbeitstechnische Zwecke fortgesetzt verfolgt[764]. Der Zweck darf sich nicht in der Befriedigung des Eigenbedarfs erschöpfen. Kleinstbetriebe sind nach § 4 Abs. 2 BetrVG ebenso wie Betriebsteile, die die Voraussetzungen des § 1 Abs. 1 S. 1 BetrVG nicht erfüllen, automatisch dem Hauptbetrieb zuzuordnen. Für die Anwendung des Gesetzes spielt es zudem keine Rolle, ob Rechtsträger der Arbeitsorganisation eine natürliche Organisation, eine Gesamthand oder eine juristische Person des Privatrechts ist[765].

Neben dem Betrieb ist das Unternehmen Anknüpfungspunkt für Beteiligungsrechte der Arbeitnehmervertreter. Das BetrVG kennt keinen eigenen Unternehmensbegriff, es setzt ihn voraus. Da das Gesetz nicht die Vermögensordnung ändert, wird der Begriff durch die Rechts- und Organisationsformen bestimmt, die für eine unternehmerische Betätigung zwingend festgelegt sind, so dass bei Personen- und Kapitalgesellschaften die Gesellschaft mit dem Unternehmen identisch ist[766]. Abgrenzungskriterium des Betriebes vom Unternehmen ist der verfolgte Zweck. Während der Betrieb einem arbeitstechnischem Zweck dient, verfolgt das Unternehmen ein hinter dem arbeitstechnischen Zweck liegendes wirtschaftliches oder ideelles Ziel[767].

Die Unterscheidung zwischen Betrieb und Unternehmen ist für die Betriebsverfassung deshalb von Bedeutung, weil sich die Arbeitsorganisation eines Unternehmens in Untersysteme gliedern kann, die ihrerseits als selbstständige Organisationen anzusehen sind. Hat das Unternehmen nur eine Produktions- oder Dienstleistungsstätte, kommt nur eine betriebsratsfähige Einheit in Betracht. Der Betrieb ist in diesem Fall das arbeitstechnische Spiegelbild des Unternehmens[768].

2. Einheitliche Arbeitnehmervertretung

Der Betriebsbegriff sichert das Prinzip einer einheitlichen Arbeitnehmervertretung innerhalb der Betriebsverfassung, denn ihr zentrales Organ, der Betriebsrat, repräsentiert die Gesamtheit der Belegschaft des Betriebes und nicht einzelne Arbeitnehmergruppen, insbesondere keine Gewerkschaftsmitglieder[769]. Hierbei hat er das Gebot der vertrauensvollen Zusammenarbeit mit dem Arbeitgeber zum Wohl der Arbeitnehmer und des Betriebes nach § 2 Abs. 1 BetrVG zu beachten. Das Gebot der vertrauensvollen Zusammenarbeit wirkt als Auslegungsregel. Es be-

---

764 Bundesarbeitgericht (BAG) 7 ABR 78/98 vom 31. Mai 2000, AP Nr. 12 zu § 1 BetrVG 1972; kritisch zu diesem traditionellen Begriffsverständnis WP/*Preis*, BetrVG, § 1, Rn. 14.
765 Richardi/*Richardi*, BetrVG, § 1, Rn. 8.
766 *Fitting*, BetrVG, § 1, Rn. 146.
767 *Hromadka/Maschmann*, Arbeitsrecht Band 2, § 16, Rn. 63.
768 Richardi/*Richardi*, BetrVG, § 1, Rn. 11. Dass Betrieb und Unternehmen sich decken können, berücksichtigt § 54 Abs. 2 BetrVG, der die Befugnisse eines Gesamtbetriebsrates bei der Errichtung eines Konzernbetriebsrats dem Betriebsrat zuweist, wenn in einem Konzernunternehmen nur ein Betriebsrat besteht, *ders.*, BetrVG, § 1, Rn. 55.
769 *Kloppenburg*, HaKo-BetrVG, § 1, Rn. 142.

stimmt den Inhalt und die Abgrenzung der einzelnen aus dem Gesetz sich für Arbeitgeber und Betriebsrat ergebenden Rechte und Pflichten[770]. Durch dieses Prinzip der vertraulichen Zusammenarbeit sollen die auszugleichenden gegenläufigen Interessen von Arbeitnehmern bzw. ihren Vertretern und Arbeitgeber – von denen das BetrVG lebensnah ausgeht[771] – gesteuert werden[772]. Konkretisiert wird § 2 Abs. 1 BetrVG durch § 74 BetrVG, wonach unter anderem beide Seiten über strittige Fragen mit dem ernsten Willen zur Einigung verhandeln und Vorschläge zur Beilegung von Meinungsverschiedenheiten machen sollen (Abs. 1 S. 2)[773].

a. Betriebsrat

Nach § 1 Abs. 1 S. 1 BetrVG werden in Betrieben mit mindestens fünf wahlberechtigten Arbeitnehmern, von denen drei wählbar sind, Betriebsräte gebildet[774]. Die Entscheidung über seine Errichtung treffen die Arbeitnehmer des Betriebs[775]. Der überwiegende Teil der Klein- und Mittelbetriebe mit weniger als 100 Beschäftigten verfügt daher nicht über einen Betriebsrat, weil die Arbeitnehmer nicht die Initiative zur Betriebswahl ergreifen. In Betrieben mit 100 und mehr Beschäftigten bestehen dagegen ganz überwiegend, in Betrieben mit 1000 und mehr Beschäftigten fast ausnahmslos Betriebsräte[776]. Ein Betriebsrat kann auch in einem gemeinsamen Betrieb mehrerer Unternehmen errichtet werden, § 1 Abs. 2 BetrVG[777].

Eine allseits anerkannte Umschreibung der Rechtsnatur des Betriebsrats ist bis heute nicht gelungen, überwiegend wird er als Repräsentant der Belegschaft, als Amtswalter oder als Organ der Belegschaft bezeichnet[778]. Er ist Rechtssubjekt und kann Träger von Rechten und Pflichten im Rahmen der Betriebsverfassung sein, so dass es insofern gerechtfertigt ist, von einer Teilrechtsfähigkeit zu sprechen[779]. Gewählt wird der Betriebsrat, dessen Mitgliederzahl gemäß § 9 BetrVG nach der Belegschaftsgröße abgestuft ist, alle vier Jahre in geheimer und direkter Wahl (§§ 13 Abs. 1 S. 1, 14 Abs. 1 BetrVG). Kandidatenvorschläge können von den wahlberechtigten Arbeitnehmern und den im Betrieb vertretenen Gewerkschaften

---

770 BAG 7 AZR 30/80 vom 27. August 1982, AP Nr. 25 zu § 102 BetrVG 1972.
771 *Windbichler*, ZfA 1991, S. 51/52.
772 *Wiedemann*, GesR, Band I, § 6 II 1, S. 314.
773 *Lorenz*, HaKo-BetrVG, § 74, Rn. 1.
774 Die Interessenvertretung der leitenden Angestellten ist im Sprecherausschussgesetz geregelt, siehe hierzu bzw. zu Arbeitnehmerbegriff und Wahlberechtigung nach BetrVG oben § 3 I.
775 *Kloppenburg*, HaKo-BetrVG, § 1, Rn. 1.
776 *Junker*, GK Arbeitsrecht, § 10, Rn. 672.
777 Das Gesetz enthält neben der Vermutung nach § 1 Abs. 2 BetrVG keine eigenständige Definition des gemeinsamen Betriebes. Nach der gefestigten Rechtsprechung ist von einem gemeinsamen Betrieb mehrerer Unternehmen auszugehen, wenn die in einer Betriebsstätte vorhandenen materiellen und immateriellen Betriebsmittel für einen einheitlichen arbeitstechnischen Zweck zusammengefasst, geordnet und gezielt eingesetzt werden und der Einsatz der menschlichen Arbeitskraft von einem einheitlichen Leitungsapparat gesteuert wird, BAG 7 ABR 78/98 vom 31. Mai 2000, AP Nr. 12 zu § 1 BetrVG 1972.
778 Vgl. *Hromadka/Maschmann*, Arbeitsrecht Band 2, § 16, Rn. 72.
779 *Hromadka/Maschmann*, Arbeitsrecht Band 2, § 16, Rn. 74.

3. Kapitel. Regelung des Wechselspiels

kommen (§ 14 Abs. 3 BetrVG, weitere Anforderungen in Abs. 4 und 5)[780]. Für die Vorbereitung und Durchführung der Wahl des Betriebsrates ist die Bestellung eines Wahlvorstandes notwendige Voraussetzung (§ 16 BetrVG), um betriebsratslose Zeiten zu vermeiden[781]. Dem Betriebsrat obliegt ausschließlich die Interessenvertretung der Belegschaft. Geregelt sind seine Aufgaben im vierten Teil des BetrVG, wo ihm Beteiligungsrechte in sozialen, personellen und wirtschaftlichen Angelegenheiten eingeräumt werden[782]. Unterstützt wird er in seiner Arbeit in Jugendfragen durch entsprechende Vertretungen[783]. Im Unterschied zum spanischen Recht kann er keine Tarifverträge aushandeln und Maßnahmen des Arbeitskampfes ergreifen (siehe ausführlicher unten 3).

b. Gesamtbetriebsrat

Nach § 47 Abs. 1 BetrVG ist dann, wenn in einem Unternehmen mehrere Betriebsräte bestehen, ein Gesamtbetriebsrat zu errichten. Dieser wird nicht gewählt, sondern gemäß § 47 Abs. 2 S. 1 BetrVG gebildet, indem jeder der im Unternehmen bestehenden Einzelbetriebsräte Mitglieder entsendet. Im Unterschied zum Betriebsrat hat der Gesamtbetriebsrat keine feste Amtszeit, da er über die Wahlperiode der einzelnen Betriebsräte hinaus bestehen bleibt. Mangels festliegender Amtszeit ist der Gesamtbetriebsrat eine Dauereinrichtung mit wechselnder Mitgliedschaft[784]. Seine Größe richtet sich grundsätzlich nach der Zahl der im Unternehmen bestehenden Betriebsräte und deren Mitgliederzahl, es kann jedoch gemäß § 47 Abs. 2 BetrVG durch Tarifvertrag oder Betriebsvereinbarung hiervon Abweichendes festgelegt werden.

§ 50 BetrVG regelt die Zuständigkeit des Gesamtbetriebsrates und grenzt seine Rechtsstellung gegenüber derjenigen der Betriebsräte ab. In seinen Aufgabenbereich fallen hiernach nur diejenigen Aufgaben, die das Gesamtunternehmen oder mehrere Betriebe betreffen und nicht durch die einzelnen Betriebsräte innerhalb ihrer Betriebe geregelt werden können, § 50 Abs. 1 S. 1 BetrVG[785]. Des Weiteren kann der Betriebsrat mit der Mehrheit seiner Stimmen den Gesamtbetriebsrat beauftragen, eine Angelegenheit für ihn zu behandeln, § 50 Abs. 2 BetrVG. Mindestens einmal im Kalenderjahr hat der Gesamtbetriebsrat die Vorsitzenden und die stellvertretenden Vorsitzenden der Betriebsräte sowie die weiteren Mitglieder der

---

[780] Weiteres in der aufgrund von § 126 BetrVG erlassenen Ersten Verordnung zur Durchführung des BetrVG vom 11. Dezember 2001, BGBl. I, S. 3494.
[781] *Brors,* HaKo-BetrVG, § 16, Rn. 1.
[782] Zum Streit, ob diese durch Tarifvertrag oder Betriebsvereinbarung erweitert oder verstärkt werden können Richardi/*Richardi,* BetrVG, Einl., Rn. 144 ff.
[783] Jugend- und Auszubildendenvertretungen sind gemäß §§ 60 ff. BetrVG im Betrieb, nach §§ 72 f. BetrVG in Unternehmen und gemäß § 73 a f. BetrVG im Konzern möglich.
[784] H.M., vgl. *Kreutz,* GK-BetrVG, Band I, § 47, Rn. 49.
[785] Z.B. im Bereich der allgemeinen personellen Angelegenheiten gemäß §§ 92 bis 98 BetrVG ist jeweils entscheidend, ob die zu treffenden Regelungen sich als Bestandteil einer aus sachlichen Gründen bestehenden unternehmenseinheitlichen Planung darstellen, *Tautphäus,* HaKo-BetrVG, § 50, Rn. 22.

§ 7 Außensteuerung: Betriebliche Mitbestimmung

Betriebsausschüsse zur Betriebsräteversammlung einzuberufen, § 53 Abs. 1 S. 1 BetrVG.

c. Konzernbetriebsrat

Für einen Konzern im Sinne von § 18 Abs. 1 AktG kann gemäß § 54 Abs. 1 S. 1 BetrVG durch Beschlüsse der einzelnen Gesamtbetriebsräte ein Konzernbetriebsrat errichtet werden. Die Vorschrift soll sicherstellen, dass Beteiligungsrechte der Einzel- und Gesamtbetriebsräte nicht durch Verlagerung der Entscheidungsmacht auf die Konzernebene gegenstandslos werden[786]. Im Gegensatz zur Bildung des Gesamtbetriebsrates, die beim Vorliegen der Voraussetzungen zwingend zu erfolgen hat, ist die Errichtung des Konzernbetriebsrates fakultativ[787]. Ebenso wie der Gesamtbetriebsrat ist der Konzernbetriebsrat eine Dauereinrichtung. Gemäß § 55 Abs. 1 BetrVG sind alle Gesamtbetriebsräte sämtlicher dem Konzern angehörenden Unternehmen verpflichtet, Mitglieder in den Konzernbetriebsrat zu entsenden, auch wenn sie seiner Errichtung nicht zugestimmt oder gar nicht abgestimmt haben[788]. Zuständig ist der Konzernbetriebsrat nach § 58 Abs. 1 S. 1 BetrVG für die Behandlung von Angelegenheiten, die den Konzern oder mehrere Konzernunternehmen betreffen und nicht durch die einzelnen Gesamtbetriebsräte innerhalb ihrer Unternehmen geregelt werden können. Die Zuständigkeiten von Gesamtbetriebs- und Konzernbetriebsrat schließen sich damit gegenseitig aus[789], der Konzernbetriebsrat kann aber vom Gesamtbetriebsrat beauftragt werden für ihn zu handeln, § 54 Abs. 2 S. 1 BetrVG.

3. Stellung der Gewerkschaften

Auch wenn wie in Spanien viele Mitglieder der Belegschaftsvertretung gleichzeitig ehrenamtliche Gewerkschaftszugehörige sind, werden Aufgaben und Funktionen von Gewerkschaften und Betriebsverfassungsorganen gesetzlich streng voneinander geschieden[790]. Nachfolgend sollen die Rechte der Gewerkschaften überblicksartig dargestellt werden, da sie mangels Installation als betriebsverfassungsrechtliche Vertretung für die Untersuchung in Kapitel 4 grundsätzlich nicht relevant werden, aber zur Hervorhebung der Besonderheiten im Vergleich mit dem spanischen Recht wichtig sind.

---

786 BAG 7 ABR 9/95 vom 22. November 1995, AP Nr. 7 zu § 54 BetrVG 1972.
787 *Fitting,* BetrVG, § 54, Rn. 38.
788 *Kreutz,* GK-BetrVG, Band I, § 54, Rn. 55.
789 Z.B. in sozialen Angelegenheiten ist die Zuständigkeit des Konzernbetriebsrates gegeben, wenn Regelungen über einen konzernweiten Austausch von Mitarbeiterdaten getroffen werden sollen, weil sich der Zweck einer solchen Regelung nur durch eine einheitliche Regelung auf der Konzernebene erreichen lässt, *Tautphäus,* HaKo-BetrVG, § 58, Rn. 7.
790 *Hromadka/Maschmann,* Arbeitsrecht Band 2, § 11, Rn. 13, § 16, Rn. 118 und 128; zu den rechtstatsächlichen Entwicklungen siehe unten § 10 III 3 c.

3. Kapitel. Regelung des Wechselspiels

a. Rechte der im Betrieb vertretenen Gewerkschaften nach BetrVG

Zur Entfaltung der kollektiven Koalitionsfreiheit sind den im Betrieb vertretenen Gewerkschaften auch im Rahmen der Betriebsverfassung Rechte eingeräumt worden. Diese lassen sich rechtsdogmatisch in Initiativrechte zur Bildung eines Betriebsrates und anderer betriebsverfassungsrechtlicher Organe, in Teilnahme- und Beratungsrechte sowie in Kontrollrechte unterscheiden[791]. Aus § 2 Abs. 1 BetrVG, wonach die Zusammenarbeit zwischen Arbeitgeber und Betriebsrat im Zusammenwirken mit den im Betrieb vertretenen Gewerkschaften und den Arbeitgebervereinigungen erfolgen soll, ergibt sich hingegen kein eigenständiges Recht der Gewerkschaften, sich in die Zusammenarbeit zwischen Arbeitgeber und Betriebsrat einzuschalten. Es bleibt ausschließlich dem Betriebsrat überlassen, wie er sein Verhältnis zu den Gewerkschaften gestaltet[792].

Zu den Initiativrechten der im Betrieb vertretenen Gewerkschaften, d.h. derjenigen, die mindestens einen Arbeitnehmer des Betriebes als Mitglied zählen[793], gehört die Möglichkeit sicherzustellen, dass ein Wahlvorstand bestellt und ein säumiger Wahlvorstand ersetzt wird, §§ 16 Abs. 2 S. 1, 17 Abs. 3 und 4, 18 Abs. 1 S. 2 und Abs. 3 BetrVG. Die Gewerkschaften können ferner Wahlvorschläge einreichen (§ 14 Abs. 3 und 5 BetrVG) und ein dem Betrieb angehörenden Beauftragten als nicht stimmberechtigtes Mitglied in den Wahlvorstand entsenden. Bei Vorliegen einer Gesetzesverletzung ist die Betriebsratswahl durch die Gewerkschaften anfechtbar, § 19 Abs. 2 S. 1 BetrVG.

Teilnahme- und Beratungsrechte bestehen insofern, als auf Antrag von einem Viertel der Mitglieder des Betriebsrates der Beauftragte einer im Betriebsrat vertretenen Gewerkschaft an den Sitzungen des Betriebsrates beratend teilnehmen kann, § 31 BetrVG. Dies gilt auch für Gesamt- und Konzernbetriebsräte, §§ 51 Abs. 1 S. 1, 59 Abs. 1 i.V.m. 31 BetrVG. Ebenso können an den Betriebs- oder Abteilungsversammlungen Beauftragte der im Betrieb vertretenen Gewerkschaften beratend teilnehmen, § 46 Abs. 1 S. 1 BetrVG.

Bei einer groben Amtspflichtverletzung des Betriebsrates kann ferner eine im Betrieb vertretene Gewerkschaft seine Auflösung oder die Amtsenthebung eines Betriebsratsmitglieds durch das Arbeitsgericht herbeiführen, § 23 Abs. 1 BetrVG. Auch bei groben Verstößen des Arbeitgebers gegen seine Verpflichtungen aus dem BetrVG kann eine im Betrieb vertretene Gewerkschaft ein Zwangsverfahren gegen ihn einleiten, § 23 Abs. 3 S. 1 BetrVG. Die Geschäftsführung des Betriebsrates unterliegt im Übrigen aber keiner Rechtskontrolle[794].

Zur Wahrnehmung ihrer im BetrVG genannten Aufgaben und Befugnisse räumt § 2 Abs. 2 BetrVG den Beauftragten der im Betrieb vertretenen Gewerkschaften ein

---

791 Vollständiger Überblick bei *Fitting*, BetrVG, § 2, Rn. 65.
792 *Kraft/Franzen*, GK-BetrVG, Band I, § 2, Rn. 22.
793 *Fitting*, BetrVG, § 2, Rn. 43.
794 Richardi/*Richardi*, BetrVG, § 2, Rn. 96.

§ 7 Außensteuerung: Betriebliche Mitbestimmung

Zugangsrechtsrecht zum Betrieb ein[795]. Umstritten ist, inwieweit das Zugangsrecht zum Betrieb auch die Befugnis umfasst, mit den Arbeitnehmern des Betriebs am Arbeitsplatz in Verbindung zu treten[796].

b. Durch das BetrVG nicht berührte Aufgaben der Gewerkschaften

Gemäß § 2 Abs. 3 BetrVG werden die Aufgaben der Gewerkschaften, insbesondere die Wahrnehmung der Interessen ihrer Mitglieder, durch das BetrVG nicht berührt. Diese Vorschrift betrifft vor allem die Koalitionsbetätigung zur Wahrnehmung und Förderung der Arbeits- und Wirtschaftsbedingungen, die durch Art. 9 Abs. 3 GG verfassungsrechtlich garantiert ist[797]. Zu den typischen, nicht vom BetrVG geregelten Aufgaben zählen vor allem der Abschluss und die Überwachung von Tarifverträgen, der Arbeitskampf, die Mitgliederwerbung und -beratung sowie die Prozessvertretung[798].

aa. Abschluss von Tarifverträgen

Nach § 1 Abs. 1 TVG[799] regelt der Tarifvertrag die Rechte und Pflichten der Tarifvertragsparteien, d.h. unter anderem der Gewerkschaften, einzelner Arbeitgeber sowie Vereinigungen von Arbeitgebern (§ 2 Abs. 1 TVG), und enthält Rechtsnormen, die den Inhalt, den Abschluss und die Beendigung von Arbeitsverhältnissen sowie betriebliche und betriebsverfassungsrechtliche Fragen ordnen können. Der Tarifvertrag regelt somit im schuldrechtlichen (obligatorischen) Teil Rechte und Pflichten der Tarifvertragsparteien, die auch nur für diese gelten. In seinem normativen Teil regelt er hingegen die Arbeitsverhältnisse der tarifgebundenen Parteien unmittelbar, so dass seine Geltung nicht eigens zwischen den (tarifgebundenen) Arbeitsvertragsparteien vereinbart werden muss, § 4 Abs. 1 S. 1 TVG. Für eine allgemeine Verbindlichkeit der Tarifverträge ist im Unterschied zum spanischen Recht eine besondere staatliche Erklärung nach § 5 Abs. 4 TVG erforderlich[800].

Trotz Trennung des Rechts auf Führung der Tarifverhandlungen von den Befugnissen der Belegschaftsvertretung, können tarifvertragliche Regelungen für die Betriebsverfassung von Bedeutung sein. So eröffnet § 3 BetrVG die Möglichkeit,

---

[795] Umstritten ist, ob das Zugangsrecht außer auf die besonders zugewiesenen gesetzlichen Befugnisse auch auf die allgemeine Unterstützungsaufgabe in § 2 Abs. 1 BetrVG gegründet werden kann. Ein sog. akzessorisches Zugangsrecht besteht nach § 2 Abs. 1 BetrVG zumindest dann, wenn der Betriebsrat um Unterstützung bei bestimmten Aufgaben gebeten hat, vgl. *Kloppenburg*, HaKo-BetrVG, § 2, Rn. 24.
[796] Vgl. *Hromadka/Maschmann*, Arbeitsrecht Band 2, § 16, Rn. 123.
[797] Richardi/*Richardi*, BetrVG, § 2, Rn. 66.
[798] *Fitting*, BetrVG, § 2, Rn. 80.
[799] Vom 25. August 1969, BGBl. I, S. 1323.
[800] Eine Allgemeinverbindlicherklärung *(extensión)* kennt auch das spanische Tarifrecht in Art. 92 Abs. 2 ET, meint hiermit aber die Ausdehnung von Bestimmungen eines in Kraft befindlichen Tarifvertrages durch das Arbeitsministerium, wenn der Aufnahme von Tarifverhandlungen besondere Schwierigkeiten entgegenstehen oder in dem erfassten Bereich außergewöhnliche soziale und ökonomische Bedingungen bestehen; ausführlicher zum spanischen Tarifrecht unten § 9 IV 2 aa (1).

3. Kapitel. Regelung des Wechselspiels

durch Tarifvertrag vom BetrVG abweichende Regelungen, unter anderem über die Einrichtung zusätzlicher Vertretungen der Arbeitnehmer (Abs. 1 Nr. 5)[801], zu treffen. Ferner können Betriebsvereinbarungen zwischen Arbeitgeber und Betriebsrat nach § 77 Abs. 1 S. 1 BetrVG in Konkurrenz zu einer tarifvertraglichen Regelung treten. Der Gesetzgeber hat dieses Spannungsverhältnis dadurch aufgelöst, dass er Betriebsvereinbarungen über Arbeitsentgelte und sonstige Arbeitsbedingungen immer dann sperrt, wenn diesbezüglich ein Tarifvertrag besteht oder üblicherweise abgeschlossen wird, § 77 Abs. 3 S. 1 BetrVG. Ebenso enthält § 87 Abs. 1 BetrVG einen Vorrang für die tarifvertragliche Ausgestaltung der sozialen (Mit)Entscheidungstatbestände des Betriebsrates.

bb. Arbeitskampf

Ein weiterer bezeichnender Gegensatz zum spanischen Recht liegt in dem Verbot von Maßnahmen des Arbeitskampfes zwischen Betriebsrat und Arbeitgeber, § 74 Abs. 2 S. 1 BetrVG (sog. Friedenspflicht). Gegenstand des Arbeitskampfes sind Zulässigkeit und Rechtsfolgen kollektiver Maßnahmen von Seiten der Arbeitnehmer oder der Arbeitgeber, mit denen diese das Arbeitsverhältnis zu stören versuchen, um bestimmte Ziele zu erreichen[802]. Aus der Funktion des Arbeitskampfes als Hilfsinstrument der Tarifautonomie folgt, dass ein Arbeitskampf nur zwischen Tarifvertragsparteien geführt werden darf.

Betriebsrat und Arbeitgeber haben daher alle Betätigungen zu unterlassen, durch die der Arbeitsablauf oder der Frieden des Betriebs beeinträchtigt werden, § 74 Abs. 2 S. 2 BetrVG. Wenn sie sich über betriebliche Fragen nicht einigen können, müssen die Gerichte oder die Einigungsstelle angerufen werden[803]. Von dem Arbeitskampfverbot unberührt bleiben aber die Arbeitskämpfe tariffähiger Parteien (§ 74 Abs. 2 S. 1 BetrVG), so dass Mitglieder der Betriebsverfassungsorgane an Arbeitskampfmaßnahmen ihrer Gewerkschaften teilnehmen können. Im Unterschied zum spanischen Recht ist das deutsche Streikrecht aus der Verfassung entwickeltes Richterrecht[804].

cc. Mitgliederwerbung und Mitgliederberatung

Die Gewerkschaften haben ferner gemäß Art. 9 Abs. 3 GG das Recht, über die Gewerkschaftstätigkeit zu berichten und für Mitglieder bzw. bei betrieblichen Wah-

---

801 Z.B. die Wahl von betrieblichen Vertrauensleuten, siehe unten cc; § 3 Abs. 5 BetrVG beschränkt den Tarifvertrag aber auf die Organisationseinheit Betrieb, so dass der Gesamtbetriebsrat und Wirtschaftsausschuss nicht tarifvertraglich regelbar sind, *Rieble,* Tarifautonomie und Unternehmensmitbestimmung, S. 48.
802 *Hromadka/Maschmann,* Arbeitsrecht Band 2, § 14, Rn. 1. Unter Streik ist hingegen die Druckausübung einer Mehrheit von Arbeitnehmern durch gemeinsame Vorenthaltung einer nach den individualrechtlichen Regeln an sich zu erbringenden Arbeitsleistung zu verstehen, *Zöllner/Loritz/Hergenröder,* Arbeitsrecht, § 41 V 1a; zum Streikbegriff im spanischen Recht siehe oben einleitend § 7 II.
803 BAG 1 AZR 772/75 vom 17. Dezember 1976, AP Nr. 52 zu Art. 9 GG.
804 *Rebhahn,* NZA 2001, S. 768.

§ 7 Außensteuerung: Betriebliche Mitbestimmung

len für Mitgliederlisten zu werben. Zudem haben sie die Möglichkeit, gewerkschaftliche Vertrauensleute in den Betrieben zu bestellen. Letztere sind Bindeglied zwischen dem hauptamtlichen Funktionärskörper der Gewerkschaft und den Gewerkschaftsmitgliedern im Betrieb. Sie haben die allgemeine Aufgabe, an der Gestaltung und Festigung ihrer Organisation mitzuwirken und die Politik ihrer Gewerkschaft im Betrieb zu vertreten[805]. Die gewerkschaftlichen Vertrauensleute haben aber keinerlei betriebsverfassungsrechtliche Position, genießen vor allem keinen besonderen (Kündigungs-)Schutz und es besteht kein Anspruch auf Durchführung ihrer Wahl im Betrieb[806].

4. Weitere Einrichtungen: Betriebsversammlung und Wirtschaftsausschuss

Ebenso wie das Arbeitnehmerstatut sieht das BetrVG die Einrichtung weiterer Institutionen vor, die der Vollständigkeit halber kurz vorgestellt werden: die Belegschaftsversammlung und der Wirtschaftsausschuss[807]. Während der Wirtschaftsausschuss noch für die Untersuchung des 4. Kapitels relevant wird, sind die Einflussmöglichkeiten der Belegschaftsversammlung eher schwach. Ihre Ausgrenzung aus der Untersuchung im folgenden Kapitel ist aber dem Interesse einer angemessenen Eingrenzung der Darstellung geschuldet.

a. Betriebsversammlung

Die Betriebsversammlung besteht aus den Arbeitnehmern des Betriebes (§ 42 Abs. 1 S. 1 BetrVG) und ist eine institutionelle Versammlung der Belegschaft. Betriebsversammlungen können nur in Betrieben mit einem Betriebsrat stattfinden. Die Vorschrift ist zwingend und weder durch Tarifvertrag noch durch Betriebsvereinbarung abdingbar[808]. Eine Befugnis zu einer nach außen wirkenden oder auch nur nach innen verbindlichen Entscheidung hat die Betriebsversammlung nicht[809].

Einzuberufen ist die Betriebsversammlung einmal jährlich durch den Betriebsrat, der hier seinen Tätigkeitsbericht zu erstatten hat, § 43 Abs. 1 S. 1 BetrVG. Daneben sind auch außerordentliche Betriebsversammlungen vom Betriebsrat durchzuführen, wenn er dies für erforderlich hält, § 43 Abs. 4 BetrVG. Die Betriebsversammlung kann dem Betriebsrat auch Anträge unterbreiten und zu seinen Beschlüssen Stellung nehmen, § 45 S. 2 BetrVG. Es können alle Themen behandelt werden, die den Betrieb oder seine Arbeitnehmer unmittelbar betreffen (§ 45 S. 1 BetrVG mit

---

805 *Hromadka/Maschmann*, Arbeitsrecht Band 2, § 16, Rn. 125.
806 *Fitting*, BetrVG, § 2, Rn. 87 ff.; *Kraft*, GK-BetrVG, Band I, § 2, Rn. 99.
807 Die betriebliche Einigungsstelle, die als Organ der Betriebsverfassung dazu dient, Meinungsverschiedenheiten zwischen Arbeitgeber und Betriebsrat beizulegen (§ 76 BetrVG) wird unten § 9 IV 2 b dd vorgestellt.
808 *Fabricius/Weber*, GK-BetrVG, Band I, § 42, Rn. 10.
809 BAG 1 ABR 28/88 vom 27. Juni 1989, AP Nr. 5 zu § 42 BetrVG 1972.

3. Kapitel. Regelung des Wechselspiels

exemplarischer Themenliste[810]). Darüber hinaus dient die Betriebsversammlung der Unterrichtung der Belegschaft durch den Arbeitgeber, vgl. § 43 Abs. 2 S. 2 und 3 BetrVG. Im Gegensatz zum spanischen Recht hat die Betriebsversammlung keinen Einfluss auf die Wahl und Abberufung der Betriebsratsmitglieder[811]. Einen Streik auszurufen wie die *Asamblea de Trabajadores* ist ihr ebenfalls nicht möglich.

b. Wirtschaftsausschuss

Gemäß § 106 BetrVG ist in allen Unternehmen, die mehr als 100 Arbeitnehmer ständig beschäftigen, ein Wirtschaftsausschuss zu bilden. Die Vorschrift ist zwingend[812]. Weil § 106 BetrVG die Bildung eines Wirtschaftsausschusses nur bei Unternehmen vorsieht, kann der Konzernbetriebsrat aus eigenem Recht keinen Konzernwirtschaftsausschuss bilden[813].

Die Anzahl der Mitglieder des Wirtschaftsausschusses beträgt mindestens drei und höchstens sieben, § 107 Abs. 1 S. 2 BetrVG. Alle Mitglieder müssen dem Unternehmen angehören, brauchen allerdings nicht Arbeitnehmer im Sinne des BetrVG zu sein. Damit können auch leitende Angestellte in den Wirtschaftsausschuss entsandt werden (§ 107 Abs. 3 S. 3 BetrVG). Die Bestellung der Mitglieder des Wirtschaftsausschusses erfolgt durch den Betriebsrat mit einfacher Stimmenmehrheit und für die Dauer seiner Amtszeit (§ 107 Abs. 2 S. 1 BetrVG). Bestellt der Gesamtbetriebsrat die Mitglieder, endet ihre Amtszeit in dem Zeitpunkt, in dem die Amtszeit der Mehrheit der Mitglieder des Gesamtbetriebsrates, die an der Bestimmung mitzuwirken berechtigt waren, abgelaufen ist (§ 107 Abs. 2 S. 2 BetrVG)

Der Wirtschaftsausschuss hat nach § 106 Abs. 1 BetrVG die Aufgabe, wirtschaftliche Angelegenheiten mit dem Unternehmer zu beraten und den Betriebsrat bzw. ggf. Gesamtbetriebsrat zu unterrichten. Er fördert damit die Kooperation und Informationsvermittlung zwischen beiden und hat die Funktion eines Hilfsorgans des Betriebsrats bzw. ggf. Gesamtbetriebsrates[814]. Inhaber der Beteiligungsrechte (auch) in wirtschaftlichen Angelegenheiten bleiben daher letztere.

5. Entstehungsgeschichte

Der Überblick über das deutsche Betriebsverfassungsrecht hat gezeigt, dass es auf der Vorstellung beruht, Konflikte so weit wie möglich aus dem Betrieb fernzuhalten oder durch Kooperation zu lösen. Im Unterschied zum spanischen Recht wird

---

[810] § 45 S. 1 BetrVG erfasst auch Abteilungsversammlungen. Eine Abteilung ist eine räumliche und/oder organisatorische Einheit innerhalb eines Betriebs, mit der bestimmte Teilzwecke verfolgt werden: der Einkauf der Vertrieb, das Lager, eine Einheit in der Produktion, *Hromadka/Maschmann*, Arbeitsrecht Band 2, § 16, Rn. 68.
[811] Die Belegschaft kann jedoch Kandidatenvorschläge machen (§ 14 Abs. 4 S. 1 BetrVG) und die Einsetzung eines Wahlvorstandes vor dem Amtsgericht beantragen (§ 16 Abs. 2 S. 1 BetrVG).
[812] *Fitting*, BetrVG, § 106, Rn. 4.
[813] BAG 7 ABR 39/88 vom 28. August 1989, AP Nr. 7 zu § 106 BetrVG 1972.
[814] BAG 1 ABR 34/75 vom 18. Juli 1978, AP Nr. 1 zu § 108 BetrVG 1972; zur hohen rechtstatsächlichen Bedeutung des Wirtschaftsausschusses siehe unten § 10 II 1 b, III 3 b.

§ 7 Außensteuerung: Betriebliche Mitbestimmung

daher als wesentlicher Zweck der Betriebsverfassung in Deutschland nicht die Verteidigung der Arbeitnehmerinteressen gegenüber dem Arbeitgeber genannt (vgl. Art. 63 Abs. 1 ET), sondern – neben der Veränderung der betrieblichen Ordnung und Organisation – der Schutz und die Förderung des Wohls des Arbeitnehmers[815]. Zu seiner Selbstbestimmung soll die Betriebsverfassung einen Beitrag leisten[816], vgl. § 75 Abs. 2 BetrVG. Da es hierbei darauf ankomme, die Arbeitnehmer selbst zu mitwirkenden Subjekten bei der Gestaltung des betrieblichen Geschehens zu machen, wird der Gedanke der Teilhabe zunehmend als weiterer Zweck der Betriebsverfassung anerkannt[817].

Diese Überzeugungen stehen am (vorläufigen) Ende einer Entstehungsgeschichte der betrieblichen Mitbestimmung, die als Problem unter anderen Bezeichnungen bis an den Beginn der Industrialisierung in Deutschland in der ersten Hälfte des 19. Jahrhunderts zurückverfolgt werden kann, als sich unter dem Eindruck einer technischen, wirtschaftlichen und gesellschaftlichen Strukturveränderung zwischen den Unternehmern und den Fabrikarbeitern vollkommen neue Beziehungen ergaben[818].

Der erste Versuch einer gesetzlichen Gestaltung der Beteiligung von Arbeitnehmern wurde – erfolglos – in der verfassungsgebenden Nationalversammlung der Paulskirche 1848/1849 in dem Entwurf einer Gewerbeordnung unternommen. In der Folge kam es auf freiwilliger Basis zwar erstmals zur Errichtung von Arbeiterausschüssen in den Betrieben[819], die Anfangsjahre der Industrialisierung in Deutschland kann man dennoch als Periode der unbeschränkten Fabrikherrschaft bezeichnen[820]. Das Aufkommen der zweckrationalen sachbestimmten Industriegroßbetriebe mit ihrer Vergrößerung der Distanz zwischen den Leitenden und den Ausführenden machten im Unterschied zu den persönlich geführten und handwerklich anmutenden Betrieben in der ersten Phase der Industrialisierung das Mitspracherecht der Arbeiter aber zum Sozialproblem[821].

Die entscheidende Wende für die betriebliche Mitbestimmung trat daher, unter anderem infolge des bis dahin größten Streiks in Deutschland im Jahre 1889 und des Erstarkens sozialdemokratischen Einflusses nach Aufhebung des Ausnahmegesetzes mit Beschluss des Reichstags vom 6. Mai 1891[822], mit dem Erlass einer Novelle zur Gewerbeordnung ein, wonach fakultativ eingerichtete Arbeiterausschüsse an der betrieblichen Ordnung beteiligt werden sollten[823]. Die Arbeiter-

---

815 *Zöllner/Loritz/Hergenröder*, Arbeitsrecht, § 46 III 4a.
816 *Düwell*, HaKo-BetrVG, Einl., Rn. 84 und Rn. 85.
817 Siehe *Wiese*, GK-BetrVG, Band I, Einl., Rn. 76 und 78 mit weiteren Nachweisen; vgl. auch oben § 6 II 3 zu den Zielen der Unternehmensmitbestimmung.
818 *Teuteberg*, Geschichte der industriellen Mitbestimmung in Deutschland, S. XIII.
819 Als Beispiel ist der Berliner Jalousien- und Holzpflasterfabrikant Heinrich Freese zu nennen, der die Idee einer „konstitutionellen Fabrik" vertrat und im gleichnamigen Buch 1909 (1. Auflage) auch veröffentlichte.
820 *Weber*, ZfA 1993, S. 525; *ders.*, ZfA 1993, S. 529.
821 *Teuteberg*, Geschichte der industriellen Mitbestimmung in Deutschland, S. 521.
822 RGBl. S. 261.
823 *Reichold*, Betriebsverfassung als Sozialprivatrecht, S. 125 ff.

3. Kapitel. Regelung des Wechselspiels

schaft bezeichnete die freiwilligen Arbeiterausschüsse zwar als „Feigenblatt des Kapitalismus"[824] und bekannte sich im Kaiserreich weiterhin zum Klassenkampf[825]. Der bis dahin stets geltende Unternehmeranspruch auf absolute Herrschaft im Betrieb wurde aber erstmals eingeschränkt[826].

Obligatorisch wurde die Einrichtung von Arbeiter- und Angestelltenausschüsse auf Reichsebene in allen kriegs- und versorgungswichtigen Betrieben mit dem Gesetz über den vaterländischen Hilfsdienst vom 5. Dezember 1916[827]. Ziel dieses Gesetzes war es, Spannungen zwischen Arbeitgebern und Arbeitnehmern schon auf innerbetrieblicher Ebene abzubauen, um die durch den ersten Weltkrieg besonders beanspruchte Kriegswirtschaft nicht durch Konflikte auf dem Gebiet des Arbeitslebens zu stören[828]. Der Zwang zur Zusammenarbeit verbesserte das soziale Klima spürbar[829], führte aber nicht zur Abwendung vom klassenkämpferischen Denken[830].

Eine eigenständige und ausführliche Regelung der Beziehungen auf Betriebsebene wurde dann erstmals durch das Betriebsrätegesetz der Weimarer Republik vom 4. Februar 1920[831] geschaffen. Hiernach waren Betriebsvertretungen durch Arbeiter- und Angestelltenräte in allen Betrieben, Geschäften und Verwaltungen des öffentlichen und privaten Rechts mit in der Regel mindestens 20 beschäftigten Arbeitnehmern zu bilden[832]. Das Betriebsrätegesetz wird daher teilweise als das Ende der Auseinandersetzung um das „Ob" einer betrieblichen Mitbestimmung betrachtet[833] sowie als endgültige Abkehr des Staates von der Unterstützung des „Herrn im Hause"-Standpunkts und Ende der Quasi-Hörigkeit des Arbeiters im Betrieb bezeichnet[834]. Die alten Ideologien wurden aber beibehalten; die Beendigung der Dauerkrisen der ersten Periode der Weimarer Republik und die wirtschaftliche Stabilisierung hatten zur Rückkehr zu den Fronten vor dem Ersten Weltkrieg geführt[835].

In die Zeit der Weimarer Republik fällt auch erstmals die verfassungsrechtliche Garantie der Koalitionsfreiheit und Tarifautonomie: Art. 159 WRV garantierte das Recht zur Bildung von Vereinigungen zur Wahrung und Förderung der Arbeits-

---

[824] Zitiert nach Richardi/*Richardi*, BetrVG, Einl., Rn. 7.
[825] *Ramm*, FS Mallmann, S. 211; *Teuteberg*, Geschichte der industriellen Mitbestimmung, S. 539 schreibt sogar vom Erstarren der Fronten zwischen Unternehmern und Arbeitern „in tiefem gegenseitigen Hass".
[826] *Weber*, ZfA 1993, S. 527.
[827] RGBl. S. 1333; siehe bereits oben § 6 II 2.
[828] *Weber*, Die vertrauensvolle Zusammenarbeit, S. 8; siehe auch oben § 6 II 2.
[829] *Ramm*, In memoriam Kahn-Freund, S. 228; *Weber*, ZfA 1993, S. 529.
[830] Siehe das Scheitern der sog. Zentralarbeitsgemeinschaft vom 15. November 1918, einer Vereinbarung zwischen den Arbeitgeberverbänden und Gewerkschaften, die die gemeinsame Lösung aller die Industrie und das Gewerbe berührenden wirtschaftlichen und sozialen Fragen bezweckte.
[831] RBGl. S. 147.
[832] *Düwell*, HaKo-BetrVG, Einl., Rn. 4.
[833] *Weber*, Die vertrauensvolle Zusammenarbeit, S. 5; *ders.*, ZfA 1993, S. 536.
[834] *Teuteberg*, Geschichte der industriellen Mitbestimmung in Deutschland, S. 532.
[835] *Ramm*, In memoriam Kahn-Freund, S. 243; anders *Buchner*, DB 1974, S. 530, der bereits das Betriebsrätegesetz von 1920 unter Verweis auf § 1 und § 66 als kooperatives Modell bezeichnet.

§ 7 Außensteuerung: Betriebliche Mitbestimmung

und Wirtschaftsbedingungen. Die zwischen Unternehmern und Angestellten getroffenen Vereinbarungen wurden in Art. 165 Abs. 1 S. 2 WRV ausdrücklich anerkannt. Dagegen gelang es nicht, das Streikrecht in der Verfassung zu verankern[836]. Die Streikpraxis war vielmehr durch staatliche Interventionsmaßnahmen beeinflusst[837] und die Gewerkschaften beschränkten sich ihrerseits auf die Wahrung ökonomischer Interessen gegenüber dem Arbeitgeber. Jeder darüber hinausgehende, gegen die politische Gewalt gerichtete Massen- oder gar Generalstreik wurde aller radikalen Programmatik zum Trotz abgelehnt[838], was als Ursache für den deutschen „Sonderweg" der betrieblichen Mitbestimmung gesehen wird, der auf Wirtschaftsfriedlichkeit setzte und andere Formen der Streikkultur entwickelte[839].

In der nationalsozialistischen Zeit wurde die Arbeitnehmerbeteiligung abgeschafft (siehe bereits oben § 6 II 2). Der Nationalsozialismus vertrat den Standpunkt, dass die Interessengegensätze zwischen Arbeitgeber und Arbeitnehmern keine unabänderlichen Gegebenheiten des Arbeitslebens seien. Vielmehr sei der Gedanke der deutschen Volksgemeinschaft stärker als alle Spannungen und Interessengegensätze[840].

Nach dem Zusammenbruch ermöglichte das Kontrollratsgesetz Nr. 22 vom 10. April 1946 die Wahl und Tätigkeit von Betriebsräten, so dass ein Teil der Länder eigenständige Regeln schuf[841]. Die Notwendigkeit, den Betriebsräten in der gesamten Bundesrepublik eine einheitliche Basis zu geben, machte ein Bundesgesetz erforderlich, für das auch nach Art. 74 Abs. 1 Nr. 12 GG eine konkurrierende Gesetzgebung besteht[842]. Am Ende heftiger parlamentarischer und außerparlamentarischer Debatten, die sich über die Betriebsverfassung hinaus auf die Neuordnung der deutschen Wirtschaft bezogen[843], stand das Betriebsverfassungsgesetz vom 11. Oktober 1952 (BetrVG 1952)[844]. Grundlage des Miteinanders von Arbeitgeber und Betriebsrat bildete der in § 49 Abs. 1 BetrVG 1952 enthaltene Grundsatz der vertrauensvollen Zusammenarbeit. Maßgeblich mitgeprägt wurde dieser Gedanke der betrieblichen Partnerschaft durch die Erfahrungen in den ersten Nachkriegsjahren, denn nach 1945 hatten Unternehmer und Gewerkschaften gemeinsam daran gearbeitet, die Unternehmen zu retten[845].

---

836 Zu den Motiven vgl. *Ramm,* In memoriam Kahn-Freund, S. 235.
837 *Däubler,* Arbeitskampfrecht, Rn. 21.
838 *Däubler,* Arbeitskampfrecht, Rn. 21a.
839 *Reichold,* Betriebsverfassung als Sozialprivatrecht, S. 203, in anderen Ländern (z. B. England) sei die Staatsintervention schon deshalb unerwünscht geblieben, weil gewerkschaftliche Gegenmacht früher entwickelt war als staatliche Intervention durch Recht.
840 Vgl. *Weber,* Die vertrauensvolle Zusammenarbeit, S. 11.
841 Auflistung der landesrechtlichen Betriebsrätegesetze bei *Wiese,* GK-BetrVG, Band I, Einl., Rn. 18; zum Kontrollratsgesetz siehe ferner z. B. *Edenfeld,* Arbeitnehmerbeteiligung im Betriebsverfassungs- und Personalvertretungsrecht, S. 23 f.
842 Im Übrigen ist die betriebliche Mitbestimmung ebenso wenig wie die Unternehmensmitbestimmung verfassungsrechtlich garantiert, siehe oben § 6 II 4.
843 Vgl. Vorschläge des Deutschen Gewerkschaftsbundes zur Neuordnung der Wirtschaft vom 14. April 1950, RdA 1950, S. 183–185.
844 BGBl. I, S. 681.
845 *Weber,* Die vertrauensvolle Zusammenarbeit, S. 13.

3. Kapitel. Regelung des Wechselspiels

Nach Erlass des BetrVG 1952 folgten zwei Jahrzehnte gesetzgeberischer Ruhe. Als wichtigste Weichenstellung dafür wird die endgültige Festschreibung der Trennung von Gewerkschaften und Betriebsrat gesehen. Damit wurden die Betriebsräte von Verhandlungen über die Höhe der Entgelte und über die Dauer der Arbeitszeit ausgeschlossen und die Gewerkschaften zur Akzeptanz der Betriebsräte als betriebliche Interessenvertretungen anstelle von betrieblichen Gewerkschaftsleitungen gezwungen[846].

Aufgrund der eingetretenen Fortentwicklung der technischen, wirtschaftlichen und sozialen Rahmenbedingungen[847] wurden im Betriebsverfassungsgesetz vom 18. Januar 1972 (BetrVG)[848] Individualrechte für einzelne Belegschaftsangehörige eingeführt sowie die Rechtsstellung der Betriebsräte und der im Betrieb vertretenen Gewerkschaften gestärkt. Das Gebot der vertrauensvollen Zusammenarbeit findet sich in hervorgehobener Stellung am Anfang des Gesetzes wieder. Nicht durchsetzen konnten sich hingegen die Vorschläge von SPD und Deutschem Gewerkschaftsbund (DGB), die mit dem BetrVG 1952 geschaffene Trennung der betrieblichen von der gewerkschaftlichen Zone, d.h. den Gewerkschaften keine betriebliche Position zuzuweisen[849], aufzugeben[850].

Seit 1972 ist das Betriebsverfassungsgesetz sowohl durch unmittelbare Änderungen des Gesetzes selbst als auch durch den Erlass neuer bzw. die Änderung anderer arbeitsrechtlicher Gesetze mit mittelbarer Auswirkung auf das Betriebsverfassungsgesetz weiter entwickelt worden[851].

6. Zusammenfassung

Das Gebot der vertrauensvollen Zusammenarbeit in § 2 Abs. 1 BetrVG wird mitunter als „Magna Charta" des Betriebsverfassungsrechts bezeichnet[852]. Dies macht nicht zuletzt deutlich, dass die deutsche Betriebsverfassung von einem Kooperationsmodell ausgeht, also „primär auf dem Gedanken des Zusammenwirkens"[853] beruht. Das Gebot der vertrauensvollen Zusammenarbeit wird daher durch eine absolute Friedenspflicht ergänzt[854]. Ebenso kann den Gewerkschaften nur eine

---

846 *Düwell*, BetrVG, Einl., Rn. 9.
847 *Wiese*, GK-BetrVG, Band I, Einl., Rn. 21.
848 BGBl. I, S. 13.
849 In Spanien versteht man hingegen unter dem sog. Trennungsprinzip, dass die gewerkschaftliche Vertretung im Betrieb von der Belegschaftsvertretung verschieden ist, siehe oben einleitend § 7 I.
850 Vgl. *Weber*, ZfA 1993, S. 550/551.
851 *Fitting*, BetrVG, Einl., Rn. 13 ff.
852 *Richardi*, Betriebsverfassung und Privatautonomie, S. 13.
853 BVerfGE 50, S. 290, S. 372 („Mitbestimmungsurteil").
854 *Richardi*, Betriebsverfassung und Privatautonomie, S. 14.

§ 7 Außensteuerung: Betriebliche Mitbestimmung

Hilfsfunktion für die Betriebsverfassung[855], aber keine eigene betriebsverfassungsrechtliche Position zugewiesen werden.

Der Überblick über die Entstehungsgeschichte hat zudem gezeigt, dass der Gedanke der Zusammenarbeit nicht plötzlich entstanden ist, sondern das Betriebsverfassungsrecht von seinen Anfängen bis heute von der zunehmenden Tendenz getragen ist, den Konflikt aus dem Betrieb soweit wie möglich fernzuhalten[856]. Eine Tendenz, die vor allem mit den einschneidenden Erfahrungen des vorigen Jahrhunderts einsetzte.

III. Ergebnis: Betriebliche Mitbestimmung in Deutschland und Spanien als pfadabhängig bedingte Gegenpole

Die spanische und deutsche Rechtsordnung sind in ihrer Konzeption der betrieblichen Mitbestimmung in wesentlichen Punkten vollkommen verschieden. Während das spanische Recht das Verhältnis von Arbeitnehmern und Arbeitgebern über die Konfliktaustragung steuert, beruht die deutsche Betriebsverfassung auf einem Modell der Zusammenarbeit zwischen beiden Parteien.

1. Rechtslage

Gemäß Art. 10 Abs. 3 LOSL genießen in Spanien die Gewerkschaftsdelegierten im Betrieb die gleichen Garantien und den gleichen Schutz wie die Mitglieder der Belegschaftsvertretung. Gewerkschaftssektionen mit besonderen Kompetenzen können gemäß Art. 8 LOSL errichtet werden. In deutschen Betrieben ist die Wahl gewerkschaftlicher Vertrauensleute zwar auch zulässig. Den Gewerkschaften wird aber nicht wie in Spanien eine betriebliche Position zugewiesen. Ihre Aufgaben und Funktionen werden vielmehr streng von denen der Betriebsverfassungsorgane unterschieden.

Ein weiterer wichtiger Gegensatz in der Ausgestaltung der betrieblichen Mitbestimmung betrifft die Streik- und Tariffähigkeit. Der Betriebsrat ist nach § 74 Abs. 2 S. 1 BetrVG dazu verpflichtet, Maßnahmen des Arbeitskampfes gegenüber dem Arbeitgeber zu unterlassen. Zu den tariffähigen Parteien nach § 2 Abs. 2 TVG zählt er ebenso wenig. Ganz anders das spanische Recht, das zum einen in Art. 87 Abs. 1 ET das Betriebskomitee als tariffähig erklärt und ihm andererseits nach Art. 3 Abs. 2a) S. 1 RDLRT das Recht einräumt, den Streik auszurufen. Ein dem

---

[855] Z.B. indem sie Expertenwissen in rechtlichen, sozialen und wirtschaftlichen Fragen zur Verfügung stellen, sowie ein Netz von gewerkschaftlichen Bildungsträgern für die Schulung und Fortbildung der Betriebsräte aufgebaut haben, *Düwell*, HaKo-BetrVG, Einl., Rn. 89.
[856] *Weber*, Die vertrauensvolle Zusammenarbeit, S. 2.

3. Kapitel. Regelung des Wechselspiels

Gebot der vertrauensvollen Zusammenarbeit mit dem Arbeitgeber nach § 2 Abs. 1 BetrVG vergleichbaren Grundsatz kennt das spanische Recht bisher[857] nicht.

2. Pfadabhängigkeit

Die Gründe für diese unterschiedliche Gesetzgebung sind in der jeweiligen Entstehungsgeschichte zu suchen.

Während die Anfänge einer gesetzlichen Regelung der Arbeitnehmerbeteiligung in Deutschland auf das Ende des 19. Jahrhunderts zurückreichen, scheiterte in Spanien – nicht zuletzt wegen der ideologischen Verhärtung der Vertreter von Kapital und Arbeit – die Einführung von Räten der industriellen Zusammenarbeit noch 1922. Die soziale Unzufriedenheit der spanischen Arbeiter entlud sich vielmehr in spontanen Einzelaktionen. Eine vergleichbare Streikkultur entwickelte sich in Deutschland hingegen nicht; diese war vielmehr durch staatliche Interventionsmaßnahmen geprägt.

In der Weimarer Republik wurde das deutsche Recht der Arbeitnehmerbeteiligung entscheidend mit dem Betriebsrätegesetz verfestigt und verfassungsrechtlich garantiert. Ein vergleichbarer Durchbruch ist für Spanien angesichts der Diktatur Primo de Riveras und der kurzen Phase der Zweiten Republik nicht zu verzeichnen. Wie in der Zeit der Restauration blieben die sozialen Gegenspieler zum großen Teil radikalisiert und nicht kooperationsbereit.

Zur Gegnerschaft weitete sich das Verhältnis während der Diktatur Francos aus: Aufgrund der Unterdrückung jeder gewerkschaftlichen Partizipation, verbanden die Gewerkschaften den Kampf um die Verbesserung der Arbeitsbeziehungen mit der Überwindung des Systems in einer Situation der Konfrontation und Klassenauseinandersetzung[858]. Trotz des Streikverbotes kam es daher immer wieder zu Arbeitskämpfen. Hierzu steht die Demokratisierung Deutschlands in allen Bereichen nach dem Zweiten Weltkrieg im scharfen Gegensatz. Vor allem die Erfahrungen der ersten Nachkriegsjahre, in denen Unternehmer und Gewerkschaften gemeinsam daran gearbeitet hatten, Unternehmen zu retten, prägten den Gedanken der betrieblichen Partnerschaft des BetrVG 1952. Zudem konnte an die demokratische betriebsverfassungsrechtliche Tradition der Weimarer Republik angeknüpft werden.

An einer vergleichbaren spanischen Tradition, die beim Übergang des Landes zur Demokratie bzw. im Arbeitnehmerstatut hätte aufgegriffen werden können, fehlte es. Vielmehr hat das traditionell auf dem Konflikt aufbauende Verständnis der Arbeitsbeziehungen in die Konzeption der betrieblichen Mitbestimmung Eingang gefunden.

---

857 Eine Zusammenarbeit zwischen Belegschaftsvertretung und Arbeitgeber hat der Gesetzgeber bisher nur im Rahmen konkreter Kompetenzen vorgesehen (siehe unten § 9 IV 2 a); zum jüngst gesetzlich niedergelegten Kooperationsansatz im ET infolge Richtlinienumsetzung siehe § 12 II.
858 *Führer-Ries*, Gewerkschaften in Spanien, S. 2.

3. Tendenzen

Die Forderung nach einer Reform der betrieblichen Mitbestimmung bezieht sich in Spanien vor allem auf die lückenhafte bis fehlende Regelung einer Arbeitnehmerbeteiligung auf der Ebene des Unternehmens und der Unternehmensgruppe. Die unzureichende Einsetzung Europäischer Betriebsräte in den die Voraussetzungen erfüllenden spanischen Unternehmen und Unternehmensgruppen europäischer Dimension lassen zumindest nicht auf eine freiwillige Initiative in diese Richtung in nächster Zukunft schließen. Ebenso wenig scheint ein Handeln des Gesetzgebers wahrscheinlich. Letzteres gilt auch hinsichtlich einer Änderung der gesetzgeberischen Entscheidung im ET, die Gewerkschaften im Betrieb zu verankern und der Belegschaftsvertretung das Recht einzuräumen, den Streik auszurufen und Tarifverträge zu verhandeln[859].

In Deutschland ist eine Änderung des grundsätzlichen Konzepts der betrieblichen Mitbestimmung, das auf dem Gebot der vertrauensvollen Zusammenarbeit zwischen Arbeitgeber und Betriebsrat aufbaut, gleichermaßen undenkbar[860]. Im Hinblick auf europäische Perspektiven wird aber für das deutsche Arbeitskampfrecht angemahnt, dass die bisherige Ausrichtung auf das gewerkschaftliche Monopol kritisch zu überdenken sei und dem gewachsenen Stellenwert des Individuums auch in diesen Auseinandersetzungen stärker Rechnung getragen werden müsste[861].

§ 8 Fazit: Regelung des Wechselspiels von Unternehmensführung und Arbeitnehmerinteressen

Während in Spanien eine Unternehmensmitbestimmung in der privaten Aktiengesellschaft nicht existiert und aus dem öffentlichen Bereich nahezu verschwunden ist, kennt das deutsche Recht eine bis zur (quasi)paritätischen Besetzung reichende Arbeitnehmervertretung im Aufsichtsrat.

Der Gegensatz beider Rechtsordnungen setzt sich hinsichtlich der Regelung der betrieblichen Mitbestimmung fort: Das spanische Recht steuert das Verhältnis zwischen Arbeitnehmern und Arbeitgebern über die Konfliktaustragung, was sich vor allem in der Einrichtung der Gewerkschaften im Betrieb sowie der Streik- und Tariffähigkeit der Arbeitnehmervertretungen äußert. Die deutsche Betriebsverfassung beruht hingegen auf einem Modell der Zusammenarbeit zwischen Arbeitgeber und Betriebsrat. Zum Ausdruck kommt dies vor allem im Fehlen einer be-

---

[859] Diese Rechte der Belegschaftsvertretung zugunsten der Gewerkschaften zu streichen schlägt *Ojeda Avilés*, Revista del Ministerio de Trabajo y Asuntos Sociales 2005, n. 58, S. 362 vor, da die starke Position der *Representación Unitaria* die Gewerkschaften in Gefahr gebracht habe, S. 342.
[860] Zu den letzten Reformen *Wiese*, GK-BetrVG, Band I, Einl., Rn. 35 ff.
[861] *Zachert*, 50 Jahre BAG, S. 592/593; vgl. ferner zum „überkommenen Arbeitskampfrecht" und zu „modernen Tarifkonfliktlösungsmechanismen" *Loritz*, 50 Jahre BAG, S. 557 ff. und 567 ff.

3. Kapitel. Regelung des Wechselspiels

triebsverfassungsrechtlichen Position der Gewerkschaften und im Verbot jeglicher Maßnahmen des Arbeitskampfes von Seiten des Betriebsrates.

In Deutschland kann die Entwicklung der Arbeitnehmerbeteiligung in beiden Fällen als pfadabhängig bezeichnet werden. Für die spanische Rechtsordnung kann dies ohne weiteres nur für die betriebliche Mitbestimmung Geltung beanspruchen. Für die Unternehmensmitbestimmung ist erneut auf die Besonderheit hinzuweisen, dass unter Franco mit dem Ley 1962 Bestimmungen zur Entsendung von Arbeitnehmervertretern in das Verwaltungsorgan eingeführt wurden. Das Gesetz hatte aber die Kontrolle der Arbeitnehmer zum Ziel, nicht ihre Beteiligung. Mit dem Übergang Spaniens zur Demokratie wurde die Unternehmensmitbestimmung ersatzlos gestrichen, um mit der francistischen Gesetzgebung vollkommen zu brechen.

Das der Unternehmensmitbestimmung zur Zeit der *Transición* entgegengebrachte Misstrauen dürfte zwischenzeitlich verblasst sein. Inzwischen werden vielmehr die Vorzüge von mehr Arbeitnehmerbeteiligung in Wissenschaft und Praxis gesehen und diskutiert. Diese Entwicklung entspricht auch dem Auftrag der spanischen Verfassung, die im Unterschied zum Grundgesetz dem Gesetzgeber in Art. 129 Abs. 2 CE sogar aufgibt, die unterschiedlichen Formen der Arbeitnehmerbeteiligung effektiv zu fördern. Bei der Suche nach rechtlichen Lösungsstrategien zur Berücksichtigung der Arbeitnehmerinteressen im Wege der Arbeitnehmerbeteiligung gerät die Unternehmensmitbestimmung dennoch überhaupt nicht in den Blickpunkt[862].

Im Ergebnis ist damit die das Kapitel 3 einleitende Frage der Vergleichbarkeit der Institutionen der Arbeitnehmerbeteiligung im und gegenüber dem Unternehmen im Recht der deutschen und spanischen Aktiengesellschaft negativ zu beantworten. Stellt sich nun die Frage nach der Vergleichbarkeit des Einflusses der Arbeitnehmerinteressen auf die Unternehmensleitung.

---

[862] Zur Umsetzung der Richtlinie 2001/86/EG vom 8. Oktober 2001 zur Ergänzung des Statuts der Europäischen Gesellschaft hinsichtlich der Beteiligung der Arbeitnehmer (SE-RL) in das spanische Recht siehe § 12.

4. Kapitel
Funktion und Wirkung der Regelungen des Wechselspiels von Unternehmensführung und Arbeitnehmerinteressen

Für eine funktionale Rechtsvergleichung ist die Frage zu stellen, wie die Arbeitnehmer an den Entscheidungen der Unternehmensleitung, die ihre Interessen berühren, beteiligt sind[863]. Wie groß dieser Einfluss ist, misst sich nicht unbedingt daran, ob es eine betriebliche oder Unternehmensmitbestimmung oder beides gibt[864]. Vielmehr ist eine eingehende Untersuchung der einzelnen Regelungen beider Formen der Arbeitnehmerbeteiligung auf ihre Funktionalität hin erforderlich. Dieser Zielsetzung entsprechend werden im Folgenden die jeweiligen Beteiligungsrechte nacheinander dargestellt (§ 9) sowie ihre Funktion und Wirkung analysiert (§ 10), um im Anschluss auf obige Frage antworten zu können (§ 11). Diesbezüglich muss die Feststellung, dass heute in der spanischen Rechtsordnung keine Unternehmensmitbestimmung in privaten Aktiengesellschaften existiert, angesichts der im Gegenzug mit Tariffähigkeit und Streikrecht ausgestatteten betrieblichen Interessenvertretung nicht unbedingt bedeuten, dass die Einflussmöglichkeiten der spanischen Arbeitnehmer hinter dem Recht der deutschen Arbeitnehmerbeteiligung zurückbleiben. In diesem Zusammenhang ist auch zu hinterfragen, ob die beim Vergleich der rechtsdogmatischen Strukturen der betrieblichen Mitbestimmung getroffene Feststellung eines pfadabhängig bedingten Gegensatzes nach der Wirkungs- und Funktionsanalyse weiterhin uneingeschränkt Geltung beanspruchen kann. Denn ebenso wenig wie eine formale Regelungsähnlichkeit eine inhaltliche Vergleichbarkeit bedeuten muss, ist umgekehrt von einem gegensätzlichen Normgepräge nicht zwingend auf eine konträre Wirkungsweise zu schließen.

§ 9 Beteiligungsrechte der Innen- und Außensteuerung

Die Beteiligungsrechte sowohl der betrieblichen als auch der Unternehmensmitbestimmung werden in Übereinstimmung mit der in § 5 I 2 getroffenen Abstufung umfassend, d.h. zunächst ohne Ausgrenzung bestimmter Themenbereiche auf die sich die Rechte beziehen sowie als abstrakte Ausgangslage für die anschließende Funktions- und Wirkungsanalyse dargestellt. Differenziert wird aber in Entspre-

---

[863] *Junker*, RIW 2002, S. 82.
[864] *Weiss*, Mitbestimmung auf Unternehmens- und Betriebsebene. Verzahnung oder Kumulation?, S. 14.

4. Kapitel. Funktion und Wirkung der Regelungen des Wechselspiels

chung des vorhergehenden Kapitels nach Beteiligungsrechten in der Gesellschaft und gegenüber der Gesellschaft. Für die spanische Rechtsordnung gilt dies im Unterschied zur deutschen aber mit der Einschränkung, dass Informationsrechte (I), Anhörungs- und Beratungsrechte (II), Kontroll- und Überwachungsrechte (III) sowie (Mit)Entscheidungsrechte (IV) wie gezeigt nur im Rahmen einer betrieblichen Mitbestimmung möglich sind. Relevant sind dabei grundsätzlich die Beteiligungsregelungen der Arbeitnehmervertretungen im Verhältnis zum Arbeitgeber bzw. im Gesellschaftsorgan[865] nach AktG und den Mitbestimmungsgesetzen[866], BetrVG sowie ET und LOSL[867], auch wenn sie diese in bestimmten Fällen gemeinsam mit anderen Organen ausüben. Normen außerhalb dieser Gesetze werden ihrer Bedeutung entsprechend aber gegebenenfalls gewürdigt.

Der Stringenz wegen werden in den gewählten Beteiligungskategorien die Regelungen der Innensteuerung ebenso wie im 3. Kapitel in einem ersten Schritt dargestellt. Anschließend sind die Regeln der betrieblichen Mitbestimmung in Deutschland und Spanien zu vertiefen, wobei die Untersuchung zunächst auf das spanische Recht eingeht, um im Folgenden unter seinem Blickwinkel die hinreichend bekannten Normen des BetrVG herausstellen zu können. Dabei geht zwar insofern der darstellerische Effekt verloren, als durch die unmittelbar an die deutsche Unternehmensmitbestimmung anknüpfende Untersuchung des BetrVG die „Verdoppelung" der Beteiligungsrechte besser gezeigt würde. Hierauf wird aber ohnehin im Rahmen der Funktions- und Wirkungsanalyse einzugehen sein (vgl. unten § 10 II 3 b und III 3 b).

I. Informationsrechte

Auf der ersten Stufe einer Beteiligung der Arbeitnehmervertreter steht das Recht auf Information, dem die Verpflichtung des Arbeitgebers auf Unterrichtung entspricht. Im Vordergrund stehen hierbei diejenigen Handlungsweisen, die der Informationsübermittlung dienen, d.h. sowohl die Pflichten des Arbeitgebers, den Arbeitnehmervertretern Informationen zukommen zu lassen als auch die Rechte der Arbeitnehmervertreter, aus eigener Initiative Informationen einzufordern[868].

---

865 Unabhängig von diesem Verhältnis jeweils bestehende Rechte und Pflichten können zwar ebenfalls eine der Berücksichtigung von Arbeitnehmerinteressen dienliche Wirkung haben, sprengen jedoch den Gegenstand dieser Untersuchung und bleiben daher außen vor.
866 Zuständigkeiten des Aufsichtsrates außerhalb dieser Gesetze wie z.B. §§ 159 Abs. 2, 222, 228 UmwG, §§ 27, 33 WpÜG bleiben daher grundsätzlich unberücksichtigt. Die Bestimmungen des DCGK werden insofern einbezogen, als sie die Kompetenzen nach AktG betreffen.
867 Die weiteren Einrichtungen auf betrieblicher Ebene (Belegschaftsversammlung, *Asamblea de Trabajadores*, und *Comité de Seguridad y Salud*) bleiben wie angekündigt (siehe oben § 7 I 4 und II) unberücksichtigt. Gleiches gilt jedoch nicht für den Wirtschaftsausschuss, da er als Hilfsorgan des Betriebsrates Beteiligungsrechte ausübt.
868 *Ojeda Avilés*, Derecho Sindical, S. 378 unterscheidet deshalb nach *derechos de información activa* und *pasiva*; für andere sind die *derechos de información activa* hingegen Äußerungsrechte in Abgren-

§ 9 Beteiligungsrechte der Innen- und Außensteuerung

Das Recht auf Information ist oftmals stärkeren Beteiligungsrechten vorgelagert[869]. Die Informationsrechte des Aufsichtsrates sind beispielsweise auf seine Überwachungstätigkeit als Hauptaufgabe zugeschnitten, was sich auch in der Darstellungsweise der einschlägigen Kommentarliteratur widerspiegelt[870]. Ferner gibt es eine Reihe von Rechten, die ohne die notwendige Information im Vorfeld nicht wahrgenommen werden können, so dass das Informationsrecht gewissermaßen in der jeweiligen Kompetenz indirekt enthalten ist[871]. Bedeutung hat dies z.B. im Rahmen der Tarifverhandlungen in Spaniens betrieblicher Mitbestimmung, wo sich die Verhandlungsposition auf entsprechenden Informationen gründen muss[872].

1. Deutsche Unternehmensmitbestimmung

Die Informationsrechte des Aufsichtsrates – und damit im Rahmen der Unternehmensmitbestimmung faktisch auch der Arbeitnehmervertreter[873] – sind Gegenstand umfassender aktienrechtlicher Bestimmungen. Neben den vorrangigen gesetzlichen Regelungen enthält der DCKG in Pkt. 3.4 Konkretisierungen zur Informationsversorgung des Aufsichtsrates.

a. Berichtspflichten nach § 90 AktG

§ 90 Abs. 1 S. 1 Nr. 1 AktG verpflichtet den Vorstand, dem Aufsichtsrat über die beabsichtigte Geschäftspolitik und andere grundsätzliche Fragen der Unternehmensplanung (insbesondere die Finanz-, Investitions- und Personalplanung) zu berichten. Zu erstatten ist der Bericht mindestens einmal jährlich (§ 90 Abs. 2 Nr. 1 AktG) sowie unverzüglich, wenn Änderungen der Lage oder das Auftreten neuer Fragen dies gebieten. Das Verhältnis der Unternehmensplanung zur Geschäftspolitik ist nach der Änderung durch das KonTraG[874] (nach wie vor) unklar[875]. Ob vorhandene Planrechnungen voll mitzuteilen sind oder ob eine Mitteilung der wesentlichen Ergebnisse ausreicht, ist aber im letzteren Sinne durch die neue Gesetzesfassung, die auf „grundsätzliche Fragen" abhebt, klargestellt[876]. Durch das

---

zung zu passiven Informationsrechten, *Albiol Montesinos,* Comités de Empresa y Delegados de Personal, S. 102 ff. und 116 ff.
869   *V. Hoyningen-Huene,* BetriebsverfassungsR, § 11, Rn. 3; *Ojeda Avilés,* Derecho Sindical, S. 377.
870   Vgl. *Mertens,* KölnKomm-AktG, § 111, Rn. 11 ff.; *Hopt/Roth,* GroßKomm-AktG, § 111, Rn. 150 ff.; *Habersack,* MünchKomm-AktG, § 111, Rn. 27.
871   *Garrido Pérez,* La información en la empresa, S. 211 (*potestad implícita*); *Junker,* GK Arbeitsrecht, § 10, Rn. 699 („vorgeschaltete ungeschriebene Unterrichtungsrechte").
872   *Garrido Pérez,* La información en la empresa, S. 213; *Ojeda Avilés,* Derecho Sindical, S. 378.
873   Die nachfolgenden Beteiligungsregelungen sind grundsätzlich Rechte des Aufsichtsrates als Organ. Durch die Mitbestimmungsgesetze können die Arbeitnehmervertreter aber auf die Willensbildung innerhalb des Organs Einfluss nehmen, vgl. unten IV 1 Exkurs.
874   Gesetz zur Kontrolle und Transparenz im Unternehmensbereich vom 27. April 1998, BGBl. I, S. 786.
875   Hierzu *Spindler,* MünchKomm-AktG, § 90, Rn. 18; zum Inhalt der Unternehmensplanung siehe *Hüffer,* AktG, § 90, Rn. 4 f. mit Nachweisen und auch oben § 2 II 1 a.
876   *Hüffer,* AktG, § 90, Rn. 4 b.

4. Kapitel. Funktion und Wirkung der Regelungen des Wechselspiels

TransPuG[877] wurde § 90 Abs. 1 S. 1 Nr. 1 AktG ferner dahingehend ergänzt, dass der Vorstand auch die Pflicht hat, den Aufsichtsrat über die Umsetzung der Unternehmensplanung in der Vergangenheit zu informieren *(follow up)*[878].

Weiterhin nimmt der Aufsichtsrat den Bericht über die Rentabilität der Gesellschaft, insbesondere die Rentabilität des Eigenkapitals, entgegen, § 90 Abs. 1 S. 1 Nr. 2 AktG. Der Vorstand hat den Rentabilitätsbericht in der Bilanzsitzung des Aufsichtsrates vorzulegen, § 90 Abs. 2 Nr. 2 AktG. Es gilt wieder der Jahresturnus. Informiert wird der Aufsichtsrat zudem regelmäßig und mindestens vierteljährlich gemäß § 90 Abs. 1 S. 1 Nr. 3, Abs. 2 Nr. 3 AktG über den Gang der Geschäfte, was die Vermittlung aller für die Entwicklung und die Lage der Gesellschaft bedeutsamen Daten beinhaltet[879]. Gegenstand kontinuierlicher Berichterstattung sind schließlich Geschäfte, die nach § 90 Abs. 1 S. 1 Nr. 4 AktG für die Rentabilität oder die Liquidität der AG von erheblicher Bedeutung sein können. Der Bericht ist zwar regelmäßig, aber nicht turnusmäßig erforderlich; § 90 Abs. 2 Nr. 4 AktG verlangt eine fallweise Berichterstattung und zwar möglichst so rechtzeitig vor Vornahme des Geschäfts, dass der Aufsichtsrat noch Gelegenheit zur Stellungnahme hat.

Außerhalb der periodischen Berichterstattung ist der Aufsichtsrat gemäß § 90 Abs. 1 S. 3 AktG unverzüglich dann zu informieren, wenn ein sonstiger wichtiger Anlass vorliegt. Das sind im Unterschied zu den Maßnahmen des § 90 Abs. 1 S. 1 Nr. 4 AktG vornehmlich Ereignisse, die von außen an die Gesellschaft herangetragen werden und nachteilig auf sie einwirken können[880]. Berichtsempfänger ist anders als in den Fällen des § 90 Abs. 1 S. 1 AktG nicht der Aufsichtsrat als Organ, sondern im Beschleunigungsinteresse der Aufsichtsratsvorsitzende. Darüber hinaus kann der Aufsichtsrat jederzeit einen Bericht über die Angelegenheiten der AG, über ihre rechtlichen und geschäftlichen Beziehungen zu verbundenen Unternehmen und über geschäftliche Vorgänge bei verbundenen Unternehmen, soweit sie die Lage der AG erheblich beeinflussen können, anfordern, § 90 Abs. 3 S. 1 AktG. Weitere Informationen erhält der Aufsichtsrat schließlich im Wege der Vorlagepflichten des Vorstands.

b. Vorlagepflichten nach §§ 170, 171, (314) AktG

Gemäß § 170 Abs. 1 S. 1 AktG hat der Vorstand den Jahresabschluss und Lagebericht unverzüglich nach ihrer Aufstellung dem Aufsichtsrat vorzulegen. Gleiches gilt für die Vorlage des Prüfungsberichts, vgl. § 170 Abs. 3 AktG. Der Jahresabschluss umfasst die Bilanz, Gewinn- und Verlustrechnung (§ 242 HGB) sowie den Anhang (§ 264 Abs. 1 HGB). Beim Lagebericht handelt es sich um einen Wortbericht, der zumindest den Geschäftsverlauf und die Lage der Gesellschaft (§ 289 HGB) darstellt. Die Aufstellung ist erfolgt, wenn der Vorstand das gesamte Zahlen-

---

877 Transparenz- und Publizitätsgesetz vom 19. Juli 2002, BGBl. I, S. 2681.
878 *Spindler,* MünchKomm-AktG, § 90, Rn. 20.
879 *Semler* in Semler/v. Schenck, ARHdb, § 1, Rn. 104.
880 *Wiesner,* MünchHdb-GesR, Band 4, § 25, Rn. 23.

§ 9 Beteiligungsrechte der Innen- und Außensteuerung

und Erläuterungswerk vorbehaltlich seiner späteren Feststellung unterschriftsreif erstellt hat[881]. Dies gilt entsprechend für einen Einzelabschluss nach § 325 Abs. 2a) HGB sowie bei Mutterunternehmen (§ 290 Abs. 1 und 2 HGB) für den Konzernabschluss und den Konzernlagebericht, § 171 Abs. 1 S. 2 AktG. Zugleich hat der Vorstand dem Aufsichtsrat gemäß § 170 Abs. 2 S. 1 AktG den Vorschlag vorzulegen, den er der Hauptversammlung für die Verwendung des Bilanzgewinns machen will. Die Vorlage muss gleichzeitig mit den in § 170 Abs. 1 AktG genannten Unterlagen erfolgen. Gemäß § 314 Abs. 1 S. 1 AktG hat der Vorstand ferner den Bericht über die Beziehungen zu verbundenen Unternehmen unverzüglich nach dessen Aufstellung dem Aufsichtsrat vorzulegen.

c. Einsichtsrechte nach § 111 Abs. 2 S. 1 AktG

Ergänzend zu dem in § 90 AktG geregelten Berichtssystem und besonders im Fall eines Verdachts auf Unregelmäßigkeiten[882] kann der Aufsichtsrat gemäß § 111 Abs. 2 S. 1 AktG die Bücher und Schriften der AG sowie Vermögensgegenstände wie Kasse, Wertpapiere und Waren einsehen und prüfen. Die Aufzählung der Gegenstände ist weit auszulegen[883].

2. Betriebliche Mitbestimmung

Die Informationsrechte der betrieblichen Interessenvertretungen bilden in Spanien einen Großteil ihrer Kompetenzen. Auch in Deutschland sind zahlreiche Unterrichtungspflichten des Arbeitgebers gegenüber dem Betriebsrat geregelt, ihre Bedeutung unterscheidet sich aber von dem Stellenwert in Spanien (vgl. unten § 10 I 1 b und 3 a).

a. Die Arbeitnehmervertretungen nach ET und LOSL

Die in Art. 64 ET als zentraler Norm geregelten Informationsrechte sind durch die Umsetzung der Richtlinie 2002/14/EG[884] in das spanische Recht[885] zuletzt wieder erweitert und auch umschrieben worden. Nach Art. 64 Abs. 1 S. 2, Abs. 6 S. 1 ET ist Information die Weitergabe von Daten, die zeitlich, inhaltlich und nach der Art ihrer Übermittlung den Arbeitnehmervertretern die Kenntnisnahme und gegebenenfalls weitere Handlungsschritte ermöglichen soll.

---

881 *Hüffer*, AktG, § 170, Rn. 3
882 *Hüffer*, AktG, § 111, Rn. 11.
883 *Hopt/Roth*, GroßKomm-AktG, § 111, Rn. 401.
884 Richtlinie zur Festlegung eines allgemeinen Rahmens für die Unterrichtung und Anhörung der Arbeitnehmer in der Europäischen Gemeinschaft vom 11. März 2002 (Abl. EG L 80/29), siehe schon oben § 1.
885 Ley 38/2007, de 16 de noviembre, por la que se modifica el texto refundido de la ley del estatuto de los trabajadores, aprobado por el Real Decreto Legislativo 1/1995, de 24 de marzo, en materia de información y consulta de los trabajadores y en materia de protección de los trabajadores asalariados en caso de insolvencia del empresario (BOE de 17 de noviembre).

4. Kapitel. Funktion und Wirkung der Regelungen des Wechselspiels

Die Informationsrechte und auch alle im Weiteren dargestellten Beteiligungsrechte der Arbeitnehmervertretung nach ET beziehen sich aufgrund der Konzeption des Gesetzes grundsätzlich auf die Ebene des Betriebes und damit auf die *Comités de Empresa* sowie die *Delegados de Personal,* welche gemäß Art. 62 Abs. 2 S. 1 ET die gleichen Kompetenzen wie die *Comités* haben[886]. Art. 63 Abs. 3 S. 1 ET eröffnet zwar die Möglichkeit der tarifvertraglichen Errichtung von *Comités Intercentros* als Arbeitnehmervertretung der überbetrieblichen Ebene, ihre Kompetenzen richten sich aber in erster Linie nach den im Tarifvertrag getroffenen Bestimmungen (Abs. 3 S. 3). Gleiches gilt für Vereinbarungen über *Comités de Grupo de Empresa* (zu beidem schon oben § 7 I 2 c).

Aufgrund ihrer ausdrücklichen Erwähnung im ET wird für die *Comités Intercentros* jedoch erwogen, ihnen auch alle Kompetenzen des ET, die den „gesetzlichen Vertretern" zustehen, einzuräumen[887]. Hiergegen ist jedoch der deutliche Wortlaut von Art. 63 Abs. 3 S. 3 ET einzuwenden[888].

Ungeklärt ist aber vor allem geblieben, ob die häufigen Verweisungen des Gesetzgebers auf die Arbeitnehmervertreter *(representantes de los trabajadores)* bzw. die gesetzliche Arbeitnehmervertretung *(representación legal de los trabajadores)* die gewerkschaftliche Vertretung – deren Errichtung parallel zur einheitlichen Vertretung verläuft – mit einschließt[889]. Dafür spricht, dass mit der Einführung des LOSL im Jahr 1985 ein gesetzlicher Anknüpfungspunkt für die gewerkschaftlichen Vertretungen geschaffen wurde[890]. Dagegenhalten kann man aber, dass der Gesetzgeber des ET 1980 nur die einheitliche Vertretung vor Augen hatte. Diese offene Streitfrage wird im Folgenden – vor allem im Hinblick auf die Kompetenzen der *Secciones Sindicales* – insofern Berücksichtigung finden, als die genaue Gesetzesformulierung wiedergegeben wird. Zumindest indirekt können sie aber über Gewerkschaftszugehörige in der einheitlichen Vertretung an Informationen gelangen[891]. Für die *Delegados Sindicales* gilt hingegen ausdrücklich nach Art. 10 Abs. 3 Nr. 1 LOSL, dass ihnen der Zugang zu denselben Informationen und Dokumenten zu gewähren ist, die das Unternehmen den *Comités de Empresa* zur Verfügung stellt. Die Informationen beschränken sich damit nicht auf solche, die die Gewerkschafter betreffen. Indirekt können sie auch an Informationen über ihre Teilnahme an den Sitzungen der *Comités de Empresa* und des Sicherheits- und Gesundheitskomitees mit beraten-

---

[886] Die folgenden Ausführungen beziehen sich damit auch auf die Gliederungspunkte II 2 a, III 2 a und IV 2 a, sofern nicht ausdrücklich auf Abweichendes hingewiesen wird.
[887] *Monereo Pérez,* Los derechos de información de los representantes de los trabajadores, S. 339.
[888] *Albiol Montesinos,* Comités de Empresa y Delegados de Personal, S. 25 f.
[889] Befürwortend *Garrido Pérez,* La información en la empresa, S. 98; *Ojeda Avilés,* Derecho Sindical, S. 420, aber mit der Forderung einer Klarstellung durch den Gesetzgeber; *ders.,* Revista del Ministerio de Trabajo y Asuntos Sociales 2005, n. 58, S. 362; ablehnend *Valverde/Rodríguez-Sañudo Gutiérrez/García Murcia,* Derecho del Trabajo, S. 264–265; differenzierend nach der Formulierung *Monereo Pérez,* Los derechos de información de los representantes de los trabajadores, S. 337 und 347 (*representantes de los trabajadores* meint auch die *Representantes Sindicales*).
[890] Bemerkenswert ist in dieser Hinsicht auch Art. 28 SEIT, wonach sich der Begriff *representantes de los trabajadores* ausdrücklich sowohl auf die einheitliche als auch die gewerkschaftliche Vertretung bezieht.
[891] *Monereo Pérez,* Los derechos de información de los representantes de los trabajadores, S. 348.

§ 9 Beteiligungsrechte der Innen- und Außensteuerung

der Stimme gemäß Art. 10 Abs. 3 Nr. 2 LOSL gelangen. Für ohnehin im Betriebskomitee vertretene Gewerkschafter ergeben sich die folgenden Rechte nicht aus dem LOSL, sondern bereits aus der Eigenschaft als Mitglied des *Comité de Empresa*.

aa. Informationsrechte zur wirtschaftlichen Situation des Unternehmens

Gemäß Art. 64 Abs. 2 ET muss der Arbeitgeber dem *Comité de Empresa* dreimal im Jahr über die allgemeine Entwicklung der Branche, zu der das Unternehmen gehört (Abs. 2a)), über die wirtschaftliche Situation des Unternehmens, die bisherige und künftige Entwicklung seiner Aktivitäten sowie über Produktion, Umsatz und Fertigungsprogramm informieren (Abs. 2 b)). Ferner sind die Bilanz, die Gewinn- und Verlustrechnung, der Jahresabschluss und in *SA* die übrigen Dokumente, die den Gesellschaftern zur Verfügung gestellt werden, unter denselben Bedingungen zur Kenntnisnahme zu übermitteln, Art. 64 Abs. 4a) ET. In der *SA* kann daher das *Comité de Empresa* zum einen gemäß Art. 64 Abs. 4a) ET i.V.m. Art. 112 Abs. 1 LSA alle Informationen und Erläuterungen einfordern, die sich auf die Tagesordnungspunkte der Hauptversammlung beziehen. Zum anderen hat es das Recht, alle Dokumente in Bezug auf den von der Hauptversammlung zu beschließenden Jahresabschluss und den Bericht des Rechnungsprüfers nach Art. 64 Abs. 4a) ET i.V.m. Art. 212 Abs. 2 LSA zu verlangen[892].

Geht das Unternehmen, der Betrieb oder ein selbständiger Betriebsteil auf einen anderen Unternehmer über, müssen beide Arbeitgeber gemäß Art. 44 Abs. 6 ET[893] die jeweiligen gesetzlichen Arbeitnehmervertreter über das Datum des Übergangs, seine Motive, die juristischen, wirtschaftlichen und sozialen Folgen für die Arbeitnehmer sowie die ihnen gegenüber vorgesehenen Maßnahmen informiert werden. Die Arbeitgeber sind verpflichtet, die Informationen mit entsprechendem Vorlauf zu übermitteln, Art. 44 Abs. 8 S. 1 ET. Im Fall einer Verschmelzung oder Spaltung der Gesellschaft sind sie auf jeden Fall mit der Bekanntgabe der Hauptversammlungssitzung, die hierüber entscheidet, zur Verfügung zu stellen, Art. 44 Abs. 8 S. 3 ET. Im Fall einer Unternehmensgruppe, in der das herrschende Unternehmen, welches die Entscheidung des Übergangs getroffen hat, hierüber nicht die beherrschten Unternehmen unterrichtet hat, können letztere hiermit nicht das Unterlassen ihrer eigenen Unterrichtungspflicht rechtfertigen. Informieren müssen die Arbeitgeber auch über den Abschluss von Werk- und Dienstverträgen mit Subunternehmern, Art. 44 Abs. 10 ET.

Neben dem Zugang zu wirtschaftlichen Informationen sind die Arbeitnehmervertretungen auch über die Beschäftigung im Unternehmen zu unterrichten.

---

[892] Kritisiert wird, dass der Arbeitgeber nicht auch über die Investitionspolitik informieren muss, *Ojeda Avilés,* Derecho Sindical, S. 373.
[893] Es handelt sich um richtlinienkonformes Recht, vgl. Art. 6 Richtlinie 77/187/EWG zur Angleichung der Rechtsvorschriften der Mitgliedstaaten über die Wahrung von Ansprüchen der Arbeitnehmer beim Übergang von Unternehmen, Betrieben oder Betriebsteilen vom 14. Februar 1977 (Abl. EG L 61/26), siehe auch unten II 2 a aa und für Nachweise zur teilweisen Novellierung und konsolidierten Fassung oben einleitend § 1.

4. Kapitel. Funktion und Wirkung der Regelungen des Wechselspiels

bb. Informationsrechte zur Beschäftigung im Unternehmen

Gemäß Art. 64 Abs. 5 S. 1 ET muss das *Comité de Empresa* über die Situation und Struktur der Beschäftigung im Unternehmen oder Betrieb sowie dreimal jährlich über ihre wahrscheinliche Entwicklung informiert werden. Ferner sind nach Art. 64 Abs. 5 S. 2 ET alle Entscheidungen, die zu Änderungen der Arbeitsverträge und Arbeitsorganisation führen können sowie präventive Maßnahmen, insbesondere im Fall einer Arbeitsplatzgefährdung, zu übermitteln. Ebenfalls dreimal jährlich hat der Arbeitgeber über seine Vorausschätzungen in Bezug auf den Abschluss neuer Arbeitsverträge mit Angaben zu ihrer Zahl und ihrem Typ, einschließlich der Teilzeitarbeitsverträge und in diesem Rahmen geleisteter Überstunden, sowie über mögliche Ausgliederungen *(subcontratación)* zu berichten, Art. 64 Abs. 2c) ET. Das *Comité* erhält zudem eine Kopie aller Verträge[894] sowie eine Benachrichtigung über Verlängerungen und Kündigungen dieser Verträge innerhalb von zehn Tagen nachdem sie stattgefunden haben, Art. 64 Abs. 4 S. 2 ET. Gemäß Art. 64 Abs. 4b) ET muss das *Comité* zudem von den schriftlichen Formulararbeitsverträgen Kenntnis nehmen können, die im Unternehmen benutzt werden und von Unterlagen, die sich auf die Beendigung von Arbeitsverhältnissen beziehen.

Darüber hinaus übermittelt der Arbeitgeber mindestens dreimal im Jahr gemäß Art. 64 Abs. 2 d) ET statistische Daten über Fehlzeiten und ihre Ursachen, Arbeitsunfälle, Berufskrankheiten und ihre Folgen, Anhaltspunkte für Unfallgefahren, regelmäßige und besondere Studien über die Arbeitsumgebung sowie die angewandten Schutzmaßnahmen. Über Sanktionen, die wegen sehr schwerer Verfehlungen verhängt wurden, sind sie ebenfalls zu unterrichten, Art. 64 Abs. 4c) ET. Mindestens einmal jährlich ist dem *Comité de Empresa* umfassend über die Umsetzung der Gleichbehandlung von Männern und Frauen zu berichten, Art. 64 Abs. 3 ET.

Neben Art. 64 ET räumt das ET den Arbeitnehmervertretern weitere Informationsrechte in Bezug auf funktionelle Versetzungen (Art. 39 Abs. 2 S. 2 und Abs. 4 S. 3) und den gesetzlichen Arbeitnehmervertretern im Fall von wesentlichen Änderungen der Arbeitsbedingungen für einzelne Arbeitnehmer (Art. 41 Abs. 3) und in Bezug auf räumliche Versetzungen (Art. 40 Abs. 1 S. 3) ein. Ein detailliertes Verfahren der Beteiligung der gesetzlichen Arbeitnehmervertreter wird für Massenentlassungen aus wirtschaftlichen, technischen, organisatorischen oder Produktionsgründen in Art. 51 ET[895] geregelt. Die Arbeitgeber müssen unter anderem nicht nur über die geplanten Maßnahmen informieren, sondern auch die Gründe hierfür ausreichend dokumentieren (Art. 51 Abs. 2 S. 3 ET). Bei einer Beschäftigtenzahl von über 50 sind ferner Pläne des Arbeitgebers beizufügen, die Alternativen zu den Entlassungen erwägen oder deren Folgen für die Arbeitnehmer abschwächen (Art. 51 Abs. 4 S. 2 ET). Diesem Informationsrecht kann nicht entgegengehalten

---

[894] Für befristete Arbeitsverträge ist in Art. 15 Abs. 4 ET die Pflicht, eine Kopie zu übermitteln, geregelt.
[895] Auch Art. 51 ET ist richtlinienkonformes Recht, vgl. Art. 2 Richtlinie 75/129/EWG zur Angleichung der Rechtsvorschriften der Mitgliedstaaten über Massenentlassungen vom 17. Februar 1975 (Abl. EG L 48/29), siehe auch unten II 2 a bb und für einen Nachweis zur Novellierung und konsolidierten Fassung oben einleitend § 1.

§ 9 Beteiligungsrechte der Innen- und Außensteuerung

werden, dass die Maßnahmen nicht vom Arbeitgeber, sondern von einem herrschenden Unternehmen entschieden wurden, das seinerseits nicht ausreichend unterrichtet hat (Art. 51 Abs. 14 ET). Mit Einschränkungen gelten diese Informationsrechte auch für Suspendierungen aus den gleichen Gründen (Art. 47 Abs. 1 i.V.m. Art. 51 Abs. 2 und 4 ET). Bei Kündigungen einzelner Arbeitnehmer aus objektiven Gründen nach Art. 52 ET ist die Kündigungserklärung der gesetzlichen Arbeitnehmervertretung als Kopie zu übermitteln, Art. 53 Abs. 1 c) ET[896].

Im Unterschied zu den vorhergehenden Informationsrechten, die von der Initiative des Arbeitgebers oder eines bestimmten im Gesetz geregelten Zeitpunktes abhängig sind, kann die gesetzliche Arbeitnehmervertretung jederzeit Auskunft aus den Unterlagen verlangen, die sich auf einen Provisionsanspruch von Arbeitnehmern beziehen, Art. 29 Abs. 2 ET[897].

b. Die Arbeitnehmervertretung[898] nach BetrVG

Informationsrechte werden nach BetrVG dem Betriebsrat und Wirtschaftsausschuss eingeräumt. Daneben ist der Gesamtbetriebsrat gemäß § 50 Abs. 1 S. 1 BetrVG grundsätzlich originär zuständig, wenn eine bestimmte Angelegenheit das Gesamtunternehmen oder mehrere Betriebe betrifft und nicht durch die einzelnen Betriebsräte innerhalb ihrer Betriebe geregelt werden kann. Seine Zuständigkeit kann aber auch im Einzelnen geregelt sein[899]. Ähnlich bestimmt § 58 Abs. 1 S. 1 BetrVG für den Konzernbetriebsrat, dass er für die Behandlung derjenigen Angelegenheiten zuständig ist, die den Konzern oder mehrere Konzernunternehmen betreffen und nicht durch die einzelnen Gesamtbetriebsräte innerhalb ihrer Unternehmen geregelt werden können.

aa. Allgemeines Informationsrecht des Betriebsrates

§ 80 Abs. 2 S. 1 BetrVG legt eine allgemeine Unterrichtungspflicht des Arbeitgebers gegenüber dem Betriebsrat fest, damit der Betriebsrat seine ihm nach dem Gesetz obliegenden Aufgaben ordnungsgemäß erfüllen kann. Die Unterrichtungspflicht ist nicht auf die allgemeinen Aufgaben des Betriebsrates nach § 80 Abs. 1 BetrVG beschränkt, sondern sie gilt für sämtliche Beteiligungsrechte des Betriebsrates, soweit hierfür nicht besondere Unterrichtungsrechte bestehen, welche die Generalklausel des § 80 Abs. 2 S. 1 BetrVG als *leges speciales* verdrängen[900]. Zudem

---

[896] Zur Rechtfertigung, Verhältnismäßigkeit und Sozialauswahl bei Kündigungen aus objektiven Gründen im spanischen Recht siehe *Amlang*, Die unternehmerische Entscheidungsfreiheit bei „betriebsbedingten Kündigungen" im europäischen Rechtsvergleich, S. 82–96, S. 133–135 und 154.
[897] Abs. 4 ET selbiger Norm ist aber wieder ein Informationsrecht in Abhängigkeit von Arbeitgebermaßnahmen, wonach der Lohn ebenso wie die Zahlung der Beiträge zur Sozialversicherung in gesetzlichen Zahlungsmitteln oder unter Einschaltung der Kreditanstalten mittels Wechsels oder vergleichbaren Zahlungsmodalitäten erfolgen soll.
[898] Zwar werden auch die Beteiligungsrechte des Wirtschaftsausschusses untersucht, dieser ist aber das Hilfsorgan des Betriebsrates und bewirkt damit nicht eine der betrieblichen Mitbestimmung in Spanien vergleichbare „Pluralität" der Arbeitnehmervertretung.
[899] Vgl. §§ 107 Abs. 2 S. 2, Abs. 3 S. 6, 108 Abs. 6, 109 S. 4 BetrVG.
[900] WP/*Preis*, BetrVG, § 80, Rn. 24.

4. Kapitel. Funktion und Wirkung der Regelungen des Wechselspiels

kann der Betriebsrat gemäß § 80 Abs. 2 S. 2 BetrVG die jederzeitige Bereitstellung derjenigen Unterlagen verlangen, die zur Erfüllung seiner Aufgaben erforderlich sind. Die Vorlage ist nicht von einem konkreten Anlass abhängig, da der Betriebsrat sein Verlangen „jederzeit" geltend machen kann[901]. Auch die Hinzuziehung von Auskunftspersonen (§ 80 Abs. 2 S. 3 BetrVG) und Sachverständigen (§ 80 Abs. 3 BetrVG) kommt in Betracht. Das spezielle Einblicksrecht in die Listen über die Bruttolöhne und -gehälter nach § 80 Abs. 2 S. 2 HS 2 BetrVG dient insbesondere der Prüfung, ob die Lohn- und Gehaltsregelungen im Tarifvertrag oder einer Betriebsvereinbarung eingehalten werden[902].

bb. Besondere Informationsrechte des Betriebsrates

Die besonderen Informationsrechte des Betriebsrates betreffen zum einen in § 90 Abs. 1 BetrVG geregelte Fragen der Gestaltung von Arbeitsplatz, Arbeitsablauf und Arbeitsumgebung. Über diese in § 90 Abs. 1 Nr. 1 bis 4 BetrVG angeführten Angelegenheiten muss der Betriebsrat unter Vorlage der erforderlichen Unterlagen sowie rechtzeitig unterrichtet werden, damit der Betriebsrat auf die Meinungsbildung noch Einfluss nehmen kann[903]. Es handelt sich um eine Beteiligung bei der Planung künftiger Änderungen, nicht um eine Verbesserung der menschengerechten Gestaltung der Arbeit in bestehenden Einrichtungen, wenn dort nichts verändert wird[904].

Gemäß § 92 Abs. 1 S. 1 BetrVG hat der Arbeitgeber den Betriebsrat ferner über die Personalplanung, insbesondere über den gegenwärtigen und künftigen Personalbedarf, sowie über die sich daraus ergebenden personellen Maßnahmen und Maßnahmen der Berufsbildung rechtzeitig und umfassend zu unterrichten. Die entsprechenden Unterlagen müssen umfassend zugänglich sein[905]. Das Unterrichtungsrecht besteht aber nur, wenn der Arbeitgeber selbst überhaupt eine Planung verfolgt. Eine unverzügliche Unterrichtungspflicht besteht nach § 100 Abs. 2 S. 1 BetrVG bei vorläufigen personellen Maßnahmen. Auch bei Fragen des Arbeits- und betrieblichen Umweltschutzes ist der Betriebsrat vom Arbeitgeber zu informieren, § 89 Abs. 2 S. 2 BetrVG.

Zu unterrichten ist der Betriebsrat in Unternehmen mit mehr als 20 wahlberechtigten Arbeitnehmern nach § 99 Abs. 1 S. 1 BetrVG zudem vor jeder Einstellung, Eingruppierung, Umgruppierung und Versetzung. In diesem Zusammenhang ist ferner eine Auskunft über die Person des Beteiligten und die Auswirkungen der betreffenden Maßnahme unter Vorlage der erforderlichen Unterlagen zu erteilen. Ebenfalls dem Betriebsrat mitzuteilen sind die Gründe für die Kündigung eines Arbeitnehmers (§ 102 Abs. 1 BetrVG) und die beabsichtigte Einstellung oder personelle Änderung eines in § 5 Abs. 3 BetrVG genannten leitenden Angestellten (§ 105 BetrVG).

---

901 *v. Hoyningen-Huene*, BetriebsverfassungsR, § 11, Rn. 105.
902 WP/*Preis*, BetrVG, § 80, Rn. 36.
903 *v. Hoyningen-Huene*, BetriebsverfassungsR, § 13, Rn. 2.
904 *Fitting*, BetrVG, § 90, Rn. 7.
905 WP/*Preis*, BetrVG, § 92, Rn. 6.

§ 9 Beteiligungsrechte der Innen- und Außensteuerung

Mehr als 20 wahlberechtigte Arbeitnehmer sind ebenfalls die Schwelle, ab der der Betriebsrat vom Arbeitgeber über geplante Betriebsänderungen, die wesentliche Nachteile für die Belegschaft oder erhebliche Teile der Belegschaft zur Folge haben können, rechtzeitig und umfassend in Kenntnis zu setzen ist, § 111 S. 1 BetrVG[906]. Insbesondere die Unterrichtungspflichten nach § 111 S. 2 Nr. 3 BetrVG können mit Unterrichtungspflichten nach dem UmwG zusammentreffen, soweit es um die Folgen der Umwandlung für die Arbeitnehmer und ihre Vertretungen sowie die insoweit vorgesehenen Maßnahmen geht, vgl. §§ 5 Abs. 1 Nr. 9, 126 Abs. 1 Nr. 11, 176, 177, 194 Abs. 1 Nr. 7 UmwG[907]. Gehen die Betriebsänderungen wie häufig mit Massenentlassungen einher, hat der Arbeitgeber den Betriebsrat im Rahmen seiner Anzeigepflicht nach Maßgabe des § 17 Abs. 2 S. 1 KSchG zu beteiligen.

cc. Informationsrecht des Wirtschaftsausschusses

Gemäß § 106 Abs. 2 BetrVG hat der Unternehmer den Wirtschaftsausschuss rechtzeitig und umfassend über die wirtschaftlichen Angelegenheiten des Unternehmens zu unterrichten. Was zu den wirtschaftlichen Angelegenheiten gerechnet werden kann regelt § 106 Abs. 3 BetrVG, der Katalog ist jedoch nicht erschöpfend („insbesondere")[908]. Die Unterrichtungspflicht besteht unabhängig von einem Auskunftsverlangen und unabhängig von einer Sitzung des Wirtschaftsausschusses. Sie muss so frühzeitig stattfinden, dass der Wirtschaftsausschuss und der von ihm unterrichtete Betriebsrat noch Gelegenheit haben, auf die Planungen des Unternehmens Einfluss zu nehmen. Anlass, Inhalt und Auswirkungen einer geplanten Maßnahme sind so detailliert darzustellen, dass dem Wirtschaftsausschuss bzw. dem Betriebsrat eine eigenständige Meinungsbildung möglich ist[909]. Ferner ist dem Wirtschaftsausschuss in Anwesenheit des Betriebsrates der Jahresabschluss – nicht aber der Bericht des Abschlussprüfers – zu erläutern, § 108 Abs. 5 BetrVG.

3. Zusammenfassung

Das Recht auf Information der betrieblichen Interessenvertretungen in Spanien ist ausdrücklich festgeschrieben, vgl. Artt. 4 Abs. 1 g), 64 Abs. 1 S. 1 ET. Es bezieht sich auf die wirtschaftliche Entwicklung des Betriebes bzw. der jeweiligen Branche und

---

[906] Dem einzelnen Arbeitnehmer gegenüber besteht gemäß § 613a Abs. 5 BGB eine Unterrichtungspflicht über den Betriebsinhaberwechsel. Unberührt bleibt § 613a Abs. 5 BGB durch die Eintragung einer Verschmelzung, Spaltung oder Vermögensübertragung, § 324 UmwG.
[907] Siehe auch §§ 5 Abs. 3, 126 Abs. 3, 176, 177, 194 Abs. 2 UmwG, wonach gesellschaftsrechtliche Verträge oder ihre Entwürfe dem zuständigen Betriebsrat der betroffenen Rechtsträger spätestens einen Monat nach ihrem Vollzug zugeleitet werden müssen.
[908] *Richardi*, Die neue Betriebsverfassung, § 24, Rn. 4. Der Katalog des § 106 Abs. 3 BetrVG ist zuletzt durch das sog. Risikobegrenzungsgesetz vom 12. August 2008 (BGBl. I, S. 1666) erweitert worden. Nunmehr besteht ein umfassendes Unterrichtungsrecht des Wirtschaftsausschusses auch bei der Übernahme des Unternehmens, wenn hiermit ein Kontrollerwerb verbunden ist (§ 106 Abs. 2 S. 2, Abs. 3 Nr. 9a BetrVG). Gemäß neu eingeführtem § 109a BetrVG hat dieses Recht der Betriebsrat, falls in dem Unternehmen kein Wirtschaftsausschuss besteht.
[909] WP/*Preis*, BetrVG, § 106, Rn. 6 und 7.

4. Kapitel. Funktion und Wirkung der Regelungen des Wechselspiels

auf Fragen der Belegschaft. Zugang zu diesen Informationen haben das *Comité de Empresa* sowie die *Delegados de Personal*. Die Einrichtung überbetrieblicher Interessenvertretungen *(Comité Intercentros, Comité de Grupo de Empresas)* ist gesetzlich nicht geregelt. Den *Delegados Sindicales* stehen als gewerkschaftliche Vertretung die gleichen Informationsrechte wie der *Representación Unitaria* zu.

In Deutschland existieren zum einen im Rahmen der Unternehmensmitbestimmung weitgehende Informationsrechte des Aufsichtsrats zur Situation der Gesellschaft. Zum anderen sind der Arbeitnehmervertretung in der betrieblichen Mitbestimmung durch die Einrichtung eines Gesamtbetriebsrates, Konzernbetriebsrates und Wirtschaftsausschusses auch Informationen zu – je nach Organ – wirtschaftlichen, personellen und sozialen Fragen zugänglich, die über den einzelnen Betrieb hinausgehen.

II. Anhörungs- und Beratungsrechte

Im gleichen Atemzug mit den Informationsrechten finden oftmals die Anhörungs- und Beratungsrechte der Arbeitnehmervertreter Erwähnung, da deren Wahrnehmung die Kenntnis der Angelegenheit voraussetzt[910].

Die Anhörungs- und Beratungsrechte geben der Arbeitnehmervertretung aber vor allem die Möglichkeit einer Stellungnahme und dienen dem Meinungsaustausch mit dem Arbeitgeber[911]. Bei den Anhörungsrechten ist es nicht immer erforderlich, dass beide Seiten wechselseitig tätig werden, vielmehr kann der Anhörung eine einseitige Unterrichtung durch den Arbeitgeber vorangehen oder die Arbeitnehmervertretung hat das Recht, die Initiative zu ergreifen und Vorschläge zu machen. Bei den Beratungsrechten ist gegenüber der Anhörung insofern eine Steigerung gegeben, als die Meinung der Arbeitnehmervertretung nicht nur zur Kenntnis genommen, sondern die entsprechende Angelegenheit auch gemeinsam erörtert wird[912].

1. Deutsche Unternehmensmitbestimmung

Gesetzlich ist eine Beratungsaufgabe des Aufsichtsrates nicht geregelt. Sie wird aber als das vorrangige Mittel der in die Zukunft gerichteten Kontrolle des Vorstandes durch den Aufsichtsrat bezeichnet[913], da eine effiziente Überwachung

---

910 Siehe z. B. *Barrenechea Suso/Ferrer López*, El Estatuto de los Trabajadores, S. 377 f.; *Monereo Pérez*, Los derechos de información de los representantes de los trabajadores, S. 101.
911 Vgl. Art. 2j) SE-RL, § 2 Abs. 10 SEBG und Art. 2k) SEIT zum Begriff der „Anhörung" in der SE-Arbeitnehmerbeteiligung; ferner *Monereo Pérez*, Los derechos de información de los representantes de los trabajadores, S. 109.
912 Für die Arbeitnehmervertretung nach BetrVG *v. Hoyningen-Huene*, BetriebsverfassungsR, § 11, Rn. 5.
913 BGHZ 114, S. 127, S. 130; *Boujong*, AG 1995, S. 203 f.; *Henze*, NJW 1995, S. 3310; *v. Schenck* in Semler/v. Schenck, ARHdb, § 7, Rn. 106; *Ulmer/Habersack*, MitbestimmungsR, § 25 MitbestG, Rn. 49; vgl. auch *Jürgens/Lippert*, Kommunikation und Wissen im Aufsichtsrat, S. 5 und Pkt. 5.1.1 DCGK.

§ 9 Beteiligungsrechte der Innen- und Außensteuerung

gebietet, dass der Aufsichtsrat seine Bedenken nicht bis zum Abschluss der betreffenden Maßnahme zurückhält[914]. Der Aufsichtsrat hat dabei neben der Rechtmäßigkeit vor allem auf die Zweckmäßigkeit und Wirtschaftlichkeit der Maßnahme zu achten[915] (siehe auch unten III 1).

Ein Anhaltspunkt für die Eingrenzung der Beratungstätigkeit ergibt sich aus den Berichtspflichten des Vorstands nach § 90 AktG, was bedeutet, dass nur die wesentlichen Fragen wie Organisations-, Finanzierungs- und Umstrukturierungsmaßnahmen sowie Unternehmensplanung Gegenstand der Beratung sind[916]. Sie bezieht sich damit nur auf Leitungsmaßnahmen und nicht auf das operative Geschäft[917]. Die Grenze zur außerorganschaftlichen Beratung ist überschritten und die rechtliche Möglichkeit eines Beratungsvertrages nach § 114 AktG eröffnet, wenn z.B. die vom Aufsichtsratsmitglied zu leistenden Dienste Fragen eines besonderen Fachgebietes betreffen[918]. Die Zustimmung zu dem Beratungsvertrag eines Aufsichtsratsmitglieds wird in der Praxis oftmals einem Aufsichtsratsausschuss, dem sog. Präsidium oder Präsidialausschuss, übertragen[919].

2. Betriebliche Mitbestimmung

Ebenso wie die Informationsrechte beziehen sich sowohl in Deutschland als auch in Spanien die Anhörungs- und Beratungsrechte der betrieblichen Arbeitnehmervertreter auf die Beschäftigung im Unternehmen und seine wirtschaftliche Situation. Sie sind in beiden Rechtsordnungen oftmals als Weiterführung der Informationsrechte geregelt und bereits daher entsprechend zahlreich.

a. Die Arbeitnehmervertretungen nach ET und LOSL

Auch für die Anhörungs- und Beratungsrechte ist auf die grundsätzlich betriebsbezogene Konzeption der Arbeitnehmervertretungen nach ET und LOSL hinzuweisen. Inwieweit der *Representación Sindical* die Kompetenzen der *representantes legales* und *representantes de los trabajadores* nach ET zustehen, ist ebenfalls offen. Zumindest ausdrücklich können die *Delegados Sindicales* an den Sitzungen des *Comité de Empresa* gemäß Art. 10 Abs. 3 Nr. 2 LOSL teilnehmen, aber nur mit beratender Stimme bzw. ohne Stimmrecht (siehe schon oben I 2a).

Insbesondere die Beratungsrechte sind mit der Umsetzung der Richtlinie 2002/14/EG[920] zuletzt erweitert, in ihrer Bedeutung hervorgehoben (vgl. Artt. 4 Abs. 1g), 64

---

[914] *Lutter/Kremer*, ZGR 1992, S. 89.
[915] *Ulmer/Habersack*, MitbestimmungsR, § 25 MitbestG, Rn. 51.
[916] *Lutter/Kremer*, ZGR 1992, S. 90.
[917] *Hopt/Roth*, GroßKomm-AktG, § 111, Rn. 335.
[918] *Boujong*, AG 1995, S. 204; zur Schwierigkeit der Grenzziehung *Peltzer*, ZIP 2007, S. 306f.
[919] *Siebel* in Semler/v. Schenck, ARHdb, § 6, Rn. 135 und 138; zur Ausschussbildung im Aufsichtsrat siehe unten IV 1 *Exkurs*.
[920] Richtlinie zur Festlegung eines allgemeinen Rahmens für die Unterrichtung und Anhörung der Arbeitnehmer in der Europäischen Gemeinschaft vom 11. März 2002 (Abl. EG L 80/29), siehe schon oben § 1 und I 2a.

4. Kapitel. Funktion und Wirkung der Regelungen des Wechselspiels

Abs. 1 S. 1 ET) und auch konkretisiert worden: Unter Beratung wird der Austausch von Meinungen zwischen Arbeitgeber und *Comité de Empresa* zu einer bestimmten Frage verstanden, Art. 64 Abs. 1 S. 2 ET. Dieser Austausch muss so gestaltet sein, dass die informierte Arbeitnehmervertretung mit dem Arbeitgeber zusammenkommt und dieser so vor seiner Entscheidung vom Standpunkt der Vertretung Kenntnis erlangt, vgl. Art. 64 Abs. 6 S. 2 ET.

aa. Anhörungs- und Beratungsrechte zur wirtschaftlichen Situation des Unternehmens

Gemäß Art. 64 Abs. 5 a) ET muss das *Comité de Empresa* vor der Durchführung von Umstrukturierungsmaßnahmen und der ganzen oder teilweisen, endgültigen oder vorübergehenden Übertragung des Betriebs Stellung nehmen können[921]. Abzugeben ist die Stellungnahme innerhalb einer Frist von 15 Tagen nach der Anfrage und dem Erhalt der entsprechenden Informationen, Art. 64 Abs. 6 S. 4 ET. Gleiches gilt für das Recht nach Art. 64 Abs. 5 d) ET, sich zu einer geplanten Fusion, Eingliederung oder Umwandlung der Rechtsform des Unternehmens zu äußern, wenn hiermit Auswirkungen auf die Zahl der Beschäftigten verbunden sind. Im Fall eines Betriebsübergangs regelt Art. 44 Abs. 10 S. 1 ET nochmals ein gesondertes Anhörungsverfahren, das sich mit den Konsequenzen für die Arbeitnehmer auseinandersetzen soll. Gesetzliche Arbeitnehmervertretung und Arbeitgeber sollen hierüber mit dem Ziel einer Einigung verhandeln, Art. 44 Abs. 10 S. 3 ET. Falls mit dem Betriebsübergang Versetzungen und wesentliche Veränderungen der Arbeitsbedingungen für eine bestimmte Anzahl von Arbeitnehmern verbunden sind, greifen die nun zu erläuternden Anhörungs- und Beratungsrechte.

bb. Anhörungs- und Beratungsrechte zur Beschäftigung im Unternehmen

Gemäß Art. 40 Abs. 2 S. 1 ET muss vor der Versetzung von Arbeitnehmern, die eine Veränderung des Wohnsitzes erfordert, je nach Anzahl der Betroffenen eine zwischen 15 und 90 Tagen währende Beratungszeit mit den gesetzlichen Arbeitnehmervertretern eingehalten werden. Diese soll zur Auseinandersetzung über die Begründung der Maßnahme und ihre Alternativen sowie für Überlegungen, wie die Folgen für die Arbeitnehmer abgemildert werden können, genutzt werden, Art. 40 Abs. 2 S. 2 ET. Die Beratungen sind mit dem Ziel einer Einigung zu führen, welche von der Mehrheit des *Comité de Empresa* oder der *Delegados Personales* sowie, falls es sie gibt, der *Representación Sindical*[922] getragen wird, Art. 40 Abs. 2 S. 4 ET. Ein Anhörungsverfahren gleichen Inhalts, nur mit einer Dauer von mindestens 15 Tagen, findet gemäß Art. 41 Abs. 4 ET ferner im Vorfeld von Entscheidungen

---

[921] Die Rechte im Rahmen des Betriebsübergangs sind richtlinienkonforme, vgl. Art. 6 Richtlinie 77/187/EWG zur Angleichung der Rechtsvorschriften der Mitgliedstaaten über die Wahrung von Ansprüchen der Arbeitnehmer beim Übergang von Unternehmen, Betrieben oder Betriebsteilen vom 14. Februar 1977 (Abl. EG L 61/26), siehe auch oben I 2 a aa und für einen Nachweis zur teilweisen Novellierung und konsolidierten Fassung einleitend § 1.

[922] Dies spricht dafür im Rahmen von Art. 40 Abs. 2 S. 1 ET und vergleichbaren Regelungen zu den gesetzlichen Vertretern auch die *Representación Sindical* zu zählen.

§ 9 Beteiligungsrechte der Innen- und Außensteuerung

des Arbeitgebers statt, wonach kollektiv vereinbarte wesentliche Arbeitsbedingungen geändert werden sollen. Auch bei Massenentlassungen aus wirtschaftlichen, technischen, organisatorischen oder Produktionsgründen findet sich ein entsprechendes Verfahren mit einer Länge von mindestens 15 bzw. 30 Tagen, Art. 51 Abs. 4 S. 1–4 ET[923], auf das wiederum im Rahmen der Suspendierung von Arbeitsverträgen aus eben diesen Gründen oder wegen höherer Gewalt verwiesen wird (Art. 47 Abs. 1 S. 3 ET, mit der Hälfte der in Art. 51 Abs. 4 ET bestimmten Beratungszeit). Für die *Delegados Sindicales* wird zudem in Art. 10 Abs. 3 Nr. 3 LOSL geregelt, dass sie vor jeder Entscheidung kollektiven Charakters des Arbeitgebers, die die Arbeitnehmer im Allgemeinen und die Gewerkschaftszugehörigen im Besonderen betreffen, vor allem im Fall von Kündigungen und Sanktionen gegenüber letzteren, angehört werden müssen.

Daneben müssen sich die Arbeitgeber grundsätzlich mit dem *Comité* in allen Angelegenheiten beraten, die die Beschäftigungssituation und -struktur im Unternehmen oder Betrieb sowie Entscheidungen betreffen, die zu Änderungen der Arbeitsverträge und Arbeitsorganisation führen, auch präventive Maßnahmen, insbesondere im Fall einer Arbeitsplatzgefährdung, Art. 64 Abs. 5 S. 1 und 2 ET.

Weitere Stellungnahmen des *Comité de Empresa* sind unter bestimmten Umständen bei Versetzungen innerhalb des Betriebes (Art. 39 Abs. 4 S. 3 ET[924]), bei Kündigungen eines seiner Mitglieder (Art. 68 S. 1 a) ET) und gemäß Art. 64 Abs. 5 ET bei Arbeitszeitverkürzungen (b), vollständiger oder teilweiser Verlagerung von Betriebseinrichtungen (c), in Bezug auf Pläne des Unternehmens zur Berufsausbildung (e), bei Einführung oder Veränderung von Systemen der Arbeitsorganisation und Kontrolle, von Zeitstudien, Prämien- und Anreizsystemen sowie von Mitteln zur Arbeitsplatzbewertung (f) vom Arbeitgeber einzuholen. Die Frist für die Abgabe dieser Anhörungsrechte beträgt wieder 15 Tage, Art. 64 Abs. 6 S. 4 ET.

b. Die Arbeitnehmervertretung nach BetrVG

Eine Pflicht zur Kenntnisnahme gilt naturgemäß auch für das Antrags- und Anregungsrecht des Betriebsrates nach § 80 Abs. 1 Nr. 2 und 3 BetrVG[925] sowie für alle weiteren Initiativ- und Vorschlagsrechte. Ferner folgt ein allgemeines Beratungsrecht des Betriebsrates mit dem Arbeitgeber aus § 74 Abs. 1 S. 1 BetrVG, wonach beide mindestens einmal im Monat zu einer Besprechung zusammentreten. Daneben sind die folgenden speziellen Anhörungs- und Beratungsrechte von Betriebsrat und Wirtschaftsausschuss geregelt. In Bezug auf die Kompetenzen von Ge-

---

[923] Es handelt sich wieder um richtlinienkonformes Recht, vgl. Art. 2 Richtlinie 75/129/EWG zur Angleichung der Rechtsvorschriften der Mitgliedstaaten über Massenentlassungen vom 17. Februar 1975 (Abl. EG L 48/29), siehe auch oben I 2 a bb und für einen Nachweis zur Novellierung und konsolidierten Fassung oben einleitend § 1.
[924] Hier findet die Anhörung ausnahmsweise nach der Maßnahme des Arbeitgebers statt, was Konsequenzen für die Durchsetzbarkeit hat, siehe unten § 10 I 1.
[925] *v. Hoyningen-Huene*, BetriebsverfassungsR, § 11, Rn. 4.

4. Kapitel. Funktion und Wirkung der Regelungen des Wechselspiels

samt- und Konzernbetriebsrat gelten die im Rahmen der Informationsrechte bereits getroffenen Feststellungen.

aa. Anhörungs- und Beratungsrechte des Betriebsrates

Eine Anhörung des Betriebsrates ist vor jeder Kündigung erforderlich, § 102 Abs. 1 S. 1 BetrVG. Zudem hat der Arbeitgeber gemäß § 90 Abs. 2 S. 1 BetrVG mit dem Betriebsrat die vorgesehenen Maßnahmen zur Gestaltung von Arbeitsplatz, Arbeitsablauf und Arbeitsumgebung und ihre Auswirkungen auf die Arbeitnehmer, insbesondere auf die Art ihrer Arbeit sowie die sich daraus ergebenden Anforderungen an die Arbeitnehmer, so rechtzeitig zu beraten, dass Vorschläge und Bedenken des Betriebsrats bei der Planung berücksichtigt werden können. Auch hinsichtlich der Personalplanung hat der Arbeitgeber nach § 92 Abs. 1 S. 2 BetrVG mit dem Betriebsrat über Art und Umfang der erforderlichen Maßnahmen und über die Vermeidung von Härten zu beraten. Weitere Beratungsrechte betreffen die Vorschläge[926] des Betriebsrates zur Sicherung und Förderung der Beschäftigung (§ 92a Abs. 2 S. 1 i.V.m. Abs. 1 S. 1 BetrVG), die Berufsbildung (§ 96 Abs. 1 S. 2 BetrVG) sowie die Errichtung und Ausstattung betrieblicher Einrichtungen zur Berufsbildung, die Einführung betrieblicher Berufsbildungsmaßnahmen und die Teilnahme an außerbetrieblichen Berufsbildungsmaßnahmen (§ 97 Abs. 1 S. 1 BetrVG).

Ferner sind geplante Betriebsänderungen, die wesentliche Nachteile für die Belegschaft oder erhebliche Teile der Belegschaft zur Folge haben können, mit dem Betriebsrat zu beraten, § 111 S. 1 BetrVG. Bei Massenentlassungen ist zudem die Beratungspflicht nach § 17 Abs. 2 S. 2 KSchG zu beachten. Auch bei Fragen des Arbeits- und betrieblichen Umweltschutzes hat der Arbeitgeber den Betriebsrat hinzuzuziehen, vgl. § 89 Abs. 2 BetrVG.

bb. Beratungsrechte des Wirtschaftsauschusses

Die Beratung wirtschaftlicher Angelegenheiten mit dem Unternehmer ist nach § 106 Abs. 1 S. 2 BetrVG Aufgabe des Wirtschaftsausschusses. Er muss zu diesem Zweck monatlich zusammentreten, § 108 Abs. 1 BetrVG. Die Fragen der Unternehmenspolitik – der Katalog des § 106 Abs. 3 BetrVG enthält die wichtigsten wirtschaftlichen Angelegenheiten, ist aber nicht erschöpfend (siehe bereits oben I 2 b cc) – sollen so frühzeitig besprochen und abgeklärt werden, bevor aufgrund konkreter Planung die Unterrichtungs- und Beratungsrechte des Betriebsrates einsetzen[927].

---

[926] Zu weiteren Initiativrechten siehe unten § 10 III 1 a.
[927] *Fitting*, BetrVG, § 106, Rn. 17.

3. Zusammenfassung

Für die Anhörungs- und Beratungsrechte der betrieblichen Arbeitnehmervertreter ist sowohl in Deutschland als auch in Spanien grundsätzlich kennzeichnend, dass der Arbeitgeber seine Entscheidung im Anschluss an die Anhörung bzw. Beratung allein trifft. In beiden Rechtsordnungen wird jedoch in bestimmten Fällen mit dem Beratungsrecht das Erfordernis einer Einigung verknüpft, das zu einem veritablen Mitentscheidungsrecht der Arbeitnehmervertretung führt (siehe ausführlich unten IV 2). Die Beratungsaufgabe des Aufsichtsrates ist hingegen ausschließlich auf seine Überwachungsaufgabe ausgerichtet.

III. Kontroll- und Überwachungsrechte

Das Recht zu kontrollieren und zu überwachen beinhaltet eine vergangenheitsbezogene aber auch zukunftsorientierte Prüfung[928]. Die Prüfung hat als ersten Schritt das Feststellen der entscheidungserheblichen Tatsachen und in einem zweiten Schritt die Beurteilung der festgestellten Tatsachen zum Gegenstand[929]. Im deutschen Aktienrecht zählt sie zur Kernaufgabe des Aufsichtsrates, so dass auch seine weiteren Kompetenzen von dieser Aufgabe geprägt sind. In der betrieblichen Mitbestimmung in Deutschland und Spanien sind die Kontroll- und Überwachungsrechte der Arbeitnehmervertretungen kein vergleichbarer Schwerpunkt ihrer Kompetenzen.

1. Deutsche Unternehmensmitbestimmung

Gemäß § 111 Abs. 1 AktG hat der Aufsichtsrat die Geschäftsführung zu überwachen[930]. Der Begriff der „Geschäftsführung" im Sinne von § 111 Abs. 1 AktG ist nach überwiegender Meinung im Schrifttum nicht mit demjenigen in § 77 AktG identisch. Er ist vielmehr einschränkend und berichtigend dahingehend zu verstehen, dass sich die Überwachungsaufgabe des Aufsichtsrates nur auf die Leitungsmaßnahmen und sonstige wesentliche, aber eben nicht alle Maßnahmen der Geschäftsführung bezieht, insbesondere nicht auf solche des Tagesgeschäfts[931]. Eine Überwachung bedeutet sowohl eine Kontrolle der bereits entfalteten Tätig-

---

[928] Die Begriffe „Kontrolle" und „Überwachung" werden hier synonym verwendet.
[929] Für den Aufsichtsrat *Hopt/Roth*, GroßKomm-AktG, § 111, Rn. 280 und 281.
[930] Vgl. auch Präambel und Pkt. 5.1.1 DCGK sowie die Empfehlung 2005/162/EG der Europäischen Kommission vom 15. Februar 2005 (Abl. EU L 52/51) zu den Aufgaben von nicht geschäftsführenden Direktoren/Aufsichtsratsmitgliedern börsennotierter Gesellschaften sowie zu den Ausschüssen des Verwaltungs-/Aufsichtsrats, wonach der Überwachungsaufgabe ein besonderer Stellenwert zugeschrieben wird, Erwägungsgrund (3).
[931] *Boujong*, AG 1995, S. 204/205; *Henze*, NJW 1998, S. 3309; *Hoffmann-Becking*, MünchHdb-GesR, Band 4, § 29, Rn. 22; *Hopt/Roth*, GroßKomm-AktG, § 111, Rn. 160; *Hüffer*, AktG, § 111, Rn. 3; *Kort*, GroßKomm-AktG, § 76, Rn. 32; *Habersack*, MünchKomm-AktG, § 111, Rn. 20; *Ulmer/Habersack*, MitbestimmungsR, § 25 MitbestG, Rn. 50.

4. Kapitel. Funktion und Wirkung der Regelungen des Wechselspiels

keit, als auch eine präventiv angelegte, in die Zukunft wirkende Prüfung[932]. Für eine Bestimmung der vom Aufsichtsrat zu überwachenden Themen kann auf die in § 90 normierten Berichtspflichten des Aufsichtsrates zurückgegriffen werden[933]. Weiter umfasst die Überwachungspflicht die Überwachung des Risikoerkennungs- und Frühwarnsystems nach § 91 Abs. 2 AktG, darüber hinausgehend aber auch des Risikomanagements insgesamt[934]. Die Intensität der vom Aufsichtsrat geschuldeten Überwachungstätigkeit richtet sich nach der Lage der Gesellschaft[935].

Die Kontrolle des Aufsichtsrates bezieht sich auf die Ordnungsmäßigkeit, Rechtmäßigkeit und Zweckmäßigkeit der Geschäftsführung[936]: Die Überwachung der Ordnungsmäßigkeit beinhaltet, dass der Aufsichtsrat die Führung der Handelsbücher, die Einrichtungen von besonderen Risikoüberwachungssystemen sowie die Pünktlichkeit und Vollständigkeit der Berichterstattung vom Vorstand kontrolliert und bei Verstößen einschreitet[937]. Zudem hat er die Rechtmäßigkeit, d.h. Gesetzes- und Satzungskonformität, der Geschäftsführung sicherzustellen[938]. Bei der Zweckmäßigkeitskontrolle wird darauf geachtet, dass die Grundsätze einer angemessenen Gewinnerzielung eingehalten werden, wobei der Aufsichtsrat grundsätzlich nicht befugt ist, auf das unternehmerische Verhalten des Vorstandes einzuwirken[939]. Er darf und muss aber einschreiten, wenn die Bestandsfähigkeit des Unternehmens gefährdet ist[940]. Teil der nachträglichen Überwachungstätigkeit des Aufsichtsrats ist somit die Entscheidung über die Geltendmachung von Schadensersatzansprüchen gegen pflichtwidrig handelnde Vorstandsmitglieder mit dem Ziel, den Vorstand zur Erfüllung seiner Pflichten anzuhalten und Schäden von der Gesellschaft abzuwenden[941].

Die Überwachungsaufgabe des Aufsichtsrates kann daher grundsätzlich nicht durch eine isolierte Betrachtung des § 111 Abs. 1 AktG erfasst werden[942]. Ermöglicht wird die Kontrolle vor allem durch die Berichtspflichten des Vorstandes nach § 90 AktG, denn erst diese enthalten die für die Wahrnehmung der Überwachungsaufgabe notwendigen Informationen[943]. § 111 Abs. 1 AktG steht daher auch in engem Zusammenhang mit der Prüfung von Jahresabschluss (Jahresbilanz, Gewinn- und Verlustrechnung, Anhang), Lagebericht und des Vorschlags für die Verwendung des Bilanzgewinns – bei Mutterunternehmen (§ 290 Abs. 1, 2 HGB) auch des Konzernabschlusses und Konzernlageberichts – durch den Aufsichtsrat gemäß § 171 Abs. 1 S. 1 AktG. Die Maßstäbe bei der Prüfung stimmen mit denen

---

[932] *Henze*, NJW 1995, S. 3309; *Hüffer*, AktG, § 111, Rn. 4 und 5.
[933] *Hoffmann-Becking*, MünchHdb-GesR, Band 4, § 29, Rn. 23.
[934] *Hopt/Roth*, GroßKomm-AktG, § 111, Rn. 153.
[935] *Hüffer*, AktG, § 111, Rn. 7.
[936] *Mertens*, KölnKomm-AktG, § 111, Rn. 11.
[937] *Semler*, FS Peltzer, S. 516.
[938] *Semler*, FS Peltzer, S. 516/517.
[939] *Spindler*, MünchKomm-AktG, Vor § 76, Rn. 46.
[940] *Mertens*, ZGR 1977, S. 278; *Spindler*, MünchKomm-AktG, Vor § 76, Rn. 46.
[941] BGHZ 135, S. 244, S. 255; siehe auch unten IV 1 c zu § 112 AktG.
[942] *Hopt/Roth*, GroßKomm-AktG, § 111, Rn. 151.
[943] *Lutter*, AG 2001, S. 249 ff.

§ 9 Beteiligungsrechte der Innen- und Außensteuerung

bei der Überwachung der Geschäftsführung im Kern überein[944]. Ebenfalls vom Aufsichtsrat zu prüfen ist gemäß § 314 Abs. 2 S. 1 AktG der Bericht über die Beziehungen zu verbundenen Unternehmen[945].

Aus dem Einsichtsrecht nach § 111 Abs. 2 S. 1 AktG folgt nur dann eine entsprechende Prüfungspflicht, wenn dies aus der allgemeinen Überwachungspflicht konkret angezeigt ist[946].

2. Betriebliche Mitbestimmung

Die Kontroll- und Überwachungsrechte der Arbeitnehmervertretungen nach ET, LOSL und BetrVG sind im Vergleich zu ihren Informations-, sowie Anhörungs- und Beratungsrechten auffallend beschränkt.

a. Die Arbeitnehmervertretungen nach ET und LOSL

Gemäß Art. 64 Abs. 7 a) Nr. 1 ET wachen die *Delegados de Personal* bzw. das *Comité de Empresa* darüber, dass die geltenden arbeits- und sozialrechtlichen Vorschriften ebenso wie die Vereinbarungen und Betriebsübungen eingehalten werden und gehen gegen den Arbeitgeber gegebenenfalls gerichtlich vor. Ferner kontrollieren sie die Einhaltung der Vorschriften über den Gesundheitsschutz und die Arbeitssicherheit im Unternehmen sowie die Beachtung der Gleichbehandlung von Männern und Frauen, Art. 64 Abs. 7 a) Nr. 2 und 3 ET[947]. Zur Erfüllung dieser Überwachungs- und Kontrollaufgaben ist vom Arbeitgeber, soweit erforderlich, Zugang zu allen betrieblichen Einrichtungen und Unterlagen zu gewähren[948]. Im Fall der Errichtung eines *Comité Intercentros* könnten diesem nur aufgrund einer entsprechenden tarifvertraglichen Bestimmung und nur für die überbetriebliche Ebene vergleichbare Aufgaben eingeräumt werden. Für die gewerkschaftliche Arbeitnehmervertretung ergeben sich weder nach ET noch nach LOSL besondere Kontroll- und Überwachungsrechte.

b. Die Arbeitnehmervertretung nach BetrVG

Der Betriebsrat hat gemäß § 80 Abs. 1 Nr. 1 BetrVG darüber zu wachen, dass die zugunsten der Arbeitnehmer geltenden Gesetze, Verordnungen, Unfallverhütungsvorschriften, Tarifverträge und Betriebsvereinbarungen durchgeführt wer-

---

[944] *Hüffer*, AktG, § 171, Rn. 3.
[945] Ebenso wie § 76 AktG klammert § 111 Abs. 1 AktG konzernrechtliche Fragen aus. Aus Sicht des herrschenden Unternehmens wird der Konzernabschluss und Konzernlagebericht nach § 171 Abs. 1 S. 2 AktG geprüft, aus Sicht der abhängigen Gesellschaft ist die Prüfung des Abhängigkeitsberichts gemäß § 314 Abs. 2 AktG maßgeblich, *Hüffer*, AktG, § 111, Rn. 10.
[946] *Hopt/Roth*, GroßKomm-AktG, § 111, Rn. 402.
[947] Strittig ist, ob diese Überwachungskompetenz des *Comité de Empresa* nur dann besteht, wenn in dem Betrieb kein *Comité de Seguridad y Salud* errichtet ist, siehe hierzu *Albiol Montesinos*, Comités de Empresa y Delegados de Personal, S. 140 f.
[948] *Ojeda Avilés*, Derecho Sindical, S. 366.

4. Kapitel. Funktion und Wirkung der Regelungen des Wechselspiels

den. Diese Pflicht dient vor allem dazu, den Arbeitnehmern bei der Durchsetzung ihrer Ansprüche gegenüber dem Arbeitgeber zu helfen, sowie vorschriftswidrige Missstände im Betrieb abzustellen[949]. Inhaltlich bedeutet sie, dass entsprechende Hinweise und Beschwerden von Arbeitnehmern zu prüfen sind und im Fall der Feststellung von Verstößen für eine Abhilfe zu sorgen[950]. Das Gesetz nennt indessen keine Wege und Mittel, wie dies der Betriebsrat erreichen kann. Einseitige Maßnahmen, die zu einem Eingriff in die Betriebsleitung oder in Betriebsabläufe führen, sind dem Betriebsrat, der auf Überwachungsbefugnisse beschränkt ist, jedenfalls verwehrt[951]. Gemäß § 75 Abs. 1 S. 1 BetrVG haben Arbeitgeber und Betriebsrat ferner gemeinsam darüber zu wachen, dass alle im Betrieb tätigen Personen nach den Grundsätzen von Recht und Billigkeit behandelt werden.

3. Zusammenfassung

Weder die Arbeitnehmervertretungen nach ET und LOSL noch gemäß BetrVG sind vom Gesetz als Kontrollorgan gegenüber dem Arbeitgeber in Fragen der Unternehmensleitung ausgestaltet. Diese Funktion kommt jedoch dem Aufsichtsrat gegenüber dem Vorstand zu. Welche tatsächlichen Kontroll- und auch Druckmittel die betriebliche Mitbestimmung vor allem in Spanien dennoch kennt, könnte damit nur eine Funktionsanalyse der Regelungen im Einzelnen aufzeigen.

IV. (Mit)Entscheidungsrechte

Das (Mit)Entscheidungsrecht existiert seinerseits in verschiedenen Abstufungen. Eine einheitliche Einteilung für die betriebliche und Unternehmensmitbestimmung sowie für beide Rechtsordnungen gleichermaßen fällt hier aufgrund der zahlreichen und gleichzeitig in Voraussetzungen und Rechtsfolgen sehr variierenden Regelungen besonders schwer. Als Leitlinien können aber folgende Kategorien dienen: Zunächst sind die Widerspruchs- und Zustimmungsrechte zu nennen, deren Einfluss auf eine Entscheidung allerdings sehr unterschiedlich ausfallen kann, so dass hier gegebenenfalls ergänzende Anmerkungen für die betreffende Regelung erforderlich sein können. Hieran schließen sich diejenigen Rechte an, die zwar keine im Alleingang getroffene Entscheidung der Arbeitnehmervertretung ermöglichen, aber eine gleichberechtigte Beteiligung an der Entscheidungsfindung gewähren. Hierzu sollen auch Verhandlungs- und Konfliktlösungsrechte zählen. Zudem sind die Kompetenzen der Arbeitnehmervertretungen zu nennen, die ihnen ausschließlich, jedenfalls gegenüber dem Arbeitgeber, zustehen.

---

949 *v. Hoyningen-Huene,* BetriebsverfassungsR, § 11, Rn. 92.
950 *Lorenz,* HaKo-BetrVG, § 80, Rn. 5.
951 WP/*Preis,* BetrVG, § 80, Rn. 5.

§ 9 Beteiligungsrechte der Innen- und Außensteuerung

1. Deutsche Unternehmensmitbestimmung

Zwar können dem Aufsichtsrat gemäß § 111 Abs. 4 S. 1 AktG keine Maßnahmen der Geschäftsführung übertragen werden, bestimmte Arten von Geschäften des Vorstandes können aber von seiner Zustimmung abhängig gemacht werden. Daneben gehören zu den wichtigsten Kompetenzen des Aufsichtsrates, den Vorstand zu bestellen und abzuberufen, Prüfer zu beauftragen sowie den Jahresabschluss festzustellen. Da nach dem jeweiligen Mitbestimmungsgesetz variierend nur eine bestimmte Anzahl der Aufsichtsratsmitglieder Arbeitnehmervertreter sein können[952], ist es für ihre Einflussmöglichkeit auf in dem Organ getroffene Entscheidungen von Bedeutung, wie die Willensbildung und Beschlussfassung im Aufsichtsrat geregelt ist. Vorwegzunehmen ist bereits hier, dass es in der Praxis selten zu Stichentscheiden kommt (hierzu unten a und § 10 II 3 a).

Exkurs: Regelung der Willensbildung und Beschlussfassung im Aufsichtsrat

Gemäß § 108 Abs. 1 AktG entscheidet der Aufsichtsrat durch Beschluss. Die Beschlussfähigkeit kann, soweit sie nicht gesetzlich geregelt ist, grundsätzlich durch die Satzung bestimmt werden, § 108 Abs. 2 S. 1 AktG. Für die Unternehmensmitbestimmung gelten aber zwingende vorrangige Regelungen: Gemäß § 28 S. 1 MitbestG ist der Aufsichtsrat nur beschlussfähig, wenn mindestens die Hälfte der Mitglieder, aus denen er insgesamt zu bestehen hat, an der Beschlussfassung teilnimmt[953]. Gleiches gilt für die Beschlussfassung nach § 10 S. 1 MontanMitbestG und § 11 S. 1 MitbestErgG. Da diese Regelungen der Unternehmensmitbestimmung auf die Sollstärke abstellen[954], ist für die Beschlussfähigkeit des Aufsichtsrates die Wahrung der Gruppenparität nicht entscheidend, vielmehr soll sichergestellt werden, dass überhaupt wirksame Beschlüsse gefasst werden können, notfalls auch durch eine Bank allein[955].

Nach dem AktG fasst der Aufsichtsrat seine Beschlüsse mit der Mehrheit aller abgegebenen Stimmen (sog. einfache Stimmenmehrheit)[956]. In einigen Sonderfällen ist für einen Beschluss nur die Mehrheit der Stimmen der Aufsichtsratsmitglieder der Aktionäre erforderlich, vgl. § 124 Abs. 3 S. 4 AktG, § 32 Abs. 1 MitbestG und § 15 Abs. 1 MitbestErgG. Sofern nicht gesetzlich eine andere Mehrheit gefordert wird[957], gilt das Prinzip der einfachen Stimmenmehrheit grundsätzlich aber auch

---

952 Für die Anzahl der zu besetzenden Aufsichtsratsposten mit Arbeitnehmervertreter nach DrittelbG, MitbestG, MontanMitbestG und MitbestErgG siehe oben § 6 II 1.
953 Zum Streit, ob strengere Anforderungen an die Beschlussfähigkeit gegen § 28 S. 1 MitbestG verstoßen siehe *Oetker*, GroßKomm-AktG, § 28 MitbestG, Rn. 8.
954 *Mertens*, KölnKomm-AktG, § 108, Rn. 61; *Habersack*, MünchKomm-AktG, § 108, Rn. 45.
955 *Hopt/Roth*, GroßKomm-AktG, § 108, Rn. 71.
956 *Lutter/Krieger*, Rechte und Pflichten des Aufsichtsrates, Rn. 607; *Mertens*, KölnKomm-AktG, § 108, Rn. 41.
957 Vgl. § 27 Abs. 1 MitbestG/Wahl des Aufsichtsratsvorsitzenden mit einer Mehrheit von zwei Dritteln, § 31 Abs. 2 MitbestG/Bestellung des Vorstands mit einer Mehrheit von zwei Dritteln, § 37 Abs. 3 S. 2 MitbestG/Widerruf eines vor In-Kraft-Treten des Gesetzes bestellten Vorstandsmitglieds mit der Mehrheit der abgegebenen Stimmen der Aufsichtsratsmitglieder, aller Stimmen der Auf-

4. Kapitel. Funktion und Wirkung der Regelungen des Wechselspiels

für Aufsichtsräte mit Arbeitnehmerbeteiligung[958]. Von dem zwingenden und satzungsfesten Grundsatz, dass die Stimmen aller Aufsichtsratsmitglieder – unabhängig von der Unternehmensmitbestimmung – gleiches Gewicht haben[959], wird gemäß § 29 Abs. 2 MitbestG für den Aufsichtsratsvorsitzenden insofern abgewichen, als nur ihm bei Stimmengleichheit in einer erneuten Abstimmung über denselben Antrag, der schon im ersten Wahlgang im Patt endete, ein Zweitstimmrecht zusteht[960].

Vor allem um seine Verhandlungen und Beschlüsse vorzubereiten oder die Ausführung seiner Beschlüsse zu überwachen, kann der Aufsichtsrat aus seiner Mitte einen oder mehrere Ausschüsse einsetzen, § 107 Abs. 3 S. 1 AktG. Nach dem DCGK gehört die Bildung von fachlich qualifizierten Ausschüssen (Pkt. 5.3.1 S. 1) und eines Prüfungsausschuss (*Audit Committee*) (Pkt. 5.3.2) zu den „soll"-Empfehlungen. Der Aufsichtsratsvorsitzende, der gemäß Pkt. 5.2 Abs. 1 DCGK die Arbeit im Aufsichtsrat koordiniert, soll unter anderem zugleich Vorsitzender derjenigen Ausschüsse sein, die die Aufsichtsratssitzungen vorbereiten (Abs. 2). Bis auf den sog. Vermittlungsausschuss nach § 27 Abs. 3 MitbestG besteht aber kein gesetzlicher Zwang zur Errichtung von Aufsichtsratsausschüssen[961].

Im Fall einer Arbeitnehmerbeteiligung im Aufsichtsrat ist – mit Ausnahme von § 27 Abs. 3 MitbestG und § 8 Abs. 2 MontanMitbestG – die Besetzung der Ausschüsse bewusst nicht geregelt. Es gibt kein zwingendes Gebot paritätischer Besetzung[962], so dass der Aufsichtsrat nach der Aufgabe des Ausschusses und der Befähigung der in Betracht kommenden Personen unterscheiden darf, sachwidrige Differenzierungen nach der Gruppenzugehörigkeit müssen aber unterbleiben[963]. Für die Vorbereitung der Sitzungen des Aufsichtsrats wird aber bei einer Arbeitnehmerbeteiligung empfohlen, dass die Vertreter der Aktionäre und der Arbeitnehmer die Sitzungen des Aufsichtsrats jeweils gesondert, gegebenenfalls mit Mitgliedern des Vorstands, vorbereiten (Pkt. 3.6 DCGK)[964].

Um aber die Effektivität der überwachenden Tätigkeit des Gesamtorgans sicherzustellen, ist es unerlässlich, dass sich das einzelne, nicht dem Ausschuss angehören-

---

sichtsratsmitglieder der Anteilseigner oder aller Stimmen der Aufsichtsratsmitglieder der Arbeitnehmer.
958 *Lutter/Krieger*, Rechte und Pflichten des Aufsichtsrates, Rn. 608; siehe auch § 29 Abs. 1 MitbestG.
959 *Habersack*, MünchKomm-AktG, § 108, Rn. 28; *Ulmer/Habersack*, MitbestimmungsR, § 25 MitbestG, Rn. 76 (Grundsatz der Gleichbehandlung aller Aufsichtsratsmitglieder).
960 Unabhängig von einer Arbeitnehmerbeteiligung im Aufsichtsrat kann durch Satzung aber geregelt werden, dass bei Stimmengleichheit die Stimme des Aufsichtsratsvorsitzenden den Ausschlag gibt, *Habersack*, MünchKomm-AktG, § 107, Rn. 66.
961 *Dreher*, Die Organisation des Aufsichtsrates, S. 45.
962 *Ulmer/Habersack*, MitbestimmungsR, § 25 MitbestG, Rn. 126.
963 BGHZ 122, S. 342, S. 358.
964 Der DCKG enthält im Wesentlichen keine weiteren Empfehlungen zu den Arbeitnehmervertretern, da die „Regierungskommission Corporate Governance" 2000 angewiesen worden war, Fragen der Unternehmensmitbestimmung auszuklammern (siehe schon § 6 II 5b); kritisch zu Pkt. 3.6 DCGK, da für alle Aufsichtsratsmitglieder der Grundsatz der Gleichheit gilt, *Windbichler*, 6 EBOR (2005), S. 511.

§ 9 Beteiligungsrechte der Innen- und Außensteuerung

de Aufsichtsratsmitglied ausreichend über die Tätigkeit der Ausschüsse unterrichten kann (vgl. § 109 Abs. 2 AktG)[965].

a. Zustimmungsvorbehalte

Zu den wichtigsten (Mit)Entscheidungsrechten des Aufsichtsrats zählt sein Zustimmungsvorbehalt für bestimmte Arten von Geschäften, die er selbst oder die Satzung gemäß § 111 Abs. 4 S. 2 AktG festlegen kann. Ein Zustimmungsvorbehalt kann sowohl für nach außen wirkende Geschäfte als auch für interne Maßnahmen festgelegt werden[966]. Allgemein wird aber angenommen, dass der Zustimmungsvorbehalt nicht für Maßnahmen des gewöhnlichen Geschäftsbetriebs, sondern nur für nach Umfang, Gegenstand und Risiko bedeutsame Geschäfte angeordnet werden darf[967] (vgl. auch Pkt. 3.3 S. 2 DCGK). Sie müssen ferner präzise definiert und enumerativ bezeichnet werden[968]. Bei einem Einzelgeschäft von wesentlicher Bedeutung für die Gesellschaft kann der Aufsichtsrat aber verpflichtet sein, dieses durch einen *ad hoc* Beschluss seiner Zustimmung zu unterstellen, wenn nur so eine gesetzwidrige Maßnahme des Vorstandes verhindert werden kann[969].

Der Aufsichtsrat bezieht die Prüfung der beabsichtigten Maßnahme des Vorstandes nicht nur auf ihre Ordnungsmäßigkeit und Rechtmäßigkeit sowie die Ermessensausübung bei der Beurteilung der Zweckmäßigkeit und der Wirtschaftlichkeit, sondern es ist auch Aufgabe des Aufsichtsrates mit der gebotenen Sorgfalt darüber hinaus eine eigene unternehmerische Entscheidung zu treffen[970]. Wird die Zustimmung untersagt, muss die Maßnahme unterbleiben. Die Zustimmungsverweigerung wirkt somit wie die Ausübung eines Vetorechts[971]. Zu beachten ist zwar, dass das Letztentscheidungsrecht über die Zustimmung auf Verlangen des Vorstandes bei der Hauptversammlung liegt, die für den entsprechenden Beschluss einer qualifizierten Mehrheit von drei Vierteln der abgegebenen Stimmen bedarf, § 111 Abs. 4 S. 3 und Abs. 4 AktG. Praktisch ist dieser Stichentscheid aber ohne jegliche Bedeutung[972], denn er würde das zerrüttete Verhältnis zwischen den Organen deutlich machen und im Fall eines gegen die Entscheidung des Aufsichtsrats gerichtetem Votum einem Vertrauensentzug für die ohne Bindung an einen Wahlvorschlag gewählten Kapitalvertreter im Aufsichtsrat gleichkommen[973].

Ein weiterer Zustimmungsvorbehalt des Aufsichtsrates nach § 59 Abs. 3 AktG betrifft Abschlagszahlungen an die Aktionäre auf den voraussichtlichen Bilanzge-

---

[965] *Oetker,* Aufsichtsrat/Board, S. 279.
[966] *Hopt/Roth,* GroßKomm-AktG, § 111, Rn. 638; *Habersack,* MünchKomm-AktG, § 111, Rn. 106 und 112; teilweise a. A. für Unternehmensplanung *Mertens,* KölnKomm-AktG, § 111, Rn. 68.
[967] *Hoffmann-Becking,* MünchHdb-GesR, Band 4, § 29, Rn. 44; *Habersack,* MünchKomm-AktG, § 111, Rn. 106; so auch *Hopt/Roth,* GroßKomm-AktG, § 111, Rn. 638, für die aber der Begriff „Geschäft" in § 111 Abs. 4 AktG an § 77 AktG anknüpft.
[968] *Mertens,* KölnKomm-AktG, § 111, Rn. 67.
[969] BGHZ 124, S. 111, S. 127.
[970] *Habersack,* MünchKomm-AktG, § 111, Rn. 127.
[971] *Hopt/Roth,* GroßKomm-AktG, § 111, Rn. 583; *Hüffer,* AktG, § 111, Rn. 18.
[972] *Drygala* in Schmidt/Lutter, AktG, § 111, Rn. 50.
[973] *Semler,* MünchKomm-AktG, § 111, Rn. 446 (2. Auflage).

4. Kapitel. Funktion und Wirkung der Regelungen des Wechselspiels

winn, zu denen der Vorstand durch die Satzung ermächtigt werden kann (§ 59 Abs. 1 S. 1 AktG). Der Aufsichtsrat hat das Vorliegen der gesetzlichen Voraussetzungen sehr sorgfältig zu prüfen. Darüber hinaus kann er seine Zustimmung aber auch aus Zweckmäßigkeitsgründen, z.B. wegen einer tendenziellen Verschlechterung der wirtschaftlichen Lage der AG, verweigern[974]. Einer Zustimmung des Aufsichtsrates bedarf ferner der Inhalt der Aktienrechte und die Bedingungen der Aktienausgabe im Rahmen der genehmigten Kapitalerhöhung, § 204 Abs. 1 AktG. Auch hier ist die Zustimmung Wirksamkeitserfordernis[975]. Von der Zustimmung des Aufsichtsrates ist auch die Wiederholung einer Weisung der herrschenden Unternehmens im Vertragskonzern abhängig, § 308 Abs. 3 S. 2 AktG.

b. Personalentscheidungen

Die Personalkompetenzen des Aufsichtsrates beziehen sich auf den Vorstand und die Beauftragung besonderer Sachprüfer.

Die Aufsichtsratskompetenz zur Bestellung des Vorstandes folgt aus § 84 Abs. 1 S. 1 AktG (siehe auch Pkt. 5.1.2 DCGK), der Abschluss des Dienstvertrages richtet sich nach § 84 Abs. 1 S. 5 AktG. Für AG im Anwendungsbereich des MitbestG gilt die Besonderheit, dass für die Bestellung des Vorstandes eine Zwei-Drittel-Mehrheit im Aufsichtsrat erforderlich ist (§ 31 Abs. 2 MitbestG, weiteres Verfahren nach Abs. 3 und 4). Der Aufsichtsrat muss bei seiner Entschließung, wen er zum Vorstandsmitglied bestellen will, frei sein, so dass sich Aufsichtsratsmitglieder weder gegenüber der Gesellschaft noch gegenüber einem Dritten verpflichten können, eine bestimmte Person zum Vorstandsmitglied zu bestellen[976]. Gemäß § 84 Abs. 2 AktG ist der Aufsichtsrat auch für die Bestellung des Vorstandsvorsitzenden zuständig. § 31 MitbestG bezieht sich zwar nur auf die Bestellung der Vorstandsmitglieder, aufgrund des engen Zusammenhangs wird aber eine getrennte Wahl grundsätzlich als nicht sachgerecht bezeichnet[977]. Da sich jedoch § 31 MitbestG auf den körperschaftlichen Akt der Bestellung beschränkt, richtet sich die Beschlussfassung für die Wahl des Vorstandsvorsitzenden nach § 29 MitbestG, so dass nur die Mehrheit der abgegebenen Stimmen erforderlich ist[978].

Widerrufen kann der Aufsichtsrat die Bestellung zum Vorstandsmitglied und die Ernennung zum Vorsitzenden des Vorstandes, wenn ein besonderer Grund vorliegt, § 84 Abs. 3 S. 1 AktG (siehe auch Pkt. 5.1.2 DCGK). Ein solcher Grund ist namentlich grobe Pflichtverletzung, Unfähigkeit zur ordnungsgemäßen Geschäftsführung oder Vertrauensentzug durch die Hauptversammlung, es sei denn, dass das Vertrauen aus offenbar unsachlichen Gründen entzogen worden ist (§ 84 Abs. 3 S. 2 AktG). Grundsätzlich kann damit ein Abberufungsgrund sowohl durch die

---

974 *Bayer*, MünchKomm-AktG, § 59, Rn. 11.
975 *Hüffer*, AktG, § 204, Rn. 6.
976 *Spindler*, MünchKomm-AktG, § 84, Rn. 14.
977 *Oetker*, GroßKomm-AktG, § 31 MitbestG, Rn. 19.
978 *Mertens*, KölnKomm-AktG, § 84, Rn. 87 und *Oetker*, GroßKomm-AktG, § 31 MitbestG, Rn. 19 jeweils mit Nachweisen zur Gegenansicht.

§ 9 Beteiligungsrechte der Innen- und Außensteuerung

Nichterfüllung von Aufgaben als auch durch persönliche Umstände, die sich dann mittelbar auf die Unternehmensleitung auswirken, begründet sein[979]. Ein wichtiger Grund nach § 84 Abs. 3 AktG wäre demnach beispielsweise die Nichtbeachtung von sozialen Belangen[980], die Gefährdung der Sicherheit und Zukunft des Unternehmens[981] oder die Unzumutbarkeit der Fortsetzung des Organverhältnisses bis zum Ende der Amtszeit für die AG[982]. Kommt aber ein Vorstandsmitglied ohne Verstoß gegen seine am Unternehmensinteresse ausgerichteten Sorgfaltspflichten bestimmten Erwartungen oder Wünschen des Aufsichtsrates nicht nach, stellt dies keinen Abberufungsgrund dar[983]. Im Anwendungsbereich des MitbestG gilt auch für die Abberufung gemäß § 31 Abs. 5 das Verfahren der Abs. 2 bis 4.

Die Personalkompetenzen des Vorstandes erstrecken sich auch auf Fragen der Vorstandsvergütung, denn gemäß § 87 Abs. 1 S. 1 AktG setzt er diese fest. Die Vergütung muss angemessen im Verhältnis zu den Aufgaben des Vorstandsmitgliedes und zur Lage der AG sein (siehe auch ausführlich Pkt. 4.2.2 bis 4.2.5 DCGK). Ferner fällt die Aushandlung von Ruhegeldverträgen der Vorstandsmitglieder in die Zuständigkeit des Aufsichtsrates (§ 87 Abs. 1 S. 2 AktG) und ohne seine Einwilligung unterliegen sie einem Wettbewerbsverbot (§ 88 Abs. 1 S. 1 AktG)[984]. Die Gewährung von Krediten der Gesellschaft an die Vorstandsmitglieder ist ebenso nur auf Grund eines Aufsichtsratsbeschlusses zulässig, § 89 Abs. 1 S. 1 AktG (Pkt. 3.9 DCGK).

Neben den auf den Vorstand bezogenen Personalkompetenzen kann der Aufsichtsrat über die Beauftragung von Sachprüfern für bestimmte Aufgaben entscheiden, § 111 Abs. 2 S. 2 AktG[985]. Gemäß § 111 Abs. 2 S. 3 AktG erteilt der Aufsichtsrat ferner dem Abschlussprüfer den Prüfungsauftrag für den Jahresabschluss und den Konzerabschluss nach § 290 HGB[986]. Die Bestellung des Konzernabschlussprüfers erfolgt durch Beschluss der Gesellschafter bzw. durch die Hauptversammlung des Mutterunternehmens, § 318 Abs. 1 S. 1 HGB. Der Abstimmungsvorschlag für diese Hauptversammlung kommt gemäß § 124 Abs. 3 S. 1 AktG nur vom Aufsichtsrat.

---

[979] Siehe die Beispiele bei *Spindler*, MünchKomm-AktG, § 84, Rn. 119 ff.
[980] *Spindler*, MünchKomm-AktG, § 76, Rn. 85.
[981] *Semler*, AG 1983, S. 26 ff.
[982] Strittig ist, inwieweit die persönlichen Interessen der Vorstandsmitglieder für die Feststellung der Unzumutbarkeit zu berücksichtigen sind; dafür *Janzen*, NZG 2003, S. 470; dagegen *Wiesner*, MünchHbd-GesR, Band 4, § 20, Rn. 43 (Es sei allein auf das objektive Interesse der Gesellschaft abzustellen).
[983] *Wiesner*, MünchHdb-GesR, Band 4, § 19, Rn. 16.
[984] Siehe auch Pkt. 4.3.4 S. 3 DCGK (Zustimmungsrecht bei wesentlichen Geschäften zwischen dem Unternehmen einerseits und Vorstandsmitgliedern bzw. ihnen nahe stehenden Personen oder ihnen persönlich nahe stehenden Unternehmungen andererseits) und Pkt. 4.3.5 DCGK (Zustimmungsrecht bei Nebentätigkeiten von Vorstandsmitgliedern).
[985] In der Regel genügt es, wenn der Aufsichtsrat den Prüfungswunsch an den Vorstand heranträgt, der seinerseits das Mandat im Namen der AG vergibt, *Hüffer*, AktG, § 111, Rn. 12.
[986] Vgl. auch Pkt. 7.2 DCGK.

4. Kapitel. Funktion und Wirkung der Regelungen des Wechselspiels

c. Weitere Kompetenzen

Eine wichtige Kompetenz des Aufsichtsrats besteht des Weiteren in der Billigung des Jahresabschlusses, sofern nicht Vorstand und Aufsichtsrat beschließen, die Feststellung des Jahresabschlusses der Hauptversammlung zu überlassen, § 172 Abs. 1 S. 1 AktG[987]. In größeren Gesellschaften wird vielfach ein Aufsichtsratsausschuss gebildet, der sich mit dem Zahlenwerk, der Finanzplanung sowie der Bilanzierung zu befassen hat und die Entscheidung des Gesamtaufsichtsrates bezüglich des Jahresabschlusses vorbereitet (sog. Finanz- oder Bilanzausschuss)[988], vgl. §§ 170 Abs. 3 S. 2, 171 Abs. 1 S. 1 AktG.

Der Aufsichtsrat gibt zudem gemeinsam mit dem Vorstand die jährliche Entsprechenserklärung nach § 161 AktG zu den Empfehlungen des DCGK ab und er ist gemäß § 111 Abs. 3 AktG sowohl berechtigt als auch verpflichtet, eine Hauptversammlung einzuberufen, wenn das Wohl der Gesellschaft es erfordert.

Im Anwendungsbereich der Unternehmensmitbestimmung sind ferner bestimmte Geschäftsführungsmaßnahmen gegenüber Beteiligungsgesellschaften, an denen eine Gesellschaft mit mindestens 25% beteiligt ist, nur aufgrund eines mit der Mehrheit der Anteilseigner gefassten Aufsichtsratsbeschlusses zulässig, vgl. § 32 Abs. 1 MitbestG und § 15 Abs. 1 MitbestErgG.

Gegenüber den Vorstandsmitgliedern vertritt der Aufsichtsrat gemäß § 112 AktG die Gesellschaft gerichtlich und außergerichtlich[989]. Diese Vertretungszuständigkeit des Aufsichtsrates ist keine abschließende Regelung, so dass er die Gesellschaft auch bei Geschäften, die er als sog. Hilfsgeschäfte zur Durchführung seiner organschaftlichen Aufgaben ausführt, vertreten kann[990].

Eine Geschäftsverteilung des Vorstandes kann nach § 77 Abs. 1 S. 2 AktG nur durch die Satzung oder die Geschäftsordnung des Vorstandes erfolgen. Die Geschäftsordnung kann wiederum nach § 77 Abs. 2 S. 1 AktG vom Aufsichtsrat und, wenn dieser von seiner Kompetenz keinen Gebrauch macht, auch vom Vorstand erlassen werden. Der Aufsichtsrat ist damit zwar nicht in der Lage, die Geschäftsführung als solche zu bestimmen, wohl aber kann er durch eine Verteilung der Geschäfte ihre Organisation regeln[991]. Wichtigster Inhalt der Geschäftsordnung sind Ressortverteilung, Regelung der Geschäftsführungsbefugnis, insbesondere Abwei-

---

[987] Stellen Vorstand und Aufsichtsrat den Jahresabschluss fest, so können sie einen Teil des Jahresüberschusses in andere Gewinnrücklagen einstellen, § 58 Abs. 2 S. 1 AktG.
[988] *Siebel* in Semler/v. Schenck, ARHdb, § 6, Rn. 155.
[989] Rechtstatsächlich wird das System des § 112 AktG, das die Geltendmachung von Ansprüchen dem Aufsichtsrat überantwortet, wenig effektiv in seiner praktischen Durchsetzung betrachtet. So wird der Aufsichtsrat nur als *ultima ratio* zum Mittel der Geltendmachung von Schadensersatzansprüchen (§ 93 AktG) greifen, weil sich mit dem Problem der Haftung des Vorstandes zugleich die Frage einer gesamtschuldnerischen Mithaftung des Aufsichtsrates wegen Verletzung seiner Überwachungspflicht stellen würde, *Mertens*, KölnKomm-AktG, § 76, Rn. 15.
[990] *Habersack*, MünchKomm-AktG, § 112, Rn. 4.
[991] *Spindler*, MünchKomm-AktG, § 77, Rn. 47.

chungen von dem Grundsatz der Gesamtgeschäftsführung, sowie das Beschlussverfahren[992].

2. Betriebliche Mitbestimmung

Die betrieblichen (Mit)Entscheidungsrechte in Spanien sind im Vergleich zu den entsprechenden Kompetenzen des Betriebsrates in sozialen, personellen und wirtschaftlichen Angelegenheiten auffallend begrenzt. Jedoch stehen den Arbeitnehmervertretungen nach ET und LOSL im Gegenzug und teilweise in scharfem Gegensatz zum deutschen Recht, mehr Verhandlungs- und Konfliktinstrumente zur Verfügung.

a. Die Arbeitnehmervertretungen nach ET und LOSL

Zentrale Norm für die Kompetenzen des *Comités de Empresa* bzw. der *Delegados de Personal* ist bisher Art. 64 ET gewesen. In Bezug auf das Recht mit dem Arbeitgeber zu entscheiden, bestimmt Art. 64 Abs. 7b) ET aber lediglich, dass sich das *Comité de Empresa* aufgrund tarifvertraglicher Bestimmungen an der Leitung von betrieblichen Sozialeinrichtungen, die im Interesse der Arbeitnehmer oder ihrer Familienangehörigen bestehen, beteiligt. Gemäß Art. 64 Abs. 7c) ET arbeitet es ferner mit der Unternehmensleitung zusammen, um in Übereinstimmung mit den in den Tarifverträgen vorgesehenen Maßnahmen die Aufrechterhaltung oder Steigerung der Produktivität zu verfolgen. Für die *Secciones Sindicales* und *Delegados Sindicales* sind gar keine (Mit)Entscheidungsrechte geregelt.

Die wichtigste Möglichkeit der Arbeitnehmervertretungen nach ET und LOSL, sich gleichberechtigt in Entscheidungen des Arbeitgebers einzubringen, liegt daher in ihrem Recht, Tarifverträge und Kollektivvereinbarungen auszuhandeln sowie über Streiks und Kollektivkonflikte zu bestimmen.

aa. Verhandlungsrechte

Sowohl *Comité de Empresa* bzw. *Delegados de Personal* als auch *Representación Sindical* können gemäß Art. 87 Abs. 1 ET auf der Ebene des Betriebes und Unternehmens Tarifverträge abschließen. Eine Tariffähigkeit des *Comité Intercentros* ist nur im Fall einer ausdrücklichen Bestimmung in dem seine Errichtung vorsehenden Tarifvertrag möglich[993].

Daneben – alternativ, aber auch abweichend und teilweise vollkommen unabhängig von einem Tarifvertrag – sind Kollektivvereinbarungen möglich. In Bezug auf die Verhandlungsfähigkeit auf Seiten der Arbeitnehmerseite stellt sich hier wieder die Schwierigkeit, dass der Gesetzgeber nicht klargestellt hat, ob neben der *Repre-*

---

[992] *Immenga*, ZGR 1997, S. 267.
[993] *Palomeque López*, Derecho Sindical Español, S. 397; anders *Schnelle*, Der Europäische Betriebsrat in Spanien, S. 97, zur Kompetenz des Abschlusses von sog. „außergesetzlichen" Tarifverträgen S. 97/98.

4. Kapitel. Funktion und Wirkung der Regelungen des Wechselspiels

sentación Unitaria mit dem Begriff der *representantes de los trabajadores* bzw. der *representación legal de los trabajadores* die *Representación Sindical* mit eingeschlossen sein soll. Die Vereinbarungen des ET beziehen sich grundsätzlich auf die betriebliche Ebene, auf Unternehmensebene kann das *Comité Intercentros,* falls errichtet und tarifvertraglich so bestimmt, verhandeln[994].

(1) *Convenio Colectivo*

Der Titel III des ET regelt das Recht der Tarifverhandlungen *(Negociación Colectiva)* und des Tarifvertrages *(Convenio Colectivo)*[995] und stellt damit die einfachgesetzliche Umsetzung der verfassungsrechtlichen Garantie der Tarifautonomie aus Art. 37 Abs. 1 CE dar[996].

Gemäß Art. 82 Abs. 3 ET finden die im ET geregelten Tarifverträge auf alle Arbeitgeber und Arbeitnehmer des jeweiligen räumlichen und fachlichen Geltungsbereichs Anwendung. Dies gilt unabhängig von der Zugehörigkeit zu einer Arbeitgeberorganisation bzw. Gewerkschaft und einer Beteiligung an den Verhandlungen[997]. Die hiermit angeordnete Wirkung *erga omnes* unterscheidet das spanische Tarifrecht sehr wesentlich vom deutschen, das die Tarifbindung grundsätzlich auf die Mitglieder der Tarifparteien beschränkt (siehe oben § 7 II 3 b aa). Seinen Ursprung dürfte die Regelung im Francismus haben, denn aufgrund der Zwangsmitgliedschaft in den vertikalen Syndikaten galten die ab 1958 zugelassenen Tarifverträge automatisch für alle Arbeitnehmer[998].

Während Art. 87 Abs. 2 ET die Fähigkeit über den Bereich des einzelnen Unternehmens hinausgehende Tarifverhandlungen zu führen ausschließlich den Gewerkschaften zuschreibt[999], sind nach Abs. 1 selbiger Norm auf Ebene des Unternehmens oder eines kleineren Bereichs sowohl die *Representaciones Unitarias* als auch die *Representaciones Sindicales,* falls es sie gibt, tariffähig[1000]. Für Tarifverträge mit Wirkung für alle Arbeitnehmer des Unternehmens muss die gewerkschaftliche

---

[994] *Abele,* Tarifrecht in Spanien, S. 142; *Schnelle,* Der Europäische Betriebsrat in Spanien, S. 98.
[995] Wörtlich ist der *Convenio Colectivo* mit „Kollektivabkommen" zu übersetzen. Entsprechend müsste von „Kollektivverhandlungen" *(Negociación Colectiva)* die Rede sein. Im Interesse einer einheitlichen Begriffsverwendung wird jedoch dem deutschen Sprach- und Rechtsgebrauch gefolgt, ohne dass hiermit zum Ausdruck gebracht werden soll, dass es sich lediglich um terminologische Unterschiede handelt. Die für die Untersuchung wichtigen inhaltlichen Unterschiede werden vielmehr im Rahmen dieses Abschnitts herausgestellt.
[996] Diese Ausformulierung der Tarifautonomie in der spanischen Verfassung sollte der autonomen Gestaltung der Arbeitsbeziehungen nach den umfassenden Reglementierungen im Francismus einen besonderen Stellenwert einräumen, *Zachert,* Der Tarifvertrag in der Krise: das Beispiel Spanien, S. 55.
[997] *Ojeda Avilés,* Derecho Sindical, S. 726.
[998] Im Einzelnen zur Entwicklung des spanischen Tarifwesens bis 1980 *Abele,* Tarifrecht in Spanien, S. 48–113; bis zur aktuellen Situation *Selenkewitsch,* Spanisches Tarifrecht, S. 59–108.
[999] Die Voraussetzungen für Tarifverträge mit einem über das einzelne Unternehmen hinausgehenden Geltungsbereich werden noch durch Art. 88 Abs. 1 S. 2 ET erhöht.
[1000] Art. 87 ET spricht von der Berechtigung *(Legitimación)* zur Führung von Tarifverhandlungen. Da hiermit ebenso wie im deutschen Recht die Fähigkeit gemeint ist, Partei eines Tarifvertrages zu sein, wird der Begriff der Tariffähigkeit auch für das spanische Recht verwendet.

§ 9 Beteiligungsrechte der Innen- und Außensteuerung

Vertretung ferner die Mehrheit der Mitglieder im *Comité de Empresa* stellen, Art. 87 Abs. 1 S. 2 ET[1001]. Zur Frage, wer im konkreten Fall bei Vorhandensein beider Vertretungen den Tarifvertrag verhandeln darf, schweigt das Gesetz. Art. 87 Abs. 1 S. 4 ET ergänzt zwar, dass sich die jeweiligen Parteien als Verhandlungspartner akzeptieren müssen. Hierunter wird jedoch kein weiteres Erfordernis der Tariffähigkeit in dem Sinne verstanden, dass die Arbeitgeberseite wählen kann mit wem sie in Verhandlungen tritt. Die Konkurrenz wird daher so gelöst, dass demjenigen das Recht die Tarifverhandlungen zu führen zukommt, der diese als erster begonnen hat[1002]. In der Praxis wird aber oft schon im Vorfeld durch informelle Absprachen geklärt, wer zum Zuge kommt[1003].

Neben der Festlegung von Mindestinhalten, den Tarifverträge nach Art. 85 Abs. 3 ET besitzen müssen – es handelt sich hierbei um Aspekte des Geltungsbereichs, verfahrensrechtliche Fragen und die Errichtung einer paritätisch besetzten Kommission zur Beilegung von Meinungsverschiedenheiten (Art. 85 Abs. 3 e) ET)[1004] – steckt das ET in Art. 85 Abs. 1 HS 1 ET einen weiten Rahmen tariflich regelbarer Materien ab: Tarifverträge können innerhalb der Gesetze ökonomische, auf die Arbeitsleistung bezogene, gewerkschaftliche und darüber hinaus all jene Fragen regeln, die die Beschäftigungsbedingungen sowie die Beziehungen betreffen, die zwischen den Arbeitnehmern und ihren repräsentativen Organisationen auf der einen und den Unternehmern und ihren repräsentativen Organisationen auf der anderen Seite bestehen. Entsprechend der Stellung des Tarifvertrags im arbeitsrechtlichen Normensystem, das vor allem in der Rangfolge des Art. 3 Abs. 1 ET zum Ausdruck kommt und von Art. 85 Abs. 1 ET („innerhalb der Gesetze") weiter ausgeführt wird, sind seinem Inhalt insofern Grenzen gesetzt, als er in der Normenhierarchie nach den Gesetzen und Verordnungen kommt.

Ferner räumt das ET ausdrücklich das Mittel einer tarifvertraglichen Einigung[1005] bei Fragen der Eingruppierung und Förderung von Arbeitnehmern (Art. 22 Abs. 1/Eingruppierung, Art. 24 Abs. 1 S. 1/Beförderung, Art. 25 Abs. 1/finanzieller Aufstieg) sowie in Bezug auf die Gehälter (Art. 26 Abs. 3), Formalien der Abrechnung und Auszahlung des Lohns (Art. 29 Abs. 1 S. 5), außerordentliche Zuwen-

---

[1001] Die *Secciones Sindicales,* die nicht den Anforderungen des Art. 87 Abs. 1 S. 2 ET bzw. Art. 8 Abs. 2 c) LOSL genügen, können gemäß Art. 87 Abs. 1 S. 3 ET Tarifverhandlungen, die nicht alle Arbeitnehmer betreffen, dann führen, wenn sie dazu von der Mehrheit der vom Anwendungsbereich erfassten Arbeitnehmer bestimmt worden sind.
[1002] *Albiol Montesinos,* Comités de Empresa y Delegados de Personal, S. 155 f.; Art. 87 Abs. 1 S. 3 ET ist daher in Zusammenhang mit Art. 87 Abs. 1 S. 2 ET zu lesen: Wenn vom Arbeitgeber als Verhandlungspartner akzeptiert, können auch die Gewerkschaften ohne Präsenz in den *Comités de Empresa* Tarifverträge abschließen, die nicht für alle Arbeitnehmer des Unternehmens Wirkung entfalten, sondern nur für die vom persönlichen Anwendungsbereich erfassten Arbeitnehmer bzw. für eine bestimmte Berufsgruppe *(Convenio Colectivo de Franja).*
[1003] *Selenkewitsch,* Tarifrecht in Spanien, S. 242, mit Rechtsprechungsnachweisen zur Konkurrenzlösung.
[1004] Ausführlich zu einer solchen *Comisión Paritaria* siehe *Cavas Martínez,* Revista del Ministerio de Trabajo y Asuntos Sociales 2007, n. 68, S. 115–130.
[1005] In allen folgenden Fällen spricht das Gesetz schlicht vom Tarifvertrag, ohne eine Einschränkung auf bestimmte Verhandlungsparteien und Verhandlungsebenen vorzunehmen.

4. Kapitel. Funktion und Wirkung der Regelungen des Wechselspiels

dungen (Art. 31 S. 1), die tägliche Arbeitszeit (Art. 34 Abs. 1–4), Überstunden (Art. 35 Abs. 1 S. 2, Abs. 4), Jahresurlaub (Art. 38 Abs. 2), Formvorschriften bei Kündigungen aus disziplinarischen Gründen (Art. 55 Abs. S. 2), Inhalt und Modalitäten der Informations- und Beratungsrechte der Arbeitnehmervertretung (Art. 64 Abs. 9 ET) und Anpassung der Mitgliederstärke der Arbeitnehmervertretung an eine wesentliche Verkleinerung der Belegschaft (Art. 67 Abs. 1 S. 10 ET) ein. Gemäß Art. 85 Abs. 1 S. 1 HS 1 ET kann durch Tarifvertrag zudem ein Verfahren für die Lösung von Konflikten, die im Verlauf der nach Artt. 40, 41, 47 und 57 ET vorgesehenen Beratungszeit auftreten, geregelt werden. Artt. 91 S. 2 i.V.m. 85 Abs. 2 und 3 ET ermöglichen auch die tarifvertragliche Einrichtung von Schieds- und Schlichtungsverfahren für die Klärung der Streitigkeiten über Anwendung und Interpretation von Tarifverträgen (hierzu unmittelbar folgend mehr). Bei Kündigungen aus objektiven Gründen können ferner durch Tarifvertrag weitere Informationsrechte vereinbart werden, Art. 85 Abs. 2 ET[1006].

Nicht nach ET verhandelte und damit „außergesetzliche" Tarifverträge (*Convenios Colectivos Extraestatutarios*) sind auf Grundlage des Art. 37 Abs. 1 CE nach überwiegender Meinung ebenfalls zulässig, sie sind aber im Unterschied zu den „gesetzlichen" Tarifverträgen im personellen Anwendungsbereich auf die an die vertragsschließenden Organisationen gebundenen Arbeitgeber und Arbeitnehmer beschränkt[1007]. Entwickelt wurde der „außergesetzliche" Tarifvertrag von Rechtsprechung und Literatur vor allem für den Fall, dass sich die beiden großen und gleich starken Gewerkschaften *UGT* und *CCOO* bei der Vereinbarung eines über das Unternehmen hinausgehenden Tarifvertrags nicht einigen können und die erforderliche Zustimmungsmehrheit in der Verhandlungskommission durch eine Gewerkschaft allein nicht erreicht werden kann (vgl. Art. 88 ET)[1008].

(2) *Acuerdos Colectivos*

Neben dem *Convenio Colectivo* stehen den Arbeitnehmervertretungen nach ET und LOSL weitere kollektive Regelungsinstrumente zur Verfügung, die mit dem Ley 11/1994, de 19 de mayo[1009] wesentlich erweitert worden sind. Das ET unterscheidet nach Kollektivpakten (*Pactos Colectivos*) und Kollektivvereinbarungen (*Acuerdos*

[1006] Der Vollständigkeit halber soll noch Art. 37 Abs. 7 S. 2 ET, der sich in obige Kategorien thematisch schwer einordnen lässt, Erwähnung finden: Durch Tarifvertrag werden die dem Schutz sexuell diskriminierter Arbeitnehmerinnen dienenden Rechte im Einzelnen konkretisiert.
[1007] Zur strittigen Rechtsnatur und Wirkung (rein obligatorisch und nicht normativ nach Rechtsprechung) vgl. *Selenkewitsch*, Spanisches Tarifrecht, S. 211 ff.; *Ulrich*, Das Arbeitnehmerstatut in Spanien, S. 223 ff.; *Zachert*, Der Tarifvertrag in der Krise: das Beispiel Spanien, S. 57 und 68 f.; Kritik an der Rechtsprechung zur Wirkung außergesetzlicher Tarifverträge bei *Martínez Girón*, Revista del Ministerio de Trabajo y Asuntos Sociales 2007, n. 68, S. 183 ff.
[1008] *Selenkewitsch*, Spanisches Tarifrecht, S. 54. Es sind aber auch „außergesetzliche" Tarifverträge auf Ebene des Unternehmens zulässig. Verhandlungsparteien können auch hier einheitliche Vertretung und Gewerkschaftssektion sein.
[1009] Ley 11/1994, de 19 de mayo, por la que se modifican determinados artículos del estatuto de los trabajadores, y del texto articulado de la ley de procedimiento laboral y de la ley sobre infracciones y sanciones en el órden social (BOE de 23 de mayo).

§ 9 Beteiligungsrechte der Innen- und Außensteuerung

Colectivos)[1010], spricht aber meistens schlicht von Vereinbarungen *(Acuerdos)* bzw. seltener von Betriebsvereinbarungen *(Acuerdos de Empresa)*[1011]. Die Begrifflichkeiten des ET sind damit zum einen uneinheitlich[1012]. Zum anderen fehlen klärende Bestimmungen zu Voraussetzungen und vor allem Wirkung der Vereinbarungen, so dass diesbezüglich in der Lehre sehr unterschiedliche Ansichten vertreten werden. Die Meinungen reichen – teilweise in Abhängigkeit von der jeweiligen Norm – von einer Gleichstellung mit nach ET verhandelten Tarifverträgen, d.h. deren normative Wirkung und Allgemeinverbindlichkeit eingeschlossen, über den Vergleich mit „außergesetzlichen" Tarifverträgen bis zu innerhalb letzterer Ansicht vertretener Positionen einer begrenzten normativen oder nur schuldrechtlichen Wirkung[1013].

Aufgrund dieser Unklarheiten soll hier eine Systematisierung der Vereinbarungsmöglichkeiten nach ET in Bezug auf ihren im Einzelnen regelbaren Inhalt vorgenommen und gegebenenfalls die weiteren Voraussetzungen erläutert werden. Festgehalten werden kann aber, dass allen Vereinbarungen die Voraussetzung gemeinsam ist, dass verhandelnde Parteien Arbeitgeber und Arbeitnehmervertretungen sind. In diesem Sinn ist auch die oben gewählte Überschrift des Abschnittes zu verstehen. Im Übrigen wird, vor allem in Bezug auf die verhandlungsfähige Arbeitnehmervertretung, auf die Gesetzesformulierung abgestellt. Auch die Verhandlungsebene muss aufgrund der lückenhaften Regelung der Kollektivvereinbarungen gegebenenfalls jeweils gesondert festgestellt werden.

Durch Vereinbarung zwischen Arbeitgeber und Arbeitnehmervertretern sind im Betrieb Abweichungen vom Tarifvertrag in Bezug auf wesentliche Arbeitsbedingungen bzw. Beginn und Ende der täglichen Arbeitszeit, Schichtplan sowie Lohnsystem möglich, Art. 41 Abs. 2 S. 4 ET. Fehlt eine tarifvertragliche Regelung steht Arbeitnehmervertretung und Arbeitgeber in folgenden weiteren Fällen die Möglichkeit einer Vereinbarung offen: Eingruppierung und Beförderung von Arbeitnehmern (Artt. 22 Abs. 1, 24 Abs. 1 S. 1 ET), Formalien der Abrechnung und Auszahlung des Lohns (Art. 29 Abs. 1 S. 5 ET), bestimmte Fragen der Arbeitszeit (Art. 34 Abs. 2 und 3 ET) und die Anpassung der Mitgliederstärke der Arbeitnehmervertretung an eine wesentliche Verkleinerung der Belegschaft (Art. 67 Abs. 1 S. 11 ET). In diesem Zusammenhang ist zudem die Vereinbarung der Nichtübernahme des durch Tarifvertrag geregelten Lohnsystems zu nennen, wenn der Tarifvertrag keine entsprechende „Nichtanwendungsklausel" *(cláusula de inaplicación)* enthält, Art. 82 Abs. 3 S. 3 ET. Unabhängig von einem Tarifvertrag kann zudem zwischen dem Arbeitgeber und den gesetzlichen Arbeitnehmervertretern der Mo-

---

1010 Z.B. Art. 41 Abs. 2 S. 3 und 4 ET.
1011 Z.B. Art. 44 Abs. 4 ET. Die wörtliche Übersetzung mit „Unternehmensvereinbarung" wäre wegen der betriebsbezogenen Konzeption des ET (siehe oben § 7 I 1) nicht korrekt.
1012 Das gilt auch für das spanische Schrifttum. Mal werden *Acuerdos Colectivos* begrifflich streng von *Pactos Colectivos* getrennt (vgl. *Ojeda Avilés*, Derecho Sindical, S. 847f. und 863ff.), mal werden beide Begriff alternativ genutzt (vgl. *Martínez Girón/Arufe Varela/Carril Vázquez*, Derecho del Trabajo, S. 436ff.).
1013 Siehe hierzu die Zusammenfassung bei *Ulrich*, Das Arbeitnehmerstatut in Spanien, S. 227ff.

4. Kapitel. Funktion und Wirkung der Regelungen des Wechselspiels

nat vereinbart werden, in dem die Arbeitnehmer Anspruch auf eine zweite jährliche außerordentliche Zuwendung haben (Art. 31 S. 1 ET).

Weiterhin sind Vereinbarungen in betriebsbedingten Krisensituationen möglich, die im Zusammenhang mit den bereits oben beschriebenen Äußerungsrechten stehen. Vor Versetzungen, die mit einer Änderung des Wohnsitzes verbunden sind (Art. 40 Abs. 2 ET), wesentlichen Änderungen der Arbeitsbedingungen (Art. 41 Abs. 4 ET), Massenentlassungen (Art. 51 Abs. 4 ET) und Kündigungen aus wirtschaftlichen, technischen, organisatorischen und Produktionsgründen sowie wegen höherer Gewalt (Art. 47 Abs. 1 ET) soll die vorgesehene Beratungszeit für Verhandlungen zwischen Arbeitgeber und gesetzlicher Arbeitnehmervertretung mit dem Ziel einer Vereinbarung genutzt werden. Diese Vereinbarung muss von der Mehrheit der Mitglieder des *Comité de Empresa* bzw. der *Delegados de Personal* oder, falls es sie gibt, der *Representación Sindical*[1014] getragen werden. Schließlich sind Betriebsvereinbarungen zwischen Arbeitgeber und Arbeitnehmervertretung in Bezug auf Betriebsübergänge verhandelbar (Art. 44 Abs. 4 S. 2)[1015].

bb. Konfliktmittel – *Huelga*

Der Streik (*Huelga*)[1016] wird im spanischen Recht als kollektive, abgesprochene und als Konfliktmittel dienende Nichterfüllung der geschuldeten Arbeit begriffen[1017]. Gemäß Art. 3 Abs. 2a) S. 1 RDLRT[1018] können die *Comités de Empresa* bzw. *Delegados de Personal* zum Streik aufrufen. Art. 2 Abs. 2d) LOSL spricht dieses Recht ferner jeder Gewerkschaft und der *Representación Sindical* zu. Mit ihren Aufgaben korrespondiert der Bereich, auf den sich der Streik erstrecken kann[1019]. Für die *Comités Intercentros*, die über Art. 3 Abs. 2a) S. 1 RDLRT ebenfalls als streikfähig anerkannt sind[1020], bedeutet dies, dass sie nur in über den einzelnen Betrieb hinausgehenden Angelegenheiten den Streik ausrufen können.

Der Streik ist gemäß Art. 11 RDLRT illegal, wenn er aus politischen Motiven oder Gründen, die nicht im Zusammenhang mit den beruflichen Interessen der betroffenen Arbeitnehmer stehen (a), aus Solidarität, es sei denn das berufliche Interesse der Unterstützenden ist betroffen, (b) oder mit dem Ziel geführt wird, Bestimmungen eines laufenden Tarifvertrages zu verändern (c). Neben diesen inhaltli-

---

[1014] Dies spricht wieder dafür, dass zumindest im Fall betriebsbedingter Krisensituationen mit dem Begriff der *representantes legales de los trabajadores* auch auf die *Representación Sindical* als Verhandlungspartei Bezug genommen wird.
[1015] Der Vollständigkeit halber soll wieder Art. 37 Abs. 7 S. 2 ET, der sich in obige Kategorien thematisch schwer einordnen lässt, Erwähnung finden: Durch Vereinbarung – alternativ zum Tarifvertrag – werden die dem Schutz sexuell diskriminierter Arbeitnehmerinnen dienenden Rechte im Einzelnen konkretisiert.
[1016] Weitere hier nicht behandelte Konfliktmittel wären z.B. Boykott, Sabotage, vgl. *Palomeque López*, Derecho Sindical Español, S. 262 f.
[1017] *Ojeda Avilés*, Derecho Sindical, S. 478.
[1018] Verfassungsrechtliche Grundlage des RDLRT ist Art. 28 Abs. 2 S. 1 CE. Es ist seit 1977 in Kraft und damit vorkonstitutionelles Recht.
[1019] *Vida Soria/Monereo Pérez/Molina Navarrete/Moreno Vida*, Manual de Derecho Sindical, S. 301.
[1020] Vgl. *Schnelle*, Der Europäische Betriebsrat in Spanien, S. 98.

§ 9 Beteiligungsrechte der Innen- und Außensteuerung

chen Kriterien erklärt Art. 11c) RDLRT ferner all diejenigen Streiks für unzulässig, die nicht die gesetzlichen Bestimmungen oder tarifvertraglichen Regelungen der Durchführung beachten. Die Einigung über das Ausrufen eines Streiks müssen die Arbeitnehmervertreter dem Arbeitgeber und der Arbeitsbehörde schriftlich und mit einem fünftägigen bzw. gegebenenfalls zehntägigen Vorlauf mitteilen, Artt. 3 Abs. 3 S. 1 und 2, 4 S. 1 RDLRT. Hierbei sind auch die Gründe für den Streik und die Zusammensetzung des Streikkomitees (*Comité de Huelga*) mitzuteilen, Art. 3 Abs. 3 S. 4 RDLRT. Das Streikkomitee, das sich aus maximal 12 Arbeitnehmern des vom Streik betroffenen Betriebes zusammensetzt (Art. 5 S. 1 und 2 RDLRT), führt auf der Arbeitnehmerseite die Verhandlungen zur Konfliktlösung durch, Art. 8 Abs. 2 S. 1 RDLRT. Die den Streik beendende Einigung hat die Wirkung eines Tarifvertrages, Art. 8 Abs. 2 S. 2 RDLRT.

cc. Konfliktlösung – *Procedimientos de Conflicto Colectivo*

Eine weitere Möglichkeit der Arbeitnehmervertretungen nach ET und LOSL, Einfluss zu nehmen, betrifft die in Art. 37 Abs. 2 S. 1 CE verfassungsrechtlich garantierte Lösung von Kollektivkonflikten (*Conflicto Colectivo*)[1021] mit dem Arbeitgeber. Diesbezüglich stehen den Arbeitnehmervertretungen verschiedene Wege offen. Ihre Systematisierung könnte anhand der Konfliktgründe oder des Konfliktgegenstandes vorgenommen werden[1022]. Ferner kann zwischen gerichtlichen und außergerichtlichen[1023] sowie zwingenden und freiwilligen[1024] Mitteln differenziert werden. Im Folgenden orientiert sich die Darstellung an den Verfahrensarten[1025], da so die Besonderheiten des spanischen Rechts besser zum Ausdruck kommen.

(1) *Procedimiento administrativo*

Das in den Artt. 17 ff. RDLRT geregelte kollektive Konfliktverfahren wird vor den Arbeitsbehörden durchgeführt, so dass es hier als Verwaltungsverfahren (*procedimiento administrativo*) bezeichnet werden soll. Gegenstand des Verfahrens sind kollektive Konflikte, die die Interessen der Arbeitnehmer betreffen (Art. 17 Abs. 1 RDLRT), aber keine tarifvertraglichen Änderungen (Art. 20 RDLRT). Es kann – alternativ zum Streik (Art. 17 Abs. 2 RDLRT) – unter anderem von den *representantes de los trabajadores*, d. h. aufgrund der verfassungsrechtlichen Garantien der Artt. 7, 28 und 37 CE sowohl von der *Representación Unitaria* als auch durch die *Representación Sindical*[1026], für die in ihren Kompetenzbereich fallenden Konflikte gemäß Art. 18 Abs. 1a) RDLRT eingeleitet werden. Für über den einzelnen Betrieb hin-

---

1021 Zur Begriffseingrenzung *Ojeda Avilés*, Derecho Sindical, S. 449 ff.
1022 Vgl. *Palomeque López*, Derecho Sindical Español, S. 259 ff.
1023 *Martínez Girón/Arufe Varela/Carril Vázquez*, Derecho del Trabajo, S. 463.
1024 Vgl. *Montoya Melgar*, Derecho del Trabajo, S. 404.
1025 Vgl. *Vida Soria/Monereo Pérez/Molina Navarrete/Moreno Vida*, Manual de Derecho Sindical, S. 266 ff.
1026 *Palomeque López*, Derecho Sindical Español, S. 268; *Vida Soria/Monereo Pérez/Molina Navarrete/Moreno Vida*, Manual de Derecho Sindical, S. 267 f. mit Rechtsprechungsangaben.

4. Kapitel. Funktion und Wirkung der Regelungen des Wechselspiels

ausgehende Kollektivkonflikte wären in Konsequenz des zum Streikrecht Bemerkten im Fall ihrer Errichtung die *Comités Intercentros* zuständig.

Die Zuständigkeit der Arbeitsbehörden für die Regelungsstreitigkeiten richtet sich nach ihrem räumlichem Einzugsbereich, Art. 19a) RDLRT. Sie sollen versuchen eine Einigung zwischen den Parteien, die auf beiden Seiten von einer einfachen Mehrheit getragen sein muss und die Wirksamkeit eines Tarifvertrages hat, herbeizuführen, Art. 24 Abs. 1 RDLRT. Stellvertretend können jeweils Schlichter als Verhandelnde eingesetzt werden. Kommt es zu keiner Einigung dürfen die Arbeitsbehörden nicht „zwangsschlichten", sondern es wird unter den Voraussetzungen von Art. 25a) RDLRT in das Verfahren der Art. 151ff. LPL übergegangen.

(2) *Procedimiento judicial*

Das Verfahren nach Artt. 151 ff. LPL findet vor den Arbeitsgerichten statt und wird daher im Unterschied zu vorhergehendem als *procedimiento judicial* bezeichnet. Gemäß Art. 151 Abs. 1 LPL können Gegenstand des Verfahrens die Auseinandersetzung über Anwendung und Interpretation von staatlichen Normen und Tarifverträgen sowie Entscheidungen und Übungen des Unternehmers sein, wenn die Interessen einer bestimmten Arbeitnehmergruppe in ihrer Gesamtheit betroffen sind. Im Unterschied zum *procedimiento administrativo*, wo jeder die Arbeitnehmerinteressen betreffende Konflikt Gegenstand des Verfahrens sein kann, dient das *procedimiento judical* ausschließlich der Lösung von juristischen Konflikten[1027]. Einleiten können das Verfahren gemäß Art. 152c) LPL sowohl die einheitliche als auch die gewerkschaftliche Vertretung[1028], wenn es sich um Konflikte auf Unternehmens- oder einer darunter gelegenen Ebene handelt. Unabhängig hiervon können all diejenigen gewerkschaftlichen Vertretungen Prozesspartei sein, die die Anforderungen an die Repräsentativität der Artt. 6 und 7 LOSL erfüllen und deren Aktionsradius dem des Konflikts zumindest entspricht (Art. 153 LPL). Im Fall ihrer Errichtung sind auch die *Comités Intercentros* zur Einleitung eines Verfahrens befugt[1029].

Vor Prozessbeginn ist nach Art. 154 Abs. 1 LPL obligatorisch ein Schlichtungsversuch durchzuführen, es sei denn das Verfahren ist nach Art. 25a) RDLRT aufgrund des Scheiterns entsprechender Verhandlungen an das Gericht verwiesen worden. Diese Schlichtung kann sowohl vor den zuständigen Stellen des Arbeitsministeriums oder gegebenenfalls der Autonomen Regionen als auch vor anderen Schlichtungsorganen, die in Folge eines Tarifvertrags oder einer Rahmenvereinbarung nach Art. 83 ET errichtet worden sind (siehe hierzu sogleich (3)), stattfinden. Die

---

1027 *Ojeda Avilés,* Derecho Sindical, S. 631/632; zur Abgrenzung von Regelungs- und Rechtsstreitigkeiten im deutschen Recht siehe unten § 9 IV 2 b dd.
1028 Art. 152c) LPL kann als anschauliches Beispiel für die Unsicherheiten zur Deutung der Begriffe der *representantes de los trabajadores* und *representantes legales de los trabajadores* dienen. Hier wird zwischen *representación legal* und *representación sindical de los trabajadores* differenziert. Andere Normen wie Artt. 40, 41, 47 und 51 ET sprechen hingegen dafür, die *Representación Sindical* als Teil der *representación legal de los trabajadores* zu verstehen, siehe oben I 2 a bb, II 2 a bb.
1029 *Barrenechea Suso/Ferrer López,* El Estatuto de los Trabajadores, S. 392.

im Wege der Schlichtung erzielte Einigung hat die Wirkung eines Tarifvertrages, solange die nach Artt. 87 bis 89 ET geltenden Verfahrenserfordernisse und Repräsentativitätsvoraussetzungen erfüllt werden. Schlägt der Einigungsversuch fehl, wird innerhalb weniger Tage der Gerichtstermin festgesetzt. In einer einzigen Verhandlung wird dann das Urteil gesprochen, welches sofort vollziehbar ist (Artt. 156 bis 158 LPL).

(3) *Procedimiento extrajudicial*

Schließlich kann eine Lösung von Kollektivkonflikten auch auf sog. außergerichtlichem Wege erreicht werden *(procedimiento extrajudicial)*. Derartige Verfahren stehen nicht in einem Ausschließlichkeitsverhältnis zu den gerichtlichen Möglichkeiten, oft sind sie diesen vielmehr, wie bereits gesehen, vorgeschaltet[1030].

Angesichts der verfassungsrechtlichen Garantie von Kollektivkonflikten in Art. 37 Abs. 2 S. 1 CE schlossen die repräsentativsten Arbeitgeber- und Arbeitnehmerorganisationen 1996 den Acuerdo sobre Solución Extrajudicial de Conflictos Laborales (ASEC I)[1031]. Diese Vereinbarung mit dem Ziel der Errichtung einer Schlichtungsstelle auf gesamtspanischer Ebene[1032] zur Lösung von Kollektivkonflikten wurde mit dem *Servicio Interconfederal de Mediación y Arbitraje (SIMA),* der 1998 seine Arbeit aufnahm, in die Praxis umgesetzt. Mit den ASEC II und III von 2001[1033] und zuletzt 2005[1034] zwischen *CCOO* und *UGT* als Arbeitnehmerorganisationen sowie *CEOE* und *CEPYME* als Arbeitgeberorganisationen sollten in erster Linie die Bestimmungen der *SIMA* besser strukturiert und deutlicher formuliert werden, um die Handhabung zu erleichtern[1035].

Die *SIMA,* die paritätisch mit den am ASEC beteiligten Organisationen besetzt ist, kann gemäß Art. 4 Abs. 1 a) bis e) ASEC III bei Konflikten nach Art. 151 LPL[1036] (1), Konflikten bei Verhandlungen über Tarifverträge, Vereinbarungen oder Pakte (2), Konflikten, die zum Ausrufen eines Streiks führen (3), Konflikten im Rahmen der Beratungen nach Artt. 40, 41, 47 und 51 ET[1037] (4) sowie zu Blockaden in den Ta-

---

1030 *Montoya Melgar,* Derecho del Trabajo, S. 401.
1031 BOE de 8 de febrero.
1032 Auf der Ebene der Autonomen Regionen gab es vereinzelt bereits früher paritätisch besetzte Schlichtungsstellen. Die erste Vereinbarung wurde im Baskenland 1984 geschlossen, vgl. hierzu *Ojeda Avilés,* Derecho Sindical, S. 649 ff.; zu den aktuellen außergerichtlichen Konfliktlösungsverfahren auf der Ebene der Autonomen Regionen siehe *Vida Soria/Monereo Pérez/Molina Navarrete/Moreno Vida,* Manual de Derecho Sindical, S. 275 ff.
1033 BOE de 26 de febrero.
1034 BOE de 29 de enero; er ist bis zum 31. Dezember 2008 gültig, Art. 2 Abs. 2 ASEC III.
1035 Vgl. www.fsima.es/asec/index.html, letzter Abruf April 2007.
1036 Für Streitigkeiten über die Anwendung und Interpretation von Tarifverträgen ist auch über Art. 91 S. 2 i. V. m. 82 Abs. 2 und 3 ET im Wege einer tariflichen Einigung oder durch Rahmenvereinbarungen die Errichtung eines Schieds- und Schlichtungsverfahrens möglich, siehe oben aa (1).
1037 Ein außergerichtliches Konfliktlösungsverfahren kann über Art. 85 Abs. 1 ET auch tarifvertraglich vereinbart werden.

4. Kapitel. Funktion und Wirkung der Regelungen des Wechselspiels

rifverhandlungskommissionen führenden Konflikten[1038], die nicht Gegenstand von Art. 151 LPL sind (5), angerufen werden.

In den Fällen (1), (3), (4) und ferner falls von einer legitimierten Partei gefordert ist nach Art. 12 Abs. 4 ASEC III zwingend eine Schlichtung *(mediación)* durchzuführen. Legitimiert für die Angelegenheiten (1), (2), (3) und (4) sind im Anwendungsbereich des ASEC III nach Art. 4 Abs. 2 auf der Arbeitnehmerseite die entsprechend zuständigen Arbeitnehmervertreter, Art. 13 ASEC III. Der Anwendungsbereich des ASEC III erstreckt sich seinerseits unter anderem gemäß Art. 4 Abs. 2b) auf die hier interessanteste Alternative, dass die vom Konflikt betroffenen Betriebe eines Unternehmens in verschiedenen Autonomen Regionen liegen[1039]. Erforderlich ist in diesen Fällen aber, dass der Betrieb zuvor dem ASEC beigetreten ist. Dies geschieht zweckmäßigerweise durch Tarifvertrag oder durch eine Kollektivvereinbarung zwischen Arbeitgeber und Arbeitnehmervertretung[1040].

Die vom Schlichter als Einzelperson vorgeschlagenen Lösungen können die Parteien annehmen oder ablehnen. Das Schiedsverfahren *(arbitraje)* hingegen, welches sich dadurch auszeichnet, dass der Schiedsspruch *(laudo arbitral)* für die Parteien bindend ist, setzt gemäß Art. 18 Abs. 1 ASEC III voraus, dass beide Seiten dem Verfahren zugestimmt haben[1041]. Ein Schiedsverfahren können wieder die in Art. 13 ASEC III genannten Parteien beantragen, Art. 19 ASEC III.

b. Die Arbeitnehmervertretung nach BetrVG

Der Arbeitnehmervertretung nach BetrVG werden im Unterschied zur betrieblichen Mitbestimmung in Spanien Widerspruchs- und Zustimmungsverweigerungsrechte sowie zahlreiche Kompetenzen eingeräumt, die die Erzwingung einer gleichberechtigten Beteiligung an der Entscheidung des Arbeitgebers ermöglichen. Dagegen sind aber ihre Verhandlungs- und Konfliktslösungskompetenzen vergleichsweise begrenzt. Die Personalkompetenzen des Betriebsrates beziehen sich im Wesentlichen auf die Zusammensetzung von Gesamtbetriebsrat und Wirtschaftsausschuss, vgl. §§ 47 Abs. 2, 107 Abs. 1 und 2 BetrVG.

aa. Widerspruchs- und Zustimmungsverweigerungsrechte

§ 102 Abs. 3 BetrVG regelt ein Widerspruchsrecht des Betriebsrates bei der ordentlichen Kündigung von Arbeitnehmern. Der Widerspruch hat zwar keinen Einfluss

---

1038 Beachte Art. 85 Abs. 3 e) ET, wonach ein Verfahren zur Lösung von Konflikten innerhalb der Tarifkommission zum Mindestinhalt von Tarifverträgen zählt, siehe oben aa (1).
1039 Vgl. die Zuständigkeiten der Arbeitnehmervertretungen für die Konfliktlösung über Art. 151 LPL (oben (2)), ihre Tariffähigkeit (oben aa (1)) und die weitere Einschränkung in Art. 4 Abs. 2 b) S. 2 ASEC III, ihre Streikberechtigung (oben bb) sowie die Kompetenzen im Einigungsverfahren nach Artt. 40, 41, 57, 51 ET (oben aa (1) und (2)).
1040 Vgl. www.fsima.es/estadisticas/index.html, procedimientos de solución de conflictos, S. 2, letzter Abruf April 2007.
1041 Zu den vereinzelt gesetzlich zwingend vorgeschriebenen Schiedsverfahren siehe kurz *Montoya Melgar,* Derecho del Trabajo, S. 404.

auf die Wirksamkeit der Kündigung, kann aber gemäß § 102 Abs. 5 S. 1 BetrVG zu einer Weiterbeschäftigungspflicht führen[1042]. Ein weiteres Widerspruchsrecht des Betriebsrates betrifft die Bestellung einer mit der Durchführung der betrieblichen Berufsbildung beauftragten Person, § 98 Abs. 2 BetrVG.

Im Unterschied zum Widerspruchsrecht führt die Verweigerung der Zustimmung des Betriebrates zu einer Maßnahme des Arbeitgebers dazu, dass dieser nicht in der Lage ist, die Maßnahme durchzuführen. Insofern ist das Zustimmungsverweigerungsrecht zwar ein gegenüber dem Widerspruch stärkeres Beteiligungsrecht, die Zustimmungsverweigerung unterliegt aber bestimmten Voraussetzungen und wird daher auch als sog. negatives Konsensprinzip bezeichnet[1043]. Ein gesetzesgebundenes Zustimmungsverweigerungsrecht hat der Betriebsrat bei der Einstellung, Eingruppierung, Umgruppierung und Versetzung von Arbeitnehmern (§ 99 Abs. 1 und 2 BetrVG, Ausnahmen in § 100 BetrVG) sowie bei außerordentlichen Kündigungen und Versetzungen in besonderen Fällen (§ 103 Abs. 1 BetrVG). Im Fall von Konflikten entscheidet im Unterschied zu den folgenden Regelungen nicht die Einigungsstelle, sondern das Arbeitsgericht (siehe hierzu unten dd)[1044].

bb. Positives Konsensprinzip

Die Beteiligung des Betriebsrates an den Entscheidungen des Arbeitgebers ist in den Fällen vollkommen gleichberechtigt, in denen sich der Arbeitgeber zur Wirksamkeit seiner Maßnahme mit dem Betriebsrat einigen muss bzw. die Zustimmung des Betriebsrates nur durch einen Spruch der Einigungsstelle ersetzt werden kann, sog. positives Konsensprinzip[1045].

Ein Großteil derart erzwingbarer Beteiligungsrechte ist in § 87 Abs. 1 BetrVG geregelt und betrifft Fragen wie Arbeitszeit (Nr. 2/Lage, Nr. 3/Kurz- und Mehrarbeit, Nr. 5/Urlaubsregelungen), Arbeitsentgelt (Nr. 4/Auszahlung, Nr. 10/Lohngestaltung, Nr. 11/Leistungsentgelte), Ordnung des Betriebes und des Verhaltens der Arbeitnehmer (Nr. 1), Einführung und Anwendung technischer Überwachungseinrichtungen (Nr. 6), Regelungen über die Verhütung von Arbeitsunfällen und Berufskrankheiten sowie über den Gesundheitsschutz (Nr. 7), Ausgestaltung und Verwaltung von Sozialeinrichtungen (Nr. 8), Wohnraumvermietung an Arbeitnehmer (Nr. 9), betriebliches Vorschlagswesen (Nr. 12) und die Durchführung von Gruppenarbeit (Nr. 13).

Weitere Rechte des Betriebsrates, bei denen im Fall fehlender Einigung mit dem Arbeitgeber der Spruch der Einigungsstelle diese ersetzt, beziehen sich auf personelle Angelegenheiten: Führt der Arbeitgeber Änderungen von Arbeitsplatz, Arbeitsablauf oder Arbeitsumgebung durch, die gesicherten arbeitswissenschaftlichen Erkenntnissen über die menschengerechte Gestaltung der Arbeit offensicht-

---

1042 Durch Betriebsvereinbarung können Betriebsrat und Arbeitgeber gemäß § 102 Abs. 6 BetrVG aber vereinbaren, dass bei Nichterteilung der Zustimmung die Einigungsstelle entscheidet.
1043 *v. Hoyningen-Huene*, BetriebsverfassungsR, § 11, Rn. 7; *Junker*, GK Arbeitsrecht, § 10, Rn. 702.
1044 *Hromadka/Maschmann*, Arbeitsrecht Band 2, § 16, Rn. 345; WP/*Preis*, BetrVG, § 99, Rn. 2.
1045 *v. Hoyningen-Huene*, BetriebsverfassungsR, § 11, Rn. 8; *Junker*, GK Arbeitsrecht, § 10, Rn. 702.

4. Kapitel. Funktion und Wirkung der Regelungen des Wechselspiels

lich widersprechen und deshalb die betroffenen Arbeitnehmer in besonderer Weise belasten, kann der Betriebsrat gemäß § 91 S. 2 BetrVG Maßnahmen zur Abwendung, Milderung oder zum Ausgleich der Belastung verlangen. Ferner bedürfen Personalfragebögen (§ 94 Abs. 1 S. 1 BetrVG) und Richtlinien über die personelle Auswahl bei Einstellungen, Versetzungen und Umgruppierungen (§ 95 Abs. 1 und 2 BetrVG) der Zustimmung des Betriebsrates. Zudem wird der Betriebsrat an Maßnahmen des Arbeitgebers, die dazu führen, dass sich die Tätigkeit bestimmter Arbeitnehmer ändert und ihre beruflichen Kenntnisse und Fähigkeiten zur Erfüllung der neuen Aufgaben nicht mehr ausreichen (§ 97 Abs. 2 S. 1 BetrVG) sowie bei der Durchführung von Maßnahmen der betrieblichen Berufsbildung (§ 98 Abs. 1 und 3 BetrVG) gleichberechtigt beteiligt[1046].

In Bezug auf wirtschaftliche Fragen kommt bei Betriebsänderungen (§ 111 BetrVG) dann eine Entscheidung der Einigungsstelle in Betracht, wenn sich Arbeitgeber und Betriebsrat nicht über den Sozialplan und den Interessenausgleich einigen können, § 112 Abs. 2, Abs. 4 S. 1 BetrVG. Gegenstand eines Interessenausgleichs sind Regelungen über die Betriebsänderung selbst, im Sozialplan geht es um den Ausgleich oder die Milderung der wirtschaftlichen Nachteile, die den Arbeitnehmern infolge dieser Maßnahme entstehen[1047]. Für den Interessenausgleich kann die Einigungsstelle nur einen Vorschlag machen, während ihr Spruch in Bezug auf den Sozialplan die Einigung ersetzt (§ 112 Abs. 4 S. 2 BetrVG).

cc. Verhandlungsrechte

Im Unterschied zum spanischen Recht regelt die betriebliche Mitbestimmung in Deutschland den Abschluss von Vereinbarungen zwischen Arbeitgeber und Betriebsrat in § 77 BetrVG. Beschränken sich die Vereinbarungen auf die Begründung von Rechten und Pflichten zwischen den Betriebspartnern, spricht man von Regelungsabreden, von betrieblichen Einigungen, Betriebsabsprachen oder auch schlicht von Vereinbarungen (2), während die Schaffung unmittelbarer Rechte und Pflichten zwischen Arbeitgeber und Arbeitnehmern als Betriebsvereinbarung (1) bezeichnet wird[1048].

(1) Betriebsvereinbarung

Eine Betriebsvereinbarung wird schriftlich (§ 77 Abs. 1 S. 1 und 2 BetrVG) zwischen dem Arbeitgeber und Betriebsrat (bzw. gegebenenfalls Gesamt- oder Kon-

---

1046 Der Vollständigkeit halber sei noch erwähnt, dass die Einigungsstelle ferner zu organisatorischen Fragen der Arbeitnehmervertretung (§ 37 Abs. 6 S. 4, Abs. 7 S. 3 BetrVG/Schulungs- und Bildungsveranstaltung für Betriebsratsmitglieder, § 38 Abs. 2 S. 6 und 7 BetrVG/Freistellung von Betriebsratsmitgliedern, § 39 Abs. 1 S. 3 und 4 BetrVG/Sprechstunden des Betriebsrates, § 47 Abs. 6 BetrVG/Herabsetzung der Zahl der Mitglieder des Gesamtbetriebsrates, § 116 Abs. 3 Nr. 2, 4 und 8 BetrVG/Geschäftsführung des Seebetriebsrates) und über Arbeitnehmerbeschwerden, soweit sie keine Rechtsansprüche zum Gegenstand haben und über die Berechtigung zwischen Betriebsrat und Arbeitgeber Meinungsverschiedenheiten bestehen (§ 85 Abs. 2 BetrVG), entscheidet.
1047 *Steffan*, HaKo-BetrVG, §§ 112, 112a, Rn. 2.
1048 *Hromadka/Maschmann*, Arbeitsrecht Band 2, § 16, Rn. 352.

§ 9 Beteiligungsrechte der Innen- und Außensteuerung

zernbetriebsrat) im Rahmen ihrer Zuständigkeiten geschlossen, um Regelungen über den Inhalt, den Abschluss und die Beendigung von Arbeitsverhältnissen sowie über betriebliche und betriebsverfassungsrechtliche Fragen zu treffen[1049]. Sie gilt gemäß § 77 Abs. 4 S. 1 BetrVG unmittelbar und zwingend.

Zu den betrieblichen Fragen gehören Ordnungsvorschriften sowie Vereinbarungen über betriebliche Einrichtungen für die Belegschaft. Betriebsverfassungsrechtliche Fragen können nur geregelt werden, soweit das Gesetz[1050] es vorsieht oder eine zulässige tarifliche Ermächtigung besteht[1051]. Von einer erzwingbaren Betriebsvereinbarung spricht man in den Fällen, in denen der Betriebsrat gleichberechtigt an der Entscheidung des Arbeitgebers beteiligt ist und die fehlende Einigung mit dem Arbeitgeber durch einen Spruch der Einigungsstelle – der die Wirkung einer Betriebsvereinbarung hat, § 77 Abs. 2 S. 2 BetrVG – ersetzt wird (zu den Fällen vgl. oben bb). In den übrigen Angelegenheiten[1052] kann eine Betriebsvereinbarung von beiden Seiten grundsätzlich nur auf freiwilliger Basis getroffen werden[1053].

Nicht Gegenstand einer Betriebsvereinbarung können gemäß § 77 Abs. 3 S. 1 BetrVG Arbeitsentgelte und sonstige Arbeitsbedingungen, die durch Tarifvertrag geregelt sind oder üblicherweise geregelt werden, sein. Dies gilt unabhängig davon, ob die Betriebsvereinbarungen die tarifliche Regelung verbessern, inhaltsgleich übernehmen oder auf Nichtorganisierte ausdehnen. Von diesem Grundsatz sind jedoch Ausnahmen möglich: im Wege einer tarifvertraglichen Öffnungsklausel nach § 77 Abs. 3 S. 2 BetrVG, im Fall von Sozialplänen gemäß § 112 Abs. 1 S. 4 BetrVG und nach der Rechtsprechung sowie teilweise in der Literatur vertretener Ansicht für die sozialen Mitentscheidungsrechte nach § 87 BetrVG[1054]. Im Verhältnis zum Arbeitsvertrag gilt das Günstigkeitsprinzip[1055].

(2)   Regelungsabsprache

In zahlreichen Fällen schließen der Arbeitgeber und der Betriebsrat keine förmliche Betriebsvereinbarung, sondern einigen sich im Wege einer – im Gesetz nicht

---

[1049] *Junker,* GK Arbeitsrecht, § 10, Rn. 715.
[1050] Z.B. § 3 Abs. 2 BetrVG/Bildung weiterer Arbeitnehmervertretungen, § 38 Abs. 1 S. 5 BetrVG/ anderweitige Regeln über die Freistellung von Betriebsratsmitgliedern, § 47 Abs. 4 BetrVG/anderweitige Regelung der Mitgliederzahl des Gesamtbetriebsrates, § 102 Abs. 6 BetrVG/Positives Konsensprinzip bei Kündigungen, § 325 Abs. 5 S. 1 UmwG/Fortgeltung der Beteiligungsrechte des Betriebsrates nach Spaltung oder Teilübertragung.
[1051] *v. Hoyningen-Huene,* BetriebsverfassungsR, § 11, Rn. 41.
[1052] Z.B. 76 Abs. 1 S. 2 BetrVG/ständige Einrichtung einer Einigungsstelle, § 86 S. 1 BetrVG/Einzelheiten des Beschwerdeverfahrens, § 88 BetrVG/soziale Angelegenheiten, § 102 Abs. 6 BetrVG/ Entscheidung der Einigungsstelle bei Nichterteilung der Zustimmung des Betriebsrates zur Kündigung.
[1053] WP/*Preis,* BetrVG, § 77, Rn. 19.
[1054] „Soweit eine tarifliche Regelung nicht besteht" heißt es in § 87 Abs. 1 BetrVG, was zum Streit zwischen der sog. Vorrang-Theorie und sog. Zwei-Schranken-Theorie geführt hat, vgl. Nachweise bei WP/*Preis,* § 77, Rn. 62.
[1055] *Richardi,* Die neue Betriebsverfassung, § 16, Rn. 10.

4. Kapitel. Funktion und Wirkung der Regelungen des Wechselspiels

ausdrücklich vorgesehenen – Regelungsabrede. Der wesentliche Unterschied zur Betriebsvereinbarung liegt darin, dass die Regelungsabrede keine normative Wirkung im Arbeitsverhältnis entfaltet, da § 77 Abs. 4 BetrVG für sie nicht gilt[1056]. Sie erzeugt damit nur Rechte zwischen Arbeitgeber und Betriebsrat. Regelungsabreden können über alle Angelegenheiten geschlossen werden, die zum Zuständigkeitsbereich des Betriebsrates gehören. Sie können organisatorische Fragen betreffen, aber auch Fragen der Beteiligung. Ob der Tarifvorbehalt in § 77 Abs. 3 BetrVG auch für Regelungsabsprachen gilt, ist umstritten[1057].

dd. Konfliktlösung – Einigungsstelle

Zur Beilegung von Meinungsverschiedenheiten zwischen Arbeitgeber einerseits und Betriebsrat, Gesamtbetriebsrat oder Konzernbetriebsrat[1058] andererseits kann eine Einigungsstelle errichtet werden. Diese entscheidet über Regelungsstreitigkeiten und befindet über Rechtsfragen, wenn sie Vorfrage für ein Mitgestaltungsrecht des Betriebsrates sind oder wenn dem Betriebsrat ein Mitbeurteilungsrecht zusteht[1059]. Die Einigungsstelle ist damit nicht zuständig für die Frage, ob nach den jeweiligen gesetzlichen Regelungen überhaupt ein Beteiligungsrecht besteht; in solchen Fällen bleibt die staatliche Gerichtsbarkeit zuständig[1060].

Das Gesetz geht in § 76 Abs. 1 S. 1 BetrVG davon aus, dass eine Einigungsstelle nur bei Bedarf gebildet wird, eine ständige Errichtung ist aber im Wege einer entsprechenden Betriebsvereinbarung auch möglich (S. 2). Durch Tarifvertrag kann ferner bestimmt werden, dass an die Stelle der Einigungsstelle eine tarifliche Schlichtungsstelle tritt, § 76 Abs. 8 BetrVG. Soweit im BetrVG bestimmt ist, dass der Spruch der Einigungsstelle – die sich aus einer gleichen Anzahl von durch Arbeitgeber und Betriebsrat bestellten Beisitzern zusammensetzt (§ 76 Abs. 2 S. 1 BetrVG) – die Einigung zwischen Betriebsrat und Arbeitgeber ersetzt, wird die Einigungsstelle bereits auf Antrag einer Seite tätig, § 76 Abs. 5 S. 1 BetrVG (sog. erzwingbares Einigungsstellenverfahren). In allen anderen Fällen setzt ein Tätigwerden der Einigungsstelle entweder einen Antrag beider Seiten oder ein beiderseitiges Einverständnis voraus, § 76 Abs. 6 S. 1 BetrVG. Der Spruch der Einigungsstelle ersetzt die Einigung zwischen Betriebsrat und Arbeitgeber nur dann, wenn sich beide Seiten im Voraus dem Spruch unterworfen haben oder ihn nachträglich angenommen haben, § 76 Abs. 6 S. 2 BetrVG. Der Rechtsweg zur nachträglichen Überprüfung ist gemäß § 76 Abs. 7 BetrVG nicht ausgeschlossen. Da es sich gemäß § 2a Abs. 1 Nr. 1 ArbGG um eine Angelegenheit aus dem BetrVG handelt, ist

---

1056 *Junker*, GK Arbeitsrecht, § 10, Rn. 720.
1057 Vgl. zum Streit und für Nachweise Richardi/*Richardi*, BetrVG, § 77, Rn. 292 ff.
1058 Der Wirtschaftsausschuss kann bei einem Streit über die mangelhafte Auskunft des Arbeitgebers in wirtschaftlichen Angelegenheiten nach § 106 BetrVG nicht die Einigungsstelle über § 109 S. 1 BetrVG anrufen, WP/*Preis*, BetrVG, § 109, Rn. 3.
1059 Richardi/*Richardi*, BetrVG, § 76, Rn. 27; in Ausnahmefällen kann aber auch bei Rechtsstreitigkeiten eine Entscheidungskompetenz der Einigungsstelle bestehen, vgl. *Junker*, GK Arbeitsrecht, § 10, Rn. 707.
1060 *v. Hoyningen-Huene*, BetriebsverfassungsR, § 6, Rn. 59.

das Arbeitsgericht im Beschlussverfahren zuständig (§§ 80 ff. ArbGG). Gerichtlich überprüfbar sind grundsätzlich nur Rechtsfragen wie beispielsweise die Zuständigkeit der Einigungsstelle, wenn diese nicht aufgrund beiderseitigen Einverständnisses tätig geworden ist. Die Entscheidung der Einigungsstelle ergeht hingegen in einem Regelungsstreit. Das von der Einigungsstelle anzuwendende Ermessen ist jedoch gebunden (vgl. §§ 76 Abs. 5 S. 3, 112 Abs. 5 S. 1 BetrVG), so dass das Gericht insofern eine Ermessenskontrolle durchführen und dabei auch Regelungsfragen berühren kann[1061]. Wer neben dem Antragsteller Beteiligter ist, wird nicht durch den Antrag festgelegt, sondern durch die Sache, siehe § 83 Abs. 3 ArbGG[1062].

3. Zusammenfassung

Die (Mit)Entscheidungsrechte sind in der betrieblichen Mitbestimmung in Deutschland und Spanien sehr unterschiedlich geregelt: Während der Arbeitnehmervertretung nach BetrVG Widerspruchs- und Zustimmungsverweigerungsrechte eingeräumt werden und in zahlreichen Angelegenheiten, eine Einigung zwischen Betriebsrat und Arbeitgeber erforderlich ist bzw. im Fall einer fehlenden Einigung die paritätisch besetzte Einigungsstelle entscheidet, beschränkt sich die betriebliche Mitbestimmung in Spanien im Wesentlichen darauf, den Arbeitnehmervertretungen Verhandlungsmöglichkeiten und Konfliktmittel an die Hand zu geben. Auch wenn ihnen zudem keine den (Mit)Entscheidungskompetenzen des Aufsichtsrates vergleichbaren Rechte zustehen, muss dies aber nicht zwingend ein Minus an Durchsetzungskraft bedeuten (hierzu mehr unten § 10 I).

V. Ergebnis: Formal stärkere Beteiligungsrechte im Recht der deutschen Arbeitnehmerbeteiligung

Stellt man formal die Regelungen der betrieblichen und Unternehmensmitbestimmung in Deutschland und Spanien gegenüber, ist nicht nur aufgrund des Fehlens einer Unternehmensmitbestimmung in Spanien, sondern auch wegen der teilweise schwächer ausgeprägten (Mit)Entscheidungsrechte der betrieblichen Mitbestimmung ein Überwiegen der Einflussmöglichkeiten im deutschen Recht der Arbeitnehmerbeteiligung festzustellen. Im Unterschied zum deutschen Recht betreffen die (Mit)Entscheidungsrechte der betrieblichen Interessenvertretungen in Spanien zudem ausschließlich arbeitsrechtliche Themen. Inwieweit dieses Ergebnis auch noch nach einer Wirkungs- und Funktionsanalyse der Regelungen Bestand hat, wird der folgende Abschnitt klären.

[1061] *Zöllner/Loritz/Hergenröder*, Arbeitsrecht, § 48 IV 5; zum Begriff der Regelungsstreitigkeit in Abgrenzung zur Rechtsstreitigkeit *dies.*, Arbeitsrecht, § 55 V.
[1062] *Zöllner/Loritz/Hergenröder*, Arbeitsrecht, § 56 II 1.

4. Kapitel. Funktion und Wirkung der Regelungen des Wechselspiels

§ 10 Funktions- und Wirkungsanalyse

In der Tat wird ein Vergleich der formalen Ausprägung der einzelnen Beteiligungsrechte als „wenig aussagekräftig"[1063] und „unbefriedigend"[1064] bezeichnet. Die folgende Untersuchung hat daher einerseits zum Ziel, Funktion und Wirkung der einzelnen Rechte der deutschen und (teilweise) spanischen Arbeitnehmerbeteiligung in und gegenüber der Gesellschaft zu analysieren. Weiterhin soll ermittelt werden, auf welche Konstellation des Wechselspiels von Unternehmensführung und Arbeitnehmerinteressen die Regelungen zugeschnitten sind und inwieweit sie tatsächlich einen Einfluss auf die Entscheidungen der Unternehmensleitung vermitteln.

Die Gliederung orientiert sich hier daher in bewusstem Gegensatz zur abstrakten Darstellungsweise der vorhergehenden Abschnitte an der Funktionalität der Beteiligungsrechte, die thesenartig für die jeweilige Form der Arbeitnehmerbeteiligung folgendermaßen formuliert wird: Die spanische Arbeitnehmerbeteiligung als Modell sowohl der Konfrontation als auch der Kooperation (I), die Beteiligungsrechte des Aufsichtsrates als Instrumente seiner Überwachungs- und Kontrollaufgabe (II) sowie das Gebot der Zusammenarbeit als Steuerungsinstrument des BetrVG (III).

Da die Grenzen zwischen der Funktion, d.h. dem Sinn und Zweck, einer Norm sowie ihrer Wirkung oftmals fließend sind und das Zusammenspiel einzelner Regelungen sehr komplex ausfällt, wird vor allem mit Annäherungen gearbeitet, die nicht dazu dienen sollen, jede Detailfrage zu klären, sondern dazu, die wesentlichen Divergenzen, aber auch Konvergenzen des Rechts der deutschen und spanischen Arbeitnehmerbeteiligung herauszustellen.

I. Rechtliche und rechtstatsächliche Ausbildung auch kooperativer Elemente im spanischen Recht der Arbeitnehmerbeteiligung

Die Darstellung der rechtsdogmatischen Strukturen der betrieblichen Mitbestimmung in Spanien hat gezeigt, dass diese nicht nur auf einer vom Konflikt geprägten Beziehung zwischen Arbeitnehmern und Arbeitgebern aufbaut, sondern auch vorwiegend Instrumente der Konfliktaustragung bereithält. Das äußert sich zum einen in der Institutionalisierung der Gewerkschaften im Betrieb. Zum anderen können beide Vertretungen Tarifverträge verhandeln sowie Streiks und Kollektivkonflikte ausrufen. Die Kategorisierung der Regelungen im Einzelnen verdeutlichte anschließend, dass diese Beteiligungsrechte neben den Informations- sowie Anhörungs- und Beratungsrechten auch zu den wesentlichen (Mit)Entscheidungskompetenzen der Arbeitnehmervertretungen nach ET und LOSL zählen.

1063 *Weiss*, NZA 2003, S. 177.
1064 *Junker*, RIW 2002, S. 84.

§ 10 Funktions- und Wirkungsanalyse

Einer Funktions- und Wirkungsanalyse der Regelungen kann dieses rein formale Ergebnis jedoch nicht ohne Einschränkungen standhalten. Vielmehr lässt sich die betriebliche Mitbestimmung in Spanien als ein Modell sowohl der Konfrontation als auch der Zusammenarbeit von Arbeitnehmervertretungen und Arbeitgeber beschreiben. Natürlich ist der Gegensatz zum deutschen Recht, das ausdrücklich auf dem Gebot der vertrauensvollen Zusammenarbeit aufbaut und Arbeitskampfmaßnahmen zwischen Arbeitnehmervertretung und Betriebsrat verbietet, sehr scharf[1065]. Dieser Vergleich darf jedoch nicht den Blick dafür verstellen, dass auch in der bewusst konfrontativen Konzeption des spanischen ET (i.V.m. dem LOSL) rechtstatsächlich Raum für Elemente der Zusammenarbeit bleibt und eine Trennung nach Konflikt geprägter und kooperativer Arbeitnehmerbeteiligung nicht immer möglich ist[1066].

Dass zumindest kein einseitiger Befund zutreffend ist, kann man auch daran festmachen, dass die Äußerungen zum tatsächlichen Verhältnis der Betriebsparteien teilweise sehr stark auseinander gehen: Betonen die einen, dass eine autoritäre Unternehmenskultur weiterhin sehr verbreitet ist und die Realität damit im auffälligen Kontrast zur umfassenden, sich für kooperative Elemente stark machenden Literatur stehe[1067], stellt eine empirische Studie zu Belegschaftsvertretungen in Spanien im gleichen Jahr (1999) fest, dass sich hier, ebenso wie in Deutschland, die Hälfte der untersuchten Betriebe durch eine „Kooperationskultur" auszeichnet, die durch häufige, intensive und eher informelle Zusammenarbeit von Belegschaftsvertretung und Arbeitgeber zum Ausdruck komme[1068]. Diese neue Kultur sei von einem liberal eingestellten Management ausgegangen und werde von den Gewerkschaften mitgetragen[1069].

Im Zusammenhang mit dem Belegen der Arbeitshypothese einer vor allem tatsächlichen Ausbildung auch kooperativer Elemente im spanischen Recht der Arbeitnehmerbeteiligung steht im Folgenden auch die Beantwortung der Frage, wie hier das Wechselspiel von Unternehmensführung und Arbeitnehmerinteressen funktioniert und welcher Einfluss den Arbeitnehmern auf die Entscheidungen der Unternehmensleitung ermöglicht wird.

1065 Die deutsche Betriebsverfassung kann damit auch als Gegenbeispiel für Auffassungen in der spanischen Lehre dienen, wonach die betriebliche Mitbestimmung im Unterschied zur Unternehmensmitbestimmung *per se* ein Konfliktmodell darstelle, so *Palomeque López*, Derecho Sindical Español, S. 186; vgl. auch schon oben § 7 I 5.
1066 So auch *Galiana Moreno/García Romero*, Revista del Ministerio de Trabajo y Asuntos Sociales 2003, n. 43, S. 17/18.
1067 *Lope Peña/Alós Moner*, La acción sindical en la empresa, S. 222; vgl. schon die Feststellungen oben § 6 I 4 a und c.
1068 *Altmeyer*, Interessenmanager vor neuen Herausforderungen, S. 327.
1069 *Altmeyer*, Interessenmanager vor neuen Herausforderungen, S. 328.

4. Kapitel. Funktion und Wirkung der Regelungen des Wechselspiels

1. Wirkung der Informations- sowie Anhörungs- und Beratungsrechte

Einen Großteil der Beteiligungsrechte der *Delegados Personales* und der *Comités de Empresa* sowie der *Delegados Sindicales* stellen ihre Informationsrechte dar. Zwar haben Informationsrechte auf der Skala der Beteiligungsrechte die unterste Stufe inne, funktional betrachtet sind sie jedoch von herausragender Bedeutung für die Stärkung ihrer Verhandlungsposition und die Möglichkeit, Druck auf den Arbeitgeber auszuüben[1070]. Gleiches gilt für die Anhörungs- und Beratungsrechte bereits insofern, als durch das Recht der Arbeitnehmervertretung(en) eine Stellungnahme abzugeben und sich mit dem Arbeitgeber auszutauschen, letzterer über die betreffende Angelegenheit zwangsläufig unterrichten muss. Die praktische Bedeutung dieser Beteiligungsrechte hängt aber zunächst von den rechtlichen Durchsetzungsmöglichkeiten ab.

a. Bindung des Arbeitgebers und Rechtsfolgen der Nichtbeachtung

Für die Informationsrechte sowohl der *Representantes Unitarios* als auch der *Delegados Sindicales* gilt grundsätzlich, dass ihre Missachtung durch den Arbeitgeber nicht zur Unwirksamkeit der Maßnahme führt[1071]. Begründet wird dies damit, dass das Informationsrecht keinen Einfluss der Arbeitnehmermeinung auf die Entscheidung sicherstellen soll[1072]. Daher werden an eine mangelnde Unterrichtung grundsätzlich nur ordnungsrechtliche Maßnahmen geknüpft, d.h. sie stellen gemäß Art. 7 Nr. 7 Ley sobre infracciones y sanciones en el orden social (LISOS)[1073] schwere Verletzungen (*infracciones graves*) des Arbeitgebers dar und werden mit einer Geldstrafe sanktioniert, Art. 40 Abs. 1 b) LISOS[1074].

Diese unzureichenden Mechanismen einer Durchsetzung stoßen in der spanischen Lehre auf Kritik[1075], welche die fehlenden Initiativrechte der Arbeitnehmervertretung in Bezug auf die Informationsbeschaffung einschließt[1076]. Verwiesen werden kann nur auf folgende Möglichkeiten, zumindest indirekt die Verletzung eines Informationsrechts gelten zu machen: die Feststellung einer Rechtsverletzung im Verfahren des Kollektivkonflikts nach LPL, im Zuge der Anfechtung von Tarifverträgen und – wenn die mangelnde Unterrichtung einen Verstoß gegen die Ge-

---

[1070] *Ojeda Avilés*, Derecho Sindical, S. 371.
[1071] *Ojeda Avilés*, Derecho Sindical, S. 368. Einzige Ausnahme stellt die individuelle Kündigung dar, die unter anderem dann unwirksam ist, wenn die Kündigungserklärung nicht der gesetzlichen Arbeitnehmervertretung als Kopie übermittelt wurde, Art. 53 Abs. 4 S. 1 ET.
[1072] *Monereo Pérez*, Los derechos de información de los representantes de los trabajadores, S. 257.
[1073] Real Decreto Legislativo 5/2000, de 4 de agosto, por el que se aprueba el texto refundido de la ley sobre infracciones y sanciones en el orden social (BOE de 8 de agosto).
[1074] Mit dem Real Decreto 306/2007, de 2 de marzo, por el que se actualizan las cuantías de las sanciones establecidas en el texto refundido de la ley sobre infracciones y sanciones en el orden social, aprobado por el Real Decreto Legislativo 5/2000, de 4 de agosto (BOE de 19 de marzo) sind nun auch die Angaben für die Höhe der Geldstrafe in Euro: Sie bewegt sich zwischen 626 und 6250 Euro.
[1075] *Ojeda Avilés*, Derecho Sindical, S. 373; *Monereo Pérez*, Los derechos de información de los representantes de los trabajadores, S. 389.
[1076] *Durán López*, Revista del Ministerio de Trabajo y Asuntos Sociales 1998, n. 13, S. 79.

werkschaftsfreiheit darstellt – das Verfahren nach Art. 175 ff. LPL zum Schutz der gewerkschaftlichen Freiheit[1077].

In Bezug auf die Anhörungs- und Beratungsrechte der *Representación Unitaria* gilt im Unterschied zu den Informationsrechten, dass sie vor der Maßnahme des Arbeitgebers greifen sollen. Auch wenn der Arbeitgeber nicht an die Meinung der Arbeitnehmervertretung gebunden ist[1078], hat eine Nichtbeachtung der Anhörungs- und Beratungsrechte die Nichtigkeit der Arbeitgebermaßnahme zur Folge und die Arbeitnehmervertretung kann gerichtlich die Beseitigung der Folgen beantragen[1079]. Daneben sind über Artt. 7 Abs. 1, 40 Abs. 1 b) LISOS wieder ordnungsrechtliche Maßnahmen in Form einer Geldstrafe möglich.

Für die *Delegados Sindicales* ist in diesem Zusammenhang eine Differenzierung erforderlich, denn aus der Missachtung ihres Stellungnahmerechts als beratendes Mitglied im *Comité de Empresa* nach Art. 10 Abs. 3 Nr. 2 LOSL folgen keine vergleichbaren Konsequenzen[1080]. Ausnahme ist jedoch das Anhörungs- und Beratungsrecht in Art. 10 Abs. 3 Nr. 3 LOSL, wonach vor jeder Entscheidung kollektiven Charakters des Arbeitgebers, die die Arbeitnehmer im Allgemeinen und die Gewerkschaftszugehörigen im Besonderen betrifft, vor allem im Fall von Kündigungen und Sanktionen gegenüber letzteren, die *Delegados Sindicales* angehört werden müssen. Die Missachtung von Art. 10 Abs. 3 Nr. 3 LOSL im Fall der Kündigung eines gewerkschaftszugehörigen Arbeitnehmers aus disziplinarischen Gründen ist gemäß Art. 55 Abs. 2 i.V.m. Abs. 1 S. 3 ET, Art. 108 Abs. 1 S. 3 LPL unwirksam. Das gleiche gilt aber nach diesen Normen auch für die Kündigung jedes gesetzlichen Arbeitnehmervertreters. Daneben kommen wieder die ordnungsrechtlichen Maßnahmen über Artt. 7 Abs. 1, 40 Abs. 1 b) LISOS in Betracht.

b. Funktionszusammenhänge

Die schwierige Durchsetzbarkeit der Informationsrechte hat deutlich gemacht, dass ihre rechtstatsächliche Relevanz zunächst im Zusammenspiel mit weiteren Beteiligungsrechten zu suchen ist. Diese Frage stellt sich auch für die Anhörungs- und Beratungsrechte, da die Meinung der Arbeitnehmervertretung den Arbeitgeber nur in Ausnahmefällen bindet bzw. grundsätzlich – auf die Ausnahmen gilt es gesondert einzugehen – ohne Einfluss auf seine Entscheidung bleibt.

Je nach Perspektive sind bei der Analyse der praktischen Bedeutung der Informationsrechte zwei verschiedene Aspekte voneinander abzuschichten: Zum einen gibt es Beteiligungsrechte der Arbeitnehmervertretungen, die indirekt und geradezu denknotwendig eine Unterrichtung durch den Arbeitgeber einschließen. Die Information ist hier notwendiges Utensil für die effektive Wahrnehmung des je-

---

1077 Hierzu ausführlicher *Schnelle*, Der Europäische Betriebsrat in Spanien, S. 64 f.
1078 *Jímenez García*, Los derechos de veto en la legislación laboral española, S. 304/305; *Valverde/Rodríguez-Sañudo Gutiérrez/García Murcia*, Derecho del trabajo S. 265.
1079 *Monereo Pérez*, Los derechos de información de los representantes de los trabajadores, S. 256 f.
1080 *Monereo Pérez*, Los derechos de información de los representantes de los trabajadores, S. 342.

4. Kapitel. Funktion und Wirkung der Regelungen des Wechselspiels

weiligen Beteiligungsrechtes[1081]. Die Kontrollrechte nach Art. 64 Abs. 7 a) Nr. 1 bis 3 ET kann die Arbeitnehmervertretung beispielsweise nur wahrnehmen, wenn sie ausreichend in der entsprechenden Angelegenheit informiert ist und Zugang zu allen erforderlichen Unterlagen hat. Ebenso ist nur diejenige Vertretung in der Lage, eine fundierte Stellungnahme abzugeben und wahrhaftig in den Dialog zu treten, wenn sie Kenntnis von den meinungsbildenden Faktoren hat[1082]. Schließlich wird aus der Verpflichtung der Tarifparteien, die Verhandlungen gemäß Art. 89 Abs. 1 S. 4 ET guten Glaubens *(de buena fe)* zu führen, gefolgert, dass sich beide Seiten ausreichend gegenseitig informieren müssen[1083]. Bei einem Verstoß gegen diese Pflicht ist es möglich, die mangelnde Unterrichtung im Zuge der Anfechtung von Tarifverträgen geltend zu machen (siehe oben a).

Zum anderen stehen die vom Gesetzgeber ausdrücklich zugewiesenen Informationsrechte in einem Funktionszusammenhang mit allen weiteren Beteiligungsrechten. So werden auch die unabhängigen Informationsrechte zum Zweck der Kontrolle, aber auch der Beeinflussung von Entscheidungen im Wege der Anhörung und Beratung sowie Verhandlung genutzt[1084]. Inhaltlich lassen sich beide Blickwinkel nicht streng voneinander unterscheiden bzw. geben sie auch aufgrund ihrer Wechselwirkung Aufschluss über den Effekt der Informationsrechte.

Für die Anhörungs- und Beratungsrechte gilt hinsichtlich ihrer funktionalen Bedeutung insofern das Gleiche, als auch sie eine Kontrollfunktion ausüben und der Vorbereitung von Tarifverhandlungen dienen können[1085]. Gleichzeitig ist mit einigen Beratungsrechten die Besonderheit einer gleichberechtigten Verhandlungsposition verknüpft, d.h. sie gehen über eine bloße bzw. folgenlose Kontrolle der Entscheidung hinaus und gewährleisten eine direkte Beteiligung an der Entscheidungsfindung. Das betrifft vor allem die betriebsbedingten Krisensituationen nach Artt. 40 Abs. 2, 41 Abs. 4, 51 Abs. 4, 47 Abs. 1 ET, wo am Ende der Beratungsphase eine Kollektivvereinbarung stehen muss (siehe oben § 9 II 2 a bb, IV 2 a aa (2)).

Hier kommt damit auch die praktische Relevanz sowohl der unabhängigen als auch der impliziten Informationsrechte zum Tragen, denn durch ihre Einforderung und Verwendung in Kollektivvereinbarungen und Tarifverhandlungen können sie im Fall einer starken Verhandlungsposition, wenn auch nur indirekt, durchgesetzt werden. Bereits in dieser Feststellung deutet sich an, dass ein traditionelles Verständnis der Arbeitsbeziehungen in südeuropäischen Ländern wie Spanien, wo Information nicht als Grundlage für Verhandlungen, sondern ausschließlich in der Konfliktsituation benutzt wird, zumindest nicht uneingeschränkt zutreffend sein kann.

1081 *Garrido Pérez*, La información en la empresa, S. 211.
1082 *Moneero Pérez*, Los derechos de información de los representantes de los trabajadores, S. 117.
1083 Ausführlich *Garrido Pérez*, La información en la empresa, S. 261 ff.
1084 *Moneero Pérez*, Los derechos de información de los representantes de los trabajadores, S. 499.
1085 *Moneero Pérez*, Los derechos de información de los representantes de los trabajadores, S. 118.

§ 10 Funktions- und Wirkungsanalyse

Als Druckmittel der Arbeitnehmervertretungen, um überhaupt erst an die geschuldeten Informationen zu kommen, kann ihnen schließlich ihr Streikrecht dienen (hierzu unten 3). Allerdings ist zu berücksichtigen, dass es in Bagatellfällen, die sich auch für die Arbeitnehmerseite und Gewerkschaften nicht lohnen, kaum zu seiner Ausübung kommen wird. Jedenfalls stellt es aber einen Anreiz für den Arbeitgeber dar, seinen Pflichten nachzukommen.

c. Zwischenergebnis

Rechtlich ist die Durchsetzung der Informationsrechte im Unterschied zu den Anhörungs- und Beratungsrechten, deren Nichtbeachtung zur Unwirksamkeit der Maßnahme führt, nicht umfassend gesichert. Sie entfalten ihre Wirkung zwar rechtstatsächlich im Rahmen der (Mit)Entscheidungsrechte, fehlende Informationen beeinträchtigen jedoch auch mittelbar die Ausübung letzterer. Eine starke Verhandlungsposition und das Streikrecht als Druckmittel können daher zunächst der Durchsetzung und dann der Verwendung der Information dienen. Gleiches gilt für die Anhörungs- und Beratungsrechte.

2. Die Verhandlungskompetenzen als Instrument des Interessenausgleichs

Da die Informations-, Anhörungs- und Beratungsrechte wie beschrieben vor allem im Rahmen der stärkeren Beteiligungsrechte relevant werden, sind für die Untersuchung des Wechselspiels von Unternehmensführung und Arbeitnehmerinteressen vorwiegend die (Mit)Entscheidungsrechte der Arbeitnehmervertretungen zu analysieren, wobei auf die gegebenenfalls vorhandene Wechselwirkung mit den übrigen Beteiligungsrechten zu achten ist. Gegenstand der nachfolgenden Darstellung ist zunächst die Funktion und tatsächliche Wirkungsweise der Kompetenz der Arbeitnehmervertretungen, Tarifverträge und Kollektivvereinbarungen auszuhandeln.

In der *Transición* wurde aufgrund eines angeheizten Klimas oftmals auch vor dem Beginn von Verhandlungen zu Streiks aufgerufen und konstruktive Arbeitsbeziehungen wurden in zahlreichen Betrieben auch durch den Konkurrenzkampf der Gewerkschaften behindert[1086]. Seit 1982 ändert sich die Einstellung aber dahingehend, dass in der Mehrzahl der Fälle Verhandlungen bevorzugt werden und man von einer rein konfliktorientierten Betrachtungsweise der Arbeitsbeziehungen abgeht[1087]. Selbstverständlich ist vor allem mit der kollektiven Regelung von Arbeitsbedingungen (durch Tarifvertrag) weiterhin ein hohes Konfliktpotential ver-

---

1086 *Loos,* Gewerkschaftsorganisationen und Gewerkschaftspolitik in Spanien in den Jahren 1975–94, S. 118.
1087 Vgl. *Loos,* Gewerkschaftsorganisationen und Gewerkschaftspolitik in Spanien in den Jahren 1975–94, S. 113 mit einer Statistik zum Anstieg der Befürworter von Verhandlungen zwischen 1980–1985.

4. Kapitel. Funktion und Wirkung der Regelungen des Wechselspiels

bunden[1088]. In Deutschland schätzen Großunternehmer die Vorteile ihrer überbetrieblichen Regulierung gerade wegen der Wahrung des Betriebsfriedens[1089]. Die Tariffähigkeit der spanischen Arbeitnehmervertretung birgt auch nach wie vor die Gefahr, dass Konflikte, die auf der Ebene über dem Unternehmen zwischen den beiden Gewerkschaftszentralen herrschen, mit in das Unternehmen „hineingetragen" werden[1090]. Dennoch soll im Folgenden gezeigt werden, dass die Aushandlung von Tarifverträgen im Zusammenspiel mit der Option betrieblicher Kollektivvereinbarungen, nicht ausschließlich auf die Konfliktaustragung zielt, sondern sich teilweise zu einem Instrument des Interessenausgleichs und der Förderung der Zusammenarbeit entwickelt hat.

a. *Convenio Colectivo*

Tarifverhandlungen führen zu können, wird nicht nur als das wichtigste Beteiligungsrecht, sondern auch als das vom Gesetzgeber am besten strukturierte und definierte bezeichnet: Während weitere Beteiligungsrechte unzureichend geregelt sind, stellen die Verhandlungsrechte, zumindest theoretisch, eine weite und starke Teilhabe dar[1091]. Die Reform von 1994 (siehe oben § 9 IV 2 a aa (2)) hatte zudem zum Ziel, die Tarifverhandlungen flexibler zu regeln, indem sie das Gesetz an wichtigen Punkten dispositiv gestaltet[1092]. Der Durchsetzung von Tarifverträgen ist das gesamte Kapitel IX des LPL gewidmet, vgl. Art. 161 ff. LPL.

Ferner unterzeichneten die Arbeitgebervereinigungen *CEOE* und *CEPYME* sowie die Gewerkschaften *CCOO* und *UGT* am 8. Februar 2007 den Acuerdo Interconfederal para la Negociación Colectiva für das Jahr 2007 (ANC 2007)[1093], der durch das Aufstellen von Kriterien ausdrücklich dazu dienen soll, die Interessen der Akteure in den Tarifverhandlungen zu einem Ausgleich zu führen (Cap. I). Dabei handelt es sich bereits um die fünfte Erklärung dieser Art, denn auch in den letzten vier Jahren wurde eine entsprechende Vereinbarung getroffen[1094], was als Zeichen eines guten Klimas der Zusammenarbeit zwischen Arbeitgebern und Gewerkschaften – auch von ihnen selbst – bewertet wird[1095].

Ob und wie die betrieblichen Arbeitnehmervertretungen im Sinne eines Interessenausgleichs tatsächlich zum Zuge kommen, soll durch eine Untersuchung der

---

[1088] *Dieterich*, Die betriebliche Mitbestimmung im Zusammenspiel mit der Tarifautonomie, S. 68.
[1089] *Streeck/Rehder*, Der Flächentarifvertrag, S. 3/4.
[1090] *Selenkewitsch*, Spanisches Tarifrecht, S. 55.
[1091] *Jímenez García*, Los derechos de veto en la legislación laboral española, S. 341/342.
[1092] *Consejo Económico y Social*, El Tiempo de Trabajo y el Salario en la Negociación Colectiva más reciente, S. 1.
[1093] BOE de 24 de febrero. Die Geltungsdauer des ANC 2007 ist bis Ende 2008 verlängert worden, vgl. Resolución de 21 de diciembre de 2007, de la Dirección General de Trabajo, por la que se registra y publica el Acta de prórroga para el año 2008, del Acuerdo Interconfederal para la Negociación Colectiva 2007 (ANC 2007) y sus anexos (BOE de 14 de enero).
[1094] Eine erste Vereinbarung dieser Art gab es damit bereits für 2003, vgl. *Consejo Económico y Social*, El Acuerdo Interconfederal para la Negociación Colectiva 2003, S. 1 f.
[1095] *Lopez*, Current trend towards company-level bargaining, S. 2.

§ 10 Funktions- und Wirkungsanalyse

Verbreitung von Tarifverträgen, ihrer Inhalte und der tatsächlichen Verhandlungsführung geklärt werden.

aa. Verbreitung

Aufgrund ihrer Allgemeinverbindlichkeit nach Art. 82 Abs. 3 ET sind rund 70% aller abhängig Beschäftigten von tarifvertraglichen Regelungen erfasst[1096]. Die hier interessanten, da in die Zuständigkeit der Arbeitnehmervertretungen nach ET und LOSL fallenden Tarifverträge auf der Ebene des Unternehmens, d. h. Unternehmenstarifverträge[1097], erfassten im Jahr 2005 zwar nur 10% der spanischen Arbeitnehmer, machten aber 75,1% der Tarifverträge insgesamt aus. Die meisten Arbeitnehmer, nämlich 55%, werden von den unternehmensübergreifenden Tarifverträgen auf Provinzebene erfasst, obwohl sie nur 21% aller Tarifverträge darstellen[1098]. Auf nationaler Ebene werden schließlich nur 1,5% der Tarifverträge verhandelt, die 27,4% der Arbeitnehmer erfassen[1099].

Bemerkenswert im Vergleich zu den Vorjahren ist dabei ein deutlicher Trend seit 2000 hin zum Unternehmenstarifvertrag, der sich auch in 2006 fortsetzte: 3141 Tarifverträge wurden auf Unternehmensebene verhandelt, aber nur insgesamt 1020 auf allen übrigen Ebenen[1100]. Viele der Unternehmenstarifverträge sind dabei auch nicht mit Tarifverträgen anderer Ebenen verknüpft[1101]. Insgesamt wird daher von einer Dezentralisierung der Tarifverhandlungen gesprochen[1102].

Gleichzeitig fällt bei einem Vergleich der Zahlen von 2005 mit denjenigen von 1990 auf, dass bei steigender Zahl der Unternehmenstarifverträge die Zahl der erfassten Arbeitnehmer sinkt[1103]. Die unternehmensübergreifenden Tarifverträge,

---

[1096] www.madrid.diplo.de/Vertretung/madrid/de/04/Leben__und__Arbeiten/Leben__und__Arbeiten.html, letzter Abruf Juli 2008; detaillierte Zahlen für die Jahre 1986 bis 2000 bei *Köhler/Gónzalez Begega*, Las relaciones laborales en España, S. 127. Aufgrund der Zersplitterung der Tarifverhandlungen auf die Provinzen und Sektoren sowie angesichts unsicherer Arbeitsplätze und der Existenz vieler kleiner Unternehmen wird aber bezweifelt, dass die Quote der von Tarifverträgen erfassten Arbeitnehmer tatsächlich die Realität widerspiegelt, *Köhler*, Las relaciones laborales españolas en el marco europeo, S. 419.
[1097] In Betracht kommt auch die Bezeichnung Firmen- oder Haustarifvertrag, wie sie im deutschen Recht gebräuchlich ist, vgl. *Hromadka/Maschmann*, Arbeitsrecht Band 2, § 13, Rn. 36. Die Übersetzung orientiert sich aber wie bisher und soweit möglich am Wortlaut des spanischen Gesetzestextes.
[1098] Die spanische Tariflandschaft wird deswegen teilweise als „altertümliches und provinzielles Bild" bezeichnet, *Ojeda Avilés*, Revista del Ministerio de Trabajo y Asuntos Sociales 2005, n. 58, S. 348. Es scheint sich dabei bisher um eine pfadabhängige Entwicklung zu handeln, denn unter Franco existierten neben dem Gesamtstaat nur Provinzen als einzige weitere Verwaltungsebene.
[1099] Siehe für alle Zahlen *Consejo Económico y Social*, Avance de la negociación colectiva de 2005, S. 1.
[1100] Alle Zahlen bei *Lopez*, Current trend towards company-level bargaining, S. 1.
[1101] *Martín Artiles*, Increase in collective bargaining, S. 2 (für das Jahr 2005).
[1102] Ausdrücklich *Lopez*, Current trend towards company-level bargaining, S. 1; *Martín Artiles*, Increase in collective bargaining, S. 2.
[1103] Zahlen für 1990 aus *Abele*, Tarifrecht in Spanien, S. 145, Fn. 71; gleiche Tendenzen in Zahlen für die 80er Jahre im Vergleich zu den 90ern auch bei *Miguélez/Rebollo*, Negociación en los noventa S. 334f.

4. Kapitel. Funktion und Wirkung der Regelungen des Wechselspiels

die die Mehrheit der Arbeitnehmer erfassen, spielen daher weiterhin eine zentrale Rolle, bestimmte Fragen werden aber detaillierter auf Unternehmensebene geregelt[1104].

bb. Inhalte

Sowohl in Unternehmenstarifverträge als auch unternehmensübergreifende Tarifverträge scheinen vor allem Fragen der Arbeitsbedingungen, Arbeitsorganisation und Weiterbildung Eingang zu finden[1105]. Was die jährlichen Lohnverhandlungen betrifft, soll nach einer empirischen Studie von 1999 herausstechen, dass diese in Spanien faktisch Kernaufgabe der Belegschaftsvertretung sind[1106].

Gleichzeitig wurde zuletzt auf „tarifliche Zentralisierungsbestrebungen" hingewiesen, die im Zusammenhang mit Art. 83 Abs. 2 S. 1 ET stünden, wonach die repräsentativsten Gewerkschaften und Arbeitgeberorganisationen auf der Ebene des Staates und der Autonomen Regionen durch Tarifvertrag und mittels sog. Rahmenvereinbarungen (*Acuerdos Marco* bzw. *Acuerdos Interprofesionales*) unter anderem Regelungen zur Konkurrenz von Tarifverträgen mit unterschiedlichen Anwendungsbereichen treffen können[1107]: Dieses und noch einige andere gesetzliche Instrumente hätten dazu geführt, dass in der Praxis in Unternehmenstarifverträgen nach ET nur noch subsidiäre Gesichtspunkte geregelt werden dürfen[1108]. Den betrieblichen Verhandlungspartnern werde (bisher) allenfalls bei marginalen Themenkomplexen wie der Arbeitszeitlage, dem Schichtplan und dem Entgeltsystem die Möglichkeit zugestanden, Änderungen von den Vorgaben eines Tarifvertrages zu machen[1109]. Allein bei „außergesetzlichen" Unternehmenstarifverträgen seien die betrieblichen Verhandlungspartner frei, Änderungen zu vereinbaren, die innerhalb bestimmter Grenzen auch Arbeitszeitdauer und Lohnhöhe betreffen bzw. könnten sie so unter Anwendung des Günstigkeitsprinzips den Inhalt eines unternehmensübergreifenden Tarifvertrags noch verbessern[1110].

Angesichts der zunehmenden Verbreitung von Unternehmenstarifverträgen[1111] scheint sich die Praxis der Forderung nach einer verstärkten Verlagerung des Ta-

---

1104 *Lopez*, Current trend towards company-level bargaining, S. 1.
1105 So *Durán López*, Revista del Ministerio de Trabajo y Asuntos Sociales 1998, n. 13, S. 85.
1106 *Altmeyer*, Interessenmanager vor neuen Herausforderungen, S. 39.
1107 Sie können sich im Wege einer Rahmenvereinbarung auch über Schlichtungs- und Schiedsverfahren im Fall von Streitigkeiten über die Anwendung und Interpretation von Tarifverträgen (Art. 91 Abs. 2 ET) und über konkrete inhaltliche Fragen (Art. 83 Abs. 3 S. 1 ET) einigen. Für alle Fälle bestimmt Art. 83 Abs. 3 S. 2 ET in Bezug auf die Wirkung der Vereinbarung eine Gleichstellung mit den Tarifverträgen. Ob auch die Rechtsnatur mit der des Tarifvertrages übereinstimmt, ist aber umstritten, Nachweise bei *Ojeda Avilés*, Derecho Sindical, S. 857, Fn. 60; zu solchen Vereinbarungen siehe auch *Cruz Villalón*, Revista del Ministerio de Trabajo y Asuntos Sociales 2007, n. 68, S. 89ff.
1108 *Selenkewitsch*, Spanisches Tarifrecht, S. 56.
1109 *Selenkewitsch*, Spanisches Tarifrecht, S. 386.
1110 *Selenkewitsch*, Spanisches Tarifrecht, S. 56 und 386.
1111 *Lopez*, Current trend towards company-level bargaining, S. 1/2 und *Martín Artiles*, Increase in collective bargaining, S. 1 listen jedenfalls die Ergebnisse der Tarifhandlungen auf Unternehmensebene im Bereich der Arbeitszeit und der Lohnhöhe der letzten Jahre auf.

rifgeschehens hin zu den Betrieben[1112] zu nähern. Zudem haben sich die beiden repräsentativsten Gewerkschaften und Arbeitgebervereinigungen im ANC 2007 verpflichtet, als Mindestinhalt jedes unternehmensübergreifenden Tarifvertrages eine „Nichtanwendungsklausel" *(cláusula de inaplicación)* für die Lohnregelung einzubauen, Cap. IV[1113].

Ein weiterer Schwerpunkt tarifvertraglicher Regelungen stellen mitunter die Rechte der betrieblichen Interessenvertretungen dar. Während die unternehmensübergreifenden Tarifverträge diesen Aspekt häufig gar nicht oder nur in allgemeiner Form in Anlehnung bzw. als Bestätigung der einschlägigen Normen des LOSL und ET ansprechen, enthalten vor allem Unternehmenstarifverträge Regelungen, welche die Befugnisse der Interessenvertretungen erweitern. Zumeist sind es Bestimmungen über die Einsetzung paritätischer Kommissionen für bestimmte Aufgaben wie den Arbeitsschutz, Fehlzeiten, Arbeitsplatzbewertung, berufliche Bildung usw.[1114]. Auf der anderen Seite sind die Informations- sowie Anhörungs- und Beratungsrechte der *Representantes Unitarios* und *Sindicales* tarifvertraglich nicht wesentlich erweitert worden[1115]. Oftmals wird nur der Wortlaut der einschlägigen Normen wiederholt[1116]. Insgesamt nehmen damit tarifvertraglich vereinbarte Beteiligungsrechte der Arbeitnehmervertretungen zwar stetig, aber sehr langsam zu. Thematisch schöpfen sie jedenfalls nicht den Katalog der nach Art. 85 Abs. 1 ET zulässigen Themen aus und beschränken sich vor allem auf arbeitsrechtliche Themen[1117].

cc. Verhandlungsführung

Die unternehmensübergreifenden Tarifverträge werden von den Gewerkschaften und Arbeitgebervereinigungen nach Art. 87 Abs. 2 bis 4 ET geschlossen, so dass sich die Frage nach der tatsächlichen Verhandlungsführung in erster Linie für die alternative Zuständigkeit der betrieblichen Arbeitnehmervertretungen im Rahmen von Unternehmenstarifverträgen stellt.

So werden die Unternehmenstarifverträge in der Praxis in 90% der Fälle von den einheitlichen Vertretungen ausgehandelt, womit die Gewerkschaftssektion bei der Tarifverhandlung eine vollkommen untergeordnete Rolle spielt[1118]. Diese haben in

---

1112 *Selenkewitsch,* Spanisches Tarifrecht, S. 387.
1113 Vgl. ferner Art. 82 Abs. 3 S. 3 ET bzw. oben § 9 IV 2 a aa (2).
1114 *Durán López,* Revista del Ministerio de Trabajo y Asuntos Sociales 1998, n. 13, S. 85; *Zachert,* Die Wirkung des Tarifvertrages in der Krise: Das Beispiel Spanien, S. 94 ff.
1115 *Durán López/Sáez Lara,* El papel de la participación en las nuevas relaciones laborales, S. 150–152; so auch zuletzt die Analyse von 231 zwischen dem 1. Januar 2005 und 30. April 2006 geschlossenen Tarifverträgen von *Rodríguez-Sañudo,* Revista del Ministerio de Trabajo y Asuntos Sociales 2007, n. 68, S. 140 ff. und 150 ff.; Beispiele einer tarifvertraglichen Erweiterung der Informations- und Beratungsrechte der *Secciones* und *Delegados Sindicales* bei *Monereo Pérez,* Los derechos de información de los representantes de los trabajadores, S. 495 f.
1116 *Durán López,* Revista del Ministerio de Trabajo y Asuntos Sociales 1998, n. 13, S. 86; *Rangil,* Propuestas de UGT Catalunya sobre la participación de los trabajadores en la empresa, S. 129/130.
1117 *Durán López,* Revista del Ministerio de Trabajo y Asuntos Sociales 1998, n. 13, S. 85.
1118 *Selenkewitsch,* Spanisches Tarifrecht, S. 108.

4. Kapitel. Funktion und Wirkung der Regelungen des Wechselspiels

der Praxis höchstens noch in Großunternehmen Einfluss[1119], denn kleinere und mittlere Unternehmen verfügen oft nicht über *Secciones* und *Delegados Sindicales*[1120]. Vor allem die *Secciones Sindicales* funktionieren nur in einer kleinen Minderheit der Unternehmen mit einer starken Tradition und Verwurzelung der Gewerkschaften[1121]. In anderen Unternehmen wiederum, in denen es zwar Delegierte gibt, sind diese nicht fest mit den Gewerkschaften verbunden[1122]. Im Übrigen bedienen sich die spanischen Gewerkschaften heute auch oftmals der Betriebskomitees, weil so die Verhandlungsergebnisse automatisch für alle Beschäftigten gelten, d. h. ungeachtet der weiteren Voraussetzungen an die Repräsentativität der gewerkschaftlichen Vertretung nach Art. 87 Abs. 1 S. 2 ET[1123].

Nicht zu vernachlässigen sind daher die Verschränkungen zwischen den Arbeitnehmervertretungen nach ET und LOSL einerseits sowie den Gewerkschaften und den *Comités de Empresa* andererseits, die bereits rein rechtlich bestehen. Zum einen können die Wahlen der *Representación Unitaria* unter anderem durch die repräsentativsten Gewerkschaften oder Gewerkschaften mit einer Vertretung im Betrieb oder Unternehmen initiiert werden, Art. 67 Abs. 1 S. 1 ET. Das Recht, Kandidatenvorschläge zu machen, steht unabhängig von ihrer Repräsentativität jeder Gewerkschaft zu, Art. 69 Abs. 3 S. 1 ET, Art. 2 Nr. 2 d) LOSL. Für die Gewerkschaften sind diese Rechte von großer Bedeutung[1124], da die Belegschaftswahlen Gradmesser ihrer Repräsentativität sind. Zum anderen kann in Unternehmen ab 250 Arbeitnehmern ein *Delegado Sindical* in das Betriebskomitee entsandt werden, Art. 10 Abs. 1 LOSL.

In der Praxis ist es schließlich tatsächlich so, dass die *Representación Unitaria* stark „vergewerkschaftet" ist, denn mehr als 80% sind gleichzeitig Mitglied in der UGT oder CCOO. Die restlichen 20% verteilen sich auf weitere Gewerkschaften und unabhängige Gruppen[1125]. Die Wahl wird daher in erster Linie durch die konkrete Gewerkschaftszugehörigkeit determiniert und nicht durch die kandidierende Person selbst.

b. *Acuerdos Colectivos*

Neben dem *Convenio Colectivo* steht den Arbeitnehmervertretungen nach ET und LOSL seit der Reform von 1994 ein weiteres kollektives Regelungsinstrument zur Verfügung. In zahlreichen, vor allem betrieblichen Fragen, können und teilweise

---

1119 *Selenkewitsch*, Spanisches Tarifrecht, S. 56; siehe auch *Kasten*, Spanisches Arbeitsrecht im Umbruch, S. 191.
1120 *Miguélez Lopez*, Die Modernisierung der Gewerkschaften in Spanien, S. 362; für die *Delegados Sindicales* ergibt sich dies bereits aus Art. 10 Abs. 1 LOSL, wonach ihre Bestellung eine Belegschaft von mindestens 250 Arbeitnehmern voraussetzt, vgl. schon oben § 7 I 3 b.
1121 *Köhler/González Begega*, Las relaciones laborales en España, S. 123.
1122 *Miguélez Lopez*, Die Modernisierung der Gewerkschaften in Spanien, S. 362.
1123 *Altmeyer*, Interessenmanager vor neuen Herausforderungen, S. 39.
1124 *Gete Castrillo*, La reforma del derecho de representación colectiva, S. 507.
1125 *Ojeda Avilés*, Revista del Ministerio de Trabajo y Asuntos Sociales 2005, n. 58, S. 347. Die personelle Verschränkung kann dazu führen, dass die Konflikte, die auf der Ebene über dem Unternehmen zwischen beiden Gewerkschaften bestehen, in das Unternehmen bzw. den Betrieb hineingetragen werden, *Selenkewitsch*, Spanisches Tarifrecht, S. 55.

§ 10 Funktions- und Wirkungsanalyse

müssen sie sich seitdem im Verhandlungswege und gegebenenfalls von tarifvertraglichen Bestimmungen abweichend mit dem Arbeitgeber durch den Abschluss einer Kollektivvereinbarung einigen (siehe oben § 9 IV 2 a aa (2)). Vor allem in betriebsbedingten Krisensituationen wie Versetzungen, die mit einer Änderung des Wohnsitzes verbunden sind (Art. 40 Abs. 2 ET), wesentlichen Änderungen der Arbeitsbedingungen (Art. 41 Abs. 4 ET), Massenentlassungen (Art. 51 Abs. 4 ET) und Kündigungen aus wirtschaftlichen, technischen, organisatorischen und Produktionsgründen sowie wegen höherer Gewalt (Art. 47 Abs. 1 ET) sind nun die Arbeitgeber verpflichtet, sich mit der Meinung der Arbeitnehmervertretungen auseinanderzusetzen, um zu einer Einigung zu kommen. Gleichzeitig können die mit dem Einigungsverfahren verbundenen Anhörungs- und Beratungsrechte der Arbeitnehmervertretungen durchgesetzt werden (siehe schon oben 1 b). Allerdings gibt es bisher kaum empirische Daten über die geschlossenen Vereinbarungen sowie die Formen und Bereiche der Teilhabe[1126]. Da die Arbeitnehmervertretungen aber die Anordnungen von „gesetzlichen" Tarifverträgen in bestimmten Fällen auf jeder Ebene durchbrechen können[1127], wird jedenfalls von einer „Verbetrieblichung" der Tarifpolitik gesprochen[1128].

c. Zwischenergebnis

Mit der Reform von 1994 wurden die gesetzlich vorgesehenen kollektiven Regelungsinstrumente der Arbeitnehmervertretungen potenziert[1129] und die Verhandlungsmöglichkeiten von gesetzgeberischer Seite her erweitert. Die Arbeitnehmervertretungen können jetzt sowohl unabhängig als auch abweichend von Tarifverträgen zahlreiche betriebliche Bereiche regeln und ferner gleichberechtigt an Entscheidungen in betriebsbedingten Krisensituationen teilhaben.

Die Möglichkeit Unternehmenstarifverträge auszuhandeln wird von beiden Arbeitnehmervertretungen genutzt. In der überwiegenden Zahl der Fälle bzw. in den kleineren und mittleren Betrieben ist die einheitliche Vertretung Verhandlungspartner. In größeren Unternehmen handelt vor allem die gewerkschaftliche Vertretung. Im Ergebnis kommen damit beide Interessenvertretungen bei den Tarifverhandlungen zum Zuge, zumal immer die personellen Verschränkungen zwischen beiden Vertretungszweigen sowie zwischen einheitlicher Vertretung und Gewerkschaftsmitgliedern (hierzu noch unten 4 b) berücksichtigt werden müssen.

Etwas unklar sind die Tendenzen im Verhältnis von Unternehmens- und unternehmensübergreifenden Tarifverträgen, denn zum einen soll die Praxis dazu geführt haben, dass in gesetzlichen Unternehmenstarifverträgen nur noch subsidiäre Gesichtspunkte geregelt werden dürfen, was grundsätzlich dazu beitragen könnte, Konflikte aus den Betrieben fernzuhalten. Zum anderen haben sich die reprä-

---

[1126] *Lope Peña/Alós Moner*, La acción sindical en la empresa, S. 220.
[1127] *Selenkewitsch*, Spanisches Tarifrecht, S. 387.
[1128] *Altmeyer*, Interessenmanager vor neuen Herausforderungen, S. 207; ders., Arbeitsrecht im Betrieb 2/2002, S. 105.
[1129] *Martínez Girón/Arufe Varela/Carril Vázquez*, Derecho del Trabajo, S. 437.

4. Kapitel. Funktion und Wirkung der Regelungen des Wechselspiels

sentativsten Gewerkschaften und Arbeitgebervereinigungen im ANC 2007 verpflichtet, als Mindestinhalt jedes unternehmensübergreifenden Tarifvertrages eine „Nichtanwendungsklausel" für die Lohnregelung einzubauen und es wird von einer „Verbetrieblichung" der Tarifpolitik gesprochen, worin man eine Entwicklung zu mehr Verhandlungsbereitschaft der Betriebsparteien sehen könnte. Im Sinne dieser Untersuchung ist jedenfalls bemerkenswert, dass die – recht gegensätzlichen – Feststellungen einerseits auf eine verstärkte Nutzung der Verhandlungskompetenzen als Instrumente des Interessenausgleichs hinweisen und andererseits einen Abbau des Konfliktpotentials bedeuten.

3. Der Streik als Instrument der Konfliktaustragung

Den Gegensatz zur Verhandlungslösung bildet im spanischen Recht damit in erster Linie das Recht der Arbeitnehmervertretungen, den Streik auszurufen, der auch als Druckmittel in laufenden Verhandlungen dienen kann[1130]. Das fehlende Verbot von Arbeitskampfmaßnahmen zwischen den Betriebspartnern hat aus formaler Sicht unter anderem die Annahme unterstrichen, dass das spanische Recht von einem auf dem Konflikt zwischen Arbeitnehmer und Arbeitgeber aufbauenden Verständnis geprägt ist und die rechtlichen Bewältigungsstrategien in der Austragung des Konflikts bestehen. Zudem können die spanischen Arbeitnehmervertretungen bei jeder Unstimmigkeit mit dem Arbeitgeber in den Streik treten[1131], während die deutschen Betriebspartner im Fall der Uneinigkeit in betrieblichen Fragen die Gerichte oder die Einigungsstelle anrufen müssen (siehe oben § 7 II 3 bcc).

Rechtstatsächlich ist aber zu festzustellen, dass sich die spanische Streikkultur stark verändert hat und sich vor allem außergerichtliche Mechanismen der Konfliktlösung entwickelt haben.

a. Änderung der Streikkultur

Spanien wird grundsätzlich zu den südeuropäischen Ländern mit starker Streikkultur gezählt. Mit 282 zwischen 1992 und 2001 im Jahresdurchschnitt je 1000 abhängig Beschäftigte streikbedingt verloren gegangenen Arbeitstagen ist Spanien auch nach wie vor europaweit Spitzenreiter[1132].

In Deutschland sind Arbeitskämpfe hingegen traditionell selten[1133]. Der europäische Vergleich darf aber nicht die Tatsache verstellen, dass die Streikhäufigkeit in

---

[1130] *Sundt*, Die Rolle der spanischen Gewerkschaften im Modernisierungsprozess, S. 53.
[1131] Vgl. *Ojeda Avilés*, Derecho Sindical, S. 480.
[1132] Zahlen für Spanien im Einzelnen von 1992 bis 2002, auch für die einzelnen Sektoren, unter www.fsima.es/estadisticas/index.html, huelgas desarrolladas según sector de actividad, letzter Abruf April 2007, bzw. bis 2001 bei *Ojeda Avilés*, Derecho Sindical, S. 482; seit 1994 macht auch das *Instituto Nacional de Estadística* Erhebungen, vgl. www.ine.es/inebmenu/mnu_mercalab.htm, letzter Abruf Juli 2008; Zahlen für den europäischen Vergleich bei *Hromadka/Maschmann*, Arbeitsrecht Band 2, § 14, Rn. 3.
[1133] Vgl. *Zachert*, 50 Jahre BAG, S. 585 mit Zahlen.

§ 10 Funktions- und Wirkungsanalyse

Spanien für sich ein historisch niedriges Niveau erreicht hat[1134], denn sie ist in den letzten 30 Jahren kontinuierlich gesunken[1135]. Hinzu kommt, dass in der Praxis die finanzschwachen Gewerkschaften[1136] die Arbeitnehmer wegen fehlender Streikkassen – im Unterschied zu früher – nur zu äußerst kurzfristigen Arbeitsniederlegungen von wenigen Stunden oder Tagen motivieren können bzw. sind mehrmonatige und vollständige Arbeitsniederlegungen in Spanien, anders als in Deutschland, praktisch nicht durchführbar[1137].

In den ersten Jahren nach Beginn des Demokratisierungsprozesses in Spanien war der Streik noch das entscheidende Mittel zur Artikulation von Arbeitnehmerforderungen bzw. zur Durchsetzung von Forderungen. Vor allem von 1975–1978 betrachtete der Großteil der spanischen Arbeitnehmer die Unternehmer als die allein Schuldigen an der Wirtschaftskrise. Die Unternehmer setzten ihrerseits ebenfalls mehr auf Konfrontation als auf Verhandlung, denn sie wollten den Einfluss der Arbeitnehmervertreter in den Betrieben gering halten[1138]. Im Anschluss an diese Streikeuphorie der *Transición* hat sich in den 80er Jahren ein Wandel zu einer verhandlungsorientierten Strategie vollzogen[1139], was man nicht nur auf eine Änderung des Selbstverständnisses der Gewerkschaften, sondern auch auf die Regulierung der zahlreichen Informationsrechte im ET, die zum präventiven Konfliktabbau beitragen[1140], zurückführen könnte. So bevorzugen nach einer Studie mittlerweile 94,1% der *UGT* – Wähler und 75,2% der *CCOO* – Wähler den Dialog mit der Unternehmerseite und sehen Kampfmaßnahmen nur als letztes Mittel an[1141]. Mit dieser Trendwende[1142] geht eine verstärkte Tendenz zur außergerichtlichen Konfliktlösung einher, die auch der Vermeidung von Streiks dienen soll[1143].

[1134] *Altmeyer*, Arbeitsrecht im Betrieb 2/2002, S.105.
[1135] Zahlen von 1971–2000 für Spanien und auch international unter www.fsima.es/estadisticas/index.html, disminución de la conflictividad laboral international, letzter Abruf April 2007.
[1136] Ein Grund hierfür dürfte in der Allgemeinverbindlichkeit der Tarifverträge liegen, denn die führt unter anderem zu dem niedrigen Organisationsgrad der spanischen Gewerkschaften in Höhe von 9%, vgl. schon oben § 6 I 4 a.
[1137] *Selenkewitsch*, Spanisches Tarifrecht, S. 58 und 156 (Während des Streiks wird das Arbeitsverhältnis wie in Deutschland suspendiert und der Arbeitnehmer erhält keinen Lohn).
[1138] *Loos*, Gewerkschaftsorganisationen und Gewerkschaftspolitik in Spanien in den Jahren 1975–94, S. 117.
[1139] *Altmeyer*, Interessenmanager vor neuen Herausforderungen, S. 204.
[1140] *Monereo Pérez*, Los derechos de información de los representantes de los trabajadores, S. 114. Aus heutiger Sicht wird ein Informationsdefizit der Arbeitnehmerseite in Bezug auf die wirtschaftliche Situation des jeweiligen Unternehmens als Ursache mancher Arbeitskämpfe in Deutschland in den Zeiten des wirtschaftlichen Aufschwungs in der Nachkriegszeit betrachtet, *Loritz*, 50 Jahre BAG, S. 558; zu hemmenden Strategien wegen mangelnder Information auch noch unten II 3 b.
[1141] Zahlen bei *Loos*, Gewerkschaftsorganisationen und Gewerkschaftspolitik in Spanien in den Jahren 1975–94, S. 115 (Zusammengezählt wurde hier der Anteil derjenigen, die ausschließlich Verhandlungen für sinnvoll halten, mit dem Prozentsatz, der Arbeitskampfmaßnahmen nach einem Scheitern der Verhandlung als letztes Mittel betrachtet).
[1142] So *Miguélez Lopez*, Die Modernisierung der Gewerkschaften in Spanien, S. 350.
[1143] *Köhler/González Begega*, Las relaciones laborales en España, S. 128.

4. Kapitel. Funktion und Wirkung der Regelungen des Wechselspiels

b. Tendenz zur außergerichtlichen Konfliktlösung

Eine Entwicklung von außergerichtlichen Wegen zur Lösung von Konflikten ermöglicht die „Entjustitiarisierung" *(desjudicialización)* der Arbeitsbeziehungen[1144] und eröffnet den Arbeitnehmern weitere Beteiligungsmöglichkeiten an den Entscheidungen des Unternehmens[1145].

Im ANC 2007 haben sich die beiden repräsentativsten Gewerkschaften und Arbeitgebervereinigungen daher verpflichtet, Meinungsverschiedenheiten bei Verhandlungen im Wege der außergerichtlichen Konfliktlösung nach dem ASEC III beizulegen (Pkt. IX). Die Inanspruchnahme der *SIMA*[1146] ist zwar ausbaufähig, nimmt aber seit der Errichtung 1998 stetig zu[1147]. Eine besonders starke Tendenz hin zu außergerichtlichen Konfliktlösungsverfahren ist aber für die Schlichtungsstellen der Autonomen Regionen zu verzeichnen[1148]. Das verwaltungsrechtliche Konfliktlösungsverfahren nach Art. 17 ff. RDLRT wird dagegen in der Praxis mittlerweile kaum noch angewendet[1149].

c. Zwischenergebnis

Die rückläufigen Zahlen der Streikhäufigkeit in Spanien machen einen Trend zu mehr Dialogbereitschaft deutlich. Zwar kann und wird der Streik als Druckmittel weiterhin eingesetzt, Verhandlungsstrategien werden aber zunehmend bevorzugt. Die verstärkte Etablierung von außergerichtlichen Konfliktlösungsverfahren untermauert diese Entwicklung. In diesem Zusammenhang ist gleichzeitig eine Rückbindung an den Acuerdo 1993 bemerkenswert, denn dieser Vereinbarung wurde nicht wegen ihrer Regelung einer Unternehmensmitbestimmung besondere Bedeutung beigemessen, sondern unter anderem aufgrund der beschriebenen Mechanismen einer außergerichtlichen Konfliktlösung (vgl. oben § 6 I 1a ee). Das zeigt jedenfalls, dass die rechtliche Kanalisierung von Arbeitnehmerbeteiligung in Spanien nach wie vor, wenn auch heute aus anderen Gründen, auf anderem Wege als in Deutschland bewältigt werden soll.

4. Schnittstellen von Unternehmensführung und Arbeitnehmerinteressen

Bisher konnte zum einen aufgezeigt werden, dass die betriebliche Mitbestimmung in Spanien rechtstatsächlich Tendenzen hin zu mehr kooperativen Formen der Be-

---

1144 Dies ist insofern von Bedeutung, als Spanien grundsätzlich eine etatistische Tradition kennzeichnet, d. h. Forderungen werden an den Staat gerichtet, der sich in die Arbeitsbeziehungen einmischen soll, vgl. *Köhler/González Begega,* Las relaciones laborales en España, S. 126.
1145 *Durán López,* Revista del Ministerio de Trabajo y Asuntos Sociales 1998, n. 13, S. 84.
1146 Zum ASEC III und *SIMA* siehe oben § 9 IV 2 cc (3).
1147 Siehe hierzu die deutlichen Zahlen von 1998 bis 2007 www.fsima.es/docs/cuadro_3.pdf, letzter Abruf Juli 2008.
1148 Für Zahlen von 1998 bis 2003 siehe *Consejo Económico y Social,* La solución extrajudicial de conflictos, S. 2.
1149 *Vida Soria/Monereo Pérez/Molina Navarrete/Moreno Vida,* Manual de Derecho Sindical, S. 267 f.

teilung der Arbeitnehmervertretungen aufweist: Die Verhandlungskompetenzen dienen den Arbeitnehmervertretungen auch als Mittel des Interessenausgleichs und nicht mehr ausschließlich zur Konfliktaustragung. Instrument hierfür ist in erster Linie das Streikrecht, das jedoch immer weniger genutzt wird bzw. werden alternative Konfliktlösungen gesucht. Eine Überwachungs- und Kontrollaufgabe der Arbeitnehmervertretungen ergibt sich „nur" aus der Verhandlungs- und Konfliktoption, in denen wiederum die Informations-, Anhörungs- und Beratungsrechte zum Tragen kommen können. Instrumente, die einen Interessengleichlauf regeln, sind ebenso wenig ausdrücklich geregelt. Eine Harmonie der Interessen beider Betriebspartner ist vielmehr aus der Abwesenheit von Konflikten zu folgern.

Bleibt jedoch die Frage, ob und wie die Arbeitnehmerinteressen im Wege der betrieblichen Mitbestimmung Eingang in die Entscheidungen der Unternehmensführung finden.

a. Mittelbarer Einfluss

Die Darstellung von Funktion und Wirkung der (Mit)Entscheidungsrechte der Arbeitnehmervertretungen nach ET und LOSL hat bisher gezeigt, dass sich diese Beteiligungsrechte auch tatsächlich ausschließlich auf personelle und soziale bzw. nicht wirtschaftliche Themen beziehen. Da aber Fragen der Arbeitszeit und der Lohnregelung auch Auswirkungen auf beispielsweise die Unternehmensplanung haben können, wird der Entscheidungsträger diese beteiligungspflichtigen Punkte auch in seine Überlegungen einbeziehen, so dass sie mittelbar im Entscheidungsprozess zum Tragen kommen. Aus der Perspektive der Arbeitnehmervertretungen handelt es sich um eine Beteiligung an den Folgen der Entscheidung.

Die engste (mittelbare) Schnittstelle mit Entscheidungen der Unternehmensleitung bzw. ihren Folgen betrifft betriebsbedingte Krisensituationen, die aus wirtschaftlichen und/oder technischen, organisatorischen oder Produktionsgründen ausgelöst wurden (Artt. 40, 41, 47 und 52 ET)[1150], denn im Rahmen der vorgeschriebenen Aushandlung einer Kollektivvereinbarung muss sich der Arbeitgeber auch mit den wirtschaftlichen Argumenten der Arbeitnehmervertretungen auseinander setzen. Hier können auch die auf wirtschaftliche Fragen bezogenen Informations- und Anhörungsrechte aus Art. 64 ET wirken.

Ein direkter Einfluss auf die Leitungsaufgaben der Unternehmensführung, d.h. die Planung, Koordinierung und Kontrolle des Unternehmens sowie die Besetzung seiner oberen Führungspositionen, ergibt sich damit ganz offensichtlich nicht und auch die aufgezeigten Tendenzen zu mehr Beteiligung und Zusammenarbeit betreffen im Wesentlichen ebenfalls arbeitsrechtliche Themen wie Arbeitszeit, Arbeitsorganisation, Weiterbildung und weitere Arbeitsbedingungen[1151]. Die Entscheidungs- und Gestaltungsmacht der Unternehmensführung bleibt vollkom-

---

1150 *Durán López/Sáez Lara*, El papel de la participación en las nuevas relaciones laborales, S. 140.
1151 *Lope Peña/Alós Moner*, La acción sindical en la empresa, S. 231.

4. Kapitel. Funktion und Wirkung der Regelungen des Wechselspiels

men unangetastet[1152], auch wenn das Interesse der Arbeitnehmer an den Folgen einer Entscheidung abgenommen und das Interesse an ihren Gründen zugenommen hat[1153].

b. Gewerkschaftsinteressen als weitere Dimension

Da die Mitglieder der einheitlichen Vertretung zum einen nahezu ausschließlich gleichzeitig Gewerkschaftsangehörige sind und zum anderen die *Secciones Sindicales* sowie *Delegados Sindicales* neben der einheitlichen Vertretung gleichermaßen im Betrieb verankert sind, stellt sich im Zusammenhang mit dem Einfluss der Arbeitnehmerinteressen auch die Frage nach der Relevanz der Interessen der Gewerkschaftsangehörigen.

Vor allem in großen und mittleren Unternehmen, wo die gewerkschaftlichen Vertretungen stärker als in kleineren Unternehmen sind, müssen die Gewerkschaften versuchen, ein Gleichgewicht zwischen den Interessen der einheitlichen Arbeitnehmervertretung, der in der Regel unterschiedlich gewerkschaftlich organisierten Belegschaft und den Anforderungen der Branche, zu der das Unternehmen zählt, zu erreichen[1154]. Der Kampf zwischen den beiden Interessenvertretungen um die Vormacht in den Unternehmen hat jedenfalls nachgelassen[1155]. In der Praxis teilen sich die Arbeitnehmervertretungen die Aufgaben in großen Unternehmen oft dergestalt auf, dass das Betriebskomitee ausschließlich ein Organ der Zusammenarbeit ist und die eigentliche *acción sindical*[1156] von der gewerkschaftlichen Vertretung übernommen wird[1157].

c. Zwischenergebnis

Die Arbeitnehmervertretungen nach ET und LOSL können nur mittelbar auf die Entscheidungen der Unternehmensführung einwirken bzw. werden sie aus ihrer Sicht nur an den Folgen einer Entscheidung beteiligt. Die Gewerkschaftsinteressen als weitere Dimension des Wechselspiels scheinen mittlerweile zumindest keine größeren Konflikte zu bereiten, wobei hiermit nicht gesagt werden soll, dass es keine Kritik an der „Zweigleisigkeit" der spanischen Interessenvertretung im Betrieb gibt[1158]. Trotz fehlender Schnittstelle der Kompetenzen der betrieblichen Ar-

---

1152 *Schnelle*, Der Europäische Betriebsrat in Spanien, S. 62; *Monereo Pérez*, Los derechos de información de los representantes de los trabajadores, S. 63.
1153 *Monereo Pérez*, Los derechos de información de los representantes de los trabajadores, S. 115.
1154 *Miguélez Lopez*, Die Modernisierung der Gewerkschaften in Spanien, S. 362; *ders.*, Presente y futuro del sindicalismo en España, S. 199.
1155 *Miguélez Lopez*, Presente y futuro del sindicalismo en España, S. 220.
1156 Obwohl die spanische Betriebsverfassung zwei Interessenvertretungen einrichtet, wird die Wahrnehmung der Beteiligungsrechte oft als „gewerkschaftliche Tätigkeit" bzw. *acción sindical* bezeichnet.
1157 Expertenauskunft von Prof. Dr. Valdés Dal-Ré vom 18. April 2006; siehe auch die Zahlen für die Tarifverhandlungen oben 2 a cc.
1158 Zur Kritik am „doble canal" vor allem *Ojeda Avilés*, Revista del Ministerio de Trabajo y Asuntos Sociales, 2005, n. 58, S. 343 ff. (Er sieht vor allem in der Streik- und Tariffähigkeit der *Representación Unitaria* eine Gefahr für den *hecho sindical*).

beitnehmervertretungen mit den Leitungsaufgaben ist immer zu berücksichtigen, dass ihnen auf der anderen Seite und im scharfen Gegensatz zum deutschen Recht grundsätzlich sämtliche Fragen der Tarifautonomie unterliegen können und sie selbst entscheiden, welche Anliegen und Interessen im Wege des Streiks durchgesetzt werden sollen[1159].

5. Zusammenfassung

Anders als es die formale Konzeption hatte vermuten lassen, kann man das spanische Recht der Arbeitnehmerbeteiligung nicht nur als Konfliktmodell bezeichnen, sondern es gibt Beteiligungsrechte, die zur Zusammenarbeit und Konfliktaustragung gleichermaßen genutzt werden. Es existiert ein Gleichgewicht von Forderung und Verhandlung[1160].

Es sind dabei vor allem die repräsentativsten Gewerkschaften und Arbeitgebervereinigungen, die zunehmend eine Flexibilisierung der Arbeitsbeziehungen auf dem Verhandlungswege und Mechanismen der Kooperation im Sinne eines *diálogo social* anstreben[1161], ohne dass diese bisher – mit Ausnahme der Reform von 1994 – eine gesetzliche und für die betrieblichen Arbeitnehmervertretungen relevante Umsetzung erfahren haben[1162]. Die Entwicklung zu mehr Beteiligung und Zusammenarbeit vollzieht sich damit nur teilweise durch den Gesetzgeber und vor allem durch eine sich ändernde Funktionalität der Streik- und Tariffähigkeit.

Zum anderen ist zu konstatieren, dass die betrieblichen Interessenvertretungen keine Möglichkeiten der Einflussnahme auf Entscheidungen der Unternehmensführung haben. Die Berücksichtigung ihrer Interessen an Stabilität, Lohn und Qualität der Arbeit kommt erst im Rahmen der Folgen der von der Unternehmensführung getroffenen Entscheidung zum Tragen. Die Wechselspielkonstellationen des Interessengleichlaufs sowie der Überwachung und Kontrolle sind nicht mehr als mittelbar geregelt.

Reformen drängen aus Sicht des spanischen Schrifttums vor allem auf eine Änderung der betriebsbezogenen Konzeption der Arbeitnehmervertretungen und deren fehlende gesetzliche Verankerung auf überbetrieblicher Ebene sowie in der Unternehmensgruppe[1163]. Dies stellt für die Arbeitnehmer ein erhebliches Hindernis in der Artikulation ihrer Interessen in den wirklichen Entscheidungszentren

---

[1159] *Altmeyer,* Arbeitsrecht im Betrieb 2/2002, S. 102.
[1160] Vgl. auch *Monereo Pérez,* Los derechos de información de los representantes de los trabajadores, S. 123/124 und 513.
[1161] Vgl. auch Pkt. I ANC 2007.
[1162] Siehe auch weitere, hier nicht genannte Beispiele der Zusammenarbeit bei *Durán López,* Revista del Ministerio de Trabajo y Asuntos Sociales 1998, n. 13, S. 88 ff.
[1163] *Ojeda Avilés,* Revista del Ministerio de Trabajo y Asuntos Sociales, 2005, n. 58, S. 362 (siehe auch schon oben § 7 III 3); weitere Kritikpunkte bei *Durán López,* Revista del Ministerio de Trabajo y Asuntos Sociales 1998, n. 13, S. 77.

4. Kapitel. Funktion und Wirkung der Regelungen des Wechselspiels

dar[1164]. Interessant ist in diesem Zusammenhang, dass den Acuerdo 1986 und 1993 – neben den außergerichtlichen Konfliktlösungsverfahren im Acuerdo 1993 – vor allem in Bezug auf die Errichtung paritätischer Kommissionen auf Ebene der Unternehmensgruppe Bedeutung beigemessen wurde (vgl. oben § 6 I 1 a ee). Die Hoffnungen des spanischen Schrifttums auf die Übertragung eines Modells wie den Europäischen Betriebsrat auf rein nationale Sachverhalte haben sich bisher nicht erfüllt (siehe oben § 7 I 2 c *Exkurs*).

II. Die Beteiligungsrechte des Aufsichtsrats als Instrumente seiner Überwachungs- und Kontrollaufgabe

Die Kernaufgabe des Aufsichtsrats, den Vorstand zu kontrollieren und zu überwachen beinhaltet nicht nur eine vergangenheitsbezogene Prüfung, sondern auch Elemente der Beratung und (Mit)Entscheidung im Sinne einer Vorwegkontrolle[1165]. Eng mit dem Überwachungsauftrag des Aufsichtsrates ist daher auch die Pflicht eines jeden Aufsichtsratsmitgliedes verbunden, sich ein Urteil über die Eignung der Vorstandsmitglieder für die Leitung des Unternehmens nicht nur allgemein, sondern speziell im Hinblick auf eine Wiederbestellung zu bilden[1166]. Zur Überwachung gehört auch die Möglichkeit, auf die zu prüfenden Personen einzuwirken[1167]. Die Beteiligungsrechte des Aufsichtsrats sollen hier damit vor allem als Instrumente seiner Überwachungs- und Kontrollaufgabe verstanden werden[1168].

1. Funktion und Wirkung der Informationsrechte

Wenn der Aufsichtsrat seine Überwachungsaufgabe ausüben soll, braucht er Informationen[1169]. Auch die Informationsinteressen der Arbeitnehmervertreter im Aufsichtsrat sind von der Aufsichtsratsaufgabe geprägt[1170]. Information ist damit nicht Selbstzweck, sondern Voraussetzung für die Erfüllung der Aufgaben des Aufsichtsrates[1171]. Der Bericht der „Kommission Mitbestimmung" von 1998 wies in diesem Zusammenhang auch darauf hin, dass zur Entstehung einer Vertrauenskultur in den Unternehmen beiträgt, alle Aufsichtsratsmitglieder einschließlich der Arbeitnehmervertreter laufend und in zahlreichen Sitzungen mehr als gesetz-

---

1164 *Galiana Morena/García Romero*, Revista del Ministerio de Trabajo y Asuntos Sociales 2003, n. 43, S. 27; vgl. auch schon oben § 7 I 2 c.
1165 Vgl. *Boujong*, AG 1995, S. 205; *Lutter*, ZHR 159 (1995), S. 289; *Semler* in Semler/v. Schenck, ARHdb, § 1, Rn. 174 ff.; *Ulmer/Habersack*, Mitbestimmungsrecht, § 25 MitbestG, Rn. 49.
1166 *Lutter/Krieger*, Rechte und Pflichten des Aufsichtsrats, Rn. 760.
1167 *Roth/Wörle*, ZGR 2004, S. 566; ferner *Hopt/Roth*, GroßKomm-AktG, § 111, Rn. 346.
1168 Vgl. auch *Hopt/Roth*, GroßKomm-AktG, § 111, Rn. 280 ff.
1169 Gesellschaftsrechtliche Informationspflichten sollen ferner verhindern, dass sich Mitglieder des Aufsichtsrates auf Unkenntnis berufen können, wenn sie gemäß §§ 93, 116 AktG in Anspruch genommen werden, *Hüffer*, AktG, § 90, Rn. 1.
1170 *Windbichler*, AG 2004, S. 193.
1171 *Lutter*, Information und Vertraulichkeit im Aufsichtsrat, Rn. 15.

lich vorgesehen sowie über die geforderten Inhalte hinaus zu informieren[1172]. Neben den ausdrücklich und mittelbar geregelten Informationsrechten sind somit auch informelle Informationsflüsse von Bedeutung[1173].

a. Informationsbeschaffung

Zum einen muss sich der Aufsichtsrat die für seine Arbeit erforderlichen Informationen beschaffen können (Informationsbeschaffung)[1174]. Als einzelne Mittel der Überwachung und Einflussnahme nennt § 111 Abs. 2 AktG zwar nur das Recht zur Einsichtnahme und Prüfung einschließlich der Bestellung von Sachverständigen. Daneben dienen aber vor allem die in § 90 Abs. 1 AktG geregelten Berichtspflichten der Informationsversorgung des Kontrollorgans. Die Anforderungsberichte nach § 90 Abs. 3 AktG, die sich wiederum inhaltlich mit den Gegenständen periodischer Berichterstattung nach § 90 Abs. 1 AktG überschneiden, sollen zudem sicherstellen, dass der Aufsichtsrat nicht auf die Informationspolitik des Vorstands und die von ihm vorgenommene Auswahl angewiesen ist[1175]. Denn in der Tat sollen die Qualität und Quantität der Informationen durch den Vorstand nach Aussagen von Praktikern trotz der umfassenden Regelung in § 90 AktG nicht zufrieden stellend sein[1176].

Kommt der Vorstand seinen Berichtspflichten nicht nach, kann das einen wichtigen Abberufungsgrund nach § 84 Abs. 3 AktG und § 31 Abs. 5 MitbestG darstellen[1177]. Daneben hat das Registergericht die Möglichkeit, gegen jedes einzelne säumige Vorstandsmitglied im Wege eines Zwangsgeldes nach § 407 Abs. 1 AktG, §§ 132ff. FGG vorzugehen. Falls alle praktischen und außergerichtlichen Möglichkeiten, Beschlüsse des Aufsichtsrats zu verhindern, die ohne ausreichende vorherige Unterrichtung getroffen werden sollen, erschöpft sind[1178], stellt sich als *ultima ratio* die Frage nach einer Klage gegen den Vorstand auf Erstattung des verlangten Berichts[1179].

Abschließend ist die Unterrichtungspflicht in § 90 AktG zwar nicht geregelt, anerkannt ist aber, dass das Informationsrecht funktional durch die Aufsichtsratskom-

---

1172 *Bertelsmann Stiftung/Hans-Böckler-Stiftung*, Mitbestimmung und neue Unternehmenskulturen – Bilanz und Perspektiven, S. 117.
1173 Für einen Vorschlag eines Modells der guten Informationsordnung zwischen Vorstand und Aufsichtsrat siehe *Seibt/Wilde*, Informationsfluss zwischen Vorstand und Aufsichtsrat bzw. innerhalb des Boards, S. 390 ff.
1174 *Köstler/Zachert/Müller*, Aufsichtsratspraxis, Rn. 456.
1175 *Hüffer*, AktG, § 90, Rn. 11.
1176 Vgl. *Hopt/Roth*, GroßKomm-AktG, § 111, Rn. 170; *Jürgens/Lippert*, Kommunikation und Wissen im Aufsichtsrat, Abbildung 7, S. 19.
1177 *Lutter/Krieger*, Rechte und Pflichten des Aufsichtsrats, Rn. 503.
1178 Vgl. hierzu *Köstler/Zachert/Müller*, Aufsichtsratspraxis, Rn. 507.
1179 Während die Gesellschaft nach allgemeiner Meinung eine solche Klage erheben kann, besteht über die Zulässigkeit einer sog. Organklage durch den Aufsichtsrat und durch ein einzelnes Aufsichtsratsmitglied Uneinigkeit, vgl. zum Stand der Rechtsprechung und der Diskussion *v. Schenck* in Semler/v. Schenck, ARHdb, § 7, Rn. 232 ff.

4. Kapitel. Funktion und Wirkung der Regelungen des Wechselspiels

petenzen beschränkt ist[1180]. Der Vorstand ist daher ferner stets berichtspflichtig, wenn er einen Beschluss des Aufsichtsrates herbeiführen muss oder will, denn ohne die erforderlichen Informationen kann der Aufsichtsrat nicht entscheiden. Das betrifft vor allem die Vorlagepflicht nach § 170 Abs. 1 AktG, denn ihr Sinn und Zweck ist die Information des Aufsichtsrates über die Lage der Gesellschaft und den Gang der Geschäfte, deren Erörterung wiederum Schwerpunkt seiner Überwachungstätigkeit ist[1181]. Ebenso ist es Sinn des Berichts über die Verzinsung des Eigenkapitals (§ 90 Abs. 1 Nr. 2 AktG), dem Aufsichtsrat eine ausreichende Informationsgrundlage für die Entscheidung über den Jahresabschluss zu geben[1182]. Aber auch alle weiteren Maßnahmen, in denen der Vorstand der Zustimmung des Aufsichtsrates bedarf, vgl. besonders §§ 88, 89, 111 Abs. 4 S. 2 AktG und § 32 MitbestG, erfordern eine Informationsbeschaffung des Aufsichtsrates[1183]. Als umfassende, unabhängige und sachverständige Informationsquelle stehen dem Aufsichtsrat zudem die jährlichen Berichte des Abschlussprüfers nach § 321 HGB zur Verfügung. Diese Informationsquelle kann vom Aufsichtsrat durch das jederzeit mögliche und jährlich einmal zwingend durchzuführende Gespräch mit dem Abschlussprüfer selbst noch erweitert und vertieft werden[1184].

Rechtstatsächlich können schließlich informelle Gespräche mit Vorstandsmitgliedern, Angestellten der Gesellschaft sowie mit Unternehmensexternen weitere wichtige Informationsquellen sein[1185].

b. Informationsverarbeitung

Die verschaffte Information muss den Aufsichtsrat zum anderen in die Lage versetzen, aufgrund der Tatsachen, Daten und Meinungen die Geschäftspolitik sachverständig beurteilen zu können[1186]. Gesetzliche materielle Anforderungen an die Eignung als Aufsichtsratsmitglied kennt das deutsche Recht aber nicht[1187]. Die Rechtsprechung verlangt allerdings, dass „ein Aufsichtsratsmitglied diejenigen Mindestkenntnisse und -fähigkeiten besitzen oder sich aneignen muss, die es braucht, um alle normalerweise anfallenden Geschäftsvorgänge auch ohne fremde Hilfe verstehen und sachgerecht beurteilen zu können[1188].

Nach den Ergebnissen einer Umfrage von 2005 unter den Vertretern der leitenden Angestellten im Aufsichtsrat wurde ein Defizit in der Informationsweitergabe in-

---

1180 *Ulmer/Habersack*, MitbestimmungsR, § 25 MitbestG, Rn. 56.
1181 *Kropff*, MünchKomm-AktG, § 170, Rn. 1.
1182 *Hopt/Roth*, GroßKomm-AktG, § 111, Rn. 153.
1183 Vgl. *Hüffer*, AktG, § 90, Rn. 2; *Semler*, FS Peltzer, S. 512.
1184 *Lutter*, Information und Vertraulichkeit im Aufsichtsrat, Rn. 11.
1185 *Hopt/Roth*, GroßKomm-AktG, § 111, Rn. 177, mit Verweisen zur Zulässigkeit; zur hohen Bedeutung persönlicher Kontakte für die Vertreter der leitenden Angestellten im Aufsichtsrat vgl. *Jürgens/Lippert*, Kommunikation und Wissen im Aufsichtsrat, Abbildung 19, S. 32.
1186 *Köstler/Zachert/Müller*, Aufsichtsratspraxis, Rn. 456.
1187 *Semler* in Semler/v. Schenck, ARHdb, § 2, Rn. 75, zu den formalen Voraussetzungen (Verbot der Ämterhäufung und Überkreuzverflechtung, Gebot der Organintegrität) siehe Rn. 67–73; zu den Anforderungen an die Arbeitnehmervertreter oben § 3 I 3 b und § 6 II 1.
1188 BGHZ 85, S. 293, S. 295/296 („Hertie").

§ 10 Funktions- und Wirkungsanalyse

sofern gesehen, als vor allem bei Geschäften von besonderer Bedeutung Informationen nicht rechtzeitig weitergegeben wurden und so nicht mehr ausreichend Zeit für eine genaue Überprüfung geblieben sei[1189]. Zudem würden bei der Informationsweitergabe die internen Vertreter der Anteilseigner vor den externen Kapitalvertretern sowie die betriebsinternen Arbeitnehmervertreter vor den externen Gewerkschaftsvertretern bevorzugt[1190].

Im Zusammenhang mit der Verarbeitung von Informationen steht aber auch die Frage nach der Zulässigkeit ihrer Weitergabe: § 93 Abs. 1 S. 2 AktG i.V.m. § 116 AktG verpflichtet den Aufsichtsrat und jedes einzelne seiner Mitglieder – Aktionärsvertreter wie Arbeitnehmervertreter[1191] – zur Wahrung von Geheimnissen und vertraulichen Angaben der Gesellschaft[1192]. Das TransPuG hat § 116 AktG in S. 2 hinzugefügt, dass Aufsichtsratsmitglieder insbesondere zur Verschwiegenheit über erhaltene vertrauliche Berichte und vertrauliche Beratungen verpflichtet sind. Während die Aktionärsvertreter aber nur das Vertrauen ihrer Gruppen brauchen, müssen Arbeitnehmervertreter regelmäßig von einem großen Teil der Belegschaft wiedergewählt werden (siehe oben § 6 II 1). Dass sich die Arbeitnehmervertreter daher durch Gespräche und Diskussionen mit ihrer Wahlgruppe rückkoppeln und ihre eigene Meinung über die Unternehmenspolitik formulieren steht dann grundsätzlich nichts entgegen, wenn sie hierbei keine vertraulichen Informationen transportieren[1193].

Besonders aus Sicht der Arbeitnehmervertreter sind zudem die Informationsrechte und -möglichkeiten des Aufsichtsrates nicht isoliert zu sehen, denn sie stehen mit den Unterrichtungsmöglichkeiten, die Betriebsräten und Wirtschaftsausschüssen nach dem BetrVG zustehen, in unmittelbaren Zusammenhang. Geht es um die Unterrichtung des Betriebsrates und des Wirtschaftsausschusses durch den Vorstand (vgl. §§ 90, 92, 111 sowie § 106 Abs. 2 BetrVG), ist auf die Verschwiegenheitspflicht der betriebsverfassungsrechtlichen Gremien nach § 79 Abs. 1 S. 1, Abs. 2 BetrVG hinzuweisen. Das BetrVG steht aber andererseits einer Weitergabe von Informationen an die Arbeitnehmervertreter im Aufsichtsrat durch die Mitglieder des Betriebsrates nicht entgegen, denn § 79 Abs. 1 S. 4, Abs. 2 BetrVG hebt die Geheimhaltungspflicht in diesem Fall für die Mitglieder des Betriebsrats und des Wirtschaftsausschusses ausdrücklich auf[1194]. Vor allem die Beratungs- und Unterrichtungsrechte des Wirtschaftsausschusses können den Arbeitnehmervertretern im Aufsichtsrat damit ein Detailwissen über die für eine Beurteilung der Leitung maßgeblichen Vorgänge im Unternehmen vermitteln, das weit über den Kenntnis-

---

1189 *Jürgens/Lippert,* Kommunikation und Wissen im Aufsichtsrat, Abbildung 5, S. 19.
1190 *Jürgens/Lippert,* Kommunikation und Wissen im Aufsichtsrat, Abbildung 8, S. 21.
1191 Heute h.M., vgl. *Hüffer,* AktG, § 116, Rn. 2 mit Nachweisen.
1192 Zu den Kapitalmarktrechtlichen Anforderungen an den Informationsfluss in der börsennotierten Gesellschaft (Insiderrecht, Ad hoc-Publizität, WpÜG usw.) vgl. *Lutter,* Information und Vertraulichkeit im Aufsichtsrat, Rn. 633–684; *Veil,* ZHR 172 (2008), S. 248ff. und konkret zu den Arbeitnehmervertretern im Aufsichtsrat S. 270f.
1193 *Lutter/Krieger,* Rechte und Pflichten des Aufsichtsrats, Rn. 262.
1194 Für Einzelheiten siehe *Lorenz,* HaKo-BetrVG, § 79, Rn. 17ff.

4. Kapitel. Funktion und Wirkung der Regelungen des Wechselspiels

stand hinausreicht, auf den sich die von den Anteilseignern bestellten Aufsichtsratsmitglieder stützen können[1195]. Andererseits kommt es aber auch vor, dass ehemalige Mitglieder des Vorstandes auf den Posten eines Anteilseignervertreters im Aufsichtsrat wechseln[1196] und nicht nur deshalb über bessere Informationen verfügen, weil sie das Unternehmen aus ihrer Vorstandstätigkeit kennen, sondern auch deshalb, weil sie über vielfältige Wege verfügen, auf denen sie sich auch weiterhin Informationen aus dem Unternehmen verschaffen können[1197].

c. Zwischenergebnis

Die Informationsrechte dienen im Wesentlichen der Überwachungs- und Kontrollaufgabe des Aufsichtsrates. Zu diesem Zweck verfügt der Aufsichtsrat nicht nur über die ausdrücklich geregelten Möglichkeiten, sich Informationen über die Gesellschaft zu verschaffen, auch die Fälle, in denen er ein (Mit)Entscheidungsrecht hat, erfordern eine entsprechende Unterrichtung durch den Vorstand. Ferner stellen informelle Gespräche, Auskünfte der betrieblichen Arbeitnehmervertreter und personelle Verknüpfungen rechtstatsächlich eine wichtige Informationsquelle des Aufsichtsrates dar.

2. Funktion und Wirkung der Beratungs- und (Mit)Entscheidungsrechte

Neben den Informationsrechten als Instrumente der bloßen Überwachung[1198] befinden sich auf einer zweiten Stufe, und damit bereits zwischen Überwachung und Einwirkung auf die Unternehmensführung, Maßnahmen des Aufsichtsrates wie die Beratung des Vorstands und Stellungnahmen zu Berichten, namentlich in Gestalt von Beanstandungen und Bedenkensäußerungen. Auf der dritten Stufe finden sich schließlich die eigentlichen Einwirkungsinstrumente in Form der (Mit)-Entscheidungsrechte[1199]. Beide Kategorien von Beteiligungsrechten sind damit nicht nur ausschließlich Instrumente der Kontrolle und Überwachung, sondern weisen Schnittstellen mit der Unternehmensführung auf und wirken an dieser mit. In diesem Sinne können die Beratungs- und Mit(Entscheidungsrechte), wie im Folgenden zu zeigen sein wird, auch in Situationen des Interessengleichlaufs und des Interessenkonflikts genutzt werden. In jedem Fall hat der Aufsichtsrat

---

1195 *Oetker,* Aufsichtsrat/Board, S. 277; zur häufigen Personalunion zwischen Betriebsratsmitgliedern und Arbeitnehmervertretern im Aufsichtsrat unten 3 b.
1196 Ein aufgrund anderweitiger Schlagzeilen momentan sehr bekannter Fall ist beispielsweise der Wechsel *Heinrich von Pierers* vom Vorstandsvorsitz der *Siemens AG* (1992–2005) in den Aufsichtsratsvorsitz bis zu seinem Rücktritt im April 2007, vgl. http://w4.siemens.de/archiv/de/persoenlichkeiten/vorstand_ag.html 2, letzter Abruf Juli 2008. Sein Nachfolger im Amt des Aufsichtsratsvorsitzenden, *Gerhard Cromme,* wechselte 2001 in der *ThyssenKrupp AG* ebenfalls direkt vom Posten des Vorstandsvorsitzenden in den des Aufsichtsratsvorsitzenden, vgl. www.thyssenkrupp.com/en/konzern/cromme.html, letzter Abruf Juli 2008. Nach Pkt. 5.4.4 DCGK „soll" der Wechsel des bisherigen Vorstandsvorsitzenden oder eines Vorstandsmitglieds in den Aufsichtsratsvorsitz oder den Vorsitz eines Aufsichtsratsausschusses aber nicht die Regel sein.
1197 *Albach,* Führung durch Vorstand und Aufsichtsrat, S. 363/364.
1198 *Hopt/Roth,* GroßKomm-AktG, § 111, Rn. 326 f.
1199 *Hopt/Roth,* GroßKomm-AktG, § 111, Rn. 333 und 336.

aber seinen Gestaltungs- und Ermessensspielraum am Unternehmensinteresse auszurichten[1200].

a. Schnittstellen mit der Unternehmensführung

Schnittstellen der Aufsichtsratsaufgaben mit der Unternehmensführung sind zum einen vom Gesetzgeber angelegt. Zum anderen haben sich rechtstatsächlich Formen der Zusammenarbeit zwischen Vorstand und Aufsichtsrat entwickelt.

aa. Rechtliche Überschneidungen

Die Beratungsaufgabe des Aufsichtsrates ist zum einen das vorrangige Mittel der in die Zukunft gerichteten Kontrolle des Vorstands (siehe schon oben § 9 II 1 mit Nachweisen). Zum anderen wird dem Aufsichtsrat ermöglicht, die künftige Geschäftspolitik des Vorstandes zu beeinflussen und an dessen Leitungsaufgabe teilzunehmen[1201]. Nach der bereits erwähnten Umfrage von 2005 unter den Vertretern der leitenden Angestellten im Aufsichtsrat stellt die Beratungsaufgabe ungefähr 30% der Aufsichtsratstätigkeit insgesamt dar[1202].

Auch über die (Mit)Entscheidungsrechte kann der Aufsichtsrat verhindern, dass Maßnahmen getroffen werden, die er für falsch hält und die nicht mehr rückgängig gemacht werden können[1203]. Das betrifft vor allem die Zustimmungsvorbehalte nach § 111 Abs. 4 S. 2 AktG[1204]. Hier kann der Aufsichtsrat inhaltlich einwirken und seinen eigenen Standpunkt durchsetzen[1205]. In der Praxis betreffen die vereinbarten Zustimmungsvorbehalte vor allem Grundsatzfragen der Unternehmensplanung, Investitions- und Finanzierungsvorhaben, umfangreiche Personalmaßnahmen sowie den Ankauf und Verkauf von Unternehmensteilen[1206]. Aber auch die Prüfung und Billigung des Jahresabschlusses durch den Aufsichtsrat (§§ 171 Abs. 1 S. 1, 172 S. 1 AktG) geht über eine bloße Kontrolle hinaus, denn obgleich in der Abschlussprüfung aufgrund des hohen Potentials für Interessenkonflikte der Unternehmensleitung die Aufsichtsfunktion als wesentlich angesehen wird[1207],

---

1200 BGHZ 135, S. 245, S. 255 f. („*ARAG-Garmenbeck*"); *Doralt* in Semler/v. Schenck, ARHdb, § 13, Rn. 47; *Hopt/Roth*, GroßKomm-AktG, § 111, Rn. 284; *Hüffer*, AktG, § 116, Rn. 5; *Ulmer/Habersack*, MitbestimmungsR, § 25 MitbestG, Rn. 93; ferner *Dreher*, ZHR 158 (1994), S. 618 ff. und Pkt. 5.5.1 S. 1 DCGK; zu Interessenkonflikten von Aufsichtsratsmitgliedern *Lutter/Krieger*, Rechte und Pflichten des Aufsichtsrats, Rn. 766 ff.; *Krebs*, Interessenkonflikte bei Aufsichtsratsmandaten in der Aktiengesellschaft, S. 65 ff.; vgl. auch die Empfehlungen Pkt. 5.5.2 bis 5.5.4 DCGK.
1201 *Hüffer*, AktG, § 111, Rn. 5, vgl. auch *Berrar*, DB 2001, S. 2182 und 2186; *Paefgen*, Unternehmerische Entscheidungen und Rechtsbindung der Organe der AG, S. 13 ff.
1202 *Jürgens/Lippert*, Kommunikation und Wissen im Aufsichtsrat, Abbildung 49, S. 72.
1203 *Hopt/Roth*, GroßKomm-AktG, § 111, Rn. 583.
1204 Die folgende Darstellung stellt diejenigen (Mit)entscheidungsrechte heraus, deren Schnittstelle zur Unternehmensführung besonders anschaulich ist. Für die weiteren Kompetenzen siehe oben § 9 IV 1 b und c.
1205 Differenzierend zwischen der Statuierung von Zustimmungsvorbehalten und der Entscheidung in Ausübung dieses Zustimmungsvorbehaltes *Mertens*, ZGR 1977, S. 280.
1206 *Höpner*, Unternehmensmitbestimmung unter Beschuss, S. 12.
1207 Vgl. Empfehlung 2005/162/EG der Europäischen Kommission zu den Aufgaben von nicht geschäftsführenden Direktoren/Aufsichtsratsmitgliedern börsennotierter Gesellschaften sowie zu

4. Kapitel. Funktion und Wirkung der Regelungen des Wechselspiels

trägt der Aufsichtsrat durch seine Entscheidung gleichzeitig die Mitverantwortung für die Bilanzpolitik der Gesellschaft und für die Bildung von Rücklagen aus dem Jahresüberschuss nach § 58 Abs. 2 S. 1 AktG[1208]. Die Unternehmensführung betreffende Entscheidungen obliegen dem Aufsichtsrat zudem durch seine Zustimmungsrechte nach § 59 Abs. 3 AktG (Abschlagszahlung auf den Bilanzgewinn)[1209] und gemäß §§ 204 Abs. 1 S. 1, 203 Abs. 2 AktG (Bedingungen der Aktienausgabe und Ausschluss des Bezugsrechts bei der genehmigten Kapitalerhöhung)[1210].

Ferner liegt in der Aufgabe den Vorstand zu bestellen, eine aktive Einflussnahme des Aufsichtsrates auf die Grundsätze der Unternehmenspolitik, da auch die Ausübung dieser Kompetenz eigene Zielvorstellungen der Leitung erfordert[1211]. Fast ebenso wichtig ist es, Vorstandsmitglieder wieder abzuberufen, wenn sie den Anforderungen nicht (mehr) entsprechen[1212]. Der Aufsichtsrat kann hingegen die Leitungskompetenz des Vorstandes nicht dadurch für sich in Anspruch nehmen, dass er dem Vorstand geschäftspolitische Bedingungen auferlegt[1213]. Schließlich kann der Aufsichtsrat durch den Erlass der Geschäftsordnung des Vorstands gemäß § 77 Abs. 2 AktG auch organisatorisch auf dessen Arbeit Einfluss nehmen[1214].

bb. Rechtstatsächliche Zusammenarbeit

Neben diesen, von der gesetzlichen Zuständigkeitsordnung angelegten Überschneidungen arbeiten der Vorstand und Aufsichtsrat rechtstatsächlich zusammen.

So wird beispielsweise der Aufsichtsrat bei der Bestellung eines weiteren Vorstandsmitglieds jedenfalls bei großen Unternehmen im engsten Einvernehmen mit dem Vorstand handeln: Zwar darf sich der Aufsichtsrat von Rechts wegen nie seiner Entscheidungsfreiheit begeben, er wäre aber schlecht beraten, wenn er begründete Bedenken gegen einen von ihm ausgewählten Kandidaten nicht beachten würde[1215]. Nach Pkt. 5.1.2 S. 2 DCGK „soll" der Aufsichtsrat auch mit dem Vorstand für eine langfristige Nachfolgeplanung sorgen. In Großunternehmen mit einem starken Vorstandsvorsitzenden kommen die Vorschläge für ein neues Vorstandsmitglied sogar meistens von diesem selbst und erst wenn sich der Vorstand einig ist, wird der ausgewählte Kandidat dem Vorsitzenden des Aufsichtsrats vorgestellt, wogegen ebenfalls rechtlich solange nichts einzuwenden ist, wie die Mit-

---

den Ausschüssen des Verwaltungs-/Aufsichtsrats vom 15. Februar 2005 (Abl. EU L 52/51), Erwägungsgrund (9).
1208 *Kropff*, MünchKomm-AktG, § 172, Rn. 3.
1209 Die praktische Bedeutung dieser Norm ist aber gering, *Hueck/Windbichler*, GesR, § 30, Rn. 21.
1210 *Hopt/Roth*, GroßKomm-AktG, § 111, Rn. 283.
1211 *Immenga*, ZGR 1977, S. 251.
1212 *Semler*, FS Peltzer, S. 491; *Semler/Spindler*, MünchKomm-AktG, Vor § 76, Rn. 240 und 241 (2. Auflage).
1213 Die Nichtbeachtung deartiger Bedingungen ist kein Abberufungsgrund, *Wiesner*, Münch-Hdb-GesR, Band 4, § 19, Rn. 16, siehe schon oben § 9 IV 1 b.
1214 *Hopt/Roth*, GroßKomm-AktG, § 111, Rn. 339.
1215 *Semler*, FS Lutter, S. 722/723.

glieder des Aufsichtsrates (und nicht nur der Vorsitzende) die Eignung des Kandidaten mit der notwendigen Sorgfalt festgestellt haben[1216].

Ferner werden die wesentlichen Entscheidungen für die Zukunft des Unternehmens tatsächlich von den Vorsitzenden der Organe Vorstand und Aufsichtsrat getroffen und jeder der beiden Vorsitzenden übernimmt es, die getroffenen Grundentscheidungen in dem von ihm geleiteten Organ durchzusetzen[1217]. Dies entspricht auch insofern der Empfehlung von Pkt. 5.2 Abs. 3 DCGK, als der Aufsichtsratsvorsitzende ausdrücklich den Kontakt zum Vorstand halten soll. Der Aufsichtsratsvorsitzende ist daher auch das wichtigste Bindeglied zwischen dem Aufsichtsrat und dem Vorstand[1218].

b. Szenarien des Interessenkonflikts und Interessengleichlaufs

Die (Mit)Entscheidungsrechte können, unter Nutzung der Informationsrechte, neben der Eignung als Mittel der Kontrolle und Überwachung des Vorstandes auch Instrumente des Interessengleichlaufs und Interessenkonflikts darstellen. Dies gilt insbesondere für die Personalkompetenzen des Aufsichtsrats, denn vor allem die Bestellung des Vorstands umfasst nicht nur eine personelle Komponente, sondern unter Beachtung der statuarischen Grenzen auch eine Richtungsentscheidung über die zukünftige Geschäftspolitik und die strategische Ausrichtung des Unternehmens[1219]. Diese kann der Aufsichtsrat indes nur treffen, wenn er vor der Personalentscheidung die Unternehmensstrategie definiert und sie zum Maßstab seiner Personalauswahl erhebt[1220]. Da dem Vorstand vor allem bei seiner Bestellung an einem deutlichen Mehrheitsvotum gelegen sein dürfte, hat auch die Arbeitnehmerbank einen „Faustpfand"[1221].

Ist die fünfjährige Amtszeit des Vorstandes abgelaufen, kann ihn der Aufsichtsrat für bis zu fünf weitere Jahre wiederbestellen oder seine Amtszeit verlängern, § 84 Abs. 1 S. 1 und 2 AktG. In einer Situation des Interessengleichlaufs wird der Aufsichtsrat seine Personalkompetenzen in diesem Sinne ausüben. Lassen sich Vorbehalte des Aufsichtsrates gegenüber den vom Vorstand formulierten Zielen und den angestrebten Maßnahmen – z.B. bezüglich der Unternehmenspolitik – hingegen

---

1216 *Semler,* FS Lutter, S. 723; auch die Initiative zur Auswahl der Aufsichtsratsmitglieder liegt in Großunternehmen meist beim Vorstand, *Altmeyer,* Interessenmanager vor neuen Herausforderungen, S. 43; ausführlich zu Recht und Wirklichkeit bei der Wahl der Aufsichtsratsmitglieder *Roth/Wörle,* ZGR 2005, S. 575 ff.
1217 *Semler,* FS Lutter, S. 730 ff. In der Auswahl der Aufsichtsratsmitglieder, die zum Vorsitzenden oder Stellvertretenden gewählt werden können, sind die nach § 27 Abs. 1 und 2 MitbestG wahlberechtigten Gremien frei, *Ulmer/Habersack,* Mitbestimmungsrecht, § 27 MitbestG, Rn. 3. Nach einem erfolglosen zweiten Wahlgang wird der Aufsichtsratsvorsitzende von den Anteilseignervertretern gewählt, § 27 Abs. 2 S. 2 MitbestG. In der Regel wird daher der Aufsichtsratsvorsitzende ein Vertreter der Kapitalseite sein.
1218 *Bernhardt/Witt,* Die Beurteilung der Aufsichtsräte und ihrer Arbeiten, S. 327.
1219 *Oetker,* Aufsichtsrat/Board, S. 263.
1220 *Oetker,* Aufsichtsrat/Board, S. 263.
1221 *Rieble,* Tarifautonomie und Unternehmensmitbestimmung, S. 50; zur Willensbildung im Aufsichtsrat schon oben § 9 IV 1 *Exkurs.*

4. Kapitel. Funktion und Wirkung der Regelungen des Wechselspiels

auch nicht im kritischen Dialog mit dem Vorstand ausräumen, bleibt dem Aufsichtsrat nur, den Vorstand auszuwechseln[1222] oder sein Amt selbst niederzulegen[1223]. Vor allem in einem Zeitfenster von weniger als fünf Jahren kann der Aufsichtsrat durch die Abberufung des Vorstandes, die allerdings nur aus wichtigem Grund statthaft ist, eine von ihm abgelehnte Geschäftspolitik verhindern oder sogar die von ihm gewünschte Geschäftspolitik erzwingen[1224].

Ebenso kann die Billigung des Jahresabschlusses durch den Aufsichtsrat und damit einhergehend sein Einfluss auf die Bilanzpolitik der Gesellschaft im Fall eines Interessenkonflikts anders ausfallen als bei gleichlaufenden Interessen. Grundsätzlich dürften im Anschluss vor allem die Arbeitnehmervertreter ein Interesse daran haben, dass ein möglichst hoher Anteil des erzielten Jahresüberschusses nach § 58 Abs. 2 S. 1 AktG in Rücklagen eingestellt wird. In diesem Sinne sind im Übrigen auch Koalitionen der Arbeitnehmervertreter mit Mehrheitseignervertretern zu Lasten der Minderheitsaktionäre denkbar, da letztere an einer hohen Ausschüttung interessiert sein werden.

c. Zwischenergebnis

Die gesetzliche Zuständigkeitsordnung verpflichtet zwar jedes Aufsichtsratsmitglied, Eingriffe in das Tagesgeschäft zu vermeiden[1225], auf die Wahrnehmung der Leitungsaufgaben kann der Aufsichtsrat jedoch im Wege seiner Beratungs- und (Mit)Entscheidungsrechte Einfluss nehmen. Letztere dienen dabei nicht nur einer Kontrolle und Überwachung der Vorstandstätigkeit, sondern können auch als Instrumente des Interessengleichlaufs und des Interessenkonflikts mit der Unternehmensführung fungieren.

3. Einfluss der Arbeitnehmerinteressen

Mit der Möglichkeit des Aufsichtsrats im Wege seiner (Mit)Entscheidungskompetenzen auf die Unternehmensführung Einfluss zu nehmen, stellt sich die Frage nach der Rolle der Arbeitnehmervertreter im Aufsichtsrat, die nach ganz herrschender Meinung wie alle Aufsichtsratsmitglieder an das Unternehmensinteresse gebunden sind[1226].

[1222] *Hopt/Roth*, GroßKomm-AktG, § 111, Rn. 287; *Löbbe*, Unternehmenskontrolle im Konzern, S. 37.
[1223] *Semler*, Leitung und Überwachung der Aktiengesellschaft, Rn. 216.
[1224] *Kropff* in Semler/v.Schenck, ARHdb, § 8, Rn. 5.
[1225] *Kropff* in Semler/v.Schenck, ARHdb, § 8, Rn. 5.
[1226] Vgl. etwa *Lutter/Krieger*, Rechte und Pflichten des Aufsichtsrats, Rn. 765; *Mertens*, Köln-Komm-AktG, Vorbem § 95, Rn. 9 ff. und 15; *Ulmer/Habersack*, Mitbestimmungsrecht, § 25 MitbestG, Rn. 93 a; Pkt. 5.5.1 S. 1 DCGK.

§ 10 Funktions- und Wirkungsanalyse

a. Rolle der Arbeitnehmervertreter im Aufsichtsrat

Durch die Besetzung des Aufsichtsrats mit Arbeitnehmervertretern wird der Einfluss von Arbeitnehmerinteressen institutionell ermöglicht. Jedes einzelne Aufsichtsratsmitglied trifft aber beim Prozess der gemeinsamen Willensbildung des Kollegialorgans eine Abwägungspflicht, deren inhaltliche Überprüfung von dem Gebot bestimmt wird, nicht sachblind und ohne Rücksicht auf die Belange anderer Unternehmensbeteiligter zu entscheiden[1227].

Rein theoretisch ist die Durchsetzbarkeit von Arbeitnehmerbelangen durch die Arbeitnehmervertreter im Aufsichtsrat bei einer Minderheitsbeteiligung nach dem DrittelbG nicht so stark wie bei einer paritätischen Besetzung des Aufsichtsrats nach MitbestG, MontanMitbestG und MitbestErgG[1228]. Da die Unternehmensmitbestimmung jedenfalls kein spezifisches Konfliktlösungsinstrument bereithält, werden Einigungsblockaden durch das Mehrheitserfordernis und im Fall des MitbestG mit Hilfe des Zweitstimmrechts des Aufsichtsratsvorsitzenden gelöst[1229]. Praktisch werden die Konflikte zwischen Arbeitnehmer- und Anteilseignervertretern in der Regel aber außerhalb des Aufsichtsrates geklärt, denn häufig finden vorbereitende Treffen statt, bei denen kritische Punkte der Tagesordnung besprochen werden und Mitglieder des Vorstandes teilnehmen, um Kompromisse und endgültige Lösungen zu erarbeiten[1230]. Im Aufsichtsrat findet daher oft keine Meinungsbildung statt, sondern es werden bereits vorher festgelegte Positionen mit der Arbeitnehmerseite diskutiert und nur noch formal beschlossen[1231]. Eine Entmachtung der Aufsichtsräte wird daher durch die Unternehmensmitbestimmung insofern gesehen, als vertrauliche Themen in den Aufsichtsratssitzungen kaum mehr angesprochen werden. Kontroverse Themen oder detaillierte Kontrollfragen würden von den Anteilseignervertretern nicht geäußert, da der Vorstand vor den Arbeitnehmern nicht bloßgestellt werden soll[1232]. Kritische Auseinandersetzungen im Aufsichtsrat würden meistens nur Betriebsschließungen oder Unternehmensausgliederungen betreffen[1233] und die Arbeitnehmervertreter seien in ihrer Tätigkeit überwiegend auf Personal- und Sozialthemen fokussiert[1234].

1227 *Ensch*, Institutionelle Mitbestimmung und Arbeitnehmereinfluss, S. 232/233.
1228 Zum Einfluss der Zusammensetzung der Anteilseignerseite auf die Durchsetzung der Arbeitnehmerbelange vgl. *Köstler/Zachert/Müller*, Aufsichtsratspraxis, Rn. 114.
1229 Vgl. *Rieble*, Tarifautonomie und Unternehmensmitbestimmung, S. 51; zur Willensbildung und zu den Mehrheitserfordernissen im Aufsichtsrat siehe oben § 9 IV 1 *Exkurs*.
1230 *Schmitz*, Praktische Ausgestaltung der Überwachungstätigkeit des Aufsichtsrates in Deutschland, S. 238. Beispielsweise im Aufsichtsrat von *Daimler Chrysler* (jetzt *Daimler AG*) war die Ausübung des Zweitstimmrechts des Aufsichtsratsvorsitzenden wegen eines Patts (bisher) nur bei einer einmaligen Gelegenheit erforderlich (Kooperation von *Chrysler* mit dem chinesischen Autohersteller *Chery*), vgl. Süddeutsche Zeitung vom 20. März 2007, S. 17.
1231 *Altmeyer*, Interessenmanager vor neuen Herausforderungen, S. 78.
1232 *Junker*, ZfA 2005, S. 42; *Lutter*, AG 1994, S. 176/177; dagegen *Höpner*, Unternehmensmitbestimmung unter Beschuss, S. 29.
1233 *Klinkhammer*, FS Stahlhacke, S. 283.
1234 *Schiessl*, ZHR 167 (2003), S. 254; damit werde die umfassende Kontrollfunktion des Aufsichtsrats faktisch verengt, *Neubürger*, Modernisierungsbedarf der Mitbestimmung, S. 128.

4. Kapitel. Funktion und Wirkung der Regelungen des Wechselspiels

Unterschiedlich wird die Rolle der Arbeitnehmervertreter bei der Bestellung und Abberufung des Vorstandes bewertet. Einerseits wird argumentiert, dass Arbeitnehmerinteressen in die Leitung der AG faktisch durch den Vorstand einfließen, denn die Vorstandsmitglieder werden bei der Erfüllung ihrer Leitungsaufgaben im Rahmen des rechtlich Zulässigen auch Arbeitnehmerinteressen im Auge behalten, um nicht ihre Wiederbestellung zu gefährden[1235]. Nach anderer Ansicht ist die Auswahl und Bestellung der Vorstände durch den Aufsichtsrat eher theoretisch, denn sie wird faktisch von der Kapitaleignerseite vorgenommen[1236].

Die Meinungen gehen auch in der Frage auseinander, ob aufgrund der Unternehmensmitbestimmung die Kataloge zustimmungspflichtiger Geschäfte bewusst klein gehalten werden. Nach Einführung der Unternehmensmitbestimmung sei zu beobachten gewesen, dass aus Furcht vor dem Einfluss der Arbeitnehmerseite die Listen zustimmungspflichtiger Geschäfte vollständig gestrichen wurden[1237]. Dagegen gibt es jedoch Erhebungen, wonach die Möglichkeit der Entmachtung des Aufsichtsrats durch eine Streichung der Zustimmungsvorbehalte jedenfalls nicht konsequent genutzt wurde und es sogar, wenn auch in geringerem Ausmaß, Fälle einer Zunahme von Zustimmungskatalogen gegeben habe[1238].

b. Verhältnis zur betrieblichen Mitbestimmung und zu den Gewerkschaften

Die Rolle der Arbeitnehmervertreter hängt aber auch davon ab, wie sie mit den betrieblichen Interessenvertretern sowie den Gewerkschaften zusammenwirken[1239].

Zwar steht der Aufsichtsrat rein rechtlich in keinerlei besonderer Beziehung zum Betriebsrat, sein Gesprächspartner ist der Vorstand[1240]. Wegen der Angewiesenheit des Vorstands auf die Erleichterung konsensfähiger Lösungen mit dem Betriebsrat komme es aber in der Praxis regelmäßig zu Vorbesprechungen mit den dem Betriebsrat angehörenden Mitgliedern der Arbeitnehmerbank im Aufsichtsrat[1241]. Auf diesem Wege würden zahlreiche strategische Überlegungen vorgefiltert, so

---

1235 *Kort*, GroßKomm-AktG, § 76, Rn. 56.
1236 *Klinkhammer*, FS Stahlhacke, S. 283.
1237 *Lambsdorff*, Die Überwachungstätigkeit des Aufsichtsrats, S. 223.
1238 Vgl. *Höpner*, Unternehmensmitbestimmung unter Beschuss, S. 11.
1239 Zu den rechtlichen Überschneidungen von Aufsichtsrats- und Betriebsratsaufgaben unten III 3 b.
1240 *Lutter/Krieger*, Rechte und Pflichten des Aufsichtsrats, Rn. 38.
1241 *Bertelsmann Stiftung/Hans-Böckler-Stiftung*, Mitbestimmung und neue Unternehmenskulturen – Bilanz und Perspektiven, S. 103. Das Bedürfnis des Vorstands nach Konsens mit dem Betriebsrat kann aber zu strafrechtlich relevantem Missbrauch führen, siehe z.B. die Verurteilung des ehemaligen VW-Arbeitsdirektors und Personalvorstandes *Peter Hartz* durch die 6. Strafkammer des Landgerichts Braunschweig am 25. Januar 2007 wegen Verstoßes gegen § 119 Abs. 1 Nr. 3 BetrVG, da er sich durch Zahlung von 1 950 600 Euro brutto an den ehemaligen VW-Gesamtbetriebsratsvorsitzenden *Klaus Volkert* dessen „Wohlwollen" sichern wollte, download des Urteils unter www.landgericht-braunschweig.niedersachsen.de/master/C35266380_N7049238_L20_D0_I4818522. html, letzter Abruf Juli 2008; zum aktuellen Ermittlungsverfahren im Fall *Siemens* siehe z.B. Süddeutsche Zeitung vom 28. März 2007, S. 1, vom 29. März 2007, S. 3, S. 21 und 25, vom 31. März/ 1. April 2007, S. 25; zu § 119 BetrVG unten III 1 b.

dass der Großteil der Entscheidungen im Aufsichtsrat einstimmig ausfällt[1242]. Eine „Verbetrieblichung" der Unternehmensmitbestimmung drücke sich ferner darin aus, dass sich die Vertreter der Arbeitnehmer, die zumeist auch Betriebsratsmitglieder sind, in der Mehrzahl der Unternehmen vor allem zu den personalwirtschaftlichen Aspekten von im Aufsichtsrat zu beschließenden Maßnahmen zu Wort melden[1243].

Der Bericht der „Kommission Mitbestimmung" von 1998 stellte zudem fest, dass die leitenden Betriebsratsmitglieder die Belegschaft in der Regel auch im Aufsichtsrat vertreten und ihre unternehmensrechtliche Position im Wesentlichen zur Erweiterung ihrer betriebsverfassungsrechtlichen Informations- und Handlungsmöglichkeiten nutzen[1244]. Oftmals ist es mindestens ein Betriebsratsmitglied, zumeist der Vorsitzende, das dem Aufsichtsrat der jeweiligen Sparte angehört[1245]. Begünstigt wird eine derartige Personalunion, die nicht von der Inkompatibilitätsvorschrift des § 105 Abs. 1 AktG erfasst und damit zulässig ist, im Rahmen des MontanMitbestG und DrittelbG. Nach § 6 MontanMitbestG werden zwei der vier Arbeitnehmervertreter durch die Betriebsräte des Unternehmens gewählt und dem Wahlorgan nach Beratung mit den Gewerkschaften vorgeschlagen. § 6 DrittelbG sieht ein gleichberechtigtes Wahlvorschlagsrecht der Betriebsräte und der Arbeitnehmer des Betriebes vor.

Trotz der Zulässigkeit wird die Besetzung der Arbeitnehmerposten im Aufsichtsrat mit Betriebsratsmitgliedern kritisch gesehen. Zum einen könne dies zu Problemen bei der Verschwiegenheitspflicht der Arbeitnehmervertreter gegenüber dem Betriebsrat führen[1246]. Zum anderen widerspreche die Personalunion dem Anliegen, Interessenkonflikte von Aufsichtsratsmitgliedern zu vermeiden, denn anzunehmen, ein Betriebsratsmitglied könne in Wahrung seiner Überwachungsfunktion als Aufsichtsratsmitglied Entscheidungen beanstanden, die es selbst mit getroffen hat, wäre lebensfremd[1247]. Schwerwiegend seien zudem Fälle, in denen Arbeitnehmervertreter im Aufsichtsrat ihre Zustimmung zu Entscheidungen im Auf-

---

1242 *Weiss,* Mitbestimmung auf Unternehmens- und Betriebsebene, Verzahnung oder Kumulation, S. 12.
1243 *Bertelsmann Stiftung/Hans-Böckler-Stiftung,* Mitbestimmung und neue Unternehmenskulturen – Bilanz und Perspektiven, S. 96; *Schiessl,* ZHR 167 (2003), S. 254; siehe auch soeben oben a.
1244 *Bertelsmann Stiftung/Hans-Böckler-Stiftung,* Mitbestimmung und neue Unternehmenskulturen – Bilanz und Perspektiven, S. 30.
1245 Vgl. Studie von *Altmeyer,* Interessenmanager vor neuen Herausforderungen, S. 350.
1246 *Weiss,* Mitbestimmung auf Unternehmens- und Betriebsebene, Verzahnung oder Kumulation?, S. 16; vgl. auch die Reformvorschläge hierzu bei *Löwisch,* Mitbestimmung auf Unternehmens- und Betriebsebene – Koordination oder Kumulation, S. 29; zur Verschwiegenheitspflicht schon oben I 1 b.
1247 *Löwisch,* Mitbestimmung auf Unternehmens- und Betriebsebene – Koordination oder Kumulation?, S. 27/28, mit Kritik an der Empfehlung 2005/162/EG der Europäischen Kommission zu den Aufgaben von nicht geschäftsführenden Direktoren/Aufsichtsratsmitgliedern börsennotierter Gesellschaften sowie zu den Ausschüssen des Verwaltungs-/Aufsichtsrats vom 15. Februar 2005 (Abl. EU L 52/51) insofern, als in Nr. 1b der Anlage II zum Profil der unabhängigen nicht geschäftsführenden Direktoren bzw. Aufsichtsratsmitglieder erklärt wird, dass Arbeitnehmer dann ausnahmsweise diese Posten einnehmen dürfen, wenn sie im Rahmen „eines gesetzlich anerkannten Systems der Arbeitnehmervertretung" gewählt wurden.

4. Kapitel. Funktion und Wirkung der Regelungen des Wechselspiels

sichtsrat von Zugeständnissen und Vorbedingungen auf der betrieblichen Ebene abhängig machen[1248]. Andererseits können Arbeitnehmervertreter eine wichtige informelle Rolle spielen, denn gegenseitig hemmende Strategien sind zumindest teilweise auf unzureichenden Informationsfluss zwischen kontrahierenden Parteien zurückzuführen[1249].

Die Personenidentität auf Arbeitnehmerseite soll sich aber auch bei Tarifauseinandersetzungen fortsetzen, denn der Gesamt- oder Konzernbetriebsratsvorsitzende hat oft auch Sitz und Stimme im Aufsichtsrat sowie darüber hinaus noch in den Tarifgremien der für diese Unternehmen zuständigen Gewerkschaft[1250]. Teilweise wird auch der Posten des stellvertretenden Aufsichtsratsvorsitzenden mit einem unternehmensexternen Gewerkschaftsfunktionär besetzt[1251]. Das kann dazu führen, dass im Aufsichtsrat Positionen eingenommen werden, die allein mit externen Entwicklungen im politischen oder tariflichen Raum korrespondieren, aber betriebs- oder unternehmensinterne Abläufe verzögern oder gar verhindern[1252].

Exkurs: Arbeitsdirektor

Zudem gibt es eine „Sonderbeziehung" zwischen dem Arbeitsdirektor und den Arbeitnehmervertretern im Aufsichtsrat. So entspricht es etwa ständiger Übung in allen Montangesellschaften, dass der Arbeitsdirektor die Arbeitnehmerbank im Vorfeld der quartalsmäßig stattfindenden Sitzungen des Aufsichtsrates hautnah informiert[1253]. Ferner ist in Abstimmung mit der Arbeitnehmerbank die Praxis anzutreffen, ein Gewerkschaftsmitglied zum Arbeitsdirektor zu berufen und der Arbeitnehmerseite damit zusätzliche Einflusskanäle zu öffnen[1254].

c. Zwischenergebnis

Die Arbeitnehmervertreter im Aufsichtsrat haben – im Gegensatz zum spanischen Recht der Arbeitnehmerbeteiligung – tatsächliche und direkte Einflussmöglichkeiten auf die Unternehmensführung, wobei aber die Eigenverantwortlichkeit der Leitung immer gewahrt bleiben muss. Die Arbeitnehmervertreter im Aufsichtsrat sind wie die Vertreter der Anteilseigner an das Unternehmensinteresse gebunden. Sie dürfen daher den Arbeitnehmerinteressen im Fall einer Interessenkollision nicht einseitig Vorrang einräumen[1255]. Tatsächlich sind Interessenkonflikte auf-

---

1248 *Gentz*, Mitbestimmung auf Unternehmens- und Betriebsebene – Verzahnung oder Kumulation?, S. 36; *Rieble*, Tarifautonomie und Unternehmensmitbestimmung, S. 44.
1249 *Kraakman/Davies/Hansmann/Hertig/Hopt/Kanda/Rock*, The Anatomy of Corporate Law, S. 63.
1250 *Klosterkemper*, FS Wissmann, S. 467, mit dem prominenten „*Lufthansa/Bsirske*" – Beispiel einer Interessenkonstellation durch Doppelfunktion (S. 464); hierzu auch *Rieble*, Tarifautonomie und Unternehmensmitbestimmung, S. 56.
1251 *Höpner*, Unternehmensmitbestimmung unter Beschuss, S. 12 mit Beispielen.
1252 *Klosterkemper*, FS Wissmann, S. 465.
1253 *Klinkhammer*, FS Stahlhacke, S. 283.
1254 *Höpner*, Unternehmensmitbestimmung unter Beschuss, S. 12 mit Beispielen.
1255 Vgl. *Ulmer/Habersack*, Mitbestimmungsrecht, § 25 MitbestG, Rn. 93 a.

grund der häufigen Besetzung von Arbeitnehmerposten im Aufsichtsrat mit Betriebsratsmitgliedern und Gewerkschaftsfunktionären wohl kaum vermeidbar.

4. Zusammenfassung

Kernaufgabe der Aufsichtsratstätigkeit ist die Überwachung und Kontrolle der Unternehmensführung durch den Vorstand, was eine Verpflichtung zur Tatsachenfeststellung, zur Urteilsbildung und zur Einwirkung beinhaltet[1256]. Zu diesem Zweck stehen dem Aufsichtsrat zahlreiche Informations-, Beratungs- und (Mit)Entscheidungsrechte zur Verfügung, die in diesem Sinne gleichzeitig als Instrumente des Interessengleichlaufs und des Interessenkonflikts dienen können. Die Arbeitnehmervertreter haben dabei die Möglichkeit, direkt auf die Unternehmensführung einzuwirken.

III. Das Gebot der Zusammenarbeit als Steuerungsinstrument des BetrVG

Das Gebot der vertrauensvollen Zusammenarbeit in § 2 Abs. 1 BetrVG hat nicht zum Ziel, die Interessengegensätze zwischen Arbeitgeber und Arbeitnehmer bzw. Betriebsrat aufzuheben oder die Durchsetzung der wechselseitigen Interessen zu vereiteln[1257]. Es soll den Interessenkonflikt vielmehr steuern[1258] und der Herstellung eines Interessengleichlaufs dienen[1259]. Im Unterschied zum spanischen Recht, wo sich langsam und ohne gesetzliche Vorgaben eine Verhandlungskultur zu entwickeln beginnt, ist Kooperation in der deutschen Betriebsverfassung kein unverbindlicher Programmsatz, sondern unmittelbar geltendes Recht, das stets bei der Auslegung und Anwendung der Rechte und Pflichten aus dem BetrVG zu beachten ist (siehe schon oben § 7 II 2). Unter diesem Blickwinkel sollen im Folgenden die Beteiligungsrechte der Arbeitnehmervertretung auf ihre Funktion und Wirkung sowie im Hinblick auf das Wechselspiel von Unternehmensführung und Arbeitnehmerinteressen untersucht werden.

1. Ausübung und Sicherung der Beteiligungsrechte

Die Untersuchung der Wirkung der betrieblichen Mitbestimmung in Spanien hatte unter anderem zum Ergebnis, dass die rechtstatsächliche Relevanz der schwächeren Beteiligungsrechte vor allem im Zusammenspiel mit den stärkeren zu suchen ist. Bedeutung hatte dies aufgrund ihrer nicht ausreichend gewährleisteten Durchsetzbarkeit vor allem für die Informationsrechte, teilweise aber auch für die Anhörungs- und Beratungsrechte. Die deutsche Betriebsverfassung stellt hingegen

---

1256 *Semler*, Leitung und Überwachung der Aktiengesellschaft, Rn. 99.
1257 Schaub/*Koch*, ArbR-Hdb, § 215, Rn. 12.
1258 *Wiedemann*, GesR, Band I, § 6 II 1, S. 314; vgl. auch schon oben § 7 I 2.
1259 Kooperatives Verhalten bedeutet unter anderem, dass das Verhalten auf das Erreichen gemeinsamer Ziele gerichtet ist, *Ruppert*, PersV 1998, S. 92.

4. Kapitel. Funktion und Wirkung der Regelungen des Wechselspiels

zahlreiche Regelungen bereit, die sicherstellen sollen, dass der Arbeitgeber die Beteiligungsrechte der betrieblichen Arbeitnehmervertreter beachtet.

a. Initiativrechte

Die Ausübung der Beteiligungsrechte des Betriebsrats kann zum einen dadurch garantiert werden, dass er nicht nur darauf beschränkt ist, einer vom Arbeitgeber geplanten Regelung, ggf. nach einzelnen Modifikationen, zuzustimmen, sondern auch von sich aus die Regelung einer Angelegenheit anstreben kann, wenn der Arbeitgeber selbst an einer solchen Regelung oder an einer Regelung überhaupt nicht interessiert ist[1260].

Da die Betriebsparteien gemäß § 74 Abs. 1 S. 2 BetrVG stets mit dem Willen zur Einigung verhandeln sollen und eine völlige Verweigerungshaltung gegenüber Vorschlägen der anderen Partei einen Verstoß gegen dieses Gebot darstellt bzw. beide Seiten eine Einlassungs- und Erörterungspflicht trifft[1261], muss sich der Arbeitgeber zunächst grundsätzlich mit den Vorschlägen des Betriebsrats befassen. Das gilt naturgemäß auch für das Antragsrecht des Betriebsrats nach § 80 Abs. 1 Nr. 2, 3 und 7 BetrVG[1262]. Die Art der Erledigung steht aber im Ermessen des Arbeitgebers[1263].

In einigen Fällen ist vom Gesetzgeber ausdrücklich bestimmt worden, dass der Arbeitgeber die Vorschläge des Betriebsrats mit diesem auch zu beraten hat (vgl. oben § 9 II 2 b aa). Am stärksten ist das Initiativrecht aber in den Fällen, wo der Betriebsrat von sich aus eine Entscheidung verlangen kann und im Weigerungsfall die Einigungsstelle anrufen kann (vgl. oben § 9 IV 2 b bb). Weigert sich der Arbeitgeber, den Betriebsfrieden störende Arbeitnehmer zu entfernen, kann der Betriebsrat sogar das Arbeitsgericht anrufen (§ 104 S. 2 BetrVG). Neben diesen ausdrücklich geregelten Initiativrechten kann sich schließlich aus dem Sinn und Zweck der gesetzlichen Regelung ein solches ergeben[1264]. Bejaht wird dies für die (Mit)Entscheidungsrechte nach § 87 Abs. 1 BetrVG[1265], da die Norm der gleichberechtigten Teilhabe von Arbeitgeber und Betriebsrat dienen soll[1266].

b. Rechtsfolgen der Nichtbeachtung und Durchsetzung

Neben den Initiativrechten sind die an die Nichtbeachtung geknüpften Rechtsfolgen und Fragen der Durchsetzung von wesentlicher Bedeutung für die Sicherung der Beteiligungsrechte. Zum einen besteht ein mittelbarer Druck, den Betriebsrat an betrieblichen Maßnahmen zu beteiligen, wenn diese Maßnahmen ansonsten

---

1260 *Matthes,* MünchHdb-ArbR, Band 3, § 327, Rn. 35.
1261 *Lorenz,* HaKo-BetrVG, § 74, Rn. 4.
1262 *v. Hoyningen-Huene,* BetriebsverfassungsR, § 11, Rn. 10.
1263 *Hromadka/Maschmann,* Arbeitsrecht Band 2, § 16, Rn. 351.
1264 *Junker,* GK Arbeitsrecht, § 10, Rn. 705; *Matthes,* MünchHdb-ArbR, Band 3, § 327, Rn. 40.
1265 *Richardi/Richardi,* BetrVG, § 87, Rn. 65–74.
1266 *Kothe,* HaKo-BetrVG, § 87, Rn. 18.

unwirksam sind[1267]. Dies betrifft beispielsweise § 102 Abs. 1 S. 3 BetrVG, wonach eine ohne die Anhörung des Betriebsrats vorgenommene Kündigung unwirksam ist. Auch im Rahmen des § 87 BetrVG führt die Missachtung der Beteiligungsrechte des Betriebsrats nach überwiegender Ansicht zur Unwirksamkeit der Maßnahme[1268].

Daneben kann der Betriebsrat in den gesetzlich bestimmten Fällen bei Meinungsverschiedenheiten mit dem Arbeitgeber einseitig die Einigungsstelle anrufen (siehe schon oben § 9 IV 2bb und dd). Da das Einigungsstellenverfahren den Rechtsweg gemäß § 76 Abs. 7 BetrVG nicht ausschließt, hat der Betriebsrat auch die Möglichkeit, gegen den Arbeitgeber im arbeitsgerichtlichen Beschlussverfahren nach §§ 2a Abs. 1 Nr. 1, 80ff. ArbGG vorzugehen. Auf diesem Weg kann der Betriebsrat durch einen Feststellungsantrag klären lassen, ob ihm ein bestimmtes Beteiligungsrecht zusteht und mittels eines Leistungsantrags dieses durchsetzen (z. B. Einblick in Unterlagen, Beratung)[1269]. Bei groben Verstößen des Arbeitgebers gegen seine Pflichten aus dem BetrVG steht dem Betriebsrat zudem ein gerichtlich durchsetzbarer Unterlassungsanspruch nach § 23 Abs. 3 BetrVG zu. Umstritten ist in diesem Zusammenhang, ob auch ohne die erschwerende Voraussetzung der Grobheit des Verstoßes bzw. in jedem Fall der Betriebsrat vom Arbeitgeber die Unterlassung einer beteiligungspflichtigen Maßnahme bis zum Abschluss des Beteiligungsverfahrens verlangen kann[1270].

Schließlich kann eine Verletzung betriebsverfassungsrechtlicher Pflichten die Straf- und Bußgeldvorschriften der §§ 119ff. BetrVG erfüllen: So stellt beispielsweise die Behinderung der Betriebsratswahlen einen Straftatbestand nach § 119 Abs. 1 Nr. 1 BetrVG dar und die wahrheitswidrige Erfüllung von Aufklärungs- und Auskunftspflichten kann gemäß § 121 BetrVG mit einer Geldbuße von bis zu 10000 Euro geahndet werden.

c. Zwischenergebnis

Im Unterschied zum spanischen Recht hat der Betriebsrat in Deutschland zum einen die Möglichkeit, aus Eigeninitiative Beteiligungsrechte geltend zu machen. Zum anderen kann die Arbeitnehmervertretung die Nichtbeachtung ihrer Informationsrechte auf jeden Fall im Wege des arbeitsgerichtlichen Beschlussverfahrens direkt geltend machen. Vergleichbar sind aber die Rechtsfolgen einer Nichtbeachtung der Anhörungs- und Beratungsrechte des Betriebsrats, denn diese kann zur Unwirksamkeit der Maßnahme führen.

1267 *Junker,* GK Arbeitsrecht, § 10, Rn. 707.
1268 Sog. Theorie der Wirksamkeitsvoraussetzung: vgl. BAG 1 AZR 690/95 vom 9. Juli 1996, AP Nr. 86 zu § 87 BetrVG 1972; *Fitting,* BetrVG, § 87, Rn. 599; *Hromadka/Maschmann,* Arbeitsrecht Band 2, § 16, Rn. 436; *Junker,* GK Arbeitsrecht, § 10, Rn. 736; *Wiese,* GK-BetrVG, Band II, § 87, Rn. 98. Dagegen die Minderansicht der sog. Theorie vom Regelungsanspruch: *Worzalla* in H/S/W/G/N, BetrVG, § 87, Rn. 83ff.; *Richardi/Richardi,* BetrVG, § 87, Rn. 104ff.
1269 *Hromadka/Maschmann,* Arbeitsrecht Band 2, § 16, Rn. 90 und 91.
1270 Zum Streit über den sog. allgemeinen Unterlassungsanspruch siehe ausführlich *Matthes,* MünchHdb-ArbR, § 329, Rn. 15–44.

4. Kapitel. Funktion und Wirkung der Regelungen des Wechselspiels

2. Instrumente der Konfliktlösung und des Interessenausgleichs

Der Arbeitgeber muss im Rahmen der betrieblichen Kooperation für den notwendigen Informationsaustausch in allen betriebsverfassungsrechtlichen Belangen sorgen. Das Maß der Erforderlichkeit ist an die Aufgaben der Vertretung geknüpft, d.h. sie geht nur so weit, wie der Betriebsrat gesetzliche Aufgaben hat[1271]. Ebenso wie im spanischen Recht ist Information damit Grundvoraussetzung für eine effektive Wahrnehmung aller weiteren Beteiligungsrechte und auch die im Rahmen der Anhörungs- und Beratungsrechte erlangten Kenntnisse kommen vor allem bei der Wahrnehmung der (Mit)Entscheidungsrechte zum Tragen. Für die Untersuchung des Wechselspiels von Unternehmensführung und Arbeitnehmerinteressen soll daher wie für das spanische Recht der Schwerpunkt auf den Möglichkeiten einer gleichberechtigten Beteiligung der Arbeitnehmervertretung liegen.

a. Einigungsstellenverfahren und arbeitsrechtliches Beschlussverfahren

Nach dem Bericht der „Kommission Mitbestimmung" von 1998 sorgt der Betriebsrat in der Praxis oft als arbeitsplatznahe Instanz für den Kommunikationsfluss und die Moderation zwischen den Interessen der Arbeitnehmer und der Vorgesetzten, so dass die gesetzlichen Beteiligungsrechte des Betriebsrates erst bei Konflikten ins Spiel kommen[1272].

Während im spanischen Recht der betrieblichen Mitbestimmung die Verwirklichung der Beteiligungsrechte im Konfliktfall durch das Streikrecht und die außergerichtlichen Konfliktlösungsverfahren gesichert wird, dient diesem Zweck im deutschen Recht vor allem das Einigungsstellenverfahren und das arbeitsrechtliche Beschlussverfahren[1273]. Die Fälle, in denen der Betriebsrat ein gleichberechtigtes Entscheidungsrecht hat und im Fall einer Nichteinigung mit dem Arbeitgeber die Einigungsstelle entscheidet, betreffen soziale, personelle und auch wirtschaftliche Angelegenheiten (vgl. ausführlich oben § 9 IV 2 b bb). Bei einem Interessenausgleich über geplante Betriebsänderungen oder bei einer Einigung über den Sozialplan können der Unternehmer und der Betriebsrat ferner die Bundesagentur für Arbeit um Vermittlung ersuchen, vgl. § 112 Abs. 2 S. 1 BetrVG. Hier wird das Interesse des Arbeitgebers am Konsens aber auch bereits qua Rechtsnorm durch den drohenden Anspruch aus § 113 Abs. 3 BetrVG und die Erzwingbarkeit des Sozialplans hergestellt[1274].

In der betrieblichen Praxis werden nur 2% der Meinungsverschiedenheiten zwischen den Betriebspartnern vor den Einigungsstellen und Gerichten ausgetragen und über 75% der Anträge im Beschlussverfahren nach §§ 80ff. ArbGG nichtstrei-

---

1271 *Edenfeld*, Recht der Arbeitnehmermitbestimmung, S. 44 f.
1272 *Bertelsmann Stiftung/Hans-Böckler-Stiftung,* Mitbestimmung und neue Unternehmenskulturen – Bilanz und Perspektiven, S. 77.
1273 Vgl. Schaub/*Koch,* ArbR-Hdb, § 230, Rn. 11 (Die Anrufung der Einigungsstelle kommt nur nach Erschöpfung der innerbetrieblichen Verhandlungen zum Zug).
1274 *Windbichler,* ZfA 1991, S. 46.

tig erledigt[1275]. Zu 98% werden Konflikte daher formell oder informell zwischen dem Betriebsrat und der Betriebsleitung auf der betrieblichen Ebene gelöst[1276].

b. Betriebsvereinbarungen und „betriebliche Bündnisse"

Betriebsvereinbarungen (und Regelungsabsprachen) über Fragen wie unter anderem die Einführung von Arbeitszeitkonten, die Steuerung und Kontrolle des Mitarbeitereinsatzes sowie die Einführung von Prämiensystemen werden (daher) als Beispiele der Praxis für „vertrauensvolle Zusammenarbeit" ausgewiesen[1277]. In 99% aller Unternehmen, die 100 oder mehr Beschäftigte sowie einen Betriebsrat haben, gibt es mindestens eine solche Vereinbarung, im Schnitt sind es sogar 14[1278], und die behandelten Themen betreffen eine Vielzahl betrieblicher Angelegenheiten, von der Arbeitsorganisation über die Beschäftigungssicherung bis hin zum Umweltschutz[1279].

Zunehmend sollen aber auch viele betriebliche Regelungen den offenen Tarifbruch riskieren, indem sie durch „betriebliche Bündnisse"[1280] ohne Mitwirkung der Tarifvertragsparteien maßgebende Tarifstandards unterschreiten[1281]. Die Zustimmung vieler Betriebsräte war oft nicht zuletzt dadurch bedingt, dass sie die schwierige Wettbewerbslage ihrer Firmen kannten und sich mit Zugeständnissen des Arbeitgebers wider dem Inhalt von Tarifverträgen wenigstens befristet sein Versprechen einhandelten, von betriebsbedingten Kündigungen oder sogar von bereits fest geplanten Verlagerungsmaßnahmen ins Ausland abzusehen[1282]. Das praktische Bedürfnis für solche „Bündnisse für Arbeit" ist daher groß[1283]. Inhalt-

---

[1275] Teilweise Zahlen von 2001, teilweise Schätzungen bei *Sieg*, 50 Jahre BAG, S. 1333 und 1363; vgl. ferner *Hundt*, Mediation und Betriebsverfassung, S. 191: Nach einer empirischen Untersuchung in 115 befragten größeren und großen Unternehmen wird das Konfliktaufkommen zwischen Arbeitgeber und Betriebsrat mehrheitlich mit „selten" beschrieben.
[1276] *Sieg*, 50 Jahre BAG, S. 1331 (nach *Niedenhoff/Reiter*, Der Umgang mit Konflikten im Betrieb, 2001, S. 7), für ein Praxisbeispiel interner Schlichtung siehe S. 1352 ff.
[1277] *Reuer/Klemann/Schoch*, AuA 1998, S. 41–44.
[1278] Vgl. *Nienhüser/Hoßfeld*, Magazin Mitbestimmung 07/2004.
[1279] Vgl. die Auswertungen abgeschlossener Betriebsvereinbarungen unter www.boeckler.de/cps/rde/xchg/SID-3D0AB75D-49E63F3A/hbs/hs.xsl/73692.html, letzter Abruf Juli 2008.
[1280] Auch „betrieblicher Pakt" oder „Standortsicherungsvereinbarung". Derartige Vereinbarungen haben sich seit den 90er Jahren vor allem in Großunternehmen entwickelt und unterscheiden sich dadurch von der Betriebsvereinbarung, dass auch Themen verhandelt werden, die dem Direktionsrecht des Arbeitgebers und der Regulierung der Tarifparteien unterliegen, *Rehder*, Betriebliche Bündnisse für Arbeit in Deutschland, S. 15; seit 1990 ist der Anteil der 120 größten Unternehmen, in denen solche Bündnisse geschlossen werden, auf die Hälfte gewachsen, *Streeck/Rehder*, Der Flächentarifvertrag, S. 7.
[1281] *Dieterich*, Die betriebliche Mitbestimmung im Zusammenspiel mit der Tarifautonomie, S. 66.
[1282] *Gentz*, FS Schaub, S. 206.
[1283] *Kort*, 50 Jahre BAG, S. 755, der unter anderem das Beispiel „Burda" nennt; in der „Burda"-Entscheidung des BAG 1 ABR 72/98 vom 20. April 1999, AP Nr. 89 zu Art. 9 GG, wurde geprüft, ob der Arbeitgeber vom maßgebenden Tarifvertrag abweichen kann, wenn dies mit dem Betriebsrat so vorgesehen ist und mit allen Arbeitnehmern einzelvertraglich vereinbart wurde. Nach Ansicht des Gerichts sind Abweichungen vom Tarifvertrag nach dem Günstigkeitsprinzip des § 4 Abs. 3 TVG jedoch nur dann zulässig, wenn die zu vergleichenden Regelungen in einem Sachzusammenhang

4. Kapitel. Funktion und Wirkung der Regelungen des Wechselspiels

lich lassen sie sich in lohnsenkende und produktivitätsfördernde Investitionsvereinbarungen sowie lohnsenkende und arbeitsumverteilende Beschäftigungsvereinbarungen einteilen[1284]. Aus Sicht der Arbeitgeberseite haben sie die Sicherung und Förderung der Wettbewerbsfähigkeit zum Ziel, für die Arbeitnehmer bedeuten sie Zusagen im Bereich der Beschäftigungssicherung, Beschäftigungsförderung und die Absicherung von Auszubildenden sowie Investitions- und Produktionszusagen[1285].

Allerdings hat die hierdurch bedingte Schwächung des Flächentarifvertrages „noch nicht zu einem Zusammenbruch des zentralen Lohnverhandlungssystems in Deutschland geführt"[1286]. Statt von einem „Abbau" des Flächentarifvertrags müsse auch eher von einem „Anbau" an denselben gesprochen werden[1287]. Zwar entwickelten sich die betrieblichen Bündnisse zunächst flächentarifwidrig, mittlerweile haben die vom Flächentarifvertrag abweichenden Bündnisse aber überwiegend die Form von Haustarifverträgen und die übrigen Abweichungen vom Tarifvertrag kommen fast ausschließlich durch die Nutzung tariflicher Öffnungsklauseln zustande, so dass in Großunternehmen ein Tarifbruch so gut wie nicht (mehr) stattfinde[1288]. Dieser Wandel könne durchaus als Fortsetzung eines seit langem in Gang befindlichen Prozesses der „Verbetrieblichung" bezeichnet werden, auch wenn er an der Existenz von Flächentarifvertrag und Gewerkschaften bis heute nichts geändert hat[1289].

Aufgrund der veränderten Bedingungen unternehmerischer Tätigkeit im globalen Wettbewerb verlieren die regionalen und fachlichen Grenzen der Tarifgebiete jedenfalls ihre Wettbewerbsrelevanz; die großen Unterschiede in der Marktsituation der Unternehmen und schnell wechselnde Rahmenbedingungen führen zu einem Bedürfnis nach Dezentralisierung und Flexibilität[1290]. Kritiker des Flächentarifvertrags fordern wohl deshalb weiterhin, dass die Aushandlung von Löhnen und Arbeitszeiten noch stärker als bisher auf die betriebliche Ebene verlagert wird[1291].

---

stehen, was zwischen Arbeitszeit und Arbeitsentgelt einerseits und Beschäftigungsgarantie andererseits nicht der Fall sei; hierzu *Federlin*, 50 Jahre BAG, S. 647 ff.; *Kort*, 50 Jahre BAG, S. 753 ff.; zum Günstigkeitsprinzip bei „betrieblichen Bündnissen für Arbeit" ferner *Heise*, 50 Jahre BAG, S. 657 ff.
1284 *Streeck/Rehder*, Der Flächentarifvertrag, S. 7 f.
1285 *Rehder*, Betriebliche Bündnisse für Arbeit in Deutschland, S. 75 und 77.
1286 *Rehder*, Betriebliche Bündnisse für Arbeit in Deutschland, S. 16–17 (Diese Feststellung soll jedoch nur für die westdeutschen Unternehmen gelten, da in den ostdeutschen Unternehmen der Flächentarifvertrag aufgrund des Scheiterns der Übertragung der westdeutschen Institutionen als Regelfall nie gegolten habe.).
1287 *Streeck/Rehder*, Der Flächentarifvertrag, S. 5.
1288 *Streeck/Rehder*, Der Flächentarifvertrag, S. 9–10.
1289 *Streeck/Rehder*, Der Flächentarifvertrag, S. 16 f.
1290 *Dieterich*, Die betriebliche Mitbestimmung im Zusammenspiel mit der Tarifautonomie, S. 64/65, Der Prototyp der Tarifautonomie sei daher auch nicht der Flächentarifvertrag, denn fast die Hälfte aller registrierten Tarifverträge sind Haustarifverträge, S. 63.
1291 Vgl. *Nienhüser/Hoßfeld*, Magazin Mitbestimmung 07/2004.

§ 10 Funktions- und Wirkungsanalyse

c. Zwischenergebnis

Die deutsche Betriebsverfassung kennt keine dem spanischen Recht vergleichbaren Instrumente der Konfliktaustragung. Hier stehen Verhandlungen mit dem Ziel eines Interessenausgleichs im Vordergrund. Bei Ausbleiben einer Einigung kommen das Einigungsstellenverfahren und das arbeitsgerichtliche Beschlussverfahren zum Tragen. Tatsächlich ist dies aber nur in einer verschwindend geringen Zahl der Fall, was sich nicht zuletzt auf Dauer und Kosten des Verfahrens zurückführen lassen dürfte.

Gleichzeitig entwickeln Gegenstände der Tarifpolitik, die zur Vermeidung von Konflikten gerade nicht im Kompetenzbereich der Betriebsparten liegt, über Öffnungsklauseln und „betriebliche Bündnisse" einen zunehmenden Unternehmensbezug[1292]. Das Bedürfnis nach Dezentralisierung und Flexibilisierung hat bemerkenswerter Weise wie in Spanien und damit den unterschiedlichen gesetzlichen Regelungen zum Trotz zu einer „Verbetrieblichung" der Tarifpolitik geführt. Juristische Auseinandersetzungen über diese Bündnisse werden oft von außen, meist von gegen ihren Willen ausgeschlossenen Gewerkschaften, und ohne Zutun der Betriebspartner ausgelöst[1293], was die Geeignetheit von Verhandlungslösungen als Instrument des Interessenausgleichs unterstreicht.

3. Schnittstellen von Unternehmensführung und Arbeitnehmerinteressen

Seit der Erweiterung der Rechte des Betriebsrates mit dem BetrVG 1972 wird diskutiert, ob und inwieweit sich der Betriebsrat zu einer Art „Co-Management" entwickelt hat. Verbreitet ist die Auffassung, dass die Beteiligungsrechte des Betriebsrates da eine Grenze finden müssen, wo durch sie die Entscheidungsfreiheit der Unternehmensführung in einem bestimmten Ausmaß beeinträchtigt wird, sei es, dass sie diese unmittelbar berühren oder in ihren Kern eingreifen[1294]. Manche sehen in den Beteiligungsrechten des Betriebsrates sogar eine verfassungswidrige Verletzung der „unternehmerischen" Entscheidungsfreiheit des Arbeitgebers[1295]. Überwiegend ist man in Rechtsprechung und Lehre jedoch der Ansicht, dass die Beteiligungsrechte des Betriebsrates nicht unter dem allgemeinen Vorbehalt stehen, nicht in die „unternehmerische" Entscheidungsfreiheit eingreifen zu dürfen[1296], denn sie berühren diese zwangsläufig[1297]. Beide Fragen können und sollen hier nicht beantwortet werden, zumal dies für jeden Tatbestand einzeln zu ent-

---

[1292] *Rieble,* Tarifautonomie und Unternehmensmitbestimmung, S. 44.
[1293] *Streeck/Rehder,* Der Flächentarifvertrag, S. 7.
[1294] *Rüthers,* ZfA 1973, S. 413 ff. und S. 423; *Martens,* RdA 1989, S. 164 ff.
[1295] Ausführlich *Weingart,* Betriebliche Mitbestimmung und unternehmerische Entscheidungsfreiheit, 1992, der einen Verstoß gegen Artt. 14 Abs. 1, 12 Abs. 1 und 9 Abs. 1 GG bejaht (S. 183).
[1296] BAG 1 ABR 27/80 vom 31. August 1982, AP Nr. 8 zu § 87 BetrVG 1972; *Fitting,* BetrVG, § 87, Rn. 22; Richardi/*Richardi,* BetrVG, § 87, Rn. 41; *Kreutz,* GK-BetrVG, Band II, § 87, Rn. 144, aber einschränkend Rn. 146; Stege/*Weinspach/Schiefer,* BetrVG, § 87, Rn. 14a.
[1297] *Matthes,* MünchHdb-ArbR, Band 3, § 327, Rn. 46.

4. Kapitel. Funktion und Wirkung der Regelungen des Wechselspiels

scheiden wäre. Vielmehr ist im Interesse des Rechtsvergleichs aufzuzeigen, ob und wie die betriebliche Mitbestimmung in Deutschland mehr Einflussmöglichkeiten auf die Entscheidungen der Unternehmensführung einräumt als in Spanien.

a. Rechtlicher und rechtstatsächlicher Einfluss auf die Unternehmensführung

Wie im spanischen Recht bleiben die Beteiligungsrechte bei sozialen und personellen Maßnahmen nicht grundsätzlich ohne Rückwirkung auf die Unternehmensführung. Für ein Unternehmen ist es von großer Bedeutung, ob und inwieweit Überstunden angeordnet, Versetzungen vorgenommen oder die Arbeitszeit gestaltet werden kann[1298]. Für seine Marktstrategie muss die Unternehmensleitung beispielsweise in Rechnung stellen, dass die vorübergehende Verkürzung oder Verlängerung der betriebsüblichen Arbeitszeit nach § 87 Abs. 1 Nr. 3 BetrVG der gleichberechtigten Entscheidung des Betriebsrates unterliegt[1299]. Bei Neueinstellungen ist das Beteiligungsrecht nach § 99 BetrVG zu respektieren und auch bei Fragen der betrieblichen Lohngestaltung muss der Betriebsrat nach § 87 Abs. 1 Nr. 10 BetrVG gleichberechtigt beteiligt werden. Die Beteiligung des Betriebsrates bei Betriebsänderungen ist zwar dahingehend begrenzt, dass der Betriebsrat nur ein Beratungsrecht bei der Maßnahme hat und es insoweit genügt, dass der Unternehmer mit dem Betriebsrat einen Interessenausgleich versucht (§§ 111 S. 1, 112 Abs. 1 bis 3 BetrVG). Da durch einen Sozialplan dem Unternehmer aber gegen seinen Willen erhebliche finanzielle Belastungen auferlegt werden können, hat auch dieses (Mit)Entscheidungsrecht Auswirkungen auf die Entscheidung der Unternehmensführung[1300].

Tatsächlich deckt der Betriebsrat nach einer empirischen Studie in allen Betrieben die gesamte Themenpalette des BetrVG ab[1301]. Die „Kommission Mitbestimmung" stellte 1998 zudem die Einbeziehung der betrieblichen Interessenvertretung in die Vorbereitung und Umsetzung von Entscheidungen als auffällig fest. Dies gelte vor allem im Rahmen von Projektgruppen, wo die Unterschiede zwischen Interessenvertretung einerseits und Beteiligung an den Leitungsfunktionen des Unternehmens andererseits verschwimmen[1302]. Nach demselben Bericht nehmen die Betriebsräte auch die Aufgabe wahr, die unvermeidlichen Konsequenzen einer wettbewerbsgerechten Umstrukturierung gegenüber der Belegschaft zu vertreten

---

[1298] *Hromadka/Maschmann*, Arbeitsrecht Band 2, § 16, Rn. 99.
[1299] Richardi/*Richardi*, BetrVG, Einl., Rn. 53.
[1300] Richardi/*Richardi*, BetrVG, Einl., Rn. 53. Die Möglichkeit eines Aufeinandertreffens der betrieblichen und der Unternehmensmitbestimmung im Fall einer Betriebsänderung war auch Gegenstand der Erörterungen in BVerfGE 50, S. 290, S. 327 („Mitbestimmungsurteil"). Das Gericht lehnte die Frage einer „Überparität" durch das Nebeneinander mit einem Hinweis auf die verschiedenen Beschlussverfahren in den Organen – Zeitstimmrecht des Aufsichtsratsvorsitzenden im Fall eines Patts und Spruch der Einigungsstelle bei Nicht-Einigung mit dem Betriebsrat – ab, da nicht erkennbar sei, aus welchem Grund das Gewicht der Arbeitnehmerseite vermehrt werde; zur Frage der „Überparität" in der (damaligen) Diskussion siehe z. B. *Erdmann*, RdA 1976, S. 87 ff.
[1301] Vgl. *Altmeyer*, Interessenmanager vor neuen Herausforderungen, S. 110.
[1302] *Bertelsmann Stiftung/Hans-Böckler-Stiftung*, Mitbestimmung und neue Unternehmenskulturen – Bilanz und Perspektiven, S. 76.

und durchzusetzen[1303]. Zudem wird vermutet, dass Betriebsräte angesichts ihrer aus Sicht der Unternehmensleitung strategisch wichtigen Position über entsprechende Informationen weit früher verfügen als diese in den Aufsichtsrat gelangen[1304]. Die Einflussmöglichkeiten der betrieblichen Arbeitnehmervertretung sind deshalb nicht isoliert zu sehen, sondern müssen im Zusammenhang mit den Kompetenzen des Aufsichtsrates und der Unternehmensmitbestimmung betrachtet werden.

b. Verschränkung mit Aufsichtsratsaufgaben

Dass Betriebsratsmitglieder oftmals gleichzeitig einen Arbeitnehmervertreterposten im Aufsichtsrat haben, wurde bereits festgestellt (siehe oben II 3 b). Das BetrVG verknüpft die Kompetenzen von Betriebsrat und Aufsichtsrat aber auch sachlich.

Überschneidungen können sich beispielsweise bei Zustimmungsgeschäften des Aufsichtsrates nach § 111 Abs. 4 S. 2 AktG wie etwa Standortentscheidungen oder Umstrukturierungen des Unternehmens ergeben, da diese in der Regel zugleich Betriebsänderungen im Sinne von § 111 BetrVG darstellen[1305]. Allerdings wird betont, dass sich die Beteiligung des Aufsichtsrates auf das „ob" der Maßnahme bezieht, während der Betriebsrat erst bei den Einzelheiten der Ausgestaltung des Interessenausgleichs oder des Sozialplans einzubeziehen ist. Richtig im Sinne einer Koordination von Unternehmensmitbestimmung und betrieblicher Mitbestimmung sei daher, dass das Planungsstadium in § 111 S. 1 BetrVG erst einsetzt, wenn das Unternehmen den prinzipiellen Entschluss zur Vornahme einer Betriebsänderung gefasst hat[1306]. Über den Interessenausgleich mit dem Betriebsrat könne sich der Unternehmer zudem zugunsten seiner ursprünglich geplanten Maßnahme stets hinwegsetzen (vgl. § 113 BetrVG)[1307]. Dieser Argumentation wird aber entgegengesetzt, dass Folgekosten die Entscheidung über das „ob" einer Maßnahme wesentlich beeinflussen und beide Fragen damit untrennbar ineinander fließen[1308].

Eine weitere Verschränkung mit den Rechten des Aufsichtsrats wird in § 92a BetrVG gesehen, wonach der Betriebsrat Vorschläge zur Sicherung und Förderung der Beschäftigung machen kann, die unter anderem Alternativen zur Ausgliederung von Arbeit oder ihrer Vergabe an andere Unternehmen sowie zum Produktions- und Investitionsprogramm zum Gegenstand haben können. Mit der an das Vor-

---

1303 *Bertelsmann Stiftung/Hans-Böckler-Stiftung*, Mitbestimmung und neue Unternehmenskulturen – Bilanz und Perspektiven, S. 75.
1304 *Weiss*, Mitbestimmung auf Unternehmens- und Betriebsebene – Verzahnung oder Kumulation?, S. 12.
1305 Zur Gefahr eines „Gesamtverhandlungspaket" im Aufsichtsrat siehe schon oben II 3 b.
1306 *Löwisch*, Mitbestimmung auf Unternehmens- und Betriebsebene – Koordination oder Kumulation?, S. 22 und 26 (Entsprechendes müsse für den Planungsbeschluss nach § 97 Abs. 2 BetrVG gelten).
1307 *Braun*, Die Sicherung der Unternehmensmitbestimmung im Lichte des europäischen Rechts, S. 188.
1308 Vgl. *Weiss*, Mitbestimmung auf Unternehmens- und Betriebsebene – Verzahnung oder Kumulation?, S. 12/13.

4. Kapitel. Funktion und Wirkung der Regelungen des Wechselspiels

schlagsrecht geknüpften Beratungspflicht werde die Unternehmerseite einem doppelten Argumentationszwang unterworfen, denn sie muss Entscheidungen zum Produktions- und Investitionsprogramm nicht nur dem Aufsichtsrat begründen, sondern auch gegenüber dem Betriebsrat[1309]. Auch die Gegenstände, die in den betriebsverfassungsrechtlichen Gremien, vor allem in den Wirtschaftsausschüssen und in den Aufsichtsräten zu behandeln sind, seien weitgehend identisch: So müssen die Unternehmensstrategie, die Unternehmensplanung einschließlich der Investitionsplanung und der Personalplanung, Standortfragen, organisatorische Veränderungen und die wirtschaftliche Entwicklung einschließlich der Jahresabschlüsse und der Zwischenergebnisse im Wirtschaftsausschuss oder Konzernwirtschaftsausschuss erläutert und beraten werden[1310].

c. Gewerkschaftsinteressen als weitere Dimension

Neben der Überschneidung betrieblicher Beteiligungsrechte mit Aufsichtsratskompetenzen kann die betriebliche Mitbestimmung ferner nicht als unabhängig von der Tarifautonomie und den Gewerkschaftsinteressen bezeichnet werden. Zwar ist die Arbeitnehmervertretung der Betriebsverfassung rein rechtlich eine Interessenvertretung der Belegschaft. Tatsächlich sind jedoch Mitglieder des Betriebsrats oftmals gleichzeitig Gewerkschaftsmitglieder. Etwa vier Fünftel aller Betriebsratsmandate sollen regelmäßig auf Grundlage der von den Gewerkschaften getragenen Listen von Gewerkschaftsmitgliedern errungen werden[1311]. Aktuelle Erhebungen aus dem Jahr 2006 kommen allerdings zu anderen und zu unterschiedlichen Ergebnissen: Einerseits soll der gewerkschaftliche Organisationsgrad bei 73% und der Anteil der Unorganisierten bei 21,2% gelegen haben[1312]. Andererseits wurde ermittelt, dass 47,5% der Betriebsratsmitglieder auf keiner Gewerkschaftsliste kandidiert haben[1313].

Unzulässig ist eine derartige Personalunion jedenfalls nicht, vielmehr dürfen Arbeitnehmer, die Aufgaben im Rahmen des BetrVG übernehmen, hierdurch nicht in der Betätigung für eine Gewerkschaft beeinträchtigt werden (§ 74 Abs. 3 BetrVG). Die Tätigkeit für die Gewerkschaft darf allerdings auch nicht die Neutralität bei der Wahrnehmung des Betriebsratsamtes berühren (§ 75 BetrVG).

Grundsätzlich ist von Größe und Organisationsgrad der Belegschaft, Einstellung des Unternehmers (bis hin zu seiner Abhängigkeit vom gewerkschaftlichen Einfluss im Aufsichtsrat), der Tatsache, ob sich die Gewerkschaft dem Wettbewerb mit

---

[1309] *Löwisch,* Mitbestimmung auf Unternehmens- und Betriebsebene – Koordination oder Kumulation?, S. 22 und 24.
[1310] *Gentz,* Mitbestimmung auf Unternehmens- und Betriebsebene – Verzahnung oder Kumulation?, S. 34.
[1311] *Gamillscheg,* Kollektives Arbeitsrecht, Band I, § 6, S. 243.
[1312] *Wassermann/Rudolph,* Magazin Mitbestimmung 12/2006, mit Erklärungsversuch zu den abweichenden Daten.
[1313] Informationsdienst des Instituts der deutschen Wirtschaft Köln, iwd – Nr. 40 vom 5. Oktober 2006, S. 2, abrufbar unter www.iwkoeln.de/default.aspx?p=pub&i=1934&pn=2&n=n1934&m=pub&f=4&a=19671, letzter Abruf Juli 2008.

§ 10 Funktions- und Wirkungsanalyse

anderen Gewerkschaften oder Außenseitern gegenüber sieht usw. abhängig, ob der Betriebsrat „verlängerter Arm der Gewerkschaft" ist oder die Gewerkschaften überall von ihm neutralisiert werden[1314]. Der zunehmende Unternehmensbezug der Tarifpolitik über Öffnungskauseln und „betriebliche Bündnisse" (siehe oben 2 b) würde jedenfalls koalitionspolitisch bedeuten, dass die Gewerkschaften in den Betrieben und Unternehmen nicht nur organisiert werden müssen, sondern dass sie dort auch über Macht verfügen[1315].

d. Zwischenergebnis

Ebenso wie im spanischen Recht kann die betriebliche Arbeitnehmervertretung in Deutschland grundsätzlich nur mittelbar auf die Unternehmensführung Einfluss nehmen. Sie zeichnet sich ferner gleichermaßen durch eine deutliche „Vergewerkschaftung" aus.

Die Befugnisse der betrieblichen Arbeitnehmervertretung reichen in Deutschland dennoch vor allem deshalb weiter, weil sie einerseits die Möglichkeit hat, den Ausgleich der wirtschaftlichen Nachteile für die Arbeitnehmer bei Betriebsänderungen zu erzwingen. Zum anderen können die Berührungspunkte von Betriebsrats- und Aufsichtsratstätigkeit zu einer tatsächlichen Stärkung des Arbeitnehmereinflusses auf die Unternehmensführung führen.

4. Zusammenfassung

Das Gebot der Zusammenarbeit findet seinen Niederschlag in der Funktion der einzelnen Beteiligungsrechte, denn sie sind auf die Herstellung eines Interessenausgleichs und nicht auf die Austragung von Konflikten zugeschnitten. Auch tatsächlich wird eine Lösung von Konflikten im Verhandlungswege bevorzugt, was die äußerst seltene Inanspruchnahme des Einigungsstellen- und Beschlussverfahrens zeigt. Der Einfluss der Arbeitnehmerinteressen auf die Unternehmensführung ist dabei zwar nur mittelbar möglich, unübersehbar ist aber eine Tendenz zur Entscheidungsverlagerung auch in tariflichen Fragen auf die Betriebs- bzw. Unternehmensebene. Die Wechselspielkonstellationen des Interessengleichlaufs sowie der Überwachung und Kontrolle sind ebenso wie im spanischen Recht nicht mehr als indirekt (mit)geregelt.

[1314] *Gamillscheg*, Kollektives Arbeitsrecht, Band I, § 6, S. 243.
[1315] *Rieble*, Tarifautonomie und Unternehmensmitbestimmung, S. 44.

4. Kapitel. Funktion und Wirkung der Regelungen des Wechselspiels

IV. Ergebnis: Funktionale sowie rechtstatsächliche Divergenzen und Konvergenzen

Die Untersuchung von Funktion und Wirkung der Regelungen des deutschen und spanischen Rechts der Arbeitnehmerbeteiligung hat gezeigt, dass es Divergenzen aber auch Gemeinsamkeiten zwischen beiden Rechtsordnungen gibt.

In Bezug auf die Funktion der Beteiligungsrechte ist zunächst festzustellen, dass sich die betriebliche Mitbestimmung in Deutschland und Spanien insofern ähnelt, als sie nur für Szenarien des Interessenkonflikts und des Interessenausgleichs Regelungsinstrumente zur Verfügung stellt. Überwachung und Kontrolle werden nur mittelbar reguliert. Zum anderen kommen die schwächeren Beteiligungsrechte wie Informations- und Anhörungs- sowie teilweise Beratungsrechte in beiden Rechtsordnungen vor allem erst durch die Wahrnehmung der stärksten Beteiligungsrechte, d.h. der (Mit)Entscheidungsrechte, zum Tragen. Diese Wirkungsweise ist damit nicht für eine der beiden Rechtsordnungen spezifisch.

Gleiches gilt nur teilweise für die deutsche Unternehmensmitbestimmung, denn hier dienen alle Beteiligungsrechte des Aufsichtsrats seiner zentralen Aufgabe, die Vorstandstätigkeit zu überwachen und zu kontrollieren. Die Beteiligungsrechte sind dabei gleichzeitig auch Instrumente zur Regelung eines Interessengleichlaufs oder Interessenkonflikts mit der Unternehmensführung. Allerdings kommen auch im Aufsichtsrat beispielsweise die Informationsrechte vor allem im Rahmen der (Mit)Entscheidungsrechte zum Tragen, so dass diese Funktionalität nicht für eine bestimmte Form der Arbeitnehmerbeteiligung charakteristisch ist.

Die Durchsetzung der Beteiligungsrechte wird in beiden Rechtsordnungen auf unterschiedlichem Wege gewährleistet. Rein rechtlich bleibt vor allem die Durchsetzung und Sicherung der Informationsrechte der betrieblichen Interessenvertretungen in Spanien hinter den deutschen Mechanismen zurück. Faktisch können die spanischen Arbeitnehmervertretungen ihre Interessen aber jederzeit im Wege eines Streiks durchsetzen[1316]. Tatsächlich wird dieser Weg den Arbeitnehmervertretungen bei Bagatellfällen aber nicht lohnenswert erscheinen. Realistischerweise muss man daher davon ausgehen, dass die Streikmöglichkeit vielmehr als Druckmittel und Anreiz für den Arbeitgeber, seinen Pflichten nachzukommen, dient.

Die Untersuchung der Wirkung der Beteiligungsrechte hat gezeigt, dass aufgrund von oftmals subjektiv gefärbten Einschätzungen und des nur ausschnittartig vorhandenen Datenmaterials Feststellungen nicht immer eindeutig getroffen werden können. Es lassen sich jedoch wichtige Tendenzen in beiden Rechtsordnungen festmachen. Zum einen kann nicht nur die deutsche Betriebsverfassung als ein „Recht des Interessenausgleichs" und „Recht der Konfliktlösung" bezeichnet werden[1317], sondern in bestimmter Hinsicht auch die betriebliche Mitbestimmung in Spanien. Ferner stellte sich für beide Rechtsordnungen heraus, dass die einzelnen

---
1316 *Altmeyer*, Interessenmanager vor neuen Herausforderungen, S. 16.
1317 Vgl. *Ruppert*, PersV 1998, S. 89.

Ebenen der Arbeitnehmerbeteiligung Verbindungen aufweisen. Für Deutschland gilt dies für die Unternehmensmitbestimmung und betriebliche Mitbestimmung sowie personell auch für die Gewerkschaften. In Spanien sind die beiden betrieblichen Interessenvertretungen rechtlich und auch tatsächlich eng miteinander verknüpft.

Sowohl in Deutschland als auch in Spanien wird schließlich – den unterschiedlichen gesetzlichen Vorgaben zum Trotz – von einer „Verbetrieblichung" der Tarifpolitik gesprochen. Zwar ist in Deutschland nicht mit einem Verschwinden der „typisch deutschen" Praxis, Tarifverträge durch Verbände für eine Vielzahl von Unternehmen abzuschließen, zu rechnen und auch die Tarifdeckung ist mit über 70% nach wie vor eine der höchsten weltweit[1318], das Bedürfnis nach Flexibilisierung und Dezentralisierung hat aber wie in Spanien zu tatsächlichen Veränderungen im Verhältnis von unternehmensübergreifender und betrieblicher Regelung geführt. Rechtstatsächliche Veränderungen betreffen in Spanien darüber hinaus den Rückgang der Streikhäufigkeit sowie die Tendenz zu außergerichtlichen Konfliktlösungsverfahren.

§ 11 Fazit: Funktion und Wirkung der Regelungen des Wechselspiels von Unternehmensführung und Arbeitnehmerinteressen

Die Untersuchung von Funktion und Wirkung der Regelungen des Wechselspiels von Unternehmensführung und Arbeitnehmerinteressen wurde mit der Frage eingeleitet, welchen Einfluss die Arbeitnehmer auf die Entscheidungen der Unternehmensleitung haben. Formal wurde festgestellt, dass die Beteiligungsrechte im deutschen Recht überwiegen. Rechtstatsächlich kann dies nur teilweise so stehen bleiben.

Zunächst kam auch die Untersuchung der Wirkung der Beteiligungsrechte zu dem Ergebnis, dass die betriebliche Mitbestimmung in Spanien den Arbeitnehmervertretern keinen unmittelbaren Einfluss auf die Entscheidungen der Unternehmensführung ermöglicht. Sie werden nur mittelbar bzw. aus ihrer Sicht an den Folgen der Entscheidungen beteiligt. Gleiches gilt grundsätzlich auch für die betriebliche Mitbestimmung in Deutschland, wo allerdings der Ausgleich wirtschaftlicher Nachteile bei Betriebsänderungen erzwingbar ist. Vor allem aber ermöglichen die Beteiligungsrechte des deutschen Aufsichtsrates und seine teilweise Besetzung mit Arbeitnehmervertretern einen unmittelbaren Einfluss auf die Unternehmensführung.

Einer Unternehmensmitbestimmung vergleichbare informelle Mechanismen gibt es in Spanien nicht. Das Interesse an den Acuerdo 1993 und 1986 bezog sich bezeichnenderweise vor allem auf die Errichtung paritätischer Informations- und

---

[1318] *Streeck/Rehder*, Der Flächentarifvertrag, S. 3.

4. Kapitel. Funktion und Wirkung der Regelungen des Wechselspiels

Kontrollkommissionen in der Unternehmensgruppe sowie die Instrumente außergerichtlicher Konfliktlösung, nicht aber auf die Entsendung von Gewerkschaftsvertretern in das Verwaltungsorgan. Formal sind die Druckmittel auf die Unternehmensleitung durch die Streikfähigkeit der spanischen Arbeitnehmervertretungen größer, die Streikhäufigkeit ist jedoch rückläufig und man neigt verstärkt zu außergerichtlichen Konfliktlösungsverfahren. Das Recht, Unternehmenstarifverträge zu verhandeln, wird jedoch mit deutlich steigender Tendenz genutzt. Der Einfluss auf die Unternehmensführung bleibt aber auch hier nicht mehr als mittelbarer Natur.

Damit ist die erste, das Kapitel einleitende These, dass die Beteiligungsrechte im deutschen Recht der Arbeitnehmerbeteiligung nur formal aber nicht zwingend rechtstatsächlich überwiegen, insofern zu verneinen, als die spanischen Arbeitnehmervertreter geringeren direkten Einfluss auf die Entscheidungen der Unternehmensführung haben.

Ferner dient Deutschland schon immer als Beispiel für eine Rechtsordnung, die auf Integration, Mitverantwortung für unternehmerische Entscheidungen und Konfliktpartnerschaft mit starker Kompromissorientierung setzt. Eine Gegenmachtstrategie, wie sie unter anderem in Spanien verbreitet sei, setze dagegen auf eine klare gewerkschaftliche Positionierung ohne Übernahme unternehmerischer Mitverantwortung, die eher konfliktorientiert ist und nur eine begrenzte Bereitschaft zur Kooperation erkennen lasse[1319]. Diese Einstellung der spanischen Gewerkschaften hat sich aber zugunsten von auf Verhandlungen basierenden Lösungen rechtstatsächlich verschoben. Der Raum für kooperative Elemente in der betrieblichen Mitbestimmung wird von den Betriebspartnern mittlerweile genutzt.

Angesichts der neuen Herausforderungen an Flexibilität und Dezentralisierung wird schließlich sowohl in Spanien als auch in Deutschland von einer Tendenz der „Verbetrieblichung" der Tarifpolitik gesprochen. Die zweite das Kapitel einleitende These, dass von einem gegensätzlichen Normgepräge nicht zwingend auf eine konträre Wirkungsweise geschlossen werden kann, ist damit zu bejahen. Die formal sehr divergenten Systeme weisen rechtstatsächlich Konvergenzen auf.

1319 Vgl. *Altmeyer*, Interessenmanager vor neuen Herausforderungen, S. 40/41.

§ 12 Schlussbetrachtung und Ausblick

Die Untersuchung hatte sich zum Ziel gesetzt, die Lösungs- und Bewältigungsstrategien des Wechselspiels von Unternehmensführung und Arbeitnehmerinteressen im Recht der deutschen und spanischen Arbeitnehmerbeteiligung sowohl hinsichtlich der formalen Ausgestaltung als auch in Bezug auf Funktion und Wirkung der einzelnen Regelungen zu durchdringen. Im Vordergrund stand hierbei zum einen, das spanische Recht auf (s)eine Regelung der betrieblichen und Unternehmensmitbestimmung hin zu untersuchen und die formale Gegensätzlichkeit zum deutschen Recht zu erklären. Zum anderen sollte der funktional vergleichende Ansatz dazu dienen, dieses Ergebnis kritisch zu hinterfragen und gleichzeitig ermöglichen, die eigenen Mechanismen einer Berücksichtigung der Arbeitnehmerinteressen bei Entscheidungen der Unternehmensführung vor dem Hintergrund der spanischen Regelung und mittels einer Funktions- und Wirkungsanalyse unter einem neuen Blickwinkel zu erschließen. Die Ergebnisse der Arbeit sind nachfolgend zusammengefasst (I) und es wird ein Ausblick auf die weitere Entwicklung des Rechts der Arbeitnehmerbeteiligung in Deutschland und Spanien gegeben (II).

I. Einfluss der Arbeitnehmerinteressen auf die Unternehmensführung im Recht der deutschen und spanischen Aktiengesellschaft

Als eines der Instrumente zur Systematisierung des Wechselspiels konnte zunächst der Begriff der Unternehmensführung im Sinne der Leitung einer Aktiengesellschaft durch Vorstand und *Consejo de Administración* anhand vergleichbarer Leitungsaufgaben und Leitungsziele für beide Rechtsordnungen beschrieben werden. Ausgehend von den Arbeitnehmerkriterien des deutschen und spanischen Individualarbeitsrechts und einer Zugehörigkeit zur Belegschaft des Unternehmens ließen sich im Anschluss auch die Arbeitnehmerinteressen im Wege eines kollektivistischen Ansatzes gleichermaßen formulieren.

Diese Festlegung der Begriffe des Arbeitstitels ermöglichte im Folgenden die Erarbeitung von Arbeitshypothesen für das Wechselspiel von Unternehmensführung und Arbeitnehmerinteressen, das es mit Hilfe der betrieblichen und Unternehmensmitbestimmung als in die Untersuchung einbezogene Regelungsinstrumente nun zu untersuchen galt.

Beim Vergleich der Institutionen der Arbeitnehmerbeteiligung in Deutschland und Spanien fiel vor allem ihre Verschiedenheit auf. Besonders die Regelung der Unternehmensmitbestimmung kann man als diametral entgegengesetzt bezeich-

§ 12 Schlussbetrachtung und Ausblick

nen, denn während in Spanien eine Unternehmensmitbestimmung in der privaten Aktiengesellschaft nicht existiert und aus dem öffentlichen Bereich nahezu verschwunden ist, kennt das deutsche Recht vier verschiedene Modelle einer Arbeitnehmerbeteiligung im Aufsichtsrat der privaten Aktiengesellschaft. Eine Begründung für diesen Kontrast konnte zwar die Betrachtung der entstehungsgeschichtlichen Zusammenhänge liefern, die Unternehmensmitbestimmung beider Rechtsordnungen hat sich dennoch nicht gleichermaßen pfadabhängig entwickelt. Die deutsche Unternehmensmitbestimmung wurde in Situationen, in denen es wichtig war, dass Arbeitgeber und Arbeitnehmer zusammenarbeiten, eingeführt und ausgebaut und ist ein typisches Beispiel für eine pfadabhängige Entwicklung. Ganz anders verlief die Entwicklung in Spanien, wo der Gesetzgeber eine Unternehmensmitbestimmung erst- und letztmalig 1962 für private Unternehmen einführte. Verfolgtes Ziel der Unternehmensmitbestimmung im francistischen Spanien war aber die staatliche Kontrolle der Arbeitnehmer, nicht Integration und Interessenpluralismus wie in Deutschland. Das aufgrund dieser Instrumentalisierung der Unternehmensmitbestimmung entstandene Misstrauen führte dazu, dass mit Spaniens Übergang zur Demokratie 1980 eine Beibehaltung des Ley 1962 von keiner Seite in Betracht gezogen wurde. Spanien wendete sich damit „von seinem Pfad ab" bzw. kann die Entwicklung nur insofern als pfadabhängig bezeichnet werden, als die missbräuchlichen Motive des Ley 1962 fortwirkten.

Aber auch die Konzeption der betrieblichen Mitbestimmung ist in Deutschland und Spanien an wichtigen Punkten vollkommen unterschiedlich. Das spanische Recht steuert das Verhältnis von Arbeitnehmern und Arbeitgebern vor allem über eine Konfliktaustragung, was sich in erster Linie in der Streik- und Tariffähigkeit der betrieblichen Arbeitnehmervertretung sowie in der Einrichtung einer Interessenvertretung der Gewerkschaften im Betrieb äußert. Die deutsche Betriebsverfassung beruht hingegen auf einem Modell der Zusammenarbeit zwischen den Betriebspartnern und strebt einen Ausgleich ihrer Interessen an. Diese Divergenz ist zum einen auf die Entwicklung einer verschiedenartigen Streikkultur in beiden Ländern zurückzuführen. Wichtiger ist zum anderen aber, dass sich das Verhältnis zwischen Arbeitgebern und Arbeitnehmern im francistischen System zu einer offenen Gegnerschaft ausweitete und es am Ende der Diktatur an einer demokratischen betrieblichen Tradition – wie die Weimarer Republik bei der Demokratisierung Deutschlands nach dem Zweiten Weltkrieg – fehlte.

Das deutsche und spanische Recht sind damit in Bezug auf die Institutionen der Arbeitnehmerbeteiligung in und gegenüber der Gesellschaft nicht vergleichbar, so dass die Untersuchung im nächsten Schritt auf die Funktion und Wirkung der Regelungen im Einzelnen zu richten war, um so die im Mittelpunkt der gesamten Arbeit stehende Frage nach dem Einfluss der Arbeitnehmerinteressen auf die Entscheidungen der Unternehmensführung beantworten zu können.

Zu diesem Zweck wurden zunächst die Beteiligungsrechte sowohl der betrieblichen als auch der Unternehmensmitbestimmung mit dem Ergebnis kategorisiert,

§ 12 Schlussbetrachtung und Ausblick

dass die Regelungen der deutschen Arbeitnehmerbeteiligung nicht nur wegen des Fehlens einer Unternehmensmitbestimmung in Spanien formal stärker wiegen, sondern auch aufgrund der dort teilweise schwächer ausgeprägten (Mit)Entscheidungsrechte der betrieblichen Mitbestimmung. Dieser Befund hatte nach der Funktions- und Wirkungsanalyse weiterhin insofern Bestand, als die betrieblichen Interessenvertretungen in Spanien auch rechtstatsächlich keine Möglichkeiten der Einflussnahme auf die Unternehmensführung haben und ihre Interessen erst im Rahmen der Folgen einer bereits getroffenen Entscheidung zum Tragen kommen. Gleiches gilt zwar teilweise auch für die betriebliche Mitbestimmung in Deutschland, hier ist aber der Ausgleich wirtschaftlicher Nachteile erzwingbar. Vor allem aber ermöglichen die Beteiligungsrechte des Aufsichtsrates und seine teilweise Besetzung mit Arbeitnehmervertretern einen unmittelbaren Einfluss auf die Unternehmensführung.

Dennoch gibt es entgegen der äußeren Gegensätzlichkeit Konvergenzen zwischen beiden Rechtsordnungen. Das betrifft zum einen die vergleichbare Auswahl von Regelungsinstrumenten für bestimmte Interessenkonstellationen und eine teilweise nicht nur rechtliche, sondern auch tatsächliche Verknüpfung zwischen den für die Beteiligung vorgesehenen Vertretungen. Anders als es die formale Konzeption hatte vermuten lassen, kann man das spanische Recht zudem nicht nur als Konfliktmodell bezeichnen, sondern es gibt Beteiligungsrechte, die zur Kooperation und Konfliktaustragung gleichermaßen genutzt werden. Sowohl in Deutschland als auch in Spanien hat zum anderen das Bedürfnis nach Flexibilisierung und Dezentralisierung zu tatsächlichen Veränderungen im Verhältnis von unternehmensübergreifender und betrieblicher Regelung geführt. Rechtstatsächliche, den „Pfad verlassende Veränderungen" betreffen in Spanien darüber hinaus den Rückgang der Streikhäufigkeit sowie die Tendenz zu außergerichtlichen Konfliktlösungsverfahren.

II. Herausforderungen und Lösungsansätze

Die 1996 von der Europäischen Kommission einberufene Sachverständigengruppe *„European Systems of Worker Involvement (with regard to the European Company Statute and the other pending proposals)"* kam unter der Leitung von *Étienne Davignon* in ihrem Abschlussbericht im Mai 1997[1320] zu der Überzeugung, dass eine der vordringlichsten Konsequenzen aus der Internationalisierung der Märkte und der Globalisierung die Notwendigkeit einer Optimierung aller wirtschaftlichen und sozialen Ressourcen der nationalen Systeme ist. Dieses gemeinsame Ziel könne nur im Wege einer Zusammenarbeit aller beteiligten Akteure verfolgt werden (Pkt. 18). Die rechtliche Ausgestaltung einer Beteiligung der Arbeitnehmer an den Entscheidungsprozessen in den Unternehmen sei hierbei aber nur ein nachrangiger Aspekt (Pkt. 19 und 21). In diesem Zusammenhang beruft sich der Bericht auf die Erkenntnisse

---

[1320] Abrufbar unter www.ec.europa.eu/employment_social/labour_law/docs/davignonreport_en.pdf (sog. *Davignon*-Bericht), letzter Abruf Juli 2008.

§ 12 Schlussbetrachtung und Ausblick

einer weiteren Expertengruppe, der *„Competitiveness Advisory Group"*, die im Juni 1995 unter dem Vorsitz von *Carlo Azeglio Ciampi* in ihrem Report *„Enhancing European Competitiveness"*[1321] feststellte, dass Dreh- und Angelpunkt der Wettbewerbsfähigkeit Europas die Fähigkeit ist, Humankapital anzusammeln und besser zu nutzen (vgl. Pkt. I 2, S. 3).

Auch in Spanien wird heute in der Zusammenarbeit zwischen Arbeitnehmern und Unternehmern eine unabdingbare Voraussetzung für die Gewährleistung der Wettbewerbsfähigkeit nationaler Unternehmen gesehen[1322]. Die repräsentativsten Gewerkschaften und Arbeitgebervereinigungen vereinbarten daher 2007, eine Flexibilisierung der Arbeitsbeziehungen auf dem Verhandlungswege und Mechanismen der Kooperation im Sinne eines *diálogo social* anzustreben (vgl. Pkt. I ANC 2007). Zusätzlich unterzeichneten sie gemeinsam mit der spanischen Regierung am 9. Mai 2006 den Acuerdo para la mejora del crecimiento y del empleo[1323], mit dem ausdrücklich eine neue Etappe des *diálogo social* eingeleitet wird (prólogo, S. 11). In der Tat handelt es sich hierbei um den ersten „Dreierpakt" zum Arbeitsmarkt seit 1981 (prólogo, S. 13). Als Instrumente der Sicherung der Wettbewerbsfähigkeit der Unternehmen, der nachhaltigen und ausgewogenen Steigerung der Produktivität sowie der Gewährleistung stabiler Beschäftigung hebt der Acuerdo den gemeinsamen Dialog und die Verhandlung hervor (vgl. prólogo, S. 13 und introducción, S. 17). In Spanien scheint damit – nach langen Jahren der Gegnerschaft und einer vergleichsweise kurzen Phase der sozialen Konzertation in der *Transición* – ein an der Sozialpartnerschaft orientiertes, kooperatives Modell der Arbeitsbeziehungen Oberhand zu gewinnen.

Die rechtlichen Lösungsansätze einer verstärkten Kooperation bauen dabei aber ganz und gar nicht auf der Institution der Unternehmensmitbestimmung auf[1324], auch wenn der Makel des Ley 1962 zwischenzeitlich verblasst sein dürfte. Es spricht vielmehr vieles dafür, dass Prognosen anlässlich der Abschaffung des Ley 1962, die eine "Wiedergeburt der Unternehmensmitbestimmung" in Spanien als nicht absehbar bezeichnen[1325], weiterhin Gültigkeit haben[1326].

Dennoch muss man sich die Frage stellen, ob in der *SE* insofern ein Wendepunkt gesehen werden kann, als in Spanien auf einer völlig neuen Grundlage und vor einem vollkommen veränderten Hintergrund Erfahrungen mit der Unternehmensmitbestimmung gesammelt werden können. Denn „sofern und soweit es in einer oder mehreren an der Gründung einer SE beteiligten Gesellschaften Mitbestim-

---

[1321] Als pdf-Dokument beispielsweise abrufbar unter http://aei.pitt.edu/2866/, (sog. *Ciampi-Bericht*), letzter Abruf Juli 2008.
[1322] *Alonso/Blanco*, La transformación de las bases sociales del conflicto laboral, S. 370.
[1323] Abrufbar unter www.mtas.es/sec_trabajo/reforma2006.htm, letzter Abruf Juli 2008, bzw. Real Decreto-Ley 5/2006, de 9 de junio, para la mejora del crecimiento y del empleo (BOE de 14 de junio).
[1324] So schon ausdrücklich Ende der 90er Jahre *Durán López/Sáez Lara*, El papel de la participación en las nuevas relaciones laborales, S. 27.
[1325] *Villa*, La participación de los trabajadores en la empresa, S. 260.
[1326] So auch zuletzt *Larramendi*, BB-Special 1/2005, S. 23.

§ 12 Schlussbetrachtung und Ausblick

mungsrechte gibt, sollten sie durch Übertragung an die SE nach deren Gründung erhalten bleiben, es sei denn, dass die Parteien etwas anderes beschließen" (Erwägungsgrund (7) SE-RL). „Die vor der Gründung von SE bestehenden Rechte der Arbeitnehmer sollten deshalb Ausgangspunkt auch für die Gestaltung ihrer Beteiligungsrechte in der SE (Vorher-Nachher-Prinzip) sein", (Erwägungsgrund (18) SE-RL). Ohne auf alle Einzelheiten und Folgeprobleme des rechtlichen Rahmens der *SE* eingehen zu können, ist jedenfalls zu konstatieren, dass beispielsweise bei der Gründung einer *SE* unter Beteiligung deutscher Gesellschaften im Anwendungsbereich der Unternehmensmitbestimmung und spanischer Unternehmen die Hürden für eine Unterschreitung der deutschen Standards der Arbeitnehmerbeteiligung im Wege der Verhandlungslösung ausgesprochen hoch sind (vgl. Art. 3 Abs. 4 S. 3 SE-RL). Im Fall einer durch Umwandlung gegründeten *SE* ist eine Verschlechterung der Beteiligungsrechte sogar unzulässig (Art. 4 Abs. 4 SE-RL).

Mittlerweile ist Spanien durch das Tätigkeitsfeld von neun *SE* betroffen, drei weitere befinden sich in der Planung[1327]. In der *Allianz SE, Fresenius SE* und der *Man Diesel SE*, alle drei Gesellschaften mit Sitz in Deutschland, ist der Aufsichtsrat paritätisch mit Arbeitnehmervertretern besetzt. Die spanischen Arbeitnehmer sind aber in keinem Fall repräsentiert[1328]. Unter den bis heute gegründeten, geplanten und bereits aufgelösten SE ist zudem bisher keine Gesellschaft mit Sitz in Spanien[1329].

Beim Blick auf die Auffangregelungen der Arbeitnehmerbeteiligung im spanischen Umsetzungsgesetz (SEIT)[1330], die durch einen entsprechenden Beschluss der Verhandlungskommission oder durch ergebnisoffen gebliebene Verhandlungen zur Anwendung kommen, fällt auf, dass im SEIT von dem Gestaltungsspielraum der SE-RL, von einer Regelung der Unternehmensmitbestimmung abzusehen, wenn in keiner der beteiligten Gesellschaften vor der Eintragung der *SE* entsprechende Vorschriften bestanden hatten, im Unterschied zu Deutschland (vgl. § 34 Abs. 2 S. 3 SEBG) Gebrauch gemacht wurde, Artt. 14 Abs. 3 S. 2, 20 Abs. 1 und 2 SEIT. Gemäß Art. 20 Abs. 3 SEIT sollen die Auffangregelungen der Unternehmensmitbestimmung zwar in bereits gegründeten *SE* für den Fall anwendbar sein, dass über die Arbeitnehmerbeteiligung nach Ablauf von vier Jahren erneut aufgrund eines Beschlusses des Arbeitnehmervertretungsorgans (vgl. Art. 15 Abs. 3 SEIT) oder wegen einer missbräuchlichen Umgehung der Arbeitnehmerbeteiligung einer beteiligten Gesellschaft (vgl. Art. 26 SEIT) verhandelt wird. Da Art. 20 SEIT in seinem Abs. 3 aber auf Abs. 1 verweist, der sich wiederum auf Art. 14 bezieht, gilt auch für bereits bestehende SE, dass eine Auffangregelung zur Unter-

---

[1327] *Afschrift SE, Allianz SE, Donata Holding SE, Eurotunnel SE, Fresenius SE, G.I.S. Europe SE, Graphisoft SE, Hager SE, Man Diesel SE* sowie *Nordea Bank AB (publ), Rheinische Kunststoffwerke AG* und *BASF AG*, siehe *Schwimbersky/Kelemen*, SEs in Europe, S. 9, 13, 44, 55, 57, 61, 63, 66, 77, 153, 155 und 147 mit allen Einzelheiten.
[1328] Siehe *Schwimbersky/Kelemen*, SEs in Europe, S. 14, 58 und 77.
[1329] Vgl. *Schwimbersky/Kelemen*, Established, planned and liquidated SEs – Overview, 6. Januar 2008.
[1330] Siehe auch schon oben § 5 III 1; für das deutsche Umsetzungsgesetz siehe z.B. die Kommentierung von *Nagel/Freis/Kleinsorge*, Die Beteiligung der Arbeitnehmerin der Europäischen Gesellschaft – SE, Dritter Teil.

§ 12 Schlussbetrachtung und Ausblick

nehmensmitbestimmung dann nicht zur Anwendung kommt, wenn in keiner der beteiligten Gesellschaften eine solche Arbeitnehmerbeteiligung bestanden hatte[1331]. Im Übrigen wurde der Teil 3 der SE-RL mehr oder weniger wörtlich in das SEIT übernommen.

Der spanische Gesetzgeber hat sich damit anlässlich des SEIT der Unternehmensmitbestimmung gegenüber nicht auffallend abweisend gezeigt, aber auch kein gesteigertes Interesse erkennen lassen. Gleiches gilt für die repräsentativsten spanischen Gewerkschaften und Arbeitgebervereinigungen, die im Sinne des *diálogo social* in das Gesetzgebungsverfahren miteinbezogen wurden[1332]. Ihre Kontroversen anlässlich des Gesetzesentwurfs betrafen vielmehr die Frage, ob die Arbeitnehmervertreter in der Verhandlungskommission und im späteren Vertretungsorgan auch externe Gewerkschaftsvertreter sein dürfen[1333].

Bemerkenswert ist noch, dass die sozialistische Regierung unter *José Luis Rodríguez Zapatero*[1334] die sog. „spanische Klausel" in Art. 7 Abs. 3 SE-RL (vgl. Art. 14 Abs. 2b) SEIT) nicht genutzt hat, obwohl erst diese Ausschlussoption der Auffangregelung zur Unternehmensmitbestimmung im Falle der Verschmelzung als Zugeständnis an die damalige konservative Regierung Spaniens der *SE* zum Durchbruch verholfen hatte. Ein Vergleich mit dem nahezu vollständigen Verschwinden der Unternehmensmitbestimmung aus dem öffentlichen Sektor im Zuge der Privatisierungen durch die konservative Regierung *Aznar* lässt die Annahme zu, dass der erneute Regierungs- und damit Richtungswechsel Ursache für die Nichtinanspruchnahme von Art. 7 Abs. 3 SE-RL war. Angesichts der mit dem Europäischen Betriebsrat gemachten Erfahrung, dass seine Einführung überhaupt keinen Nachahmungseffekt für rein nationale Sachverhalte beim spanischen Gesetzgeber auslöste, sollte man dennoch davon ausgehen, dass trotz des Vorbilds der *SE* eine Institution wie die Unternehmensmitbestimmung zur Verwirklichung des *diálogo social* nicht zur Debatte stehen wird[1335].

1331 Verwirrend ist, dass Art. 20 Abs. 3 SEIT nicht der Klarstellung halber sowohl Abs. 1 als auch Abs. 2 für anwendbar erklärt. Die Nichtanwendbarkeit der Auffangregelung zur Unternehmensmitbestimmung folgt schon wie bereits dargestellt schon durch den Verweis in Abs. 1 auf Art. 14 SEIT. Eine andere Lesart hätte zur Folge, dass die Arbeitnehmervertretung, die bei Neuverhandlungen gleichzeitig die Verhandlungskommission ist (vgl. Art. 15 Abs. 3 S. 2 SEIT) quasi im Alleingang die Unternehmensmitbestimmung zur Anwendung bringen könnte.
1332 *Consejo Económico y Social*, Dictámenes 2005, n. 3, S. 39; dieses Vorgehen entsprach einer gemeinsamen Erklärung der spanischen Regierung, *CEOE, CEPYME, CCOO* und *UGT*, die am 8. Juli 2004 unterzeichnet und später Grundlage für den Acuerdo para la mejora del crecimiento y del empleo von 2006 wurde (vgl. prólogo, S. 11).
1333 Ablehnend *CEOE* und *CEPYME*, befürwortend *CCOO* und *UGT*, vgl. *Consejo Económico y Social*, Dictámenes 2005, n. 3, S. 42; man einigte sich schließlich auf einen Kompromiss: In der Verhandlungskommission können auch externe Gewerkschafter sitzen (Art. 7 Abs. 1 S. 2 SEIT), nicht aber in der Arbeitnehmervertretung in der *SE* (Art. 16 Abs. 1 SEIT).
1334 Mit den spanischen Parlamentswahlen im Jahr 2004 wurde die Regierung *Aznar* abgewählt und *José Luis Rodríguez Zapatero* als Spitzenkandidat der *PSOE* neuer Ministerpräsident. Am 9. März 2008 wurde er für weitere vier Jahre in seinem Amt bestätigt.
1335 Auf die Hindernisse einer theoretischen, da praktisch unwahrscheinlichen Umsetzung soll hier daher nicht eingegangen werden. Nur so viel sei angemerkt: Schon die Tatsache, dass im spanischen Aktienrecht die Satzung nach herrschender Meinung ein Weisungsrecht der Hauptversamm-

§ 12 Schlussbetrachtung und Ausblick

Die Entwicklung zu mehr Beteiligung und Zusammenarbeit hat sich bisher weitestgehend unabhängig von einem Tätigwerden des Gesetzgebers vollzogen und kommt neben Absichtserklärungen der Sozialpartner auch in einer geänderten Funktionalität der vorhandenen gesetzlichen Beteiligungsinstrumente zum Ausdruck. Ob diese rechtstatsächlichen Entwicklungen im Zusammenhang damit stehen, dass man Spanien ohnehin eine Geringschätzung gegenüber dem Gesetz nachsagt und die Regelungsmacht auf dem Gebiet der Arbeitsbeziehungen daher begrenzt sei[1336], kann man nur mutmaßen. Fest steht jedenfalls, dass gesetzgeberische Reformen im Recht der Arbeitnehmerbeteiligung in erster Linie dahingehend drängen, die betriebliche Mitbestimmung an die neuen Realitäten der Unternehmenskonzentration einerseits und der Dezentralisierung andererseits anzupassen, damit die Beteiligungsrechte auch in den tatsächlichen Entscheidungszentren greifen[1337].

Als Ansatzpunkt für eine Berücksichtigung von Arbeitnehmerinteressen innerhalb des *Consejo de Administración* könnte schließlich nur der Blick auf einen Ausschnitt der aktuellen spanischen *Corporate Governance*–Diskussion dienen. So hält der *Código Unificado de Buen Gobierno* die im *Informe Olivencia* und *Informe Aldama* getroffene qualitative Unterscheidung der Verwaltungsratsmitglieder[1338] nach *consejeros ejecutivos (internos)* und *consejeros externos* sowie die Differenzierung letzterer in *consejeros dominiciales* und *independientes* ausdrücklich aufrecht (S. 30 des Berichts). Während die *consejeros dominiciales* die Mehrheitsaktionäre vertreten, sollen die *consejeros independientes* die Minderheitsaktionäre repräsentieren[1339]. Die *consejeros independientes* dürfen dabei keine Beziehungen zur Gesellschaft, ihren Mehrheitsaktionären und Geschäftsführern haben. Es wird zudem empfohlen, dass sie quantitativ ein Drittel des Verwaltungsrates stellen und ihre zahlenmäßige Präsenz im Verhältnis zu den *consejeros dominiciales* das Verhältnis zwischen dem jeweils vertretenen Kapital widerspiegelt[1340]. Unabhängig von der repräsentierten Interessengruppe sind aber alle Verwaltungsratsmitglieder an den *interés social* gebunden. Dabei sollten nach

---

lung gegenüber dem Verwaltungsrat in Geschäftsführungsangelegenheiten vorsehen kann (vgl. oben § 2 II 1 a) könnte sich als „sperrig" für dieses Modell zur Arbeitnehmerbeteiligung erweisen.

1336 *Monereo Pérez*, Los derechos de información de los representantes de los trabajadores, S. 512; *Sarardoy Bengoecha*, Estructuración Del Estatuto Del Trabajador, S. 85; im Übrigen spricht eine Studie aus den 80er Jahren auch für die deutsche Betriebsverfassung von einem Konflikt zwischen dem „Geltungsanspruch der betriebsverfassungsrechtlichen Normen und der abweichenden betrieblichen Praxis" in Großunternehmen, *Rancke*, Betriebsverfassung und Unternehmenswirklichkeit, S. 250.
1337 Zuletzt hat der spanische Gesetzgeber im Rahmen der Neuregelung von Art. 64 ET Ende 2007 (siehe oben § 9 I 2 a) wieder nur auf die Möglichkeit einer tariflichen Regelung hingewiesen, vgl. Art. 64 Abs. 9 HS 2 ET.
1338 Ausführlich zur Aufgabenverteilung oben § 2 I 2 b.
1339 Vgl. *Informe Olivencia*, Pkt. II.2.2; *Informe Aldama*, Pkt. IV.2.1b und c; zu den Schwierigkeiten der Abgrenzung *Esteban Velasco*, Cuadernos de Derecho y Comercio 2001, n. 35 (Separata), S. 32 ff.; zu den Empfehlungen des *Código Unificado* siehe *ders.*, RdS 2006, n. 27, S. 85 ff.
1340 *Código Unificado de Buen Gobierno*, S. 30 und 31 des Berichts; zu den Aktionärsgruppen im spanischen Aktienrecht vgl. *Millentrup*, Aktionärsgruppen und Entscheidungsmacht in der spanischen Aktiengesellschaft, 1996.

§ 12 Schlussbetrachtung und Ausblick

Empfehlung der Europäischen Kommission[1341] die unabhängigen Mitglieder (*consejeros independientes*) in der Lage sein, den Entscheidungen der Geschäftsführung, also hier der *consejeros ejecutivos*, entgegenzutreten. Dies sei eine Möglichkeit, wie die Interessen der Aktionäre und der anderen *stakeholder* geschützt werden können, Erwägungsgrund (7). Einer Unabhängigkeit steht nach dem „Bericht der Hochrangigen Gruppe von Experten auf dem Gebiet des Gesellschaftsrechts über moderne gesellschaftsrechtliche Rahmenbedingungen in Europa" vom 4. November 2002[1342] zwar unter anderem entgegen, dass das betreffende Verwaltungsratsmitglied Arbeitnehmer des Unternehmens in den letzten fünf Jahren war oder noch ist (Pkt. 4.1.b), S. 66), ein Ansatzpunkt für mehr Arbeitnehmerberücksichtigung im spanischen Aktienrecht könnte es im Rahmen des rechtlich Zulässigen dennoch sein.

Im Unterschied hierzu ist in Deutschland die Regelung der Unternehmensmitbestimmung im Fokus der Diskussion um die Zukunftsfähigkeit der Arbeitnehmerbeteiligung. Einigkeit besteht zunächst über einen Handlungsbedarf angesichts neuer Bedingungen und Entwicklungen, die Lösungsansätze unterscheiden sich aber vor allem in ihrer Reichweite. Nach Auffassung der Vertreter der Unternehmen der „Kommission zur Modernisierung der deutschen Unternehmensmitbestimmung" von 2006 (sog. Zweite Biedenkopf-Kommission)[1343] könne nur eine weitestgehend vereinbarungsoffene Unternehmensmitbestimmung den Herausforderungen der „Internationalisierung der Kapitalmärkte, der Globalisierung der Wirtschaft, der europäischen Gesetzgebung zum Gesellschaftsrecht und der Rechtsprechung des Europäischen Gerichtshofes" gerecht werden (S. 55 und S. 60). Diese Veränderungen sehen grundsätzlich auch die wissenschaftlichen Mitglieder und die Vertreter der Arbeitnehmer der Kommission. Erstere heben aber ferner hervor, dass die Unternehmensmitbestimmung bei der Entwicklung weg von der klassischen und hin zur wissensbasierten Produktion einen wertvollen Beitrag leiste, weil sie entsprechend gehandhabt und verstanden der zunehmenden Bedeutung nachwachsender Leistungsträger für den Unternehmenserfolg Rechnung tragen könne (S. 50). Die Reformvorschläge der wissenschaftlichen Mitglieder gehen daher „nur" auf eine Ergänzung zwingenden Rechts durch dispositives Recht[1344], die Vereinfachung des

---

1341 Empfehlung 2005/162/EG der Europäischen Kommission zu den Aufgaben von nicht geschäftsführenden Direktoren/Aufsichtsratsmitgliedern börsennotierter Gesellschaften sowie zu den Ausschüssen des Verwaltungs-/Aufsichtsrats vom 15. Februar 2005 (Abl. EU L 52/51).
1342 Abrufbar unter www.ec.europa.eu/internal_market/company/docs/modern/report_de.pdf, letzter Abruf Juli 2008.
1343 Bericht abrufbar unter www.bundesregierung.de/nn_1506/Content/DE/Artikel/2001__2006/2006/12/2006-12-20-betriebliche-mitbestimmung-modernisieren.html, letzter Abruf Februar 2008, siehe auch oben § 6 II 5 a und c.
1344 – Abweichende vertragliche Vereinbarungen hinsichtlich des Mitbestimmungsstatuts in Konzernstrukturen (S. 20) – Verhandlungsoption auch hinsichtlich einer auf die Verhältnisse der betroffenen Unternehmen zugeschnittenen Aufsichtsratsgröße (S. 23) - Sinnvoll sei bei Vereinbarungen über ein vom Gesetz abweichendes Mitbestimmungsstatut oder über eine Verkleinerung des Aufsichtsrats eines abhängigen Konzernunternehmens, für die mitbestimmte Leitungsebene im Konzern zusätzlich Zustimmungsvorbehalte abzusprechen, um die Wirksamkeit der Mitbestimmung auch nach der Verlagerung auf eine höhere Konzernebene zu gewährleisten (S. 26).

§ 12 Schlussbetrachtung und Ausblick

Wahlverfahrens[1345] und Gesetzesänderungen zur Behebung von Systembrüchen und Defiziten des geltenden Rechts (S. 40 ff.). Diesen Vorschlägen verschließen sich die Vertreter der Arbeitnehmer nicht, sie warnen aber vor einer Überbewertung der Verhandlungslösungen und betonen nach wie vor die Schutzfunktion der Unternehmensmitbestimmung angesichts eines Trends massiver Standardisierung und Automatisierung von Verfahren und Abläufen (S. 77). Glaubt man der Stimmung am Ende des 66. Deutschen Juristentags[1346], so wird trotz der „Polarität der Auffassungen" im Bereich der Unternehmensmitbestimmung der „gemeinsame Dialog auf Grundlage der in den vergangenen zwei Tage dargelegten Argumente fortgeführt" (S. 6). Der positiven Antwort auf die Frage nach dem „ob" eines Reformbedürfnisses ist jedenfalls eine Debatte um das „wie" gefolgt.

Lösungen im Sinne einer Harmonisierung auf europäischer Ebene wird es kaum geben. Diese ist nach der Zusammenfassung des Berichts der *Davignon*-Gruppe auch nicht möglich, denn es gibt kein ideales System der Arbeitnehmerbeteiligung und die Unterschiede in den europäischen Mitgliedstaaten überwiegen in diesem Zusammenhang die Gemeinsamkeiten[1347].

In der Richtlinie 2002/14/EG zur Festlegung eines allgemeinen Rahmens für die Unterrichtung und Anhörung der Arbeitnehmer in der Europäischen Gemeinschaft vom 11. März 2002[1348] hebt der europäische Gesetzgeber in Erwägungsgrund (1) aber jedenfalls ausdrücklich das in Art. 136 EGV festgelegte Ziel der Förderung des sozialen Dialogs zwischen den Sozialpartnern hervor. Art. 1 Abs. 3 der Richtlinie enthält ein entsprechendes Kooperationsgebot[1349], das von Arbeitgeber- und Arbeitnehmervertretern eine Gestaltung von Unterrichtung und Anhörung im Sinne der Zusammenarbeit und unter Beachtung ihrer jeweiligen Rechte und Pflichten einfordert, wobei sowohl den Interessen des Unternehmens oder Betriebs als auch den Interessen der Arbeitnehmer Rechnung zu tragen ist. Ausgangspunkt der Überlegungen ist, dass diese Beteiligungsrechte eine Vorbedingung für die erfolgreiche Bewältigung der Umstrukturierungsprozesse und für eine erfolgreiche Anpassung der Unternehmen an die im Zuge der Globalisierung der Wirtschaft geschaffenen neuen Bedingungen sind, Erwägungsgrund (9). Jedenfalls im Anwendungsbereich der Richtlinie hat man sich damit auf ein kooperatives Modell der Arbeitsbeziehungen festgelegt[1350].

[1345] – Arbeitnehmervertreter im Aufsichtsrat werden in einer Versammlung der Betriebsrats- und Sprecherausschussmitglieder gewählt, wobei sich an den Wahlvorschlagsrechten der Arbeitnehmer und der Gewerkschaften nichts ändern soll (S. 27).

[1346] Beschlüsse abrufbar unter www.djt.de/files/djt/66/66_DJT_Beschluesse.pdf, letzter Abruf Juli 2008.

[1347] Pkt. 2 Annex, Zusammenfassung abrufbar unter http://europa.eu/rapid/pressReleases Action.do?reference=IP/97/396&format=DOC&aged=1&language=EN&guiLanguage=en, letzter Abruf Juli 2008.

[1348] Abl. EG L 80/29.

[1349] Siehe auch das Kooperationsgebot in Art. 9 SE-RL.

[1350] *Junker*, RIW 2003, S. 700.

§ 12 Schlussbetrachtung und Ausblick

Angesichts der neuen Herausforderungen hat sich dieses Modell auch in Spanien durchgesetzt, wenn auch zunächst nicht im Wege gesetzgeberischer Tätigkeit. Eindrucksvoll schlägt sich diese Entwicklung nunmehr in Art. 64 ET nieder, denn Ende 2007 hat der spanische Gesetzgeber die Richtlinie 2002/14/EG umgesetzt (siehe oben § 9 I 2 a): Art. 64 Abs. 1 S. 4 ET regelt im Zusammenhang mit Beteiligungsrechten des *Comité de Empresa,* dass Arbeitnehmervertretung und Arbeitgeber mit „*espíritu de cooperación*" handeln. Gleiches gilt seit jeher für Deutschland. Insofern haben sich beide Rechtsordnungen sogar angenähert. Im Bereich der betrieblichen Mitbestimmung weisen sie zudem Gemeinsamkeiten in der Funktionsweise der Beteiligungsrechte und vergleichbare rechtstatsächliche Tendenzen auf. Hingegen unterscheidet sich nicht nur die Rechtslage, sondern auch die Vorstellung einer Bewältigung des Wechselspiels von Unternehmensführung und Arbeitnehmerinteressen mittels einer Arbeitnehmerbeteiligung in der Aktiengesellschaft nach wie vor erheblich.

Stichwortverzeichnis

Acuerdo 1986   61 ff., 67 ff., 116 f., 216, 241
Acuerdo 1993   64 ff., 67 ff., 116 f., 212, 216, 241
Acuerdo Colectivo   186 ff., 208 f.
Acuerdo de Empresa siehe Acuerdo Colectivo
Acuerdo Marco (de Grupo)   67, 126
Administradores (SA)
siehe Consejo de Administración
administración (SA)   14 ff.
Aktiengesellschaft
- Bedeutung   5
- Börsennotierung   5, 101
- Verbreitung   101
Aktionärsstruktur
- Deutschland   5, 119
- Spanien   5, 119
Aktionsplan   3
Anhörungsrechte   2, 56
- deutsche Arbeitnehmerbeteiligung   171 f.
- spanische Arbeitnehmerbeteiligung   169 ff.
ARAG-Garmenbeck   32, 221
Arbeitnehmer
- nach BetrVG   36 f.
- nach DrittelbG   38
- nach ET   35 ff.
- nach Individualarbeitsrecht   35 f.
- nach MitbestErgG   39
- nach MitbestG   38
- nach MontanMitbG   38 f.
Arbeitnehmerbeteiligung
- Begriff   53 ff.
- gegenüber der Gesellschaft siehe Außensteuerung
- in der Gesellschaft siehe Innensteuerung
Arbeitnehmerinteressen   41 ff.
Arbeitnehmervertreter   39 f.
- nach DrittelbG   40
- nach ET   40
- nach MitbestErgG   40
- nach MitbestG   40
- nach MontanMitbestG   40
Arbeitsdirektor   12, 103 f., 228
Arbeitskampf
- Begriff   139

- für Weiteres siehe Streik
Arbeitsschutz   2, 133, 207
arbitraje   192
Asamblea de Trabajadores   132 f., 148
ASEC   191 f., 212
Audit Committee   178
Aufsichtsrat (AG)
- Ausschussbildung   178 f.
- Beschlussfähigkeit   177 ff.
- Vorsitzender   101, 106, 110, 160, 177, 178, 220, 223, 225
- Willensbildung   177 ff.
Außensteuerung   50, 59, 120 ff.
Außenverhältnis   14 ff.

Beratungsrechte   2, 56
- deutsche Arbeitnehmerbeteiligung   168 f., 171 f.
- spanische Arbeitnehmerbeteiligung   169 ff.
Berliner Netzwerk Corporate Governance   114, 117
Beschlussverfahren nach ArbGG   196 f., 231, 232
Beteiligungsrechte   55 f., 157 ff.
Betriebsänderung   167, 172, 194, 232, 236, 237, 239, 241
Betriebsbegriff   51, 139 f.
betriebliche Bündnisse   230 ff., 239
Betriebliche Mitbestimmung   55, 120 ff.
Betriebsrat (Errichtung)   140 ff.
Betriebsübergang   170, 188
Betriebsvereinbarung   194 f., 233 f.
Betriebsversammlung   147 f.
Biedenkopf-Kommission
- (Erste)   106 ff.
- Zweite   112, 115, 250 f.
bien de la empresa   30
Business Judgement Rule   32, 34

Cajas de Ahorro   61, 70 f.
CCOO   64, 89, 90, 94, 96, 131, 136 ff., 138 f., 186, 191, 204, 208, 211, 248
Centro de Trabajo   121 f.
Centros   113
Ciampi-Bericht   245 f.

253

Stichwortverzeichnis

CNMV 20 ff., 119
codecisión 54
Código Olivencia 20 ff., 29 f., 33
Código Unificado de Buen Gobierno 20 ff., 26, 30, 33, 249
cogestión 54
Cooperativas 54, 61, **72 f.**, 76
Comisión Ejecutiva (SA) 19
Comité de Empresa (Errichtung) 123 f.
Comité de Empresa Conjunto 123 f.
Comité de Empresa Europeo **127 ff.**, 155
Comité de Grupo de Empresas 125 ff.
Comité de Seguridad y Salud 132, **133**, 175
Comité Intercentros 125, 129, 168, 175, 183 f.
Compliance 48
Conflicto Colectivo 124, **189 ff.**
– procedimiento administrativo 189 f.
– procedimiento extrajudicial 191 f.
– procedimiento judicial 190 f.
consejeros
– delegados 19
– dominiciales 249
– ejecutivos 249 f.
– externos 249
– independientes 249 f.
– internos siehe ejecutivos
Consejo de Administración (SA)
– Aufgaben 13 ff.
– Bestellung 12
– Sorgfaltspflichten 33 f.
Constitución Española 88, **90 f.**, 96 ff., 127, 184, 186, 188, 189, 191
Convenio Colectivo 184 ff.
– de Franja 185
– Extraestatutario 186
– Inhalte 206 f.
– Verbreitung 205 f.
– Verhandlungsführung 207 f.
Corporate Governance Kodex siehe DCGK
creación de valor para el acconista 28 ff.

Davignon-Bericht/Gruppe 245, 251
DCGK **20 f.**
deber de diligente administración 33 f.
deber de lealtad 31
deber de secreto 31
Delegados de Personal 122 f.
Delegados Sindicales 129 f., 131 f.
Deutscher Juristentag 115, 251
diálogo social 215, 245 f., 248
dirección (SA) 13, 17, 18 ff.
Director-gerente/General 20

Einigungsstelle 146, 193 f., 195, **196 f.**, 230, 231, **232 f.**, 236
Empresa **121 f.**
Enlaces Sindicales 76, 83
enlightened Shareholder-Value siehe Shareholder-Value
erga omnes Wirkung (Tarifvertrag) 184
Ermessen (Vorstand) 26 ff.
Europäischer Betriebsrat **127 ff.**, 155

Falange 81 f.
Franco/Francismus 6, 61, 74, 75, **81 ff.**, **87 ff.**, 95, 98, 118, 134, 135 f., 137, 154, 156, 205
Fuero del Trabajo 75, **81 f.**, 88
funktionaler Rechtsvergleich 7 f.
Führungsentscheidung 18
Fusion 77, 128, 170

Gebot der vertrauensvollen Zusammenarbeit **140 f.**, 152, 153 f., 155, 199, 229
Gesamtbetriebsrat **142 f.**, 146, 148, 165, 168, 192, 194, 195, 196
Geschäftsführung (AG) 14 ff.
gestión (SA) 14 ff.
– extraordinaria 15
– ordinaria 15
Gewinnerzielung 26 f.
Großunternehmen 5, 34, 37, 107, 109, 208, 222 f., 233 f., 249

Hauptversammlung (AG) 13, 14, 15, 24 f., 102, 161, 163, 179, 180, 181, 182
Hertie 218
High-Level Group 3, 250
Huelga 139, **188 f.**

IAGC 21
Informationsrechte 55
– deutsche Arbeitnehmerbeteiligung 159 ff., 165 ff.
– spanische Arbeitnehmerbeteiligung 161 ff.
Informe Aldama **21**, 26, 30, 249
Informe Olivencia **20**, 21, 26, 29, 249
Initiativrechte 144, **230**
Innensteuerung 50, **59 ff.**
Innenverhältnis 14 ff.
Inspire Art 113
interés común de los accionistas 29
interés de la sociedad 29
interés social **28 ff.**, 249
Interessenausgleich 45, 194, 203 ff., 213, 223, **232 ff.**, 235 ff., 239 f.

Stichwortverzeichnis

Interessengleichlauf 46 ff., 213, 215, 220, 223 f., 229, 239, 240
Interessenkonflikt 33, 46 f., 109, 220, 223 f., 227, 229, 240
Interessenträger
- am Unternehmen 11
- im Unternehmen 11

Junta General de Accionistas (SA) 12, 15 f., 19, 21 f., 24, 248 f.
Jurado de Empresa 76, 78 ff.

Koalitionsfreiheit
- Deutschland 57, 109 f., 144, 150 f.
- Spanien siehe libertad sindical
KonTraG 159
Kontroll- und Überwachungsrechte 56
- deutsche Arbeitnehmerbeteiligung 173 ff., 175 f.
- spanische Arbeitnehmerbeteiligung 175
Konzernbetriebsrat 100, 143, 144, 148, 165, 168, 169 f., 171 f., 228
Kündigungsschutz 167, 172

leitende Angestellte 36 f.
Leitung (AG)
- Aufgaben 23 ff.
- Begriff 12 ff.
- Ziele 25 ff.
libertad sindical
- Begriff 89
- verfassungsrechtliche Garantie 97

margen de discreción (Consejo de Administración) 26 f.
Massenentlassungen 2
- Deutschland 167, 172
- Spanien 164, 171, 188, 209
mediación 192
Mitbestimmung (Begriff) 53 ff.
Mitbestimmungsvereinbarungen 114 f.
Mitbestimmungsurteil 28, 109 f., 152, 236
Mit(Entscheidungsrechte) 56, 176
- deutsche Arbeitnehmerbeteiligung 177 ff., 192 ff.
- spanische Arbeitnehmerbeteiligung 183 ff.

negatives Konsensprinzip 193, 195
neokorporatistische Globalvereinbarungen 89
Niederlassungsfreiheit 113 f.
Normenhierarchie 185

objeto social 14, 26

Pactos Colectivos siehe Acuerdos Colectivos
participación 53
personal de alta dirección 36
Personalunion 227, 238
Pfadabhängigkeit 7, 59, 60, 106, 118 f., 154
política de concertación 88 ff.
Political Determinants of Corporate Law 118 f.
positives Konsensprinzip 193 f.
Privatisierung 67 ff.

Rechtsstreitigkeit 196 f.
Regelungsabsprache 195 f., 233
Regelungsstreit 197
representación (SA) 13 f.
Representación Sindical 129 ff.
Representación Unitaria 122 ff.
Risikomanagement 18, 174
RSE 30

Secciones Sindicales 129 ff.
Shareholder-Value 27, 28, 30
Sindicato(s)
- Begriff 129
- Más Representativos 131
- Representativos 131
SIMA 191 f., 212
Sociedad Anónima
- Bedeutung 5
- Börsennotierung 5
- Verbreitung 5
Sociedad Anónima Laboral 73 f.
sociedades abiertas 18, 24, 119
sociedades cerradas 18
Societas Europaea 2/3, 54 f., 246 ff.
soft law 49
Sozialplan 194, 195, 232, 236, 237
Sozialverband Unternehmen 51, 107 f.
Spaltung 163, 167, 195
Spanische Klausel 4, 248
Sprecherausschuss 37, 141, 250
stakeholder 27, 31, 249
Streikberechtigung
- Deutschland 146, 148
- Spanien 124, 129, 130, 132 f.
Streikhäufigkeit
- Deutschland 210
- Spanien 210 ff., 241, 242, 245
Streikrecht
- Deutschland 146

255

Stichwortverzeichnis

– Spanien siehe Huelga
Streubesitz siehe Aktionärsstruktur

Tariffähigkeit
– Deutschland   145 ff.
– Spanien siehe Convenio Colectivo
trabajador asalariado siehe Arbeitnehmer nach ET
Transición   61, **87 ff.**, 94, 95, 139, 156, 203, 211, 246
TransPuG   160, 219

Überseering   113
Überparität   236
Überwachung und Kontrolle   48
UGT   61, 62, 64, 89, 90, 94, 96, 131, 135 ff., 186, 191, 204, 208, 211, 248
UMAG   31 f.
Umstrukturierung   101, 169, 170, 236 f.
Unternehmen   51
Unternehmen an sich   30
Unternehmensführung   11 ff.
Unternehmensgegenstand   14, 26
Unternehmensgruppe   41, 59, 63, 70, 113, 114, 125 ff., 130, 155, 163, 215 f., 241 f.
Unternehmensinteresse   **27 f.**, 104, 181, 221, 224
Unternehmensmitbestimmung
– nach DrittelbG   99 ff.
– nach Ley 1962   74 ff.
– nach MitBestErgG   102 f.
– nach MitbestG   101
– nach MontanMitbestG   102
Unternehmensträger   51
Umwandlung   167, 170, 246

Verschmelzung   3, 4, 163, 167, 248
Vertikale Syndikate   81 ff.
Vertrauensleute   146, **147**, 153
Vertretung (AG)   13 f.
Verwaltungsrat (SA) siehe Consejo de Administración
Verwaltungssitz   3, 114
visión contractual   29 f.
visión institucional   29 f.
Vorstand (AG)
– Aufgaben   13 ff.
– Bestellung   12
– Sorgfaltspflichten   31 f.

Wechselspiel   45, 48
Weimarer Reichsverfassung   105, 150 f.
Weimarer Republik   105, 150 f., 154, 244
Widerspruchsrechte   192 f.
Wirtschaftsausschuss   147, **148**, 165, **167**, 171, **172**, 192, 196, **219 f.**, **238**

Zustimmungsverweigerungsrechte   192 f.
Zustimmungsvorbehalte   **179 f.**, 221, 226, 250 f.
Zweitstimmrecht   110, 178, 225